城际铁路工程建设系列丛书

浙江杭海城际铁路项目建设论文集

浙江杭海城际铁路有限公司　编

杨晓法　言建标　审

人民交通出版社股份有限公司

北京

内 容 提 要

为总结浙江杭海城际铁路项目建设管理经验,浙江杭海城际铁路有限公司组织广大项目建设者、管理者和施工单位征集各类论文,汇编成为本论文集。本书共收录论文90余篇,内容涉及工程建设、安全质量、风险管控、科技创新、内控体系、人才管理、企地合作等方面。

本书可作为城际铁路的建设、管理等提供借鉴。

图书在版编目(CIP)数据

浙江杭海城际铁路项目建设论文集 / 浙江杭海城际铁路有限公司编. — 北京 : 人民交通出版社股份有限公司, 2020.4

ISBN 978-7-114-16396-8

Ⅰ. ①浙… Ⅱ. ①浙… Ⅲ. ①城市铁路—铁路工程—浙江—文集 Ⅳ. ①U239.5-53

中国版本图书馆CIP数据核字(2020)第043215号

Zhejiang Hanghai Chengji Tielu Xiangmu Jianshe Lunwenji

书　　名:**浙江杭海城际铁路项目建设论文集**
著 作 者:浙江杭海城际铁路有限公司
责任编辑:任雪莲
责任校对:孙国靖　魏佳宁
责任印制:刘高彤
出版发行:人民交通出版社股份有限公司
地　　址:(100011)北京市朝阳区安定门外外馆斜街3号
网　　址:http://www.ccpress.com.cn
销售电话:(010)59757973
总 经 销:人民交通出版社股份有限公司发行部
经　　销:各地新华书店
印　　刷:北京虎彩文化传播有限公司
开　　本:880×1230　1/16
印　　张:26.5
字　　数:802千
版　　次:2019年4月　第1版
印　　次:2019年4月　第1次印刷
书　　号:ISBN 978-7-114-16396-8
定　　价:106.00元
(有印刷、装订质量问题的图书由本公司负责调换)

出 版 说 明

本论文集主要依托浙江杭海城际铁路项目，论文作者队伍庞大，不同人员关于工程概况信息资料来源不同，存在些许差异，但基于此数据对于文章重点阐述的内容并无影响，故未将全书有关工程概况的数据做统一处理。

全书大部分文章涉及“杭海城际铁路有限公司”“杭海城际铁路项目”等，大多使用了简称，考虑各种简称对于读者阅读影响不大，故全书未作统一处理。以下将简称情况作简要说明。

“杭海城际铁路有限公司”简称“杭海城铁公司”“项目公司”等。

“杭海城际铁路项目”简称“杭海城铁项目”“杭海项目”“本项目”等。

“浙江省交通投资集团有限公司”简称“集团公司”“集团”等。

“浙江交工集团股份有限公司”简称“浙江交工”等。

另有一些企业（单位）使用了简称，在此不一一介绍。

前　言

近几年来，PPP 模式作为国家基础设施建设的制度创新和融资方式创新模式，得到了快速发展和有序推进。在浙江省领导的亲切关怀和浙江省交通集团以及海宁市委市政府的积极推动下，杭海城际铁路 PPP 项目顺应大势所趋，正式开启"努力建好红船旁的城际铁路"的新征程以及争创"全省 PPP 项目示范"和"企地合作示范"的新方向。

杭海城际铁路项目从 2012 年开始规划到 2014 年正式立项，从 2015 年启动融资到 2016 年战略框架协议正式签订，从 2017 年全线开工到如今地上工程全面崛起、地下工程全面推进，历经的不仅是工程建设的实施发展，更是对 PPP 项目的不断探索、政企合作及 SPV 公司管理经验的持续积累。为总结杭海城际铁路 PPP 项目建设管理经验，我们特组织广大项目建设管理者和施工单位人才力量，征集各类论文，编成了《浙江杭海城际铁路项目建设论文集》。经层层把关、斟酌筛选，本书共收录了 90 余篇文章，内容涉及工程建设、安全质量、风险管控、科技创新、内控体系、人才管理、企地合作等方面。

此书旨在记录历史、凝聚智慧、群策群力，将字句化为克难攻坚的盔甲与武器，将篇章转为开启未来的钥匙与能量。同时，也旨在进一步深化项目公司企业文化建设和扩大杭海城际铁路工程的美誉度和影响力。相信站在新的起点，我们将继续聚力创新之道、聚焦文章之力，建功新时代、展现新作为，为日益崛起的杭海城际铁路形象再添新风采，让杭海城铁建设的成果之花璀璨绽放，将"潮城"牵手"杭城"之路开拓出更加瞩目的未来。

本书由杨晓法、言建标审稿，周世亮、章建明、马必利、邓建林、周逊泉、刘彧、何寨兵、羊海俊、夏春新、李翰充等对此书亦有贡献。

本书在编写过程中，每篇文章的作者均参考和引用了部分著作及文献资料，有的文章列出了参考文献，有的未列出，在此对所有文献的著作者表示谢意。

限于文稿数量较多，编辑工作量大，有不当和疏漏之处，敬请读者批评指正并提出宝贵意见。

编　者

2019 年 9 月

目　录

第一篇　建设管理篇

第一部分　建设管理模式

第二部分　合同管理

第三部分　党建与人才培养

第四部分　安全管理

第二篇　技术创新

第一部分　铁路工程

第二部分　桥梁工程

第三部分　隧道工程

第四部分　轨道交通

第五部分　机电工程

第一篇

建设管理篇

第一部分　建设管理模式

PPP 模式推广的集团样本
——杭海城际铁路 PPP 项目的实践与思考

杨晓法
(浙江杭海城际铁路有限公司)

摘　要　运用 PPP 模式(Public-Private Partnership,政府和社会资本合作),引入社会资本负责基础设施项目的投资、建设、运营和管理,是国家对基础设施建设投融资模式的创新。杭海城际铁路 PPP 项目作为浙江省首个轨道交通 PPP 示范项目和浙江省交通投资集团有限公司(以下简称“集团”)第一个 PPP 项目,一直备受省委、省政府等各级领导和社会各界的高度关注。浙江省省长袁家军批示要求将杭海城际铁路项目打造成为浙江省第一个 PPP 示范城际轨道交通项目;浙江省副省长高兴夫多次对本项目建设提出实现“两个示范”目标;集团董事长俞志宏要求秉承“依法合规、科学统筹、示范引领、优质高效”的方针,加快推进杭海城际铁路建设。杭海城际铁路 PPP 项目“落地”以来,杭海城际铁路公司(以下简称“杭海城铁”)切实把握国家当前 PPP 项目建设的大好机遇,与海宁市政府精诚合作、消除分歧,共同推进项目建设不断“提速”,探索形成了一些 PPP 项目运作的实践经验,为集团加快落实浙江省“万亿综合交通工程”提供了参考样本。

关键词　PPP 模式;城际铁路;建设管理

0　引言

当前我国交通运输发展进入一个新的“黄金时期”,基础设施和公共服务 PPP 建设模式方兴未艾,作为浙江省交通基础设施投资建设的主平台、主力军,集团进军 PPP 领域是大势所趋和战略落地。杭海城际铁路 PPP 项目是浙江省首个轨道交通 PPP 示范项目和集团第一个 PPP 项目,也是首个获得中国政企合作(PPP)基金支持和进入财政部首批 PPP 示范目录的项目,对于集团创新交通投融资模式、增强 PPP 运作能力和实现“十三五”发展目标具有重要的现实意义。本文就杭海城际铁路项目探索实践 PPP 模式进行了深入阐述,提出了当前 PPP 模式在实际操作中的难点问题,并提出了相关建议和举措,为后续项目提供有益参考。

1　项目概况

杭海城际铁路项目(以下简称“杭海项目”)线路两端地处杭州和海宁市区,西起杭州余杭高铁站(可与已运营的杭州地铁 1 号线换乘),沿规划文正街进入海宁境内,线路全长约 46.4km,设计速度为 120km/h,共设车站 12 座(含一座预留站——碧云站),其中地下车站 4 座,平均站间距 4.15km。全线设车辆基地 1 座,位于盐官镇站附近,新建两座主变电所。先行段于 2016 年底开工,计划 2021 年全线建成通车。

杭海城际铁路项目采用建造、拥有、运营、移交(BOOT)PPP 模式,项目特许经营期为 29 年,其中建设期 4 年,运营期 25 年,项目总投资约 136 亿元,资本金 68 亿元,其中政府方出资占 35%(海宁市交通投资集团有限公司占1.18%，基础设施基金占14.7%，政企合作基金占19.12%），社会资本方出资占65%[省交通集团占45%，中铁(上海)投资公司占20%]，剩余资金由双方共同组建的项目公司负责向银行融资筹集。项目公司负责项目投资、融资、勘察、设计、建设、运营、维护、更新和改造城际铁路项目，社会资本方组建的联合体共9家单位，包括集团、中国中铁公司、中铁(上海)投资公司、浙江省交通规划设计研究院、中铁第四勘察设计院、浙江交工集团、中铁四局集团、天津城建集团、浙江金温铁道公司。联合体各单位将发挥各自优势，共同完成项目的投资建设、设计施工和运营管理等合同约定范围内的任务，同时通过"使用者付费+政府可行性缺口补助"方式，收回投资及合理回报。合作期满，项目无偿移交给海宁市政府或其指定机构。杭海城际PPP项目合同体系如图1所示。

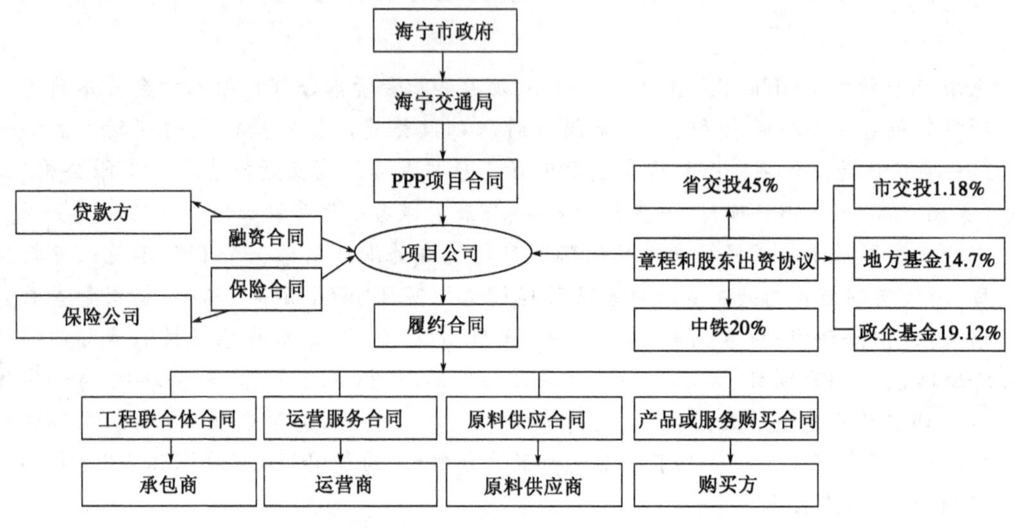

图1　杭海城际铁路项目合同体系

2　实施PPP模式的意义

PPP模式，政府侧重追求的是社会效益，社会资本侧重追求的是经济效益，双方强调的是优势互补、风险共担和收益共享。在"十三五"浙江省交通基础设施大建设、大发展时期，PPP模式的推广和应用是国家积极倡导的基础设施运作模式，将对集团实施转型升级，实现二次创业，带来巨大发展空间。集团通过运用PPP模式来进一步创新基础设施投融资模式，加快落实浙江省"万亿综合交通工程"。

(1)有利于创新浙江省交通基础设施投资模式。交通基础设施是浙江省"六大短板"之一，"十三五"期间浙江省计划在交通基础设施建设领域投资1万亿元补上"短板"。大额投资使省市各级政府资金压力巨大，已有的投融资模式存在不少诟病，需要进行创新。省委、省政府要求，新的交通集团要确立打造省级交通基础设施投融资平台和综合交通体系建设主力军的战略定位。根据新定位、新平台，要通过创新全省交通基础设施投融资模式，加快实施"万亿综合交通工程"，高效率建成交通项目，高水平运营交通网络。因具备未来收益有保障、能够发挥新平台资源统筹调配的能力等优点，PPP模式成为创新浙江省基础设施投资的重要抓手。

(2)有利于在集团内形成协同发展。过去，受国家政策、体制机制等影响，集团项目投资和运营管理模式比较单一，虽获得一些资源，赢得一些发展时机，但始终没有形成大集团"组合拳"的整体合力和优势。PPP模式可以将集团各单位整合成一个"联合体"，涵盖项目的前期设计、中期建设、后期营运等所有过程，可以将过去投资建设项目的"单兵作战"变为"集团军作战"。如杭海城际铁路项目串起了集团旗下交工集团、省交通规划设计院(检测公司)、高速物流、资源公司、高信公司、财务公司、金温公司等8家单位，协同发展效应大大增强，将带动和引领集团相关产业链的发展壮大。

(3)有利于实现与央企深度合作。过去集团与央企的合作大都属于松散型合作,签订的合作协议虽有框架,但实质性内容缺乏。而PPP项目则可使双方或多方真正实现优势互补、强强联合、合作共赢。集团选择与具有多个PPP实践经验的中国中铁等企业联合组建项目联合体投资建设杭海城际铁路,借机弥补集团轨道交通建设管理人才严重缺乏的"短板",而且鉴于双方是"利益共同体",可以真正成为强强联合、优势互补的伙伴关系。

(4)有利于探索地市合作新路径。以往集团与地市的合作,单从项目投资角度看,大都局限在项目股本、资本金出资和土地征迁等方面。而PPP项目,与双方利益休戚相关,双方目标方向一致。杭海城际铁路项目的努力目标是全国示范和样板——打造国企与政府投资建设合作典范,成为未来集团投资PPP项目可借鉴、可复制的新模式。

(5)有利于人才培养。通过对首个PPP项目的探索实践,可加快集团培养轨道交通专业技术等方面的人才,为后续项目的开展储备人才资源。目前,杭海城际铁路项目引进各类人才40余人。

3　实施PPP模式的思考

杭海城际铁路PPP项目从提出到立项、签约,历时5年,目前已进入实质性操作阶段,在探索实践PPP模式上取得了一些成效,积累了一些经验,为项目打造"两个示范"目标奠定了坚实的基础。但PPP是"新鲜事物",合作双方缺乏经验和信任,在协议条款约定、程序履行、依法合规等方面有待进一步改进,未来还需更长时间磨合,一些问题和风险值得引起重视和思考。

3.1　PPP顶层设计不到位,带来实际操作难题

目前,PPP模式在我国还处于初级应用阶段,制度体系尚不完善。杭海城际铁路项目是基于当前政策环境推进的PPP项目,特许经营期限长,在实际操作中所受影响因素较多,主要表现在以下几方面:

一是社会资本介入时间点有待商榷。杭海城际铁路PPP项目社会资本公开招标的时间点为工可批复之后初步设计批复之前。从项目实际推进情况来看,在初设批复之前选定社会资本不利于项目的推进,主要体现在土地报批及概算投资的不确定性。由于土地尚未报批,工程建设用地的合法性得不到保障,一方面社会资本为了加快项目推进,在初设批复前就安排下属具有相应施工能力的施工单位进场施工作业;另一方面由于土地尚未报批,施工单位提前进场则面临因土地执法检查而停工的局面。如由于初设概算尚未批复,社会资本与实施机构因概算的洽商影响初设的报批,杭海城际铁路工程初步设计专家评审会于2017年4月初召开,评审会之后双方对概算进行了较长时间的洽商,导致初设上报时间延迟到2017年9月初,足足耽误了5个月。在这期间,一方面双方为了概算金额的多少进行了多次谈判和沟通,另一方面现场的施工单位处于待工或窝工状态,造成了人员设备的闲置。基于此深刻的教训,政府方选择社会资本的时间点应该待初步设计批复之后进行。

二是社会资本回报通道不明朗。目前,国家在解决社会资本回报通道方面尚没有提供多种明确途径和法律依据,在政府补贴到位的情况下运营期项目公司将出现较大的现金流沉淀,社会资本只能以分红的方式取得少部分投资回报,将导致实际投资回报率低于预期投资回报率。此外,税务方面,由于杭海PPP项目财务测算模型中对于运营期项目公司的企业所得税、可行性缺口补贴收入的增值税、社会资本节约概算时分年补贴收入的增值税均未考虑,因此,模型中给出的可行性缺口补助额是不含上述税款的,只是在"PPP协议"中约定。若实际发生时,则由海宁市政府方按照实际支出额进行补贴。目前存在的问题有两个方面:一是浙江省PPP项目补贴的税费征收尺度差别很大,如果政策变化后海宁市征收相关税费,考虑中央分成,海宁市负担也会加重;二是该项目中约定了政府只承担社会资本方可能会涉及的增值税及附加、所得税两种,由此社会资本方承担的风险更高。

3.2 PPP合同认识不一，带来项目推进阻力

按照财政部颁布的《政府和社会资本合作操作指南》，政府与社会资本双方是合同关系、伙伴关系，不是管理者与被管理者关系，这是PPP模式的核心内容。作为社会资本方，要依法行事，严格履行合同协议的规定；作为政府方，是依法执法的表率者和执行合同的带头人，双方履行合同的意识应当保持高度一致。如有一方在合同的认识和执行上发生偏差，项目的实施和推进都会受到阻力和影响。

3.3 协议约定概算包干，带来不可控风险

PPP项目合同具有长期性、专业性，但目前国家并未出台规范的PPP合作合同范本。财政部《PPP项目合同指南(试行)》虽有指引作用，但结合地方政策，制定自身协议时难免会有缺失，还须根据项目特点进行优化。如PPP协议明确由社会资本方按照经批准的初步设计概算实行包干使用，超出概算部分由社会资本方全额承担，对社会资本方来讲存在一些弊端：一是概算编制的主导权不在社会资本方。不利于从概算编制的源头上把握概算的客观性和合理性。二是概算准确性的把握不在社会资本方。目前国内铁路工程超概算现象比较普遍，概算包干导致社会资本方投资风险增加。三是工程变更通道过于狭窄，为项目公司带来较大风险。根据PPP协议，除实施机构同意变更引起的费用增减可以调整PPP合同总价外，所有的变更均由项目公司承担。在今后新PPP项目中，双方应约定明确的界面，进行分类审批、分类处理。四是概算审查的不确定性风险，一方面导致项目不能如期开工，另一方面会给社会资本方带来经济损失。五是物价上涨、地质变化等不可预见因素带来的风险。在今后的PPP项目中，社会资本方只对工程费用进行包干，对物价涨跌、地质变化等不可预见因素的处理及工程变更在协议中要留有"通道"。

3.4 征拆费用包干使用，带来相应管理缺位

杭海城际铁路PPP项目合作协议中约定征拆工作由项目实施机构负责，费用也由其包干使用。从PPP项目合作分工的角度来看，征拆工作由项目实施机构负责，有利于工程的顺利推进，但该费用不能以概算金额包干的方式由实施机构包干使用，这种包法精确性较差。因在初步设计阶段该费用往往由设计单位估列或实施机构单方面提供数据，与实际情况有一定的差距，并不具备可操作性。比如工可估算的征拆费用与初步设计概算相比，直接增加了5亿多元。合理的做法是由实施机构负责实施并经三方审计后纳入PPP项目总额。

3.5 建立PPP研究机构，组建专业谈判团队

为加快PPP模式推进，集团提出了建立PPP研究中心的计划，以适应国家的发展创新要求。从杭海PPP项目的实践经验来看，有三个方面值得借鉴：一是要建立PPP项目议事联系机制，从顶层设计上予以考量，组建包括律师等在内的专业谈判团队，明确责任和分工，高效率、高水准推进。二是要善于借力外部专业咨询机构，弥补自身团队专业素养、能力水平的不足，有效解决PPP知识架构跨度大、运营成本数据测算难等一系列问题，为项目谈判起到支撑、推进和保障作用。三是要注重将风险识别贯穿全过程，注重对律师和财务顾问审核的把关，加强分析评价，确保项目总体法律风险可控。

3.6 有效组建PPP联合体，吸取杭海项目经验教训

超前谋划，掌握合作主动权。在考虑政府实施方案主要内容的同时，社会资本方联合体成员之间的对内谈判也非常重要，要制定谈判规划，站位要超前，内容要全面，谈判的先后次序和时间要明确。建议在条件具备的前提下，在今后PPP项目谈判过程中，要先与拟入选的社会资本方联合体成员就任务的分

配及施工合同价款确定原则，提前锁定并签订协议。这有三方面好处：第一，提前完成 PPP 项目“两招并一招”工作，有利于集团腾出精力开展投标工作；第二，有利于联合体成员的工作分工以及工作的有序推进；第三，有利于联合体中标后，相关成员单位有明确的工作目标，能够快速进场和施工。

4　建立 PPP 项目全寿命周期管理

PPP 项目从立项到完工、运营、移交，是一个科学的系统工程，各个阶段相辅相成，因此须建立针对项目全寿命周期的动态化管理举措，即在项目的整个寿命周期内，考虑时间变化的因素，综合考虑各个节点因素，采取合理科学的管理措施，将各个管理单元统一起来，进行多元化、多层次、多角度的管理，统筹全局看项目。

4.1　建设期管理

(1)控制项目建设造价投资。一是抓好设计方案的全过程跟踪，根据初步设计批复，全面做好施工图阶段的设计管理工作，按照确定的建设周期和工筹工法，在施工图阶段确定相应工程措施设计，从严控制工程措施等费用。二是全面科学组织制订施工组织设计方案，确定科学、经济、高效的工法和工期，加强环节控制，保证按照确定的施工组织实施，确保 PPP 项目节点目标的实现，尽早投入营运。三是积极引进并采用“新材料、新工艺、新技术、新设备”四新技术，做到降本增效。四是严格验工计价管理，科学制定工程验工计价管理办法，认真编制零号清单，规范计价程序，严控过程投资，确保总投资有效控制。五是强化合同及预结算管理，结合 PPP 项目的特点，制定符合实际的合同与各方签订并实施；制定预结算管理办法，做到过程同步介入，指导督促工程建设。

(2)强化项目建设质量管控。一是狠抓项目进度管理。制订年、季、月、周计划，做到科学组织，精心安排，突出重点。严格合同管理，细化任务分解，强化检查督办力度，落实推进项目进度。二是加强工程质量监督。严把质量关，切实做到按规范施工。全面推进项目标准化建设，根据工程项目特点和进展阶段，推出符合项目实际的示范亮点工作和管理举措。三是加大考核奖惩力度。制定科学系统、具体量化、便于操作的考核机制，真正落实对工程建设单位的考核，充分发挥监理单位的作用，把考核的结果作为对施工单位业绩评定、奖励惩处的重要依据，充分调动各参建单位的主观能动性，不断掀起项目建设高潮。

(3)确保项目建设安全生产。一是建立健全安全主体责任制。落实“党政同责、一岗双责、齐抓共管”的工作要求，贯彻执行安全生产和重大事故风险“一票否决”制，推进安全管理标准化。二是建立“两个体系”和“四项保障”。加快安全管理体系、安全责任体系的构建，落实目标责任、投入机制、政策支持和评估考核等保障措施，切实提高公司安全监管工作水平。三是加强工程建设安全监管。加强重点领域、重点部位的安全隐患排查治理，强化施工安全监管，坚决杜绝安全生产事故，实现“项目安全和人员安全”的两个安全。四是厘清与属地政府相关职责界面。与属地政府等加强沟通协调，建立“既左右衔接、互联互通，又互有侧重、互为支撑”的安全应急救援指挥联动体系。

4.2　运营管理

从杭海城际铁路项目的财务模型来看，其运营收入低于运营成本。依靠票务收入和非票务收入无法与成本支出相匹配，必须通过政府部门给予补助或补贴。虽然票务收入和客流量呈逐年稳步上升趋势，但运营成本也会同比上升。运营成本刚性特征明显，这是由人工成本、电耗支出、折旧为主的成本结构所决定的。项目公司总体运行效益依赖运营经验和政府给予的补贴承诺，因此，加强运营管理是重中之重。

(1)建立分类管控体系。成本控制是一项系统控制工程，实行分类管理和重点控制是切实可行的方式,也符合管理控制学的原理。首先,是维修成本,在运营成本中,车辆维修管理所占的比例较大,需要重点控制。其次,是人工成本,需要在做好员工数量控制的同时,提高员工工作效率。对于折旧和贷款的偿还部分,需要在建设期与投资方进行沟通,以降低后期的运营成本。

(2)确定目标成本考核指标。考核指标设置合理与否,决定了控制能否有效实施。具体如何设置应视具体情况,特别是历史经营状况、同条件下同行控制水平而定,原则上既要有挑战性又要有激励性,应该遵循宽于立而严于行的原则。考核指标要在详细研究和充分讨论的基础上确定。指标一旦确立,不管效果如何,都要严格执行。不合理的地方可在下一次制定时予以修订。

(3)建立成本监控体系。在组织构架上,应设立专门的成本控制机构。项目公司不但要设立专门机构和人员,核算成本和汇报成本状况,更要赋予其相应的监控权限,以保证其行使更重要的监控职能,同时还应建立相应的监控制度。

(4)实施全面预算管理。预算的编制应该与公司的发展规划充分结合,并能够与公司的发展保持协调。只有制定有效的预算管理制度,预算在编制完成后在审核、执行过程才会有相应的约束。重视预算评价,可以将预算的执行纳入绩效考核体系之中,促进预算的准确编制和有效执行,最终实现公司利润的最大化、提高市场的竞争力。

5 总结

杭海 PPP 项目经过两年多的磨合及历练,不管是在双方履约合规、诚实守信方面,还是在融资、建设、筹备运营的实践方面,都积累了一些成功的经验。

(1)两招并一招给集团相关企业带来机遇

随着地方政府举债方式及举债用途的受限,传统的基建项目数量大幅减少,市场竞争越演越烈,工程相关合同条件越发苛刻,以施工合同为例,主要表现为价款支付比例降低、非现金支付方式增多、合约违约责任苛刻且不平等、强行要求放弃优先受偿权、延长结算期限等。而杭海城铁项目实施 PPP 模式后,摒弃传统基建项目获取项目概率不高问题,直接将项目发包给联合体成员,抛弃传统基建项目的观念,本着平等合作的原则签订合同。

(2)建立各方的良好沟通机制

基于杭海城铁 PPP 项目的特殊性,与海宁市建立项目协同推进机制,理顺各方关系,整合资源力量,积极营造良好的建设环境。集团与海宁市保持密切沟通,商讨项目重大进展、重要事项,研究解决症结性难题;杭海城铁公司与海宁市政府及相关部门每月召开工作交办会,以清单的形式通报、交流工作进展,明确具体问题的责任主体、对策举措和完成时限。同时,与中铁(上海)投资公司、中国政企合作投资基金等其他联合体成员按照“利益共享、风险共担、全程合作”的原则,形成定期互访机制,发挥各自优势合力推进项目建设。

(3)建立自有、统一的建设管理模式

借鉴央企及相关联合体先进的建设管理模式,公司狠下功夫。首先,制定及完善制度,建立统一的建设管理制度,筑牢安全红线。其次,在相关企业原有的相关建设标准基础上,适当提高标准,强化质量管控。最后,公司在建设管理过程中,做到宣贯制度理解统一化,落实制度不打折扣。

6 结束语

杭海城际项目推行 PPP 模式,本着“在共同中找不同,在不同中找变化,在变化中求存同”的原则,实现双方共赢。从政府方来讲,是用未来的钱办今天的事,请专业人来办专业事。从社会方来讲,不仅发挥规模效应得到合理的回报,而且带动产业链的发展,同时还可以拓展新市场。杭海城铁 PPP 项目的探索实践对类似 PPP 项目的实施具有一定的参考价值。

轨道交通 PPP 项目建设阶段管理实践与研究

言建标
(浙江杭海城际铁路有限公司)

摘　要　随着我国对 PPP 模式的大力推广,越来越多的城市采用 PPP 模式建设轨道交通项目。但国内对 PPP 的研究主要集中在 PPP 模式理论、投融资及应用等方面,关于 PPP 项目建设管理实践的研究总结甚少。本文基于对财政部首批 PPP 示范项目之一、浙江省首个 PPP 轨道交通项目——杭海城际铁路项目建设管理的初步实践与探索,简要分析了 PPP 模式下轨道交通建设管理的现状、优势及存在的问题,并提出了相应的对策与建议。

关键词　PPP 模式;城际铁路;建设管理

0　引言

近年来,我国轨道交通建设发展进入了高速发展期,PPP 模式以其有效缓解地方政府债务压力,优化公共服务供给结构,拓宽基础设施建设投融资渠道,充分利用社会资本和建设管理等方面的优势,受到了各级政府的推崇。但随着一批批 PPP 项目的"落地",此类项目在建设管理过程中也出现了一些问题,这些问题阻碍了政府与社会资本的合作以及项目建设的顺利推进。为此,笔者结合浙江省首个 PPP 轨道交通项目——杭海城际铁路项目(以下简称"杭海城铁项目")的实施,对 PPP 模式下项目的建设管理作了一些探索与思考。

1　轨道交通建设管理模式

1.1　传统的轨道交通建设管理模式

传统的轨道交通建设管理模式有以下三种:

(1)政府管理模式。政府成立临时性项目建设指挥部或筹建处承担项目建设的组织管理工作,项目建成后移交相关运营管理部门。

(2)项目法人管理模式。政府委托其所属国有独资或控股的国有企业作为项目法人,对其投资的建设项目,开展投融资、建设的全过程项目管理,完成建设后由该公司继续进行运营管理,或移交其他运营单位。

(3)代建管理模式。政府相关机构通过招投标的方式,最终将项目建设任务委托给市场化、专业化最优的建设单位作为代建方,由代建单位负责项目的组织、建设,建成后交付项目使用单位。

1.2　PPP 模式下的建设管理模式

PPP 模式不仅是投融资模式的一种转变,同时是一种公共服务市场化的制度性安排,所以项目建设的管理模式也已经发生了根本性转变。PPP 的项目管理机构由政府出资人代表和社会资本共同成立项目公司(SPV)作为项目法人,开展项目的投资、融资、建设、运营维护、移交等工作。政府从传统模式中的组织管理者转化为监管者,这种职能的转变,使政府部门脱离微观事务,从而使政府工作效率、资本运转效率都得到提高。

1.3 传统建设管理模式与PPP模式下项目建设管理模式比较

PPP模式下项目建设管理模式与传统建设管理模式对比有以下特点:

(1)传统模式下政府的角色是"出资人+监管者",企业的角色是单一的"建造者"。PPP模式下政府的角色转变为"合作方+监管者",社会资本角色转变为"合作方+建造者"。

(2)传统模式下项目的监管、盈亏由政府或者委托的平台公司负责。PPP模式下政府与社会资本是合作关系,风险共担、利益共享,项目公司作为"合作"的载体是建设项目法人,政府通过参股项目公司,实现对项目的监管。

(3)传统模式的建设资金来源为政府财政支出或平台公司融资,PPP模式下的项目建设资金来源为股东投资和社会资本的融资。

(4)PPP模式下的项目管理为全生命周期管理,而传统模式项目管理是分阶段管控。

(5)PPP模式的管理,实际上采用了设计—建设—融资—运营—转让模式,是一种集设计、施工、投融资、运营、移交为一体的项目管理模式。这种管理模式与传统模式项目相比,有利于设计、施工各阶段的合理交叉、平行推进,在投资、工期、质量以及建设与运营结合等方面具有明显优势,效率可显著提高。

2 杭海城际铁路PPP项目建设管理实践

2.1 项目概况

杭州至海宁城际铁路工程线路全长48.1km,设站13座,其中地下车站5座,高架车站8座。全线速度目标值为120km/h,采用B型车4辆编组、直流1500V架空接触网供电方式。项目于2017年9月全面开工建设,计划2021年全线建成通车(建设工期4年)。项目初步设计批复概算141.92亿元。

2.2 项目建设管理模式

2016年12月,政府方通过招标方式成功采购浙江省首个轨道交通PPP项目——社会资本方(联合体)占杭海城际铁路项目总投资的65%,特许经营期为29年,其中建设期4年,运营期25年。按照PPP合作协议规定,由社会资本方与政府共同成立SPV(Special-Purpose-Vehicle)公司,对项目的资金筹措、建设实施、生产经营、运营维护、债务偿还等全过程负责,特许经营期满后向实施机构移交杭海城铁项目。社会资本方联合体共9家单位。9家单位将发挥各自优势,共同完成项目的投资建设、设计施工和运营管理等合同约定范围内的任务。

2.3 项目建设管理实效

2.3.1 提前谋划、精心组织,效率大幅提升

PPP项目建设管理中最大的特点就是许多工作可以提前谋划,科学合理安排交叉、搭接工作,如征地拆迁与工程建设、勘察与设计、初步设计与施工图设计、设计与施工、土建与机电、控制性工程与普通节点工程等。以杭海城铁项目为例,2016年12月项目社会投资人正式中标,随即快速确定承建单位并快速进场,在3个月时间内高效完成了临建设施建设、落实人员及大型设备机械配置,做好了随时开工准备。当项目初步设计于2017年9月中旬批复后,9月26日全线开工,快速拉开了建设的序幕,投资进

度明显高于同类项目,提高了效率,为节省项目投资、科学合理组织施工、获得更高的社会经济综合效益奠定了基础。

2.3.2　发挥政府优势,为项目建设保驾护航

根据项目 PPP 合作协议约定,由政府方负责组织实施征地拆迁工作,征拆费用由实施机构包干使用。在 PPP 协议中将征地拆迁职责、内容及相关要求明确作为政府股东方的职责和义务,有利于充分发挥地方统筹协调的优势,仅用 3 个半月时间基本完成项目建设红线内的征地拆迁工作,为项目无障碍施工打下了坚实基础,创下浙江省内轨道交通建设史上项目征迁的新速度。同时,该项目在项目全线土地"农转用"审批中,借助行政优势,进行沟通对接,成为 2018 年度新一届国务院首批获得批复的项目之一,确保了项目建设的合法性。

2.3.3　强强联手、优势互补,提高项目建设水准

PPP 项目使双方或多方真正实现优势互补,强强联合,合作共赢。央企选择与浙江省交通投资集团有限公司这样的综合性地方国企合作,能够充分借助地方国企在投融资、产业导入、地方特色小镇建设及提供投资建设运营管理一体化解决方案方面的能力和优势;而地方国企选择与具有轨道交通丰富建设实践经验的央企联合组建项目联合体,将项目建设中"危、难、险、急、重"的相关工程施工任务,交由央企来实施,充分发挥了央企的施工技术管理优势,也较好地弥补了地方国企轨道交通建设管理人才缺乏的"短板",使双方真正成为强强联合、优势互补的伙伴关系。

3　PPP 模式下项目建设管理存在的问题

3.1　法律法规有待进一步健全

由于目前我国尚未为 PPP 立法,有关 PPP 的法规除了国务院颁布的条例外,多为部门和地方制定,尚未形成完整的、高阶位法律体系,项目在通过政府平台招标采购完成后,在建设阶段管理中出现了队伍选择管理、物资设备采购、监督评定验收等具体问题处理的争议与风险。

3.2　政府角色定位有待进一步厘清

PPP 模式的核心是合同与协议,政府与社会资本之间实质上是一种合同关系,各参与主体间,形成了"利益共享、风险共担、全程合作"的伙伴式合作关系。政府的角色也由传统模式中的主导者、决策者、投资者转变为合作者和监督者。因此,项目公司在具体负责项目实施过程中,政府不能随意干预项目设计、建设、融资、运营等过程。但在实际中,由于政府主导投资的惯性思维,常过多介入项目的建设管理经营,导致合作角色定位把控不准,有时甚至会影响项目建设的正常推进。

3.3　投资控制风险性高

传统模式下初步设计到施工图设计阶段优化的空间较大,施工图设计优化节约投资部分归建设单位,投资节约率一般较高。PPP 项目在可行性研究阶段确定投资模式后,初步设计概算审查更精细,在施工图设计阶段优化的空间大大压缩,使得项目公司在投资控制上具有较大的风险性。

3.4　建设管理难度加大

按照 PPP 项目有关规定:已通过招标方式选定的特许经营项目投资人依法能够自行建设、生产或者

提供服务能力的可以不进行招标,故在 PPP 项目中,工程承建单位常常是投资方、股东方自己或者其下属单位,具有一个主体多个角色的特点;而地方政府为简化管理,实施机构、协调机构以及政府投资平台公司常常是相互交织,不同角色的定位难以把控,给项目公司在项目建设管理中带来了许多新的研究课题。

4 对 PPP 模式下项目建设管理的思考

4.1 完善 PPP 法律法规

PPP 模式是一种基于法治与契约精神的全生命周期管理过程,每个环节都体现着法治精神和契约精神。解决 PPP 项目建设管理过程中的合法性问题,需要制定高位阶的 PPP 立法规范,制定一套完善的法律体系,明确部门分工、协调、审批、监管功能。对 PPP 项目的立项、投标、建设、运营、管理、质量、收费标准及其调整机制、项目排他性、争端解决机制以及移交等环节作出全面、系统的规定,能有效促进 PPP 机制的发展,保障项目建设的有序推进。

4.2 转变政府职能与观念

政府要找准自身定位,也就是要在 PPP 模式下理顺政府在项目建设中新角色带来的新职责与新地位,明确 PPP 模式不只是一种融资工具,更是基于平等、竞争、诚信、契约等基础上的政企合作。地方政府要正确处理与市场的关系,建立平等合作的理念,做到"不越位",同时也"不缺位"。地方政府要信守合同约定,减少过度干预行为,在法律规章准绳下与社会资本互动,重塑地方政府信用。地方政府应顺应这种角色的变化,承担起自己该承担的责任,才能确保 PPP 模式的顺畅推行。

4.3 严格控制项目建设造价投资

PPP 项目过程中投资控制重点是找出施工预算与概算降造率之间的最优平衡点,既要保证工程优质、施工利润合理,也要最大限度地节约投资。一是抓好初步设计、施工图设计的全过程跟踪控制。二是科学组织制定施工组织设计,实现尽早投入营运。三是积极引进并采用 BIM、物联网等信息化技术,积极推动四新技术,做到降本增效。四是严格管理验工计价,科学制定工程验工计价管理办法,规范计价程序,确保总投资有效控制。五是强化合同及预结算管理。结合 PPP 项目的特点,制定符合实际的合同与各方签订并实施;制定预结算管理办法,做到过程同步介入,指导督促工程建设。

4.4 强化项目建设进度、质量管控

项目工程质量管理是 PPP 项目全寿命周期管理的关键所在,作为 PPP 项目公司要做好以下工作:一是要狠抓项目进度管理。认真制订季、月、周计划,严格合同管理,细化任务分解,强化检查督办力度,落实推进项目进度。二是要加强工程质量监督。严把质量关,切实做到按规范施工。全面推进项目标准化建设,根据进展推出示范性亮点工作和管理举措。三是要加大考核奖惩力度。制定科学系统、具体量化、便于操作的考核机制,真正落实对工程建设单位的考核,充分发挥监理单位的作用,把考核的结果作为对施工单位业绩评定、奖励惩处的重要依据,充分调动各参建单位的主观能动性,不断掀起项目建设高潮。

4.5 建立各方工作协调机制

探索建立"高层战略协商、中层对口联系、基层全面落实"的一整套沟通协作机制,构建能够总揽全局、协调各方、决策科学、推动有力的高层次定期工作会商制度,确保项目建设推进工作中全方位对接,

做到目标同向、行动同步,第一时间落实上层商定的工作原则和措施,推进项目难点问题解决,确保项目工作推进无障碍。具体应做到以下几点:一是及时建立与各股东方、联合体成员间畅通、密切的信息共享机制,实时沟通、相互协作、紧密配合,形成良好的工作合作机制。二是建立一事一档清单制度。对工程建设难点、节点问题进行清单化管理,做到有的放矢。三是认真执行 PPP 协调约定,组织发动好"合力攻坚"、发动各方力量,力争矛盾问题的快速解决。

5 结束语

综上所述,轨道交通建设项目采用 PPP 模式可有效拓宽项目的融资渠道,推动社会资本和政府资本的相互融合、优势互补,并促进投资主体多元化。与此同时,PPP 模式有利于理顺政府和市场的关系,充分发挥地方政府统筹协调的优势,使政府和社会企业,在互信共赢理念的基础上推动合作,并有针对性地完善相关制度以及建立协调机制,使 PPP 模式在轨道交通建设项目中更具可操作性,实现项目公益性和盈利性的协调统一。在我国城市轨道交通建设项目中,PPP 模式前景将更广阔。

参考文献

[1] 郑晓莉,陈峰. 城市轨道交通 PPP 模式中的政府角色定位[J]. 都市快轨交通,2009(4):10-14.
[2] 柳林. 城市轨道交通可持续发展评价指标体系研究[J]. 西南交通大学学报,2008,9(5):22-26.
[3] 潘海啸. 城市轨道交通与可持续发展[J]. 城市交通,2008,6(4):35-39.
[4] 陈波. 城市轨道交通建设的 PPP 模式应用研究[D]. 成都:西南交通大学,2008.
[5] 穆海峰. PPP 模式在城市轨道交通建设中的问题及解决对策[J]. 四川建材,2017,43(4):257-258.
[6] 洪迪. 基于 PPP 模式的城市基础设施政府监管机制研究[D]. 重庆:重庆交通大学,2013.
[7] 蔡玉萍. 城市轨道交通项目 PPP 模式的创新与应用[J]. 都市轨道交通,2007,20(1):6-9.
[8] 朱巍. PPP 模式在城市轨道交通建设中的应用[J]. 综合运输,2004(10):31-33.
[9] 韦小泉,林颖,程哲,等. 中印市域铁路 PPP 模式比较分析及启示[J]. 都市轨道交通,2018(2):149-153.

高质量谋划好每个投资项目

马必利
(浙江杭海城际铁路有限公司)

摘　要　本文依据杭海城际铁路项目投资建设实操经验,对PPP项目如何进行全过程谋划,如何取得最大投资效益进行了研究。提出了要重视项目前端策划,挖掘项目衍生价值,整合集团内部资源,实行集团军作战等建议,并给出了项目投资管理理念及路径。

关键词　投资管理;PPP项目;资源整合

0　引言

投资一个交通基础项目,只盯着项目建设本身,把项目建设好,交付使用就算完成任务了,这是多数企业的思维定势,每个项目基本是单线作战,很少考虑项目的前端和衍生的资源利用,以及集团企业内部各子公司、各业务部门之间关联性的创收机会。

上述项目模式一是导致项目投资的粗放管理,项目的潜在价值没有得到很好挖掘。二是集团内部的沟通协调和资源整合存在薄弱环节,丧失了很多可以产生附加值和新业务的机会。三是项目的投资质量和效益不高。

这样的项目操作模式,与目前的集团规模和实力及拥有的资源是不相匹配的,难以实现集团"十三五"规划目标及成为世界一流企业的目标。

1　解决思路

针对上述情况,提出以下解决思路:

以投资为龙头,以项目实操为核心,注重前端策划,整合集团内部资源,实施集团军作战,提高项目投资质量,实现项目效益最大化。

以项目实操为核心,挖掘项目潜在资源,加强集团内部的沟通协调和资源整合,实施大兵团作战——这是提高项目整体效益的有效措施,杭海城铁项目就是一次很好的尝试。

2　"单兵作战"变为"集团军作战"

杭海城铁项目充分利用大股东优势,把集团旗下的浙江交工、资源公司、省交规院、财务公司、高速物流公司、高信公司、轨运集团等多家公司都"装了进去",通过投资带动集团相关产业链发展及新产业的培育,将过去投资建设项目的"单兵作战"变为"集团军作战",为集团培育和发展城铁产业链提供了较好的样本。

(1)浙江交工集团铁路业绩实现零的突破

作为联合体成员之一的浙江交工,承揽了5个土建标段的施工任务,城际轨道业绩从无到有。

(2)资源公司增加管片市场新业务

承揽了全线盾构区间的管片生产,开拓了盾构管片市场,培育了专业队伍。同时,依托杭海城际项目解决了一次性建厂费的投资问题,也使后续集团在有关城市轨道 PPP 项目中自供管片提供了可能。

(3)省交规院有了铁路设计新业绩

与中铁四院组成联合体参与杭海城际铁路工程的设计工作,负责桥梁区间及相应的岩土勘察、5 个高架站、海宁主城区 3 个地下车站、全线范围的三改、路面破复等设计工作,有了完整的铁路设计业绩。

(4)财务公司收取融资顾问费

项目公司聘请集团公司财务公司作为本项目的融资顾问,由其协调金融机构为项目公司提供总额为人民币 68 亿元的项目贷款。

(5)高信公司拓展轨道机电方面新业务

拟以专业分包、技术服务、合资公司参与等方式负责杭海机电安装工程专业分包及管理,并获取利润,在轨道机电业务方面实现零的突破。

(6)高速物流公司增业绩创效益

按集团统一战略部署,铁路工程的甲供设备物质交由高速物流统一招标管理。

(7)轨运集团的杭海城际运营业务

整个项目有 25 年现金流作为保障,能够为今后发展提供稳定的支撑,而且可以通过杭海项目培养一批专业运营技术人才。

阶段成果:以上七个子公司业务给集团带来一定利润,尤其是新业绩的突破,新产业的产生,带来的附加值极高,提高了项目的整体效益,也为今后集团公司其他 PPP 项目提供了可借鉴的经验。

3　杭海项目的实施路径

取得上述阶段性成果,主要归功于以下两方面工作。

3.1　在项目的规划阶段及项目的实施方案、联合体组成等方面,要做好前端设计

在项目的规划阶段,首先要想好我们要什么,能做什么,要达到什么结果;其次要提前与政府或实施机构充分沟通,把想法体现到项目规划中,为获取项目做好铺垫。

在实施方案方面,项目的投资条件要满足集团的各项要求。另外,关于股权结构和管理框架,要确保项目投资牵头人的管理权和主动权。

在联合体组成方面,明确联合体成员与牵头人行为一致,确立集团的主导权。使要发展业务的单位都加入联合体,如事先把交工集团、省交规院、省轨运集团都加进来,根据“两标并一标”,使三家子公司顺利拿到新项目,实现业绩突破。

3.2　在项目实施阶段,积极寻找路径,扩充集团衍生业务

在合理合法的前提下,及时想办法、找路径,扩充集团衍生业务。

如以施工总承包指定供应的方式由资源公司负责管片预制生产及供应;以聘请方式让集团公司财务公司作为本项目的融资顾问;以专业分包、技术服务等方式参与负责杭海机电安装工程专业业务;以委托管理铁路工程的甲供设备物质形式,由高速物流统一招标管理。

以上模式所产生的收益,回流通道是畅通的,集团可以该收益直接作为建设期的利润,其收益完全可以回流至作为投资人的母公司,解决了部分社会资本回报通道不畅的问题。

杭海城际铁路项目是集团公司首次采用 PPP 模式投融资的城际轨道交通项目,关于合同谈判、联合体成员组成,以及后来的实践,在项目前期还是有很多工作可以预先筹划的,可以进一步挖掘潜力,进一步整合集团资源,达到提质增效的目标。

4 高质量投资管理理念及路径

找到好项目、投资为龙头、操盘是核心、整合内部资源、集团军作战、实现效益最大化是体现新投资理念的关键词。

“好项目”:项目的体量和方向,应该与集团的规模、战略发展相契合。

“投资为龙头”:所有的资源调配和落地以投资为导向,这对投资的前期策划提出了高要求。对项目的前端、过程、后端及其衍生的所有的规划、业务内容、投入、回报的全过程,都要精心设计。

“操盘是核心”:应该从三维立体的角度,用发散性的逻辑来看待项目全过程。要带动项目每个环节都要无缝对接,每个业务合同都要签署到位,最后投资才实施。

“内部整合”:沟通、了解、深挖集团和各子、分公司资源,与项目进行资源配对整合,让集团的资源动起来。

“集团军作战”:收集到参与项目的各方诉求后,再重新梳理项目的投资条件、财务模型,出资比例,合同设置和股东组成。让参与公司的责、权、利进行界面划分,再统一对外。

“效益最大化”:集团搭好平台,各子公司积极参与。项目是集团化的模块式操作。

5 总结

为了更快推进高质量投资,提出如下建议:

(1)重视TOD开发模式

总体来讲,杭海项目是一个“一维度”投资项目,没有进行多维度思考和准备,没有事先考虑TOD(Transit-Oriented Development,以公共交通为导向的开发)模式带来的土地价值,也未能利用好轨道投资建设带来的资源增值和外溢效应。它还属于传统意义上的,“没有肉只有骨头”的项目。

集团要充分重视TOD开发,提前研究轨道交通建设与经济发展之间的关系,研究轨道交通规划对城市格局的引导作用及影响,研究轨道交通如何带来周边土地价值最大化。以TOD开发模式为切入点,规划、建设、运营、打造好以人为本的轨道网络,有效利用轨道土地资源,实现公共服务与市场运作双赢。

(2)做好投资顶层设计

形成高质量投资项目的指标体系,建立项目实操和参与单位的绩效评价体系。对在项目实操中充分体现项目整体效益的单位要予以激励;同时,集团对参与单位要有利润考核指标,预先锁定收益。如杭海项目在年度考核中,对新产业链和子公司利润的贡献,没有进行量化。后续可完善制度,使提升项目整体效益的推动者得到鼓励。

(3)新项目要尽早介入

尽早与当地政府或实施机构对接,了解对方的动态诉求,也将项目公司的优势与意图提前沟通。不要等到对方有意向单位了再行动,从而影响项目的走向。

(4)高度重视并组建好项目团队

好的项目要有好的团队,操盘人至关重要。操盘人要具备良好的职业操守,对企业忠诚,有创业激情,有设计、建设、运营经验,并有完整项目实操经验。集团人才济济,把合适的人安排到合适的岗位,才能为企业创造最大财富。

对于杭海项目,从最初我们就站在集团和项目效益最大化的角度来对待,即使遇到种种困难和困惑,也一直在坚定不移地前进,但在过程中仍存在很多不足和遗憾,需要进一步总结和改进。

探索建立 PPP 模式下项目公司的资金监管体系

羊海俊
(浙江杭海城际铁路有限公司)

摘　要　随着我国经济的不断发展和 PPP 模式的推广，大中型建设项目不断增多，工程建设项目单位资金管理工作愈发重要，资金管理的风险性与管理对策已逐渐成为很多单位与企业的研究重点。本文对此展开探讨，分析了当前 PPP 模式下工程建设项目公司资金管理的风险问题，并提出了相应对策，以供参考。

关键词　资金监管；资金风险；PPP 协议；监督审核

0　引言

杭海城际铁路 PPP 项目位于浙江省海宁市，是浙江省首个轨道交通 PPP 示范项目和浙江省交通投资集团有限公司第一个 PPP 项目，也是首个获得中国政企合作（PPP）基金支持和进入财政部首批 PPP 示范目录的项目。杭海城际铁路项目线路两端地处杭州和海宁市区，线路全长约 48.1km，共设车站 13 座。项目于 2017 年 9 月全面开工，计划 2021 年全线建成通车。项目总投资 141.92 亿元，社会资本方和政府方共同出资成立浙江杭海城际铁路有限公司（以下简称公司），资本金 68 亿元（其中社会资本方浙江省交通投资集团有限公司和中铁上海投资公司占 65%、海宁市政府方占 35%），贷款融资 73.92 亿元。

项目于 2017 年 9 月全面开工后，如何保障项目资金，加强资金管理，提高资金使用效率，规避资金管理风险是摆在公司面前的重要课题。公司在 2018 年初即提出建设“十个一”工程，其中要求建立一整套科学有效的资金监管体系，加强资金筹集、使用和监督全过程管理。

1　资金管理的重要性

随着我国经济建设的快速发展，项目管理理论在广泛的应用中得到不断完善，做好项目管理进度控制、成本控制、质量控制、安全控制这“四大控制”成为各项目主体追求经济效益最大化的重要途径。项目的资金管理是项目财务管理最核心的内容，是确保项目顺利实现“四大控制”的重要前提。如果想在有限资源配置的前提下按时、保质、保量地完成工程项目的建造任务，就需要将项目资金管理渗透各个流程，规避在项目建设过程中可能出现的各种资金管理风险。

2　资金管理过程中存在的风险和问题

2.1　项目筹资风险

项目筹资主要以项目资本金和贷款为主要取得方式，因此受国家宏观政策和市场利率波动影响极大。2018 年上半年在国家货币政策收紧、金融领域“去杠杆、强监管”和严控地方政府债务的严峻形势下,银行贷款规模急缺,贷款利率急剧上升,大多数国资公司贷款资金甚至资本金都难以到位。由于社会资本方浙江省交通投资集团有限公司和中铁上海投资公司投融资能力相对较强,海宁市政府财力亦较强,并获得中国政企合作基金和浙江省基础设施建设基金的支持,资本金到位暂无较大问题。但是,由于 PPP 项目招标时,资金市场较为宽松,项目贷款利率定为基准利率下浮 10%。在贷款提取时,受政策偏紧影响,市场上国有企业融资利率普遍为基准利率上浮 10% ~20%,因此银行主动放款意愿不强。加上大型工程建设常有的土地审批滞后等问题,造成“四证”未能齐备,银行放款的前置条件不足,影响了项目贷款的发放。

2.2　工程进度款支付风险

工程进度款项的支付主要包括预付款和验工计价款,根据公司施工合同中签订的实际付款条件,年初按计划产值的 10% 支付年度预付款,每月按计划产值的 60% 支付月度预付款,每季按验工计价扣除相应预付款后进行结算。此种做法对于每月完成工程量均大幅低于计划产值的施工单位,极有可能发生工程款超付的风险。

2.3　施工企业、供应商信誉方面的资金风险

在当前各大工程建设项目中,很多施工企业及材料供应商或投标人并没有充分考虑到各种合同条件,在中标以后对于施工工期、工程质量、供货要求等方面无法满足,这些工作执行上的问题体现了当前我国建筑工程市场上存在信誉问题,使得业主的一些资金款项难以追回,从而导致资金风险的发生。

2.4　项目资金预算执行存在的问题

目前,浙江省国资委要求在全省国有企业推行全面预算工作,但由于每个国有企业的情况不同,并无规范细化的预算编制办法和细则。公司在建设期作为一个工程建设业主单位,资金预算编制依托项目进度计划,由于工程建设推进过程中无法预测的事件较多,加之合同实际履行过程中出现的各类问题,直接影响了工程进度,同时也影响了资金预算的准确执行,造成资金筹集与资金拨付不能完全匹配,要么产生资金缺口,要么产生闲置资金。

2.5　PPP 项目特有的资金风险

本项目 PPP 协议约定总投资概算包干的资金结算原则,由于项目施工周期较长,在施工过程中无法避免遭遇一些自然、人为等因素造成的损失,这些损失的承担将影响项目的资金平衡。

3　强化资金管理的措施

3.1　根据 PPP 项目的实际情况,制定资金管理制度

由于本项目是 PPP 项目,参与土建的施工单位是社会资本方联合体成员,通过“两招并一招”方式与公司确定施工合同,因此公司在财务管理制度基础上,根据实际情况制定了《工程项目资金管理办法》,明确了资金筹集、支付、管理和预算等一系列具体操作办法。

3.2　应对国家“去杠杆”严峻金融形势,做好资金筹集工作

公司融资工作在集团财务公司的大力支持下,积极开展与银团各行的沟通,掌握各行贷款总体规模

和投向特点，分别制订贷款发放争取方案。通过协调海宁市政府各部门推动土地等各项审批，以承诺函等形式沟通好“四证”未能齐备问题，以紧盯牵头行——国家开发银行按时放款、与中国建设银行携手进行党建共建带动业务工作和提请集团财务公司腾挪贷款规模等方式，推动融资工作有条不紊地推进，全年贷款到位25.33亿元。同时，积极争取股东支持，2018年各股东资本金13.6亿元及时到位。全年顺利筹资39亿元，为公司全年完成投资保30亿元争40亿元目标奠定了坚实的资金保障基础。

3.3　从力求规范和保证效益的角度，强化资金使用管理

杭海城际铁路公司是PPP项目的SPV公司，PPP协议中约定了工程资金以初步设计概算包干为原则，因此资金的合理使用和优化管理是提高公司经营效益的重要环节。一是强化资金预算管理。根据施工组织安排，做好全年投资预测，分月编制全年投资计划。同时结合验工计价和资金拨付办法，制订详细的分月资金滚动预算，再以资金预算为指导。二是明确资金拨付流程和办法。强化服务意识，践行“最多跑一次”理念，提出财务部在验工计价完成后7天内付款承诺，减轻施工单位资金压力。三是推进承兑汇票的使用。在切实考虑施工单位承受能力的基础上，公司在施工合同签订后的工程资金支付时，按20%额度采用集团财务公司银行承兑汇票支付，预计建设期可节约财务费用约2000万元，同时为推广集团财务公司银行承兑汇票的市场接受度作出了贡献。四是严格账户开设，资金集中管理。公司按照集团公司相关规定，银行账户只在贷款银行开设，严格执行资金向集团财务公司归集，同时积极向财务公司争取高于银行业公会的存款招标最高利率限制的存款利率，提高了公司存款利息收入，全年利息收入为2268万元。

3.4　以保障资金安全和工程平稳推进为重点，落实资金监督审核

保障工程项目资金安全，既要保证施工单位的正常现金流，又要防范施工单位因资金移用造成本项目资金不足，最终导致工程停滞的风险。公司应做好以下工作：

一是组建资金监管网络。根据施工单位中中铁的总分包、交工的资金集中管理等不同管理情况，分别制定不同版本的资金监管协议，要求银行和财务公司共同参与监管，取消施工单位资金归集功能，组成较为严密的资金监管网络。

二是明确规定施工单位和供应商开立履约保函。关于履约过程中的风险控制，要求施工单位和供应商开立履约保函，一旦对方最终没有按照合同签署的要求履行，直接或间接给项目公司造成损失，即由银行实行代收赔偿，在一定程度上有效降低了资金的风险。

三是做好施工单位日常资金使用监督工作。要求施工单位按月报送资金使用计划，对于单笔或累计50万元以上支付事项进行审批，杜绝施工单位违规使用工程项目资金。

四是统筹安排并统一投保项目工程保险。为规避不可抗拒的自然灾害或地质因素等对工程建设项目资金造成的风险，统筹安排并投保全项目保险，对保险费用的支出与赔款处置实现全权控制，以实现对工程管理与风险转嫁决定权的目的，保障公司自身的利益。

五是开展“无欠薪”专项治理。根据浙江省“无欠薪”专项治理工作规定，由每个施工单位开具农民工工资专户，每月实行工程款和农民工工资款“两条线”拨付，要求农民工工资款专款专用，同时联合劳动监察大队开展农民工工资发放专项检查，切实保障农民工合法权益。

城际铁路 PPP 项目保廉共同体建设的探索与实践

周世亮
(浙江杭海城际铁路有限公司)

摘　要　PPP 项目作为交通基础建设大型工程的建设管理新模式,其在党风廉政建设上面临多方面监督难题。本文结合杭海城际铁路项目党风廉政建设的实践和探索,提出了 PPP 项目保廉共同体建设模式,狠抓党风廉政建设,多方开发整合内外监督资源,坚持内线、中线、外线三线并举,编织立体预防网,多管齐下,强化预防,努力为浙江省海宁市人民的小康路、幸福线建设提供坚强纪律保证。

关键词　PPP 项目;保廉共同体;三线并举;廉政预防网

0　引言

杭州至海宁城际城际铁路 PPP 项目(以下简称杭海城铁项目),系财政部 2014 年公布的首批 30 个国家级 PPP 示范项目之一,也是浙江省首个轨道交通 PPP 示范项目。该项目线路总长 46.38km,工程概算 141.92 亿元,采用 PPP 模式运作,建设期 4 年,计划 2021 年建成通车。城际铁路 PPP 项目是现代市场经济条件下的新生事物,作为交通基础建设大型工程,存在着参建主体多、组织无隶属、投资金额大、建设周期长、监督常缺位、行业风险多六大特点,其党风廉政建设面临着垂直监督远、横向监督缺、区域监督弱,监督预防体系规范、标准、体系不一,业主单位对参建单位约束手段有限三大难题。

因此探索建立一套适应 PPP 项目大型工程的监督预防体系势在必行。党的十九大报告指出,要构建党统一指挥、全面覆盖、权威高效的监督体系,把党内监督同国家机关监督、民主监督、司法监督、群众监督、舆论监督贯通起来,增强监督合力。自项目开工建设一年多来,杭海城铁项目公司纪委聚焦“清廉杭海”廉政目标,狠抓党风廉政建设,以打造 PPP 项目保廉共同体为抓手,多方开发整合内外监督资源,坚持内线、中线、外线三线并举,编织立体预防网,多管齐下,强化预防,努力为浙江省海宁市人民的小康路、幸福线建设提供坚强纪律保证。

1　引外线

(1)开展属地“纪企”共建。立足浙江省海宁市,联手地方监察委,与海宁市纪委(监察委)开展项目保廉合作,以“一方案”和“一协议”为蓝本,明确项目保廉方案与工作抓手,签署协议,明确职责;双方共同召开“纪企”共建大会,推进阳光动态管理系统建设,开展“杨水康案”警示教育,实施项目廉洁风险排查,按季度互通廉情,共同研判廉政信息,配合开展监督检查等 7 项重大活动,引入地方监察委威慑力量。

(2)设立项目市民监督团。让项目在阳光下运行,扩大关注项目廉政建设的“粉丝圈”。2018 年 4 月 18 日,杭海城铁项目纪委推动海宁市委市政府办公室转发项目市民监督团工作方案至各单位、各部门,鼓励市民参与项目监督;6 月 28 日,党风廉政建设和行业作风评议组成立,海宁地方市民监督团挂牌运作,13 名党代表、人大代表、政协代表、老干部代表、新闻媒体工作者代表进驻项目一线,展开廉政监督与行风评议,在项目中实现党内监督、人大监督、民主监督、群众监督、舆论监督联合。

2 联中线

(1)“纪检双员”让监督探头下沉。针对工程建设中的五大主体,聘任廉政建设监督员、行业作风建设评议员(“纪检双员”),明确“纪检双员”的6项主要工作职责。通过对“纪检双员”进行上岗培训、问卷调查、电话回访、工作座谈、联合检查等形式,明察暗访,了解和掌握项目管理人员廉洁自律与作风情况,实现监督探头在项目标段的移动与下沉。

(2)拓展标段廉政共建。杭海城铁项目纪委盯紧标段中的关键事、关键人。根据项目标段临近沪杭高铁既有线,重点环节由杭州地方铁路开发有限公司代建的情况,推动督促驻地工程师(业主单位)与杭海项目三标(中标单位)、杭州地方铁路开发有限公司(代建单位)、上海地铁咨询监理科技有限公司(监理单位),开展四方廉政共建,共签廉政协议,进行廉政宣誓,共推重大项目廉政监督。

(3)探索建立联合巡察组。为破解杭海城铁项目党委与参建单位党组织关系无隶属关系的难题,杭海城铁项目纪委探索与参建单位上级党组织成立联合巡察组,跨越组织界限,抽调财务、审计、合同管理等专业工作人员,从被管理单位资金的流向入手,对工程设计变更、重大合同、转分包、业务招待费、农民工工资等方面进行专项检查与监督。

3 强内线

(1)表单助推“两个责任”落地。杭海城铁项目纪委聚焦党风廉政建设年度目标,编制党风廉政建设任务分解表,细化落实主体责任和监督责任,推行表单化管理,挂图作战,销号管理,把年度任务细化成7方面46个行动项,按集体责任、第一责任、直接责任、“一岗双责”合理分解,明确责任归属,用一季度一检查、一季度一考核、一季度一报告“三个一”工作机制为保障,推进工作落实。

(2)应用正风肃纪五项工具。杭海城铁项目纪委开发使用短信温馨提示、月度风险发布、廉政风险告知单、禁酒令专项检查、一对一提醒约谈5项工作措施,提前研判,防患于未然。针对节日腐败高发现象,发节日廉洁提示短信,一对一走访提醒,实现全覆盖;利用月度工作例会平台,发布月度廉洁风险预报,一月一报;对公务用车管理不规范等问题,向综合管理部门开具廉洁风险告知“罚单”,限期整改;在标段项目部开展禁酒令专项检查;土建工程、机电招标等实施前期,纪委介入,有针对地集体约谈30人次,传达招标9条禁令,学习警示案例;发函至干部职工家庭,共同学习廉洁倡议书,弘扬廉洁好家风,共筑“清廉杭海”的思想防线。

(3)支部把关“两查一报”。传导压力,督促党支部履行全面从严治党主体责任,开展廉洁从业“回想”与廉政体检背书。2018年3月开展了“两查一报”,要求63名干部职工就“六个不准”和“禁酒令”等廉洁从业事项,进行廉政自检,在个人自查承诺基础上,支部核查签字,筛查结果报纪委备案。

4 保廉共同体建设的意义

在城际铁路PPP项目中推进保廉共同体建设,是杭海城铁项目公司纪委贯彻落实党的十九大关于完善监督体系决策部署和实践共同体概念设计的具体工作举措,是应对交通基础设施PPP项目监督预防的新探索与新尝试。

(1)保廉共同体的建立,有效引入了外围监督力量。实现了工程建设的动态、开放监督,特别是海宁市纪委(监察委)、项目市民监督团参与交通工程重大项目监督,实现了“看得见的眼”与“看不见的眼”相结合,扩大了项目监督范围,深化了企地合作,推动了地方治理,确保了群众知情权,提高了地方群众的满意度,壮大了廉政建设的外围支持力量。

(2)保廉共同体的推进,加强了工程重点环节监督。弥补PPP项目中组织互不隶属的天然缺陷,以及对标段监督上的时空缺位,纪检双员的设置,实现了监督探头的移动与下沉;通过廉政共建与联合巡察,对实现标段重点工程再监督,造就风险防控的双保险;向支部传导压力,强化项目本部管理人员廉政约束;对招标使用负面清单技术,展开廉政风险研判预防,有效降低了风险发生的可能。

(3)保廉共同体的设立,完善了 PPP 项目监督体系。通过外引内培、联创共建等形式,倡导项目一家人、弘扬廉洁好家风、打造保廉共同体,开发项目监督资源,整合分散监督力量,构筑立体、多方位的监督预防网络,形成"一个核心 + 三个条线"的 PPP 项目监督格局,破解 PPP 项目中的监督缺位与难题,探索建立市场经济体制下适应 PPP 项目的监督预防体系。

杭海城际铁路项目SPV公司的风险与应对措施

章建明

(浙江杭海城际铁路有限公司)

摘　要　PPP模式能较好地将项目的投资、工期、质量控制在最合理的范围内,但目前该模式尚处于探索阶段,在法律法规方面存在诸多缺失和相互矛盾之处,导致在实际操作中该模式存在较多的风险。本文以杭海城际铁路"PPP+EPC"模式为依托,对PPP模式下SPV公司在合作模式、合同履行、项目实施中存在的风险源进行分析,并在此基础上提出了通过加强合同管理、确定价格机制、完善法律法规等多项应对措施。

关键词　SPV公司;投资;风险;合同

0　引言

杭州至海宁城际铁路项目是财政部第一批PPP示范项目,采用"PPP+EPC"模式,实现投资、勘察设计、建设施工、营运一体化管理,合作期满后将项目资产移交给政府部门。

1　项目基本情况

1.1　项目概况

杭海城际铁路起于杭州余杭高铁站,与已建成的杭州地铁1号线临平支线(远期为9号线)换乘,沿线经过杭州市余杭区、海宁市许村镇等五个沿线乡镇和海宁市主城区,线路总长约47.722km,设站12座,设车辆综合基地1座。杭州至海宁城际铁路工程速度目标值为120km/h,采用B型车4辆编组、直流1500V架空接触网受电。

1.2　投资规模

根据"项目可行性研究报告"批复,不含利息费用的本项目建设初期总静态投资规模为1276535万元,技术经济指标为26749万元/正线公里,追加投资为142241万元(包含车辆追加投资及设备系统的折旧到期更新)。

1.3　SPV公司

SPV(Special Purpose Vehicle)公司资本金设定为68亿元,其中政府方出资比例占35%,中选社会资本方出资比例为65%。政府方引进的PPP合作基金和基础设施基金一并计入政府方出资比例,在不影响社会资本方投标报价和权益的前提下,合作基金、基础设施基金的资本金回收及投资收益由政府方与合作基金、基础设施基金进行协商安排。

1.4 回报机制

项目投资回报机制为“使用者付费 + 可行性缺口补助”。

2 PPP 模式下 SPV 公司的风险

PPP 模式能较好地将项目的投资、工期、质量控制在合理的范围内,这使 PPP 项目的总融资及资金链形成了目标计划,较好地保证了项目的实施。杭海城际铁路项目融合了 PPP 模式和 EPC 模式,但我国对于这两种模式的实践尚处于探索阶段,在法律法规上存在诸多缺失和相互矛盾之处,在两者的融合上更是缺乏有效的论证和足够的法律支撑,导致在实际操作中该模式存在较多的风险。

2.1 合作模式中存在的风险

2.1.1 “两标并一标”是否合法的风险

“两标并一标”模式的实施是 PPP 模式中最主要的风险之一。PPP 模式下实施的“两标并一标”,其法律依据为《中华人民共和国招标投标法实施条例》(以下简称《招标投标法实施条例》)第九条所规定的“已通过招标方式选定的特许经营项目投资人依法能够自行建设、生产或者提供”项目可以不进行招标。但从法律规定看,符合允许《招标投标法实施条例》第九条所提到的“可以不进行招标”的范围是有要求的,可以适用于“特许经营项目”而并非所有 PPP 项目。然而,目前尚未有任何法律法规明确规定“特许经营项目”和“PPP 项目”是含义相同、可以互相替换的概念。虽然财政部《关于在公共服务领域深入推进政府和社会资本合作工作的通知》(财金〔2016〕90 号)第九条规定:“对于涉及工程建设、设备采购或服务外包的 PPP 项目,已经依据政府采购法选定社会资本合作方的,合作方依法能够自行建设、生产或者提供服务的,按照《招标投标法实施条例》第九条规定,合作方可以不再进行招标。”该条中没有明确该条仅适用于特许经营项目,而是可以适用于所有 PPP 项目。杭海城际 SPV 公司在实际办理相关手续过程中,在“特许经营项目”和“招标方式”等方面与《招标投标法实施条例》的相关规定冲突,在合法性上仍然存在着疑问。

2.1.2 价格安排是否合理的风险

PPP 项目完成社会资本方招标后,由 SPV 项目公司与中标社会资本中有承包资质和能力的一方签署总承包合同,并非一次性完成。但是 PPP 项目在社会资本方采购环节中,政府方和中标的社会资本方却是一并完成了在此后环节中 PPP 合同中涉及的相关价格的边界条件的确定。因此,作为 PPP 项目中的社会资本方的组成部分,工程承包企业应当就其所考虑、关切的工程价格方面的安排,在 PPP 项目采购阶段就应与政府方展开磋商和谈判,以维护自身的利益,否则,会造成社会资本方中选、PPP 项目合同的权利义务设置完毕之后,已经失去了和政府方进行合同价格商榷的余地,工程承包企业也因此承担相应的风险。政府方亦然,其需要就其利益在采购环节进行落实。杭海城际 PPP 项目在社会资本方中标时,工程建设采用的是 EPC(Engineering Procurement Construction,设计采购、施工、总承包)模式,又是固定总价合同,由于前期设计方案论证不够充分,因此留下诸多隐患:如项目后期结算、财政审核、审计工作量大、周期长,双方容易产生分歧;可能会影响可行性缺口补助的按期支付,并导致政府方的实际支付额超出财政承受能力论证报告的计划支付额。

2.2　合同履行中存在的风险

2.2.1　合同管理的风险

PPP 模式下的合同体系复杂,参与方多,合同数量多,管理难度大。一般包括 PPP 项目合同、运营维护合同、融资合同、产品或服务购买合同、原料供应合同、咨询合同等,合同数量众多,合同体系复杂。在项目实施过程中,根据项目实际情况参与各方还会在不同时期、不同阶段签订其他不同类型的合同及补充协议,且各参与方的人员处于持续变动状态,造成合同管理难度增加。杭海城际 PPP 项目合作期限为 29 年,其中建设期 4 年,运营期 25 年,因此从合同的订立到合同履行、合同终止等过程持续时间较长。且在合同履约过程中,存在较多不确定性因素,极可能导致合同期限延长。PPP 项目合同是 PPP 模式下合同体系的核心,在合同管理过程中应将其作为重点管理对象,其他配套合同与 PPP 项目合同之间存在一定的"传导关系"。例如,原料采购合同的履行出现问题会影响运营合同的履行,进而影响 PPP 项目合同的履行,则 SPV 公司在合同管理中就存在一定的风险。

2.2.2　合同履约的风险

传统项目施工时,由于受外界影响因素较大,工程变更情形时常发生。然而在"PPP + EPC"模式下,项目具有更复杂的组织环境、更多变的施工环境、更难预见的施工情况。因此,在项目实施前签订的各项合同均为不完备合同。合同条款的不完备,易造成项目交易费用的增加,引起不必要的合同争端,导致建设项目交易的被迫停止。由于合同条款反映项目各利益主体责任、权利、利益的分配,由实施方案以及环境变化造成的合同条款变更,将会对上述责任权利分配的标准约定不明,引起不必要的纠纷,导致合同履约风险增高。

2.3　项目实施中存在的风险

2.3.1　项目建设过程中的风险

PPP 模式下,社会资本往往既是投资建设方又是工程总承包商,因此工程监理的独立性得不到保障,建设过程中暴露的问题往往在事后才被发现。在"PPP + EPC"模式下,建造风险涉及工程设计、材料设备采购、工程施工。首先,工程设计工作由社会资本方承担,相应的设计错误和缺陷也由社会资本方承担;其次,材料设备采购工作的好坏直接关系项目的成败,材料设备的规格、型号、数量是否齐全,质量是否符合要求,这些风险不仅贯穿整个采购过程,而且直接影响整个工程项目的费用和进度,并决定工程项目建成后能否连续稳定安全运转;最后,施工是工程项目建设过程中的重要阶段之一,它影响项目的全过程。

2.3.2　项目运营过程中的风险

PPP 的运营风险主要有市场收益不足风险、配套设备服务提供风险、市场需求变化风险、收费变更风险和政府信用风险。在"PPP + EPC"模式中,对项目从前期可行性研究、设计、施工、验收到运营项目全过程中的各项活动进行统筹计划、组织、控制、协调,主要对工程的设计和施工标准、质量、进度、费用等关键因素进行严密控制,将各项指标控制在预期的范围之内,不仅在建设期绩效考核中取得物有所值的结论,更要在运营期绩效考核结果中验证建设期一系列控制水平的高低。

2.4 项目实施中存在的税收风险

2.4.1 政府补助是否征税

为了保障PPP项目的可行性,政府通常会提供一定程度的补助,如投资补助、价格补贴等。对于这种补助,如何进行税务处理,目前并无明确规定。根据财政部国家税务总局《关于专项用途财政性资金企业所得税处理问题的通知》的规定,企业从县级以上各级人民政府财政部门及其他部门取得的应计入收入总额的财政性资金,凡同时符合以下条件的,可以作为不征税收入,在计算应纳税所得额时从收入总额中减除:企业能够提供规定资金专项用途的资金拨付文件;财政部门或其他拨付资金的政府部门对该资金有专门的资金管理办法或具体管理要求;企业对该资金以及以该资金发生的支出单独进行核算。对于在项目建设阶段政府向社会资本提供的投资补助,很容易将其认定为不征税收入。但是,对于运营阶段政府向社会资本提供的价格补贴,则不能直观地判断其是否属于不征税收入。虽然在形式上,价格补贴有可能符合不征税收入的三个条件,但实质上,杭海城际项目营运缺口补助并不具有不征税收入的本质属性,仍应是社会资本经营性收入的组成部分。

2.4.2 政府股东让渡的红利如何纳税

根据法律有关规定,居民企业股东从另一被投资的居民企业获得的股利是免税的。杭海城际PPP项目约定政府方股东不参与项目公司分红,海宁市政府向社会资本让渡部分红利是作为一种间接补贴手段,在项目公司分红时,社会资本的分红比例就会超过其持股比例,那么,如何认定这部分超比例分红的性质?现行的税收法规并没有明确规定。其实,有三种可能的认定办法:一是认定为社会资本从项目公司分得的免税红利;二是认定为从政府或其部门获得的不征税收入;三是认定为社会资本从政府获得的应税偶然所得。至于选取何种办法,有待相应税收征管政策出台。

3 PPP项目营运中应对风险的措施

3.1 加紧出台相关法律法规

虽然财政部《关于在公共服务领域深入推进政府和社会资本合作工作的通知》(财金〔2016〕90号)第九条关于“两标并一标”作了相关规定,但该条中没有明确该条仅适用于特许经营项目,而是可以适用于所有PPP项目。由于财金〔2016〕90号文的法律位阶较低,目前的《政府与社会资本合作条例》(征求意见稿)第二十四条规定:“实施合作项目所需的建设工程、设备和原材料等货物以及相关服务,社会资本方依法能够自行建设、生产或者提供,且在选择社会资本方时已经作为评审因素予以充分考虑的,可以由社会资本方自行建设、生产或者提供。”但该条例尚未正式出台。较高位阶的法律法规应明确所有PPP项目及在只要是采用竞争方式采购社会资本方的情况下“两招并一招”的合法性,在此情况下,PPP模式下的“两招并一招”在某些项目和非招标采购方式下操作才可能真正被认定为合法。

3.2 加强合同管理

合同管理属于项目管理的重要组成部分。PPP模式下的合同管理是在PPP项目合同签署后直至项目生命周期结束时,控制和管理PPP项目合同的过程和活动。基于合同在PPP项目中的核心地位,要实现PPP项目的最大效益,对项目合同进行有效管理至关重要。“PPP + EPC”模式下的合同管理既要加强对 PPP 项目合同及 EPC 合同的重点管理,也要确保其余配套合同的协同管理,才能在项目后期的实施过程中减少各方纷争,提高项目管理效率。因此,在合同管理的过程中既要注重核心合同、重要合同的管理,同样也应当兼顾其他配套合同的管理,确保整个合同体系的正常运行。

PPP 模式下的合同管理难度大,政府和社会资本方均需要专业队伍对整个合同体系进行管理。合同管理团队虽然可以在项目公司成立时设立,但合同管理团队负责人则需要在项目初期就投入项目管理:一方面可以满足项目初期解决法律合约问题的需要;另一方面可保证团队负责人能够充分了解整个项目的合同签订及履行情况——只有在充分了解项目情况的前提下,其才能为项目提供更全面、更符合合同目的的管理。

3.3 在招标时确定价格机制

“PPP + EPC”模式讲求的是两种模式的融合,一般在招标时就应采取合理的价格机制,明确中标联合体中各方的权利义务,确保联合体各方在项目实施时,各司其职,避免单独追求各自的利益,相互推诿,从而产生预想之外的问题和风险。从杭海城际“PPP + EPC”项目执行情况看,比较理想的安排是项目实施机构在招标确定 PPP 项目社会资本方的同时,明确选定建设工程承包方,在招标文件中要求投标人就工程和服务分别报价。对整个项目而言,不论是 PPP 部分还是其中的 EPC 部分,政府对工程报价划定的边界条件是一致的,所以要求投标人分别报价并不存在障碍。而在项目执行过程中,工程费用的实际支付方是项目公司,如果项目公司与工程建设企业在工程合同中对边界条件规定与政府招标时规定的不一致时,则 SPV 公司是有理由变更价格的。

3.4 加强风险管理意识

为保证项目顺利运营,应充分做好市场调查,做好市场预测工作和建立完善的风险分担机制,加强管理人员的风险管理意识,设立强有力的项目运营管理机构,建立有效的项目风险管理制度和措施,并针对可能发生的风险制定有效的应急处置措施。如果实施过程中发生偏离现象,应及时预警并制定相应的纠偏措施,保证项目的顺利实施和高效运营。

3.5 修订和完善税收法规

现行有关税收法规及政策主要是针对传统企业或事业单位制定的,不适应或不能完全适应 PPP 项目发展的需要。因此,随着 PPP 模式的全面推广运用,应及时对相关税收法规政策进行相应的修订与完善,对社会资本从项目公司中获得的政府股东让渡的股利直接按免税红利处理;对 PPP 模式下的固定资产折旧、亏损弥补、税前抵扣等作专门的规定。同时,还需要对双重征税、资产权属界定等问题,从法规的角度予以明确和解决。

3.5.1 制定 PPP 项目税务处理指南

由于 PPP 项目参与方众多、利益诉求不一,交易结构复杂、环节众多,投资规模巨大、回收周期长等,所以,PPP 项目在其全生命周期内涉及的税务问题要比一般企业经营活动中遇到的税务问题复杂得多。为了便于社会资本或项目公司申报纳税,应分别就 PPP 项目涉及的企业所得税、增值税等主要税种编制税务处理指南。

3.5.2 建立区别对待的税收优惠政策

大多数 PPP 项目涉及的都是公共产品的生产,与公共利益息息相关。这些产品一般由政府定价或执行政府指导价,社会资本或项目公司难以根据供求变化来调整产品价格。为了使PPP项目能够实现“财务平衡”,除了政府提供相应的补助外,再给予一定程度的税收优惠是十分必要的。但在制定和实施税收优惠政策时要有所区别,并非只要是PPP项目都可享受同样的优惠政策。按照盈利性由低到高的顺序,可将PPP项目分为非经营性项目、准经营性项目、经营性项目。依此顺序,相应项目获得的税收优惠程度应是逐步降低的。如在征缴所得税时,对非经营性项目可实行免税政策,对准经营性项目可实施减税政策,等等。同时,对于地方性的PPP项目,如果涉及与地方共享税的减免优惠,应该只减免地方分享的部分。

3.5.3 对PPP模式下的政府补助分类进行税务处理

由于PPP基本上涉及的是公共交通、公用设施、社会公共服务等领域的项目,在一定程度上,社会资本代行了政府的社会公共管理职责。所以,相比一般的法人企业,政府应向社会资本提供更多的补助或支持。这些补助或支持包括但不限于投资补助、贷款贴息、价格补贴,以及无偿划拨土地、让渡项目公司中政府股东全部或部分分红权等。对于社会资本获得的政府补助应分类进行税务处理,如投资补助可认定为不征税收入,价格补贴按免税收入处理等。

轨道交通多元化投融资模式的分析与研究

郄振宁
(浙江杭海城际铁路有限公司)

摘　要　本文首先对政府投融资模式、市场化的投融资模式和以政府为主导的多元化投融资模式三种轨道交通投融资基本模式特点进行分析,然后针对投融资主体多元化投融资模式,在梳理当前国内BOT(建设-经营-移交)融资模式、PPP融资模式、融资租赁模式的运用情况基础上,从规划、开发模式、保障机制等方面提出了若干建议,以有效推动轨道交通的建设开展。

关键词　轨道交通;融资模式;BOT;PPP

0　引言

轨道交通建设是一项非营利性大型公益项目,具有运量大、速度快、时间准、污染小、占地少等独特优势,但同时又具有投资大、建设周期长、运营成本回收慢等特点,建成运营后,仅靠票务收入是难以偿还债务以及补偿运营亏损的。因此,轨道交通建设不仅要解决建设资金问题,同时还要面对偿还债务和补偿运营亏损的压力。而以往轨道交通建设一般都以政府投资为主,资本金主要来源于政府财政资金注入,对政府财政产生巨大的压力。但随着以市场为导向的投资体制改革的不断深化,原有的以政府投资为主的投融资模式面临挑战,迫切需要根据各地社会经济发展的具体情况,进行投融资模式创新。

1　轨道交通投融资基本模式

轨道交通投融资基本模式有政府投融资模式、市场化投融资模式和以政府为主导的多元化投融资模式。

1.1　政府投融资模式

政府投融资模式,即由政府负责轨道交通投资建设,以政府提供的信用为基础,以政策性融资方式为主,辅之以其他手段进行融资。资金来源渠道主要有两类:一是政府财政出资;二是政府债务融资,包括国债资金、政策性贷款、境内外债券、国外政府或国际金融组织贷款等。纽约、柏林、巴黎、莫斯科、首尔等世界上绝大多数城市轨道交通建设都采用了该模式,这也是我国轨道交通建设的主要模式。

政府投融资模式最大的优点是能依托政府财政和良好的信用,快速筹集到资金,操作简便,融资速度快,可靠性强。世界很多国家的大城市在城市轨道交通建设初期和高速成长时期,政府投融资都发挥着主要作用。但该模式的缺点也很明显:对政府财政产生压力,受政府财力和能提供的信用程度所限,融资能力不足;不利于企业进行投资主体多元化的股份制改制和转换企业经营机制。

1.2　市场化投融资模式

市场化投融资模式,即非国有独资的公司制企业,以企业信用或项目收益为基础,自主进行投融资活动,筹集资金,独自承担相应的责任,资金来源渠道以商业贷款、发行股票等商业化手段为主。如泰国曼谷轻轨就采用了此种模式。

市场化投融资最大的优点是可以吸收其他投资者参与项目建设,减轻对政府财政的依赖,完成投资主体多元化的股份制改制,转换企业经营机制。其缺点主要是融资速度较慢,融资量大,同时操作环节多,过程复杂。

1.3 以政府主导的多元化投融资模式

以政府主导的多元化投融资模式,介于政府与市场化投资模式之间,坚持政府主导,通过建立项目盈利模式,对项目进行商业化运作,以吸引社会各方面投资,形成轨道交通建设的良性循环。香港地铁是一个典型的例子。

多元化投融资模式既能利用政府的力量解决市场不能解决的问题,也能利用市场解决政府不能解决的问题。一方面引入民间资本,减轻政府的财政负担;另一方面引入竞争机制,提高运作效率。

探索研究轨道交通投融资市场化、多元化,拓宽轨道交通建设资金筹措渠道,解决资金短缺的问题,将成为今后我国轨道交通投融资发展的主要方向。

2 投融资主体多元化投融资模式的应用

2.1 BOT 融资模式应用

所谓 BOT,一般是指在涉及公众利益的大型基础设施的建设、经营、移交过程中,由当地政府特许的、由私营的或非政府财团投资的、以一定期限的经营盈利作为回报的投资模式。这种投融资模式具有以下几个特点:一是项目的投资主体系非政府的市场主体;二是项目的建设和经营及期限须获得政府的特许经营权;三是投资成本收回及盈利依赖当地政府的特许经营权;四是投资的风险由投资主体自行承担。鉴于以上几点,这种模式已经在我国不少城市的轨道交通建设中实施。

如深圳市政府将深圳地铁 2 号线全线委托香港地铁公司成立的项目公司——港铁深圳公司统一运营,并授予港铁深圳公司 30 年的特许经营权。在整个建设和运营期内,项目公司由香港地铁公司绝对控股。香港地铁公司获得深圳地铁 4 号线沿线 290 万 m^2 建筑面积的物业开发权,在整个建设和经营期内,项目公司自主经营、自负盈亏。待 30 年经营期满后,全部资产无偿移交给深圳市政府。

2.2 PPP 融资模式应用

PPP 主要是指政府部门与民营机构签署合同,明确双方的权利和义务,达成伙伴关系,共同完成某些基础设施项目的投资、建设及运营任务。通过这种合作形式,合作各方可以达到与预期单独行动相比更为有利的结果。与 BOT 模式不同的是,合作各方参与项目时,PPP 模式合作伙伴在项目全过程参与,同时政府并不是把项目的责任全部转移给私人企业,而是由参与合作的各方共同承担责任和融资风险。

北京地铁 4 号线是国内轨道交通建设中首个以公私合营(PPP)模式进行建设运营的项目。北京市基础设施投资有限公司、北京首创集团公司和香港地铁公司签署了北京市地铁 4 号线特许经营项目三方合作经营协议,共同出资组建 PPP 模式的公司——北京京港地铁有限公司(期限 30 年),PPP 合作公司总投资为 46 亿元,注册资本 15 亿元,其中香港地铁公司和北京首创集团公司各占 49% 股份,北京市基础设施投资有限公司占 2% 股份。总投资的其余约 2/3 资金采用无追索权银行贷款。北京市政府与投资三方签订《北京地铁四号线特许经营协议》(以下简称《特许协议》),授予特许经营公司特许权,同时明确政府与特许经营公司的权利与义务,其中包括地铁 4 号线的建设标准、运营标准和特许期结束后项目设施移交标准,为保证特许经营公司进行项目正常的建设和运营创造条件,同时建立相关的监管和激励机制。特许权不得转让,如果特许经营公司严重违反有关法律法规和特许协议,北京市政府授权部门可以采取包括收回特许权在内的措施。

2.3　融资租赁运用

融资租赁是指出租人根据承租人对租赁物件的特定要求和对供货人的选择,出资向供货人购买租赁物件,并租给承租人使用,承租人则分期向出租人支付租金。在租赁期内租赁物件的所有权属于出租人所有,承租人拥有租赁物件的使用权。城市轨道交通建设运用融资租赁是较好的融资方式,轨道交通设备和车辆通过融资租赁,不必单独购买而占用大量的沉淀资金,这样可以提高资金的利用效率。

2008 年,武汉地铁集团首次运用融资租赁模式,为武汉地铁建设和发展开创了新局面。2008 年 12 月 24 日,武汉地铁集团与新成立的中国工商银行金融租赁公司达成融资租赁意向,签订融资协议,包括“售后回租”和“直接租赁”两部分。武汉地铁公司将已建成的 1 号线部分设备和车辆出让给租赁公司,融资 20 亿元,然后回租(租期暂定 15 年),未来采购新设备则采用“直接租赁”方式。中国工商银行金融租赁公司将售后回租部分的资金一次性投放,直接租赁部分的资金随地铁 2 号线和 4 号线的建设进度,在设备采购阶段分期投放。为了有效降低风险,租赁公司融资租赁物大多数为可移动的大型设备,银行通过租赁方式可以拥有实物的所有权。

3　轨道交通建设采取多元化的投融资模式的若干建议

采用投融资主体多元化的投融资模式可以说是地方推动轨道交通发展的关键,应从规划、开发模式、保障机制等方面入手,促进轨道交通建设、运营领域的适度多元化、市场化改革,拓宽建设资金来源,有效推动轨道交通的建设开展。

3.1　加强顶层设计,优化城际轨道交通建设运营环境

作为县级市应抓住新型城镇化发展契机,树立一种建轨道就是建一座城市的理念,做好建设规划,将城际轨道交通建设与城镇化步伐相统一,为轨道交通创造良好的建设运营环境。把地区的产业发展布局、交通基础设施、城市公共设施、生态环境进行统筹规划,并将轨道交通建设与公路、机场、航运与综合交通枢纽建设相协调,最大限度地拓宽交通体系的吸引范围和辐射半径,提升综合交通运输体系对国民经济和社会发展的支撑作用,同时也为轨道交通沿线吸引丰富的人流、物流,这也是吸引各类企业和投资者参与的基础。

3.2　建立清晰完善的法律、法规体系,保护和规范各方权利与义务

对于政府主导的市场化投融资模式,需要从法律、行政法规、地方性法规或部门规章、规范性文件等法律、政策的多个层面加以规范。对政府部门与企业部门在项目中需要承担的责任、义务和风险进行明确界定,保护各方利益,尤其是对如何建立政府与企业之间的关系,如何建立政府对企业在运营、服务、安全等方面进行监督、约束、激励的规则与机制进行确定。通过完善的法律法规对参与各方进行有效约束,是最大程度发挥优势和弥补不足的有力保证。

3.3　做好“土地”这篇文章,吸引民资积极参与城际轨道交通建设

土地资源是轨道交通进行综合开发的基础,土地的可利用规模和可开发程度也是城际轨道交通建设资金平衡和运营的保障。通过转让轨道交通沿线的土地使用权或进行综合开发利用,不仅可以弥补

建设资金的不足，更是增辟轨道交通融资渠道，吸引民间资本的有效手段。因此，地方在国家土地政策允许的条件下，应将“站点＋上盖物业”或“线路＋沿线土地”捆绑起来统一招商，创新投资方式，提高项目投资收益，增强城际轨道交通建设项目对民间资本的吸引力。

3.4 完善民资参与城际轨道交通建设的体制机制保障

目前，民营资本进入城际轨道交通建设领域积极性不高，除了轨道交通盈利前景不明朗以外，机制保障不健全也是一大障碍。虽然已有不少地方提出以线路周边土地开发收益补贴线路建设运营的方案，但尚未建立有效的保障机制，使得企业难以获得实际盈利。地方应进一步破除制约民间投资的体制障碍，在贷款、税收优惠、财政补贴、土地供应、项目审批等方面，对民营企业给予和国有企业同样的政策支持，进一步激活民营企业投资城际轨道交通建设的积极性。

论企业内部财务风险管理体系的构建

许华平
（浙江杭海城际铁路有限公司）

摘　要　本文首先基于企业运行特点对企业财务风险进行分类，并从决策体系、管理程序、管理制度、监督体制、重视度、披露机制六个方面阐述了现行财务风险管理体系的不足之处，然后提出构建企业内部财务风险管理体系，以将企业的损失降到最低，实现最大的经济效益为目标。

关键词　财务风险；管理体系；财务预算；监督体系

1　内部财务风险管理体系构建的重要意义

在新时期的经济环境下，企业面临的市场竞争越来越激烈，企业要想在激烈的市场环境中占有一席之地，就必须构建完善的内部财务风险管理体系。企业在经营发展过程中，往往会遇到很多财务风险性因素，如果不能及时解决，就会对企业的经营管理活动构成严重威胁，可能造成企业的利益受到损失，甚至会给企业的正常运行带来危害，影响企业的经济效益。

在市场经济条件下，企业的财务风险有其存在的必然性，要完全预防和消除是不可能的，这是由外部环境的不确定性以及企业内部的各种组合因素造成的必然结果。虽然不可完全预见和避免，但可以通过高效的应对措施（体制机制的建立）来有效规避一定的财务风险，这也是内部财务风险管理体系存在的主要意义。通过构建企业内部财务风险管理体系，可以对各项财务决策提供必要的信息支持，还能在资金流动的过程中进行实时的监督和预警，从而帮助企业在第一时间内发现财务危机和预防财务危机，并能够在遭遇危机时选择风险最小的解决方式，以将企业的损失降到最低，实现最大的经济效益为目标。

2　企业财务风险的主要类型

根据企业的运行特点，可以将财务风险分为以下几种类型：

（1）财务支付风险，即因借入资金而增加丧失偿债能力的可能，如负债过度风险、筹资结构风险。与高负债形成的风险相比，或有负债形成的风险更具隐蔽性，潜在风险也更大。

（2）投资风险，即由于不确定因素致使投资报酬率达不到预期目标而发生的风险，如投资前风险评估不足、决策风险、外部市场风险等。

（3）资金流动性风险，即现金流出与现金流入在时间上不一致导致资金链断裂所形成的现金流量风险，如货币资金管理风险、应收账款的坏账风险、存货积压风险等。

（4）收益分配风险，即由于收益分配可能对企业今后生产经营活动产生不利影响而带来的风险，如利润及股息比例的分配及股权的派送风险等。

3 企业现行财务风险管理体系的不足之处

3.1 企业决策体系造成的财务管理风险

由于决策组织形式、决策体系、调控手段等决策机制的不同,企业所有权和经营权之间的矛盾增加了财务风险的发生几率。

3.2 财务风险管理程序的不完善

由于企业管理层所接受的专业系统教育较为有限,缺乏对企业的有效认识,未能形成良好的风险意识,缺乏“未雨绸缪”意识,在企业真正面临财务风险后,才临时制定措施予以应对;企业在财务风险管理上,表现出明显的财务人员专业素质不足问题,专业财务风险知识储备不全面,专业素质难以满足专业水准要求;企业内控体制不完善等都属于财务管理体系的内部问题。由此表明一些企业财务管理决策存在一定的非科学性,这对企业经营发展将造成不利影响。

3.3 财务风险管理制度执行不力

财务管理体系的运行除了体系内部的制度保障之外,还有一个因素就是执行力。在相关的规章制度完善之后,如果没有具体有效的执行措施,就会永远停留在制度层面而无法切实地提高企业的财务风险防范能力。此外,由于执行力不够,工作人员有可能偷工减料,或者马虎大意,从而增加企业的财务风险。

3.4 企业财务监督体制不健全

管理机制和监督机制是相辅相成的,企业财务风险管理体系的另外一个层面就是相应的监督体系,只有具备完善的监督机制,财务管理才能在相对公开透明的环境中运行,而这一点通常为大多数企业所忽视,以致很多财务风险是由于机构内部的监督不力造成的,因此,企业领导人应对此高度重视。

3.5 对企业财务风险管理重视度不足

在内控体系构建中对企业财务风险管理重视度不足。主要体现在三个方面:一是企业经营管理者在财务管理方面,比较倾向传统粗放的管理模式,在财务控制管理上存在较大不足;二是企业在经营管理过程中,认为财务工作仅仅是财务部门的事情,使得企业财务风险管理难以上升到企业管理的高度,也难以发挥其应有的作用;三是企业管理者运用的财务管理方法没有充分结合自身实际情况,加之忽视了财务内控管理,对其关注度也不断降低,进而对企业财务管理工作有序开展造成不利影响。

3.6 缺乏有效的信息披露机制

缺乏有效的信息披露机制带来的后果就是财务信息的真实性难以保障。在新市场经济体制下,财务信息的真实性和准确性是避免财务风险发生的主要保障。但是,目前较多企业内控体系构建中严重缺乏有效的财务信息披露机制,容易受到人为因素的影响。如过分追求企业的高速发展,用发展来掩盖危机。这种策略往往会导致资金结构中负债资金比例过高,导致企业财务负担沉重、偿付能力不足。

4　企业内部财务风险管理体系的构建

经过对现行企业财务风险管理体系问题的系统分析，明确了必须建立相应的财务风险管理体系，综合解决财务风险管控中的不足问题，以规范财务风险管理，避免或减少企业的财务危机。建立财务风险控制体系的目标主要包括以下方面：一是建立和完善符合现代企业管理要求的内部组织结构，形成科学的决策机制、执行机制和监督机制，保证公司经营管理目标的实现；二是建立良好的公司内部控制环境，防止或及时发现和纠正错误及舞弊行为，保证公司资产的安全和完整；三是建立行之有效的风险控制体系，强化风险管理，保证公司各项业务活动的健康运行；四是堵塞漏洞、消除隐患，防止或及时发现和纠正各种错误、舞弊行为，保证公司财产的安全；五是规范公司会计行为，保证会计资料真实、完整，提高会计信息质量；六是确保国家有关法律法规和公司内部规章制度的贯彻执行。

（1）完善内控管理体系，加强企业财务风险管理。科学完善的财务内控体系，不但可以有效地规避财务风险，也可以促进企业持续稳定发展和运行；科学完善的财务内控管理体系，对企业财务活动进行全方位的监督和控制，并根据财务风险发生的因素，制定出科学、合理、规范的应对措施，确保企业财务的安全性和使用的高效性。主要体现在以下几个方面：一是有利于促进企业财务活动的有效性。一套科学合理的财务内控管理体系，不但可以统一企业不同部门之间的关系，促使各个环节合理运行，而且还可以对财务管理活动进行监督和控制，不断规范企业资金使用的合理性，从而为企业的经营和管理提供重要的基础保障；二是有利于强化财务风险的管控效力，通过构建内控体系，可以不断加强财务管理的科学性和合理性，一旦企业财务管理出现问题，内部控制体系就可以第一时间强化财务管理中防范风险的控制力，以确保企业财务的安全性；三是有利于提高财务风险的识别能力，完善的内控体系可以对企业面临的市场环境进行系统科学的分析，从而为企业财务风险识别提供相应的数据和信息，帮助企业经营管理人员作出正确的决策，也可以帮助财务人员及时发现问题，把财务风险影响因素控制在萌芽当中，为企业持续稳定的发展奠定坚实基础。

（2）建立财务预算和预警机制，规范资金流动。在财务风险发生之前，企业必须具备一定的预算和预警机制，预算机制是为了对财务流动进行合理规划以及对财务风险进行有效评估，财务预算管理是将企业各职能部门的管理工作和所属单位的生产经营活动贯穿起来，从而提高企业整体的管理效率和经济效益，而财务预警机制则是为了对财务风险进行有所防范，在未形成大规模的财务危机前制定出合理的规避决策，以降低企业损失，维护企业经济效益。

（3）建立财务分析指标体系，预防财务风险。财务分析指标体系是在决策初期，对项目的盈利指标、偿还指标以及风险指标等进行综合评估的一个指标体系。该体系的存在能够为企业提供有效的分析数据，从而帮助企业领导人在综合各类因素的基础上作出正确决策和应对措施，并对可能存在的财务风险形成一定的预见意识，通过对指标数据的分析及时地调整有关进度，规避财务风险。相对财务预警机制，其属于长期的财务管理措施，立足长远，与企业的经济效益密切相关。

（4）完善财务风险管理各个环节，提高决策的科学性和执行力。财务风险管理只由企业内部的一个系统或者一个部门负责，不具备具体的决策权，在运行过程中又受到种种因素的制约，这一状况不改变，财务风险管理不可能得到有效解决。因此领导人必须意识到财务管理部门的重要性，依据财务部门提供的数据并结合专业人士的风险评估，作出正确决策。此外，还应完善财务风险管理的各个环节，确保各个环节工作人员的执行力度。

（5）完善财务风险管理监督体系，减少财务漏洞。在对财务风险管理的各个环节进行有效调整之后，还必须完善监督体系，使每一个环节的数据分析和决策制定都在有效的监督体制之下进行，以保证决策的正确性，降低企业财务风险发生的可能性。比如在融资过程中，要对企业与资金来源方的经济往来进行有效监督，确保交易过程的纯洁性。具体通过以下几方面进行强化：

①营造良好的财务风险内控环境。通过构建科学合理的内控体系，不但可以逐步优化企业组织管

理结构,提高全体职工对财务风险的认知度,而且还可以有效地提升管理控制人员的专业水平以及职业技能素养。具体可以从以下两方面入手:第一,逐步优化企业组织结构,确保企业各个部门之间的联系,对提高企业经营效率有非常重要的作用。在构建内控体系过程中,必须加强各部门之间的配合度及参与度,从根本上提高企业的运营效率,把企业财务风险扼杀在萌芽当中;同时企业也要充分了解自身的组织结构形式,并逐步完善和优化,减少人为管理失误或者操作失误造成的财务风险。第二,提高企业财务管理人员对财务风险的认知度和综合素质,以适应复杂多变的市场环境,确保企业相关财务信息的真实性。

②建立完善的内控制度。完善的内控制度是防止企业筹资、投资及运营风险发生的关键途径,需制定出行之有效的规章制度以及风险解决对策,确保筹资、投资及运营过程中有理可依、有据可循,并对企业现阶段的各项资产、债务状况等进行科学合理的分析,从而为企业筹资、投资及运营决策提供数据上的支持和帮助;同时也要制订相应管理措施,以最大限度地发挥内控体系在决策监督方面的价值和作用,为后期财务监管工作奠定坚实基础。

③推进财会信息化建设,建立实时有效的信息披露制度。为充分发挥内控体系在财务风险管理当中的效力,财务部门必须将内控体系构建工作和财务信息化建设紧密结合,通过在企业内部建立以信息化、网络化、大数据、云计算等为基础的综合财务管理风险管理系统,如财务共享系统,随时随地对企业资金使用情况进行严格审查,确保财务信息的真实性和可靠性。同时通过信息化的平台,也可以确保每项资金使用的公正性和透明性,提高企业对资金使用的控制力度。另外,通过相应的财务信息披露,企业财务部门和管理者能及时发现企业在经营中存在的财务风险因素,及早做好应对措施。

5 结语

综上所述,在新时期经济背景下,构建企业内部财务风险管理体系,是企业财务管理的核心工作,不但可以提高企业财务资金的安全性,还有助于企业在激烈的市场竞争中始终立于不败之地。企业只有营造良好的财务风险内控环境、建立完善的内控制度、推进财会信息化建设,才能确保基于财务风险管理的内控体系构建更加顺利。

浅谈全面预算管理

赵晓光
（浙江杭海城际铁路有限公司）

摘 要 全面预算管理是现代企业围绕发展战略，运用现代网络与信息技术，将业务流、资金流、信息流以及人力资源流融合为一体的综合管理系统。要高度重视并推动全面预算管理工作，为全面预算管理的开展营造良好的工作氛围。

关键词 全面预算；预算管理；全面参与

0 引言

全面预算管理是现代企业围绕发展战略，运用现代网络与信息技术，将业务流、资金流、信息流以及人力资源流融为一体的综合管理系统，是企业优化资源配置、提高运营质量、改善经营效益、加强风险管控的有效管理工具和管理机制。

预算管理，是指利用预算的方法，对企业内部各部门的财务及非财务资源进行计划、管理、控制的一系列活动，是现代企业管理的重要组成部分，是企业顺利实现经营目标的重要途径。预算管理能够帮助企业更加有计划、有步骤地开展生产经营活动，实现生产经营目标，更好地实现企业内部资源的优化配置，提高资源利用率；帮助企业实现对各个部门的宏观调控，使企业内部各项控制更加具体化和科学化，更加全面地利用一切人力、物力、财力，避免生产经营过程中产生浪费和低效率现象。预算管理在现代企业管理中，发挥着积极、重要且不可或缺的作用。

1 当前全面预算管理存在的问题

1.1 企业重视度不够，内部配合度低

就目前的状况来看，部分企业未能全面认识到预算管理的重要性，对预算管理的重视度还有待提升。由于企业对预算管理的认识不足，企业内部员工更加不重视预算管理工作，很多时候，企业只是单纯为了预算而预算，预算的准确性和可信度都不够高，对企业的参考和指导意义并不大。很多企业的预算管理并没有与企业管理全面结合起来，也就不能发挥出预算管理的重要作用。

1.2 计划约束力和执行度低

尽管现在很多企业都已经制定了长期发展规划及年度经营目标，但是这些计划往往比较抽象，缺乏具体方案和措施的支持，可操作性不强。与各部门的结合联系不足，使计划往往只是一张“空头支票”。此外，预算管理范畴非常广泛，需要企业内部多个部门、多个层次的配合与协作。尽管有些企业实施了预算管理，但是仅仅局限在依据企业的年度经营目标制订出的计划，并没有细化到部门的日常具体工作当中，更缺乏明确合理的考核标准，没有考核就缺乏执行力和具体的管理措施。这样的计划，并没有任何的约束力，不能切实有效地发挥预算管理本该有的积极作用。

1.3 缺乏预算管理的专业人才

当前,企业预算管理人才缺乏。预算管理人员既要懂得企业管理知识,又要懂得财务知识,同时要兼备信息技术,才能够很好地胜任这一工作。但是大部分企业很难找到这样全面的人才,专业知识和管理经验往往不能两全,并且很少有企业能够做到及时地对相关人员进行辅导和培训,全面提高人员综合素质。因此,企业的预算管理往往很难做到位。

2 提升全面预算管理

2.1 加强教育培训,提升全面预算管理理念及能力

全面预算管理是一项企业全员参与、贯穿企业生产经营全过程、涵盖企业各类生产要素的管理机制。要让企业各个部门、每位员工真正融入全面预算管理中,就必须让员工树立全面预算管理理念,掌握预算管理方法。加强全面预算知识的教育培训,让员工了解和掌握全面预算管理办法,是企业有效开展全面预算管理的基础。同时还要加大对直接参与预算编制、分析、考核人员预算管理专业知识的培训,使其熟练掌握预算内容体系、预算工作程序以及预算编制方法等;提高预算管理人员业务能力,使全面预算管理在实现企业经营目标中发挥真正的作用。

2.2 改进预算编制方法,提高预算管理水平

全面预算编制方法多种多样,比如根据预算编制依据的业务量是否可变可分为固定预算和弹性预算,根据预算编制的时期不同可分为定期预算和滚动预算,根据预算编制的基础不同可分为增(减)量调整预算和零基预算等。各企业要根据自身实际的业务流程特点,针对不同的预算项目采用固定预算、弹性预算、零基预算、滚动预算等不同的预算编制方法,并尽可能将预算细化到季度、月度。同时,企业要以经营预算为基础,推动经营预算与财务预算有机结合。处于市场前沿的业务部门,要做好主要业务量、业务规模与效益等指标的分析预测工作,确定年度经营计划;财务部门要依据各类业务预算编制情况,综合确定各项财务预算,并对各类分项预算的合理性和可行性进行财务审核,再行编制各类预算报表,以提升企业预算的合理性和可行性。

2.3 加大预算执行结果的分析应用,发挥全面预算约束作用

企业应当建立定期预算执行分析制度,加强与预算执行部门的沟通,动态监控预算执行情况,及时发现预算执行中存在的偏差与问题,并客观地分析预算执行差异与原因,及时采取有效的应对措施,修正预算执行差异,防止出现预算编制和执行脱节现象。建立有效的预算评价考核,提高预算执行结果考核的科学性和实用性,实行预算执行结果的非合理性偏差问责制,做到职责到位,责任到人,发挥预算考核对促进全面预算管理工作的作用。

3 结语

如今,随着经济的发展,预算管理已经成为现代化企业管理中的一个重要组成部分,是经济发展的必然需要。企业必须强化全面预算管理,确保预算信息的真实和完整。企业的预算管理是一项任重而道远的工作,并不是一朝一夕可以完成的,需要企业和全体员工的共同努力。

参考文献

[1] 吕长江.管理会计[M].上海:复旦大学出版社,2006.
[2] 中国注册会计师协会.CPA 财务成本管理[M].北京:中国财政经济出版社,2014.
[3] 张艳,蒋淘知.企业财务管理存在的问题及对策[J].现代经济信息,2017(3):25.
[4] 李光辉.论全面预算管理在上市公司内部控制中的应用[J].中国证券期货,2013(7x):59.
[5] 孙平.试论全面预算管理在企业内部控制中的重要作用[J].企业改革与管理,2015(5):24.

关于杭海城际铁路项目内控体系的思考

陆振宇
(中铁武汉电气化局)

摘　要　项目管理的主要内容是成本管理,而成本管理的核心内容是成本内部控制。建立完善的项目内部控制制度并落实执行,是项目成本核算和管理工作的基础。就目前铁路项目成本内部控制的现状来看,存在着很多隐患。本文就杭海城际铁路项目内部控制的必要性,以及实际操作中存在的问题进行了阐述,并提出了加强项目内部控制的几点建议。

关键词　铁路项目;成本管理;内控体系

0　引言

项目内部控制是为控制经营风险、实现经营目标而制定和实施的各项政策、措施和程序。杭海城际铁路项目作为国有大中型项目,在项目转型形势的压力下,所面临的各种经营风险愈加复杂,为此对于杭海城际铁路项目,应建立完整规范的项目内部控制管理体系,提高项目经营管理效率。加强内部控制是确保成本控制的重要环节,是保证各项业务活动有效进行、确保铁路资产安全完整的重要举措。

1　加强项目内部控制的必要性

(1)加强内部控制制度是项目内部经营管理的需要

加强内部控制制度建设,能够促进项目制度的健全与完善,保障项目日常经营活动的顺利进行。有效的内部控制有助于加大对于项目主要业务和优势业务的资金、人力、物力投入,有效降低项目成本,提高项目的经济效益,提升管理效率和效果以及经营管理水平。

(2)加强内部控制制度是加强成本管理的需要

浙江杭海城际铁路项目部关于项目成本监督方面做了大量工作。如果对建立内部控制制度重视不够,会导致成本信息失真,违法违纪现象时常发生,以致管理失控。建立健全内部控制制度能够对成本信息的采集、记录、汇总等过程实现全面监控,对成本核算全过程实施监督,杜绝违法违纪现象的发生。

(3)加强内部控制制度是项目防范经营风险的需要

通过建立完善的内部控制体系,加大关键风险点的辨识力度,可以及时发现经营管理中出现的问题,在此基础上确定面临的重大风险,并积极找出解决问题的措施,有针对性地制定管理策略,从而有效规避风险,提高项目自身的风险防范水平。

2　铁路项目内部控制存在的风险

(1)铁路项目的成本与收益风险

由于铁路项目自身的复杂性和全面性与市场需求之间匹配程度等因素,铁路项目的成本控制在进行项目过程中,同一般项目相比,有着更大的不确定性。首先,从铁路项目全面性上来讲,铁路项目涵盖面非常广，包含专业领域广，涉及的材料和设备多，导致铁路项目在盈利区间上有着很大的确定性。除此之外，铁路项目材料的市场浮动也相对较大，采购部门在制订采购计划时，如果对原料市场认识不足，就会引发企业的存货损益风险。因此，在进行铁路项目投资过程中，影响项目收益的风险环节比一般项目更多，导致铁路企业项目成本和收益风险的增加。

(2)思想认识不到位

项目部的管理人员在实际工作中更多的是关注施工安全，对内部控制的意识不强，对内部控制的内涵并不十分清楚，控制力度薄弱，忽略了内部控制对项目发展的作用和意义。有的部门负责人对内部控制制度甚至还有误解，认为加强内部控制束缚了手脚，影响了办事效率。少数人对内部控制的理解比较狭隘，觉得内部控制应该是财务部门的事，其他部门对内部控制的概念知之甚少是理所应当的。

(3)执行力度不够

内部控制制度建立易，执行难。监督机构及人员的独立性、权威性有限，上级监督太远，同级难以监督，下级不敢监督。不能监督内部控制制度的有效运行，即使有好的制度也不能发挥出应有的作用。还有的企业是有章不循，将已制定的项目内部控制制度“印在纸上，挂在墙上”，以应付有关部门的检查，使内部控制制度流于形式，失去了应有的刚性和严肃性。

3　加强铁路项目内部控制的建议

(1)进一步规范成本管理，健全和完善铁路企业内部控制体系

第一，以成本管理为中心，构筑严密的项目内控体系，加大对项目经营管理的监控力度。根据各部门的特点，建立“防、堵、查”为主线的递进式监控措施。同时，把项目成本内部控制的责任落实到各有关业务部门，并对因违规给项目造成损失的责任人员作出具体明确的处罚，避免实施过程中出现互相推诿的现象。

第二，注重项目内部控制的关键点，完善职责分工，重视相互牵制的原则，保证铁路项目内部控制体系科学合理，会计信息真实、可靠，内部管理规范可控。铁路项目岗位繁多，而且每个岗位涉及的经济业务都有不同的特点。因此，须认真梳理各个环节涉及的经济业务流程，分类制定岗位职责标准。同时，针对重要环节涉及的经济业务，应该规定由两个以上部门、两名以上经办人员分工负责，相互监督，这样才能够保证不相容职务的分离，从而发挥内部控制的作用。

(2)提高职工对内部控制的认识

首先，要提高项目管理者对内控体系的认知，关键是强化管理者的内控意识，提高管理者的管理理念和管理水平。使管理者充分认识到内部控制制度的重要性和必要性，是内部控制制度正常发挥的先决条件。其次，提高财会人员的意识。通过培训专业知识，增强财会人员内部控制的意识观念和执行能力。另外，还须加强对项目其他岗位职工的内控教育，使他们认识到自己的行为要受内部控制制度的牵制和约束。只有当项目中的每名职工目标明确，价值观趋同，内部控制才能更有实效。

(3)建立有效的铁路项目内部成本监督制度

为了加强内部控制，铁路项目应采取多层次、多方位的会计监督方法和手段，实现内部控制目标。

第一，公司审计部对项目进行评估。这样可以充分识别和评估铁路项目当前面临的风险，为项目建立完整、高效的内部控制体系出谋划策。

第二，建立内部会计控制制度的考评体系，强化责任追究制。铁路项目要定期对内部控制制度的执行情况进行检查和考核，并且与业绩考核挂钩。对执行内部控制制度好的单位和个人，给予精神或物质奖励；对因个人意志导致内部控制制度失效的，要追究责任，坚决给予行政处分和经济处罚。

(4)开展对内部控制相关业务的学习培训

第一，组织开展干部职工职业操守和遵纪守法教育活动。学习各项规定和办法，广泛深入地宣传内控与风险防控理念，培育干部职工自觉约束、尽职尽责、爱岗敬业的职业操守，引导干部职工提升内控意识。

第二,开展业务技能和内控制度的学习培训。从业务培训、制度约束、监督管理等各方面,抓好财务人员各项制度的执行和规范操作,使财务人员充分认识和把握每项业务流程的风险点,加强对风险防范意识的教育,强化风险为本、合规优先的理念,引导职工树立主动识别风险的意识。

4　总结

在我国铁路蓬勃发展的新形势下,加强铁路项目内部控制已经成为摆在铁路企业面前的首要任务。根据历史经验,很多大型项目之所以达不到盈利目标,多是因为项目的内部控制工作做得不到位。企业越来越开始意识到内部控制工作对于项目发展的重要性。对于铁路项目,应进一步提高职工综合素质与职业道德,增强职工法律意识,提高职业判断和自我管制能力。只有这样,内部控制才能真正实现,项目才能得到可持续良性发展。

参考文献

[1] 郑泽顺.行政事业单位内控管理体系的建立与完善浅析[J].经贸实践,2019(4).
[2] 徐冰.基于内控规范的国企内控体系创新分析[J].中国乡镇企业会计,2018(12).
[3] 仇雪嵘.关于国企内控体系建设的若干思考[J].财会学习,2019(3).
[4] 尤莉娟.企业内控制度设计体系与要素[J].企业管理,2018(12).
[5] 李元翔.国有企业集团内控体系建设的实践研究[J].商场现代化,2018(22).
[6] 胡讯.基于全面预算管理的企业内控管理体系的构建[J].环球市场,2018(35).

浅析项目建设单位资金集中管理的重要性

沈颖琪
（浙江杭海城际铁路有限公司）

摘　要　针对目前建设单位资金集中管理中存在的资金分散、缺乏有效的资金集中管理模式等问题，本文提出了有效财务结算中心的构建、银行承兑汇票周转模式的应用、资金池的建立等有效合理的改善方法，以全面提高建设单位的资金使用率，充分发挥建设单位资金整合优势。

关键词　建设单位；资金集中管理；财务结算；汇票周转；资金池

0　引言

建设单位作为建筑市场的主体之一，对内部的财务管理，特别是建设资金的紧缺问题常感到困扰。本文针对建设单位资金集中管理中存在的“产值越来越高，产值收益率越来越低；施工规模越来越大，银行贷款越来越多；算来有米、煮来无饭，辛辛苦苦为银行打工”的现象进行了深入研究，力求找出有效合理的改善方法，全面提高建设单位的资金使用率，利用有限的资金创造最大的价值，充分发挥建设单位资金整合优势。

1　当前建设单位资金集中管理存在的问题

1.1　资金分散，造成资金利用率低

对于投资高、时间长、沿线广的项目建设单位来说，各施工项目部资金量不平衡成为一种常态。有的项目部资金比较充裕；有的项目部则可能出现资金周转困难，捉襟见肘……资金富裕的，把大量资金滞留在项目上，导致资金流动停滞，造成资源浪费。有些项目部会将富余资金以活期、通知存款等形式存放在银行中，降低了资金的流动性和利用率。当建设单位或一些项目部发生资金短缺急需资金的时候，则必须依靠贷款维持经营，这样必然会加重项目负担。

1.2　缺乏有效的资金集中管理模式，融资成本高

目前项目建设单位没有形成一个集中有效的资金管理系统，不能使资金专款专用、统筹安排、合理周转流动。通过资金管理系统，公司领导能掌握所有施工项目部的资金信息，从而能有效降低资金违规操作。很多项目建设单位在资金集中管理过程中，由于项目施工单位太多，失去了规模优势，所以很难下达融资决策。施工单位的资金成本和资金结构的分散性，也阻碍了建设单位的资金集中管理。最终，建设单位的资金集中管理就停留在集中报账和控制费用层面上，无法实现资金集中管理的目标。在这样的管理模式下，施工单位之间会通过大量的内部结算交易来实现资金流动，比如，浙江杭海城际铁路有限公司与浙江省交规院、交工与资源公司等之间的资金结算，不仅要通过银行账户来调动资金，还要支付一定的结算费用，增加了资金使用成本。

2 项目建设单位资金集中管理的措施

2.1 建立有效的财务结算中心，实现资金管理的高度统一

为了达到项目建设单位资金管理的高度统一，做到资金的统一管理、计划和调度，建设单位可以利用网络和计算机技术建立有效的财务结算中心。可以让公司内部资金信息实现有效传递，这也直接决定了资金集中管理是流于形式还是发挥真正作用。建设单位通过建立财务结算中心，收集各施工项目部的资金使用情况和剩余资金等信息，不但能预防违规行为，还能提高资金的安全性和使用率。以前，与各施工项目部之间的资金结算手续通过银行账户来支付。建立财务结算中心后，这些内部结算交易活动会被自动处理，因为建设单位的总资金量没有变，就相当于没有发生调拨行为。由此直接节约了内部资金结算费用，同时所有的外部资金结算信息也会被财务结算系统记录下来。

2.2 使用银行承兑汇票周转模式，提高资金的利用率

支付工程款按照施工合同将工程计量款和预付款的20%以银行承兑汇票方式支付，减少了资金的支付量。把未付的项目等额资金集中作为周转金，加强内部资金调剂，从而大幅度降低或杜绝了银行利息支出和有息负债，加快了资金周转速度，提高了资源的利用率，节约了资金成本，实现了净收益，而且使货币资金存量大幅度增长，进一步提高了企业的承揽能力和创效能力。

2.3 建立资金池，实现资金的集中归集

如果建设单位能够建立资金池，可将分散在各地、各银行系统的项目部账户资金纳入企业资金池，鼓励施工单位上存资金，按协定存款利息为各施工单位计息，并划转至各公司账户。改变资金多级分散、难以有效利用的状况，实现资金的集中管理、集中调剂，可以提高资金流动性和使用效率，促使资金快速流转，降低企业成本，实现效益最大化，实现资金集中管理的扁平化，有效地提高资金流动性和使用效率，使建设单位的资金管理模式有一次质的飞越。

3 结束语

多元化、大规模的企业经营模式，已经成为我国国有资产管理改革中的主要特征，也是我国经济发展的中坚力量。建设单位在进行资金集中管理时，要根据自身的发展特点选择合适的管理模式。对于资金集中管理中出现的问题，建设单位应足够重视，采取积极手段加以解决。另外，资金集中管理有效实行还须政府与上级单位的支持，使项目建设单位的财务集中管理更规范化和健康发展。

浅谈杭海城际 PPP 项目建设期实施阶段过程评估与建议

龚东时

（浙江杭海城际铁路有限公司）

摘　要　杭海城际铁路项目是浙江省首个轨道交通 PPP 示范项目，也是财政部首批 PPP 示范项目。定期进行投资决策偏差分析，小结实施过程中的成败经验，能为本项目在全寿命周期内良好运行打下基础。本文结合一般 PPP 实施方案与杭海城际 PPP 合作协议中主要核心要素，从项目投融资、投资控制、前期征拆、合作期、工程变更、材料价差 6 个方面，小结过程实施效果，对照投资决策边界条件，进行了评估并提出了建议，为今后 PPP 项目提供了一定的借鉴。

关键词　PPP 项目；投资决策；评估与建议

1　项目概况

杭州至海宁城际铁路项目 PPP 合作协议的总投资以批复的初步设计概算为依据（浙发改设计〔2017〕69 号），线路全长 48.18km，项目总投资 141.92 亿元，项目资本金 68 亿元。

PPP 项目运作方式为“BOOT + EPC”，即建设—拥有—运营—移交，由项目公司负责本项目的投资、建设、运营和维护。项目特许经营期为 29 年，其中建设期 4 年，运营期 25 年。

截至 2018 年三季度末，累计完成投资 21.98 亿元，开累完成 53 亿元，占总投资 141.92 亿元的 38%。

2　投资决策

2.1　项目投融资

本项目以初步设计批复概算 141.92 亿元为总投资，其中静态投资 135.83 亿元，资本金锁定为 68 亿元，约占初步设计批复总投资的 48%，项目公司注册资金为 68 亿元，政府方出资 23.8 亿元，持有项目公司 35% 的股权。社会资本方出资 44.2 亿元，持有项目公司 65% 的股权。项目资本金以外的 67.83 亿元由项目公司融资解决，融资比例同资本金到位比例一致，建设期利息按照五年期贷款基准利率 4.9% 下浮 7.5% 利率计算。

2.2　投资控制

PPP 项目合作协议约定，项目初始静态总投资以批复的初步设计概算包干为总原则。静态投资采用 A 包和 B 包。A 包为先行段，运营期投资回报的初始投资以竣工审计金额为准；B 包为除先行段外的其余部分静态投资，以批复的初步设计概算包干。

2.3 前期征拆

前期征拆由政府方负责,政府方负责的内容包括:项目建设用地的征地和拆迁工作;保证以划拨方式提供项目建设用地的土地使用权;临时用地的申请使用,由政府方协调相关政府部门给予积极支持与配合;等等。

2.4 合作期

特许经营期限为29年,建设期4年,运营期25年。

投标工期为2017年6月28日—2021年6月28日。

2.5 工程变更

采用初步设计概算包干后,除政府方提出的变更由政府方承担风险和费用外,其余变更风险均由项目公司承担。

2.6 材料调差

材料价格涨跌风险由项目公司承担。

3 建设期实施评估与建议

3.1 项目投融资

3.1.1 重大变化举措

(1)关于资本金回报

PPP合作协议约定,政府方出资代表之一的政企基金在建设期和运营期均不计投资回报。执行过程中,政府方提出政企基金需要投资回报,回报率为基准利率上浮5%为5.145%,建设期计息,运营期1~12年,政企基金每年获得固定收益。为显公平,项目公司也提出了建设期社会方注册资本金回报率按基准利率上浮30%为6.37%,建设期内逐年投入的社会方注册资本金建设期内应获得收益。经过谈判后调整了财务测算模型,并签订了补充协议。

(2)贷款利息

PPP合作协议以明确建设期贷款金额按照实际贷款金额计算总投资,但对于贷款利息在建设期如何计算未作明确规定,这影响了整个项目融资方案的策划和实施效果。后通过不断沟通和谈判,对于贷款利息的动态投资作了规定,并签订了补充协议——因建设期静态投资的调整,造成建设期动态投资增减,待建设期末静态投资固定后,按照PPP协议予以计算调整,并按照PPP协议约定的财务模型对相应的运营缺口补贴中分年投融资还款金额予以调整。

3.1.2 一般实施对策

(1)按时注入资本金

项目资本金能否及时到位直接影响项目的成败。依据股东出资协议要求,项目公司于项目公司领取营业执照后2个月内完成了第一期注入资本金20.4亿元,第二期注入资本金13.6亿元于2018年6月15日前完成。截至2018年第三季度,累计位资本金为34亿元,已完成注册资本金68亿元的50%。

(2)降低融资贷款利息

PPP合作协议约定贷款利率按基准利率4.9%下浮7.5%后为4.53%,通过招标后银团的实际贷款利率为基准利率4.9%下浮10%为4.41%,节约的0.12%贷款利息差额部分。

(3)优化贷款时间和比例

PPP合作协议约定第一年应贷款20.35亿元,利息3926万元。实际从2018年1月底第一笔贷款,截至2018年第三季度,贷款总额为25.33亿元,发生利息3429万元,详见表1。

建设期贷款汇总表　　表1

序　号	项　目	单　位	第一年	第二年	第三年	第四年	合　计	备　注
1	投入比例	%	30%	20%	30%	20%	100%	
2	股本金	万元	204000	136000	204000	136000	680000	
3	商业贷款	万元	203494	135662	203494	135662	678312	
4	建设期利息	万元	3926	10648	17675	27984	60233	4.53%
5	实际贷款	万元	253300					
6	实际贷款利息	万元	3429					4.41%

3.1.3　实施评估

(1)本项目注册资本金占比接近50%,同比国内城市轨道交通PPP项目出资比例较高,有利于项目融资增信及工程建设推进,且各股东方均能按约定时间、金额注资,为项目建设提供了保障。但就目前国内金融环境和出台的PPP相关政策而言,对于资本金出资规定越来越严格,资本金出资难度和成本越来越高,对项目持续推进存在一定隐患。

(2)2016年杭海城际投标时约定的贷款利率为基准利率下浮7.5%,当时的货币政策较为宽松。2017年9月底正式开工后,受国家金融政策去杠杆、降风险的影响,不但银行贷款趋紧,贷款利率一路走高,资本金的到位也在各种严格的"去杠杆"政策下受到较大影响,金融风险对建设项目工程的影响凸显。

(3)截至2018年末,计划开累完成61亿元,目前投融资到位59.33亿元,扣除降造费后,基本能匹配建设工期进度,投融资控制基本到位。

(4)一般政府投资的基础建设项目资本金利息是不计入投资的,但PPP项目社会资本方的资本金同样具有时间和投资机会价值,其收益应计入投资总额。通过再谈判签订补充协议后,一是增加了社会资本方的资本金在建设期的收益,利率按资本投资回报率,增加投资占整个投资回报的约10%,对投资回报影响较大。二是明确了建设期贷款利息调整的原则,便于后期对财务模型进行计算调整。

3.1.4　小结与建议

(1)在满足相关文件要求的前提下,对类似工程,今后在与政府方洽商时应尽量减少资本金比例和注册资本金比例,谨慎选择社会资本合资方。

(2)在融资方案策划时,项目公司可以依托上级集团财务公司融资渠道,充分考虑市场融资风险,既要突出上级集团公司融资的竞争力,也要保证市场波动中保证共赢。

(3)就杭海城际项目,在合理合规的前提下,优先使用资本金,缩短贷款周期,在保证社会资本方投资收益的前提下,合理优化政府可行性缺口补助,做到社会资本方和政府双赢。

(4)PPP项目社会资本方的资本金投入在建设期必须计算收益并纳入结算投资总额,同时对贷款利息的计算需要明确。

3.2 投资控制

3.2.1 加大初步设计概算谈判力度

2016 年 12 月杭海城际项目以工可依据先招标,2018 年 3 月 31 日签订的《杭州至海宁城际铁路项目 PPP 合作协议》中约定项目初始静态总投资以批复的初步设计文件为准。因此,初步设计概算的谈判是本项目能否顺利实施的前提条件和基础。

初步设计通过专家审查,政府方共提出了 232 条审核意见,减金率在 15% 以上。项目公司根据政府方的审核意见提出了 25 条重点反馈意见,并明确提出了“一个建议、四个原则、四种方法和两个补充”的原则和主张。整个洽谈期间,与概算有关的各类会议共召开了 43 次,其中省政府协调会 1 次,向省发改委汇报 2 次,向上级集团领导汇报 4 次,与政府方各级领导洽谈 11 次,与设计、咨询及公司内部共召开了 25 次会议。

在公司领导的亲力亲为和大力推动及相关部门的通力合作下,经过 5 个多月反反复复、多层级、多渠道的洽商和沟通,概算审核工作于 9 月 12 日尘埃落定,正式批复概算 141.92 亿元,较提交海宁财政的专家审查概算版 146.4 亿元核减了 4.48 亿元,核减率为 3.21%。概算洽谈的成果为杭海城际项目全寿命周期内顺利运行奠定了基础,为集团获得更好的经济效益提供了前提条件。

3.2.2 优化合同体系

(1)先行段合同

先行段土建工程是由政府方公开招标,后移交项目公司继续履行合同时,过程中加强合同履约,控制资金的支付。最终竣工结算以政府部门审计确认为准并作为投资。

(2)概算包干合同

根据 PPP 项目概算包干的原则,结合“两标并一标”的特点及投标联合成员合同主体的身份,同时考虑相应的资质和资金回流路径等问题,建设工程合同体系大致为三大类:

①土建工程。联合体单位成员具有相应资质的可以直接承揽设计、施工任务,按同股同权原则,概算降造后包干。如社会资本方甲,按其股份比例承揽了施工总承包合同 9 个标段,再交由其旗下子公司具体实施。

②机电安装合同。投标联合体成员中没有机电资质不能承揽机电安装任务;联合体下属子公司有部分机电资质的,但因不是联合体成员单位而不能直接签订承揽合同。因此采用了项目公司、联合体单位、联合体单位下属子公司的多方合同模式,这样既解决了资质单位承揽施工的问题,也达到了联合体下属子公司培育机电产业链的目的。

③甲供设备材料委托采购合同。机电设备及轨料按照概算费用委托社会资本方大股东采购,然后再委托旗下子公司具体实施。

3.2.3 实施评估

(1)先签订 PPP 合同,再进行合同总投资谈判的模式,存在较大的不确定性,项目公司在概算阶段需要有很强的专业团队,谈判过程也比较复杂。

(2)项目公司将土建机电安装合同采用概算降造的总价承包模式,合理转移了风险,目前预期能确保总投资可控。作为出资方总承包单位通过总包模式收取管理费,快速有效地回流了建设期的投资收益,但对项目顺利推进有一定的制约影响。作为非出资方或出资很少比例的总承包单位,在回流建设期,存在账目不清、路径不畅、约定不明等问题。设备采购委托社会资本方,虽然解决了回流路径问题,但在资质和法律关系上存在一定的瑕疵。

3.2.4　小结与建议

(1)PPP 项目可以在工可、初设阶段提早介入,慎重采用在未批复确定的情况下就签约的模式。

(2)可以借鉴中国中铁、中铁建等央企的成熟做法,不断完善投资收益路径。

3.3　前期征拆

3.3.1　明确征拆范围

征拆工作的内容在协议中描述的是比较含糊的,具体实践中需要对应概算章节加以明确。具体涉及的工作内容包括永久征地、绿化补偿、房屋补偿、管线迁改(含高压线迁改)、三改工程(改河、改路、改渠)、硖许公路交通疏解及道路两侧拓宽、水塘鱼塘改造等。

3.3.2　过程执行高效

征拆工作是制约工程施工的最大障碍,本项目征拆工作由项目实施机构负责,在任务界面、责任、费用锁定的情况下,地方政府能充分发挥征拆工作的效率,主动提前到正式开工前完成征拆,一是可以确保建设工期不滞后;二是能节约投资。本项目在 2017 年底已基本完成交地工作。

征拆费用由实施机构包干使用,过程支付按照形象进度支付,相关资料的合规性和完备性由实施机构负责,避免了项目公司的审计风险。概算金额包干的方式要求在初步设计阶段设计单位估算或实施机构单方面提供准确数据,同时也考虑一定富裕系数,避免与实际情况有较大差距。虽然相关数据在概算阶段还比较粗,地方政府可能会有所节余,但能在过程中最大限度地发挥政府的作用。一是最大限度地避免了虚增投资;二是避免了费用缺口较大时(超概)严重影响项目建设和项目投资。相对于采用"据实结算",即第三方结算审计方式确认征拆总投资,在具体实施中的征拆补偿标准、管线迁改预算标准、三改数量和标准等项目公司无法控制,事实上各项指标也会不断攀升,地方审计部门对已发生的征拆费用因涉及政府投资、社会安稳等因素,一般都会给予确认,最终的征拆费用很可能会远远大于概算费用,增加了项目投资,影响项目投资收益。

三改工程和地方同时施工的配合工程在具体实施中,局部存在界面问题,如桥墩占路、占河时在红线范围内的顺沟顺路工程,与地方同时施工的交通疏解问题,交改范围内绿化迁改和回迁问题,等等。这些问题需要在过程中根据实际情况协商解决,但总体原则、大方向是有利于工程投资和建设的。

管线迁改工作由地方实施机构负责,管线调查由设计院(属于项目公司)负责。实际在基础开挖施工中,因管线图纸标示不清晰而出现的挖断管线的小事故也偶有发生。按 PPP 协议规定,因政府方故意或重大过失导致提供的管线及设施情况资料不详或不实而在城际铁路项目工程勘测或施工中遭受损害的,政府方应负赔偿责任。在具体事故分析中很难认定责任,即使事实清楚,因后期的管线迁改工作还需要地方政府配合,所以往往最好的处理方式还是由事故发生的直接当事方承担。

3.3.3　实施评估

鉴于传统项目"拿地"是制约建设项目顺利推进的主要因素,也是突破概算的重大风险点,杭海城际项目的前期征拆采用政府负责、概算包干的方式,征拆工作的进度与类似的轨道建设工程比十分顺利,征拆费用也在概算投资控制范围内。

3.3.4　小结与建议

轨道交通工程的 PPP 项目前期征拆工作由政府方负责并实行费用包干原则,工作范围宜明确包括永久征地、构筑物补偿、管线迁改、三改工程。对于交通疏解、三通一平、道路破复等临时工程,应按照有利于项目推进的原则,根据实际情况分析后确定。

3.4 合作期

3.4.1 理论时间

投标时的建设工期为2017年6月28日—2021年6月28日。但当时初步设计文件还未批复,在建设时序合规性方面还存在瑕疵,因此在"PPP合作协议补充协议之二"第一条进行了补充:本项目建设期为初步设计文件批复之日起后48个月,力争提前。建设期4年,理论上即从2017年9月12日到2021年9月12日;运营期为25年,即从2021年9月13日到2046年9月13日。

3.4.2 实际时间

按照PPP协议约定的合作期(特许经营期)为29年,当建设期(开工至试运营前一日)顺延后,合作期相应顺延。又规定了运营期从试运营之日至第25个周年结束之日,即建设期和合作期是暂定的,但25年的运营期是锁定的。建设期项目本身涉及工程建设、设计变更、联调联试、试运行等多个阶段,同时又受质量监督备案、竣工验收、运营开通评估等外部环境控制因素影响,因此实际建设工期无法预估。

同时在PPP协议约定中,对责任方造成建设工期延误约定了违约处罚,但对于假设建设期缩短,提前开通运营的情况,作为受益方的政府对社会资本方却没有相应的奖励约定。目前最新的指导性施工组织设计的竣工日期为2021年3月31日,计划提前约半年时间。

3.4.3 实施评估

(1)就目前杭海PPP合作协议的约定,缩短建设期无法获得直接收益,也无法达到运营期延长的目的。

(2)对于轨道交通PPP项目,在实施方案中关于建设工期的约定,一般都是按政府方担忧建设工期延误来设计,同时对合作期、建设期、运营期没有明确是采用锁定模式还是暂定模式。

3.4.4 小结与建议

(1)一是可以合理利用建设期延长3个月的合理宽限期,精心组织、合理优化资源,平衡建设期建设成本、管理成本、运营筹备周期,并找出这之间的最优点。二是针对建设期缩短带来政府受益的机制,争取地方政府给予项目公司一定补偿。

(2)轨道交通工程的PPP项目建设期设定为暂定周期,较恰当;运营期因涉及投标财务模型重大调整等因素,调整时很复杂,需要一个重新谈判确认的过程,运营期宜采用锁定模式。除了对于建设期延误风险的分担和约定外,对于社会资本方主动缩短建设期的奖励或补偿需要进一步优化。

3.5 工程变更

3.5.1 概算审批前控制变更风险

PPP合作协议定义了一般变更和重大变更,在变更金额和审批程序上有不同处理程序,但只要不是政府方提出的变更,原则上费用都是由项目公司负责。签于此,条款在概算包干条件下,项目公司具有很大的风险。因此在初步设计概算谈判时,项目公司主动梳理变更风险点,提出了关于涉高铁、地铁相关费用,关于余杭站文正街下沉及改河等相关费用,关于桑亭路站预留改一次性建成增加费用4个项目以暂定金额纳入初设文件一次性批复,后期增减费用由政府方承担或受益,并签订了PPP合作协议补充协议之二。

3.5.2　合理分配标准规范变更风险

初步设计批复后，标准规范方面引起的变更，如设计规范的调整变化，按 PPP 协议约定需要双方另行协商。如机电工程中《城市轨道交通公共安全防范系统工程技术规范》（GB 51151—2016）的调整设计变更在项目确认、费用处理、技术参数等问题上须不断沟通，项目公司需要提出合理的变更意见。

3.5.3　积极配合实施机构提出的变更

政府方提出的变更由政府方承担相关费用和损失补偿，如本线周王庙站因杭绍台二期工程需要增设高架站的变更，目前按杭海城际预留后期实施条件的调坡处理方式提报变更方案，最大限度地减少了对杭海城际铁路建设工程和投资的影响，并及时组织实施。

3.5.4　及时梳理施工图变更

土建工程采用概算包干的总价承包合同，对于初步设计阶段到施工图阶段发生的变化，是深化设计的合理优化，属于总价包干范围。目前施工图变更中由施工单位提出的设计变更申请不多，例如：原 2 孔预制架设简支梁因曲线半径问题架桥机无法架设，改为支架现浇，属于施工方法的变更。此变更不影响现场实际施工，仅须对相关单位的合同承包范围进行调整，同时整个施工过程中相关单位相互之间的工作量也存在交叉。为了加强投资控制，便于后期费用处理，施工过程中需要及时梳理施工图变更。

3.5.5　实施评估

本项目的主要变更风险点在概算批复前基本已经确定，并与实施机构签订了补充协议。发包的工程采用概算包干原则，所有可以调整合同总价的设计变更均需要实施机构的确认和批复，因此发包合同的竣工结算总价不会有大的变化，整个投资是可控的。

3.5.6　小结与建议

对于项目公司，今后轨道交通 PPP 合同采用概算包干的方式可能性较小，概算降造的模式可能性较大。在设计变更风险设置中，应充分理解社会资本方与政府方风险共担的内涵；初步设计由政府方主导的项目，施工图阶段发生变化往往是因为地方规划需求、地质变化、线站位调整、拆迁影响等因素引起的，该类设计变更风险应由政府方承担，若设置变更金额限定的，则需要约定风险包干费。

3.6　材料调差

3.6.1　材料价差风险必须共担

材料价差是建设期重大风险之一，需要政府与企业共同承担。原 PPP 合作协议中对于材料价差风险未进行相关的约定，实际上是由项目公司全部承担。项目公司在初步设计概算谈判中，积极争取到了最大的材料调差政策，并签订了补充协议之二。目前与政府方约定的材料调差范围是钢材、水泥、商品混凝土（自拌混凝土视同商品混凝土），调差幅度在 ±5% 以内时由社会资本方承担或受益，超过 ±5% 时由政府方承担或受益。

项目公司与施工单位签订的施工总价承包合同中的材料价差，其调整范围和幅度与 PPP 补充协议一致，材料调差费用的确认和取得的前提条件是，由实施机构审核后确认承担并追加投资。

3.6.2　概算包干模式调差的难度

材料调差工作还在起步阶段，据施工单位上报数据初步统计，从 2017 年 9 月至 2018 年 9 月，土建工程的三大主材的价差在扣除了5%自担部分后为2.5亿元,占已完验工计价的9.5%。按照三大主材占整个工程的25%~30%,涨价幅度达50%估算,价差占投资总额的12.5%~15%,扣除5%的自担风险部分,调差费用占投资总额的比例为7.5%~10%。

由于本项目采用了概算包干模式,材料调差的计算方法存在不确定性,杭海城际土建各个施工单位对于如何计算价差也存在不同意见:一是可以按照概算劳材数量进行调差计算,优点是比较契合概算包干的原则,计算较简单,风险是后期政府财务审计中,当施工图材料数量高于概算量时会被核减,低于概算量时则会按低的量计,同时概算中很多按照指标计算的分部分项工程则没有材料价差可调。二是采用施工图手工计算的材料数量进行调差,优点是契合材料调差按实补偿的原则,能根据验工计价按期计算。风险是施工图数量计算需要保证数据的准确性、与验工计价的一致性,工作量很大,同时以施工图计算的材料总量也是最少的。后期政府财务审计时,对于施工图材料数量的核对工作也是一项巨大的工作,被核减的风险也较大。三是采用施工图预算劳材数量进行调差计算,优点是有成熟的铁路工程调差模式借鉴,风险是需要到竣工结算时才能进行调差工作的清理。

下一步的工作思路是联合施工单位成立材料调差领导小组,积极对接实施机构,确定主要原则和方法后,统一开展材料调差工作。

3.6.3 实施评估

材料价差风险是一项不可避免的风险,在PPP项目谈判时应尽可能多地涵盖材料品种,土建工程调差幅度±5%基本符合公平合理的市场化原则。概算包干模式的PPP项目的材料调差是个新课题,计算方法具有多样性,实施机构及财政局的审核方法和程序并无相关规定。

3.6.4 小结与建议

应及时总结杭海城际项目材料调差工作的经验,指导后续调差工作,同时为今后PPP项目合同谈判,积累相关经验。

4 总结

项目公司自2017年2月正式成立以来,坚持以习近平新时代中国特色社会主义思想为指导,努力打造浙江省城际轨道工程PPP示范项目。经过一年多的发展,项目公司投融资到位及时,工程建设平稳推进,运营筹备工作有序开展,已基本形成了融资、建设、运营三大管理体系。同时,与地方政府建立了良好畅通的沟通渠道,合作大于分歧,相互间协商沟通氛围渐浓。

集团公司对项目在建设期的投资决策基本得以实现,未出现重大偏差和风险点。现就杭海城际PPP建设中期评估后,提出以下几点建议,为今后城际轨道PPP项目在实施方案、合同谈判、投标时提供一定的借鉴:

(1)建设期资本金利息。社会资本方投入的资本金在建设期是否按投资回报率计息,对整个项目寿命期内的投资回报有重大影响,以杭海城际财务模型分析,建设期资本金计息后的投资回报总额增加了约10%。

(2)合同体系。PPP项目的工程降造率一般低于市场招标降造率,机电安装工程的降造率至少高于土建工程5%以上,设备轨料的采购合同风险最低、利润相对最高。项目公司及时总结机电安装、设备采购合同模式的经验,进一步理顺研究整合轨道板块的投融资、建设、运营管理平台,打通投资回流路径,实现符合PPP项目特点的专业化管理公司。

(3)前期征拆。征地及补偿、管线迁改、三改工程是前期征拆工作的核心,由地方政府负责,以费用包干方式约定责任义务,有利于整个项目的投资控制,有利于实施机构主动发挥作为,有利于工程建设顺利推进。

(4)提前运营的激励。建议今后 PPP 合同中增加建设期缩短提前运营的激励条款,提前开通的奖励至少包含缩短周期的投融资利息。

(5)工程变更。建议今后的 PPP 合同以约定一个金额为变更分界,限界以内由社会资本方承担,限界以外由政府方承担。参照铁路设计变更管理办法及浙江省发改委相关管理办法,300 万元作为风险分界较合适。同时,社会资本方报价中含风险包干费,并作为一个投标评分依据。

(6)材料调差。材料价差风险是建设期的主要风险之一,目前城际轨道领域对于可调价差的材料设备目录、调差幅度、计算办法等没有相关规定,建议调差范围必须含混凝土或者地方材料,其他可以参考铁路调差目录,调差幅度在 ±3% ~ ±5% 之间。

第二部分　合 同 管 理

浅论 PPP 模式下的施工合同管理

沈惠荣
（浙江杭海城际铁路有限公司）

摘　要　PPP 建设项目实质是多个不同内容合同的签订与履约过程。本文对 PPP 项目建设实施阶段的施工合同特点进行了分析，提出了 PPP 模式下施工合同应遵循的基本原则，为施工合同的洽谈、签订及管理提供了参考。

关键词　PPP 模式；施工合同；施工任务分配

0　引言

随着国家基础设施建设规模的不断扩大及其与政府债务风险之间的矛盾日益突出，越来越多的市政、房建和城市轨道交通工程采用 PPP 建设模式。与传统项目相比，PPP 项目的施工任务一般由社会资本方以自行建造的方式实施，而无须通过公开招标方式选择施工单位，施工合同是“谈出来”的，而不是“招出来”的。如何洽谈、签订及管理施工合同是 PPP 项目建设实施阶段较为重要的工作内容，可以说是事关 PPP 项目成败的关键环节。

1　PPP 项目的合同体系

一般来讲，每一个 PPP 建设项目从社会资本方选择开始到特许经营期结束，其实质是多个不同内容合同的签订与履约过程，且合同体系复杂，参与主体多，主要包括 PPP 项目合作协议、股东协议、咨询合同、融资合同、勘察设计合同、工程保险合同、施工合同、材料设备采购合同、运营管理合同及移交合同等，其中，施工合同是项目建设最为基础和核心的合同。

2　PPP 模式下施工合同的特点

根据《中华人民共和国招标投标法实施条例》第九条的规定，“已通过招标方式选定的特许经营项目投资人依法能够自行建设、生产或提供”的可以不进行招标。因此，PPP 项目的施工任务无须通过公开招标方式选择施工单位，而是由社会资本方或与社会资本方组成联合体的施工单位直接进场施工。因此，PPP 项目模式下的施工合同具有如下特点：

（1）合同是“谈出来”的，而不是“招出来”的

传统项目的施工合同是招标文件的组成内容之一，中标后甲乙双方无须就合同价款、工期质量等实质性内容进行洽谈，但 PPP 项目由于缺少了施工招投标环节，在施工单位进场前项目公司与施工单位一般只有施工合作意向，对其核心的工程价款、工期质量、责任权利等重要内容须通过洽谈确定，存在较多的不确定性和可协商性。

如果是独家出资的社会资本方，则可以通过内部安排或领导要求等带有行政性指令的方式明确施工合同的价款、支付方式等主要内容，施工合同的洽谈相对来讲比较容易达成共识。但如果社会资本方由多家单位出资，且每家出资单位都有自己的施工单位，则施工合同的洽谈是非常艰难的，且持续时间较长。

(2)合同形式多样性

由于是“谈出来”的合同,因此采用什么样的合同形式没有统一的版本,可以按照招标范本合同约定通用条款和专用条款,也可以根据项目实际情况及洽谈结果采用简版合同形式。但不论采用何种合同形式,其内容必须齐全,要素不能缺失,且是双方真实意愿的表述。

(3)合同主体既是施工方,同时也是社会资本方

在我国目前基础设施建设的PPP项目中,社会资本以国有资金为主,且以央企出资为多。央企投资PPP项目,其主要目的之一是通过投资带动施工。一般出资方为央企母公司,施工方则为央企子公司,因此PPP项目中的施工单位的身份相对比较复杂,既代表了母公司投资回收的利益诉求,还须实现自身的施工利润。

3 PPP模式下施工合同的基本原则

施工合同的履行是PPP项目建设实施阶段的关键环节,合同内容的完整性、严谨性和可操作性直接影响项目的成败。因此,PPP模式下的施工合同应该遵循如下基本原则。

(1)依法合规

施工合同的依法合规主要体现在合同主体是否具备相应的签约资格、项目经理等主要管理人员是否具备相应的任职资格以及合同内容是否在法律框架允许范围内。对于签约主体,原则上必须是社会资本方或其联合体成员单位,并且必须具备与拟实施工程相匹配的资质、业绩和施工能力,否则不能不经招标而直接签订施工合同。项目经理和技术负责人等主要管理人员必须具备相应的执业资格和职称,不能因为不招标而降低标准和要求。同时,还须兼顾质量报监及施工许可办理等行政审批的要求。

(2)利益共享,风险共担

由于PPP模式下的施工单位往往既代表施工方,又代表社会资本出资方,因此施工合同的签订必须体现“利益共享、风险共担”原则。所有社会资本与实施机构之间的主要约定原则,在施工合同中必须完全体现,如PPP合作协议中约定“金额200万元以下的工程变更由社会资本方承担”,则施工合同中也必须明确。

(3)兼顾适当灵活原则

由于是“谈出来”的合同,在不影响工程质量和安全、不违背PPP合作协议的前提下,施工合同在工程变更、材料价差确定原则等方面可适当灵活处理,并留有可调整机制和通道。如在材料价差处理的约定方面,可以适当调整涨跌幅承担比例或扩大调差范围;在工程变更约定时,可以明确在遇到不良地质条件时所采取的施工措施费用的分担原则和方法,还可以约定非施工方原因引起的工期延误的索赔原则,等等,目的是为了更加有利于项目的推进,有利于项目公司灵活地掌握合同履约的主动权。

4 结语

由于PPP项目“两招并一招”的特殊性,施工合同是社会资本方内部利益二次分配的主要载体,因此合同的洽谈、签订过程比较复杂,具有洽谈时间长、博弈过程艰难等特点。为了加快推进PPP项目的实施,解决施工合同签订难的最好方法是在社会资本投标前先签订联合体成员单位施工任务分配实施细则。

综上所述,PPP模式下的施工合同有其特殊性,只要有利于建设项目的推进,在不违背PPP项目合作协议的前提下,可以适当灵活处理,以充分调动参建单位的积极性。

城际铁路机电安装工程造价管理与成本控制

万　彪

（浙江杭海城际铁路有限公司）

摘　要　随着我国经济的发展，现代化城市建设步伐的加快，路面交通压力不断增加，城际铁路正逐渐成为连接和沟通各个邻近城市之间的最佳交通运输方式。目前，我国的城际铁路建设施工技术比较成熟，但整个建设期间暴露的问题也比较多。本文结合城际铁路机电专业的特点和实际管理过程中出现的问题，对机电安装工程的造价管理和成本控制作了分析。

关键词　城际铁路；机电安装工程；造价

0　引言

城际铁路机电安装工程只是城际铁路工程的一部分，造价比重相对较小，但对城际铁路交通系统的安全稳定运行有着直接影响。城际铁路机电安装难点主要是在地下施工，工作面较小，材料设备和施工机具的运输较困难，而且环境复杂，涉及专业较多，成本控制难度较大。只有明确城际铁路机电施工中的难点和问题，才能更好地进行造价管理和成本控制。

1　城际铁路机电安装工程的主要特点和难点

1.1　涵盖系统种类多，专业性强

城际铁路机电工程涵盖多个系统，具体包括通信系统、信号系统、供电系统、动力照明、通风空调、给排水及消防、FAS、BAS、AFC、综合监控、门禁、电扶梯等。各系统又包含多个子系统，比如信号系统又包含 ATS 系统、联锁系统、ATO/ATP 系统等。每一个系统都具有极强的专业性，需要专业的施工队伍按标准规范完成施工。

1.2　接口较多，施工繁杂

城际铁路机电各个系统既须独立施工，又相互交叉。各系统之间存在接口，例如综合监控与通信、信号、供电、FAS、BAS 等都存在接口，并最终通过通信的专用传输系统反馈到控制中心对整条城际铁路的运营进行监控。而且不仅仅是机电各个专业系统之间存有接口，机电工程与土建、装饰装修、室外市政等工程也存有接口。

1.3　设备较多，管线布置错综复杂

城际铁路机电安装各专业系统的设备较多、布线复杂、地下段空间狭小。在设计过程中需要充分考虑设备之间排布的平衡性。管线布放需要充分利用各种空间，合理布置管线位置以及各专业管线的交叉。

1.4 机电设备、材料种类多,造价高,要求高

城际铁路机电材料和设备种类多,造价高,占整个城际铁路机电工程造价的70%甚至更高,其质量关系城际铁路的运营是否安全可靠。

1.5 协调工作量大

城际铁路机电安装施工的协调不仅仅是各个专业队伍之间的配合协调,还包括施工单位与地方产权单位之间的协调。需要供电、给排水接驳、公安、消防等地方单位的配合和支持。

2 施工过程中常见的问题

2.1 协调配合组织不合理

城际铁路机电系统复杂,接口多。一个城际铁路项目的机电工程一般由若干个设计单位、施工单位承接完成,而且机电工程的设计出图和施工单位进场较晚,与前期阶段缺乏沟通。这样就造成土建图纸与机电图纸存在偏差,土建预留孔洞与机电施工图和实际机电施工情况存在偏差,预留空间与设备选型、尺寸不符,预留孔洞无法使用,只能重新施工,增加了施工难度和费用。

各施工单位之间在安排进度计划时缺乏沟通或沟通不畅,尤其在交叉施工部分容易产生失误和纠纷,施工先后顺序不清,造成窝工或者返工。

2.2 管线布置不合理

城际铁路管线错综复杂,施工面较小。施工单位往往为了自己方便,不按照施工图布置,造成水管、风管等管线位置冲突,造成重新拆改问题。

2.3 材料、设备价格偏差大

不同材质的材料、设备,价格差距较大。近几年来,市场材料价格浮动较大,对成本控制造成一定困难。

3 加强城际铁路机电工程造价管理和成本控制的措施

3.1 加强施工过程控制

机电设计单位和施工单位最好在土建施工过程中,对预埋位置和预留孔洞进行现场测定,及时沟通。在机电施工前,应对施工图进行审核,划清施工界面,对存在的问题及时修正,明确重难点工程,制订合理的施工进度计划。施工过程中,建设单位应做好协调工作,确保各施工单位交叉施工和接口工作的顺利进行,强化造价管理和成本控制意识。

3.2 加强材料、设备管控

在设计阶段,设计单位在编制用户需求书时,应充分考虑业主需求,合理设定材料、设备参数。在招投标阶段,可参考类似项目的中标价格并结合实际考察情况,合理设定资格条件、评标办法和招标控制价等,让更有竞争力的厂家参与进来。施工过程中,应加强管理,避免不必要的损耗,以节约成本。

3.3 加强BIM技术应用

BIM,即建筑信息模型,它以建筑工程项目的各项相关信息数据作为模型的基础,进行建筑模型的建立,通过数字信息仿真,模拟建筑物所具有的真实信息。

利用BIM技术,可以将整个城际铁路项目以三维模型的方式呈现出来。BIM模型使得空间位置可视化,可极大限度地避免交替施工时的烦琐程序,可以更合理地进行管线布置和设备排布,提升空间利用率,提高工作效率,减少工程变更,降低成本。

另外,通过BIM模型能更清楚施工过程中的重难点和问题所在;通过建立动态施工模型,可以提前制订施工方案,找出潜在问题,提高效率。

4 结束语

城际铁路工程作为百年工程,关系民生大计。城际铁路项目耗资巨大,工程造价管理和成本控制显得极为重要。只有加强工程造价管理和成本控制,才能产生经济效益和社会效益。

参考文献

[1] 潘晓琳. 浅议地铁机电安装工程造价管理与成本控制[J]. 城市建设理论研究,2017(24):75.
[2] 谢琳. 地铁机电安装工程造价管理与成本控制探究[J]. 中国战略新兴产业,2018(16):225-226.
[3] 郭峰. BIM技术在地铁机电安装施工中的运用[J]. 中国标准化. 2018(16):91-93.

浅述杭海城铁合同管理

包　晨
(浙江杭海城际铁路有限公司)

摘　要　杭海城际铁路项目是浙江省首个轨道交通PPP示范项目。本项目投资额大,建设期长,合同管理显得尤为重要。笔者就杭海城铁项目合同管理实际工作经验,浅述杭海城铁合同管理中的一些心得与体会,以期为今后城际铁路项目提供相关经验。

关键词　城际铁路;合同;管理

0　引言

合同,又称为契约、协议,是平等的当事人之间设立、变更、终止民事权利义务关系的协议。合同作为一种民事法律行为,是当事人协商一致的产物,是两个以上的意思表示相一致的协议。只有当事人所作出的意思表示合法,合同才具有国家法律约束力。依法成立的合同从成立之日起生效,具有国家法律约束力。笔者就杭海城铁项目合同管理实际工作经验,浅述杭海城铁合同管理中的一些心得与体会。本文从合同管理的重要性展开,结合项目公司实际,浅述杭海城铁合同管理。

1　合同管理的重要性

在企业的发展中,合同管理始终扮演着重要的角色。首先,从法律层面来看,当代社会,经营企业,法律问题是红线,万万不可触犯,而法律的规定又往往多而繁杂。有效的合同(法律)管理,能使企业在运营的过程中顺利前行。项目公司外聘浙江六和律师事务所专业律师把关,在重要合同评审中,律师会给出法律专业意见,为项目公司解决了后顾之忧。其次,从经济层面来看,市场开放、法规解禁、产品创新,均会导致可变程度提高,连带增加企业经营的风险性。对于一个企业,风险管理特别重要。如果能有效规避风险,则能使利益最大化;相反,则会使企业的发展受到制约。合同管理,事实上也是企业用以规避风险的有效措施。合同的有效管理,能使企业的发展进步神速,也能从长远的角度促进企业的发展。再次,从管理层面来看,所谓合同管理,其最终还是需要回归管理的本质。在现代企业制中,合同管理制度能顺利实施,也从一定意义上反映了企业具有良好发展前景和管理潜力。企业具有合理的、高效的结构形态和管理模式,能促进企业的长远发展。

杭州至海宁城际铁路作为浙江省首个轨道交通PPP示范项目,合同管理显得尤其重要。为加强合同管理,提升项目公司经营管理水平,有效控制PPP项目建设成本,切实维护公司和股东的合法权益,根据《中华人民共和国合同法》等法律,结合项目实际,项目公司出台了《浙江杭海城际铁路有限公司合同管理办法》(杭海城铁〔2017〕121号)。

2　项目公司合同签订程序

项目公司合同的签订程序包括合同起草、谈判、评审、审批及签订五大程序。合同由合同承办部门起草,合同条款应全面严谨,一般包括合同双方当事人、标的、数量和质量、价款或报酬、履行期限、履行地点和方式、违约责任、争议解决方式等主要条款。合同承办部门应对合同对方的主体资格及资信状况进行调查,确定其是否具有签约资格、是否具备履约能力,并根据实际需要审查相关证明材料。对通过非公开招标方式(一般特指采购额在50万元以下)签订的合同,承办部门须本着"货比三家"的原则做好市场调查与分析工作,确保择优选用合作单位。合同谈判过程也主要由合同承办部门负责,谈判过程中须确定合同主要条款。这里须特别说明的是,项目公司涉及生产经营类合同,谈判前原则上须成立谈判小组并制订谈判方案,并经公司领导审核后方可实施。合同谈判后,由合同承办部门启动合同审批程序,相关部门负责人签署意见后按照审批流程逐步流转给合约部及分管领导审核,再经总经理审批,最后经公司董事长审批后签订。合同审批结束后,合同承办部门将签字或审批通过后的合同文本交综合管理部盖公司公章或合同专用章。合同文本超过一页的,应加盖骑缝章。未经项目公司授权,不具备法人资格的部门,个人不得以项目公司法人名义对外订立合同。

3　项目公司合同履行、变更和解除

合同承办部门应落实合同履行责任人,本着诚实守信原则履行合同,加强对合同履行过程的管理。在合同履行过程中,如需书面通知对方,除对方代表当场签收外,应以特快专递或合同约定的其他方式送达对方。如以特快专递送达的,应在快递单据上列明通知内容,回执单据随通知原件妥善保管。合同承办部门在合同履行过程中发现问题应及时与对方协商处理,相关部门应积极配合。如发生重大偏差,合同承办部门应及时报告公司领导。

在合同履行过程中,承办部门不得无故放弃合同权利。任何部门和个人不得未经批准擅自出具合同履行相关的承诺书、联系单或对账单等书面资料。变更或解除合同应符合法定或约定的条件、形式和程序,并应签订补充合同。补充合同应履行原审批程序,并说明变更或解除的原因、内容等情况。补充合同未签订前,原合同仍然有效。

4　项目公司合同档案管理

项目公司合同分为生产经营类和综合管理类两类。其中工程施工、勘察设计、工程监理、机电设备安装、项目融资、工程保险、征迁迁改工程等为生产经营类,其编号为A;房屋租赁、办公设备采购等为综合管理类,其编号为B。合同编号由公司合约部在合同评审时统一编码。

在合同签订后2个工作日内,合同承办部门应将合同原件交财务部、合约部存档。合同承办部门应建立合同台账,整理合同起草、谈判、审核、签订、履行、变更、解除、纠纷处理等全过程相关材料,包括发生法律效力的调解书、和解协议、裁决书、裁定书、判决书。

合同履行完毕后,合同承办部门应及时将合同全过程相关材料妥善保管,不得随意处置。合同涉及保密事项的,合同承办部门、审核部门及其他接触到合同信息的人员,应当严格遵守保密规定。

5　项目公司合同验工计价

验工计价可以真实反映工程和投资完成情况。项目公司负责建设管理的所有建设项目。建筑安装、设备工器具、征地及拆迁等工程均须通过验工计价来确认已完工程数量和计算工程价款。全线勘察设计费、工程咨询费、监理费等其他(主要指第三方服务)投资费用也须通过验工计价来确认已完工作的数量和计价。上述建设项目验工计价的主要依据是依法签订的工程承包合同以及监理、咨询、设计和征地拆迁等合同(含补充合同或协议)。

项目公司验工计价严格与合同约定的计价节点相对应,目的是为了加强杭海城际铁路工程建设项目投资管理,合理确定和有效控制PPP项目工程建设成本,并且有利于杭海各参建单位资金回笼,提高合同履约能力,并确保工程(服务)质量,顺利实现工期目标。

6 结束语

合同管理在企业发展中具有无可比拟的重要性。完善的合同管理制度,能使企业得到长足发展。项目公司的合同管理试行制度,今后将在实践中不断调整、补充及完善,力争成为浙江省交投轨道交通板块的模板制度。

参考文献

[1] 王建东.合同管理在企业经济发展中的重要性探析[J].现代经济信息,2017(12):127.
[2] 郑金河.企业经济合同管理和风险防范措施[J].中国市场,2015(13):35-36.

我国现行招标管理分析

张高锋
（浙江杭海城际铁路有限公司）

摘 要 随着我国社会的高速发展和不断进步，现行的招投标管理制度和方式方法已无法全面覆盖和指导招投标工作的全过程。对于这些问题，必须不断完善和改进，同时将先进科技手段和信息化技术注入招投标工作过程中，以确保招投标工作的充分竞争和客观公正。

关键词 招投标管理；措施

0 引言

《中华人民共和国招标投标法》于1999年8月30日于第九届全国人民代表大会常务委员会第十一次会议上通过，并于2017年12月27日通过第十二届全国人民代表大会常务委员会第三十一次会议对《中华人民共和国招标投标法》进行了修正。它是为了规范招标投标活动，保护国家利益、社会公共利益和招标投标活动当事人的合法权益，提高经济效益，保证项目质量而制定的法律。2011年11月30日国务院第183次常务会，颁布了《中华人民共和国招标投标法实施条例》，即中华人民共和国国务院令第613号，对《中华人民共和国招标投标法》进一步具体化，增强了其可操作性，在一定程度上对其进行了充实和完善。但是随着社会的高速发展和进步，相关内容目前已无法覆盖和指导招标投标工作的全过程，因此产生了诸多问题。

1 当前招标工作存在的问题

1.1 对新兴工程类型归属不明确

近年来，全国多地修建连接相邻城市或城市群的城际铁路，但是城际铁路的归属尚未明确，它既不属于城市轨道交通，也非传统的普速铁路和高速铁路。因此招标人在招标文件符合性条件设置时无所适从，最终出现同时设置“市政公用工程或铁路工程或房屋建筑”等所有专业均涵盖的没有针对性的条件，造成投标人鱼龙混杂，使招标单位无法准确招到专业对口的服务和实施单位，给工程建设埋下隐患。

1.2 职能部门的管理不科学

招标人抽取评委时，期望抽取的评委为招标项目同类型、同专业，并且具备同类或相近工程建设管理经验的资深专家，但是职能部门以同专业评委相互熟知和联系为由，捆绑式要求同专业评委不能超过全部评委的2/3，必须搭配非本专业评委。造成评标过程中部分非本专业评委对评审项目毫无认知，特别是对投标文件的技术部分无从下手，只能随其他评委人云亦云，从而导致评审过程不能“公平、公正”，评审结果不理想，招标人无法获取真正物美价廉的服务和货物。

1.3 投标人资信情况查询系统缺失

目前全国大部分地市已采用电子评标，但是评标委员会在进入封闭评标室后，仅能在交易中心的内网中操作,无法获取其他信息。在对投标人资信评审时,无法核查投标人是否被发改委等行政部门进行行政处罚及存在不良记录,造成评委往往只能凭借传闻或感觉来确定投标人的资信得分,此举有失评标的“公正和充分竞争”的原则。

1.4 评标过程中无法主动核查业绩真伪

评标委员会在评标过程中,由于无可参考的业绩核查清单,同时也无外网查询系统,因此在对投标人业绩评审时只能被动地对提供的业绩数量进行机械统计和打分,无法主动核查其真伪性。造成一些投标人以伪造业绩中标,或者在招标人和招标代理清标时发现其伪造业绩,或其他投标人投诉、举报,最终由职能部门立案核查,整个程序完成需要2~3个月,严重影响了项目建设工期。

1.5 招标代理和招标人经验和责任心缺失

略。

2 提高招标投标管理工作的措施

2.1 相关招标投标管理制度应与时俱进

职能部门应与时俱进,并具备前瞻性,对市场已经出现或即将出现的新工程类型,应及时或提前制定相应的管理制度和办法,以指导新类型工程的招标投标管理工作。

2.2 尊重市场规律,强化交易中心的服务意识

在招标投标过程中,招标人期望通过公开、公平、市场充分竞争获取物美价廉的服务和货物的宗旨是无可厚非的,因此充分尊重招标人的建议,最大限度地满足招标人的期望是必要的。同时,应加强交易中心的服务意识,科学管理开标、评标等工作,职能部门仅做必要的监管。

2.3 不良行为查询平台连接电子评标系统

以浙江省招标文件范本为例:投标人诚信评分(-100~0)条款,评委对投标人诚信情况进行评分时登录“浙江重大工程交易网”“投诉结果公示”栏和“违法违规行为曝光台”公告栏进行核查,但是评委在评标全过程中只能登录电子评标系统,无外网链接,无法对投标人诚信情况进行核查,因此建议将以上核查系统与电子评标系统进行连接,以便评委对投标人诚信情况进行客观评分,真正体现评标过程的公平、公正。

2.4 通过备案和核查建立市场主体业绩库

交易中心通过招标人与中标单位签订合同备案制和招投标办公司核查等手段,分类建立市场主体业绩库,通过科技手段将其注入电子评标系统。在评标委员会对投标人业绩进行评审时,不但可以对投标人提供业绩数量的评分,同时能主动对业绩的真伪进行核查,以保证中标单位业绩得分客观实际,打消投标人通过伪造业绩投标和中标的侥幸心理,同时保证投标工作的返工和避免影响招标人招标工作及项目实施的情况发生。

2.5 定期组织招标投标工作相关的培训活动

招标文件作为开评标工作的唯一依据,尤为重要。但是,一些招标人对招投标工作的相关管理制度

不甚了解,完全依靠招标代理完成,同时目前招标代理市场竞争激烈,大部分代理单位以最大限度压缩成本的代理酬金接受委托,造成代理单位在接受委托后,安排一些专业水平低下、工作经验不足人员作为招标代理的负责人,在编制招标文件时照搬照抄其他项目文件,不能给招标人提供合理的建议以及招投标管理制度的要求,造成招标文件在招投标办公室备案环节不满足招投标相关制度要求,进而反复修改,严重影响招标工作的进展。同时由于招标文件编制质量不高,部分内容表述不清晰,要求不明确,导致评标委员会在评审时只能主观分析和猜测,不能客观评定。因此,建议招投标办公室联合交易中心定期组织召开一些相关的宣讲和培训活动,以提高招标文件撰写的合规性和实操性,进而提高招投标工作的客观公正性和实施效率。

3　结束语

随着社会的高速发展和不断进步,现行的招投标管理制度和方式方法已无法全面覆盖和指导招投标工作的全过程,对于这些问题,必须不断完善和改进,同时将科技手段和信息化技术注入招投标工作中,以确保招投标工作的充分竞争和客观公正。

第三部分　党建与人才培养

“纪检警企”联合预防职务犯罪调研

徐　薇
(浙江杭海城际铁路有限公司)

摘　要　本文介绍了杭海城际铁路“纪检警企”联合预防职务犯罪模式取得的成效，通过积极构建项目保廉机制，切实加强反腐倡廉和预防职务犯罪工作，保障项目廉洁高效。

关键词　“纪检警企”联合预防；监督评议；廉洁高效

0　引言

浙江杭海城际铁路有限公司(以下简称杭海公司)于2017年2月13日注册登记成立，承担杭海城际铁路PPP项目建设。杭海城际铁路项目是浙江省第一个PPP示范项目，也是集团第一个轨道交通项目，由集团、中铁上投、海宁市交投、政企基金、海宁市基础设施投资基金5方股东组成。目前全线实质性开工已经准备就绪，确保全年完成15亿元，力争30亿元的投资任务。为深化“阳光工程”建设，积极构建项目保廉机制，切实加强反腐倡廉和预防职务犯罪工作，保障项目廉洁高效，实现“建好一条路，不倒下一名干部”的目标，杭海城铁公司开展了“纪(监)企共建”活动，取得了一些成效。

1　取得的成效

杭海公司积极探索“纪检警企”联合预防职务犯罪模式，并在集团公司已有的“企检”“企警”模式基础上，在集团公司纪委指导下，与海宁市纪委(监委)开创性地进行“纪(监)企”联合预防职务犯罪工作尝试，主要取得了以下成效。

1.1　统一了思想认识

紧紧围绕项目建设这一中心工作，杭海公司董事会、党委会、经营班子高度重视职务犯罪预防工作，积极探索以“纪企”共建为载体，对项目建设进行保驾护航。一是各级重视，发挥了把关作用。以监察体制改革在浙江省试点为契机，在集团公司纪委指导下，杭海公司董事会、党委会、经营班子统一思想认识，以“纪企”共建为载体，促进项目建设的廉洁。二是多方参与，实现了定向功能。杭海公司与海宁市纪委(监委)举行“纪企共建”活动暨“阳光工程”动员大会，集团纪检监察室、轨道交通建设部，海宁市各局及项目全线施工、监理、设计单位代表共同参与，正式开启全方位的项目保廉合作。这是项目加强党风廉政建设、廉洁风险防控和预防职务犯罪工作的重大举措，为实现工程优质、干部优秀目标提供了基础保障。三是强化落实，形成了保廉合力。加强前期对接，确定合作内容，下发实施方案。经过多次沟通，双方确立“预防为主、常态监督、协调配合”三个原则，形成了《海宁市纪委(监委)、杭海城铁公司关于开展项目保廉工作的实施方案》，确定了建设“阳光工程”系统、开展教育警示活动、实施廉洁风险排查等7项工作内容，明确双方的各自职责和任务，同时拟定了《双方纪(监)企联合开展保廉工作合作协议》，有方案、有责任、有分工、有落实，形成项目保廉合力。

1.2 营造了声势氛围

“纪企”共建模式实施以来，杭海公司上下各级广泛参与，参建各方共同努力，社会各界齐心合力，营造了良好的保廉工作氛围。一是提前谋划，实现了“阳光工程”全覆盖。“阳光工程”动态管理系统是经过集团多个项目检验的成功经验，杭海公司“阳光工程”系统在全面继承集团成功经验的基础上，又进一步丰富了系统功能。突出铁路施工工程验工计价线上管理、实现参建各方协同办公、实现建设全过程阳光信息公开，并将“阳光工程”作为独立的一级网站进行对外公开发布。目前系统试运行、推广至项目参建单位，落实系统培训工作。二是同步启动，开展了教育警示活动。会同海宁市纪委组织开展警示教育活动，重点开展一次专题廉政辅导、一次廉政教育基地参观、一次警示图片展“三个一”活动，进一步增强了项目建设相关人员的法制观念和廉洁自律意识。三是突出重点，启动了廉洁风险排查。结合杭海公司实际，结合海宁市纪委历年廉政风险排查工作经验，分析 PPP 项目重点领域和关键环节廉洁风险规律，启动了重点岗位廉洁风险点梳理，制订廉洁风险防控表，明确权力集中、资金密集、资源富集、资产聚集等重点部门和岗位的防控事项，提高了杭海公司经营发展抗风险能力。

1.3 形成了推进动力

通过“纪企”共建合作，借助纪检监察体制改革有利时机，形成对项目建设进度和保廉工作双重推进动力。一是主动引入，组建项目监督评议团。主动接受政府和社会力量监督，组建由海宁市发改局、财政局、审计局、公管办等部门专业人员以及“两代表一委员”代表组成的项目监督团，监督团对项目建设中的制度执行、信息公开等情况进行检查评议。二是补齐短板，组织了专项监督检查。根据项目建设实际，由海宁市纪委(监委)会同杭海公司纪委组织开展监督检查。全线实质性开工后，邀请项目监督团成员对全线施工情况参观、检查。三是注重积累，落实了保廉工作调研。开展城际轨道项目保廉工作前瞻性调研，研究分析保廉工作的特点、规律和创新性。完善保廉工作机制，建立健全惩治和预防腐败工作体系，建立完善的廉洁风险预警机制和 PPP 项目廉洁建设工作模板，不断提升保廉工作水平。

1.4 强化了工作机制

PPP 项目开展的“纪企”共建模式，是一种全新的工作尝试，杭海公司与海宁市纪委积极推进工作机制建设，确保共建工作落到实处。一是明确分工，建立了工作机制。成立由海宁市纪委(监委)、杭海公司双方共同组成的项目保廉工作组，负责项目保廉工作的组织领导，双方领导出任保廉工作组负责人。杭海公司在纪检监察审计室设立工作组办公室，海宁市纪委(监委)、杭海公司各指定一名负责人协调本单位的合作事宜，共同承担保廉工作的联络、协调，抓好各项任务具体分解，并推动落实；双方确定联络员，具体负责日常信息交流与对接协作配合等事宜。二是落实制度，确立了定期联席会议方式。根据双方共同签订的项目保廉工作协议，双方每年召开联席会议，专题研究项目保廉工作计划安排，交流分析保廉工作新情况、新问题，商议工作对策，协调有关事项。三是强化监督，落实了参建单位纪检联络员。建立参建单位纪检联系员制度，要求沿线各参建单位要落实纪检专(兼)职联络员，及时向杭海公司通报预防职务犯罪工作动态。

2 存在的困难

2.1 载体需要创新

在目前建设任务繁重的大背景下，杭海公司大部分的精力都放在抓工作进度上，党风廉政建设工作的抓手、载体仍浮于表面，与项目建设工作的深入融合还存在不足。

2.2 共识尚需时日

杭海公司员工队伍构成复杂，由于浙江省内缺乏同类型人才储备，大量引入的专业技术人员为轨道交通施工类管理人员，角色转换与定位尚需时日。

3 对策和建议

3.1 着手警企合作事宜

推动项目沿线参建单位与各地公安机关建立“警企”合作事宜，在工程建设项目综治维稳（如工程建设引发的群体性事件处置）、预防企业内部人员犯罪等方面进行合作。

3.2 建立上下沟通机制

杭海公司总体部署“纪（监）警企”联手预防职务犯罪事宜，沿线各参建单位建立日常联络机制，确定一名联络员负责具体工作落实，实现预防犯罪合作全覆盖。

3.3 细化关键节点落地

制订工作清单，抓好工作落实。针对下一步具体工作开展，双方积极沟通，列出近期需具体实施的保廉工作清单，细化节点，抓好落实。

浅谈如何大力推进新时代学习型基层党支部建设

姜璐旸
（浙江杭海城际铁路有限公司）

摘　要　随着社会的不断发展和改革的不断深入，在基层党支部工作中出现了许多新情况和新问题。针对存在的问题，大力推进新时代学习型基层党支部建设也被提上了日程。而如何实现“大力推进新时代学习型基层党支部建设”，需要进行一系列的思考与分析。基层党组织的基础是党支部，同时党支部作为基层党组织的战斗中坚力量，加强学习型基层党支部的建设是非常必要的。

关键词　学习型；党支部；建设；国有企业；党组织

0　引言

党的十九大提出“用新时代中国特色社会主义思想武装全党”，并对建设学习型政党提出进一步要求，体现了党对新时代加强学习重要性认识和党建规律认识的深化，是党的理论创新的又一成果。国有企业基层党支部作为党基层组织的组成“细胞”，必须深刻领会和认真贯彻会议精神，自觉加强学习，以学习推动自身建设，以学习促进企业发展，提高党组织在企业的凝聚力、战斗力和创造力，保障党组织政治核心作用的有效发挥。

只有把基层党支部建设成学习型党组织，建设新时代学习型基层党支部才有坚实的根基；只有不断增强党组织的凝聚力、创造力和战斗力，才能永葆我们党的先进性。因此，我们必须从遵循党的执政能力建设和先进性建设的高度，来认识推进新时代学习型基层党支部建设的紧迫性、重要性和必要性，以改革创新精神推进学习型基层党支部建设。

习近平总书记指出：“好学才能上进，中国共产党人依靠学习走到今天，也必然要依靠学习走向未来。我们的干部要上进，我们的党要上进，我们的国家要上进，我们的民族要上进，就必须大兴学习之风，坚持学习、学习、再学习。”

基层党支部是党在基层的中坚力量，一个好的基层党支部就是一座坚强的战斗堡垒，是广大党员、群众心目中的旗帜。学习型基层党支部建设落实到组织工作上，就是要建设好学习型党组织和学习型领导班子。建设学习型党组织也是企业实现持续有效较快协调发展目标的重要举措。作为企业基层党组织，更要从多方面采取切实有效的措施，把这一要求落到实处。现就基层党支部如何大力推进新时代学习型党支部建设谈几点看法。

1　建设学习型基层党组织的重要意义

国有企业要想在这个不断变化和推陈出新的时代永驻潮头，就必须不断学习，向书本学、向实践学、向群众学，通过不断的学习来更新知识储备，提升知识层次。只有在不断学习中接触新事物、新观念、新思想，才能准确把握时代的脉络，辨清时代的前进方向，才不会被时代所淘汰。

建设学习型基层党支部是国有企业党组织保持和发展先进性的客观需要。随着国有企业改革的推进，国有企业党组织的角色和定位发生了转变，部分党员干部的思想理念、创新意识、业务素养与党的先进性要求有一定的差距,先锋模范作用难以体现。这些问题的产生都与不重视学习、不注意与时俱进有密切关系。因此,基层党支部要有效发挥作用、坚持党对企业的政治领导,就必须自觉加强学习,以保持和发展党的先进性,巩固党的执政基础,提高党的执政能力。

2　建设学习型党组织的有效途径

学习型基层党支部建设就是通过大量的个人学习特别是团队学习,形成能够能动地作用于环境的有效组织,充分发挥员工的创造性思维能力而建立起可持续发展的组织。但是实践证明,完全靠自发来产生这种学习氛围是不可能的,而且是不持久的,必须要有正确的开发和引导,通过引导,增强团队学习的自觉性,并形成良好的学习氛围。

(1)认清形势,激发员工的学习热情

形势的不断变化要求我们必须用新思想、新知识去应对。基层党支部要时刻注重领导重视带头学,创新形式认真学,联系实际深入学,着力提高党员干部的政治理论素质和科学决策水平。要积极改变过去的学习方式,在集中学习时,采取通读全文、观看视频、交流发言等方式,相互交流、取长补短,达到增进团结、共同提高的目的。领导干部带头学、作表率,发扬“钉子精神”,对全体党员起到了重要示范作用。引导员工通过摆事实、讲道理、说真理,员工与员工之间比贡献、比管理标准、比工作效率、比工作环境,员工的工作和学习积极性强了,工作干劲也比以前更大了。

(2)培养兴趣,培养员工的创造性思维

继承是为了更好的创新,而创新又必须以继承为基础和前提。从某种意义上讲,创新更重要。为适应新时代、新形势需要,采用富有时代特点的方式学习,利用党员活动室、职工书屋及QQ和微信群等新媒体,定期向党员干部传达学习党的方针政策、各级会议精神、专题纪录片等内容。

那么,如何培养员工的创造性思维,使看似平常的工作有所创新和发展呢?在学习过程中,要提出专业技术要精、管理水平要高、工作态度要好、人员思想要稳的口号和目标,并做到员工要求新,不能墨守成规,满足现状。在外出培训之后,回来交流学习心得并通过广泛的讨论,让大家畅想新做法、新目标。

(3)了解员工,实现员工的人性化管理

在建设学习性组织过程中,人性化发展尤其重要。在相当长的时间里,我们走过很多弯路,例如,一人有病全家吃药、不管谁有病全吃一种药等。因此,与员工的心灵沟通是建设学习型组织、实现人性化管理的前提。

我们在实践中的感受也是一样。首先,由于员工在年龄、工作岗位、性格、文化、家庭等方面的差异,对症下药就显得非常重要;其次,学习、沟通、交流的效果不仅取决于内容,它与形式、方法、相互的信任和理解程度、双方的职务和身份、切入点等都密切相关。因为我们的工作对象是人,不是机器。即使是同一个人,因为形势、环境等因素的影响,他的思想也可能随之而变化,这就要求我们的工作必须具有针对性和灵活性。在具体的操作中,我们要做到有的放矢,员工遇到生活困难时,我们要帮助解决;员工遇到思想问题时,我们要尽量多讲小道理,少讲大道理,以人性化关怀去解决实际的问题。

3　明确建设学习型党组织的基本要素

有些领导对于建设学习型党支部有时候觉得无从下手,认为规定党员读几本书,组织讨论讨论,这就是学习型党支部了,其实不然。学习型党支部应该是党员在党内生活中担当主角,既增强了责任,又活跃了党内生活。笔者认为建设学习型基层党支部应从以下两方面着手。

(1)把工作中的问题变成学习的课题

在实际工作中,值得我们去学习、研究和解决的问题太多了,如果我们把这些问题变成学习的课题,那学习的内涵就变得十分宽广了。曾经看到过这样一句话:"看不到问题是最大的问题。看到问题采取回避态度,是更严重的问题。"学习型组织理论主张诚实地面对真相,并从认清现状与目标的差距中产生创造的力量。如果回避真相,必然会在组织环境中碰壁。我们支部牵头成立了职工业校学习班,每个星期集中学习两次,解决工作中出现的难题。根据员工需求和工作需要组织"职工业校课堂",领导班子成员及各部门部长担任"授课老师",针对施工生产中遇到的技术难点,开展技术攻关、实战演练、小改小革、合理化推荐、专题讨论等群众性创新活动。因此,建设学习型党支部就是要通过学习把工作中存在的问题解决掉。

(2)减少规定动作,给予创新空间

基层党支部工作往往是习惯性动作多,如每月一次支委会、每三个月一次党员支部大会、党课学习,每年一次民主生活会等,支部书记做好了这些事,就认为工作完成了。学习党的文件,也是今天领会精神,明天继续领会,从文件到文件,从领会到领会,很少从学转向习,很少去思考怎么去做。这些问题产生的原因有很多。一是基层党支部工作必须按照上级党组织的布置去做,因为这些布置的工作要考核、要评比。二是一些同志认为基层党支部工作脱离了上级党组织的布置,就算做得再好,也得不到承认。所以,长期以来使基层党支部养成了等上级布置工作的习惯,淡化了自己去实践、去尝试的概念。杭海项目部党支部在工作实践中,不仅力求将上级党组织布置的工作做好,还注重党支部工作的创新。创新首先从鼓励员工摆脱按部就班的思维开始,只有员工的思维活跃起来,形成的开拓创新、充满干劲的工作氛围才能创造一个活泼的、向上的、健康的企业团队,才能使我们支部的工作从深层次得到更佳的效果,而不是仅仅停留在形式和表面上。在日常工作中,通过开展学文化、学业务、学商务礼仪等培训活动,使每一名员工的综合素质都得到了提高。员工不仅端正了学习态度,还主动为公司发展提建议想办法,主人翁意识不断增强。因此,要尽量减少规定动作,给基层党支部留有创造空间,在党内营造勇于尝试的学习氛围。

4 建设学习型党组织,形成可持续发展的动力

(1)建设与时俱进的学习型党支部

与时俱进是马克思主义的品格,它与解放思想、实事求是共同构成我们党的思想路线。因此,与时俱进也是学习型党支部应有的品质。在企业建设学习型基层党支部,不是把学习型组织的理念套在党支部建设上来,而是根据基层的自身特点,认真分析所在单位当前的状况,包括单位的经营状况、党内外群众的思想情绪,发展目标是否清晰,员工认同度怎样,党组织应该做哪些工作,这样才有针对性。而不是上级告诉怎么做就怎么做,这是"告诉型"而不是"学习型"的党支部。建设学习型党支部没有固定的模式,但有一个共同的特点——与时俱进。

(2)建设学习型党支部要建立新型党内关系

在新时代,面对新形势和新任务,如何建立新型党内关系迫在眉睫。建设学习型党支部,就是要创新党员的管理,使其更好地发挥党员的先锋模范作用。党员的思想境界不同,党员形象就有差别。有的同志在申请入党的考察期,往往表现非常突出;批准成为预备党员后,表现也很好;预备党员转为正式党员后,容易产生一些松懈;入党多年后,思想又会发生一些变化,自我满足、停滞不前,甚至倒退等现象都会发生。源于这些原因,基层党支部要在党员的思想管理上下功夫。我们单位人员少,党员更少,为了使党员能更好地发挥先锋模范作用,党支部在支部大会通过预备党员转为正式党员后,一周内找他们谈话,进行思想交流,达到党组织对党员的思想提示:入党为什么?入党干什么?使党员牢记党的目标和宗旨,这是党员严格要求自己的根本动力。另外,我们在和党员谈心时一定要平等待人,平等交换信息和知识。学习型党支部就要创造浓厚的平等气氛,党员与党员平等,党支部书记与党员平等。平等是沟通的桥梁,只有双方平等,真正的沟通才能发生。只有这样,我们才能彼此打开心扉,在真诚、平等、和谐的气氛中交流思想,达成共识。

5　创建新时代学习型党支部,品牌亮点引领学习

基层党支部在学习型党组织创建中要打造多个学习品牌,有效推动学习活动从项目部到基层、从领导干部到党员群众,在深度、广度上不断延伸。

(1)职工业校课堂

促进党支部学习型组织建设工作,将管理制度学习作为一项长期坚持的重要工作,使其常态化、制度化、长效化,在工作环境中营造"比学赶帮超"的浓厚氛围。根据员工需求和工作需要,组织"职工业校课堂",利用"职工业校课堂"这一有效载体,发挥"职工书屋"作用,利用工作闲暇时间针对施工生产中遇到的技术难点,开展技术攻关、实战演练、小改小革、合理化推荐、专题讨论等群众性创新活动,使员工的技术水平、业务素养、理论知识水平得到普遍提高,施工进度、工程质量得到有效保证。

(2)开展党日活动,学习优秀党员的先进事迹

建党九十七载,涌现一批批优秀的共产党员,他们用自己鲜活的事迹告诉奋斗在基层的党员干部要"不忘初心,牢记使命",要永葆党组织的青春活力,奋斗在服务人民群众的基层工作中。"人民群众什么方面感觉不幸福、不快乐、不满意,我们就在哪方面下功夫,千方百计为群众排忧解难。"在推进学习型党支部建设过程中,要把学习作为提升党员干部能力素质的重要途径,不断将理论学习应用到工作当中,以学习促进工作,不断增强基层党支部的创造力、凝聚力和战斗力,促使党员干部的先进模范作用更加明显。

(3)道德讲堂

党支部要广泛组织开展中铁电化讲堂、道德讲堂活动,通过学习先进模范、弘扬传统美德、传递身边正能量,大力倡导党员群众员工学习先进模范,争做先进模范,努力提升思想道德修养和文明素质,营造崇德向善、见贤思齐的浓厚氛围。

建设新时代学习型党支部必将是一项长期而艰巨的任务,基层党组织的各级党员领导干部要用历史和世界的眼光来看待这项关系全党兴衰的战略决策。各级党员领导干部在学习活动中要善于把握规律,锻炼自己透过现象看本质的能力,以深入学习马克思主义理论,深刻领会党的路线方针政策为主要使命,学习符合新时代特色的新方法、新思路,为进一步深化和落实基层党支部建设提供知识储备,为杭海城际铁路在新时代中永驻潮头提供坚实的保障。

参考文献

[1] 习近平.习近平谈治国理政(第一卷)[M].北京:外文出版社,2018.

[2] 何念海.人性化管理在学科发展中的作用[J].现代医药卫生,2005,21(9):1163-1164.

[3] 谭绍兵.与时俱进:马克思主义理论的固有品格[J/OL].北京青年政治学院学报,2001(4):13-15.

[4] 张贵林,赵林华,张建辉.新时代北京国有企业党建工作指南[M].北京:中共中央党校出版社,2019.

常念廉洁"经" 筑牢反腐"墙"
——浅谈如何预防工程项目上的不廉洁行为

王信武,方红蕾
(中铁四局;浙江杭海城际铁路有限公司)

摘 要 党的十九大以来,以习近平同志为核心的党中央把党风廉政建设和反腐败工作提升到事关党和国家生死存亡的战略高度。建筑领域始终是腐败现象的重灾区,盘点建筑领域的腐败案例,在项目管理上不廉洁行为较多。本文结合杭海项目工程特点,分析研究了如何预防工程项目上的不廉洁行为及预防措施。

关键词 工程项目;不廉洁行为;预防措施

0 引言

随着经济的高速发展,越来越多的工程项目需要建设,但是,近年来,工程建设领域一直存在着各种问题,除了工程项目粗制滥造等现象以外,工程建设腐败是影响项目成功实施的一大毒瘤。造成这一现象的原因有多方面,例如,施工前的预算不合理,包括占地、工程设计、人员和施工工具的分配、材料的采购等;施工过程中缺乏监督力度,包括对施工资金的监管、施工人员的监管、项目施工的质量以及施工的合法性和合理性等监管;完工之后的工程交付验收、工资发放和监管、各项财政支出明细表以及剩余材料和机械的处理等。如何在这些过程中做到实时跟踪、风险预测及防控是我们应该考虑的问题。工程项目的跟踪审计是一项严密又系统的工作,我们要用全面发展的眼光来看待这个问题,真正做到廉洁公正、公平合理、杜绝腐败。

1 工程项目廉洁研究目的

经研究分析,建筑领域不廉洁行为主要表现在以下四个方面:

一是项目的"五管"人员为不廉洁行为的多发人群。我们习惯把项目上"管钱、管物、管工程、管外协队伍、管机械设备"的人员称为"五管"人员。这些人员手中掌握着项目管理中大大小小的权力,有些协作队伍负责人和供应商老板就是看中他们手中的权力,为了获得利益,在签订劳务、物资采购合同,工程收方结算、付款方面得到他们的关照,想方设法拉拢腐蚀项目"五管"人员,通过请客、送礼行贿拉拢他们。有些"五管"人员看到协作队伍和供应商老板挣钱容易,心态失衡,受利益驱动,把法纪法规和规章制度抛之脑后,主动向他们索要贿赂,往往是从最初的一顿饭、一张卡、两条烟、两瓶酒开始,慢慢演变为收回扣、收钱、收物。从量变到质变,最后走向违法受贿的犯罪道路。"五管"人员的不自律、不检点,给项目管理造成"黑洞",往往给对方以可乘之机,造成项目效益流失。

二是项目"一把手"的不廉洁行为呈上升势头。从目前查处的项目违纪违法案件看,近年来项目"一把手"违纪违法案件有所抬头,项目"一把手"的不廉洁行为发生,对项目管理造成的危害更大。项目"一把手"掌握着项目的决策权,权力过大,过于集中,个别项目"一把手"所有的事情都是一人说了算,独断专行。"上级监督太远、同级监督太软、下级监督太难"成为"一把手"监督难的主因。上级监督鞭长莫及,同级共事碍于情面,下级想监督,但慑于“一把手”的威严,怕受到打击报复,也不敢监督,造成“一把手”监督的盲区。监督不到位,是“一把手”容易腐败的主要原因之一。

三是项目不廉洁行为发生人员趋于年轻化。现在项目管理人员大都年轻,一般多为“70 后”“80 后”,他们都是高学历、高智商,思维活跃、敢想敢干,是项目的业务骨干,有些年轻人放松世界观的改造,人生观和价值观扭曲,缺失党性修养和职业道德,不去比吃苦、比奉献,而是盲目攀比,比享乐、比索取、比个人财富,追求所谓的高质量的生活档次。有些刚走上领导岗位或者关键岗位,深受上级器重,在事业风头正劲、地位逐步向上攀升的时候,却抵不住金钱、利益的诱惑,最终触犯法律,身陷囹圄。目前一些学者把这种“职务犯罪年轻化”趋势,称为“35 岁现象”。

四是项目不廉洁行为发生趋于隐蔽性。项目上的不廉洁行为的发生一般都具有一定的隐蔽性,甚至一些案件发生后,地方检察机关找上门来单位才知晓,因为当事人之间一般都是一对一的权钱交易,不以银行转账方式进行,不容易留下犯罪证据,还有一些是以虚列工程结算方式,套取现金,以项目经营费的名义进行个人不法行为,单从账面上看不出有违规现象,给上级监管带来难度。

2　预防工程项目上的不廉洁行为的措施

工程项目上的不廉洁行为的发生,给施工企业的正常生产经营带来了严重的负面影响。如何预防工程项目上的不廉洁行为,笔者认为首先应从以下几个方面着力。

(1)思想上上好“紧箍咒”,打好“预防针”

观音菩萨给孙悟空戴了一个“紧箍咒”,就是要以此引导他的思想,用理性来操纵和驯服这只野猴身上的非理性因素,强迫他接受文明的教化,借以断除他身上的原始野性,促使他的“人化”和“社会化”,让他能够融入文明社会。“紧箍咒”的形成是必需而且是必然的,这是文明存在的保障,是文明发展的前提,是人之为“人”的必由之径。腐败分子大都是不听党纪国法管束,将规章制度和党的廉政纪律抛之脑后,借用手中的权力牟取私利,对这类人就是要上“紧箍咒”,念“法制经”,迫使他们循规蹈矩。

一是加强廉政教育。组织党员领导干部和“五管”人员学习中央《八项规定、六项禁令》《国有企业领导人员廉洁从业者若干规定》、中铁四局“十项规定”、中铁四局第二工程有限公司“十二项规定”、《中铁四局集团项目经理部领导干部廉洁勤政十二条规定》等规定。必要时还可以邀请地方监察机关到企业授课、参观监狱、观看贪污腐败警示片等,敲山震虎,使“五管”人员的心灵得到洗礼。

二是开展廉政谈话。党委主要负责人与班子成员和“四管”人员定期进行廉政谈话,念廉洁“经”,讲廉政纪律,敲警钟,告诫“什么事该做,什么事不该做”,灌输“廉洁就是政治生命”“工作上廉洁就是家庭平安幸福”“莫伸手,伸手必被捉”的道理,阐明“最珍贵的是自由,最幸福的是家庭”,一旦受贿犯罪,将会受到党纪国法的严惩,沦落铁窗,断送前程,失去自由,毁掉家庭,饮恨终身,哪怕是念得“头疼欲裂,眼胀身麻”,方使党员领导干部和“五管”人员幡然醒悟,刻骨铭记党纪国法,明镜高悬,必须“守纪律,讲规矩”,抛弃非分之想,加强自我约束,老老实实做事,清清白白做人,用党性和道德修得“铁骨铮铮,刀枪不入”,自觉抵制金钱的诱惑,求得一生政治平安。

三是进行廉洁承诺。领导班子和党员领导干部及“五管”人员签订“廉洁从业承诺书”,并进行公示,向职工群众公开承诺廉洁从业的行为规范,将自己置于群众的监督之下。

(2)行为上加大源头治理,杜绝腐败温床的滋生

公司职能部门紧紧围绕企业生产经营这个中心,积极开展效能监察和执法监察,及时发现项目涉及协作队伍招投标、劳务分包、合同管理、物资采购、机械租用等方面存在的违纪违法问题,及时跟踪整改落实,如公司纪委监察部门开展的“三外”(外协队伍、外租机械设备、外聘人员)执法,监察效果就非常好,通过“三外”执法监察发现、整改违规问题 40 余项,有效预防了项目不廉洁行为的发生。要加强项目“党政会签”“三重一大”等制度的执行力度,把权力关进制度的笼子里,杜绝项目的重大问题、重大事项不上会、不研究,搞个人说了算。严禁私设“小金库”和“账外账”,坚持廉洁谈话制度,对一些苗头性、

倾向性的问题,要分层次地进行"一对一"谈话,做到早提醒、早预防、早纠正,把项目不廉洁行为消灭在萌芽状态。

(3)管理上加强推进项目精细化管理,让项目的权力在阳光下运作

项目部的合同签订、劳务分包、价格管控、收方结算、物资采购、设备租赁、资产管理、资金使用、利益分配等关键性工作,全部通过信息管控平台实现在线实时审批,实时监控,使项目的各种工作在"阳光"下操作,权力在"阳光"下运行。精细化管理的推行,在某种程度上堵塞了管理上的漏洞,通过有效的监控,遏制了项目不廉洁行为的发生。

(4)查处上加大违法案件查处力度,促进项目廉洁健康发展

查处案件是遏制不廉洁行为发生最直接、最有效的手段。要拓宽案件的线索来源,加大各种违纪案件的查办力度,始终保持高压态势,重点查处私设"小金库",搞"体外循环",以及"账外账"的案件,通过查办一案,震慑一片,努力营造"不敢腐、不能腐、不想腐"的氛围。同时,严格执行"一案双查"责任追究制度,对涉案单位的主体责任人和监督责任人一并进行问责追究。

3 结束语

总之,工程项目部作为中央企业建筑领域的前沿阵地,筑牢防腐高墙显得尤为重要。我们要以党的十九大及习近平总书记关于反腐败的重要讲话精神为指导,深刻领会"以法治国"的战略决策,在当前反腐倡廉的新形势下,树立"以法治企"的意识,不断探索工程领域预防腐败的手段与措施,规范从业人员的行为,铲除项目管理污垢,筑牢工程防腐墙,营造建设领域洁净蓝天,以"优质工程"和"廉洁工程"昭示天下。

参考文献

[1] 黄少华."四强化"筑牢反腐防线[J].南方国土资源,2015(8):65.

[2] 刘建东,刘哲,王瑞.开展风险防控,巩固廉洁防线[J].东方企业文化,2014(5):175.

[3] 孙效东.筑牢反腐倡廉的思想道德防线[J].党的建设,2005(10):38.

抓好党建基础工作　打造 PPP 示范项目
——杭海城际铁路第一、二标段项目部主要做法

王信武，方红蕾
（中铁四局；浙江杭海城际铁路有限公司）

摘　要　项目党支部作为建筑企业基层堡垒，一直是党建与企业文化建设的前沿阵地。十八大以来，政企合作的 PPP 项目公司数量骤增，但其与传统建筑主业项目具有截然不同的特点。如何做好 PPP 项目公司的党建和企业文化建设成为央企党建工作的新课题。

关键词　党建；PPP 项目；示范项目

1　杭海项目第一、二标段项目概况

杭州至海宁城际铁路，即杭海城际铁路，工程起于杭州余杭高铁站，与杭州地铁 1 号线临平支线（远期 9 号线）换乘，线路全长 48.18km，总投资约 136.11 亿元，财政部第一批 PPP 示范项目之一，浙江省首批 PPP 示范项目。杭海土建 1-2 标项目部承建杭海城际铁路 1～2 标段，线路全长 4.19km，地理位置贯穿杭州市和海宁市，其中杭州市境内 2.597km，海宁市境内 1.593km，涵盖一站一区间，车站为余杭高铁站，区间为余杭高铁站至许村镇地下区间。工期时间为 2017 年 6 月 28 日至 2020 年 5 月 20 日，共 35 个月，建设单位与中铁总承包单位签订施工合同，分批概算总金额为 9.79 亿元。

2　杭海项目第一、二标段项目党建主要做法

（1）强化项目组织建设，增强项目党建工作活力

项目部党员共 16 人，划分为 2 个党支部，2 个党小组。一是扎实推进整章建制工作。健全完善了党政会签制度、廉洁从业教育制度、拒礼拒贿登记制度、廉政谈话制度、党风廉政建设交底制度、“三重一大”问题集体研究、党员教育管理等一系列行之有效的制度，构建党建工作规范化流程，夯实党建工作基础，规范党内活动，进一步推动党组织建设日常化、活动经常化、作用常态化。二是深入落实“两个”责任。项目领导班子成员严格履行“一岗双责”制度，既按照分工抓好业务工作，又抓好分管部门的反腐倡廉和作风建设，切实将主体责任落到实处。

（2）强化党风廉政建设，营造风清气正的发展环境

项目部党委严格落实全面从严治党主体责任，切实履行领导干部“一岗双责”，深入贯彻落实《纪律监督正负面清单》和《中国共产党党内监督条例》，加强党员干部和“四管”人员廉洁从业教育，增强领导干部反腐拒变的能力，自觉养成讲规矩、守纪律、讲党性、做表率的思想意识和行为习惯，为项目的施工生产有序开展保驾护航。一是深入贯彻学习中铁四局《纪律监督正负面清单》。领导班子、各部门负责人及“五管”人员共 24 人手抄廉洁从业承诺书，并装订成册，使项目部领导班子成员、部门负责人和“四管”人员进一步认识和了解廉洁从业的必要性和重要性，不断提高廉洁意识。二是大力推进廉洁文化有形化和规范化建设。深入推进廉洁文化“进班子、进项目、进岗位、进家庭、进协作队伍”，以廉洁文化有形化和规范化建设为目标，持续推进基础设施建设。利用内部网络平台、宣传栏、内部刊物等形式大

力宣传企业廉洁文化理念,使之成为员工自觉遵守的行为准则和廉洁从业的精神动力;加强廉洁文化阵地建设,充分利用橱窗、生产区围墙、办公区、生活区、建立廉洁文化墙(窗),完善廉洁文化景观标识,悬挂廉洁理念、格言、警句匾牌,积极营造浓郁的文化氛围。三是项目部创新廉洁教育方式。项目部党委首先从排查管理人员共性廉洁风险点入手,对照党风廉政正负面清单,围绕项目部重点环节和关键岗位,采取自己找、互相查、领导点、组织评等方法,从思想道德、岗位职责、业务流程、管理环节、制度机制和外部环境等方面,全面查找存在或潜在的廉政风险点以及表现形式,有针对性地制订防控措施,修订管理制度。从劳务分包管理、验工计价及工程款支付,公务活动,物资机械采购及管理,安全质量管理,资金使用及管理,个人生活纪律六方面查找,通过多次组织召开防控推进会、讨论会,"三上三下"地分析排查,最终确定风险源有46个,37名管理人员查找廉洁风险表现形式351条,制订防控措施290条。在此基础上,项目部组织对"三重一大"制度、廉洁从业教育制度、厂务公开实施细则、廉政谈话制度等10项制度进行修订完善,修订管理制度汇编而成了《廉政风险防控工作手册》,印发给全体员工,增强了廉政风险防控的针对性,取得了切实的成效。一年来,累计拒礼拒贿87余次,折合财物10万余元。四是开展反腐倡廉教育。开展形式多样的警示教育,组织党员代表和"四管"人员赴浙江省乔司监狱开展廉洁警示教育活动,参观了警示案例区、高墙忏悔区、自警自省区、正心践行区、清风回廊和监区实时监控等区块,并通过监控视频为大家展示了罪犯劳动改造和日常生活的实时画面,观看了廉政教育片,服刑人员的忏悔视频和《一日为囚》微电影。开展专题党课5次,通过案例分析,深刻剖析案件发生的原因和危害,以案例教育身边的人,让广大党员干部受警醒、明底线、知敬畏,主动在思想上划出红线、在行为上明确界限,自觉把纪律和规矩挺在前面。

(3)强化干部队伍建设,增强项目战斗力凝聚力

项目部努力打造一支信念坚定、勤政务实、敢于担当、清正廉洁的干部队伍,不断增强项目战斗力和凝聚力。一是发挥领导班子整体功能。一年来,项目部领导班子充分发挥班子的整体功能,相互配合、相互支持、互相补台、优势互补。坚持每季度至少进行一次中心组集中学习,制订学习计划,确定学习篇目(包括最新的各级领导讲话精神、公司重要文件等),印制学习材料,提出学习要求,2018年共举行了4次中心组集中学习。邀请了中铁上投、杭海公司领导为项目全体党员进行党课专题学习辅导,深入学习宣传贯彻习近平新时代中国特色社会主义思想,让领导干部在精神上"补钙"。二是加强日常思想教育工作。项目部党委组织开展了迎接、宣贯"十九大"一系列活动:"平安护航十九大,百日攻坚立新功"主题实践活动;组织收看党的十九大开幕式盛况;召开十九大精神宣贯会,学习贯彻十九大精神;组织收看股份公司、中铁四局十九大专题党课;下载十九大精神专家专题辅导讲座,组织收看学习;班子成员撰写十九大精神学习体会,党员、入党积极分子手抄党章,组织赠书活动,向党员赠送十九大报告单行本和《党的十九大报告辅导读本》《中华人民共和国宪法》《中华人民共和国监察法》《新时代中国特色社会主义三十讲》等学习材料,并组织了新党章、党规党纪知识竞赛答题活动,充实党员"八小时外"的生活,真正做到学在日常、学在经常、学在平常。三是开展常态化学习活动。按照定期上党课的工作模式,学习了《新时代中国特色社会主义思想》《中华人民共和国监察法》《中国共产党纪律处分条例》《"红船"精神》等方面的专题党课(共10余次),认真组织党员干部学习党内法规和新时代中国特色社会主义思想,把常态化学习作为提高党性意识和修养的有效途径,使集中学习和自主学习相互融合,加强党员同志的理想信念教育。四是维护员工利益。项目部定期召开职工大会,进一步畅通员工民主参与、民主管理、民主监督渠道,尊重和保障员工的知情权、参与权、表达权、监督权。从广大员工最关心、最直接、最现实的问题入手,切实抓好员工教育培训、薪酬发放、休假等事关员工切身利益的大事,继续抓好"三工"建设,改善员工的生产、生活条件,继续落实"三不让"承诺,加大对困难员工的帮扶力度。

(4)加强党建主题活动,发挥党组织的核心作用

为响应杭海公司"百日大会战"动员会号召,奋力推进杭海城际铁路项目建设,切实将杭海城际铁路项目打造成高效工程、品质工程、廉洁工程、阳光工程,确保年度施工任务完成,项目部党委开展"守红线、解难题、亮作为、创效益"党建主题活动。要旨是坚守三条红线,破解五个难题,创造两个效益。

守红线，就是要坚守安全质量管理红线、项目管理红线及党风廉政建设红线这三条红线。解难题，就是要破解征拆协调、安全质量、技术、生产和管理五个方面的难题。创效益，就是要创经济和社会双效益。为确保活动深入开展，成立了征拆、安全质量、技术、生产和管理5个攻关小组，全方位开展工作。先后开展了20多次攻关活动，促进了高铁站自来水、10kV高线电缆、弱电通信等10多条管线的迁改；强化安全管理措施15条，纠正违章现象100多起；成功处置了余许盾构区间出现的21次沼气、余杭高铁站出现的基坑突发涌水等险情，解决了10余项技术方面难题。党建主题活动，激发了参建党员员工攻坚克难、迎难而上的昂扬斗志，使参建党员员工立足本职、苦干实干，确保安全、优质、高效地完成工程建设任务，不断提升项目管理水平。加强群众监督，设立征求意见箱，定期组织群众评议，实行党员挂牌上岗，自觉接受群众监督。加大群众监督力度，集中选聘了坚持原则、作风正派并对党纪政纪熟悉的3名同志参与物资、劳务招标、废旧物资处理和主要物资盘点、核算等过程，列席党政联席会议。一年来，党风建设监督员发现问题及提出意见或建议30余条，其中发现职务消费超标1人次、劳务合同存在漏洞2次。坚持廉洁谈话，一年来，开展谈心谈话30余次，对领导干部、“四管”人员出现的苗头性、倾向性问题及时进行警示谈话，督促其认真整改，驰而不息纠正“四风”，增强党员领导干部自觉筑牢廉洁从业的思想道德防线。

(5)认真宣贯会议精神，不断掀起学习高潮

加强政治理论学习，不断掀起学习新高潮。一是积极宣贯中铁四局第四次党代会、公司第五次党代会精神，深入贯彻党的十九大精神，坚持以习近平新时代中国特色社会主义思想为指导，大力加强党的政治思想建设、领导班子和干部队伍建设、基层组织建设、党风廉政建设、企业文化建设、幸福企业建设，要聚焦“一个目标”，加快“两个转变”，提升“三个优势”，实现“四个一流”，在新的起点上奋力推进企业全面深化改革，科学稳健发展，把职工的思想统一到党代会创建的目标上来，为加快建设一流现代化企业集团目标而努力奋斗。二是项目部始终坚持利用早点名、员工大会、交班会等形式对员工进行形势任务教育，引导大家明确参与杭海城际铁路工程施工的重大意义，以及目前项目部在安全、质量、工期、成本上面临的压力和优势。三是针对项目的实际情况和施工难点，集中组织学习了公司的各种制度和管理办法，学习了党的十九大精神、红船精神等。四是大力开展党的群众教育路线教育实践活动和进行“不忘初心跟党走、牢记使命保安全”“两学一做”等的学习宣传，营造了争当先进、学习先进的良好氛围。五是通过交流学习心得和考核评比等形式，进一步增强了全员的学习意识，为建设学习型团队、学习型党组织奠定了基础。六是深入贯彻中铁四局党委四个“实施意见”，着力推进项目党建“五个标准化”建设，持续深化区域党建、党建联建、农民工党建等活动，不断强化队伍教育管理，着力把支部建设成为坚强堡垒，把党员培养成中流砥柱，提升党建工作的质量和水平。在浙江杭海城际铁路公司(业主单位)两美“浙江”立功竞赛季度评比中，项目部前三季度在11家施工参选单位中始终名列前三名，项目经理部、项目钢筋加工配送中心先后三次被评为“标准化项目部”“标准化工区”，经理部常务副经理何自平在2018年三季度被评为“杭海建设之星”。2018年5月8日，杭海1号盾构机率先在项目部余许区间进行全线首发，受到了浙江省地方政府、浙江交投集团、杭海公司、监理公司、局及公司等单位领导的高度认可，2018年5月21日，建设单位浙江杭海城际铁路有限公司给局发贺电，对盾构全线首发向中铁四局表示感谢。在浙江交通投资集团上半年的信用评价中，项目部代表的中铁四局在16家单位参选中荣获信用评价第二名，信用评为A级；在中铁(上海)投资集团有限公司上半年信用评价中，中铁四局在11家单位参选中荣获第一名。

3　结束语

2018年是深入学习党的十九大精神的关键之年，是贯彻好党的群众路线实践教育活动的重要一年，信丰项目全体参建人员紧紧围绕党支部的总体工作思路，深化思想工作，加强党建工作，从反四风，转作风入手，学习十九大报告精神，学习中国共产党《准则》和《条例》，会议学习和个人自学相结合，确

保廉政之风形成,树立党员良好形象。项目进场以来,高度重视党建工作,坚持以十九大精神为指导,牢牢抓住全面从严治党,深入开展“两学一做”常态化学习教育,服务型党组织建设,党建品牌打造等工作,为项目建设提供了坚实的组织保证。

参考文献

[1] 肖毅. PPP项目公司党建工作创新——以中建重固镇新型城镇化PPP项目为例[J]. 企业管理与改革,2017(23):50,126.

夯实基础、提高实效
持续做好杭海城铁员工培训教育工作

李翰充
（浙江杭海城际铁路有限公司）

摘　要　本文介绍了杭海城铁公司建立健全培训体系，认真制订培训计划，统筹培训工作安排，使员工的综合素质和业务技能大大提升，同时对培训工作中存在的困难进行了分析，以满足公司生产和项目建设的需要。

关键词　培训体系；培训课程；培训实效

0　引言

2018年度是“浙江杭海城际铁路有限公司（以下简称杭海城铁公司）安全质量关键年”，根据2018年初公司“十个一”工程主题活动部署，要把“抓好一系列学习培训”作为一项重要工作来抓，建立健全培训体系，认真制订培训计划，统筹培训工作安排，确保取得培训实效，大大提高员工的综合素质和业务技能，满足公司生产和项目建设的需要。

1　培训工作成效

培训工作作为企业人力资源管理工作的重要部分，是公司给予员工最直接、最有价值的福利与财富，是盘活公司整体活力、提升员工整体素质、确保项目建设有序推进必不可少的手段，也是贯彻杭海城铁公司2018年度“十个一”工程建设主题活动，积极夯实杭海城铁项目“红船精神”“杭海铁军”的强大保障。2018年通过开展一系列的培训学习活动，公司员工整体队伍素质得到有效提升，截至2018年年底，公司共组织参加各类培训50余场次，参训人数600多人次，培训内容涵盖公文写作、管理制度培训、管理能力提升培训、安全培训、专业知识培训等多个方面，培训形式有以会代课、专题研讨、公开授课、现场教学、技术交流、考察学习、知识竞赛等。参训人员基本做到全员覆盖，上至公司经营班子，下至一般员工，年度培训计划完成率达到95%左右。

自2017年以来，公司员工队伍不断壮大，但由于杭海城际铁路公司作为轨道交通建设单位，专业技术人才队伍的招聘来源较广，如社会招聘、人才引进、集团公司内部招聘等，新入职员工对杭海城铁公司的企业文化认同感还不是很强。经过一年多的培训教育，员工们的企业文化理念正快速融合，培训的效果十分显著。同时，一些培训内容也被成功运用到了实际工作中，比如2018年BIM正式上线前，相关培训工作也在同时启动，通过季度工程建设例会、专场培训等将BIM系统使用知识覆盖到全员。

2 培训工作主要做法

2.1 完善培训体系

根据年度工作安排,公司2018年初制定出台了《员工培训管理办法(试行)》,为公司培训工作提供了有力的制度保障。同时,培训工作的落实由综合部专人负责,各业务部门协同推进培训教育体系。

2.2 制订培训计划

在培训工作的实施上,杭海城铁公司有计划、有目标。2018年初在征求了各部门意见后,公司制订下发了年度培训工作计划,将培训计划细分到每个月,做到每月有培训。培训承办部门根据公司年度培训计划,进一步进行任务分解,将培训计划分解到季度、月度,做到培训计划可操作、可执行。2018年初,公司起草编制了2018年度重点培训工作计划共有28项、5大类(行政办公类、党建纪检类、管理能力类、专业技术类、继续教育类等)。年度培训计划的编制,充分尊重了杭海城铁公司项目建设的实际和各业务部门对培训工作的计划需求。

2.3 统筹培训安排

公司在培训过程中通过明确培训内容、突出培训实效,同时依托集团公司这一重要平台,结合公司聘请的外部授课教师和内部管理骨干,对公司员工开展了一系列培训,比如2018年由集团公司组织的"中层人员管理能力提升培训"和"基层管理骨干能力提升培训",对公司选送的培养对象在管理能力方面进行了有针对性和实效性的培训,对日常管理也有很大帮助;在专业技术培训方面,通过采用工程技术人才送出去、外部专家引进来等多种方式开展培训,在BIM技术应用、工程机电管理、安全生产管理、PPP知识等方面制订了详细的培训计划,2018年机电设备部、工程部根据年度计划安排,组织了一系列的工程建设专业知识内部分享会,授课场次达15场次,培训人数近200人次。培训工作在2018年全面开展,基本覆盖到每个月度、每个部门、每个业务条线。

2.4 创新培训方式

杭海城铁公司作为轨道交通建设管理公司,承担着集团公司轨道交通建设重要任务,考虑到项目建设任务重、时间紧,公司在培训工作实施上实行多样化、更灵活的培训模式:一是以会代培,即通过会议的形式,将培训工作结合到会议内容中,比如2018年集团公司组织了多场开路先锋大讲堂,公司每个季度、月度,各部门每周均会召开季度工程建设例会、月度工作例会和部门周工作交办会,这些都是通过以会带培的形式,将杭海城铁一些专业的工程技术和管理经验在会议上进行分享。二是考察学习,2018年杭海城铁公司工程部、机电设备部、安质部等业务部门分管领导及相关人员前往北京、南京、成都、武汉等省外城市,以及宁波、台州、千岛湖等省内各地的城市轨道交通建设企业和工程施工专业领域优秀单位开展了一系列的对接考察学习。三是集中授课,如公司2018年在党建方面邀请了嘉兴红船学院的教授,给公司员工和党建联盟单位讲授了一堂生动的历史党课,2018年年中,公司邀请集团公司办公室相关管理人员,对公司员工进行了公文写作和新闻宣传方面的集中培训。四是部门内部分享会,2018年机电设备部、工程部等部门,定期组织开展部门内部分享会,如机电设备部每周集中组织一次由部门员工讲授的专业知识讲座,工程部每个季度组织深基坑施工技术、盾构工法施工技术、箱梁制运架施工技术、连续梁施工技术等内部专业培训。

2.5　加强成果运用

在2018年初制订年度培训工作计划时，培训的主要内容围绕杭海城际铁路项目建设管理中一些重点来开展。如机电设备部、经营开发部等部门前往成都地铁、武汉地铁、杭昌高铁、宁波地铁、杭州地铁等地外出考察，在考察结束后均形成考察学习报告，通过与考察单位相关人员的交流与探讨，将对方单位的一些可借鉴、可参考的优秀经验带回公司供相关专业技术人员学习和参考，使学习成果得到了较好的运用。

3　存在的问题

3.1　培训的力度和覆盖面有待进一步增强

目前杭海城铁公司培训工作以集团公司组织的培训、外部考察学习、公司内部学习等形式为主，结合公司不定期组织一些外部讲师授课培训，这些培训对公司全员覆盖的广度和深度还不够，尚未完全做到培训学习人人参与、人人受益的预期效果。在开展下一步培训工作中，建议从以下几方面着手进一步加强培训的整体实效：一是做好公司全员培训需求调查。了解和掌握杭海城铁公司领导班子、中层骨干、一般员工三类人员对培训内容的需求，制定订单式培训课程，有目标、有预期、有计划地开展一系列培训。二是不断引进专业培训机构力量。让专业的人做专业的事，2018年组织过几次外部讲师授课，但授课面较窄，受训人员的接受程度也较为局限，下一步应与专业培训机构或拥有丰富经验的教授、专家等建立长期合作联系，多渠道增强外部培训力量。三是积极打造杭海"培训讲师团"。阶段在公司内部深入挖掘出一批好的内训师人选，把他们送出去定点培养，打造一支拥有专业水平高、授课能力强、工作敢担当、培训肯吃苦的专业化内训师团队，结合杭海城际项目实际，开展一系列培训工作。

3.2　培训的成果应用有待进一步深化

目前公司开展的各类培训及外单位培训和集团公司组织的培训，其培训成果在杭海城际铁路项目建设实际工作中的运用还达不到预期的效果，大部分的培训尚停留在理论知识阶段，还未与受训人员自身岗位工作实际有效结合在一起，下一步对培训成果的应用，可从以下几方面开展：一是进一步细化培训计划。在培训计划的安排上，更有针对性和实效性，深入了解培训对象"需要什么、缺少什么"，掌握培训需求后方能开展有实效、有成果的培训学习。二是要做好"一学多享"，即一个人参加学习培训，其他人也能同时享受到培训的成果。要加强培训成果的分享，今后公司开展培训工作，施行"积分制"培训考核体制，公司组织的各类培训、学习活动，对于主动参加培训的学员给予积分奖励，同时对自愿分享课程内容、主动承担内训师角色的员工，要给予更多的积分制奖励，年底对积分排名靠前的员工，公司给予一定的物质奖励与精神奖励，以此鼓励员工养成主动学习、自愿学习、相互分享的良好习惯。

3.3　培训课程的安排有待进一步优化

目前杭海城铁项目建设已经进入任务重、时间紧的关键点，公司上下全体员工均面临着较重的工作任务，如何在紧张的工作状态下安排出时间为员工开展各类培训是首要问题。公司各类培训工作主要是利用工作时间来开展（如集团组织的各类培训等）的，有时候培训时间跨度较长，往往需要1周左右时间，许多参加培训的学员因培训导致工作无法正常开展。今后在培训的形式、时间的安排上可进一步优化，比如建立杭海城铁公司"网络学习教育学堂"、晚间讲堂等培训形式，利用员工业余时间，尽量不占用工作时间的情况下开展各类培训学习。

3.4 培训计划的准确率有待进一步提高

虽然公司 2018 年度培训工作计划任务准确率已经达到 95% 左右，但考虑 2018 年公司项目建设任务紧、时间重，还有很多的计划内培训尚未严格按照安排的培训计划时间来执行，这也和公司项目建设实际密切相关在今后的培训计划的执行上，公司综合部要加强对培训计划执行率的监督，并在年底对年度培训计划内承办部门的培训准确率进行考核与评比，提高培训计划的严谨性和准确率，提高整体培训实效。

创新工会工作思路　激发工会工作活力

方红蕾
（中铁四局杭海城际铁路工程第一、二标段）

摘　要　本文针对新时期下国有企业工会组织的发展，提出通过创新教育思路、内容、形式及载体，以提高职工队伍的整体素质；不断提升基层工会的服务能力，使工会组织在自身发展建设中，在服务职工的过程中焕发活力；工会组织以建立和谐劳动关系为目标，以解决职工最直接、最关心、最现实的利益问题为重点，创新机制，积极探索，创造性地做好维权工作。

关键词　工会；创新；职工队伍；维护

0　引言

“创新是一个民族的灵魂，是国家兴旺发达的不竭动力，也是一个政党永葆生机的源泉。”工会是职工群众组织，随着社会主义市场经济的发展和改革开放的不断深入，国有企业产品结构调整、职工队伍结构、利益关系和分配方式等都发生了很大变化，劳动关系的复杂化，使工会工作面临新问题和新挑战，工会工作要向前发展，必须进行创新。只有创新，工会组织才能更好地好发挥党联系职工群众的桥梁和纽带作用，工会工作才能保持旺盛的生机和活力。因此，工会工作必须转变观念，不断解放思想，理论上不断有新发展，工作上不断有新建树。

1　创新教育形式，做职工思想的“向导”

随着改革的不断深化，经济成分和经济利益的多元化，导致职工思想观念和价值取向的多样化，职工思想活跃，观念不断更新。工会的思想政治工作也要顺应时代发展的要求，与时俱进，不断创新。一是要创新思路，由被动向主动转变。思路是行动的先导。要摆脱“唯书、唯上”的思维定势，向“唯实”转变。要从“等布置、等指令”转变为从实际出发，把握工作的主动权。工会要根据单位和职工的实际需要确定工会思想政治工作的思路，力求工作上有独创性、超常性、开放性，使思想政治工作不断适应环境变化的需要。二是创新内容，由单一性的思想教育向提高队伍整体素质转变。工会思想政治工作要始终围绕单位的中心工作来进行，并将其作为自己的主战场。要适应中心工作的需要，跟随变革的步伐，注入时代的内容，拓宽服务的领域，增加工作的职能，把思想政治工作与本单位日常工作、内部改革、机制转换等工作有机结合起来，坚持与单位各个方面工作整体配合，形成综合效应。同时，要拓展教育内容，在开展思想政治工作的同时，结合单位和职工的实际，有针对性地开展文化技术等教育，以提高职工队伍的整体素质。三是创新形式，由集中、统一、大型的活动形式向小型、灵活、多样的方式转变。运用现代科技手段，借鉴相关的科学成果，使思想政治工作从统一教育向层次教育转变，从单向灌输向自我教育转变，从被动应付向超前预防转变，从单纯理论向结合实际解决问题转变。四是创新载体，把学习教育活动同本单位的文化活动结合起来。单位文化是新时期思想政治工作的新载体，要通过塑造单位形象、加强职业道德建设，将教育培训、人才培养、创造良好的人文环境等工作连接起来，使职工在浓郁的文化氛围中得到心灵的陶冶。

2 创新服务内容,作联系职工的“桥梁”

扶贫帮困是服务,法律援助是服务,组织活动也是服务,工会工作的立足点就是服务,要以“用心工作、真情服务”主题活动等为载体,不断提升工会组织的服务能力,尤其是基层工会的服务能力,是当前工会工作的一项重要任务,是工会组织进一步贯彻落实科学发展观的基础和必然要求。全面提高服务质量就是工作的创新,使基层工会组织在自身发展建设中、在服务职工的过程中焕发活力。首先,要创新活动方式。要通过建立宣传栏、书报栏、图书室、文体娱乐活动室以及书画、集邮、球队等各种文体活动和兴趣小组,用职工喜闻乐见的形式,开展丰富多彩的职工的文体活动,丰富职工文娱生活。在增强职工体质的同时,增强工会组织的凝聚力和向心力。有条件的地方还可以组织职工到外地考察学习,以开拓视野。其次,要关心困难职工,对家庭负担重、生活上有困难的职工,工会要经常与其保持联系,要做困难职工的“第一知情人”“第一报告人”“第一帮助人”,建立困难职工档案,尽心尽力为他们解决实际困难。要关注那些下岗、转岗、分流的职工,帮助他们再就业。要把职工的安危冷暖放在心上,把他们关注的难点和热点作为工会工作的重点。要以深厚的感情、满腔的热忱,密切联系职工,与他们打成一片。要主动到困难多的地方去,到职工意见多的地方去,深入了解他们的工作和生活状况,认真倾听职工的意见和心声,通过谈心交流,准确把握他们的思想脉搏,与党政组织合力为职工排忧解难。

3 创新维权方式,做职工权益的“盾牌”

维护职工的合法权益,是工会的基本职责。“以职工为本,主动依法科学维权”的中国特色社会主义维权观是时任中华全国总工会主席王兆国同志立足中国国情,适应时代发展而提出来的,为企业工会维权工作提供了重要原则、根本宗旨、核心理念、途径方式,是对企业工会维权工作的本质、目的、内涵和要求的总体看法与系统观点的集中反映,也全面体现了我们党对企业工会维权工作的总体要求,对企业工会维权具有很强的指导意义。这就要求广大工会干部要学好相关法律,树立“以职工为本,主动依法科学维权”观念,依法维权、科学维权、正确维权,工会组织要牢固树立群众观念,强化责任意识,从自身的性质和特点出发,以建立和谐劳动关系为目标,以解决职工最直接、最关心、最现实的利益问题为重点,创新机制,积极探索,创造性地做好维权工作。一是要密切联系职工。要认真听取和反映职工的意见和要求,关心职工的生活,解决职工的困难;针对利益主体多元化和分配方式多样化的趋势,大力拓展维权领域,努力做到“哪里有职工被侵权,哪里就有工会来维权”。二是要创新维权载体。工会要通过建立困难职工帮扶中心,在困难帮扶、就业援助、信访接待、法律咨询等方面,对困难职工提供“一站式”服务,这是开展困难职工帮扶的有效载体,是调解劳动关系矛盾的重要渠道,也是工会维权的常设机构和形象窗口,它提高了送温暖工程的市场化、社会化程度,提升了工会落实对困难职工履行“第一责任人”职责的层次和水平,增强了工会维护困难职工、困难群体合法权益的效率和效能。三是要摆正维权位置。工会担负着维护职工的合法权益和单位的整体利益的双重职能。既要维护职工个人的权益,又要维护整体利益;既要突出维护困难群体的利益,又要兼顾维护其他群体的利益。工会要在这方面找准“结合点”和“平衡点”,平衡处理两者利益关系,即当企业整体利益与职工个人利益发生矛盾时,要努力做好职工思想工作;当职工合法权益受到严重侵害时,工会组织必须全力维护职工群众的合法权益,真正做到替职工说话,为职工办事,解职工之难,帮职工谋利。工会组织是群众的组织,不是权力部门,工会工作没有制约别人的所谓权力,只有为职工服务的义务和责任。工会要在双向维护中摆正位置,赢得单位领导的信任和职工的支持,才能在代表职工根本利益方面大有作为,这就要求广大工会干部要用新的思维方式,拓宽维权途径,增强维权实效,努力实现好、维护好、发展好广大职工的权益,为构建和谐社会作出应有的贡献。

浅议劳动模范的作用

高培良
（中铁三局杭海城际铁路工程第四标段）

摘　要　劳动模范是民族的精英，人民的楷模。本文从劳模的选树、劳模的宣传教育、对劳模的关爱、劳模自身的完善和提高等方面阐述了如何充分发挥劳模的引领作用，为企业实现更好更快的发展奠定坚实的人才基础。

关键词　劳动模范；选树；宣传教育

0　引言

劳动模范是时代的楷模，是产生于职工群众中的坚实榜样，是职工的旗帜，是党和国家的宝贵的精神财富，在他们身上集中反映了我国工人阶级的优秀品质，对推动社会两个文明建设的发展发挥了显著作用。

榜样的力量是无穷的。那些在平凡的岗位上做出不平凡事迹的先进人物，带动了广大职工提高思想道德素质，净化了企业和社会风气，促进了社会主义精神文明建设，使企业精神和个人的理想信念深深植根于广大职工群众之中，激励他们建岗立业，拼搏奉献，为企业的发展而奋斗。有了劳模这面镜子，大家就能对照自己的不足；有了劳模精神的感召，大家就有了标尺，就能够牢记责任、时刻不忘履行自己的职责；有了劳模强烈的使命感，无论遇到什么困难、身处如何复杂环境，都能够尽职尽责地排除困难，都能够形成强大的凝聚力和向心力。因此，发挥劳动模范的榜样作用，是企业发展不可或缺的强大的思想动力。

在新时期，劳模精神还要不要，那种兢兢业业、任劳任怨的“孺子牛”精神与创新的发展理念有无冲突？答案是肯定的，劳模精神不但要继续发扬、大力传承，而且要不断摸索，发挥劳模先进作用，并将这些振兴企业的宝贵财富发挥到极致。习近平总书记在与全国劳模代表座谈时特别强调：“榜样的力量是无穷的，劳动模范是民族的精英、人民的楷模。长期以来，广大劳模以平凡的劳动创造了不平凡的业绩，铸就了‘爱岗敬业、争创一流、艰苦奋斗、勇于创新、淡泊名利、甘于奉献’的劳模精神，丰富了民族精神和时代精神的内涵，是我们极为宝贵的精神财富。”这一重要论述高屋建瓴，寓意深远，为我们弘扬和传承劳模精神、发挥劳模先进作用增添了取之不尽、用之不竭的动力。

那么，如何发挥劳模的骨干带头作用呢？笔者从以下几个方面浅谈几点体会。

1　重视劳模的选树

要不断提炼和充实劳模精神，它激励着广大职工群众为实现“中国梦”和自己的伟大理想而奋力拼搏。公司每年都涌现许许多多不同层次、不同级别和不同岗位的先进模范，这些模范各有各的创先经历，各有各的不同的精神昭示。正是他们发扬着不同的劳模精神，影响和带动了广大职工群众在本职工作岗位上兢兢业业、努力奉献，推动了杭海城铁项目的顺利发展。笔者从事基层党政工作几十年，见证了劳模在不同时期所发挥的作用，也见证了劳模在不同时期的评选标准和产生方法。追寻劳模的评判标准，无一不是任劳任怨、吃苦耐劳的好同志。而劳模的评选也无外乎是“领导指定”或“群众举手”。

尽管如此，在当时的历史背景下评选出来的劳模，领导满意，群众拥护，作用突出，具有明显的时代性。然而，在市场经济和现代企业发展的今天，这种劳模的评选方法和评判标准，显然已落后于时代的步伐了。笔者认为，在选树劳模的过程中，既要突出先进性，又要具有时代性；既要坚持工作业绩的考核，又要坚持道德品质的考核。要做到谁先进就选谁，形成行行都有带头人、处处都有领头雁、时时都有典型的良好氛围。所以，为了客观公正的选树劳模，首先，公司应对劳动模范的工作原则、生活待遇和评选机制等，作出明确的规定，使劳模的选树工作有章可循。其次，要严格对照评选条件，坚持走群众路线，发扬民主，层层选拔，逐级上报。再次，农民工在企业乃至城市建设中，已成为一支不可或缺的重要力量，只要他们在公司的施工生产中作出了突出贡献，符合劳模的规定，就要把他们和企业员工放在同一条件下来评选。最后，应注重在青年知识分子中选树劳模，逐步使先进人物的评选思维由勤勤恳恳型转变为开拓创新型，由体力型转变为智力型及体力智力结合型，充分挖掘科技兴企的内涵，使知识型、管理型、创新型的劳模成为企业新时期的主旋律。

2 重视劳模的宣传教育

职工是企业的主人，是企业改革与发展的动力主体，广大职工群众的积极性、创造性是企业活力的源泉。一个企业的兴衰，其根本性决定因素是职工当家作主的主人翁意识和主体意识，职工视企业的兴衰为自身的荣辱，积极为企业分忧解难，贡献自己的聪明才智。由于劳模的这种主人翁精神和先进事迹实实在在，看得见，摸得着，其所体现的无私奉献、忘我劳动的态度和风格，必将成为催人奋进的动力，从而凝聚和引导职工紧紧围绕企业的振兴献计出力，形成巨大的生产力。但是，我们要更好地发挥劳模的作用，还要做好三方面的工作：一是要善于及时发现和总结推广先进人物，从中找出有针对性、有说服力、有感染力的先进事迹，找出可以借鉴的先进技术、先进工作方法和先进经验，找出可以净化人们灵魂的先进思想，全方位进行深入挖掘。要把宣传推广先进模范的先进思想和事迹当成全心全意依靠工人阶级的一个组成部分，要通过各种宣传媒介加大宣传力度。也可以利用公司的表彰会议，增加劳模发言、交流的内容。这些都是宣传劳模、树立劳模光辉形象的好机会。这样不仅扩大了劳模的影响力、选树了劳模的形象、鼓励了劳模不断进取奋发的积极性，也使先进人物的先进思想、先进技术、先进工作方法为每个生产工作者所掌握，从而带动职工队伍整体素质、整体水平的提高，形成新的强大先进生产力。二是加强对劳模的培养和使用，使其发挥更大的作用。劳模是职工群众学习的榜样，但并不是完人。一般来说，他们往往在某些方面比别人更突出、更先进一些，但这并不等于他们在各方面都会超过别人。随着主客观条件的变化，他们有时在某些方面可能还不如他人，因此，不能说劳模就一好百好，这是不符合事物发展规律的。所以，在社会科学技术日新月异、知识经济高速发展的今天，必须加强对劳模的教育培养，调动劳模的积极性，发挥劳模在企业中的骨干带头作用。有条件的要送劳模学习深造，提高劳模的科学文化素质，加强劳模在队伍建设中的重要作用。对劳模的培养教育要侧重以下四方面：①要不断提高他们的政治思想水平，教育他们自觉坚持党的基本路线，热爱企业、热爱本职工作，要具备一定的政治素养和远大理想。②要提高他们的科学文化、生产技能水平，学习掌握经济、法律、现代化管理方面的知识。有计划、有步骤地组织或选送劳模参加各种专业学习班、培训班，切实提高他们的业务能力。③认真负责地推荐能胜任的劳模走上领导岗位，充分发挥他们的作用。让劳模担任一定的领导职务，一定要考虑到与其能力水平相适应，要量才使用，使劳模的能力得到最大限度地发挥。④梯队培养，变"一枝独秀"为"百花争艳"，建立和推行"劳模先进后备梯队"制度，将先进职工列为后备苗子，结合企业中长期发展目标，围绕安全生产等中心工作，按照劳模的条件培养、锻炼、考核、提高，扩大先进群体队伍。三是要结合工作实际，全方位、多层次、大力度地采取多种方式方法，利用各种载体和渠道，大力宣传各级劳模的先进思想、先进事迹、先进经验和劳模精神，让劳模电视里有影、广播里有声、报纸上有名。通过这些形式，不仅宣传、总结劳模的先进事迹和经验，让广大职工学有目标、赶有方向，而且让劳模在本单位的群体里有被追捧感、崇拜感、优越感，使他们有自豪感、荣誉感，从而鞭策他们向更高的目标迈进。

3　重视对劳模的关爱

广大劳模在工作中常常为了攻克生产或工作上的难题废寝忘食、顽强拼搏，他们不计报酬，不计个人得失、忘我工作。一提起“劳模”，人们往往形成一种惯性心理：劳模就是“无私奉献和任劳任怨”；劳模就应该干苦、脏、累、险、重的活；劳模就应该吃苦在前，享受在后；劳模就应该带病坚持工作。不可否认，劳模正因为表现出这些先进性、自觉性和觉悟才会成为劳模。但劳模也是有血有肉有感情的“人”，而不是铁打的“物”，他们吃五谷杂粮，食人间烟火，同样需要生活的基本条件，需要建立良好的社会关系。社会需要“老黄牛”，但“老黄牛”累倒了、穷没了，又有谁愿意争当劳模？所以各级党政工组织要关爱劳模的生活状况，想方设法提高劳模的待遇，落实好上级的有关政策，尽最大努力提高他们的待遇，实行重奖特奖，让职工们看到劳模的汗水不会白流，为劳模创造优越的物质生活，以好的生活典型去引导和影响更多的人去争当劳模。当劳模不仅精神上受到了奖励，在物质上也能得到相应的补偿，从而在全体职工中树立“向劳模学习、向劳模看齐”的独特地位。这才是评选劳模的真正意义。单纯提倡劳模的无私奉献，会导致劳模可敬而不可当。各级组织应该全面发掘劳模的时代内涵，使这些先进人物成为激励员工的一个个实实在在的载体，改变那种讲报酬就是觉悟低的片面认识。让劳模的付出和回报相匹配，让劳模既是精神富有者，又是经济富裕者，引来人们羡慕的目光，启发人们更强烈的追求向往，使学劳模、当劳模成为促进社会进步和企业发展的强大动力。

笔者就这个问题谈几点不成熟的建议：①为劳模建立学习、工作、生活以及家庭、婚姻、子女等方面情况的档案，全面掌握劳模的基本情况，定期召开多层次的劳模座谈会，倾听他们的心声和建议，及时解决劳模面临的困难和问题。②为劳模设立专项基金，对劳模发生的突发事件从根本上给予补助或解决。要把握基金专为劳模而设、向劳模倾斜。③加大一次性奖励标准，要奖励到让大家羡慕，凸显精神与物质双重效应，如开展的“立功竞赛活动”。对获奖先进个人加大奖励力度。同时可增加劳模代表的发言，并将交流经验在全公司员工中学习。④建立劳模年度评议制度，打破劳模终身制。今年是劳模，明年不一定是，今年不是劳模，明年不一定不是。形成一种后进赶先进，先进更先进的良好局面。

4　重视劳模自身的完善和提高

劳模精神的内涵不是单一的、静止的，而是随着人们劳动活动、工作实践的深化和拓展不断丰富发展、与时俱进的。中铁三局自杭海城铁开工建设以来，涌现出一大批先进集体和个人，他们为中铁三局的建设与发展付出了心血和汗水，建立了卓越功勋。怎样把握劳模精神的时代内涵，推动中铁三局未来发展，是我们发挥劳模作用的根本所在。这就需要广大劳模随着时代的进步和发展，不断完善自己、丰富自己、提高自己。

要不断提高劳模自身的工作技能，紧跟时代发展的步伐。劳模是劳动者的杰出代表和优秀典范，新时期的劳动模范，不仅要能吃苦、能奉献，更要有本领、有技能，这样才有说服力、有影响力、有带动力。近年来，随着经济社会的飞速发展，生产技术的不断进步，劳动者素质特别是技能素质与经济发展要求不适应，与产业结构不匹配的供需矛盾仍然突出。如近些年企业出现的“用工荒”，说到底就是“技工荒”，是生产一线技能人才的严重短缺。从中铁三局生产一线的情况来看，在现有技能人才队伍中，具有单一技能的人多，有复合技能的人少。任何一项工程或一件产品，都是人的劳动和智力的结晶，没有一流的技术、没有高素质的人才，就不可能完成一流的工程和一流的产品。过去那种只靠“出大力，流大汗”去评判劳模的标准已落后时代的步伐了。如果说过去的劳模更多的是“体力”劳模，那么现在的劳模更多的是“智力”劳模。从实践来看，“体力能力”与“智力能力”是一个有机统一的整体，劳动本身就是一种充满挑战的活动，劳模不仅是脚踏实地、辛勤工作的楷模，更是大胆创新、勇于开拓的模范，劳模群体正是凭借这种精神引领行业进步、践行改革实践、推动社会进步的。所以我们在选树劳模的过程中,应该重视、挖掘、培养复合型的劳模人才队伍,不断丰富、完善劳模精神的内涵,使劳模更具说服力和影响力。

总之,劳模是时代的楷模,是改革的先锋,是企业的主力军,是企业永不褪色的骄傲。在新的历史时期,我们应该进一步弘扬劳模精神,充分发挥劳模的引领作用,为企业实现更好更快发展奠定坚实的人才基础。我们选树劳模要选准劳模、培养好劳模、宣传教育好劳模,同时更应该照顾好劳模,让大家不仅看到劳模的贡献突出,更应该看到待遇也突出。在全社会形成人人向劳模学习、人人争当劳模的良好风气,让劳模在杭海城际铁路建设中发挥更加突出的作用。

企地共建、和谐施工

陈 洋
(天津城建集团有限公司)

摘 要 为推进杭海城际铁路工程建设,为施工生产任务保驾护航,打造天津城建集团有限公司在海宁市的品牌,我部自开工以来持续加强企地共建活动,明确共建内容和具体措施,与时俱进,创新方法,建立行之有效的共建机制,共同构建新型的企地关系,打造和谐的项目文化,构建良好的工作关系和企地情谊。

关键词 企地共建;和谐;双赢

0 引言

由于本标段位于海宁市的市中心,周边环境复杂,小区众多,人口密集,工程项目建设中企业与地方(简称企地)之间存在客观矛盾,项目部始终以加强与地方党政组织的沟通协调为先导,在此基础上,联手从多层面、多渠道切实开展求同存异、互通共融的企地共建思想工作。

项目部以习近平新时代中国特色社会主义思想为指导,以企业发展战略为主导,以提高企业凝聚力、向心力和核心竞争力为目标,以企业核心价值观为导向,以促进企业的持续快速健康发展为宗旨,着眼于外树形象,积极探索企地共建的新思路、新形式和新举措。

为推进杭海城铁建设,为施工生产任务保驾护航,打造企业品牌,营造企地和谐、团结、稳定、发展的环境,实现和谐双赢目标,将企地共建工作落实到位,项目部特成立企地共建活动领导小组,分工明确,责任到人,围绕工作重点具体抓好落实。

1 统一思想,提高认识

各部门高度重视,充分认识"企地共建、和谐施工"的重要性,将这一认识贯彻至每位员工的工作行为中,把此项工作摆到重要位置来抓,切实抓实、抓好。

2 加强领导,明确责任

项目部成立企地共建活动领导小组,负责制订活动总体规划和阶段实施方案,积极推进落实。项目书记为共建活动的第一责任人,同时明确项目部综合办公室专门负责共建活动,建立互动机制,协调落实共建的各项任务。

3 大力宣传,培树典型

大力宣传企地共建的重要意义,积极推介企地共建值得借鉴的做法,努力营造浓厚的和谐氛围。努力培植项目部有特色、有影响、有推广价值的典型共建事迹,以提供示范、树立标杆。抓好典型,以点带面,推动活动向纵深开展。注重将活动中涌现出的人和事及时进行推广。

项目部自去年进场以来，持续加强企地共建活动，明确共建内容和具体措施，与时俱进，创新方法，建立行之有效的共建机制，共同构建新型的企地关系，打造和谐的项目文化，构建良好的工作关系和企地情谊，为项目的生产经营工作保驾护航。加强与周边社区及当地媒体的沟通联系，围绕施工生产、社会稳定、队伍建设、文化建设等方面进行交流共建，加强互动，与周边社区结为和谐共建单位，开展“阳光城铁，和谐共建”活动。

(1)项目部在日常管理中严格执行相关安全、文明施工标准，竭尽全力降尘减噪，建设文明和谐工地。

(2)“走出去”“请进来”，双管齐下：

①施工互访，兼顾各方关切。一方面由项目书记带领各部门负责人“走出去”，就施工安全、环境保护等地方党政和群众所关切的情况，虚心征求他们的意见、建议，推动安全、文明标准工地建设。

②将地方党政领导和群众代表“请进来”，实地参观、考察工地，加深居民对施工企业和施工作业的认识了解。开展城铁工程建设知识宣讲活动与接访工作，听取居民对城铁施工的意见和建议，争取居民对城铁建设的理解和支持。通过居民代表参观施工现场活动，加深居民对城铁施工作业的认识和了解，提升工地安全、文明施工形象。通过企地互访，在杭海城铁建设中，结合海宁当地实际情况，合理调整施工工序，得到当地政府和社会各界一致的高度评价。自2017年进场以来，项目部超前筹划，紧密联系周边群众，加强沟通与协调，通过“致小区居民的一封信”、摆放展板、张贴海报、小区业主座谈会、分发宣传页等一系列多种形式，让社区居民感受到我项目部工作的诚意，一定程度上得到了社区居民的理解与支持，得到社会各界的集体点赞，同时，促进了企业与驻地单位共建工作的推进，也起到了加强企业在驻地宣传的作用，为项目的顺利实施保驾护航。

(3)文化搭桥，促进友好交往。活动是加强交流的载体，是促进与驻地单位交流的有效形式。项目部创新活动开展方式，进一步加强与驻地单位交流，共同推动共建友谊之船扬帆前行。项目部邀请当地人介绍海宁风土民俗，指导帮助参建人员继续熟悉当地人文，融入当地环境。组织参建人员与地方群众开展经常性的各种文体交流活动，不断加深友谊、增进感情。与地方政府联合举办文艺表演活动，在文化互动中丰富群众业余生活、展示施工企业风采。

(4)加强企地共建，并与当地媒体建立良好的沟通，多渠道加强信息宣传。如2018年重阳节项目部和南郊社区共同举办“九九重阳节，浓浓敬老情”活动，为百余名老人献上越剧演出和发放节日礼品，让他们感受到来自项目部的温暖。特邀海宁电视台和海宁日报记者对标段重要的施工节点作了专访，让海宁人民对我们从陌生到熟知。

①开展“慰问帮扶”活动，通过七一、教师节、国庆、中秋等重点节日开展慰问老党员、金秋助学、冬送温暖、春播秋收等活动，保持良好关系，营造企地和谐氛围。

②项目党支部和各社区党总支经常进行学习交流，宣传企业文化，进一步拉近与当地政府、群众的关系，彰显企业形象。

③向社区居民宣传讲解杭海城铁建设在海宁经济发展和群众出行方便等方面的作用和意义，将项目部与当地居民之间因某种原因引发的矛盾纠纷消灭在萌芽状态，防患于未然，使项目部与海宁市的老百姓关系融洽，使当地群众心系城铁建设，支持城铁建设。

④建立企地联席会议、和谐共建协调会、工作通报等交流制度，定期召开企地联席会议，研究解决共建工作中存在的问题，坚持以实际行动拉近与附近居民的感情，促进与社区居民和谐相处。

企地共建在项目部得到了很好的落实，也发挥了其强大的作用，并得到了各方的一致认可，为杭海城铁建设保驾护航，为“两美”建设贡献了一分力量。项目部将坚定信心，面向未来，同频共振、共生共赢，完善共建机制，巩固共建成果，定能不断把企地共建推向更深层次、更宽领域、更高水平，共同书写“企地共建、和谐施工”新篇章！

参考文献

[1] 涓子.企地共建　合作双赢[J].中国石油企业,2011(8):47-47.
[2] 何宗春.厂镇共建　企地“双赢”[J].改革与开放,2000(10):29-30.
[3] 刘敏.校企共建实训基地　从“双营”走向“双赢”[J].中小企业管理与科技,2012(1):254-254.
[4] 江素芳.村企结对　合作双赢——对我市“百企助百村,共建新农村”的调查与思考[J].浙江工商,2008,(11):38-40.
[5] 邵光荣.资源共享　相互支持　合作共建　双赢共进[J].交通企业管理,2016(10):2-3.
[6] 楼瑞清.互惠互利　合作共赢——对我市开展“村企结对共建新农村”的调查与思考[J].浙江工商,2008(7):20-22.

关于杭海城铁公司国际化发展的思考

罗士瑾，许　旺
（浙江杭海城际铁路有限公司）

摘　要　本文首先对杭海城铁公司作为省内首个PPP示范项目的现实基础与发展环境进行了分析，然后基于公司整体定位与现状分析，提出了国际化发展思路及目标，并从保障措施与工作举措两方面提出了加强国际化发展的思路及措施。

关键词　PPP项目；国际化发展；“走出去”；“引进来”

0　引言

浙江杭海城际铁路有限公司（以下简称“杭海城铁公司”）成立于2017年，是浙江省交通投资集团确立“四大核心业务”、推进“十三五”规划中轨道交通建设业务重大战略而成立的一家新公司，主要承担浙江省首个PPP示范项目——杭海城际铁路工程项目的建设任务。同时，随着集团公司主导的轨道交通项目逐渐增多，“一路一公司”模式将逐步向“一类型一公司”过渡，最终形成“轨道交通版块公司”，杭海城铁公司将承担和履行轨道交通版块公司的管理职能以及项目建设管理职能。

为贯彻落实集团公司国际化发展的号召，根据集团公司《当好交通建设主力军　勇当改革发展排头兵　争做世界一流企业行动纲要》文件精神及“十三五”战略规划，笔者对杭海城铁公司的国际化发展作出以下思考。

1　现实基础与发展环境

1.1　国际化发展现状

目前，杭海城铁公司主要承担浙江省首个PPP示范项目——杭海城际铁路工程项目的建设任务。轨道交通项目管理和项目实施是杭海城铁公司最大的优势，目前集团内已有8家企业参与杭海项目建设，集团外的合作参建单位有中国中铁、中国铁建、中国中车等。在杭海城际铁路建设多方合作过程中，杭海城铁公司开展了一些国际化业务，如国际品牌设备引进、海外公司策划合作、海外组织来访接待等。基于公司的业务定位，国际化业务占公司整体业务的比例较低。

1.2　国际化发展机遇

集团公司和杭海城铁公司轨道交通业务的快速发展，是公司国际化发展最重要的现实机遇。随着集团公司主导的轨道交通项目逐渐增多，杭海城铁公司将承担更多的轨道交通建设管理项目，在业务开展过程中，将获得更多国际化发展的机会。

1.3　国际化面临问题

1.3.1　海外形势——“走出去”困难

据统计，截至2017年底，BHI（中国拟在建项目网）已收录中国意向/参与的海外轨道交通项目共有14

个，项目范围涉及印度尼西亚、新加坡、俄罗斯、塞尔维亚等12个国家。项目推进困难，进度迟缓，主要原因有：

(1)国际上对中国标准、中国体系并不认可（包括供电方式、配套产品、施工、验收体系等），很多国家和地区在最基础的标准层面犹豫不决。

(2)国际轨道交通领域，中国厂商核心技术（车辆牵引、制动、信号）业绩少，竞争力弱。但中国性价比较高的产品在国外逐渐应用（如：信号系统在越南首次应用，时代电气牵引系统在国外屡屡中标），国际竞争力正在不断增强。

(3)轨道交通项目建设周期长，资金需求大，市场需求不够充分。如亚非拉等发展中国家受限于经济条件，大部分国家土地私有，不能保障项目用地需求，政治因素对项目落地影响大。

上述三方面的问题在杭海城铁公司的国际化发展中，也是同样存在的。

1.3.2　公司定位——对国际化业务涉及不多

目前杭海城铁公司的定位为轨道交通建设公司，杭海城铁的工程管理建设占据了公司业务的绝大部分。就杭海城铁项目，集团公司内部单位合作与国内单位合作能够满足绝大部分业务需求，因此除了项目中及项目周边涉及少量国际业务之外，公司需要开展的国际业务不多。而且杭海城铁公司是PPP项目公司，股权多元化也成为国际化工作的制约因素。

2　发展战略与目标

2.1　国际化发展愿景——立足海宁，走向世界

根据杭海城铁公司“十三五”规划，公司整体发展理念是立足海宁，依托嘉兴，辐射全省，走向世界。

“立足海宁”，是指立足目前杭海城际铁路项目所在地——海宁市，依托嘉兴、海宁两市支持，高水平、高质量地建成杭海城际铁路项目，打造轨道交通PPP项目可复制、可借鉴样本。

“辐射全省”，是指凭借在浙江省首个PPP项目建设中探索积累的经验和获得的成果，放眼省内外，拓展新项目，为轨道交通建设贡献新力量。

“走向世界”，是指探索“国际化”道路，谋划企业未来的发展空间，敢想敢为，提升技术、标准、服务水平，建设一条高标准、精服务的杭海城际铁路，为未来公司走向国际化打下坚实基础。

2.2　国际化总体目标——三个发展阶段

杭海城铁公司国际化发展目标主要分三个阶段。一是近期目标。一方面，结合杭海城铁公司实际，干好项目，积累经验，总结提高；另一方面，有选择性地考察国际市场，圈定市场目标，制定战略策略，建设过程中选择优势合作伙伴，有针对性地储备人才，坚持“引进来”与“走出去”相结合，以“引进来”为主。二是中期目标。结合国际轨道交通市场实际，从政治因素、资金回报、法律风险评估、技术管理方案等角度选择合作伙伴组成联合体，制订详细方案，以联合体形式参与国际市场接洽、沟通、谈判、竞标等活动，争取确定3~5个有合作意愿项目重点跟踪推进，并力争达成1~2个项目框架协议或签订合同。初步搭建布局合理的国际化业务架构，使公司具备一定经营能力。三是远期目标。争取轨道交通板块国际业务有实质结果，力争1~2个项目落地实施，并在国内国际有充分竞争力，且储备2~3个项目，成为国际市场上具有一定知名度的总承包商。

2.3　国际化发展思路

2.3.1　以路为主，以路推进

杭海城铁公司因杭海城际铁路项目而生，项目管理和项目实施是杭海城铁公司最大的优势。目前

集团内已有8家企业参与杭海城铁项目建设,当前要做好杭海项目的经验总结,在集团国际业务部门的带领下,以城际铁路为主攻目标,做好业务梳理、人员储备、企业合作洽谈等基础工作。

2.3.2　借力出海,借船出海

当前,集团轨道交通领域没有国际业务储备,在“一带一路”大环境下,应积极寻求政策支持。一方面积极谋求国家商务部、省政府支持。另一方面不断加大与国际化业务优势企业合作,尤其是国外业务较多的中国建筑、中国交建、中国中铁、中国铁建、中国通号、中国中车、国机重工等企业,学习这些企业经验,缩小与他们的差距。

2.3.3　稳扎稳打,稳步推进

国际局势风云变幻,前车之鉴历历在目,阿尔及利亚高速项目亏损、沙特轻轨巨亏、菲律宾车辆纠纷、墨西哥高铁毁约。因此,要总结经验、吸取教训,多角度分析问题,稳扎稳打,将风险控制在可承受范围,选择政局稳定、政府守诺、经济形势好的项目推进。

2.4　国际化发展的主要任务

杭海城铁公司的国际业务要与公司发展密切关联,实现“走出去”与“引进来”相结合。基于公司整体定位与现状分析,公司目前的国际化任务以“引进来”为主。在集团的海外业务布局中,杭海城铁公司的定位是主要承担轨道交通的建设任务,为集团的轨道交通业务提供智力输出和管理输出。

2.4.1　加强队伍建设,培养专业人才队伍

国际化竞争的关键在于人才队伍的竞争。在集团国际化战略全面推进的关键时期,杭海城铁公司将以人才能力提升为核心,通过集团公司内部选用、高等院校招聘、社会招聘和国外市场引进等多种渠道选拔国际化专业人才;以关键岗位人才和高技能人才为重点,统筹推进各类人才队伍建设,培养和造就一支能够支撑和引领国际业务发展、规模适当、结构合理、具有全球视野和思维、通晓国际规则、掌握精湛技术,具有强大国际竞争力和战斗力的国际化专业人才队伍。

2.4.2　加强国际合作,打造精品工程

在杭海城铁项目推进过程中,公司应注重三方面的国际合作。一是杭海城铁商业开发策划与设计的合作。在集团公司国际部的牵线搭桥之下,公司已与来自日本、新加坡等国优秀的物业公司或轨道交通管理公司展开前期对话,潜在合作对象有日本UR设计机构、住友商事株式会社、日本海外生态城项目协议会等。二是项目建设过程中引进使用国际品牌设备。杭海城铁项目中,采用一些高精尖的国际品牌设备,将有效节约工程建设成本,提升工作效能。三是积极利用国际领先技术,采纳国际先进理念,建设数字化杭海。2018年,公司加入国际劳工组织可持续发展(SCORE)项目取得实效。SCORE项目使公司更好地了解了一线员工所思所想,帮助解决一线员工关注的热点问题,助推项目建设的健康和谐发展。

2.4.3　培育竞争力,拓展国际市场

杭海城铁公司目前尚未踏入国际市场,与中铁工、中铁建等大承包商更是存在巨大差距。因此,要想在国际建筑市场上站稳脚跟,当务之急是要提高企业核心竞争力。

一是要培育自主核心竞争力,要适应国际工程项目功能变化、体量大、施工难度大的新趋势,积极借鉴国内外成功的商业模式,运用计算机网络和多媒体技术等现代科技手段,科学地进行工程报价、设计和管理。

二是要坚持以专业优势为依托,以主导业务为突破口,积极拓展国际化业务,坚持专业化发展,进一

步提升轨道、隧道与地下工程、桥梁、土石方与基础工程、机电安装等专业领域管理优势，作为企业拓展国际市场的突破口。目前可尝试以杭海城铁项目为载体，取得一些专利成果，走销售道路。

三是要加强与中铁工、中铁建等外经企业、窗口公司及政府部门、金融机构、兄弟单位的战略合作，积极建立起政企、银企、伙伴合作的渠道和平台，充分利用各方信息优势、资金优势和技术优势，强强联合，互利共赢，合作开展国际化的建设工作。通过打造核心竞争力，向业主提供优质的集勘察、设计、施工、项目管理、运营为一体的一条龙服务。

2.4.4　加强风险管控，有效防范经营风险

一方面，要正确区分不可控风险和可控风险，把风险防控贯穿于海外市场经营的全过程，完善国际业务风险防范体系，采取针对性的措施识别风险、量化风险、规避风险、监控风险，实行全方位的风险控制，重点做好对政治风险、人身安全、汇率和成本、技术等风险的控制，最大限度地减少国际业务风险。另一方面，要加强合同和法律管理，充分利用合同和法律保障企业自身的权益，提升海外业务方面的法律意识，按照当地规律办事，尽最大努力避免法律纠纷。

2.4.5　积极学习追赶，对标世界一流企业

结合公司现状与发展规划，应考虑设立不同级别、不同区域的对标对象。在杭海城铁项目合作过程中，公司应积极向中国建筑、中国交建、中国中铁、中国铁建、中国通号、中国中车、国机重工等大型央企学习经验，缩小差距。在省内范围，积极开展与杭州地铁、宁波地铁等兄弟单位的交流学习，互通有无。在海内外范围，公司将抓住机遇，与上海地铁、香港地铁、新加坡地铁等大型一流轨道交通公司积极互动，深入学习，展开对标。

3　保障措施与工作举措

3.1　保障措施

3.1.1　成立领导小组

为保障国际化发展工作的成效，公司应对国际化业务进行统筹安排，设立国际化发展领导小组，由公司领导班子成员组成，主持国际业务的重大工作，具体业务由经营开发部主管。

3.1.2　引进和培养国际化人才

公司应逐步建立灵活、有吸引力的薪酬机制，招聘一些有国际视野和开展国际业务能力强的人才。积极开展外部招聘的同时，加强内部培训和内部挖潜，培养一批具备国际化发展能力的人才。

3.1.3　制订国际业务具体实施方案

根据集团公司要求，结合实际，制订国际业务发展的具体实施方案，细化分解目标任务，确保做到目标量化、落实到人，建立高效工作协调推动机制，形成推动行动实施的高效合力。

3.2　工作举措

3.2.1　加强对国际品牌设备引进的重视

结合杭海城铁项目建设及后续城际铁路运营工作的开展，对于有利于提升工作效能，有利于节约成

本的国际品牌设备,公司将给予重视,积极引进。

3.2.2 积极推进外企项目合作

由集团公司国际部牵头,公司已与几家来自日本、新加坡等国相关领域的优秀企业取得联系,正在进行合作前期洽谈。公司应积极研究杭海城铁项目中与外企合作的利弊,若有合作的必要性,公司将积极展开与海外优秀企业的合作。

3.2.3 加强引进国际先进理念

经初步调查研究,世界一流城轨企业大多为发达国家或地区的企业,比如新加坡地铁、伦敦地铁等。公司应重视对这些一流企业的管理理念的学习与引进,促进杭海城铁项目的高质量管理。

3.2.4 加强一流企业对标研究

公司要明确一到两家世界一流城轨企业作为具体对标研究对象,组织核心团队开展实地考察调研与深度对话学习,形成有实际借鉴意义的对标研究成果,为公司发展提供软实力支撑。

关于杭海城铁公司人才工作的思考

夏春新
(浙江杭海城际铁路有限公司)

摘 要 本文首先介绍了杭海城铁公司人才队伍现状,然后阐述了人才队伍的三阶段建设情况,在此基础上分析了人才队伍建设中存在的问题,提出了通过科学管理、创新机制、营造环境等措施来激发人才活力,为集团公司轨道交通版块管理提供强大的人才支撑。

关键词 人才管理;人才队伍;创新机制

0 引言

习近平总书记指出:人才资源是第一资源,也是创新活动中最为活跃、最为积极的因素。没有人才优势,就不可能有创新优势、科技优势和产业优势。

集团俞志宏董事长要求:找准人才工作的定位、抓住人才工作的关键、破除人才的误区,打造一支高素质的交投铁军队伍,任何时候都是我们事业发展的核心力量。

杭海城际铁路有限公司(以下简称"公司")在"十三五"规划中提出,要加大专业人才引进力度,加快人才培养和储备工作,逐步建立起一支适应杭海城际铁路项目建设新发展、行业新形势需要的人才队伍。

杭海城铁公司于2016年10月开始筹建,2017年2月13日在海宁市正式注册成立,是2016年浙江省交通投资集团和铁路集团合并重组成立新交通集团后组建的首家轨道交通建设公司,所承建的杭海城际铁路项目是杭州都市圈城际铁路4条支线之一,于2014年正式获得国家发改委批准,列入财政部第一批PPP示范项目并获得800万元补贴。该项目不仅是浙江省首个PPP示范项目,也是新集团成立承建的首个轨道交通项目,采用PPP合作模式,由集团、中铁(上海)投资公司、海宁市政府等共同出资成立,承担项目投融资、设计、施工和运营管理等工作。根据集团公司"十三五"规划中铁路、轨道交通项目建设"1238"的管理模式,未来将担当和履行集团轨道交通板块的建设任务和相关职能。截至2018年12月,项目累计完成投资超过65亿元。

1 公司人才队伍现状

根据集团批复的"三定"方案,杭海城铁公司设综合部(党委办公室)、财务部、工程部、机电设备部、计划合约部、安质部、经营开发部、纪检监察审计室共8个部门,人员编制72人。2018年10月31日,集团批复下达公司招聘15名2019年度应届毕业生作为储备人才,人员编制共87人(以后每年招聘应届毕业生15名,到2020年,公司员工将超过100人)。公司目前有正式员工62人,集团党委管理的干部11人,公司党委管理的干部20人(其中中层正副职和中层助理各10人);男性员工55人,女性员工7人;中共党员及预备党员47人,党员人数占总人数的75.8%;员工平均年龄为38岁,年龄结构呈较年轻化水平;员工有教授级高级职称1人、副高级职称18人、中级职称33人,其中工程技术、机电管理、合约管理等关键岗位职称覆盖率为100%;拥有本科及以上学历员工61人,其中硕士研究生学历7人,本科以上占总人数的97%,整体学历结构层次以本科或更高学历人才为主。2019年度应届毕业生招聘工作已经启动，到2019年下半年，新人上岗后，公司的人才队伍年龄结构会更加年轻、学历层次进一步提升、内部环境更显活力。

2 人才队伍建设情况

人才是公司的固本之基、立企之本、兴业之道。从项目筹备到公司组建再到全面稳步运行，公司的人才队伍建设分为三个阶段：一是抽调人员，先行开展前期工作；二是公司组建成立，招聘紧需岗位人才，保证正常运转；三是进入内部运行稳定期，结合岗位需要和适配性，进行人才招聘和选拔。截至目前，公司先后开展了7次人才（不含集团公司组织的3名领导招聘）招聘活动，始终坚持"合规、合情、合理"三个原则，即做到招聘信息发布合规、招聘过程合规、录用手续办理合规，招聘了51名员工，除个别工勤和综合岗位外，绝大多数是专业对口、经历符合、能力达标的人才，这些人才充分涌流、活力迸发，在实际工作中体现了"一岗多能、一人多职"，为公司的健康发展提供了强有力的源动力，为实现项目"五个二"目标增添了强劲引擎。

（1）人才基础有力夯实。公司选用人才坚持突出政治标准、坚持事业为上、坚持岗位匹配。杭海城铁PPP项目边筹建、边谈判、边开工、边组建、边运行，在集团公司的支持下，由中国中铁方选派和抽调相关子公司8名骨干先行开展工作，解决了初期开工节点紧、任务重、技术管理人才缺乏的困境。公司成立和项目全线开工后，这批人员通过公开招聘程序被聘为中层人员。根据项目建设实际，公司对各职能部门人员编制、岗位设置情况等进行研究，制订出台了部门机构职能设置方案，人员编制向一线业务部门倾斜（工程部15人、机电部19人）。为夯实人才工作基础，公司先后制定出台了《薪酬管理办法》《员工招聘管理办法》《培训管理办法》等多项规章制度，规范和提升日常管理、考核激励、晋升选拔、培训进修等。积极探索考核手段，实行部门负责人综合绩效考评与部门业绩挂钩，并且引入"难易度系数""工作饱和度系数"等量化指标，其结果运用到薪酬分配以及评先评优、提拔任用等方面，起到了良好的激励作用。

（2）人才活力不断迸发。公司深入学习落实习近平总书记有关人才工作的重要论述，切实落实党管干部和选人用人主体责任，细化和完善"三重一大"集体决策制度，规范选人用人议事规则和实施流程，建立健全党委会议事规则，进一步规范选用人才的决策行为，进一步提高人才工作科学化水平。在人才招聘、人才引进的过程中，考虑公司在PPP合作模式下成立的实际情况，结合集团公司在人员招聘方面的相关要求，公司通过集团内部人才选聘、社会化人员招聘、行业标杆企业人才引荐等多种方式招录各类人才，以此打破传统观念、深入创新多元化人才引进方式，成功录用了一批高素质、高精专的专业化管理人员。积极谋划人才选用工作，加强对人才队伍建设研究部署，让人才创新创造活力充分迸发，使各方面人才各得其所、尽展其长。例如，工程部积极开展科技攻关，通过构建基于BIM的杭海城际铁路项目信息集成平台，零盲点对施工现场进行监测监控，成为全国首个在全线引入BIM技术应用的轨道交通建设项目。截至2018年底，公司上报已受理发明专利5项，发表各类论文9篇。

（3）人才能力稳步提升。公司把人才队伍建设作为一项战略性、基础性工程来抓，尊重知识、尊重人才、尊重首创，为人才发挥聪明才智创造良好条件，营造宽松环境，提供广阔平台。坚持人才工作制度化、常态化，建立选拔培养机制，建立优秀年轻干部储备库，有3名35周岁以下的中层副职上报集团公司党委管理的年轻干部梯队人员、5名中层副职列入中层正职后备人选名单、6名35周岁以下的青年员工列入中层后备人选；创新培训工作机制，提出"抓好一系列培训学习"任务，制订中层人员培训计划，累计组织60多人次参加了管理素养、BIM技术应用、工程机电管理、PPP项目管理等专业技术培训。加大对标学习，组织人员到中国中铁、中国中车等考察交流，其中安排1名中层人员参加集团组织的赴新加坡学习培训，见了世面、长了知识，炼了才干；"为凤筑巢"，为人才提供发挥作用的平台和舞台，建设"杭海之家"，设立杭州分公司，落实海宁人才公寓50余套，创办员工食堂，切实解决引进人才落户、住宿、就餐等后顾之忧。

3　人才工作存在的问题

从浙江省全省来看，根据浙江省中长期铁路与城际铁路规划，铁路项目除已运营线路外还有33个，总里程3600多公里，总投资5700多亿元；城际铁路有23个，总里程1139公里，总投资约3647亿元。总建设里程达4700多公里，总建设投资达9300亿元。从在建、拟建项目的总量来看，未来一段时间，省内铁路、城际铁路项目建设将呈现建设任务重、项目多的特点，且大部分项目由省方主导建设。铁路与城际铁路专业技术人才除技术管理外，还包括运输、机车车辆、通信、信号、电力、工务大类（桥梁、隧道、路基、站房、轨道）等技术型工种（专科），专业复杂、人员数量大，若按城际铁路每公里60人左右、铁路每公里10～15人计算，未来全省铁路及城际铁路建设、运营及轨道交通产业人员将达10万人。而目前公司对轨道交通专业人才需求的紧迫性没有形成统一思想认识。

从集团来看，作为浙江省交通基础设施建设主平台，目前集团铁路与城际铁路建设专业技术管理人员仅有80多人，随着以省为主轨道交通建设节奏的加快，集团将开展金温铁路电化改造，着手谋划衢丽铁路、杭温铁路二期、杭德城际、宁象城际等项目的自主建设，现有专业技术人员的数量远不能满足项目建设需要，尤其是铁道工程大类和通信、信号、电力牵引、机车车辆等专业技术人才大量紧缺。同时，随着省内非干线铁路运营逐步转由地方负责，地方铁路项目建设、城际铁路运营呈现以省为主的格局，专业技术人才将是轨道交通建设、运营的关键要素，也是轨道交通产业发展成败的重要因素。《集团公司争创世界一流企业行动纲要》提出：自2018年起，每三年滚动投入人才专项经费规模不少于1亿元、投入教育培训经费不少于1亿元，即“双亿”计划，加大对人才工作的重视和投入。而目前公司对此重视不够、认识不足、执行不力。

从公司来看，当前公司承担杭海城际铁路PPP项目建设，是集团轨道交通建设的主力军，今年提出了建设全省轨道交通建设管理专业化企业的公司愿景。目前公司一般工程技术管理人员占比较高，而高、精、专方面人才缺乏，专业化人才队伍不能满足企业发展的需要。近段时间，公司参加集团组织的赴中南大学、西南交大等铁路院校进行2019年度应届毕业生招聘，但效果不好，铁道专业技术人才紧缺。专业化人才队伍是公司的立身之本和发展之基，推进高素质专业化人才队伍建设，围绕项目建设对干部队伍专业化的要求，高质量完成集团公司赋予的使命和任务，对于如何从外部大力引进培养，内部开展专题培训、教育管理、优化结构，还没有从顶层设计和长期发展上予以研究和谋划。同时，公司显现选用人才视野不够开阔问题：公司成立一年多来，聘任选用了一批勇于担当、作风扎实、能干实事的人才，他们大都来自中国中铁旗下施工建设单位以及集团公司内部，成为推进项目建设向中坚力量。随着项目建设向纵深推进以及围绕集团对公司履行轨道交通建设管理职能的战略要求，公司选人用人来源渠道单一、人才结构不尽合理、成长路径趋同、存在同质化等问题不断显现。过去因PPP项目的特殊性和复杂化主要侧重从中铁方及集团内部选人用人的视野局限性问题逐渐暴露，需要进行分析和研判，进一步拓宽人才选用的渠道，放眼更大的市场和空间，更加科学、有针对性地做好人才调整、补充工作。另外，选人用人创新力度须加强。杭海城铁项目建设进入高潮期，公司内部体系运行近两年，创新强企、人才强企导向的落实执行有不少偏差，人才工作短板显现，特别是在人才培养、创新突破、薪酬分配等方面表现较为突出。比如薪酬，公司推行六岗36档薪酬管理体系，在制定薪酬管理办法时，按照集团公司的要求，新招聘的中层人员须是从岗级的第一档起薪，因此中层正职都是正职第一档、中层副职都是副职第一档，没有实行差异化，造成不管是哪个岗位、工作量多少、责任风险大小等，薪酬都是一样的现状，薪酬和分配存在不科学、不合理、不公平之处。此外，公司人才引进实效力度须加强。公司确立人才工作水平与公司发展相适应的目标，公司招聘人才基本能够与各自的岗位相匹配，但个别人才，包括个别中层人员的素养、素质、能力尚有不足，引进人才的实效与实际工作存有差距。一方面表现在对集团和公司的企业文化、制度政策、管理方式等理解上有偏差；另一方面表现在对人才退出机制没有切实进行研究，也没有具体举措，而且操作起来也比较困难。

4　关于人才管理工作的工作思路与建议

人才是公司未来发展的中坚骨干、重要力量和有效保障,也是承担集团轨道交通建设任务光荣使命的基石。要进一步树立人才资源是第一资源的理念,充分发挥人才资源开发在企业发展中的基础性、战略性、决定性作用,创新机制体制,激发人才活力,拓展成长空间,打造“人才军团”、引得“凤凰来栖”和迸发“虹吸效应”。

4.1　强化理念,科学管理,进一步提高人才管理工作水平

一是前瞻性、系统性谋划。进一步落实党管人才主体责任,进一步树立人才工作正确导向,明确人才培养的第一责任人是“一把手”,加强人才工作前瞻性、系统性谋划,加强对人才队伍建设的研究和部署,有目标、有方向、有层次地推进人才管理工作,采取社会招聘、院校招聘、人才引进等方式开展招引工作,发挥区位优势、平台优势和岗位优势,注重高端专业复合型人才和一般技术型人才的分类招揽、引进。二是夯实人才工作基础。切实做好人才基础工作,按照相关规定,建立健全人才选拔管理制度,推进人才工作的规范化和制度化。加强对组工干部的政治理论和业务知识培训,提高“四个能力”,积极创造组织工作新载体、新途径、新方法。加强人事档案管理,掌握人才信息情况,切实提升人才工作水平。三是落实科学管理举措。理清人才底数,摸实人才实情,盘活人才资源,从不同类型、不同层次人才的实际和需求出发,更加科学地优化人才成长和可持续发展的环境,促进各类人才不断更新知识、提升能力,加快解决目前机电设备部、财务部负责人等个别关键岗位的空缺问题。

4.2　创新机制,拓宽渠道,推动人才工作上新台阶

一是拓宽用人渠道。创新人才招聘、选拔、培养的思路、举措和办法,立足自身、瞄准行业、面向社会,建立公开、公正、竞争、择优的人才选拔任用机制,通过“请进来、走出去”的方式,构筑人才高地,培育一批留得住、用得上的“永久牌”本土人才。加快自培人才,在现有建设管理团队中挖掘有潜力、有能力的员工,通过走访学习、挂职锻炼、高校进修、专向培养等方式有针对性地培养提高,培养学科带头人和高管队伍。二是有效正向激励。建立健全符合人才队伍素质培养体系、知事识人体系、选拔任用体系、正向激励体系,强化正向激励和担当作为,善于发现每个人才身上的“闪光点”,用人之长、避人之短,人尽其才、才尽其用。研究探索人才评价、正向激励、成果转化等政策,激发人才创新创造潜力和献计献策动力。唤醒那些“装睡”“开拖拉机”“打太极”的人,真正形成想干事、能干事、干成事的良好氛围。三是建立评价管理机制。立足项目建设实际和公司发展目标,制定人才管理办法,确立人才评价方式方法,完善退出机制,敢于调整、善于调整,将年度“述职述廉”扩展到“述能”方面,真实客观反映人才工作实绩。严格执行日常管理监督,打通管理和技术晋升“双通道”,调整薪酬变通渠道,努力建设一个广纳群贤、人尽其才、能上能下、充满活力的用人机制。四是加强人才后备队伍建设。定期开展人才综合研判工作,建立健全选拔培养机制,制定人才后备队伍培养规划,提高实战、实践能力,实现人才队伍建设的可持续发展,为公司以及今后承担集团公司轨道交通板块管理提供强大的人才支撑。

4.3　凝聚合力,营造环境,开创人才工作新局面

一要营造尊重人才的良好环境。加强统筹,强化协调,搞好服务,努力营造“尊重劳动、尊重知识、尊重人才、尊重创造”的浓厚氛围,引导各类人才积极工作。对作出贡献的各类人才做到在政治上给地位、精神上给荣誉、生活上给待遇,同时加大宣传力度,进一步营造重才爱才的良好氛围。二是着力营造良好生活、工作环境。强化人性化管理,在生活上支持、生活上关爱,用心留人、以情待人,最大限度地满足各类人才身心健康的需求和交流、学习、娱乐等社会需求,帮助他们解决工作中遇到的各种困难以及

生活中的落户、子女就学问题，充分发挥党工团等组织的作用，组织一系列党建、工会、团建活动，使公司员工真正融入“杭海之家”。三是加大人才培训力度。结合公司每年培训计划，有针对性地安排一定比例的人才参加脱产培训、专业化培训，提升人才专业素质能力；选调一批人才到行业标杆企业学习挂职，拓宽视野、锻炼才干，做到“精准学习、学以致用”。四是进行改革触动。坚持树立“干事创业、干事担当”的价值导向，努力营造干事创业的制度环境，以思想解放带动人的解放，以风气之变带来发展之变，量才录用、委以重任，真正使各类人才创业有机会、干事有平台、发展有空间。

以共建促和谐，以和谐促发展
——浅析国企在和谐企地关系构建中的作用

王卫涛
（中铁武汉电气化局）

摘　要　随着十九大精神的深入贯彻，政府职能和国企改革也在向纵深方向发展，在新时代下，国有企业如何积极构建和谐稳定的企地关系，已成为企业关注的重要课题。在构建“互信互利、成果共享、发展共赢”的企地关系过程中，国有企业可在开展精神文明共建、建立顺畅的沟通协调机制、履行社会责任等方面，研究制订相应措施，多管齐下，共同构建和谐稳定的企地关系。

关键词　国有企业；地方政府；企地关系；和谐

1　企地关系背景

十九大的召开和十九大精神的深入贯彻，要求政府治理和国有企业改革不断向纵深方向发展，地方政府的管理职能和角色定位发生了改变，其在治理的方向上也不断调整变化，以适应全面依法治国等相关要求。国有企业和地方政府（简称企地）之间是作为“矛盾的统一体”而存在的，国有企业发展的本质和归宿，决定了企业与地方政府需要构建高度融合的和谐关系。但国企与地方政府在推进发展改革过程中，在资源利用、政策执行、发展规划、财政税收及人文交流等方面，存在各自不同的利益侧重和要求。如何应对双方发展过程中的各种挑战和困难；如何构建和谐稳定的企地发展新格局；如何打造“互信互利、成果共享、发展共赢”的企业与地方政府共存关系，对国有企业和地方政府来讲都是一项重要的课题。国企和地方政府的健康快速发展，都需要一个和谐的内外部环境，更需要赢得双方在各项工作上的有力支持。

2　构建和谐企地关系的现实意义

（1）构建和谐企地关系是践行社会主义核心价值观的必然要求

贯彻企地共建促发展的理念，就是为了构建社会主义和谐社会，创造双方发展所需的良好的社会环境。国企和地方政府的最终发展目标都是为了使更多的发展成果惠及当地人民、由当地人民共享。一方面，企地共建项目（如杭海城际铁路）就是落实企地共建促发展理念以及社会主义核心价值观的具体体现。另一方面，企地共建也是双方履行社会责任的体现。借助企地共建相关领域活动，在促进地方经济发展之外，对国企的管理工作和体系建立完善也有着重要作用，能为双方形成良好的关系，促进企地和谐化发展，为管理标准的统筹性提供保障。

（2）构建和谐企地关系是加强国企提质增效建设的重要途径

国企的特殊性质，决定了其在执行地方改革创新、环境保护、提质增效、转型升级、合作共赢等方面，都应高举大旗，勇当排头兵，承担起国有企业应有的责任和作用。在和谐的企地关系下，国企应按照地方政府的提升区位优势、发展区域经济等相关政策导向和要求，全力做好自身产转型升级，紧跟智慧建设新趋势，适应地方发展和管理新要求，推进强筋健体、提质增效工作。

(3)构建和谐企地关系是地方政府实现可持续发展的重要依托

国企进入地方市场,对于地方政府在管理上查找不足,补齐短板,提升智能化管理水平,努力深化政府职能作用,激发企地融合的内生动力具有重要意义。同时地方政府也可以利用国企的技术资金优势解决当地的经济、环境等问题,积极推进相关项目建设,让国企成为地方科学发展的有力支撑和稳定基石,为推进区域产业发展打造安全环保、资源节约、和谐稳定的技术环境。

3　阻碍和谐企地关系构建的因素

(1)思维方式上的固化弊端

这种差异主要体现在对和谐企地关系认识的滞后及不足。一方面,国企对构建和谐企地关系的主动性不够,主要是因为国企在组织、技术、资本等上的优势,使得自身产生了制度上等的自负,放不下高姿态,从而导致和谐企地的建立在国企一方就出现了断痕。另一方面,地方政府对和谐企地建立的重视程度有待提高。企业的生产过程等都是在地方政府的监督管理下进行的,所以,地方政府在企地关系的构建中占主导性地位,正是这一定位以及依附于定位之上的固有思想不足,使得地方政府在参与构建企地和谐关系中缺乏提供服务的主动性和支持国企发展政策的灵活性,一定程度上阻碍了企地关系的纵横向延伸发展。

(2)沟通渠道的不流畅

良好沟通渠道的建立是构建和谐企地关系的重要前提,沟通渠道的不顺畅会阻碍企地工作的进一步的开展。一是企地之间缺乏主动沟通交流的思想意识,出现问题时都认为对方会先来找自己协商解决。二是解决问题的程序烦琐。主要表现在一个问题牵扯多个部门的审批和协调,不仅导致部门间的"推皮球"现象,也会因为程序多、周期长,而错过解决问题的最佳时机。三是企地之间缺乏有效的沟通机制,出现问题才解决问题的固化思维只会增加沟通成本且效果并不理想。

(3)"以经济关系"主导的利益协调不统一

阻碍和谐企地关系构建的一个主要原因就是双方利益不一致及协调制度的不健全。国企作为"外来户",在与地方市场合作中必然出现利益分歧:一是国企与地方政府由于相关法规政策及条款不完善导致在相关税费收缴中存在分歧;二是国企与地方相关专业服务公司及雇员之间因合同、监督考核机制不健全等原因,致使在经济报酬、奖惩考核等方面出现利益分歧;三是国企与地方居民因在扩大规模、施工建设中占用土地或破坏地方基础设施导致在青苗补偿、征迁等相关补偿费用上的分歧。以上因素使得企地双方未能达成一致意见,也就会使项目施工等不能按照预期规划开展,并造成相应的经济损失,更会对构建企地和谐关系产生不利影响。

4　构建和谐企地关系的途径探索

(1)加强交流,奠定和谐关系思想基础

精神文明建设是统一思想的重要途径。探索企地在文化交流、党建结对方面的精神文明共建工作,对于促进双方达成深入合作共识具有重要意义。

①发挥国有企业党组织作用。

加强企地双方党建工作交流,提升双方党建工作水平,促进多层次、多角度沟通,探索建立协调处理机制。通过党建结对等形式,充分发挥企地党组织的思想政治优势、组织优势、文化建设等优势,有效化解企地之间的矛盾和问题,营造和谐的企地关系。

②加强企地文化活动交流。

双方可以通过企地精神文明建设的共建合作,搭建文化融合平台,依托现有的文体设施,开展各类喜闻乐见的文体交流活动,打造和谐企地文化品牌,扩大影响力,为提升企地深入合作奠定基础。

(2)建立有效的沟通协调渠道

通畅的沟通协调渠道和平台,是实现企地双方信息共享、化解矛盾、深度合作的有效途径。

①搭建渠道和平台,实现信息的双向流动。

企地双方增强互信、解决问题的基础保障是建立有效的沟通渠道。双方应通过定期、深层次、深范围的对接沟通实现通过信息的双向流动,实现信息互通,措施互动,有效解决双方的重点关注问题,保证双方的各项决策有效推进。

②搭建快速反紧通道,打造高效联动机制。

企地双方应在共同关注的安全生产、环境保护、社会稳定等重要工作方面建立有效的联动机制,成立相应的联动组织机构,定期开展交流和研讨,实现信息互通、经验共享,共同应对和化解可能突发的矛盾和问题。通过建立快速应急通道,使各项应急处置措施有效实施,形成合力。

③注重新媒体的使用,共同应对舆情变化。

新媒体的广泛运用使得信息的传播更加不可控,面对新形势下多种媒体的舆论导向,双方要建立信息舆论的沟通平台,对于社会关注的热点和紧急舆情,共同判断落实措施,快速反应,落实措施,确保准确信息在第一时间向媒体公布,争取社会舆论的主动性,降低和化解各类不实舆情对双方的负面影响。

(3)全面履行国企社会责任

十九大要求必须全面深化改革,履行企业社会责任,体现发展与责任相结合,在服务社会上下功夫。通过税收落地、扶持落地、人才落地、服务落地等措施,使企业经济效益和社会效益实现同步最大化,承担起国企应有的社会责任。

①促进自身的可持续健康发展是国企履行社会责任的关键和核心。

国企应将自身的发展与当地社会环境的和谐、可持续发展有机地联系在一起,在承担企业社会责任的过程中,积极关注地方环境保护、经济改革、国计民生的各个方面,为区域经济社会发展建言献策,提出可行性意见、建议,助力改善民生,树立企业良好形象。高度重视当地政府在安全环保、产品质量、劳动者权益等方面的政策,构建和谐的企地氛围,切实履行好国企的社会责任,实现经济、社会、环境综合价值的最大化。

②建立区域帮扶发展机制,树立国企形象。

对国企所在区域的教育、卫生及社会公益事业等,加大国企的精准帮扶力度,提供必要的物资、技术、管理、志愿者服务,树立国企良好的社会形象。也可通过支持慈善事业、捐助社会公益、保护弱势群体、开展志愿服务等活动,把企业的温暖与温情送到每一个需要的角落,做一个有情感、懂感恩的企业。

国有企业与地方政府和谐关系的构建和发展,在落实具体工作的过程中,就要将企地共建促和谐发展理念作为重点,双方发挥带头作用,积极建构更加系统化的管理环境,促进地方政府与国有企业的共同繁荣,共同构建和谐、融合的企地关系。

参 考 文 献

[1] 吕晨.国有企业构建融合发展企地关系的有效途径[J].科技风,2017(12):185,187.

[2] 中共中央关于全面深化改革若干重大问题的决定[N].人民日报,2013-11-16(001).

[3] 许治宝.基于企地共建的党建新模式探讨[J].企业文化,2018(2):175-176.

[4] 李小泉.地企联动优势互补依托共驻共建构建区域化党建新格局[J].党的建设,2014(9):38.

[5] 詹萍.企地共建和谐共进——乐清发电公司参与社会管理的探索与实践[J].管理世界,2016(17):96.

第四部分　安 全 管 理

科技创新风险及预防措施分析

徐　晗
（浙江杭海城际铁路有限公司）

摘　要　科技创新活动是公司长远发展的核心，根据科技创新特点，深入分析科技创新存在的风险，拟订应对措施，预防风险损失，很有必要。本文就杭海城铁公司（以下简称公司）开展的一系列科技创新活动及其开展方式、存在的风险和预防措施，进行了简要阐述，以供同行参考。

关键词　科技创新；风险；预防

1　科技创新活动的开展

应根据公司生产经营特点，按照可持续发展战略要求，有针对性地开展科技创新活动，确保基业长青。科技创新活动主要包括专利的开发、应用和申报；质量控制（QC）课题小组攻关；工法研究申报评审；小改小革应用等。

1.1　专利的开发、应用和申报

为了维护公司的合法权益，公司激励员工开展专利开发应用和申报工作。专利按照种类不同、申请的时间不同可分为三种类型，分别是发明专利、实用新型专利和外观设计专利。发明专利申请时间为2～3年，保护期限为20年。实用新型专利申请时间为6～8月，保护期限为10年。外观设计专利申请时间为4～6个月，保护期限为10年。企业每年组织一次申报工作，在企业所在地按照要求填写申报表格。

1.2　质量控制课题小组攻关

QC课题小组攻关体现在集中众人智慧，组建各方特长互补的攻关小组，精确破解各项难题，通过采集数据，分析对比，找出问题关键，拟定整改或改进措施，实现纠正和控制偏差。QC小组具有自主性、群众性、民主性、科学性等特点。企业每年组织一次QC课题比赛，选拔优秀小组予以表彰。

1.3　工法研究申报评审

工法是以工程为对象，以工艺为核心，运用系统工程的原理，把先进技术和科学管理结合起来，经过工程实践形成的综合配套的施工方法。工法具有很强的针对性和实践性，综合地反映了技术与管理，推广和效益的结合和统一，有明显的技术创新性。工法成熟、先进、可靠是企业长青的基石。

工法按照等级划分为国家级（一级）、省部级（二级）和企业级（三级）三个等级。企业经过工程实践形成的工法，其关键技术达到国内领先水平或国际先进水平、有显著经济效益或社会效益的为国家级工法；其关键技术达到省先进水平、有较好经济效益或社会效益的为省级工法；其关键技术达到企业先进水平、有一定经济效益或社会效益的为企业级工法。

企业每年组织一次工法内部评审，择优进行省部级工法申报，省部级工法授权后择优进行国家级工法申报。

1.4 小改小革应用

小改小革是指投资额度较小,技术含量相对较低,技术突破相对较小的改革、创新活动。如设备的小改革,工艺的小革新,工具的小发明等,能提高作业效率,保证作业安全、降低成本。小改小革重点体现在普通员工上,以群众经验为基础,全员全过程进行。

企业鼓励员工开展科技创新工作,出台科技创新相关制度文件,拨付专项资金作为激励措施,同时,科技创新工作也是人员考核的重要组成部分,未完成责任要求,绩效薪金兑现将受一定影响。

2 科技创新风险

2.1 技术风险

科技创新重点体现在"新"上,"新"代表没有借鉴基础,任何事情的成功都是建立在不断失败的基础上,有道是"失败是成功之母"。科技创新充分体现团队的技术能力。技术能力不足,关键技术不能突破或者对预估的技术难度准备不足,将承担着巨大失败的风险,创新不成功将造成经济损失甚至人员伤亡。技术风险是科技创新中的重大风险。

2.2 保护风险

科技创新成果是保持企业长久活力和核心竞争力的关键。创新过程中由于个别同志的离职或其他诱惑造成的技术泄露,以及因成果保护不及时造成的技术不能持有,也是科技创新的一大风险。

2.3 价值风险

科技创新有一个过程,形成成果需要一定时间。成果出来后可能社会上已经形成了新的技术,或有了更好的替代技术;花费很大代价形成的成果有可能先进性不强、陈旧,或不符合相关法律法规要求,或不能批量生产和大范围利用。价值不显著也是科技创新的一大风险。

2.4 资金风险

研发需要大量资金投入,资金断链或融资不成功造成研发终止、创新失败的资金风险也是创新的一大风险。

2.5 组织风险

机构不明确、责任不清晰、领导不重视、沟通不畅通等组织和人的因素造成研发终止和失败的风险也是创新的一大风险。

3 风险防范措施

3.1 健全制度体系

企业健全制度文件,明确科技创新领导组织机构,明确谁分管,谁落实,责任到人。确定激励机制和考核办法,加大考核力度,促进员工科技创新热情,形成良性循环的长效机制。建立专项科研经费账户,定期打入科研经费,确保资金投入到位,确保科研工作持续跟进。

3.2　组建科研团队

企业组建科研团队,形成核心研发力量,确保科研力量充足,团队组建须对成员经过充分考察,考察技术能力的同时重点关注对企业的忠诚,成员组成须考虑各领域的专长,能形成互补。团队组建后须明确各成员责任,制定考核和节点目标,定期召开小组会议,确保小组成员之间沟通畅通。企业建立专业试验室,给研发人员以良好的工作环境,以理论为基础,在试验室充分验证后与实践相结合。做好技术保密工作,明确保密条例,签订保密协议,及时申请技术保护。

3.3　加大调查力度

通过政府力量对拟开发的成果进行科技查新,确保开发成果有充分的前瞻性。项目团队熟悉相关法律法规以及标准文件,积极参与标准制定工作,能更深入地了解标准要求,避免以身试法,确保科研成果依法合规。组织人员对市场进行多方面调查,了解成果可能的实用性以及市场供需情况,项目团队将采集成果进行统计分析,了解可行性和合理性,避免盲目开发。

参考文献

[1] 李晓峰,徐玖平.企业技术创新的风险管理研究[J].经济体制改革,2008(3):72-76.
[2] 陈红川.高新技术企业科技创新风险管理决策研究[J].经济管理,2008(16):91-96.
[3] 胡正东,朱天锐.企业技术创新风险管理决策探析[J].科技与管理,2003(5):134-136.

浅析高架桥施工安全管理

杨 莉
（浙江杭海城际铁路有限公司）

摘 要 本文首先说明了高架桥施工的特点及危险因素，然后结合具体工程案例详细阐述了高架桥施工安全管理的相关要点。

关键词 高架桥；安全管理；安全责任制；危险源；重点工序

1 高架桥施工的特点及安全管理存在的问题

1.1 特点

1.1.1 占地面积小

高架桥是建设在道路之上，其桥梁长度较大，穿过居民区、跨过路口等，所占用的城市面积极小，充分利用城市空间，节省了更多的城市空地。

1.1.2 建设周期相对较短

相较于其他城市交通建设，城市轨道交通高架桥建设所需的建设周期较短，但也需要高质量的建设工程，打造精品优良工程。

1.2 施工安全管理存在的问题

1.2.1 未对安全管理工作引起重视

高架桥建设工期较为紧张，部分建设单位过于注重施工进度，导致安全管理工作存在一定问题。施工企业多未配专业劳务协作人员，在得到建设项目后，企业多采用劳务分包的方式，将工程交于施工队伍。在建设中，多存在质量安全把关不严问题，使工程建设存在极大安全隐患。

1.2.2 安全管理制度尚不完善

虽然国家为确保各工程建设中的安全性，存有对应的安全管理文件，其在一定程度上起到了规范建设行为的作用，为施工安全奠定了基础。但高架桥工程与房建等项目工程存在着极大差异，不同区域，施工难度和安全影响因素均存在极大差异，使得部分管理制度缺乏一定的实践性。从整体上看，安全管理制度表现出系统性强，但缺乏一定针对性特点，尤其在高架桥工程中表现得更为明显。

1.2.3 施工人员在执行中存在的问题

多数高架桥施工人员多为民工或临时工，该部分人员对于施工安全缺乏有效认识，更未接受过正规施工安全教育，无法对建设中各类潜在安全隐患进行有效评估。此外，虽然施工单位在施工前也做过安全培训工作,但施工人员能“吸收”的微乎其微,施工人员不能对该内容进行了解。加上部分安全教育人员根本未接触过高架桥工程,使得安全教育工作缺乏针对性。施工人员缺乏安全意识是工程安全管理的又一难点。

2　工程概况

崇贤至东湖路连一期工程位于杭州市余杭区,工程线位利用现状320国道余杭段。一期工程的起点顺接现状秋石快速路高架,对现状高架地段进行抬升改造,起点桩号为K0+382.5(即秋石高架桩号K20+822.3处),沿线经过半山街道、崇贤街道、M桥街道、余杭经济技术开发区,终点到达星河路与320国道交叉口,终点桩号K8+150,路线全长约8.53千米。

本标段为第TJ02标段,起讫桩号为K4+189.6~K8+150段,路线长度3960.4m。主要工程量:桩基1734根、承台487座、墩柱501座、现浇箱梁112联、钢箱梁9联、钢筋约7万t、混凝土约37万m^3、路基挖方约20万m^3、填方约13万m^3、排水工程11.546km、路面基层24.7万m^2、面层43.2万m^2。

(1)主线桥:起点桩号K4+189.6、终点桩号K8+150,全长约3960.4m。

(2)小林互通:位于320国道与09省道交叉节点,采用菱形互通,其中320国道采用6联(3×25m)的预应力混凝土现浇箱梁,桥梁总长450m,桥梁宽度19.0m,为双向两车道。根据立交的整体布置,设置涡轮形全互通高架方案,用于320国道与09省道互通,地面道路与09省道地面道路平面交叉。

3　高架桥施工安全管理

3.1　健全安全管理制度

高架桥工程施工需要严格遵照对应管理条例进行施工,按照要求建立对应管理岗位,成立安全管理机构,并将安全管理制度运用于工作实际中。各安全管理人员须充分认识到自身责任,结合施工阶段不同,对安全管理计划进行完善。在日常工作中,积极观察施工人员操作情况,及时对安全隐患进行排除。此外更须对监督制度进行制定,使得监理机构职责充分发挥,为施工安全提供保障。

3.2　控制好施工场所周围地段危险源

3.2.1　毗邻构(建)筑物

在高架桥邻街或居民聚集居住区的工程基坑、基础、墩部、梁部、桥面及轨道的施工,存在大量危害周边构(建)筑物的危险源和危害因素,如涉及地基和基础施工的深基坑因支护和支撑等设施的失稳、坍塌,不但造成施工场所破坏,往往还可引起地面、周边建筑和城市运营设施的坍塌、坍陷、爆炸与火灾等意外。针对高架桥施工对构(建)筑物的影响,施工单位应制订监控和监测方案,施工期间应对施工影响范围内的构(建)筑物进行专门跟踪监测,根据工程施工进度变化及时进行监测频率调整,并及时采取应急措施。

3.2.2　施工中的交通问题

处理高架桥工程施工中的交通问题的首要任务是合理确定交通组织方案,而交通组织方案的确定必须要做到把高架桥施工对周边交通的影响尤其是对交通主干道的影响减至最小,同时地面交通组织方案还要得到交通管理部门的认可和批准,并且在交通管理部门的支持和配合下开展施工。

3.3 规范使用特种设备，避免起重伤害

高架桥施工通常使用塔式起重机作为垂直运输设备，为此项目经理部首先把好设备的入场关，按照《建筑起重机械安全监督管理规定》要求，出租单位在出具特种设备制造许可证、产品合格证、制造监督检验证明、备案证明、特种设备作业人员操作证等材料后才能签订租赁协议，同时签订租赁安全协议，明确双方的安全责任，有效规避自身风险。对于使用时间较长的设备，要求租赁单位提供投保特种设备安全责任险等方式，以降低租赁风险。

塔吊安拆过程极易发生事故，安装前应重点检查标准节吊耳焊缝的质量，发现不平顺有补焊嫌疑时，该标准节应避免安排作为顶升节使用。塔吊顶升时，影响区域内应设置警戒线。

3.4 做好重点工序的施工安全技术管理

(1)墩柱钢筋笼绑扎工作平台和墩柱模板固定系统相互独立，避免坍塌事故

墩柱钢筋笼高宽比大于2m时，自身稳定性差，钢筋笼应分段绑扎并及时扣上墩柱模板，避免大风将墩柱钢筋笼刮倒。墩柱模板应采用地锚固定的方式单独加以固定，禁止将模板固定在模板外侧的工作脚手架上，避免墩柱模板倒塌引起工作脚手架倒塌造成人员伤亡。

墩柱高度大于10m时应采取分段浇筑的方式，浇筑前检查模板连接螺栓是否全部拧紧。多次重复使用的螺栓应及时更换，避免爆模事故。

(2)规范搭设墩柱施工作业平台，避免高处坠落及物体打击事故

高处坠落事故是建设工程事故率最高的，避免高处坠落和物体打击的经济有效的做法就是做好个人劳动安全防护。但在实际工作中，作业人员往往因心存侥幸、嫌麻烦而做不到位，单凭项目经理部专职安全人员监管是不现实的，为此把监督建筑“三宝”(安全带、安全帽、安全网)落实到位作为分包协作队伍专(兼)职安全员的主要职责，奖惩兑现，可收到很好的效果。

墩柱施工作业平台采用厚度不小于50mm的马道板铺设，马道板的跨度不大于1m，并在马道板的下方悬挂安全平网，避免因马道板断裂引发高处坠落事故。

4 结语

综上所述，在高架桥建设施工期间，应做好安全管理，预防隐患，总结前期施工经验，补充施工的不足，做好总结监管工作。高架桥工程也须与城市规划相协调，选择相适应的工程建设方案，做到便利于民，环保于城，美化于市。

参考文献

[1] 唐瑞庭，李守民.城市轨道交通高架桥工程施工的安全管理[J].门窗，2014(06):436.

[2] 刘宏林.武汉天河机场高架桥工程进度优化[J].施工技术，2010(01):100-104.

浅谈城际铁路安全生产文化与安全生产实践

王世豪
（浙江杭海城际铁路有限公司）

摘　要　本文通过对工程实例的分析，浅谈对城际铁路施工企业安全生产文化与安全生产管理实践的认识，并分析了二者间的关系，以此促进杭海城际铁路安全生产文化建设和工程项目安全管理工作。

关键词　安全；生产；管理；文化

中铁电气化局集团有限公司的前身是铁道部电气化铁道工程局，1958 年 10 月伴随着我国第一条电气化铁路宝（鸡）成（都）线的建设应运而生。在近半个世纪的发展历程中，几代电气化人励精图治，顽强拼搏，为我国电气化铁路建设事业作出了重大贡献。如今，中铁电气化局集团公司已发展成为集科研、设计、施工、器材生产、工程咨询、建设监理、运营维管、电信研究、物资供应、房地产开发为一体，能够承担铁路电气化建设接触网、电力、变电、通信、信号、房建、土木工程、城市地铁、轻轨等各项专业工程设计、施工、维护管理等任务的国家大型技术密集型综合集团企业，被誉为我国铁路电气化建设的"主力军""国家队"。中铁电气化局壮大的过程中非常注重企业安全文化和安全管理工作，使两者紧密结合，相互协调，互相促进，确保企业安全稳定的经营形式，树立了企业良好的品牌形象。

企业安全文化包括环境文化、物质文化、行为文化、意识文化等方面。安全文化是抽象的，必须与企业管理相结合；而企业安全管理的实施也应充分考虑企业安全文化建设和定位，二者有机融合，才能真正达到促进企业管理文化的建设和管理水平提高双赢的目的。

安全管理是城际铁路管理的重中之重，人是实施有效安全管理工作的主体，也是安全生产活动中或者安全管理工作中第一位的积极因素，又是严格执行各项安全管理制度和操作规程的主体，是构成有效管理的首要因素也是决定因素，安全管理工作就是要用严谨、严格和极其严肃的态度对待安全管理，实施有效管理。从管理者层面来讲，管理者首先应具备安全管理的责任心和认真工作的态度，一定的文化知识的积累和协调、沟通能力，并且能够严格执行规章制度，具有使命感和责任感的职业道德。被管理者的工作能力，比如工作技能、发现与处理问题能力、团队协作能力等，都是决定安全的主要因素。从统计数据和铁路历年事故案例来看，铁路安全事故大多数是人祸大于天灾。管理者和被管理者缺乏安全防范的自觉意识是一切人为事故发生的直接原因。管理者和被管理者的安全意识的高低，业务知识的学习和掌握情况的好坏决定着安全管理工作的成败，左右着铁路的安全生产全局。

下面是几起较大的事故案例，给人民生命和财产造成了巨大损失和恶劣的社会影响，这些事故的共性特点就是人为因素占了很大比重。比如大家熟知的"7・23 甬温事故"，事故原因主要是设计院提供的 LKD2-T1 型列控中心设备存在严重设计缺陷和重大安全隐患，调度指挥失误，有关作业人员故障处置工作不得力，等等，人为因素占了很大比重。2008 年 4 月 28 日，胶济铁路发生特别重大铁路交通事故，原因一是用文件代替限速调度指令；二是漏发临时限速指令，从而造成事故的发生，属于人为原因。1992 年上海铁路局"3・21"行车重大事故，旅客列车与货物列车发生正面冲突，原因是客车司机中断瞭望，臆测行车，错过制动时机，属于人为事故。1997 年荣家湾"4・29"旅客列车与旅客列车追尾重大铁路事故发生的原因是电务部门向车站值班员隐瞒施工作业，也属于人为因素。

在安全生产活动中管理机制和安全文化相结合，两者与人又是密不可分的。下面简单谈谈两者对安全生产的影响。

1 管理机制对安全生产的影响

管理机制是安全管理的基础，是城际铁路实现安全管理的重要因素。

首先，城际铁路系统有着自己非常完善的管理制度。从季节方面，有汛期安全管理制度和办法，有设备的春检、春鉴管理办法，暑期作业规定，高温作业管理办法，设备秋检、秋鉴管理制度，冬季大风天气管理办法，冬季防寒过冬教育，锅炉和火炉使用办法和管理制度，冬季冰雪天气作业办法等。此外，还有自己的操作规程如《铁路技术管理规程》《铁路旅客运输规程》《铁路货物运输管理规程》《车站行车工作细则》，还有更加细化的各种琳琅满目的规章制度如《安全例会制度》《安全教育培训制度》《安全生产事故应急制度》《消防安全管理制度》等。其次，铁路系统有着很多好的管理方法，如风险管理理念，经常性的反思活动，事故的分析及通报，基层站段领导的添乘制度，经常下现场巡视检查，发放红色、红色和白色通知书，各种风险预警制度，发生问题的督办和整改制度等。再次，铁路系统有着自己特有的管理模式——上层的强制管理、基层的末端控制，即上层管理措施都是以强制方式从上向下贯彻执行，基层末端管理主要集中于基层一线的现场安全卡控，以此来实现制度落实和执行。由铁路总公司、路局级的管理部门制定出安全管理措施或者管理办法，以强制执行的方式或者手段贯彻下去。车务站段一级根据自身特点细化管理内容和制度，然后再以监督作业的方式对现场实施卡控，整个管理过程奉行严抓、严管、从严考核的管理方针。

在安全管理工作中，制度的完善需要人的主动作为，对存在瑕疵的制度进行不断总结、修订、执行、不断完善和健全。管理的实现，需要管理者和被管理者像执行军事命令那样，不折不扣执行安全管理制度和各项操作规程，“走了样”的执行，会给安全管理设下障碍，留下隐患。管理的经验和事故教训都向我们明确了一个道理：要抓好安全管理，首先要提高所有员工安全自觉性的培养和职业素养。固然，铁路安全管理制度相对于一般的企业单位，制度建设是很完善、很全面的，具有系统性，可圈可点；管理模式也具有很强的实用性，这种管理机制也为铁路的发展起到了很重要的作用，但是我们也必须看到，安全管理在执行过程中大多采取“外力”控制的强制方式，职工完全处于被动服从状态，使得职工内在的自觉性和社会责任感得不到激励和启发。安全管理缺乏“教化”功能，使得职工缺乏社会责任感，处于盲从状态，表现在安全上就是事故时有发生，安全形势不稳定。

2 安全文化理念对安全生产的影响

安全管理就是管理者针对人的行为管理，虽然随着现代科技的进步和迅猛发展，铁路大量使用高科技设备，为行车安全指挥提供了强大的技术支持和保障。但是离开了人的操作、管理以及使用，一切都无从谈起。

强化职工的安全教育就是强化“安全的基石”。城际铁路安全管理的基石要想牢固可靠，让火车多拉快跑，方便快捷地完成运输任务，需要两个强有力的支撑：一个是契合现场实际、具有体系完善且科学合理的制度支撑，它缔造着铁路科学、严密具有可操作性的规章制度体系；另一个是城际铁路安全文化理念建设的支撑，它使职工心向安全，自觉维护安全，激励职工奋发向上。只有这两个强有力的支撑如同铁路的两根钢轨，同时发挥有效作用，形成强大合力，才能更好地保证铁路运行在“安全文化”的向心力之中。做好全体职工的安全教育工作，是保证铁路安全不可缺少的重要手段和途径。强化职工安全教育就是尊重管理的客观规律。实践经验表明，再完备、再先进的技术装备，只要装备的使用者不按照规程和技术要求认真执行和操作，依旧会发生事故；相反，装备虽然相对落后，但是只要狠抓管理，注重加强装备的日常维护保养工作，使装备的性能和状态处于良好状态，提前发现并排除事故隐患，事故就完全可以避免。此外，职工日常安全意识和责任心、作业标准化、规范化的执行、规章制度的贯彻落实、群体安全和生产过程中的自控、互控、他控等,都要靠管理要素中的主体——人的控制能力去实现或完成,因此,安全教育是保证安全运输不可缺少的重要手段。

强化安全教育培训理念是减少和避免事故的重要手段。杭海城际铁路机电 3 标项目部在进行了一轮管理制度学习后,将职工业校常态化,每周一、三晚固定进行各种理论学习和素质教育。截至目前,杭海城际铁路机电 3 标项目部职工业校共举行 9 期,培训共计 190 人次。

职工的日常作业安全意识和对安全的可控能力是铁路运输中安全生产的核心因素,它必须要通过以自身的安全素质和技能为有力支撑的行为去实现和达成。所以,在日常的安全管理中,应通过各种有效方法,大力开展职工安全知识和技能的教育培训,切实提高职工在作业过程中对安全的可控能力。在加大铁路安全技术装备投入比重的同时,着力培育职工的安全理念和安全生产科学素养,使职工的安全理念进一步强化,职业素养进一步深化,安全管理水平进一步提升,相信杭海城际铁路这列“城际列车”能够走得更稳、更快、更远。

参考文献

[1] Karl W. Steininger. International trade and transport: spatial structure and environmental quality in a global economy[M]. Edward Elgar, 2001.

[2] 张炜. 关于城际铁路对沿线区域经济影响的思考[J]. 上海铁道科技,2010(2):1213.

[3] 张文新,刘欣欣,杨春志,等. 城际城际铁路对城市旅游客流的影响——以南京市为例[J]. 经济地理,2013(7):163-168.

[4] 张晓莉,林茂德. 论城市轨道交通建设对经济发展的拉动作用[J]. 城市交通研究,2009,12(1):1-6.

[5] 薛战军. 展望中国高速铁路发展的战略意义[J]. 科技创新导报,2008(21):55-55.

关于杭海城际铁路项目内控体系的思考

摘　要　项目管理的主要内容是成本管理,而成本管理的核心内容是成本内部控制。建立完善的内部控制制度并落实执行,可为项目的成本核算和管理工作打下坚实的基础。就目前铁路项目成本内部控制的现状来看,存在着很多隐性问题。本文就杭海城际铁路项目内部控制的必要性,对实际操作中存在的问题进行了阐述,并提出了项目加强内部控制的几点建议。

关键词　铁路项目;成本管理;内控体系

0　引言

内部控制是项目为控制经营风险、实现经营目标而制定和实施的各项政策、措施和程序。杭海城际铁路项目作为国有大中型项目,在项目转型形势的压力下,所面临的各种经营风险在逐步增加,为此杭海城际铁路项目应建立完整规范的项目内部控制管理体系,提高项目经营管理效率。加强内部控制是确保成本控制的重要环节,是保证各项业务活动的有效进行、确保铁路资产安全完整的重要举措。

1　加强项目内部控制的必要性

1.1　加强内部控制制度是项目内部经营管理的需要

加强内部控制制度建设,能够促进项目制度的健全与完善,保障项目日常经营活动的顺利进行。有效的内部控制有助于项目加大对于主要业务和优势业务的资金、人力、物力投入,有效降低项目成本,提高项目的经济效益,提高管理效率和效果,提升经营管理水平。

1.2　加强内部控制制度是加强成本管理的需要

我项目部对本项目在成本监督上做了大量工作。但如果对建立内部控制制度重视不够,会导致成本信息失真,违法违纪现象时常发生,以致管理失控。建立健全内部控制制度能够对成本信息的采集、记录、汇总等过程实现全面监控,对成本核算全过程实施监督,杜绝违法违纪现象的发生。

1.3　加强内部控制制度是项目防范经营风险的需要

通过建立完善的内部控制体系,加大关键风险点的辨识力度,可以及时发现经营管理中出现的问题,在此基础上确定面临的重大风险,并积极找出解决问题的措施,有针对性地制定管理策略,进而有效规避风险,提高项目自身的风险防范水平。

2　铁路项目内部控制存在的风险

2.1　铁路项目的成本与收益风险

由于铁路项目自身的复杂性和全面性及其与市场需求之间匹配程度等因素,铁路项目的成本控制在项目进行过程中,同一般项目来讲,有着更大的不确定性。首先,从铁路项目全面性上来看,铁路项目涵盖面非常广,包含各专业所需技术力量,涉及的材料和设备面广,导致了铁路项目在盈利区间上有着很大的风险。除此之外,铁路项目材料的市场浮动也相对较大,采购部门在制订采购计划时如果对原料市场认识不够深入,就会引发企业的存货损益风险。因此,在铁路项目进行项目投资过程中,影响项目收益的风险环节比一般项目更多,导致了铁路项目企业项目成本和收益风险的扩大。

2.2 思想认识不到位

项目部的管理人员在实际工作中更多的是关注施工安全,对内部控制的意识不强,对内部控制的内涵并不十分清楚,控制力度薄弱,忽略了内部控制对项目发展的责任和意义。有的部门负责人对内部控制制度还有误解,认为加强内部控制束缚了手脚,影响了办事效率。一些铁路干部职工对内部控制的理解比较狭隘,觉得内部控制应该是财务部门的事,其他部门对内部控制的概念知之甚少。

2.3 执行力度不够

内部控制制度建立易,执行难,监督机构及人员的独立性、权威性有限,上级监督太远,同级难以监督,下级不敢监督,不能监督内部控制制度的有效运行,即使有好的制度也不能发挥出应有的作用。有的是有章不循,将已制定的项目内部控制制度"印在纸上,挂在墙上",以应付有关部门的检查,使内部控制制度流于形式,失去了应有的刚性和严肃性。

3 加强铁路项目内部控制的建议

3.1 进一步规范成本管理,健全和完善铁路企业内部控制体系

第一,以成本管理为中心,构筑严密的项目内控体系,加大对项目经营管理的监控力度,根据各部门的特点,建立"防、堵、查"为主线的递进式监控措施。同时,把项目成本内部控制的责任落实到各有关业务部门,并对违规给项目造成损失的责任人员作出具体明确的处罚,避免实施过程中出现互相推诿的现象。

第二,注重项目内部控制的关键点,完善职责分工,重视相互牵制的原则,保证铁路项目内部控制体系科学合理,会计信息真实、可靠,内部管理规范可控。铁路项目岗位繁多,而且每个岗位涉及的经济业务都有不同的特点。因此,须认真梳理各个环节涉及的经济业务流程,分类制定出岗位职责标准。同时,针对重要环节涉及的经济业务,应该规定由两个以上部门、两名以上经办人员分工负责,相互牵制,这样才能够保证不相容职务的分离,从而发挥内部控制作用。

3.2 提高职工对内部控制的认识

首先,要提高项目管理者对内控体系的认知,关键是强化管理者的内控意识,提高管理者的管理理念和管理水平,使管理者充分认识到内部控制制度的重要性和必要性,是内部控制制度正常发挥的先决条件。其次,是提高财会人员的意识,通过学习专业知识,增强财会人员内部控制的意识和执行能力。最后,还须加强项目其他岗位职工的内控教育,使他们认识到自己的行为要受内部控制制度的牵制和约束。只有当项目中的每名职工目标明确,价值观趋同,内部控制才能更有实效。

3.3 建立有效的铁路项目内部成本监督制度

为了加强内部控制,铁路项目应采取多层次、多方位的会计监督方法和手段来实现内部控制目标。

第一,公司本部审计部对项目进行评估。这样可以充分识别和评估铁路项目当前面临的风险,为项目建立完整、高效的内部控制体系出谋划策。

第二,建立内部会计控制制度的考评体系,强化责任追究。铁路项目要定期对内部控制制度的执行情况进行检查和考核,并且与业绩考核挂钩。对于执行内部控制制度好的单位和个人,给予精神或物质奖励;对因个人意志导致内部控制制度失效的要予以责任追究,坚决给予行政处分和经济处罚。

3.4 开展对内部控制相关业务的学习培训

第一,组织开展干部职工职业操守和遵纪守法教育活动。学习各项规定和办法,广泛深入地宣传内控与风险防控理念,培育干部职工自觉约束、尽职尽责、爱岗敬业的职业操守,引导干部职工提升内控意识。

第二,开展业务技能和内控制度的学习培训。从业务培训、制度约束、监督管理等各方面,抓好财会人员各项制度的执行和规范操作,使财会人员充分认识和把握每项业务流程的风险点,加强对风险防范意识的教育,强化风险为本、合规优先的理念,引导职工树立主动识别风险的意识。

总之,在我国铁路项目发展的新形势下,加强内部控制已经成为摆在我们面前的首要任务。历史的经验与事实一再告诉我们,很多大型的项目之所以达不到盈利目标,多是因为项目的内部控制工作做得很不到位。因此,人们开始意识到内部控制工作对于项目发展的重要性。铁路项目应进一步提高职工综合素质与职业道德,增强法律意识,提高职业判断和自我管制能力。只有这样,内部控制才能真正实现,项目才能得到可持续良性发展。

浅议铁路建设项目施工成本管控

李晓英
（浙江杭海城际铁路有限公司）

摘　要　如何降低铁路项目工程造价，对施工成本进行有效的管控，一直是铁路施工企业需要研究及探讨的重要课题。对铁路工程施工成本管理的好坏，直接关系铁路施工企业利润，也影响着铁路施工企业的竞争力。因此，成本管控是降低铁路工程项目造价的关键，是施工企业效益的试金石，更是施工企业管理水平的直接体现。笔者根据多年的项目成本管控经验，对铁路项目施工成本管控提出了一些自己的观点和看法，供大家参考。

关键词　铁路项目；施工成本；管控

1　铁路工程项目成本管理的特点

1.1　工程项目成本的动态控制性

工程项目费用管理是一项贯穿工程建设全过程的动态控制过程，每个工程建设项目从立项到施工会有许多因素对工程建设项目的费用产生影响，工程建设项目的费用在整个过程里都是不确定的，直至决算后才能真正形成建设工程投资。

1.2　工程项目成本的层次性

工程项目的成本由若干分项工程、分部工程组成，最终汇总为单位工程。

1.3　工程项目成本关联性

工程项目成本的控制与质量、进度控制是不能够完全分开的。工程项目的成本管理是一个动态的控制系统，这个控制过程应该每两周或一个月循环一次，其表达的含义如下：①系统投入，即把人力、物力、财力等各种生产要素投入项目实施系统。②在工程进展过程中必然存在各式各样的干扰，如恶劣天气、设计出图不及时等。③收集实际数据，及时对工程进展情况进行评估。④把工程项目成本目标计划值与实际值进行比较。⑤检查实际值与计划值有无偏差。如果有偏差，则要分析产生偏差的原因，并针对原因采取控制措施。在这一动态控制过程中应着重确定目标计划值。收集实际数据，及时对工程进展进行评估；对计划值与实际值进行比较，以判断存在偏差；采取有效的控制措施，以确保投资控制目标的实现。

2　铁路项目施工成本管控的基本原则

2.1　成本最低化原则

施工项目成本控制的根本目的在于通过成本管理的各项手段，不断降低施工项目成本，以达到可能实现最低目标成本的要求。

2.2 全面成本控制原则

全面成本管理是全项目、全员和全过程的管理,项目成本的全过程控制要求成本控制要随着项目施工进展的各个阶段连续进行,既不能疏漏,又不能时紧时松,应视施工项目为一次性产品,成本控制应强调项目的中间控制,即动态控制。如果竣工后再进行成本核算,由于盈亏已基本成定局,即使发生纠差也为时过晚。

2.3 目标管理原则

在铁路项目实施之前,要通过项目前期成本预算设定一个期望值。目标的设定应具体且切实可行,要落实到各部门、班组甚至个人,适时对目标进行检查,发现问题,及时纠偏,将成本控制置于一个良性循环中。

2.4 责、权、利相结合的原则

在铁路建设项目实施过程中,项目各部门、各班组应在各自工作范围内进行成本控制,从而形成整个项目成本控制责任网络。公司及项目部对成本控制得当的部门、班组、人员要进行奖励;反之,则要进行处罚。只有真正做到责、权、利相结合,才能使成本控制真正落到实处。

3 铁路工程项目施工成本管控措施

加强铁路工程施工项目的成本管理控制,是一项细致且复杂的工作。成本目标是项目部控制成本的基础。有了成本目标,项目部就能够以此为依据,对成本控制情况进行分析和比较,总结成本控制的经验和教训,从而改进工作方法。对每一项中标的工程,在正式开工时,企业应当确定工程项目的总成本目标和分项工程的成本目标,并分析测算该工程项目和分项工程所需的人工工日、各种设备的台班数量,同时确定该工程项目和分项工程的人工费、材料费、机械使用费和措施费。

3.1 科学合理的施工方案是成本控制的基础

在铁路工程项目开工前期,作为一名合格的项目管理者,首先要明确一个科学合理的施工方案的重要性。在编制施工方案前,要根据项目的实际情况,结合项目工期要求,选择最为科学合理的施工方法。施工方案不同,工程成本也就不一样。因此,优选施工方案是铁路施工企业降低工程成本的第一步。在方案选定以后,应测算并制定相应的目标成本,做到目标明确、心中有数。

3.2 加强对施工项目人工成本管理

在项目施工中,应按部位、分工种列出用工定额作为人工费承包依据。在选择使用分包队伍时,应采用招标制度。由企业劳务管理部门及项目部组成专门的评标小组,小组成员由项目部经理、生产副经理、核算、预算、质量、技术、安全、材料等相关部门的负责人组成。对参与投标的多家分包队伍进行公正、公平的打分,选择实力强、信誉好、工人素质较高的分包队伍。在签订人工承包合同时,条款应详细、严谨、明确,以免结算时出现偏差。每月末进行当月工程量完成情况核实,须经有关负责人签字后方能结算拨付工程款。同时应注意对零工、杂工的工资的结算,控制每个人工成本的支出。

3.3 做好施工项目工程材料的管控

工程材料占工程总成本的60%左右,是影响项目工程成本的主要因素。平衡物资供需,合理组织物资储备,可以最少的流动资金、最快的周转速度、最省的费用取得良好的经济效益。从采购、供应和使用三个方面对材料进行控制,深入调查了解材料,做好询价工作,根据施工现场科学地采购材料,将周转材料、零星材料的费用包含在劳务分包单价中。

3.4 严把施工项目机械成本管理关

机械选型与数量配备科学、经济。合理安排机械进出场时间,使用期间统筹考虑,避免长期停置,提高机械利用率。属租赁机械的,租赁单价及型号要根据方案多方询价、比价,尤其是对于大型机械,科学合理的选型,既不一味追求低价格而降低效率、延长工期,也不超标准、高配置,无形中增加租赁成本;尽量选择规模大、信誉好、价格低、服务质量高的机械出租企业,所有租赁机械要根据工期要求尽早安排退租时间。

3.5 加强分包施工的成本控制,保障最低分包收益

随着企业规模的扩大,分包已成为施工企业的主要经营模式,分包收益的占比不断加大。项目部对外分包,要在遵循市场规律的同时,保障最低的分包收益率。一个合理的分包收益率,要从所分包的内容、项目部的要求标准、定额水平、难易程度等综合因素考虑,确定合理的分包收益率,以保障项目部的效益。

4 结语

努力降低铁路工程项目的施工成本,加强项目的成本控制管理,是每个铁路工程项目实施时面临的一个共同课题。这就要求我们善于总结各种管理方法和实际操作经验,从而把铁路施工企业项目责任成本管理推向一个新的阶段。

参考文献

[1] 刘江涛.浅谈铁路施工企业项目成本分析与控制[J].中国新技术新产品,2015(9):94.

[2] 李兴和.谈铁路施工企业项目成本分析与控制[J].山西建筑.2012(28):240-241.

施工安全管理数据化探索

刘　波,郑少帅
(浙江杭海城际铁路有限公司)

摘　要　近年来,各行各业越来越重视安全管理。但对于安全问题易发、危险因素众多的建筑行业,其安全管理问题突出,管理模式略显陈旧,管理方式较为被动,安全形势不容乐观。因此,积极探索安全管理的创新应用迫在眉睫。本文结合杭临盾构管片预制厂的安全管理实例,对建筑施工安全管理进行数据化探索。

关键词　施工安全;安全管理数据化;安全管理创新

0　引言

建筑业是一个劳动密集、资源集约、危险因素集中、安全事故高发等多方面因素集中的产业。其施工过程也是一个危险性大、突发性强、容易发生伤亡事故的生产过程。因此,施工生产一旦发生安全事故,必定伴随着巨大的财产损失以及人员伤亡,给家庭乃至国家带来巨大的损失。近年来,国家陆续出台了一系列重大的相关法律、法规、条例及安全技术标准,并从严处理了一批建筑施工企业的安全责任事故,我国建筑业的安全管理也逐渐走向成熟和完善。

尽管如此,建筑业由于本身的工艺特点以及生产方式,决定了它有着作业环境恶劣、露天高空作业多、交叉作业多、劳动力密集、一线作业人员文化水平偏低、人员流动性大、大型机械设备集中等特点,我国建筑业安全事故发生率依然较高,建筑施工过程中的安全管理受到了越来越多的关注。

1　人员管理数据化

目前我国建筑业从业人员多、流动性大。一线作业人员以农民工为主,整体素质有待提高,安全意识薄弱,基本操作技能较差,且经常出现培训不到位的情况下仍能进入施工现场作业的现象,导致“三违”行为频发,增加了事故发生风险。因此,加强施工人员的安全管理,提高其安全意识,加强对作业人员的动态管理,减少一线人员的不安全行为,是降低事故发生风险的重要途径。

1.1　传统人员管理的弊端

1.1.1　人员管理混乱,实际人员参培率不高

施工作业人员流动性大,个别工程或工序周期短,项目雇佣的临时工信息登记以及人员培训尚未完成,人已离场,这给项目安全管理带来了极大的不确定性。项目对参建人员的管理往往松散滞后,不能满足项目安全管理的要求。

1.1.2　人员过程管理缺失

建筑工程涉及人员广、工种多、工期较长,而多数项目在人员安全管理上只进行了进场的培训教育,

针对不同的工种、同一工种的不同个人无法精确管理，对现场实际作业的工人没有充分的了解，往往只有其基本的登记信息。众所周知，事故往往是从人的不安全行为开始的，而这种粗放式的人员管理显然满足不了项目安全管理的需求。

1.2　人员管理数据化简介

人员管理数据化采用图表登记，记录项目所有参建人员的信息，一改以往的人员信息单一，将其基本身份信息、人员身体健康情况、违章记录、培训记录等信息囊括图表之中。对人员的基本信息到安全行为进行了精细数据化的展示，将传统的模糊管理改变为现代化、数据化的精确管理。

1.3　人员管理数据化的应用

1.3.1　人员健康情况数据化应用

项目施工现场具有多种作业环境，不同的作业环境可能存在不同的安全风险，从而可能对生产人员造成不同的伤害。因此，不同的岗位对人员的要求也不尽相同。如患有高血压、心脏病的工人不能进行高空作业；具有呼吸系统疾病的工人不能进行电焊作业；患有耳病或心血管疾病的工人不能从事噪声作业等。而人员管理数据化可以引入职工体检报告或既往病史，从而在现场作业前安排与其身体健康状况相应的工作，减少现场作业伤害，充分体现了“以人为本，防治结合”的安全管理观念。

1.3.2　人员施工违章记录数据化应用

传统的项目安全管理无法体现人员在施工中存在或发生的问题，而人员管理数据化详细记录了工人在项目施工中存在的违章行为的种类、频率以及发生时间等，根据这些信息可以准确了解施工人员，通过问询、分析问题原因，从而采取有针对性的管理措施。如通过数据化统计表发现“张三”安全违章次数较多，根据此人的施工行为表现以及对班组长的问询，判断出此人粗枝大叶，做事马虎，安全意识淡薄，从而对其开展有针对性的专项教育，提高安全意识，降低违章次数，减少现场作业不安全行为，避免发生安全事故。通过对项目工作人员违章信息的持续记录、整理和分析，实现了对人员的动态管理，进一步降低事故发生的可能性。

1.3.3　安全教育数据化应用

传统的安全培训虽然是全员参加，但在管理上却以班组为单位进行，从而忽略了个体的独特性，缺失了个人的安全培训管理数据，可能造成个别人员只参加了进场培训，在人员安全培训上造成盲区。而人员管理数据记录了不同个体的每一次培训信息，从人员进场开始详细展现了每次培训以及培训成绩，填补了以班组为单位的安全管理的空白，还可结合违章记录信息对不同的工人进行不同的安全教育。而这些数据为安全管理提供了有力的决策依据，使管理人员充分地了解作业人员的安全行为状态以及受教育情况。

通过人员管理的数据化，力争改变以往项目人员管理粗放式的管理状况。针对建筑业从业人员多、人员流动性大、人员素质参差不齐、受教育程度差别较大等特点，提供了一种可行的解决方案。加强现场作业人员的管理，提高对现场施工人员的掌控力，实现了在项目安全管理中人员管理的现代化、科学化、数据化应用。

2　安全管理数据化

美国著名安全工程师海因里希提出了300∶29∶1法则。这个法则表明，当一个企业或者工程项目有300个隐患或违章，必然要发生29起轻伤或故障，在这29起轻伤事故或故障当中，必然包含一起重伤、死亡或重大事故。

建筑生产周期长，处在单一生产条件下或采用单一施工工艺的情况较多，在施工内容、施工工序、施工环境不变的情况下，某些安全隐患会重复性出现，传统的安全管理方法能够在发现安全隐患时及时消除隐患。但是，面对反复出现的安全隐患，若不及时解决，小隐患可能引发大事故，这样既浪费安全管理资源，也存在极大的安全风险。

2.1　数据采集

管理人员利用隐患排查、视频监控、拌和站信息系统等多种渠道在一线收集安全管理信息，通过图表等形式将信息数据化，以便对安全管理的信息进行存储、管理、检索、处理和传输，这样便能随时随地向管理人员提供精确的信息。根据项目施工特点，笔者将现场发现的安全隐患分为安全纪律、场内机械设备管理、临时用电、特种设备管理、文明施工和消防危险品管理几个类别，以便于分析。

2.2　数据分析

安全管理数据化不同于人员管理数据化，它是以项目整体安全管理情况为数据基础，通过对日常检查出的安全问题进行统计分析，从而提高安全管理效率，优化安全管理资源配置，定向解决安全管理中的重点问题，使安全管理实现程序化、精细化、科学化。

2.2.1　问题类别统计分析

从问题的统计数据(图1)可以明显看出，安全文明施工类问题数量最多，占总问题数的38.88%。由此可以看出，安全文明施工为目前厂内的主要安全管理问题，应及时调整管理重心，重点关注项目安全文明类问题。可利用人员管理数据化中的统计信息(表1)，对安全文明施工问题高发的原因予以分析：

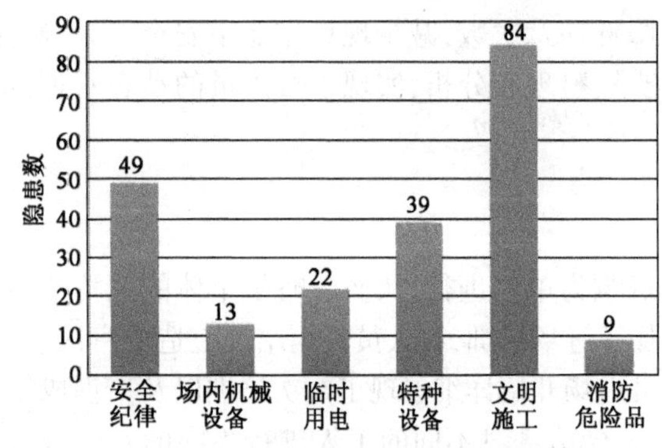

图1　安全问题类别统计

安全问题类别占比分析　　　表1

序号	隐患类别	隐患数量	占比%
1	文明施工	84	38.88
2	安全纪律	49	22.68
3	特种设备	39	18.06
4	临时用电	22	10.19
5	场内机械设备	13	6.02
6	消防危险品	9	4.17

(1)项目参建人员流动性大

笔者根据此前记录的人员管理数据得出：钢筋工班累计进场并培训合格89人，在生产工艺不变且正常生产的情况下，9月份在场作业51人，人员替换率达74%(人员替换率为笔者引入概念，以正常生产所需人数为基础，取流失人员数量与其的比值)。其中，钢筋工班关键岗位电焊工替换率达100%，人员全部更换。模板混凝土工班累计进场并培训合格135人，9月份在场74人，人员替换率高达82%。其中，起重工累计进场培训14人，目前在场8人，替换率达75%。

对作业人员进行培训，并由项目人员进行专业化管理，投入了相当大的人力、物力、财力。但随着人员的流失，这些工作付诸东流，造成了极大的管理资源浪费。新工人进场，其在适应期的生产过程中违章率较高，无形中增加了日常安全管理的成本，不利于安全生产。

(2)定期培训次数不足

从人员管理数据中可以看出,作业人员大多只进行了一次岗前培训。一方面是因为作业人员流失严重,人员替换率居高不下;另一方面反映了项目安全管理的不足。对作业人员应进行全过程培训,并根据作业情况以及环境的变化而增减频次。

改进措施:应加强劳务作业队伍的管理,提高作业人员上岗门槛,规范作业人员管理,降低人员替换率;还应加强在场人员的安全教育工作,每月定期开展安全专题培训,让作业人员随项目共同成长,迈向更高的台阶。

2.2.2　问题数量统计分析

从图2中的数据可以看出,5~8月份隐患数量急剧攀升,这与现场检查次数增多有一定关系,但也反映笔者所在南方地区,雨季汛期安全问题高发。此时,应加大现场作业管理力度,提高防风、防台、防汛的工作能力,及时调整安全工作重心,优化管理资源配置。

从班组问题占比分析(表2)可得出,项目主要问题发生于模板混凝土工班。其发生的问题占总问题数的56.48%。由人员管理数据可得出,模板混凝土工班作业人数较多,占总作业人数的54.01%。因此,在此后的安全管理工作当中,应重点关注,并增加对其人员的培训频次,严格控制其人员的流动,从而实现降低项目安全问题数量,预防事故发生。

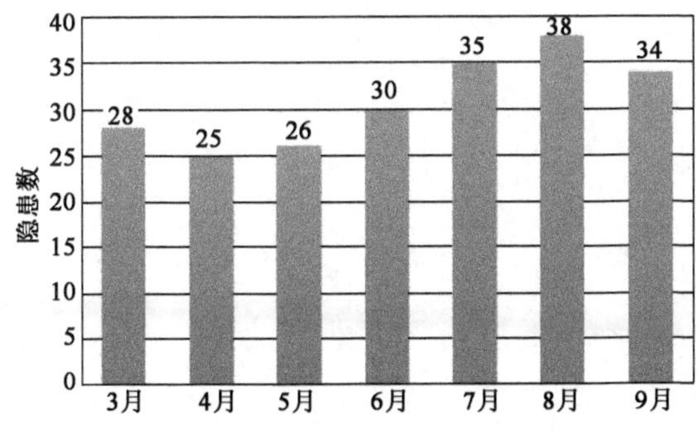

图2　各月份隐患数量统计

问题数量占比分析　　表2

序号	工班类别	隐患数量	占比(%)
1	模板混凝土工班	122	56.48
2	钢筋工班	60	27.78
3	其他类别	34	15.74

3　结语

以上是笔者对于安全管理数据化的初步探索,通过对人员管理与安全隐患问题的数据分析,为安全管理提供依据,挖掘出项目安全管理中的重点,有效避免工作的盲目性,全面提高安全管理水平。

参考文献

[1]　古力,彭勇,张伟.建筑施工人员实名制安全培训准入管理模式的应用研究[J].建筑安全,2018(8):15.

[2]　袁宗辉,唐利峰.利用统计分析技术有效实现安全管理数据化应用[J].化工安全与环境,2017(4):20-24.

第二篇

技术创新

第一部分　铁 路 工 程

钻孔灌注桩在砂卵石地层施工探讨

范润东
（浙江杭海城际铁路有限公司）

摘　要　在钻孔灌注桩的施工中，由于各地方地层的不同，会出现不同的施工问题。在甘肃省兰州市的兰州地铁1号线奥体中心站，其主要地层为砂卵石地层，由于在砂卵石地层进行钻孔灌注桩施工，大粒径卵石较多，在钻机钻进的过程中极易造成严重扩孔现象，现针对砂卵石地层这一特点进行施工探讨。

关键词　钻孔灌注桩；砂卵石地层；旋挖钻机；检孔器

1　工程概况

本工程为兰州地铁1号线奥体中心站施工工程，奥体中心站位于西固区规划深安大桥西侧，沿规划道路深安路东西走向跨路口布置。目前，奥体中心站周边较为空旷，多为农田、民房及部分水塘，车站周边均未实现规划，没有控制性建（构）筑物及地下管线。

车站采用岛式双柱三跨箱型框架结构，地下一层为物业开发层，地下二层为站厅层，地下三层为站台层。车站站台中心里程号为YDK9+772.0，起始里程号为YDK9+691.000，终止里程号为YDK9+908.550。车站总长216.95m，标准段宽21.80m（加宽段22.4m），总高19.49m，结构底板埋深22.654m，顶板覆土3.164m。有效站台长度140m，站台宽度12.5m，总建筑面积24526.00m^2。车站共设置4个出入口及2组风亭；1、2号出入口位于规划道路北侧，3、4号出入口位于规划道路南侧，2组风亭均位于车站南侧。

车站围护结构采用钻孔灌注桩加钢支撑支护。车站围护桩为ϕ800@1400钻孔灌注桩（盾构洞门处采用ϕ1500@1800）。其中，1型桩56根，设计桩长19.445m；2型桩144根，设计桩长19.445m；3型桩64根，设计桩长20.005m；4型桩51根，设计桩长21.475m；5型桩35根，设计桩长23.955m；玻璃纤维桩1型桩8根，设计桩长21.475m；玻璃纤维桩2型桩8根，设计桩长23.955m，桩间采用100mm厚C20网喷混凝土找平，桩顶设置冠梁，冠梁截面尺寸0.8m×0.8m（玻璃纤维桩冠梁截面尺寸为1.2m×0.8m）。车站小里程端设置4根格构柱，格构柱基础为ϕ800钻孔灌注桩，插入底板下8m，钢立柱插入基础内2m；车站底板设置4排24列抗拔桩，直径为1000mm，共计96根，桩长15m。

2　地质特点

奥体中心站处于崔家大滩，地形较平缓，地面高程约为1529.3m，地貌单元为黄河高漫滩，全是砂卵石地层，须在此地层施工直径800mm钻孔灌注桩。由于在砂卵石地层进行钻孔灌注桩施工，大粒径卵石较多，在钻机钻进的过程中大粒径卵石容易脱落，极易造成严重扩孔现象，严重浪费浇筑混凝土，并且在基坑开挖时，还要花费大量时间进行破除，增加了破除费用。

3　总体思路

本次探讨施工工艺的目的是为有效节约成本，减少施工浪费，提高施工速度，节约工期，针对旋挖钻机在钻进过程中造成的严重扩孔，浇筑混凝土浪费严重现象，进行施工工艺改进（见图1、图2）。

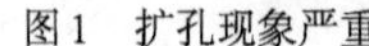

图1　扩孔现象严重

图2　检孔器检测

4　工艺优化探讨

在钻孔灌注桩施工中，混凝土实际浇筑方量与设计方量比较，浇筑方量过大。在对现场施工进行研究、探讨时发现原因在于钻机钻进过程中造成扩孔现象。现对此现象进行施工工艺改进。

（1）现场需要施作直径800mm的钻孔灌注桩。钻孔灌注桩施工采用旋挖钻机，钻机钻头为800mm。在钻机成孔后，对成孔直径进行检测。由于存在扩孔现象，因此现场需要加工直径800mm、850mm、900mm、950mm的检孔器各一个，通过不同的检孔器来确定成孔实际直径，实际直径确定后得出扩孔尺寸。

（2）前期工作准备完毕，对已成孔钻孔灌注桩进行检测。先放入直径850mm检孔器，顺利放入，确定孔径大于850mm。取出850mm直径的检孔器，放入直径900mm检孔器，又顺利放入，确定孔径大于900mm。因此进行第三次测试，放入直径950mm检孔器，此次检孔器未能放入，因此确定钻孔灌注桩孔径小于950mm。通过以上检测得出结论，钻孔灌注桩孔径在900～950mm之间，比设计孔径大10～15cm。

以2型桩为例进行计算，2型桩桩长为19.445m，直径为0.8m，超灌0.5m，扩孔尺寸按0.1m。

设计方量：$V_1 = 3.14 \times (0.8/2)^2 \times (19.445 + 0.5) = 10.02\text{m}^3$；

实际方量：$V_2 = 3.14 \times (0.9/2)^2 \times (19.445 + 0.5) = 12.68\text{m}^3$；

超出方量：$V = V_2 - V_1 = 12.68 - 10.02 = 2.66(\text{m}^3)$。

通过计算得出，实际浪费的方量为2.66m^3。

（3）为了减少混凝土的浪费，节约成本，在扩孔尺寸确定后，进行旋挖钻机钻头的调整，首先由于实际孔径比设计孔径大10～15cm，将原设计所需直径800mm的钻头直径减小5cm，更换为直径750mm的钻头，进行钻孔；成孔后进行检测。然后，先放入直径800mm的检孔器，顺利放入；再放入直径850mm的检孔器，又再次顺利放入，因此确定孔径大于或等于850mm。再次减小旋挖钻机钻头5cm，钻头直径为700mm，从孔口进行检测。先放入直径800mm的检孔器，顺利放入；再放入直径850mm的检孔器，检孔器未能放入。因此确定此孔孔径大于800mm且小于850mm，符合设计要求及规范。

放入钢筋笼，进行浇筑，此试验桩设计尺寸长19.445m，设计方量为9.77m^3，超灌50cm，超出方量为0.25m^3，总方量10.02m^3，现场实际浇筑方量10.50m^3。比原浇筑量减少浪费2.18m^3，实际超方量为0.48m^3，符合设计要求及规范规定。

通过以上对钻头的调整，最后选取钻头直径为700mm的钻头进行施工，极大地减少了混凝土的浪费。

5　施工工艺要点

5.1　施工准备

测量放样,施工场地平整,机械设备、材料进场。组织施工人员对施工现场进行深入调查研究,收集与施工相关的资料,确保桩基施工连续、均衡、有节奏地进行。

5.2　旋挖钻机施工工艺(钻头选定后)

(1)机械就位、护筒埋设

在施工之前对场地进行处理,保证场地平整、夯实,避免在钻进过程中旋挖钻机底座产生沉陷。调整钻机,使钻机天轮槽口、钢丝绳、钻头保持在一条铅垂线上,不发生倾斜和移位现象;保证钻机对中误差小于2mm。施工前,应先试运转检查钻机,以防止成孔过程中发生故障。

根据围护桩平面布置图定位轴线、控制点坐标确定桩位,考虑桩位允许误差。桩顶中心线施工偏差纵向为≤±50mm,横向为≤+50/0mm;桩身垂直度偏差不大于1/300,排桩水平外放100mm。

桩位确定后,利用十字线放出8个控制桩位,并以这8个控制桩为基准埋设护筒。

护筒应高于地面不小于30cm。护筒由厚度为5mm钢板制成,护筒直径比桩基孔径大200mm。每节护筒长度以1.5m为宜,在其上部开设2个溢浆孔,便于泥浆溢出,并进行回收和循环利用。护筒埋设时,筒的中心与桩中心重合,其偏差不得大于20mm,并应严格保持护筒的垂直度偏差不大于1%(见表1)。

埋设护筒时,破除路面后由人工进行开挖,护筒埋设利用旋挖机钻斗的挤压作用做相应调整。

钻孔桩成孔质量允许偏差表　　表1

序号	项　目	容许偏差	检测方法
1	钻孔中心位置	不大于±50mm	用经纬仪检查(纵、横方向)
2	垂直度	不大于1/300	用CDJ-1超声波井孔检测仪检查
3	排桩水平外放	100mm	用经纬仪检查

(2)泥浆制作及存放

为了施工场地的干燥,须进行泥浆池的合理规划。对旋挖钻挖出的泥渣,需要设置专门的存放区;基于钻孔护壁和清孔的需要,须制作一定数量的泥浆。所以施工场地须设置一个储浆池,容积不小于32m^3;两个沉淀池,容积不小于10m^3,两个交替使用,一个进浆沉淀,一个关闸清理。在沉淀池进出口设闸门,沉淀池上口应高出造浆池0.5m。施工场地设置环形泥浆槽。泥渣存放区、泥浆池和泥浆槽均采用钢箱形式,易于转场施工。

在开始钻孔前须备有足够数量的优质黏土或膨润土以供调制泥浆。泥浆由水、黏土(或膨润土)和添加剂组成。钻孔泥浆须经常试验。对不符合规定的泥浆,须及时调整。对新制泥浆及再生泥浆均须设专人采用专用仪器进行质量控制。其主要技术指标,见表2。

泥浆技术指标表　　表2

序号	项目名称	新制泥浆	循环再生泥浆	废弃泥浆
1	密度(g/cm^3)	1.06~1.10	1.10~1.25	≥1.25
2	黏度(s)	18~28	23~30	>30
3	含砂量(%)	≤4	≤5	>5
4	pH值	8~10	≤11	>11

(3)钻孔施工

采用旋挖钻成孔,钻机就位后,调整钻杆垂直度,注入调制好的泥浆,然后进行钻孔。当钻头下降到预定深度后,旋转钻斗并施加压力,将土挤入钻斗内。仪表自动显示筒满时,钻斗底部关闭,提升钻斗将土卸于堆放地点。钻机施工过程中要保证泥浆面始终不低于护筒底部,保证孔壁的稳定性。通过钻斗的旋转、削土、提升、卸土和泥浆撑护孔壁,反复循环直至成孔。提出孔外的钻渣,装入自卸汽车运走。

钻进时,边钻进边注入泥浆进行护壁,保持泥浆面始终不低于护筒顶下0.5m。钻进过程中随时检测垂直度,并随时调整。成孔后泥浆比重控制在1.20内,成孔时做好记录。在成孔至浇筑前保证沉渣厚度小于100mm,否则进行清孔。

(4)清孔

第一次清孔。桩孔成孔后,在钢筋笼放入孔内前,进行第一次清孔,用孔内钻斗来掏除钻渣。如果沉淀时间较长,用水泵进行浊水循环,使密度达到1.2g/cm^{3}左右。第一次清孔完毕后进行检查,若清孔符合要求,则进行混凝土灌注施工,否则进行第二次清孔。第二次清孔采用灌注导管反循环清孔。

(5)钻进旋挖钻机钻进过程中应严格控制钻进速度,避免钻进尺度过大,造成埋钻事故。若钻机升降钻斗时速度过快,钻斗外壁和孔壁之间的泥浆会冲刷孔壁,再加上钻斗下部产生较大负压作用,容易造成孔壁颈缩、坍塌现象。所以,钻斗提升时应严格控制速度。经现场实践得知,钻斗升降速度应保持在0.75~0.80m/s。当钻斗位于卵石层时,其升降速度应更加缓慢。

(6)成孔验收

钻进的验收:应该每进入4~6m用成孔器检测孔径和垂直度。成孔验收:采用自制检孔器。检孔器用ϕ22mm和ϕ16mm钢筋制成,检孔器外径等于钢筋笼外径+70mm×2,检孔器的长度是检孔器外径的4~8倍,检孔器顶面几何中心焊起吊圈。检测时,将检孔器吊起,使笼的中心、井孔的中心及吊绳保持一致,慢慢放入孔内。上下畅通无阻,表明孔径大于设计孔径。若中途遇到阻碍,则有可能在遇到阻碍部位有缩径或弯孔现象,应采取措施予以消除。钻挖到设计深度后,检查成桩孔径、桩底高程、桩身垂直度、桩位中线、沉渣厚度(沉渣厚度<100mm)是否符合设计要求,做好施工记录,办理隐蔽验收手续。

6 施工注意事项

(1)由于钻机设备较重,施工场地必须平整、宽敞,并有一定硬度,以免钻机发生沉陷。

(2)钻机施工中要定时对钻机钻杆进行垂直度矫正。

(3)泥浆初次注入时,要垂直向桩孔中间灌浆,以免泥浆沿着护筒壁冲刷其底部,致使护筒底部土质松散。

(4)黏土层钻进过深易造成颈缩现象,在钻机施工时应严格控制钻进深度。

(5)钢筋笼或检孔器向孔内放置时,应由吊车吊起,将其垂直、稳定地放入孔内,以免碰撞孔壁,使孔壁坍塌,以免在混凝土浇筑时出现废桩事故。

(6)根据地质情况,清孔后灌注混凝土时必须检测泥浆性能指标,确保泥浆对孔壁的保护作用。

7 总结

在兰州地铁施工工程中,围护结构施工是一道重点工序,资金投入大。由于其属地下隐蔽工程,在施工过程中存在许多不可控因素,且不能提前预知,所以我们在施工的同时总结经验,对已有施工工艺进行探讨、改进。本次探讨的技术措施组织,在保证围护结构质量的前提下,有效地降低成本,为顺利完成围护结构奠定了坚实的基础。

参考文献

[1] 中华人民共和国住房和城乡建设部. 建筑桩基技术规范[M]. 北京:中国建筑工业出版社,2008.
[2] 中华人民共和国国家标准. GB 50490—2009:城市轨道交通技术规范[S]. 北京:中国建筑工业出版社,2009.

某地铁车站变形缝渗漏治理探讨

葛佳佳

（浙江杭海城际铁路有限公司）

摘　要　本文介绍了在某地铁车站变形缝渗漏治理工程中，通过修整缝体结构，重新建立密封的变形缝防水系统，从而取代失效的中埋式橡胶止水带。重点介绍了压缩密封和胶黏止水带创新密封方案，以及材料选用和施工工艺处理等方面的创新之处，希望为今后建筑工程变形缝处理，尤其是地下工程变形缝治理提供有益的参考。

关键词　变形缝；渗漏治理；压缩密封；胶黏止水带

0　引言

国家建设主管部门针对建筑渗漏的治理绵延20余年，渗漏现象仍普遍多发且久治不愈，即使是重点建设工程，也难逃渗漏的尴尬。渗漏内伤，已经成为建筑结构之外，影响国内建筑质量的第二大问题，被誉为建筑的“癌症”。地下工程长期渗水、漏水不仅对建筑物结构的稳定造成危害，也影响其使用功能，特别是地下工程中的变形缝和施工缝，由于特定情况不一，影响因素众多，往往面临反复治理、屡治屡漏的窘境。如何根治，成为近年来业界共同努力研究的课题。

2015年，笔者负责某地铁车站变形缝修复工程。该车站主体与出入口通道变形缝、车站主体与风亭大跨度变形缝均出现不同程度渗漏水，局部还出现漏泥沙现象。经过抢险临时注浆堵漏后，专家组开展专题研究制订修复方案。地铁公司精心组织，管理人员身体力行；施工单位专业人员因地制宜，精心施工，对渗漏变形缝按专家组意见进行了密封改造，修复效果良好。

1　变形缝治理方案确定

在地铁车站结构设计中，本身是以整体刚性基础抵抗差异沉降的“抗”法和以变形缝将基础划分成多段适应差异沉降的“放”法的有机结合。该车站变形缝密封按常规设计整环中埋式钢边橡胶止水带作为弹性连接防水，并辅以外贴式止水带和外包防水卷材或涂料系统。在维修时一般会采用化学注浆，或增设内密封变形缝防水系统。原变形缝防水设计，如图1所示。

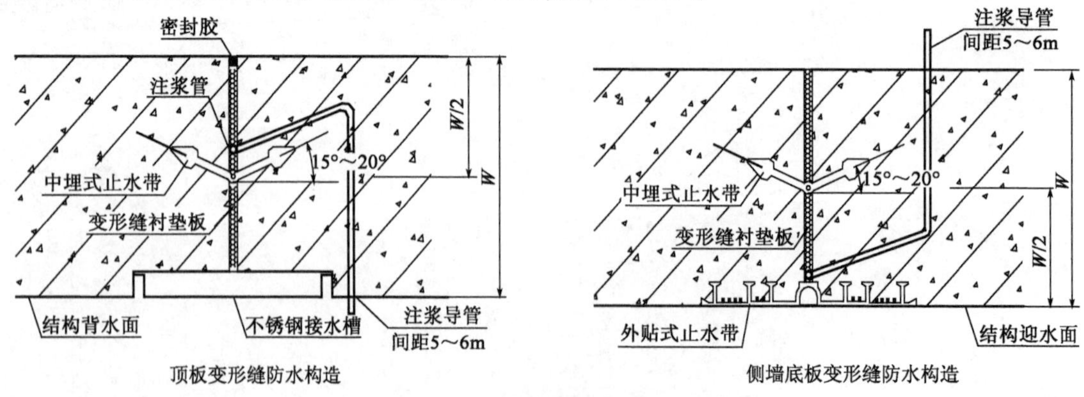

图1　原变形缝防水设计

先前,该渗漏的变形缝被多次灌注水活性聚氨酯浆液。这是目前较为普遍的堵漏方法,多数情况下注浆后保持密封时间不长。结果与选用的浆液材料有关,也与施工控制工艺有关。

水活性聚氨酯(MDI)遇水会引发快速发泡聚合反应。然而受到发泡体的闭孔率、发泡体带压成型密度、浆液中所含溶剂等非活性物质因素的影响,发泡体都会有或多或少的收缩比率,从而出现由于浆液固结体体积收缩产生的再次渗漏。

注浆工艺程序的制定包括浆液、注浆设备的选择,浆液黏度、浆液固化时间、内外封闭措施的确定进浆出浆回路的制定等,用以实现将浆液饱满地输送到指定地方,并且有效固结在所需要成型的位置。

变形缝结构体自身会产生不均匀沉降和热胀冷缩伸缩变形,相比较于施工接缝或裂缝,其变形量要大得多。要想获得长久的密封效果,浆液固结体和侧壁黏结力应大于缝隙拉宽时产生的拉伸应力,即理论上必须要有非常优异的黏结力,较小的弹性模量,较大的断裂延伸率,这样的浆液固结体才能适应变形缝的变形需要,达到较长久的密封效果。

相比裂缝和施工缝,变形缝化学注浆对材料和工艺的要求更高,否则只能达到临时止水的目的,而不能实现长久密封的效果。

另外,变形缝处结构钢筋混凝土缺陷也是绝对不能忽视的因素。通过多年跟踪变形缝渗漏问题,除了中埋橡胶止水带安装不到位,止水带破损等原因,还有隐藏的结构缺陷,如钢筋牵连、钢筋锈胀、混凝土欠密实、混凝土开裂、有刚性填充物等。结构"肌体"的隐藏缺陷,将持续作用在变形缝基体上,从而造成不利影响甚至破坏。对于渗漏比较严重的变形缝,往往在变形缝细部结构处存在上述各种不同的结构问题,因应力无法自由释放而造成对变形缝结构及密封系统持续的影响和破坏。

基于上述分析,专家组达成一致意见:标本兼治,彻底修复变形缝细部钢筋混凝土结构缺陷,规整缝隙结构,采用嵌缝式压缩密封系统 + 内贴式胶黏齿轮止水带系统,从结构内侧重新建立密闭成环的变形缝防水密封系统,以取代失效的中埋式橡胶止水带系统。

2　FERMADUR 变形缝压缩密封系统

2.1　变形缝缝隙结构修补

变形缝结构修补和缝隙规整是该密封系统施工的关键前提。在该变形缝修复案例中,首先开凿缝体,凿除因混凝土振捣不密实形成的蜂窝孔洞以及先前产生的混凝土拉裂等,并清理影响变形缝应力释放的硬质填充物,如多余、不规范的钢筋头等。配筋不足的部位按照结构加固的规范进行植筋,然后重新修复变形缝细部结构。

结构修补采用特制聚合物砂浆材料(FERMADUR RV/RL),采用精选特种高铝水泥自身微膨胀性能补偿收缩,以免通过膨胀添加剂补偿早期收缩,后期可能出现更大收缩。匹配相容性好的可再分散乳胶粉调节材料的黏聚性能,增强修补材料的塑弹性;再配合抗裂纤维、高效减水剂、水化热控制及其他水泥添加剂进行预拌,现场只需加水即可使用,保证了级配的精确可控性和现场使用的方便简捷性。RV 具有抗垂挂的性能,用于环缝顶部和侧部;RL 具有自流平施工性能,用于环缝底部。

结构修补现场需要以下三方面性能方得以实现:一是新老混凝土接缝以及环缝自身施工接缝的水密性;二是防水结构修补体具有的高度防裂性能;三是"双快"性能,即快速可控的凝结时间和快速高强度匹配结构修补的强度需要。

FERMADUR RV/RL 修补材料的一些参考技术参数及初凝时间:普通型 10 ~ 20min;快速型 1 ~ 3min。强度发展一般 1h 抗压强度 >20MPa,2h 抗压强度 >30MPa,4h 抗压强度 >40MPa。

辅以合适的降水分流措施,匹配合适的工艺,有效控制材料拌制、密实填充、压紧收光、材料凝结各道施工流程。按照压缩密封体最佳压缩比,该工程将缝隙修整为宽度 17 ~ 19mm,有效深度不小于

100mm(压缩密封止水绳在该范围内活动都能保持密封)。修整后缝隙区域的混凝土具备足够的密实度和强度,不渗漏。

2.2 变形缝密封

变形缝密封方式多种多样,在近二十年对变形缝密封探索实践中,研究人员一直苦于找不到一种能带潮带水施工的方式。有很多嵌缝类密封胶、水膨胀条或者接口侧面通过胶黏剂黏结的密封方式,只要潮湿就可能造成局部失败,或者在干湿循环和冬夏循环中失效。我们非常清楚,处理变形缝密封的目标之一需要做到整环控制零缺陷,任何局部的缺陷都会导致整环的水压集中到缺陷处,产生无序渗漏,导致密封失败。

在解决沉管法隧道接头密封问题时,采用荷兰特殊构型设计 GINA 橡胶止水构件,拼接时通过挤压达成密封效果。受此启发,特别设计了 FERMADUR 压缩密封体止水绳。从外观上看,这是一条外表光滑,呈圆形截面的橡胶止水绳,保证从不同方向旋转进入规整的变形缝间隙内,对侧壁都能产生均衡的压缩应力。从显微镜下观看,FERMADUR 压缩密封体止水绳微观上由封闭细胞腔(蜂窝巢室)结构组成,就像无数均匀分布的封闭小气球,各个方向细胞数几乎完全一样,简直可以称得上是一件“构造艺术品”。FERMADUR 压缩密封体止水绳被强力贯入变形缝中压缩变形时,一个个封闭的“小气球”,在受到挤压后,产生永久巨大的气压回复力,立即实现长期有效的物理止水。其防水模型如图 2 所示。

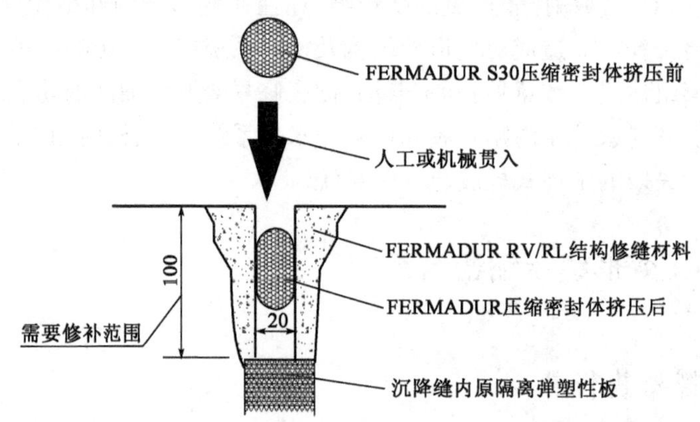

图 2 变形缝防水模型

这样的密封原理,充分契合了变形缝“应力释放”原理,按照建筑结构的“抗放”理论,FERMADUR 压缩密封体止水绳跟随结构一起振动、沉降变形,以柔克刚保持接缝密封,成为变形缝上应力完全释放后活动最自由的“关节”,并能够长期抵抗变形产生的破坏力,达到长期密封止水的效果。

FERMADUR 压缩密封体止水绳以丁苯橡胶为原料,采用德国最先进的橡胶技术加工成型。压缩密封体止水绳直径的确定,须根据变形缝宽度、合理的压缩比科学计算。根据需要可以加工成直径 10 ~ 54mm 的各种规格。对于地下工程 20mm 宽变形缝常用的 FERMADUR S30 压缩密封体止水绳常规质量控制物理指标,见表 1。

质量控制物理指标 表 1

项 目	数 值	检验方法	项 目	数 值	检验方法
外观	黑色		压缩永久变形≤	20%(70℃,24h,25%)	GB/T 7759—2015
拉伸强度≥	2N/mm²	GB/T 528—2009	重量	620g/m	
拉断伸长率≥	350%	GB/T 528—2009			

多年工程试验证实,只要压缩形变在合理范围内,从工程中取出使用的密封绳,都能恢复圆柱体形

状,而不会发生永久不可逆压扁变形。德国对压缩密封体进行的老化试验寿命为80年。

对于其正常压缩范围所能抵抗的水压很难测试。我们特别设计制作如下器具测试。采用不锈钢制作了一段缝隙模型,缝隙宽度为20mm,贯压入FERMADUR S30压缩密封体止水绳,两个端部也通过挤压进行密封。下部形成一个封闭的空腔,一端用一个气门芯与打气筒连接,另一端与一个气压表连接(见图3)。将模型置于水槽中,通过打气筒缓慢提高腔体内部气压,观察是否有气体泄漏。我们观察到0.2MPa(20m水头)未见气体泄漏。在地铁工程过河过江段试验工程中,地下30m,压缩密封体止水条完全能保持密封。

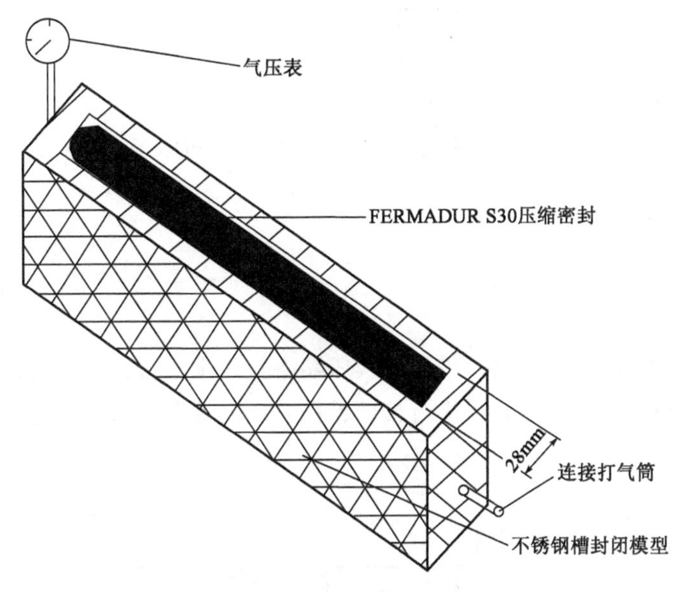

图3　缝隙模型

FERMADUR压缩密封系统可带水作业,满足了施工现场的实际需要;同时带水施工,提供现场的即时"检漏",可以检查修补的结构是否还有缺陷,并能及时弥补,使施工的可控性大大提高。

另外,该系统也充分考虑了整环密封接头的处理问题,德国Henkel公司研发的快速专用胶水Sico Met 8300,10s就能实现可靠的对接,可以经受长期泡水,能承受强大拉应力而不断裂,消除了接头缺陷。如此,保证整环密封,实现零缺陷。

3　FERMADUR变形缝齿轮止水带密封体

只要变形缝拉宽不超过一定限度,FERMADUR压缩密封系统都能独立承担密封使命。考虑本案例的特殊情况,为提高该设计方案的可靠性,我们复加一道创新型胶黏止水带防水系统,作为适应拉宽变形的补充,实现双重防护。

内贴止水带是后密封常用的变形缝密封方式,传统内置可卸式止水带通常用预埋角钢上的螺栓或植筋的螺栓与钢条间旋紧螺帽来锚固止水带。

内贴可卸式止水带采用机械锚固的方法,止水带和建筑结构存在物理接缝,容易产生渗漏。另外在地下结构中采用内贴钢板可卸式锚固体系,常常存在钢铁锈蚀的问题。

为克服以上缺点,我们的创新之处,是利用先进化学黏合剂技术和特殊构型的橡塑止水带结合,转变传统物理接缝为化学接缝。其防水模型如图4所示。

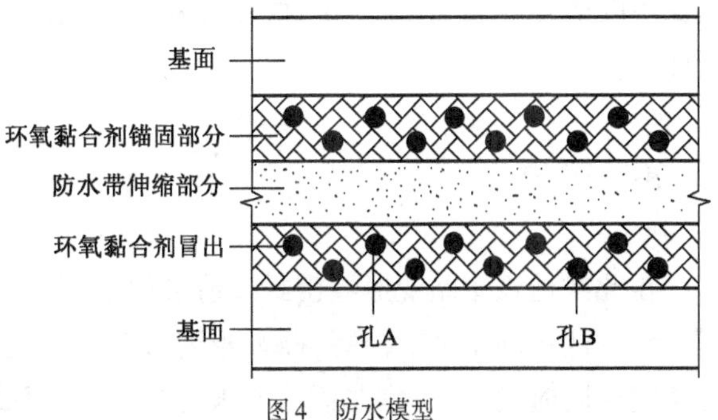

图4　防水模型

利用延伸率大于300%,拉伸强度大于15MPa的橡塑材料,按照缝隙结构设计合理的止水带中间自由伸缩部分的宽度和两侧胶黏部分的宽度,能保障适应此处变形缝结构可能的拉伸变形。该止水带接头可采用热风焊枪多道焊接,确保接头密封可靠。止水带两侧按照力学原理设计了双排齿孔,在带子与基面用环氧黏合剂粘贴时,齿孔会有“冒胶”显示,与紧接着施作的覆盖上层胶连接,同时固化,固化后上下连接的黏合剂像两排“铆钉”,将止水带牢固地锁定在两侧基面上。观察齿孔是否均匀“冒胶”,可直接检验止水带的黏贴质量,施工工艺简单方便,施工质量直观可控,将人为因素可能造成的施工影响降到最低。

采用先进的环氧黏合剂技术,在对黏结基面进行合适的表面处理后,能实现在干燥或潮湿基面的牢固黏结。通过拉拔试验显示,这种亲水性环氧黏合剂黏结强度大于6MPa,抗压强度大于80MPa。该黏合剂具有触变性施工性能,即便是顶板也不会产生任何下垂。

齿轮止水带外部设计一定厚度的保护和背衬,将新建的防水系统隐藏保护起来,可免受外物破坏。

4 施工总结

通过开凿变形缝,修整补强结构缝隙,带水贯入压缩密封止水绳,形成第一环嵌缝式密封系统,为后序施工提供了无渗漏的施工基面。然后再进行整环粘贴止水带系统施工,并进行一定厚度的背衬和保护。防水模型如图5所示。

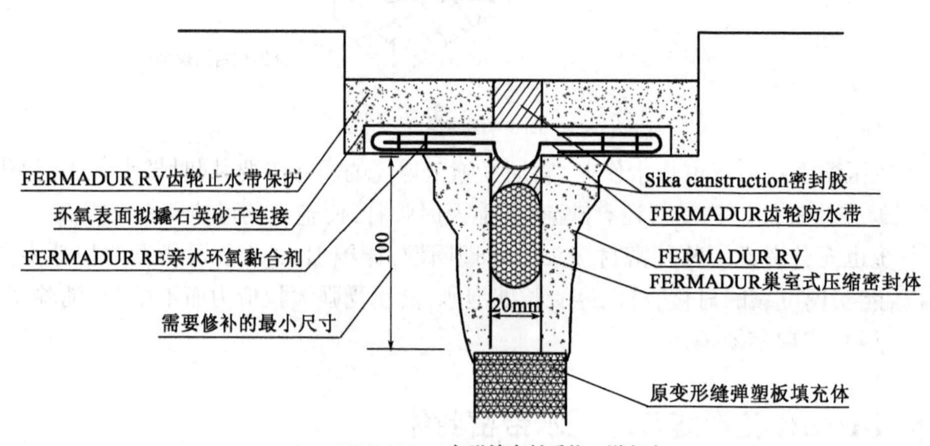

图5 防水模型

用这样的两道环闭密封系统,在修复结构缺陷的基础上,将“嵌”和“贴”两种不同形式加以组合,使压缩密封系统更加适应沉降、振动和压缩变形,使齿轮防水带密封系统更能适应延伸扩张变形。两种形式在不同的作业面上,互不干扰,互为补充,能适应不同类型的更大变形,并在更广的变形状态下保持水密性。

5 结语

在此次地铁车站变形缝密封改造过程中,我们特别注重防水模型设计,材料选择精细,现场试验确证。我们注重施工细节控制,标本兼治修整变形缝细部结构缺陷和缝隙结构,恢复沉降缝“放”法的结构功能。同时,我们还建立新的内侧变形缝密封系统,争取零缺陷地封闭成环。

本案例中采用的压缩密封和胶黏止水带系统，在吸收传统经验基础上，利用最新高科技化学材料技术，适应现场带水需求，创新发展了变形缝防水理念。注重环境保护，注重防水材料使用寿命能与混凝土设计寿命匹配。当然变形缝渗漏治理应该因地制宜，采取针对性处理方式。笔者分享此次对变形缝渗漏进行开创性的治理，希望改变或拓宽我们的防水思路，期盼以新时代"精于工，匠于心，品于行"的工匠精神，推动中国防水技术的前进。

车站深基坑开挖围护结构施工技术探讨

林晓峰

(浙江杭海城际铁路有限公司)

摘　要　本文首先对我国城市轨道交通的快速发展现状进行了概述,然后提出了一系列地铁车站深基坑开挖施工技术的特点,并就当前的车站深基坑开挖围护结构的施工技术进行了相关研究,主要包括施工前的各项准备工作,施工过程中的管理措施和强化基坑监测管理的一系列措施。对这一技术探讨为当前车站深基坑开挖施工技术的发展提供了一定的理论参考,有利于推动我国城市地铁建设的不断发展和进步,具有经济和社会双重价值。

关键词　深基坑;围护结构;施工技术;车站

0　引言

我国交通建设的快速发展带来了城市地铁建设规模的不断扩张,地铁作为居民出行的便捷交通工具,在人们心中的地位越来越重要。伴随着地铁建设的不断完善,在方便人们生活的同时,其车站的深基坑施工也给周围的环境带来了巨大的影响。在地铁车站的深基坑开挖施工中需要结合现有的施工技术水平,根据工程概况确保建筑物的安全可靠,因此,努力提高车站深基坑开挖围护结构的施工技术水平就显得尤为重要。

1　地铁车站深基坑开挖施工技术的特点

地铁工程与普通的建筑深基坑开挖围护结构施工技术相比,结构复杂,工程规模较大,加之换乘线路较多、出口通道较多,结构的复杂性加大了深基坑施工支护的难度。由于地下管线线路密集,又会存在较多的不确定因素。一般而言,地铁车站主要位于城市闹市区,深基坑开挖工程必然会涉及较多管线、包括给排水管线和电力管线、燃气管线和通信管线等,在管线迁改过程中会存在需要与多个单位协调沟通的状况,甚至存在积聚的地下水影响深基坑支护施工的情况。除此之外,深基坑开挖围护过程中,由于开挖难度大,需要严格控制变形并提高相应的安全等级,在兼顾地面沉降和环保要求的前提下,会大幅度增加施工难度,因此,需要格外重视对地铁车站深基坑开挖围护结构施工技术的研究。

2　地铁车站深基坑开挖围护结构施工技术研究

2.1　施工前期准备工作

在深基坑施工基坑开挖前,需要做好基坑开挖范围内的管线迁改工作,将不利于项目施工的障碍物及时清除出场地范围。与此同时,要做好深基坑周围围护结构的排水沟和沉淀池的建设工作,根据现场的施工特点合理布置监测站点和完成对初始站点的监测记录,对原始数据进行分析和管理,结合所处位置地段的水文地理特征和地理环境进行抽水和地面排水的系统方案规划和设计,严格把控钻孔灌注施工质量，避免断桩造成的开挖隐患，努力把控控制桩止水帷幕的质量，防止开挖过程产生的缝隙水渗漏和影响基坑稳定情况的发生。

2.2　施工过程管理控制对策

减少对周围建筑产生影响的施工管理措施首先应该考虑振动的影响，这就要求在临近的建筑物周围进行连墙成槽施工，并确保对成槽机抓土的深度控制，减小冲撞机的高度和速度，以免因振动造成对建筑物的损坏。与此同时，强化对建筑物的沉降观测，实时根据监测结果严格分析对建筑物的影响并提出可靠性补救措施。其次，根据地质报告和现场实际地层的状况，控制泥浆的配比，避免成槽侧壁的坍塌，确保相邻建筑物的安全。除此之外，加强基坑降水对建筑物的保护作用。在降水过程中重视对监测基坑水位变化的把握，当发现存在围护结构漏水的状况，需要积极降低基坑外水位，努力加强对漏水部位围护结构的调整。也可以采取基坑外回灌注水的方式，减少地面沉降变形的影响，避免形成地层的不均匀沉降对建筑物带来威胁。最后，在基坑的开挖和支撑过程中，可以对土方实行分段分层的开挖。在开挖的过程中快速进行混凝土的支撑施工，加大钢支撑安装施加的轴力，确保基坑在无支撑状态下最短的暴露时间。在每段基坑开挖完毕后，需要在最短时间进行内部结构施工，以免长时间暴露造成不利后果。对于动荷载的影响，土方开挖的车辆和机械应尽可能避免在深基坑周围行驶和停留，起到有效保护建筑物的目的。

针对土方开挖过程中的渗漏水，在开挖过程中需要设置专人进行围护结构渗漏水的观察和监测，及时进行渗漏水的封闭处理。当流沙形成时，当位置在开挖面以上且压力不大时，可以用木楔和水玻璃、环氧树脂等材料进行封堵。然后用水泥和水玻璃双液进行封堵。最后，在土方开挖到基坑底部时，及时进行接地网和垫层的施工，并在最短的时间内完成底板的施工。

2.3　强化监测管理对基坑变形的控制

首先，需要监测基坑变形，一般需要在围护结构上设置斜管及钢筋应力计对变形进行监测。当基坑产生的变形超过报警值时，则需要根据围护结构的变形情况采取增大支撑轴力的措施来调整钢筋应力值。也可以通过增加支撑数量的方式达到控制变形效果。其次，对建筑物附近的地下水位进行监测。为控制因基坑降水造成的不均匀沉降，可以在基坑周围设置水位观测井，当周围水位发生严重变化时，停止降水并对围护结构的加固补强采取坑外注水的形式，以免产生地面沉降。再次，需要加大对建筑物沉降的监测。在周围各个小区的住宅楼附近四个角位置设置沉降观测点，施工过程中重点对其进行观测，监测频率和时间严格按照施工监测规范要求进行，确保监测结果的科学准确性。最后，积极监测支撑轴力，通过在支撑上设置轴力计的形式监测轴力变化情况。当轴力较大时，存在支撑失稳的危险，需要增加钢支撑的数量和强度；当支撑轴力减小较多时，需要进行附加轴力，以满足支撑轴力的基本要求。

3　结语

综上所述，只有不断结合工程特点进行深基坑围护结构开挖施工技术的探讨和分析，做好具体措施和方法的研究和讨论，才能在城市地铁车站施工过程中把握好相应的关键技术特点，为取得良好的经济效益和社会效益做出积极有益的贡献，同时也为满足建筑工程质量和安全奠定良好的理论基础。

参考文献

[1] 黄志刚.地铁车站深基坑支护施工技术研究[J].工程技术:文摘版,2016(28):39.
[2] 马海贤.地铁深基坑开挖施工技术[J].安徽建筑,2013(6):104-105.
[3] 陈城.地铁深基坑开挖与施工技术[J].中华建设,2017(1):138-139.
[4] 于长安.地铁车站深基坑开挖施工实例应用探析[J].住宅与房地产,2016(2X):148.

自动化流水线在混凝土管片生产中对外弧面的影响

杨敏龙
（浙江杭海城际铁路有限公司）

摘　要　管片外弧面凹凸不平，会造成管片外观尺寸、渗漏检验等检测数据超标，影响盾构拼装质量，使管片受力不均匀出现裂纹，从而无法达到设计的防水要求。本文通过解决管片生产自动化流水线安装时出现的问题，加大走行轨道基础承载力，调整走行钢轨的平整度，控制生产线液压驱动推进压力，可以解决管片预制中因外观质量造成的其他连锁性问题。

关键词　钢筋混凝土管片；自动流水线；外弧面

0　引言

近年来，随着轨道交通工程规模的不断扩大，钢筋混凝土管片预制行业在不断崛起。为了能在管片生产过程中提高生产效率、保证施工质量，大部分管片预制厂已使用自动化流水生产线进行预制作业。自动化生产线有着提高生产效率、减少初始投资规模、降低生产能耗、节约施工成本、减少安全隐患、提高安全生产系数、提高管片强度，改善管片质量等优势。但是，若生产线在铺设和安装过程中施工误差过大，会给管片生产造成众多质量问题，生产线也将失去它的生产优势。

1　工程情况

海宁管片厂位于海宁市长安镇G60和辛陆路交汇处，北靠京杭运河，东邻辛陆路，占地约48亩（1亩约等于666.667m^2）。预制厂附近配置有水运码头，紧邻沪杭高速公路，距离长安收费站200m，水运陆运都比较便利，具备良好的运输经济性。

管片生产车间设在厂区西部，采用承重钢结构厂房。厂房占地面积为7680m^2，长160m，宽48m，高13.5m，分为2跨，每跨宽24m，南侧作为钢筋加工区，北侧作为流水生产区。流水生产区建设采用“2+3”自动流水生产线（2条浇筑线，3条养护线），配备2台10t、2台5t桥式起重机（跨度为22.5m）。管片模具依靠液压油缸顶推到自动流水生产线轨道上，按节拍持续循环移动，完成模具清理，钢筋笼预埋件安装、灌注、蒸养、脱模等生产工序。在自动化流水生产线两端设置摆渡小车，实现模具换道、转向。

2　生产线在管片预制中对外弧面的影响

钢筋混凝土管片被誉为“混凝土制品中的工艺品”，其外弧面质量不好会造成以下影响：

（1）钢筋混凝土管片外观质量检测不合格，钢筋混凝土管片厚度检验不合格。

（2）影响钢筋混凝土管片渗漏检验结果。钢筋混凝土管片在做渗漏检验时，应安稳平放在检验台上，并且密封橡胶条必须紧贴在钢筋混凝土管片外弧面上。若钢筋混凝土管片外弧面不平顺、有起伏外塌现象，则不能保证密封橡胶条紧贴在钢筋混凝土管片外弧面上，从而影响钢筋混凝土管片渗漏检验结果。

(3)钢筋混凝土管片外弧面偏差会影响盾构掘进轴线偏差,并对后续施工造成以下影响:

①受盾构壳体挤压损坏管片。

②造成下一环管片拼装困难。

③注浆厚度不均匀,盾构壳体变形使管片受力不均匀,造成裂纹。

(4)壁厚注浆过薄处,易造成注浆空洞,防水效果差,且影响管片受力。

海宁管片厂在实际生产中发现成品钢筋混凝土管片外弧面不平顺、起伏较大,并且管片外弧面的下端出现堆积现象,影响钢筋混凝土管片质量。影响钢筋混凝土管片外弧面质量的因素主要包括以下几个方面:

①生产线轨道地基承载力不能满足要求。经过长时间施工后,生产线轨道地基下沉,轨道与轨道之间或单条轨道的高差过大,导致轨道不平整,由于管片模具在运行过程中不平稳,导致钢筋混凝土管片外弧面出现起伏和外塌现象。

②生产线轨道预埋钢板在预埋时以及轨道钢轨在安装时没有精确找平,导致轨道与轨道之间高差过大。管片模具在运行过程中不能匀速前进,也会导致钢筋混凝土管片外弧面出现起伏和外塌现象并使管片外弧面的下端出现堆积现象。

③生产线液压驱动不稳定,不能保证管片模具平稳运行,在顶推模具时发生撞击现象,使处于初凝阶段的管片出现外塌现象,影响管片外观质量。

3 自动化生产线在管片预制中的改进措施

随着城市轨道交通的迅猛发展,盾构法的施工越来越广泛,对管片的需求量也持续加大,管片厂必须提高管片生产效率才能满足市场需求。随着市场需求越来越大,对管片生产质量的要求也越来越高,自动化生产线轨道运行的稳定性,是保证管片外观质量的重要条件。

地基处理:

为保证在长时间使用中保持较高的精度,为保证模具在蒸汽养护中有较好的稳定性,管片模具内弧面、侧面、端面所使用的钢板应采用 Q345 材料,中模面板厚度应为 8mm,耐磨性能不低于 16Mn 的耐磨性钢板,单块模板不拼接,板厚要满足要求,整体支架要坚固、牢靠。单块模具重量为5.93t;模具在浇筑完混凝土在轨道上行走的最大质量为 11.319t。基础坚固和稳定,是保证模具在行走中少颠簸、少晃动的必要条件。模具构造如图 1 所示。

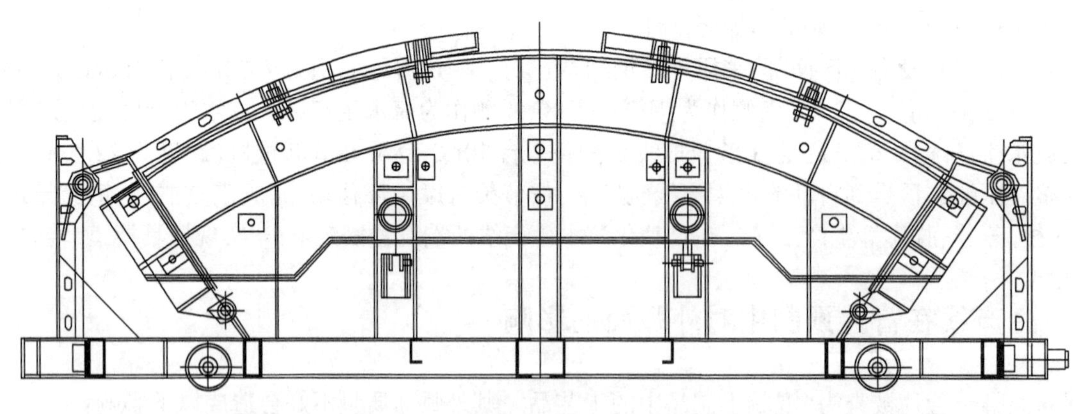

图1 模具构造

生产线轨道结构使用时间长、运行频率高,轨道安装的好坏,会直接影响模具的运行质量,导致管片外弧面出现外塌。只有从源头把关,才能保证管片外弧面的施工质量。在轨道施工中应加大地基承载力系数,以保证长时间使用后,基础稳固,无下沉开裂等现象。

对生产线轨道结构层的要求：

(1)混凝土强度等级为C30,厚度为40cm,分上下结构施工。

(2)轨道结构层采用上下两层钢筋网片,以增强混凝土的结构强度和抗压能力。

(3)轨底预埋钢板间距50cm,整体水平高差<3mm;钢轨采用50kg/m钢轨,轨道接头位置与轨道顶面高差≤2mm,中心侧向错位≤3mm。

生产线液压驱动控制：

液压驱动装置运用在生产线上,具有结构简单、运动平稳、工作可靠等优点。生产线轨道的平整度应满足使用要求,油缸的推进速度也不是越快越好,生产线整体的推进速度要结合工人作业速度、轨道平整度、混凝土拌和质量等因素进行综合分析。油缸的推进速度为200~350mm/s(h),工序时间较为紧凑,对管片外弧面混凝土扰动较小,总体施工效果较好。

混凝土配合比设计和自动化流水线应相互契合,须满足以下要求：

(1)为提高外加剂的效率和减少坍落度的损失,采用减水剂后掺,适当延长搅拌时间,充分搅拌混凝土,使各种组合材料混合均匀,颜色一致。

(2)混凝土配合比的设计和原材料的质量控制要严格一致,入模的混凝土须具有很好的和易性和触变性,绝对不能出现分层和离析现象。若混凝土入模质量差,在浇筑完成模具行走过程中,会加大管片外弧面流凸现象的产生。

4　结束语

随着城市轨道交通工程的增加,管片预制工程项目逐渐增多,行业标准要求越来越高。自动化流水线的建设标准,直接影响管片成品的外观质量,只有从源头控制,才能改善、优化管片外观质量。

参 考 文 献

[1] 中华人民共和国国家标准. GB/T 22080—2008:预制混凝土衬砌管片[S]. 北京:中国标准出版社,2008.

[2] 廖冬明,孟伟峰,高钟伟. 盾构管片自动化生产线在市政管片厂的应用[J]. 深圳土木与建筑,2011,03:142-143.

浅谈地铁出入口“倒挂壁支护结构”多竖井施工方法

刘嘉斌

(浙江杭海城际铁路有限公司)

摘　要　地铁作为一种新型的城市轨道交通客运工具,在城市交通系统中发挥着越来越重要的作用。目前,地铁出入口大多设计在城市主干道旁,不可避免地要在地面建(构)筑物或是市政管线附近施工。在施工工期紧迫或管线无法改迁的情况下,必须充分考虑结合周边环境,采用合适的施工工法。在没有条件采用常规开挖方式的情况下,可采取倒挂井壁支护结构形式,并采用竖井开挖形成整体基坑。本文主要介绍倒挂井壁支护结构工艺、竖井设计及主要施工过程,并通过监测实时数据验证工法在狭长附属结构基坑开挖过程中的有效性。

关键词　地铁工程;附属结构出入口;倒挂井壁支护;竖井施工

0　引言

近年来,伴随城市化进程的加快,城市人口数量激增,由于能解决人们健康、快速出行的实际需求,城市轨道交通尤其是地铁建设进入高速发展期。截至2018年,我国(除港澳台外)共有43个城市进行了地铁建设和运营。但是,城市高层、超高层建筑越来越多,城市的市政管线繁多,随着城市轨道交通建设的加快,出现了大量宽大深基坑工程,诸如地下连续墙、灌注桩、SMW工法桩等常规围护结构形式,并因其技术可行性、经济合理性等优点得到广泛采用。但城区轨道交通基坑工程,常因地质条件、周围环境和地下管线复杂,或影响毗邻重要建(构)筑物等原因,难以选择围护结构设计方案。

杭州地铁湖滨路车站位于西湖风景区的西湖大道,周边有多处商业居住点、文物保护单位及城市景观控制点。西湖大道东西向连接城站火车站及西湖,为城市主干道,车站主体结构采用连续墙围护结构明挖法施工,但附属结构2号出入口因为接近敏感建筑物及市政重要管线,场地施工条件困难,导致各种常规围护结构形式无法实施,最后考虑采用倒挂井壁支护结构工艺并采用多个竖井分段施工开挖形成出入口明挖段基坑。出入口局部采用暗挖法施工,与车站主体连接。本文主要对定安路站2号出入口明挖段倒挂井壁支护结构法施工主要过程进行阐述,由于其可以在施工场地狭小缺少机械施工工作面等常规工法无法实施的情况下使用,因而将该工艺推荐到车站附属工程等狭长基坑的开挖过程中。

1　工程概况

杭州地铁1号线定安路站2号出入口位于车站南侧,沿西湖大道呈东西向布置。其南侧紧临商业楼定安名都,沿车站纵向有一根110kV电力管廊横穿2号出入口。2号出入口明挖段为地下一层矩形框架钢筋混凝土现浇结构,基坑尺寸为7.2m×44.2m,深度为9.2~12.5m。出入口北侧为110kV电力管廊,与出入口结构侧墙净距为0.42m,埋深约0.82m。南侧0.28m处商业楼定安名都,地上有14层,地下有2层。局部裙房为地上3层(紧邻出入口),为框架结构,底板高程为-7.2m。围护结构为ϕ800@1000mm的钻孔桩,有效桩长约13.5m,结构与围护桩净距为1.42m。

场地浅表层为厚2～4m的填土，其下局部为厚0.7～3.5m的砂质粉土层，属中等压缩性土，埋深5～14m处为厚5～8m的高压缩性流塑状淤泥质粉质黏土；中部深度13～30m为厚18～20m的粉质黏土；下部为性质较好的含砾细砂、砾砂层；底部为侏罗系的安山粉岩（侵入岩）；场地等级为二级（中等复杂场地）。场地地下水类型主要是第四纪松散岩类孔隙水，潜水埋深为1.1～2m。深层承压水埋深为34.6～39m。

2　倒挂井壁支护结构的工艺、功能

倒挂井壁支护结构，就是挖一层土石方后紧接着对井壁土石方进行支护。支护作业由地面开始往下逐层进行，最后形成整体式钢筋混凝土薄壁支护结构体系，再以支护结构作为结构施工时的外模，自下而上施工内部结构。由于井壁支护工作采取自上而下的施工顺序，因此必须在地面先构筑钢筋混凝土锁口圈梁，从圈梁向下引出悬挂下层井壁支护结构的钢筋，这种逐层向下引出形成的井壁支护结构就称作"倒挂井壁"。在本例中，主要施工工序为：土体预加固→测量定位放线及控制点布置→锁口圈梁上部及下部Ⅰ层土石方开挖→下部Ⅰ层打设壁后小导管并注浆→下部Ⅰ层挂设钢筋网片→下部Ⅰ层喷射第一层混凝土并养护→锁口圈梁钢筋绑扎并预留下部Ⅰ层纵向连接钢筋→锁口圈梁浇筑养护→下部Ⅰ层安装纵向连接钢筋及环构格栅钢架→下部Ⅰ层喷射混凝土至指定厚度并养护到位→下部Ⅱ层土石方开挖→下部Ⅱ层打设壁后小导管并注浆→下部Ⅱ层挂设钢筋网片→下部Ⅱ层喷射第一层混凝土并养护→下部Ⅱ层安装纵向连接钢筋及环构格栅钢架→下部Ⅱ层喷射混凝土至指定厚度并养护到位。如此逐层循环向下施工，直到下挂井壁施工完成。

井壁支护结构具有如下功能：

（1）作为施工内部结构时的外模。

（2）起到抵抗土的侧压力和止水作用。

（3）在降水配合下，可以防止流沙、塌方现象，改善内部结构施工作业条件。

（4）当井壁施工质量得到保证时，在保证排水的条件下，先施工结构底板，再施工结构侧墙，有可能加速结构施工进度。

3　主要施工技术

2号出入口明挖段采用倒挂井壁支护结构法工艺，现场基坑开挖时采用6个竖井跳隔式分段施工。竖井最大深度为12.5m（4.45～12.5m），竖井井壁厚300mm，竖井结构底板设计厚度为600mm。先开挖1、3、5号竖井，然后开挖2、4、6号竖井。开挖双号竖井时，边开挖边凿除与两侧竖井相接的侧壁，开挖至基底后要及时施工内部结构。详细施工步骤及典型竖井开挖剖面图如图1所示。

3.1　土体预加固

施工前先对井壁外侧地面预加固以提高土体各项物理力学特性。加固深度为地面至井底以下3m，定安名都围护桩间采用WSS注浆填充；其余方向井壁外侧3m，基坑井内采用高压旋喷桩预加固，桩径为ϕ800mm@600×600，呈梅花形布置，28d无侧限抗压强度$q_{u,28} \geq 0.5$MPa。加固完成后用钻芯取样对加固土体进行质量检测，符合设计要求后方可进行基坑开挖。

3.2　竖井施工

单个竖井施工工艺流程，如图2所示。

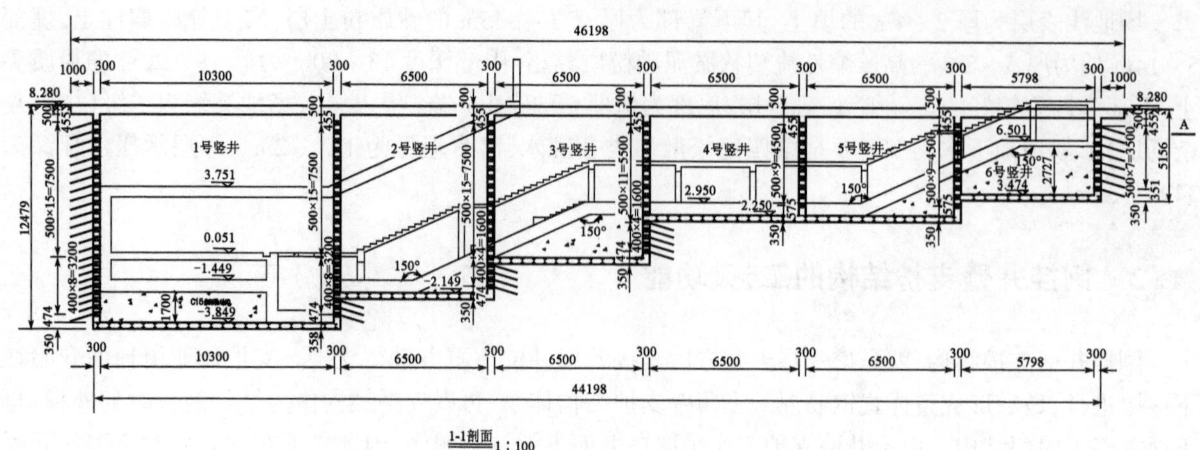

图1　竖井开挖顺序剖面图(尺寸单位:mm;高程单位:m)

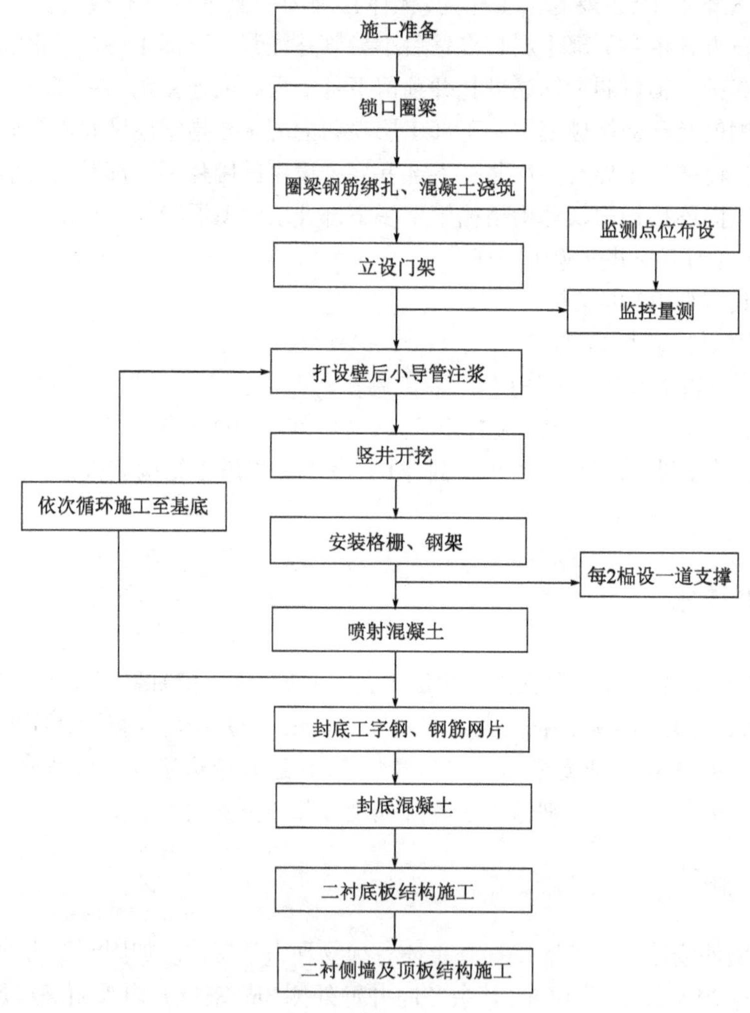

图2　单个竖井施工工艺流程

3.3　锁口圈梁施工

竖井锁口圈梁尺寸为0.5m×1.2m,埋深0.5m,圈梁主筋ϕ22@150,横向连接钢筋ϕ14@150,箍筋ϕ12@150×150,呈梅花形布置。

圈梁段土方开挖至设计高程后，按照设计要求对基底夯实并进行施工垫层，然后开始绑扎圈梁钢筋。竖井南侧靠定安名都侧须凿除定安名都围护桩约590mm，桩钢筋与竖井锁口圈梁焊接。预埋竖井初支纵向连接钢筋，纵向连接筋为双层 $\phi22$ 的钢筋，环向间距为500mm，连接筋应伸入锁口圈梁800mm，并与圈梁钢筋焊接。经监理验收合格后，支模浇筑，支撑体系采用钢管支架体系。采用C30混凝土浇筑，振捣棒振捣。

3.4　降排水

采用明排降水技术措施。竖井每步开挖前先施作中央集水井，尺寸为1.5m×1.5m，并根据土方开挖顺序设链式集水坑。中央集水坑部分始终超前1m，确保竖井井壁开挖面不浸水，防止边坡坍塌引起周围土体侧向位移和沉降。坑内积水由潜水泵及时抽出，严禁积水泡坑。

3.5　竖井开挖

具备垂直运输条件后，开始竖井施工，竖井采用逆做法逐榀循环施工，土方开挖前须做好防汛准备并加强施工管理，确保各种施工及抢险应急准备就绪。

3.5.1　超前小导管施工

在开挖过程中，对北侧110kV电力管廊以下土体以及当井壁四周土体难以自稳或存在较多渗漏水时，用小导管对土体加固及止水。小导管采用3m长 $\phi42$ 导管。小导管竖向间距为每榀打设；环向间距为1m，呈梅花形布置；外插角为10°~15°。开挖工作面、修正边坡后立即安设导管。小导管采用YT-28风钻成孔，钻孔完毕应立即将灌浆管插入(灌浆管距孔底约25cm)，并立即注水泥、水玻璃双液浆，然后挂钢筋网片，并喷射第一层混凝土，厚度为40mm。采用C25湿喷早强混凝土，施工前做配合比设计，确定速凝剂掺量不高于3%，喷射混凝土时网片不晃动；同时确保网片支护面土体间距不小于2cm。喷射混凝土达到厚度要求并凝固后，应湿水养护72h。

3.5.2　土方开挖施工

土方开挖采用机械配合人工分层、分部对称开挖，地面以下0.8m至地下8m钢格栅设计步距为0.5m，8m以下至井底钢格栅步距为0.4m。每步开挖的深度以该高程的格栅间距为准，不得超挖。每层土方后必须在最短时间内封闭支护体系，井壁土体暴露时间不得超过2h，循环作业时间控制在16h以内。开挖期间加强监控量测及信息反馈制度，并据此调整施工参数及施工计划。必要时可减少格栅钢架步距，缩小周边每步开挖范围，以减少井壁土体的暴露时间和循环作业时间，确保每步施工安全、快速。在竖井向下开挖时遇到水大情况下，采用全断面注浆加固止水法。

3.5.3　格栅支护施工

竖井每榀钢格栅分为8片，格栅主筋采用 $\phi25$@200钢筋进行加工，每片格栅在模具上提前加工成形并焊接好。每片格栅之间采用L型钢及螺栓进行连接，并在超前小导管、内侧钢筋网片及初喷施工后，在将格栅钢架与纵向连接筋帮焊(钢格栅内外各一层)后，喷射C25湿喷早强混凝土封闭暴露的井壁土体至设计要求的支护厚度，支护总厚度为300mm。

3.5.4　支撑体系

每个竖井内沿深度方向每两榀钢格栅设置一道I28b工字钢作水平支撑，先施工偶数竖井，再施工奇数竖井。偶数竖井设置角部斜撑，待奇数竖井两侧相邻竖井完成初支及内部结构后再凿除两侧竖井相接的隔墙。采用预埋钢板连接两侧初支，奇数竖井采用工字钢对撑。

3.6 结构施工

双数竖井基坑开挖至设计高程后,出入口明挖段各竖井基坑连接成整体式基坑,即可通过进行结构垫层、铺防水层、绑扎钢筋、浇筑混凝土等工序,完成内部结构施工。

4 效果评价

为保证施工安全及基坑开挖的实施效果,在隧道施工期间,监控量测的即时分析,对判断周边环境的安全性将发挥至关重要的作用。2 号出入口明挖段施工期间的监测项目包括基坑周边建筑物的沉降、管线竖向及水平向的位移、围护桩水平及竖向的位移、地下水位变化的观测、支撑结构的内力等。

通过对施工过程中监测数据的分析,出入口采用倒挂井壁法对周边建筑及管线的影响较小,支护体系的变形在控制范围内,符合规范要求,说明此工艺在标准基坑中的应用效果较好。

5 结束语

综上所述,利用单个竖井施工原理,采用多个竖井组合施工地铁明挖出入口的施工方法,有效完善了特殊环境下明挖出入口施工方法。整个施工过程处于稳定、快速、可控的状态,质量优良率达 98% 以上,无安全生产事故发生。施工过程中有效控制了周边建筑物及地下管线的沉降,对施工场地小,施工要求高的深基坑工程具有较好的效果。

参考文献

[1] 郭秀琴. 砂卵石地层盾构法隧道施工技术[J]. 铁道建筑技术,2008(03):97-98.
[2] 郭秀琴. 复杂洞群中大跨度刚性壳体结构施工技术[J]. 铁道标准设计,2008(05):59-60.
[3] 孙胜臣. 地铁暗挖工程对既有结构影响的控制——大北窑桥 DB134、DB135、DB142 桥桩加固技术[J]. 铁道标准设计,2008 (12):188-189.

一种适用于复合地层的咬合桩施工工艺

林　飞
（浙江杭海城际铁路有限公司）

摘　要　钻孔咬合桩是深基坑围护中一种常用的方法，本文针对上部卵石、下部基岩复杂地质条件下钻孔咬合桩的特殊施工工艺，进行详细阐释。

关键词　咬合桩；卵石；岩石

0　引言

钻孔咬合桩是指平面布置的排桩间相邻桩相互咬合（桩圆周相嵌）而形成的钢筋混凝土"桩墙"，它用作构筑物的深基坑支护结构。常见的咬合桩施工工艺为应用于软土地层的软咬合施工工艺和应用于硬岩地层的硬咬合施工工艺。本文结合工程案例，介绍一种在上部为卵石地层下部为岩石地质条件下的咬合桩施工技术。

1　工程概况

1.1　工程简况

车站总长258m，为地下二层岛式车站。车站站台宽度为12.6m，有效站台长度为80m，结构形式为双柱三跨钢筋混凝土框架结构，采用外包全防水，侧墙为复合墙，钻孔桩与内衬墙之间设有防水隔离层。端头井结构外轮廓宽26.6m，标准段主体结构外轮廓宽21.3/21.95m，

根据周围场地条件，本站采用明挖顺筑工法施工，围护结构采用ϕ1200@850钻孔咬合桩，竖向设置3道内支撑，第一道为混凝土支撑，其他两道为混凝土支撑。

1.2　地质概况

根据勘探孔揭露的地层结构、岩性特征、埋藏条件及物理力学性质，基坑开挖范围可分为（1）2层素填土、（14）4层卵石、（22）b-1层全风化泥质粉砂岩、（22）b-2层强风化泥质粉砂岩、（22）b-3层中风化泥质粉砂岩及（22）T中风化砂砾岩等。其中（14）4层卵石为中密～密实，大于20cm的漂石含量约为20%，大于2cm的卵石含量约为60%，砾石含量约为25%，砂含量约为15%，粉黏粒含量约为5%。卵石粒径一般以5.0～10.0cm为主，局部夹漂石，最大粒径达30cm以上。卵砾石质地坚硬。（22）b-3层中风化泥质粉砂岩遇水易软化、失水易干裂。层顶埋深约为6.30m，岩石最高强度为36.7MPa。

场地地下水类型主要是第四纪松散土层孔隙水，孔隙潜水主要赋存于表层填土、风化岩及（14）4层卵石中。基岩裂隙水主要分布于基岩内。基岩裂隙水水量较小、径流缓慢。

2　工法选择

图纸设计钻孔咬合桩。围护结构钢筋混凝土桩桩径为1.2m，桩长为21～22.5m；素混凝土桩桩径

为1.0m，桩深约9～13m。桩中心距0.85m，相邻两桩咬合25cm，素混凝土桩采用C25超缓凝水下素混凝土，钢筋混凝土桩采用C35水下普通混凝土。施工工法为液压钢套管全长护壁的硬法咬合施工方法。

按照设计要求，钢筋混凝土桩必须投入全回转设备采用硬法咬合施工。全回转设备施工进度缓慢，单台设备施工进度为1～1.5根/天，且施工成本高昂，不能满足现场施工需求；使用软土咬合桩施工设备磨桩机，无法入岩成桩，采用磨桩机+旋挖的设备组合，可以解决桩基入岩施工。但这种设备组合在施工荤桩时，当桩身进入岩层后，磨桩机的钢套管不能进入岩层，导致进入岩层后荤桩两侧素桩无钢套管保护，直接暴露在旋挖机的扰动范围内，在素桩混凝土缓凝阶段被扰动，向荤桩窜流，从而影响素桩的成桩质量。

根据现场地质特点和现场试验，在综合考虑成本、工期等各方面因素后，采用磨桩机+旋挖机+全回转设备组合进行现场施工。素桩采用磨桩机施工，素桩入岩部分采用旋挖施工，灌注C25普通水下混凝土。素桩施工完成3天后，采用全回转进行硬咬合施工。待全回转成孔至素桩底部后将孔回填。全回转设备移至下一个桩施工，回填桩再一次采用磨桩机+旋挖机的设备组合，在原桩位成孔到设计孔深，下钢筋笼并浇筑混凝土，完成整个钢筋混凝土桩的施工。此施工工艺，可以有效解决钢筋混凝土桩施工过程中的问题，并且可以节约全回转的施工时间和待机时间，提高全回转设备的使用效率，加快整体施工进度，有效节约施工投入。

3 施工质量控制

对于本咬合桩施工工法，施工过程中除了常规咬合桩施工过程须注意一些事项之外，因其特殊的施工方法和程序，在过程中涉及成孔—填孔—再成孔过程，还须在施工中对以下几点特别予以重视。

(1)桩中心的二次定位

导墙施工前进行准确测量，核对中心线方向和水准基点测放桩位，根据设计及液压摇动式全套管钻机尺寸要求以及桩位轴线，作为咬合桩导墙中线，导墙使咬合桩准确定位。本工法施工钢筋混凝土桩时，在全回转施工完成填孔移位前，应在垂直的两个方向对桩中心进行标记定位，特殊情况可以在全回转设备移位后采用全站仪进行放样，确保磨桩机二次定位精确。这样避免了磨桩机和全回转设备施工成桩中心不一致，导致磨桩机钢套筒旋不下去，或一侧接缝处夹泥过多，影响止水效果。

(2)桩垂直度的控制

为保证钻孔咬合桩底部有足够厚度的咬合量，除对孔口定位误差严格控制外，还要对垂直度进行严格控制。

①套管的顺直度检查和校正。施工前，在平整地面上进行套管顺直度检查和校正。首先检查和校正单节套管的顺直度；然后通过施工试桩，并将按照桩长配置的套管全部连接起来进行整套套管的顺直度检查和校正。

②成孔过程中桩的垂直度监测和检查。地面监测：垂直度控制以经纬仪为主，辅以线锤对角线控制，检查套筒及旋挖的垂直度。

孔内检查：套管压完后，采用水中检测盘检测方法，进行孔内垂直度检测。不合格及时进行纠偏。

③纠偏。成孔过程中如发现垂直度偏差过大，必须及时进行调整。如果偏差不大或套管入土不深，可直接利用钻机的顶升油缸、推拉油缸调节套管的垂直度。如油缸纠偏达不到要求，可向套管内填土。边填边拔套管，直至将套管提升到上一次检查合格的地方，然后调直套管，检查其垂直度，合格后重新下压。荤桩的纠偏方法与素桩基本相同，其区别在于回填时不能向套管内填土，须向套管内填入与荤桩相同的混凝土，否则有可能在桩间留下夹层，影响排桩的防水效果。

(3)接缝的特殊处理

采用本工法施工，会涉及荤素桩间冷缝的问题，为避免出现二次成孔过程中孔壁夹泥，除了控制二次成孔时桩中心的定位外，可在磨桩机的钢套筒外围增加一个加强环，使得荤桩二次成孔的磨桩机钢套筒比全回转钢套筒大8～10mm,以解决二次成孔桩间夹泥的情况。从基坑后期开挖效果来看,整体止水效果较好,但局部仍存在渗水情况。由于上部地层为卵石层,地层沉降对渗水反应不敏感。

(4)桩径的处理

本工法施工过程中,旋挖桩机进入岩层成孔时,其钻头直径大小受制于磨桩机钢套筒内径的大小,为使荤桩直径满足设计要求,必须增大钢套筒的尺寸,形成上部钢套筒范围内桩径大,素桩底后桩径小的桩型。

4　结语

根据本工法在项目咬合桩中的应用表明,现场使用效果良好,与常规硬法咬合相比,本工法具有经济优势、环保优势和工期优势,综合优势明显,在类似地层中,有广阔的应用空间。

参考文献

[1] 赵红光.浅谈南京地铁咬合桩围护型式设计与施工[J].四川建筑,2017,37(4):103-108.

[2] 周裕倩,陈昌祺.钻孔咬合桩在上海地铁车站围护结构设计中的应用[J].地下工程与隧道,2006(3):36-38.

[3] 徐佩林,陈中华.钻孔灌注咬合桩基坑围护结构的施工技术[J].探矿工程,2007,34(5):12-14.

杭州至海宁城际铁路施工安全风险分析及应急对策探讨

（浙江杭海城际铁路有限公司）

摘　要　随着我国铁路运输行业的持续发展，其所涉及业务范围日益广泛，运营里程持续增长，这就对铁路运营安全提出了更高的要求。铁路运输的安全性不仅取决于先进的设备，还与管理密切相关。在实际工作中，要有效地做好协调配合工作，确保各工作环节的顺利运转，保障铁路运输的安全。本文以杭州至海宁的城际铁路为例，探讨其中的施工安全风险，并提出相应的应对措施，以期保障铁路安全运行。

关键词　城际铁路；施工安全；应急对策

1　工程概况

杭州至海宁城际铁路，即杭海城际铁路，是财政部第一批 PPP 示范项目之一，预计 2020 年建成。项目按照规划，杭州至海宁城际铁路自杭州地铁 1 号线临平支线（规划为杭州地铁 9 号线一部分）余杭高铁站起，终点为碧云站。杭州至海宁城际铁路线路总长约 48.18km，其中地下段及 U 形槽段长约 13.17km，高架线长约 33.37km。共设站 13 座，平均站间距约 3.95km，其中有地下车站 5 座（其中一座暂缓建设），高架站 8 座。具体站点为余杭高铁站、许村镇站、海宁高铁站、长安镇站、桑亭路站、周王庙镇站、盐官镇站、桐九公路站、斜桥镇站、皮革城站、海昌路站、浙大国际学院站、碧云站（暂缓开通）。

2　工程特点

施工协调配合工作量大。本标段承包商任务之一是对进入车站的其他系统安装工程承包商和公共区建筑装修承包商进行综合协调管理。只有做好工序协调、场地协调、计划协调等工作，才能将整个工程顺利推进。

工期紧：本工程专业多，工期紧，尤其是余杭高铁站的移交时间较晚，而且有可能同主体土建单位交叉施工，工作量大，交叉干扰多。因此，科学策划、超前准备、合理安排好进场资源是关键。

安全、文明管理任务重：进入车站施工的承包商有很多，且施工高峰期相对集中，空间狭小，特别是轨行区的运输——轨道车在施工期间频繁通行。因此，采取得力的安全保证措施，如在轨行区施工前先清点在施工完毕及时消点，设置警示标志等，极其重要。车站内施工人员分布密度大，地下室空气流通不畅，焊接施工作业面多。因此，应按要求配置灭火器，安装轴流风机，设置安全疏散通道及疏散指示标志，及时清理施工现场垃圾杂物，洒水清扫，保持施工现场环境的整洁等。配合接口专业多。除本标段内各专业配合协调外，只有同公共区建筑装修、牵引供电、弱电安装、接触网、轨道、自动扶梯等专业密切配合，才能保证整个工程进度。

3　施工安全风险分析及应急预案

运用现代管理理论，结合本工程施工实际，辨识施工安全重大危险源和实施预警措施，完善和提高施工管理水平，可以减少各种风险造成的损失，满足本工程的安全、质量、进度要求。

3.1　施工安全风险评价

首先进行风险识别。采用专家调查法对本工程的施工风险进行分析。经有经验的专家调查、咨询，确定以下是本工程主要施工风险，局限于存在施工过程现场活动，主要为施工分部、分项（工序）工程，施工装置（设施、机械）及物质等。

重大危险源、风险主要有：

（1）临时构筑物坍塌

脚手架、未安装稳固的设备、未安装到位的管道，局部结构工程或临时建筑（工棚、围墙等）失稳，易造成坍塌、倒塌意外。

（2）高空作业

高度大于2m的作业面，因安全防护设施不符合或无防护设施、人员未配系安全带等易造成人员踏空、滑倒、失稳等意外。

（3）施工用电

焊接、金属切割等施工及各种施工电器设备的安全保护（如漏电、绝缘、接地保护、一机一闸）不符合，易造成人员触电、局部火灾等意外。

（4）吊装作业

工程材料、构件及设备的堆放与搬（吊）运等易发生高空坠落、堆放散落、撞击人员等意外。

（5）其他可能发生的风险

除上文列举的主要安全风险、危险源外，还可能发生的风险有人员受伤、卫生保健、管线受损、交通事故等，施工中必须做好风险预警方案，及时处理突发事件。

3.2　施工安全风险预警措施

风险预警是指管理者采取各种措施和方法，消灭或减少风险事件发生的各种可能性，控制风险。根据国家现行法律、法规和建设施工安全地方政府规章、制度体系，制定配套的实施细则，依法安全生产，建立安全生产管理体系，落实建设施工安全责任制，有效开展建设施工安全管理。保证施工设备及安全措施费专费专用；不断淘汰落后的技术、工艺，适度提高工程施工安全设防标准；提升建设施工安全技术与管理水平，降低建设施工安全风险。制定和实施现场大型施工机械安装、运行、拆卸、基坑开挖和交通组织安装等专项施工安全技术措施，严格按要求实施，保证有重大危险源项目的施工安全。

3.3　建立快速反应机制

为了尽可能减少工程事故的发生及将事故所造成的损失和影响降到最低程度，成立由项目经理为组长的工程事故应急指挥小组。设专人负责日常工作，制定工作制度，明确各成员的职责，使工程事故应急预案制度化并贯穿施工全过程。工程事故应急指挥小组机构如图1所示。

各有关人员处理危急情况时职责及分工如下：

班组应急联络员或事故发现人：第一时间向专职应急联络员或项目队长报告；采取必要措施，防止事故的进一步扩大；进行现场保护。

专职应急联络员：得到事故报告后立即向综合办公室和安全质量环保部报告；以最快速度赶到现场，保护现场；初步分析事故原因，向随后到场的各个部门和经理部领导汇报情况。

作业队队长：向经理部报告事故消息；以最快速度赶到现场，组织现场人员采取必要措施，防止事故进一步扩大；协助专职应急联络员做好现场控制工作。

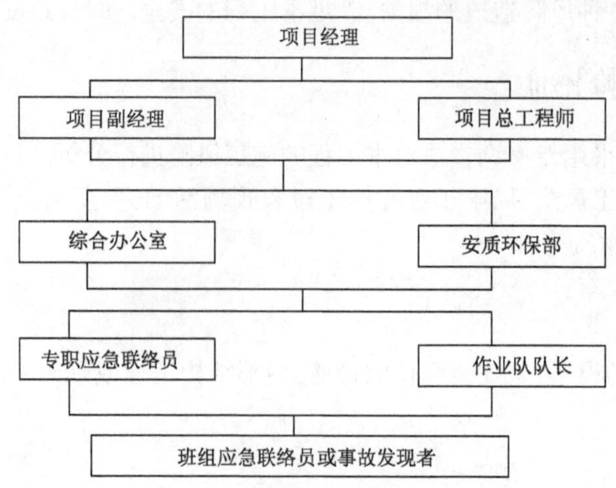

图1 工程事故应急指挥小组机构

综合办公室和安全质量环保部:得到事故报告后,立即向经理部领导报告;以最快方式赶到现场;调动组织各有关人员坚守岗位,进入事故处理或抢险状态。

经理部领导:得到事故报告以最快方式赶到现场,及时与监理单位、业主有关人员联系。对因事故原因、造成的损失及采取的措施,特别是按有关规定,是否向政府部门报告,作出初步意见;负责事故的处理,现场指挥;组织人员配合政府有关部门进行事故调查、取证及善后处理;按规定向政府职能部门提交书面报告;总结事故教训,进一步修改、完善应急方案机制。

3.4 救援队伍的组成和配置

组建强有力的救援队伍,在发生突发工程事故时能在工程事故应急指挥领导小组指挥下迅速启动。救援队由经理部和从各项目队中抽调的年轻力壮人员组成,并根据需要分为抢险小分队、救护小分队或机动小分队。

紧急事故发生时,抢险小分队在现场指挥统一调动下,有条不紊地实施工程抢险;救护小分队立即实施现场紧急救护,并与当地医院联系,将事故受害者就近送往诊治;机动小分队根据现场实际情况,机动调配,协助抢险小分队和救护小分队,并做好其他现场处理工作。

4 结语

综上所述,本工程的城际铁路施工过程有很多不确定性因素,往往会造成施工安全风险,施工时应格外注意,以确保施工的顺利进行。同时,本文还针对施工风险提出了几点应急预案措施,以保障工程施工的安全。

参考文献

[1] 顾卫华,王英峰.精细管理在铁路运营线路施工中的应用[J].铁道技术监督,2014(2):29-30.

[2] 陈亮良,马光平,侯继明,等.关于铁路施工安全风险分析及应对措施研究[J].中国铁路,2015(15):12-14.

[3] 李永亮,张青春,刘德峰,等.沪杭高速铁路上跨既有沪昆铁路施工安全技术研究[J].铁道标准设计,2013(2):34-35.

[4] 陈迎合,段元朝,刘凤妹,等.增建铁路符合线路施工中既有线安全防护技术方案研究[J].科技创业家,2011(21):45-47.

浅谈 BIM 在城市轨道交通中的应用

衣同辉
(浙江杭海城际铁路有限公司,机电六标)

摘　要　本文首先介绍了 BIM 技术在工程建设模拟中享有的优势,然后结合城市轨道交通工程对 BIM 技术的应用范围进行了阐述分析,最后从政策标准、理论技术、经济效益、管理革新、人才培育等方面对 BIM 技术在城市轨道交通领域应用存在的问题进行剖析。

关键词　BIM 技术;轨道交通;施工模拟;管理;人才

近年来 BIM 技术在各行业的应用越来越广,BIM 技术为工程人员提供了另外一种视角。随着我国城市化进程加快,城市轨道交通作为一种绿色、安全、便捷的交通工具快速发展,BIM 技术应用的开发性、协同性及全生命周期的管理理念可与城市轨道交通工程完美契合。

1　BIM 的主要特点

(1)使用 BIM 技术可以通过虚拟的三维模型,把一个极其复杂的工程变成一种可视化的模型,设计、施工和管理人员能够借助该模型全方位了解整个工程的全部细节,便于对工程进行合理的修改和调整。

(2)通过 BIM 技术可以得到最准确的工程基础数据,并可将工程基础数据分解到构件级和材料级,以便随时随地直观快速地将施工计划与实际进展进行对比,并将各种对比数据与施工方、监理方、业主和有关管理人员同步共享,让各方互相进行有效的协调,全面掌控工程项目的各种问题和情况。

(3)通过 BIM 模块化方式,在一个工程项目建立 BIM 信息之后,在保存信息模拟过程和积累经验的基础上,能够获得传统方式难以留存的知识和技能,以便在下一个类同工程项目中加以引用,达到同样工作只做一次的“标准化”目标。

(4)利用 BIM 技术模拟实际施工方式。在早期设计阶段中,就可以发现后期实际施工阶段会出现的各种问题,以便进行提前处理。在后期实际施工阶段中,可以对施工活动进行可行性指导,如施工方案以及人员、材料的合理配置和使用,从而在最大范围内实现各种资源的优化和合理运用。

(5)利用 BIM 技术可以十分便捷地获得工程图样和图纸,这种利用计算机制作的工程图样和图纸不但可以节省大量的绘图时间和人工,而且还能依据各种施工的实际需求绘制出多维空间、多种形式的工程图样和图纸。

2　BIM 的应用范围

(1)模拟施工全过程。首先,建立一个用于进行虚拟施工、施工过程和成本控制的施工模型,并保持模型的一致性及模型信息的可继承性,用以实现虚拟施工过程各阶段和各方面的有效集成;其次,施工模型通过结合优化技术,由相关人员进行方案体验、论证和优化,提高施工效率和施工方案的安全性。

(2)降低施工图纸的识图误差。与传统纸质施工图纸相比,利用 BIM 三维可视化工程图样和图纸可以降低识图误差。在进行碰撞检查时,可以直观地发现和解决各个构架和构件在空间关系中的冲突,从而减少在建筑施工阶段可能会发生的差错和返工;还可以优化建筑净空、管线排布和结构布局等施工方案,提高施工质量。

(3)增进与业主的沟通。运用BIM技术建立的二次开发模型,可以展示建筑工程整体三维渲染动画,给人以真实感和直接视觉冲击,让业主获得更为直观的感受,以便了解整个建筑工程的施工实施方案,增进与业主的沟通,提升承建企业的中标概率。

(4)积累施工经验。在运用BIM技术的建筑施工过程中,大量的数据信息都可以保存下来,其中不乏传统施工管理方式中难以得到的数据信息和施工技巧等内容。这些难能可贵的经验积累,可为今后提高建筑工程施工水平提供有益的帮助。

(5)推进有益的"蝴蝶效应"。运用BIM技术的铁道建筑承建企业,可以把建筑工程施工的模拟模型及数据信息,在企业集团内部进行交流或共享,也可以出让给运营商和维护方,让BIM技术的优势在铁道建筑行业和铁路运营企业中得到发扬,创造更多的经济效益和社会效益。

(6)提高工程施工决策效率。通过BIM技术的运用,可以提升经济管理、风险管理和安全管理等数据源的收集效率,并能够通过集中信息处理方法,让信息传递、分发、分析和管理过程实现"标准化""电算化"和"精细化",甚至可以运用传感器植入建筑物的方式,对建筑物进行全方位实时监控,从而提高工程施工决策效率,为传统的铁道建筑施工技术注入新的活力。

3 BIM的不足

3.1 政策标准方面

我国BIM技术标准研究起步相比国外较晚。2007年在对IFC标准进行本土化改进的基础上提出了《建筑对象数字化定义》标准。近几年又陆续制定了《建筑工程信息模型应用统一标准》《建筑工程信息模型分类和编码标准》《建筑工程信息模型存储标准(征求意见稿)》等。针对城市轨道交通领域的BIM标准,北京、深圳等城市以及上海申通地铁、广州地铁集团等企业也相应颁布了设施设备编码标准、建模与交付标准等。总的来说,对国外标准的研究还不够深入,结合我国城市轨道交通实际情况的标准拓展工作更为缺乏,缺乏针对城市轨道交通工程成熟的应用层次标准,缺乏系统的标准规范体系。

住建部颁发的《2016—2020年建筑业信息化发展纲要》中明确要求,深入研究BIM的创新应用,着力增强其集成应用能力。但是目前还缺乏有效的激励措施,导致参与方驱动力不足;缺乏有力的行政监管体系,导致BIM技术实际应用程度不足。

3.2 理论技术方面

近年来,我国政府、企业及科研机构等针对BIM技术开展了深入研究,但BIM技术在理论技术方面还存在诸多问题,主要有以下几方面:

(1)本地化不足,本地化构件资源少,不同软件间的数据交互格式不统一,与我国规范标准的融合程度低等。

(2)我国目前自主开发了适应国情的BIM软件,但未能形成类似Autodesk软件的成套技术体系,限制了BIM技术全生命周期的应用潜力。

(3)城市轨道交通相比一般建筑工程更为复杂,BIM技术的应用难度更高,这对B1M软件开发和人才知识结构提出了更高的要求。

(4)目前BIM技术属于基础应用体系,还未针对轨道交通领域的细分专业有针对性地开发设计。

(5)目前BIM技术应用平台众多,在选择BIM平台时缺乏有效必选。

(6)针对BIM技术的二次开发需要适应BIM技术更新快的特点,需要具备可持续性。

3.3　经济效益方面

现阶段虽有很多单位在城市轨道交通工程中采用 BIM 技术，但仍处于初期探索阶段，还未能明确适应企业自身特点的应用策略和收益模式。

(1)在初期探索阶段，要投入巨大的资金去购买软硬件并进行员工培训等。

(2)BIM 技术带来员工思维方式和操作方式的转变，短期内也会增加设计费、人工费等支出。

(3)城市轨道交通具有投资回报周期长的特点，短期内 BIM 技术的经济效益不明显，甚至存在风险。

(4)BIM 技术的不同参与单位，无论是设计单位还是运营单位，往往都局限于自己专业领域的应用，割裂了 BIM 技术的全生命周期应用过程，可能出现某一阶段或者某一参与单位负收益的状况。

(5)建设单位自身对 BIM 技术的投入与收益不明确，对参建各单位的 BIM 投入和利益分配机制不明确。

3.4　管理革新方面

BIM 不仅仅是一个涵盖建设全生命周期不同参与方共享信息的载体，更是一个利用信息共享模型实现建设过程自动化的过程。BIM 技术应用必然会带来建筑业的生产组织方式和管理方式发生与之相匹配的巨大变革。

(1)企业应用 BIM 技术需要重新进行资源整合与分配，如对部门职责、工作内容和工作量进行调整，短期内可能导致工作效率低、组织结构紊乱的风险。

(2)需要对既有的管理规章制度进行改革，对企业人才培养机制、考核及奖评机制需要进行调整。

(3)城市轨道交通涵盖的专业众多，特别是站后机电施工阶段涉及复杂的接口关系和交叉施工，使用 BIM 技术对既有工作流程的革新带来了巨大挑战。

(4)现阶段企业管理层对 BIM 技术应用的紧迫性和必要性认识欠缺，缺乏全生命周期理念，往往急于追求快速实现经济效益，缺乏对管理变革的坚定信心和持久投入。

3.5　BIM 人才方面

随着 BIM 技术在城市轨道交通领域应用的逐渐深入，对 BIM 技术人才数量和质量的要求提出了较高的要求。

(1)城市轨道交通 BIM 技术应用不仅涉及诸多专业，还涉及综合管理能力。而现有 BIM 人才能力结构不足，并且因忙于现有业务难以系统学习 BIM 技术。

(2)高校作为建筑人才培养的重要基地，目前对 BIM 技术理念的推广和学科体系建设方面还存在不足，现有的教学体系更多关注 BIM 技术在建筑设计初期阶段的应用，更倾向建筑概念、方案阶段的应用，割裂了全生命周期过程。

(3)企业的 BIM 人才培育往往通过聘请 BIM 顾问、短期封闭培训等形式，但培训内容局限、培训时间短，难成体系；同时，企业对 BIM 人才激励制度不足，导致 BIM 人才流失率较高。

4　结束语

BIM 技术目前在我国的推广和应用还处于初级阶段，但是参照欧美发达国家建筑行业的发展情况，随着国家相关政策的相继出台和建设主管部门的引导与支持，其未来必将有更广阔的发展空间，必然成为建筑行业发展的目标和方向。作为施工单位，在建筑新技术发展的关键阶段，需要在深入研究 BIM 技术利弊的同时，及时转变公司决策战略，提前做好人力物力准备。主动将 BIM 技术应用于实际项目施工中，这样才能在未来市场抢占先机，走在建筑行业发展浪潮的前列。

市政地铁明挖车站施工技术浅析

马亮亮

（中铁隧道集团；浙江杭海城际铁路有限公司）

摘　要　随着城市建设的不断发展，轨道交通已成为城市交通建设中非常重要的组成部分，其具有载客数量多、运行速度快、环境污染小的特点。地铁车站作为城市轨道交通的基础建设内容，具有建设规模大、施工结构复杂等特征。在施工过程中，车站明挖施工技术是一种常用的施工技术。

关键词　地铁；明挖车站；施工技术

1　明挖施工技术的优点

地铁工程的施工技术有明挖法和暗挖法两种形式。与暗挖法相比，明挖施工技术拥有更多的优点，可以有效保证地铁工程质量，节约成本，缩短工期，提供优质服务，如配备休息场所、地下商场、娱乐场所和换乘站等综合设施。而且，明挖施工技术方法比暗挖法简单，因此，明挖施工技术是修建地铁工程的首选方法。

2　工程概况

某地铁换乘站总建设面积为43021m^2，为地下2层多跨双刀式站台车站，除换乘节点段使用多跨现浇钢筋混凝土矩形框架结构进行施工外，车站其他地方为双层三跨、双层四跨以及双层双跨的现浇钢筋混凝土框架结构，主要包括4个出入口、1组地面冷却塔、10组风亭，均使用明挖法进行施工。

3　工程施工要点

3.1　围护结构施工

本工程围护结构的支撑围囹主要选用型钢架构。横向选择地下连续墙架构，全程长1414.28m，墙体厚800mm，槽段标幅宽6m，总数达238幅；竖向设立3道支撑墙体，确保基坑的安全稳定性，换乘节点处加深设置了4道钢支撑架构。本车站基坑跨度工程技术人员在施工过程中设置了临时H形钢梁支撑架构，架构钢中立柱横向固定了I50C的热轧。围护结构主要选用回转钻机成孔，钢筋笼采用汽车吊悬安装，使用水下灌注混凝土形成桩。进出口敞口段围护选用旋喷桩，整个过程选用汽车吊装钢管内支撑架构，挖掘机选用后退式开挖方式，整个主体架构选用碗扣式脚手架＋木模板立模，借助泵送商品混凝土进行浇灌。本站以钢便桥为界，分4个单位展开施工，围护结构施工由北侧向南侧进行。须认真处理施工过程中出现的管线改迁、支吊和保护等方面问题。该车站悬吊保护的管线主要有3根电力管线、1根燃气管线、3根通信管线及9根给排水管线。

3.2 顶板防水施工

顶板施工过程中经常采用附加防水层。具体施工期间，经常应用单组分聚氨酯完成相应的涂膜操作，理想厚度为2.5mm。具体施工步骤如下：第一，处理基层，完成对其的处理后，在底层涂抹涂料。先要铺设一层增前层，完成相应的保护，然后对一层防水层展开相应的施工，确保工程质量达到要求。第二，对一层防水层进行养护，铺设增强层，涂抹第二层防水层。第三，完成对第二层防水层的养护，然后针对第三层展开相应的施工。完成养护后，对工程进行验收。在整个施工期间，基层处理是其中最为关键的一项内容。具体包括的内容如下：若基层表面不平，应先除去酥松的表面，然后利用高压水冲洗基层表面；待基层表面干燥后，填充压实。若基层表面存在突出物，应先对表面进行整平处理，刮平压实，再利用聚氨酯完成相应的密封工作，避免渗水情况的发生。若基层表面存在超过0.3mm的裂缝，要先铺设聚氨酯涂膜，再铺设增强层，最后铺设防水层。

3.3 基坑施工

结合时空效应原理，基坑开挖工作可以分段同步进行，整个开挖过程中要严格控制上下分块，放坡坡度比比为1∶1.5。当施工到坑底高程时，注意控制每层坡度比为1∶2.5，每层预设长3m的台阶。要结合施工进度预先备好相关支撑材料和垫块，以控制基坑纵向综合坡度比在1∶3以内。按照设计需求将基坑所需钢管装配完毕，便于基坑开挖完成后及时填置。

3.4 旋喷桩施工

（1）待钻机就位且确定钻杆头和孔位中心一致后，将其安置于设定的孔位上。同时，为保障钻孔符合垂直度要求须开展水平校正工作。

（2）采用地质钻机进行钻孔，严格控制钻孔实际位置与设计位置的误差在50mm内。

（3）当地质钻机钻孔完毕后，岩芯管须分段、竖直取出，放入二重喷射注浆管。放管和射水须同时进行，严格控制水压在1MPa内，避免水压太大射塌孔壁。

（4）完成喷射注浆管插入后，按照由上到下的顺序进行喷射注浆。通常桩底部喷射会持续60s，之后边喷射边旋转上升高度。当喷浆量和喷射压力达一定量时，注浆管才会上升。浆液喷射量直接影响桩体直径，若不达标须进行二次喷射；喷浆过程中的问题一经发现须即刻停止喷浆，排查故障并解决问题。整个喷浆过程中，工作人员须定时查看浆流量、旋转提升速度、压力、浆液初凝时间、风量等指标参数，确保达标。之后，还须将采集到的数据进行处理，并绘制相关作业曲线。

（5）为避免深层注浆管扭断，在进行深层喷浆施工时，须先喷浆之后旋转并提升钻杆高度。注意，钻杆的旋转和高度的提升须同步连续进行，不可中断；注浆管分段提升搭接长度须大于100mm。此外，旋喷作业过程中冒浆量应控制在10%～20%之间。若强度需要增加或加固面积需要增大时，可通过重复喷射浆液完成，即喷射一次清水后喷射1～2次水泥浆。

（6）当喷射高度达桩高时，须即刻撤离注浆管，并清洗注浆管等设备，以保障这些设备无水泥浆残留。将软管、注浆管和泥浆泵一同注满清水，在地面上进行喷射，以确保管内无浆液。

3.5 施工中特殊区域的防水处理

地铁明挖施工期间，存在一些特殊部位，与一般部位相比这些部位的防水处理会有所不同，因此应当进行针对性处理。具体施工中，主体结构会出现纵向施工缝和环向施工缝。前者主要存在于顶板、侧墙、底板处；后者的间距通常在16～24m间，针对施工缝部位，应当利用铁丝将止水带固定在结构钢筋上，提高结构的防水能力。施工缝处的混凝土进行浇筑与振动时，施工期间，应当用水将止水带扶正，避免出现倒伏和蛇形。为使止水带在具体施工中的作用能够得到充分发挥，要保证止水带与混凝土紧密咬合。振捣混凝土期间，不得触摸止水带，避免对其作用造成不良影响。具体施工过程中，对非迎水面进行明挖时，也会产生施工缝，在对施工缝进行处理时，为了确保施工的顺利进行，以及工程的质量能够达到标准，必须严格依据相关要求进行。例如，处理中隔墙施工缝防水时，选择的止水条应当为缓膨胀型膨润土橡胶；施工期间，施工缝表面不能存有杂质，以免影响施工质量。变形缝防水施工期间，也有一定要求。通常情况下，对工程底板和侧墙处变形缝的处理，采取的止水带应当为带孔型背贴式，同时在侧墙表面上应当依据工程的实际情况，留有适当的凹槽。

4 结束语

在地铁工程施工中，加强对地铁明挖车站防水施工技术的应用与研究，可以实现对地铁工程中渗水现象的有效控制，提高地铁工程的整体质量，从而为地铁的安全运行提供支持。地铁工程投入使用后，一旦出现漏水现象，处理起来难度较大，并且容易引发安全事故，因此，在工程建设期间，要做好防水。

参考文献

[1] 陶然. 市政工程地下铁道工况施工要点提示[J]. 科技资讯,2012(32):9.

[2] 郭湛,白鑫,许海泉. 地铁明挖基坑安全监控系统设计[J]. 现代城市轨道交通,2011(04):70-72.

[3] 张明聚,李云刚,李芳,等. 明挖地铁车站围护结构内支撑力学参数研究[J]. 北京工业大学学报,2014(10):1512-1517.

[4] 王平,杨其新,蒋雅君,等. 明挖地铁车站抗震设计内力分析方法比较[J]. 城市轨道交通研究,2015(8):92-97.

防水堵漏技术在地铁施工中的应用研究

温金虎
（中铁隧道集团有限公司杭州分公司）

摘　要　随着我国经济的不断发展，地铁因为其快速、容量大的特点广受青睐，并对解决城市拥挤等问题作出卓越的贡献。因此，保障地铁系统正常运转显得尤为重要，特别是地铁施工过程中，要做好地铁的防水堵漏工作，提升工程质量。本文针对防水堵漏技术在地铁施工中的应用，从多个角度进行阐述，希望施工单位能多角度把握技术要点，实现质量提升。

关键词　防水堵漏技术；地铁施工；应用

0　引言

在地铁施工过程中，经常会出现区间隧道的渗水现象。隧道内部渗水，会引发隧道内设备生锈，损害隧道结构的稳定性，进而带来地铁运行方面的安全隐患。对地下施工而言，防水堵漏一直是施工中的重点问题，尤其是与国计民生息息相关的地铁工程，对其进行防水堵漏施工非常必要。目前在先进的地铁施工中，尽管有很多新科技、新设备已经引入其中，尤其是对防水材料和技术的改进非常迅速。但是，在地铁投入运营后，依然不具备良好的防水效果。

1　防水堵漏技术在地铁施工中的应用

1.1　管片结构的自防水处理

在隧道建设过程中，要通过对管片混凝土的抗渗能力进行控制，实现管片的自防水。管片结构自防水是应对隧道防水问题的最基本方法，这种方法对管片防渗漏能力有决定性影响，这种方法也是其他防水措施展开操作的基础。在施工过程中，使用有外加剂的混凝土是最常见的做法。这种混凝土的防渗漏能力很强，并且其抗腐蚀性能和抗裂性能也都很好。

1.2　管片外部的防水涂层处理

这种处理方法是对已经存在比较深刻裂纹的管片，在其外部涂抹防水涂层。在涂抹防水涂层的时候，一定要根据管片的材质选择相应的涂抹材料。一般来说，所选择的防水涂层要满足这些要求：①要有很好的抗摩擦性。钢板与隧道尾部的密封钢丝刷之间有非常大的摩擦力，所以对防水涂层的要求是，要在这样的工作环境内不会受损伤，不会降低防水质量。②要具有非常好的抗压性。也就是说，当管片已经出现裂缝的时候，防水涂层依然能够抵抗非常大的压力，同时保证不会发生渗漏。③要具有非常高的耐久性。在地铁的工作环境中，防水材料长期处于化学制品和微生物腐蚀的环境中，所以防水材料一定要有非常强的耐腐蚀性。④要便于在施工环境下进行施工，而且成本要比较低。

1.3　诱导缝的堵漏施工

在地铁施工过程中，容易受到客观环境的影响，如气候环境和天气环境等。这些环境都会导致地铁主体结构出现不同程度的变化,这样的变化也会在一定程度上影响地铁工程的顺利进展。这些外部影响因素对地铁结构的影响是让地铁主体结构产生施工缝,也称之为诱导缝。在具体施工中,可以运用顺筑法对诱导缝进行处理,对于侧墙上的钢筋和顶板上的钢筋,要进行断开处理。在施工中,在诱导缝新旧混凝土连接的地方,可以直接将橡胶止水带固定在此处,而不需要进行凿毛处理。另外,在不同地方也要选择不同的橡胶止水带,以满足不同的需求。例如,对于顶板的位置可以选择自止水带,而雨水膨胀止水带则可以放置在楼板处的诱导缝中。

1.4 变形缝的渗漏处理

对已经变形的缝隙,要选择单侧斜向钻孔注浆方法处理。在钻孔时,要在出水的地方钻斜向45°的孔洞,但是不能对止水带和防水板造成破坏。在钻孔过程中,如果有水从这里流出,要确保变形缝能够被浆液堵好;如果没有水从这里流出来,要先用高压水清洗钻孔,再在这里施工注浆。在注浆之前,要先检测对缝隙填缝的效果。对于水量正确的地段,要先从两侧进行施工,再对中间部分进行施工。在注浆的时候,要保持从上到下的顺序,在压力表值达到规定范围之后,在对其进行稳压处理。注浆时候也要注意,在缝隙处或注浆孔不再流出水的时候就要停止注浆。如果没有停止流出水就要对其压浆,直到这些地方不在流出水为止。在水不再流出的几分钟之后,一定要及时停止注浆。

1.5 堵漏施工方法

在地铁的隧道中,漏堵施工是最长用到防水措施的地方。漏堵施工,主要是针对蜂窝麻面和混凝土收缩裂缝进行处理。在施工过程中,要使用正确的堵漏材料,将砌体与堵漏材料固定在一起,就可以提高支护材料的防水性能。总体上来讲,对于堵漏施工,不需要考虑空间上的限制,这种施工的操作也比较简单,有非常好的防水效果。

2 施工中应注意的问题

在具体施工中,还要注意以下问题:①在初期的准备工作和支护工作完成之后,才能对防水板材进行铺设,并保证在施工现场不留下水渍。②注浆时,在混凝土喷射清理完成之后,要把突出来的部分打磨光滑,对有凹陷的部分要进行填充,保证施工平面的光滑平整。③在施工过程中,不同位置所需要的防水板有所不同,其所需要的铺设手段也有所不同。例如,环向铺设通常在拱墙上,而纵向铺设常在底板上。所以,在具体施工中一定要有针对性地选择施工材料和施工技术来保障施工质量。

3 总结

总而言之,在地铁隧道的施工过程中,由于施工环境的特殊性,对其防水措施的要求非常高,特别是,要重点加强对于堵漏施工和地铁车站结构性防水施工的防水措施。在施工过程中,为了避免将来地铁运行中发生事故,对地铁工程进行有效的防水保护是非常必要的。施工方更应该从多个角度把握施工技术的难点和重点,并结合施工现场的实际情况,对混凝土材料的质量进行有效监测和控制,并根据实地情况选择最科学的防水堵漏技术。通过以上这些措施,可以对地铁的结构性安全进行最有效的保障。通过地铁建设的发展,推动城市经济的建设和发展,创造更大的社会效益和经济效益。

参考文献

[1] 张文刚.探究地铁区间隧道盾构防水堵漏施工技术[J].内江科技,2016(4):57-57.

[2] 赵兴贵.浅议地铁车站堵漏防水施工技术[J].黑龙江科技信息,2016(13):232-232.
[3] 陈锋,饶玮.探究防水堵漏技术在地铁施工当中的应用[J].建筑工程技术与设计,2016(23):89-89.
[4] 周增强.地铁车站结构的防水与堵漏施工技术[J].设备管理与维修,2017(11):109-110.

地铁车站侧墙混凝土裂缝原因分析与控制

黄文华

(浙江杭海城际铁路有限公司,土建11标)

摘　要　地铁车站普遍采用现浇钢筋混凝土结构。混凝土浇筑完成后由于各种荷载组合,造成结构出现不同程度的裂缝,情况严重时会产生渗漏水,影响车站的使用寿命和功能。本文总结了浙大国际学院站侧墙裂缝产生情况,分析了产生原因并制订了控制措施,使侧墙裂缝得到有效控制。

关键词　地铁车站;侧墙;混凝土;裂缝;控制措施

0　引言

地铁车站是大型地下混凝土框架结构,大多采用现浇混凝土,为满足使用及耐久性要求,地铁车站结构防水性都有较高的要求。在工程中一般采用防水性混凝土,所以混凝土产生裂缝是造成渗漏的主要原因,而控制裂缝的产生则是防止渗漏水的关键。通过对地铁车站侧墙观察统计发现,侧墙裂缝一般在混凝土浇筑后2~3d产生,裂缝走向大部分为竖直向。

1　地铁车站侧墙混凝土裂缝产生原因分析

在地铁车站混凝土侧墙结构中,导致混凝土产生裂缝的因素有很多,主要因素有外部荷载、变形荷载和施工技术不当。外荷载是指静荷载、动荷载和其他荷载组合。变形荷载是指温差收缩、干缩变形和不均匀沉降等。查阅资料了解,实际工程中地铁车站侧墙混凝土裂缝由变形引起约占80%,由荷载引起的约占20%。

(1)温差收缩变形

侧墙混凝土浇筑后,胶凝材料在水化凝结过程中散发大量水化热,内部温度急剧上升。一般浇筑12h之后达到峰值,而后随着混凝土的凝固,水化热不断散发,温度逐渐降低至环境温度。一般浇筑温度控制在25℃左右,在水化热作用下侧墙内部混凝土温度最高可达60℃左右。侧墙表面散热快,因而结构中温度梯度比较大。拆模后侧墙混凝土冷却时,其表面温度下降快,表面温度低,内部温度高。当温差超过25℃时,混凝土强度不足以抵抗收缩拉应力而产生裂缝。

(2)干缩变形

混凝土硬化过程中,体积缩小,同时在内部形成非常多的毛细空隙。由于侧墙结构面积较大,所以与空气接触的表面水分散失较快。水从毛细空隙中溢出蒸发,产生毛细管引力,使混凝土内的空隙受到压缩而产生毛细收缩,于是产生干缩裂缝。

(3)外部荷载

侧墙混凝土浇筑前拆除侧墙施工范围内钢支撑,待浇筑完成3d后拆除侧墙模板,再过3d拆除侧墙上部钢支撑。由于拆除钢支撑突然释放墙体压力,造成地连墙向内挤压,同时由于混凝土水化热应力叠加,导致侧墙应力集中出现裂缝。钢支撑拆除时间间隔会影响混凝土构件受力而产生裂缝。

(4)施工技术不当

如果混凝土结构受应力产生变形与结构约束力相互抵消减小,则可以有效避免裂缝的产生。首先现浇混凝土结构所处的环境使结构发生变形,若变形能充分发展,就不会产生约束力,也就不会产生应力。实际工程中,设计说明及在规范中明确施工技术规范施工,可以有效提高侧墙结构的约束力,抵抗大部分变形,使之产生较小结构应力。

①保护层过大或过小都可能导致混凝土开裂;钢筋间距过大,易引起钢筋之间的混凝土开裂。

②混凝土浇筑过程中布料不均匀,分层厚度过厚和振捣质量问题均可能造成水泥浆浮在上层,骨料下沉时受钢筋约束,出现不均匀沉降,造成混凝土局部离析,从而使混凝土的表层产生裂缝。

③模板拆除后混凝土表面没有及时覆盖,养护不及时,表面水分蒸发过快,急剧收缩均可产生干缩裂缝。

2　地铁车站侧墙混凝土裂缝控制措施

(1)温差应力变形控制措施

由于温差主要是由水化热产生的,所以为了减小温差就要尽量降低水化热。水泥的水化热与混凝土单位体积中水泥用量、水泥品种有关,并随着混凝土的龄期呈指数关系增长。有效地降低水泥水化热是控制内部温差的主要手段之一。一般可通过采取以下措施来降低混凝土中水泥水化热:

①选用低热水泥,如矿渣硅酸盐水泥、粉煤灰硅酸盐水泥。若使用普通硅酸盐水泥,最好不要用早强水泥。

②在允许范围内尽量减小混凝土的水灰比。

③参加适量的减水剂,减少水用量。这样在确保混凝土设计强度等级不变的情况下,可减少水泥用量,从而降低水化热。

④在不影响水泥活性的情况下,要尽量使水泥的细度适当减小,因为水泥的细度会影响水化热的放热速率。

⑤必要时,在混凝土内部埋置冷却水管,进行通水冷却,可降低内部温度,缩小温差。

(2)干缩变形控制措施

①混凝土的干缩主要发生在水泥与水体之间。水泥的矿物成分一般不会影响混凝土的干缩,只有当石膏含量不足时,有的水泥才有较高的收缩性。因而混凝土收缩大小与水灰比有关,水灰比越大,其收缩也越大。减小混凝土水灰比,混凝土内部水分减少,水分散发少,从而减少干缩裂缝情况发生。

②在混凝土中掺加抗裂膨胀剂,会使混凝土产生适度膨胀。在钢筋邻位的约束下,掺加膨胀剂的混凝土体积膨胀时,受相邻配置钢筋的约束,从而使混凝土产生压应力,这种压应力能够抵消混凝土干缩变形的全部或部分拉应力。

③混凝土内水分散发会产生毛细空隙,如果使混凝土空隙率下降,细孔减少、变细,增加致密性,就可以消除混凝土产生干缩裂缝的先决条件。膨胀剂在混凝土水化热过程中产生大量钙钒晶填充毛细空隙,大大改善了混凝土内部空隙的结构,使混凝土更加密实,增强对钢筋的握裹力,从而有效预防干缩裂缝产生。

(3)外部荷载控制措施

①侧墙钢筋安装前,拆除侧墙施工范围内钢支撑的同时,对侧墙上部钢支撑轴力进行泄压,先按照卸载一般设计预加轴力操作,在严格监控基坑变形的情况下,通过后续施工中观察裂纹数量和基坑变形情况,再详细分析成效。

②侧墙防水层施工完成后,在保证墙体厚度和钢筋保护层厚度的情况下,在防水层表面设置1cm厚泡沫板,用泡沫胶与防水层固定,之后安装侧墙钢筋。泡沫板可起到缓冲作用和隔离作用,吸收部分地连墙挤压力。

(4)施工技术控制措施

①从地板预埋侧墙钢筋前,设置定位钢筋控制钢筋间距,确保侧墙钢筋间距均匀。侧墙保护层垫块按照不少于4个/㎡布设,侧墙模板必须抵紧垫块,有效控制侧墙保护层厚度符合设计要求。

②明确混凝土浇筑过程中布料间距,避免使用振捣棒赶料。每层混凝土控制在25~40cm。浇筑时提前布置好振捣点位,严格按照布设点位振捣,保证混凝土振捣质量,不能漏振也不能过振。

③侧墙模板拆除后,可从上方用支架吊装固定土工布,侧墙上方安装多孔养护水管,可以保证洒水均匀。土工布湿润后附着在侧墙表面,有效减少混凝土表面水分散发。或者使用雾炮机不间断喷雾养护,可保证混凝土表面湿润。养护过程中如发现遮盖不全,浇水不足,以至表面泛白或出现细小干缩裂缝时,应立即遮盖,充分浇水,加强养护,并延长浇水养护时间加以补救。

3　结论

混凝土裂缝属常见现象,也是混凝土施工中十分复杂的问题。必须以预防为主,由设计、施工、混凝土原材料供应各方通力合作,尤其是施工方与混凝土供应商之间的互相配合才能解决问题。混凝土裂缝类型较多、成因复杂、后期修复烦琐。做好车站侧墙裂缝控制,主要是要控制好混凝土温差应力变化、干缩变形、外部荷载对混凝土裂缝的影响并提高施工技术,这样才能避免裂缝的产生,有效保证地铁车站的施工质量及使用寿命和功能。

参考文献

[1] 富文权,韩素芳.混凝土工程裂缝分析与控制[M].北京:中国铁道出版社,2002.
[2] 刘伟,王显国,张德生.混凝土干缩裂缝防治探讨[J].黑龙江水专学报,1998(2):44-46.
[3] 何克文.地铁主体结构裂缝控制的技术措施[J].新型建筑材料,2004(5):14-16.
[4] 温竹茵,陈宝.地铁车站的裂缝分析与防水技术研究[J].施工技术,2002(3):30-31,54.
[5] 张庆贺.地铁与轻轨[M].北京:人民交通出版社,2002.

车辆段柱式检查坑短柱施工技术改进

余传波
（中铁一局集团建筑安装工程有限公司）

摘　要　车辆段内的柱式检查坑作为列车静调、吹扫、临修、周月检等的主要构筑物，其勘察设计等技术显得尤为重要，施工技术需要不断优化、持续改进。本文主要阐述了地铁、城铁车辆段柱式检查坑短柱施工技术改进方面的内容，希望能够对设计施工等相关人员有所帮助。

关键词　地铁、城铁车辆段；柱式检查坑；现浇短柱；预制空芯短柱；钢制短柱；架轨法施工；施工技术改进

随着城市的快速发展，城市轨道交通已经成为城市交通中非常重要的组成部分。车辆段工程是地铁、城铁工程中最为主要的内容之一，其属于综合性工程，涉及很多土建以及轨道接口问题。对于这些接口工程，仅采用常规工艺很难满足工程技术要求，这就需要按照工程接口所特点对传统施工技术进行优化和改进，推动城市地铁、城际铁路工程的发展。

1　工程概况

某车辆段和综合性基地总体的占地面积为28.23hm²，属于城市轨道交通建设工程中的大架修基地。其设计的运用库、检修库等建筑层高为9m或9m以上，库内结构设施包含检查坑及检修平台等。结构中的柱式检查坑是桩基及筏板基础且底部厚400mm，主要部位都是用双层双向设置的三级钢筋。短柱的底部是按纵向分别在上下方位设置6根HRB400 C25的加强钢筋暗梁作为检查坑的侧壁。检查坑短柱设置4000多根。方形钢筋混凝土短柱的截面设计尺寸为350mm×350mm（或400mm×400mm或300mm×350mm），其中配置12根ϕ18钢筋，高度为912mm，在车辆段运用库、检修库等库内将轨道设置在短柱之上，如图1所示。

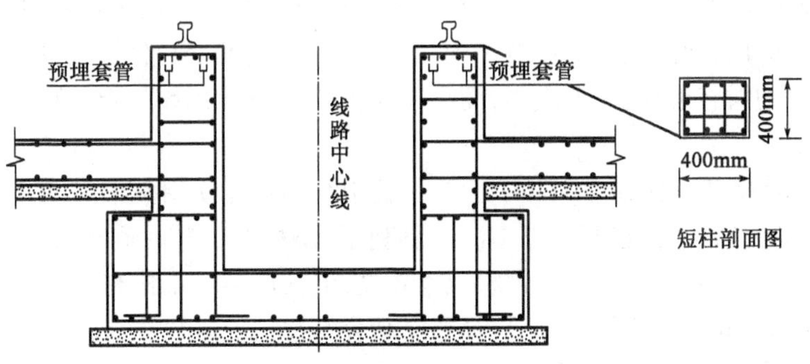

图1　柱式检查坑剖面

2　相应技术要求

从相应设计要求中可知，柱式检查坑整体道床采用将套管按照扣件尺寸预埋在立柱上部的方式，在对其施工时需要严格控制施工的质量。需特别注意的是，要确保立柱顶面高程误差≤2mm，同时相邻立

柱顶面的高程差≤±1mm。在进行配轨过程中要防止轨缝落在立柱之上,所以要不断对施工技术和工艺进行改进和优化,明确相应架轨法施工方案。同时,为了确保立柱具有较好的施工精度,需要加强模板整体固定以及轨排横向变形稳定等方面的技术研究。

3 施工技术及方案优化改进

3.1 现浇短柱施工技术优化

3.1.1 改进短柱截面

在进行检查坑等施工前,须与相关单位(包括建设单位、监理单位、地铁设计单位等)充分沟通,明确短柱截面的优化改进措施是:将原先设定的350mm×350mm直角柱的四个角更换为直径50mm的圆弧形柱。优化改进工作完成后的柱体也具备相应的美观性,并且在实际施工时能够防止因混凝土浇筑不到位而导致柱体角部位置的缺陷以及混凝土的其他质量问题,防止在以后实际操作工作进程中出现威胁工作人员人身安全的情况。

3.1.2 钢筋优化

可以把之前设计的柱体钢筋顶部弯锚改进为柱顶钢筋直锚。为了增强其牢固性,需要在柱体顶部设置箍筋,可以在顶部15cm范围设置3道箍筋(间距为5cm)。针对顶部的优化工作,可以减少其他环节的碰撞问题,同时更加有利于进行混凝土的浇筑以及振捣,有效提升短柱混凝土的成型质量。

3.2 现浇短柱模板方面优化

3.2.1 模板方案的选定

此地铁车辆段和综合基地柱式检查坑所设计的短柱为3216个,由前述此工程的特点和现场实际情况分析研究,模板施工可以采取如下几种方式:

第一种方案:采取木制模板。可以采取15mm厚的竹胶合木制模板,采用双钢管作为主楞,而侧模可以使用方木作为竖楞,间距控制在250mm左右。木模板所具有的特点为:模板所用的材料成本相对较低,并且具有较灵活的周转性;模板的拼装加固相对较慢,无法准确控制施工进度;受材料的影响,施工过程中,会产生很大的材料消耗,增加成本,而且这类模板重复使用率不高,在操作几次后,会使得混凝土结构的成效很低。

第二种方案:根据实际需求定制钢模板。因为工程中结构重复使用率很高,所以可以指定专门的方案。定制钢模板所具有的特点为:模板可以多次重复利用;模板的拼装时间相对较短,对于确保工期具有较大的帮助;相对木制模板来说,定制钢模板成本较高,但其混凝土结构有很好的成效。

根据对木质模板和钢模板具体情况的分析研究,结合实地情况、模板等材料方面的要求以及成型质量方面的考虑,本工程最终选择定制钢模板的施工方案。

3.2.2 模板的设计以及安装内容分析

3.2.2.1 模板的设计情况

本工程需要对短柱部分采取定制钢模的方式,其中钢模板的尺寸设定为350mm×350mm×912mm(具体尺寸按设计),在转角位置采取直径50mm的圆弧过渡方式进行设计。定制钢模板采取3mm厚的优质薄钢板制造,如图 2 所示。

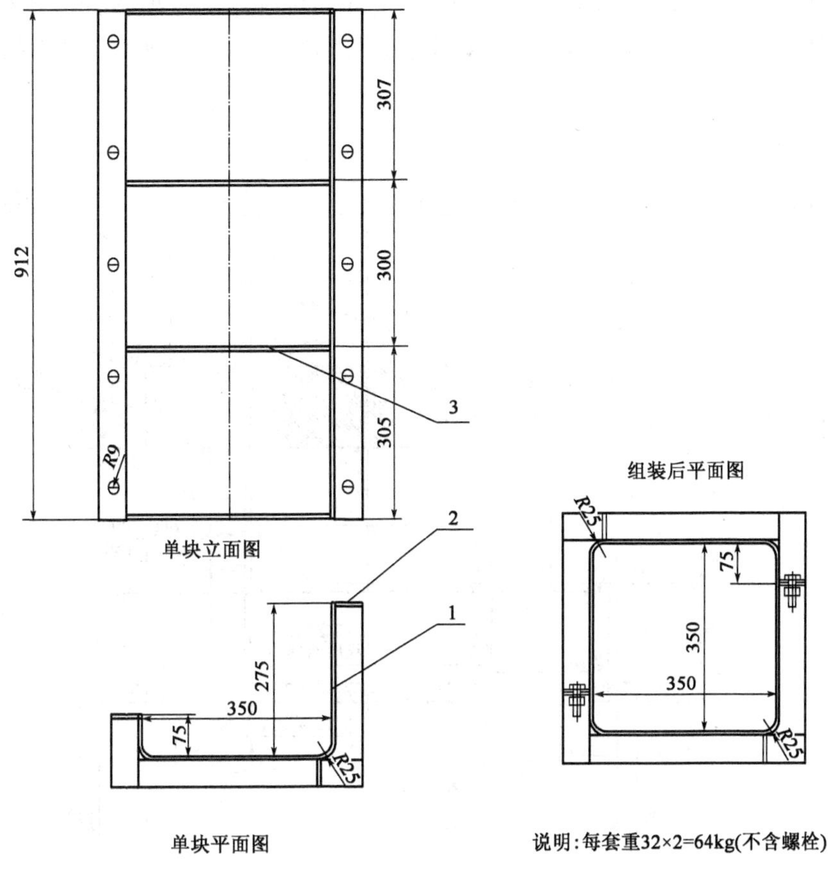

图 2　柱式检查坑短柱钢模板设计图(尺寸单位:mm)

检查坑总体施工时间为 100d,其中,短柱施工时间为 56d。短柱数量为 3216 个,钢模板的周转率为 7d 一次,每套钢模板周转使用 8 次,所需钢模板的数量为 402 套。

3.2.2.2　模板的安装情况

在正式进行定制钢模板安装前,相应技术人员需要向协作人员进行必要的书面技术交底。然后进行现场的施工放线定位。用墨线弹出结构边线以及中心线,要在下部设置 200mm 间距的定位钢筋,以便对模板进行安装和矫正,并在根部四周抹砂浆防止漏浆。具体操作时可以按照如下方式进行:

(1)利用水准仪对底面高程进行测量,以 1∶3(体积比)水泥砂浆对底部封闭模板四周进行封闭,防止出现漏浆情况。

(2)利用 A12 对拉螺杆进行短支柱定制钢模固定。顺着短柱顶部向下 20cm 以及 80cm 位置,利用"抱箍 + 钢管抱顶"的方式,将短柱及平面进行固定,确定好其强度及平整度等参数。此外,还可以利用人工方式对模板进行搬运工作,确保其精密。工作人员还需要在表面涂上防脱模剂。在完成这一系列的工作之后,还要对中心位置和垂直位置进行测量和分析,确定其所有参数都满足规定标准和要求。

(3)还需要保证对拉螺栓孔的平直性能。待模型安装完成后,还需要进行进一步的加固工作,同时利用线锤调整现场的垂直度。

(4)完成模板的安装之后,需要对其进行必要的检测检查工作,要保证所有部件达到标准要求才能进行下一步工作。

3.3　架轨法施工方法优化

传统施工方法是制作定位模型,把尼龙套管固定在模型上进行定位预埋,预埋的精度很难控制,且浇注混凝土过程中预埋的尼龙套管很容易移位，造成后期因无法架设轨道而返工重做。改用架轨法施工，采用木轨枕、架轨器在短柱上方按照设计的轨道中心线和轨顶高程先架设轨道，采用斜撑固定轨道，斜撑间距1m，把轨道扣件和尼龙套管安装在轨道上，可以达到精确定位尼龙套管的效果，如图3所示。

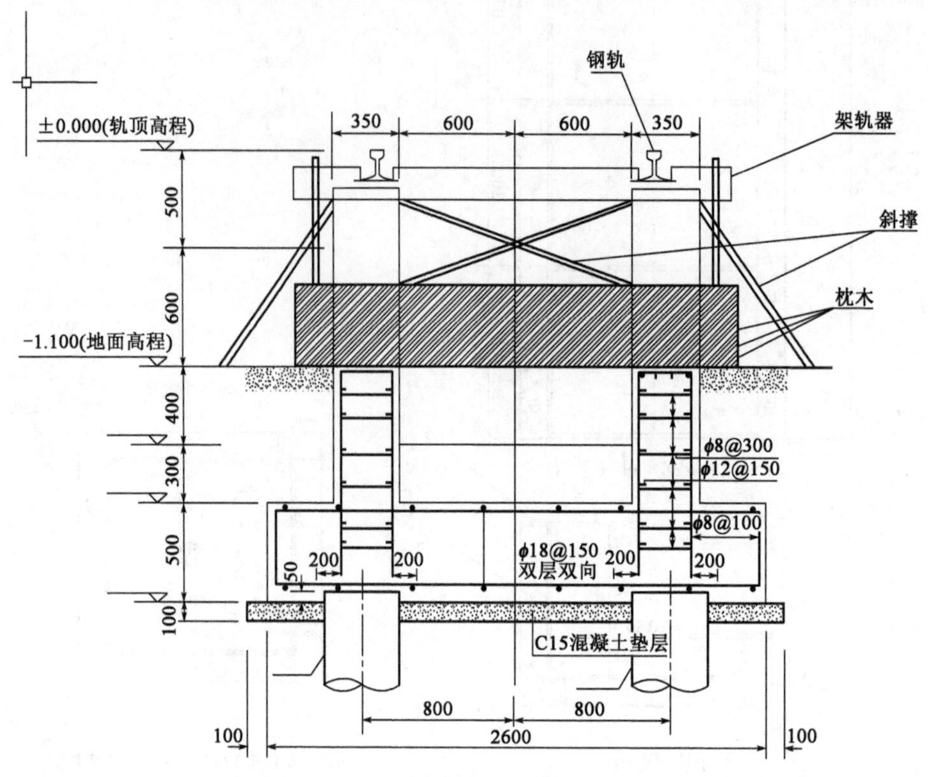

图3 柱式检查坑现浇短柱架轨法施工示意图(尺寸单位:mm)

3.4 预制空芯短柱技术优化

在现场安装条件许可的情况下，现浇短柱可以改进为预制空芯短柱。两股轨道间距一般比较小，净间距仅2m左右，综合考虑施工经济合理性的情况下，不适宜安装预制短柱。但局部股道间距大的地方，可以采用预制空芯短柱，如图4所示。

采用工具式定位模型预埋套筒在预制柱内，采用架轨法施工，把预制短柱吊装在钢轨上，预制短柱根部长出的锚筋埋入检查坑侧壁内，检查定位加固无误后在空芯内插入钢筋至侧壁内，再浇筑检查坑侧壁混凝土，灌注短柱空芯混凝土。

由于预制空芯短柱笨重，人工安装困难，可采用小型汽车配合吊装，所以安装现场需要有足够的吊装场地和运输场地。

3.5 钢制短柱技术优化

采用钢制短柱，在检查坑侧壁顶预埋钢板及地脚螺栓，在钢制短柱地板预留螺栓孔，采用螺栓连接定位钢制短柱，然后把钢制短柱全焊接在预埋钢板上，最后架设轨道，如图5所示。

3.6 施工工艺要点分析

3.6.1 钢筋绑扎具体工艺流程分析

在垫层上，可以设置各种检验线，并通过其他方式对其标注位置。可以利用粉笔标记底板钢筋间距,在完成底板下层钢筋网铺设工作后,设置马凳并在底板上层也铺设钢筋网。将吊柱线放到上层,进行插筋位置的固定和调整。最后还要进行清理工作,以及后续的检验工作。

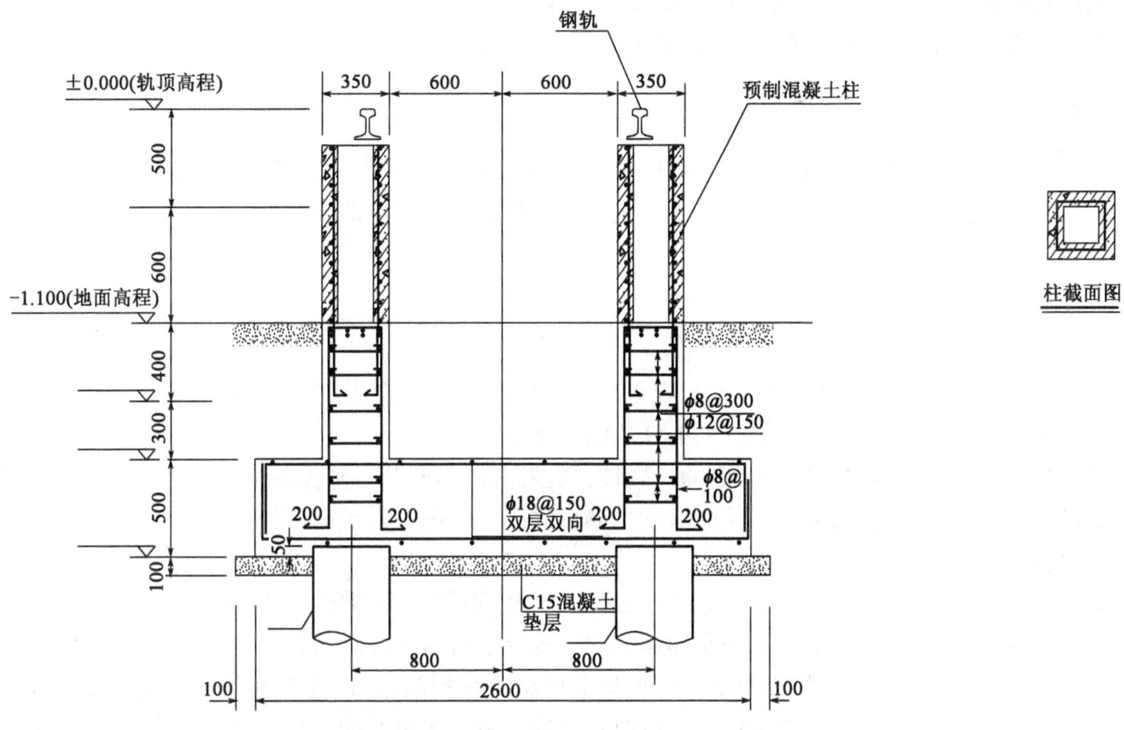

图4　柱式检查坑预制空芯短柱架轨法施工示意图(尺寸单位:mm)

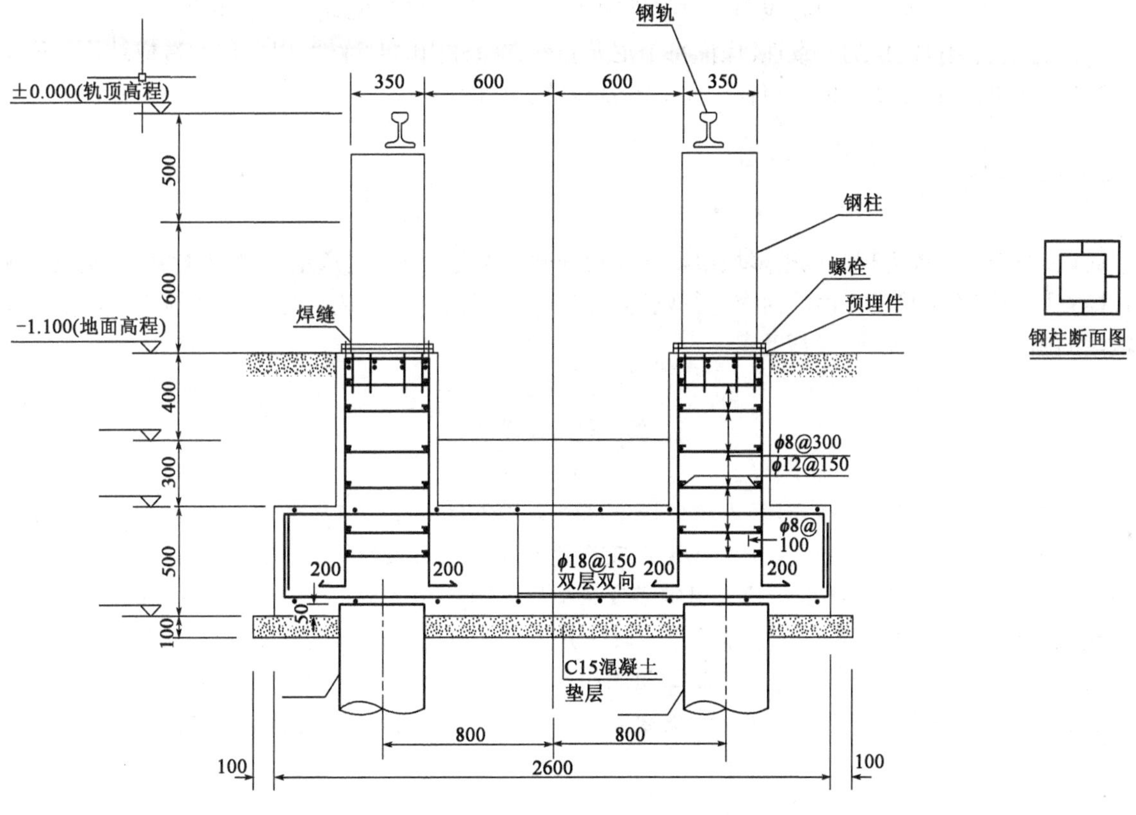

图5　柱式检查坑钢制短柱施工示意图(尺寸单位:mm)

当底板钢筋的绑扎工作完成后,需要对马凳进行设置,与此同时要对下层钢筋加固。

严格把控短柱钢筋的下料,确保下料长度的一致性以及短柱插筋高度的一致性。

完成相应的绑扎加固工作之后,可以根据设计图进行现场比对核查,包括形状、间距及搭接头等。完成了校对确保合格之后才能够进行后续施工。

3.6.2 进行质量检验和验收

完成钢筋的绑扎之后需要对相应内容进行校对,包括数量和型号等,确定这些参数是否达到要求,以此来保证短柱插筋顺利;完成了钢筋的绑扎之后需要确保立柱定位的准确性,需要通过项目部的验收来保证后续轨道施工的准确性。

3.7 质量控制措施

为了确保立柱式检查坑整体道床混凝土和基础结构能够牢固连接,在进行模板安装之前一定要对基础结构实施凿毛,同时要用清水将表面的浮渣清洗干净。

要保持短柱钢筋预留长度以及高度的一致性,要控制好箍筋间距,确保其均匀性。同时要保证箍筋的数量满足设计方面的要求,尤其要关注短柱主筋顶部和柱顶第一道箍筋保护层,不要出现柱顶素混凝土的情况,要达到预期的要求和效果。

提升模板的加工精度,特别要有效处理模板以及模板间的接缝问题。如果有必要可以通过硅胶对其实施封闭,以免混凝土浇筑时由于漏浆而影响立柱式检查坑道床外观质量。

在进行混凝土浇筑之前可以在每个立柱模板上放出高程控制线,以此来有效控制立柱面的高程情况。在混凝土施工过程中,一旦接近设计高程时就要安排专门人员对剩余高程混凝土进行填充,满足设计高程之后要对其实施抹面处理,确保立柱面的平整度以及美观性。

注意核对轨道专业设计中心线和轨道扣件间距与土建专业设计轴线和短柱间距的一致性,施工时也要确保起止点测量定位的一致性,保证每个尼龙套管在短柱内的对称性,以免偏心造成结构不稳定。

测量定位时注重多条轨道下短柱横向一条直线的美观性。

4 结束语

地铁、城铁已经成为现阶段很多城市都在兴建的轨道交通设施,文章主要针对本地铁、城铁车辆段柱式检查坑短柱施工技术方面的内容进行阐述,并提出相应的改进措施。通过本文的介绍能够对地铁车辆段的施工提供一定参考和帮助。

参考文献

[1] 曲腾飞;王媛.地铁工程车辆段内柱式检查坑施工工法对比研究[J].施工技术,2016(10):15-17.

[2] 张克能.地铁车辆段柱式检查坑短柱优化及质量控制[J].山西建筑,2018(03):18-19.

[3] 叶文启.大型异形混凝土墩柱的定制钢模板施工技术[J].建筑施工,2015(07):88-91.

[4] 何刚;唐国民.立柱式检查坑整体道床架轨法施工技术研究[J].铁道标准设计,2008(07):18-19.

[5] 姜文清.地铁车辆段给水排水工程施工组织[J].科技与企业,2015(03):34-35.

[6] 张建华.哈尔滨车辆段选址及接轨方案研究[J].铁道工程学报,2017(04):56-57.

关于 BIM 拓展应用的分析与实现

陈哲宇
（浙江杭海城际铁路有限公司，机电一标）

摘　要　BIM 应用已经成为建筑行业未来的主要发展趋势，尤其是国内近年来连续出台了推广 BIM 技术应用的政策，更是让 BIM 应用迅速发展。当 BIM 与城市轨道交通建设相结合时，除了传统的应用以外，是否可以在基于可视化、协调性、模拟性、优化性和可出图性等特点上做一些应用的拓展呢？本文将从颗粒度细化、管理协同平台、人员区域管理系统、移动 APP、资料数字化移交等方面对城市轨道交通 BIM 拓展应用作简要分析。

关键词　BIM；工程管理；拓展应用

为了更好地利用 BIM 技术来协助城市轨道交通项目建设，对 BIM 的拓展应用作以下几点分析。

1　BIM 颗粒度细化应用

将 BIM 模型细化，深入研究，从颗粒度 300 的基本外观模型细化到颗粒度 500 的应用，从设备外观向柜内设备及配线深化，通过 BIM 模型可以清楚柜内设备的安装位置，结合施工配线图，可以把各系统进入机房的线缆清晰地从模型上显示出来，展现各种施工工艺，对设备配线和柜内设备安装起到很好的辅助作用。同时可以显示临时的措施，包括施工用配电箱和临时工具架等临时措施，通过细化模型，达到各阶段 BIM 模型的综合应用。

2　开发 BIM 管理协同平台

（1）搭建以云端数据储存系统为基础的信息管理平台及多用户协同管理平台。该平台网络建设的总体目标是建成技术先进、安全可靠、性能稳定、高速快捷、上下贯通的通信网络，实现视频、语音、数据三网合一的网络信息系统。

主要实现以下功能：

①实现各站点快速访问管理系统。

②实现各站点与中心之间能随时召开视频会议。

③实现监控中心数据安全，网络设计提供网络的安全性保护。

④实现对重要数据提供长时间实时备份功能，一旦系统出现故障，能马上进行系统和数据的恢复。

⑤实现车站施工现场无线网络接入热点，为现场管理人员信息就地上传及下载提供软、硬件基础。

（2）施工管理全过程信息平台的开发及建设，实现该平台与建设单位一体化平台的对接，同时该平台将作为各级管理人员参与工程管理的重要工具及该项目一体化、数字化移交的重要组成部分。

授权人员可通过该信息平台进行信息的填报、查询，报表的导出等工作。该信息平台包括如下功能：

①集成交付模块。

②设备及材料信息管理模块。

③设备运维知识库模块。

④应急处理支持模块。

⑤档案资料模块。

BIM 系统中心设备网络拓扑图如图 1 所示。

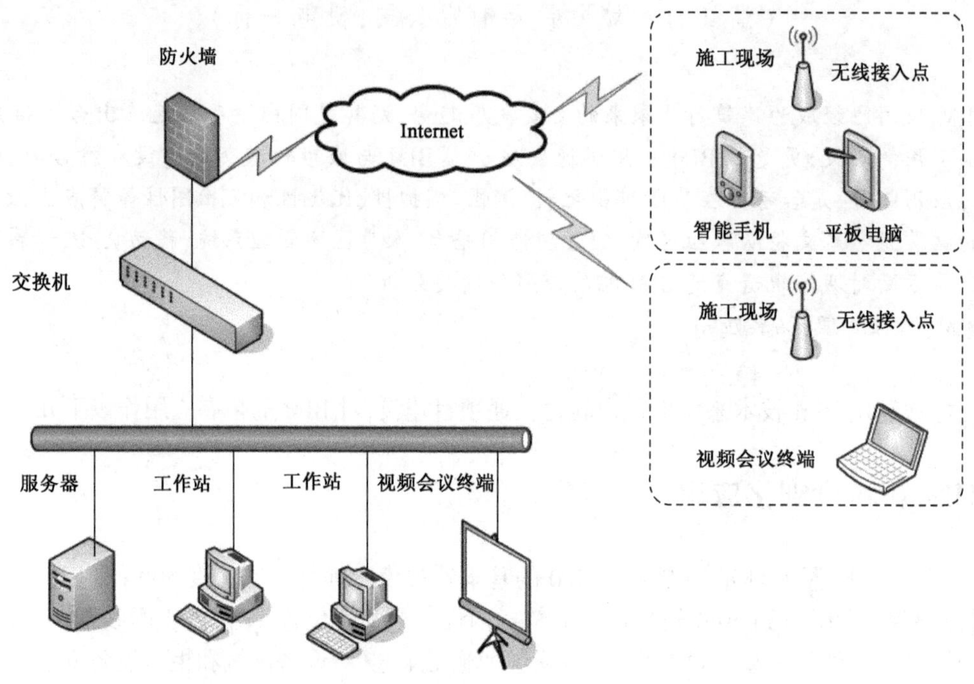

图 1 BIM 系统中心设备网络拓扑图

2.1 安全管理应用

(1)通过 BIM 模型指导编制专项施工方案,直观地对复杂工序进行分析,将复杂部位简单化、透明化。提前模拟方案编制后的现场施工状态,对现场可能存在的危险源、安全隐患、消防隐患等提前排查,对专项方案的施工工序进行合理排布,确保方案的专项性、合理性(见图 2、图 3)。

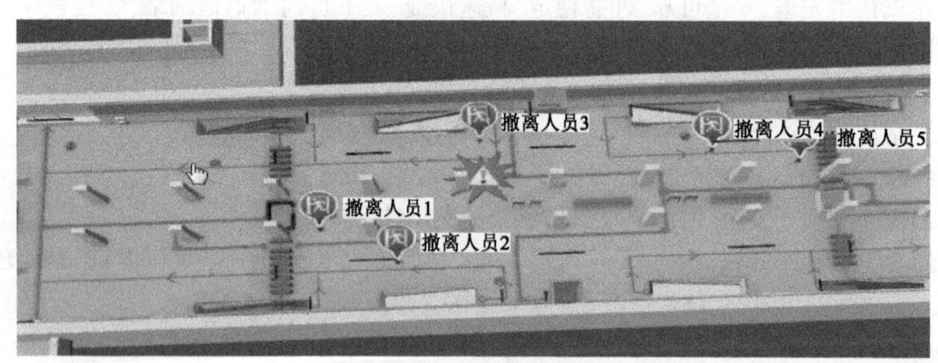

图 2 BIM 模型模拟事故发生时撤离路线

(2)采用 BIM 模型结合有限元分析平台,进行力学计算,通过模型发现施工过程重大危险源并实现水平洞口危险源自动识别,对危险源识别后通过辅助工具自动进行临边防护,对现场的安全管理工作给予帮助(见图 4、图 5)。同时利用施工人员区域控制系统,实现进场施工人员的动态管理及施工人力投入的定期统计。

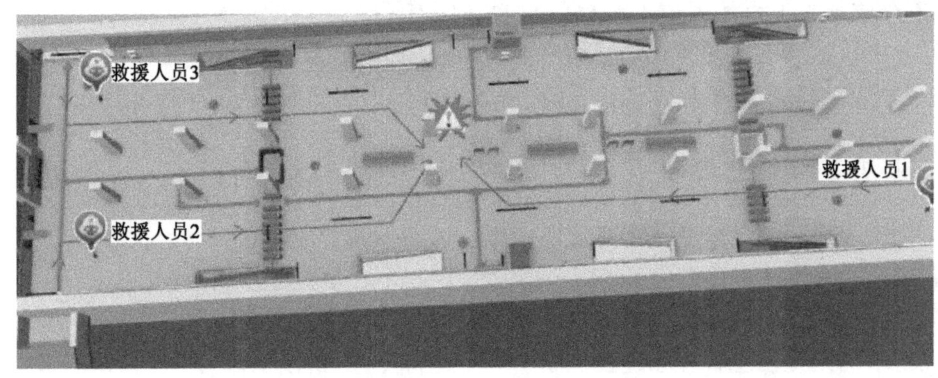

图3　BIM模型模拟事故发生时救援路线

图4　利用BIM模型对扶梯预留孔危险源进行辨识后自动防护

图5　利用BIM模型对站台层公共区到轨行区危险源进行辨识后自动防护

2.2　进场材料质量管理建议

在基于BIM的质量管理中，将材料管理的全过程信息进行记录，包括将各项材料的合格证、质保书、原厂检测报告等信息进行录入，并与构件部位进行关联。现场监理单位同样也可通过BIM开展材料信息的审核工作，并将所抽样送检的材料在模型中进行标注，使材料管理信息更准确、更有追溯性。

(1)材料进场前的质量控制

利用施工管理全过程信息平台，熟悉文件对材料品种、规格、型号、强度等级、生产厂家与商标的规定和要求。认真查阅所用材料的质量标准，了解材料的基本性质、应用特性与适用范围，必要时可针对主要材料、设备、构配件的选择向建设单位提供合理建议。掌握材料质量、价格、供货能力的信息。选择可靠的供货厂家可获得质量好、价格低的材料资源，而且有助于保证工程质量，降低工程造价。对甲方供应的材料，及时提供信息；乙方供应的材料，要及时对订货申报进行审检、论证，报建设单位同意后方可订货。

(2)材料进场时的质量控制

物单相符。材料进场时，同时检查到场材料的实际情况与所要求的材料在品种、规格、型号、强度等级、生产厂家与商标等方面是否相符，检查产品的生产编号或批号、型号、规格、生产日期与产品质量证明书是否相符，如有任何一项不符，退货或要求供应商提供材料的资料。标志不清的材料要求退货。进入施工现场的各种原材料、半成品、构配件要都有相应的质量保证资料。进场设备及材料的相关合格证明文件要录入信息平台。

(3)进场后的材料质量控制

利用4D场地模拟，详细地描述每一个场地实体的平面和空间位置。利用施工管理全过程信息平台,施工现场不存放与本工程无关或不合格的材料。所有进入现场的原材料与提交的资料在规格、型号、品种、编号上要一致。不同种类、不同厂家、不同品种、不同型号、不同批号的材料要分别堆放,界限清晰,以免使用时造成混乱,便于追踪工程质量,对分析质量事故的原因也有很大帮助。

2.3　施工质量管理应用

利用施工管理全过程信息平台实现对现场施工质量的控制管理。

(1)依托 BIM 进行质量管理

在工程质量管理中,既要对施工总体质量概况有所了解,更要关注某个局部或分项的质量情况,从工作程序方面讲求的则是动态管理和过程控制。基于此特点,BIM 模型作为一个直观有效的载体,无论是整体或是局部质量情况,都以特定的方式呈现在模型之上。

(2)基于 BIM 实施质量管理的优势

在工程项目中,不同的参建主体所应用和关注的质量信息各有侧重点,BIM 辅助下的质量管理为项目实施提供很多便利,如表 1 所示。

依托 BIM 实施质量管理的优势　　表 1

应用对象	关键质量信息	BIM 辅助可强化的特性
施工方	施工记录和材料信息	忠实记录质量工作情况和具体信息
监理方	检查验收信息、问题处理信息、质量分析	准确指出和分析具体质量情况
建设单位方	质量管理总体情况	直观了解和掌握总体质量情况
工程整体	—	整体沟通和协调效率提升

(3)基于 BIM 实施工程质量管理的要点

基于 BIM 进行质量管理,其重点是信息。依靠信息流转的功能,提升了质量管理的效率、力度、全面性。BIM 成为各个环节之间传递工程质量信息的纽带,不仅能保证质量信息的完整性,更能让信息准确、及时传递。

质量管理信息收集与录入。

①现场采集。基础采集方式可采用数码相机、平板电脑等普通拍照方式。当在现场情况复杂、质量信息量大、涉及对象多的情况下,可辅以摄像。

②质量信息录入。将现场质量信息记录之后,须将信息录入 BIM 模型中,为原有模型再增加一项新的质量信息维度(见图 6)。

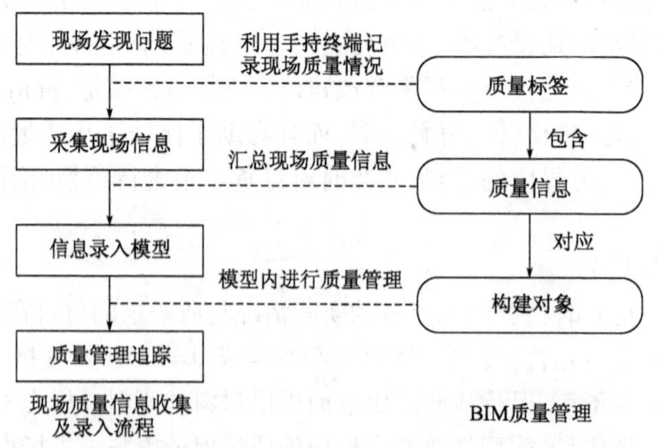

图 6　基于 BIM 实施的质量管理关键流程

(4)施工过程质量管理

将 BIM 模型与现场实际施工情况相对比,将相关检查信息关联到构件,有助于明确记录内容,便于统计与日后复查。通过 BIM 技术，将相关数据输入系统后可自动生成报验申请表。应用平台上可设置相应责任者审核、签认实时提醒，审核后要及时签认。该模式下，信息录入与流转标准化、流程化，提高报验审核信息流转效率。

(5)基于 BIM 实施的工程管理关键数据

在 BIM 模型中建立数字化签章验收功能，通过数字签章，进行监理、施工、设计等单位在 BIM 模型中对检验批、分部工程、分项工程、单位工程的电子化验收。从信息平台中导出符合国家、省、市的规范验收表。

基于 BIM 实施工程管理，核心方式是通过前台操作窗口将质量信息录入 BIM 模型，再由模型的构件集成质量信息，最后再以独立标签的形式返回前台操作窗口，在窗口中进行质量信息的浏览与管理。质量信息包括 3 部分：基础信息、质量记录信息和质量处理信息。

①基础信息

基础信息包括时间信息和坐标信息。坐标信息作为质量信息的对象判断依据，在 BIM 质量管理系统中分为两类：平面图中的平面坐标；三维 BIM 模型中的实际构件编号。

②质量记录信息

质量记录信息，通过传统的文字叙述表达关于质量的具体情况，并汇入 BIM 模型之中，成为构件的属性信息。在工程项目中，质量信息是 BIM 质量管理系统的核心，信息的种类划分、逻辑划分、阶段划分是管理系统的前提条件，为此系统先行完成对工程质量管理的分类。BIM 质量管理系统对质量记录信息进行分类，如原材料加工质量信息、现场施工质量信息、现场检查验收质量信息等(见表 2)。

主要质量信息分类　表 2

质量信息内容	关键数据要素	信息提供方
工程质量验收记录	时间、部位、质量情况	监理方
工程开工报告/报审文件	时间、部位	施工方
工程材料/设备/构配件审查文件	部位、质量情况	施工方
设计变更文件	部位、变更信息	施工方
抽查、巡视检查、旁站监督记录	部位、质量情况	监理方
工程质量事故处理文件	时间、部位、质量情况	监理方
监理指令文件	时间、部位、处理、质量情况	监理方
监理工作报告	时间、部位、质量情况	监理方

③质量处理信息

质量处理信息的内容主要分 3 点：质量问题发现、质量问题处理、质量问题分析。对应这 3 种质量问题的处理情况，BIM 管理系统中采用不同的标签对各类信息进行区别。质量处理信息充分反映了质量管理中动态控制的原理，使质量管理者通过 BIM 实施平台，清晰地了解工程中质量问题发生、处理、解决的状态，提升对工程项目的整体掌控能力(见图 7)。

2.4　施工进度管理应用

通过对现场施工进度的控制，依靠 BIM 信息模型实时准确提取各个施工阶段的物资材料计划。施工企业在施工中的精细化管理比较难于实现，根本原因在于工程本身有海量的工程数据，而 BIM 技术让相关管理部门快速准确地获得工程基础数据，为制订精确的人、机、材计划提供有效的支撑，大大减少了资源、物流和仓储环节的浪费，为实现限额领料、消耗控制提供强有力的技术支持。

(1)基于 BIM 的 4D 模型包含完整的建筑数据信息。BIM 模型不是一个单一的图形化模型，它包含从构件材质到尺寸数量以及项目位置和周围环境等完整的建筑信息，通过将建筑模型附加进度计划的虚拟建造，间接地生成与施工进度计划相关联的材料和资金供应计划，并在施工阶段开始之前与建设单位和供货商进行沟通,从而保证施工过程中资金和材料充分供应,避免因资金和材料不到位对施工进度产生影响(见图8)。

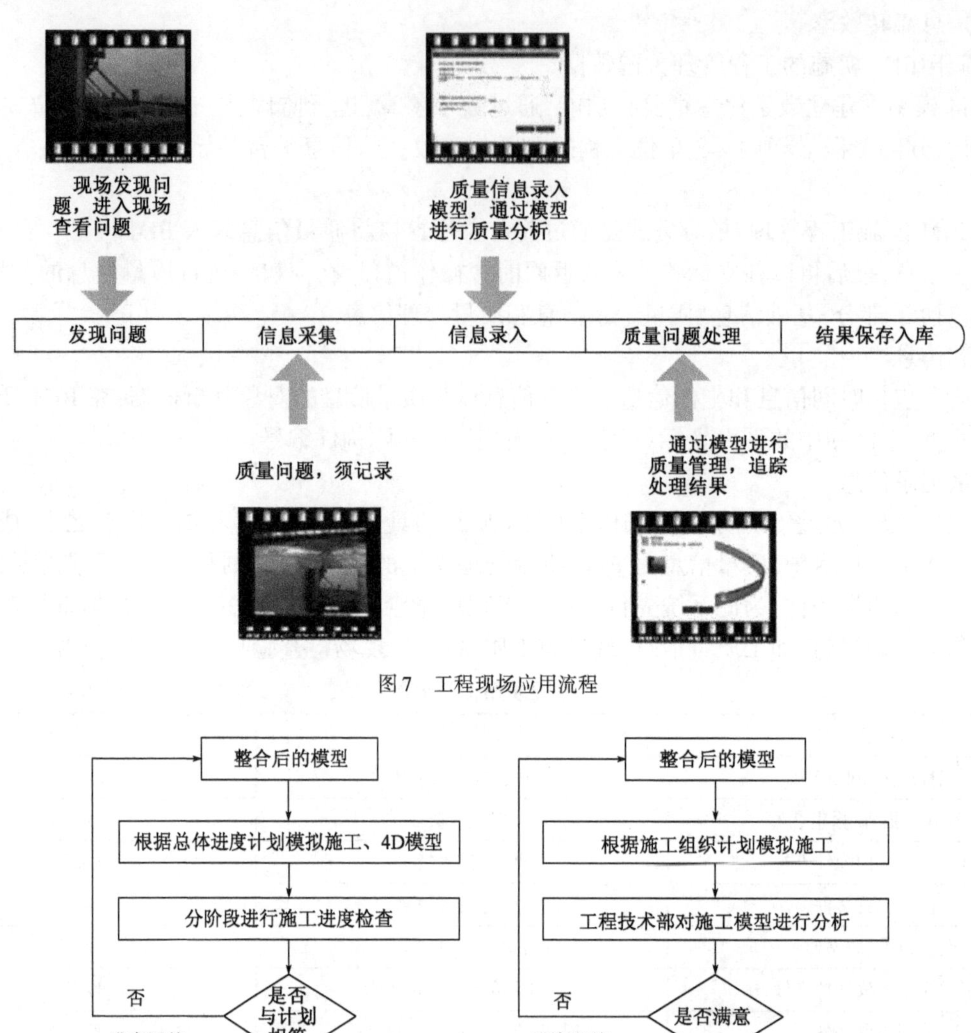

图7 工程现场应用流程

图8 基于4D的模型

(2)三维模型各构件附加时间参数就形成4D模拟动画,计算机可根据所附加的时间参数模拟实际施工建造过程。通过虚拟建造,检查进度计划的时间参数是否合理,即各工作的持续时间是否合理,工作之间的逻辑关系是否准确,等等,从而对项目的进度计划进行检查和优化。

(3)动态跟踪可视化施工组织设计(4D虚拟建造)的实施情况,对设备、材料到货情况进行预警,同时利用二维码扫描,将现场情况与计划设备、材料到货情况进行预警;利用二维码扫描,将现场情况与计划进行对比、分析及纠偏,实现施工进度控制管理。

2.5 设计变更管理应用

(1)可视化建筑信息模型更容易在形成施工图时进行修改完善,直接用三维设计更容易发现设计错误,修改也更容易。三维可视化模型准确地再现各专业系统的空间布局、管线走向,专业冲突一览无遗,提高设计深度,实现三维校审,大大减少“错、碰、漏、缺”现象。

(2)BIM 模型能增加协同能力,更容易发现问题,从而减少各专业间冲突。用 BIM 协调流程进行综合协调,那么综合协调过程中的不合理方案或问题方案就不会出现了,使设计变更大大减少。BIM 技术做到真正意义上的协同修改,大大节省建设项目的成本。BIM 技术将以往“隔断式”施工方式、依赖人工协调项目内容和分段交流的合作模式变成平行、交互的方式。在建设工程过程中,发现单个专业图纸本身发生错误的比例较小,施工之间的不协调是设计变更的主要原因。而通过 BIM 应用的综合协调功能可以解决这类问题。

(3)在施工进行阶段,如果发生变更,通过共享 BIM 模型,用 BIM 进行管理,可以实现对设计变更的有效管理和动态控制。通过设计模型文件数据关联和远程更新,建筑信息模型随设计变更而即时更新,消除信息传递障碍,减少设计与建设单位、监理、承包商、供应商间的信息传输和交互时间,从而使索赔签证管理更有时效性,实现造价的动态控制和有序管理。

2.6　施工调试管理应用

施工调试阶段,由监理对完成单机调试的各专业设备进行记录,将相关数据(数据包括调试时间、调试的相关数据、调试人员名字、监理人员名字等)录入 BIM 模型中。监理单位随时从 BIM 模型数据库中导出设备的调试情况统计表。设备调试情况统计表将作为设备功能验收的支持材料。

2.7　投资管理应用

基于 BIM 信息系统的阶段性完成量计量支付模块,可实现设备、材料模型在实际过程中的工程量完成情况、资金批复与使用情况以及工程量清单和报表等基于网络平台的即时记录,并可自动整理生成动态的资金使用状况记录表,自动与资金使用计划进行对比分析,帮助参建方快速、有效地进行投资控制和决策。通过对投资控制系统各功能模块功能进行分析,可得出整个投资控制过程中信息的输入输出状况。

3　搭建人员区域管理系统的应用

3.1　人员区域管理系统射频技术的特点

(1)适应性强,用途广泛,可用于对各类物品的识别和防伪。
(2)物理性能良好,防水、防磁、耐温,使用寿命长。
(3)射频感应方式读写信息,识别过程无须人工接触。
(4)多重加密处理,全球唯一识别代码,难以仿制。
(5)全程实现智能化,操作便捷、安全可靠。
(6)识别距离远。
(7)数据可加密,存储信息可更改,识别快速、准确。
(8)具有防冲撞机制,可同时识别多个标签。

3.2　人员区域管理系统具体实施方案及实现功能

施工人员出入管理子系统主要用于对现场施工人员出入情况的监控,实时显示出入施工场地的人员信息,随时掌握现场施工人员信息,实现对现场施工人员的信息化管理以及安全管理(见图 9)。

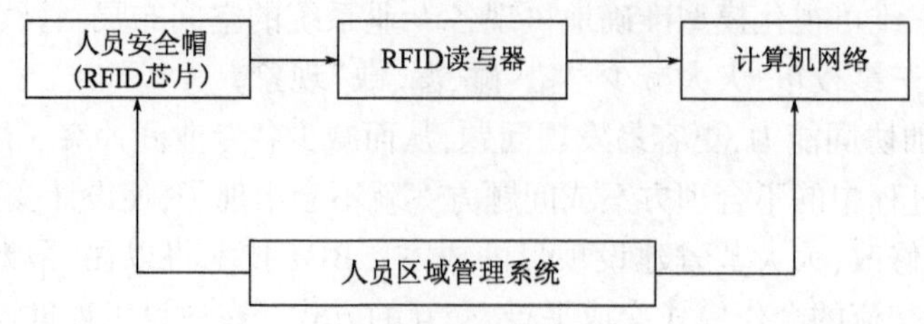

图9 人员区域管理系统

在每个安全帽中配置RFID芯片,在施工现场指定地点布置芯片读取器和数据传输等设备;将所涉及的人员信息,输入数据库中进行统一管理,并使用RFID芯片进行身份标注。

(1)智能化识别。系统应用无线射频识别技术和红外传感技术,对施工人员准确、自动识别。

(2)人性化管理。进入施工现场人员只需戴安全帽通过检测通道,系统即可迅速识别。RFID芯片一进入磁场,解读器就可以即时读取其中的信息,过程中无须停留,速度很快。

(3)信息化监督管理。管理人员可通过客户端软件,远程实时查看施工现场的进出情况。提高了整个管理系统的安全级别,支持短距离主动刷卡。

(4)非法用户报警功能。外来人员无RFID芯片通过通道时,通道会发出声光报警,提示管理人员。有效地防止非法人员进入,排除隐患。同时本系统通过设置红外对射装置,还可防止施工人员进入未授权轨行区域。未刷RFID芯片进入轨行区,可实现非法进入的实时报警。

(5)双向进出、自动方向识别。每路通道均可入可出,大大提高设备的使用率。人员通过时,系统会自动识别进出方向,为管理者提供更准确的数据。

(6)通过一人,识别一张RFID芯片。实现每通过一人,系统只能识别一次,有效防止替代刷卡的现象。

(7)远程实时数据管理。所有数据实时传输,主管人员通过网络看到数据,便于实时掌握第一手资料。

(8)实时统计分析。系统会实时统计分析出每一区域在场持卡人员、无RFID芯片人员数据,快速生成在场持卡人员名单,显示无芯片人员进场时的照片。一旦出现事故,在第一时间掌握第一手资料。

(9)记录存储功能。所有施工人员所持RFID芯片验证资料均有数据库电脑记录,便于在发生事故后及时查询。

(10)数据查询统计。对历史数据进行统计分析,生成施工人员、管理人员、监理人员和来访人员数据,并根据数据进行分组、打印。

4 定制开发二维码移动APP的应用

通过定制APP软件基于BIM管理协同平台开发实现。

二维码信息管理系统主要包括:运行数据库及管理系统;条码识读器;条码制作系统。

条码制作管理软件将根据数据库中的设备信息、施工信息进行加密,生成并制作二维条码。二维条码是一种高密度、高信息量的便携式数据文件。

二维条码是设备、施工信息载体。条码识读器读取信息后,将信息传入信息管理系统,手持式识读终端存储一定的需求信息和检查信息,对检查信息进行查询和修改。

计算机接收识读设备传输的数据后写入数据库,由信息管理系统进行处理。

4.1 二维码应用软件的操作使用

(1)拥有详细材料及设备信息的二维码(可贴在平面上)。通过手持的二维码扫描仪或者智能手机

(安装扫描二维码的应用软件),可直接读取二维码内包含的信息,不需要连接网络。

(2)提供网址链接获取信息的二维码(贴在小型弧面上)。该二维码信息为一个网址链接,信息量少,易于被二维码扫描仪或者智能手机读取,打印成纸质版也不易出错,需要连接互联网点开网址链接后,才能读取信息。

在材料上(或材料外包装上)随机附带二维码,到货的同时提交书面到货文件(含二维码信息,由厂家出具盖章有效)。施工监理利用手持式二维码扫描仪在到货时对纸面文件和包装进行核实,登记入册。各系统自购设备或材料应用二维码信息统计。现场施工监理在自购材料到货时对施工承包商提供的纸面材料文件和材料包装上的二维码进行扫描核对,核对无误后登记入册。对施工信息二维码进行检查,建立与二维码一致的纸质信息文件。

所用二维码信息由软件统一输出至 BIM 数据库,由 BIM 系统统一调用。

4.2 二维码在施工信息中的使用

现场各专业施工信息按要求进行输入生成二维码,施工信息二维码经过监理核对确认方可使用。

在移交运营前将各系统的基本信息、施工单位、责任人、施工时间、运营维保使用等施工信息编写生成二维码贴附/挂牌在各系统,便于运营维保查看。

4.3 BIM 系统标识码的使用

BIM 系统标识码位于二维码读取信息内容的首行,该标识码与 BIM 系统 3D 模型中的标识码相一致,是每个设备及材料的“身份证”,起到实物与 BIM 系统 3D 模型一一映射的作用。将二维图纸转换成三维模型的同时,对每个需要进行编码的设备及材料进行编码。完成编码后,将编码下发至设备、材料供应商,设备、材料供应商在设备、材料出厂时制作并粘贴二维码,其中二维码的首行就是该 BIM 系统标识码。

5 BIM 资料数字化移交

5.1 运维移交阶段 BIM 信息完善

利用 3D 模型及后台数据库,二维码等手段,实现设备、材料“入库单”“出库单”“现场安装清单”“退库清单”“资产移交清单”的匹配。对涉及项目的所有甲、乙供设备、材料的 3D 模型进行分类、整理,形成设备、材料标准模型库,提交给项目集成服务商归档。

5.2 运维移交

利用 BIM 信息协同平台,负责将最终模型(含模型后台数据库)等整体内容向建设单位进行数字化移交。建立并维护后台数据库,对所有数据实现规范化管理。参建各方将施工管理过程中产生的所有资料(含扫描件)在项目实施的各个阶段动态导入车站 3D 模型中。

5.3 电子化资料和竣工资料云数据库

将整理好的资料扫描存入云盘。在模型里漫游时需要查看某设备或某部位的信息,点击链接即进入云盘,弹出所要查看的资料。资料包括开工报告、单位资质、图纸会审、施工组织方案、分部验收资料及表格、单位验收资料及表格、竣工验收报告、备案、各工序针对性照片 50 张、设备移交表、各专业施工技术方案、施工日志、会议纪要、变更设计通知单、工程资料等。

(1)电子化资料移交清单表与档案室资料须保持一致,见表3。

电子化资料移交清单　表3

BIM的电子工程资料移交	前期准备	开工报告
		单位资质
		图纸会审
		施工组织方案
	竣工阶段	分部验收资料及表格
		单位验收资料及表格
		竣工验收报告、备案
	竣工资料	各工序针对性照片50张
		设备移交表
		各专业施工技术方案
		施工日志、会议纪要、设计变更通知单
		工程资料

(2)电子化表格签名采取水印形式确认。

6　结束语

通过以上BIM拓展应用分析可知,BIM在城市轨道建设中的意义在于对工程中数据信息进行梳理,通过整合、分析、运用,提高项目的管理效率、品质等。而BIM在某种意义上说也是一个大型的数据库,如何更好、更充分地运用这个大型数据库是项目建设的关键。

浅谈地铁车辆段给排水管道工程施工质量问题及改进措施

张　虎
（中铁一局集团建筑安装工程有限公司综合建设分公司）

摘　要　本文通过对地铁车辆段建设施工过程和运营管理阶段发现及存在的问题进行分析，总结地铁车辆段给排水管道工程中常见的质量问题，并提出了改进措施。文中主要结合杭州地铁2号线蜀山车辆段给排水工程施工过程和运营管理阶段遇到的一些质量问题进行分析，阐述地铁车辆段给排水管道工程中常见的质量问题和改进措施。

关键词　地铁车辆段；给排水；质量问题；措施

0　引言

地铁车辆段给排水管道系统的稳定性和可靠性是地铁车辆段正常运转及地铁车辆安全运行的重要保证，但是如何保证给排水管道系统的稳定性与可靠性呢？这一问题时常困扰着施工单位和运营单位。车辆段给排水系统主要分为生产生活给水系统、消防给水系统、污水系统、废水系统及车辆段雨水系统等，每个系统因所用材料及施工工艺不同，都可能存在各种不同的质量问题，为后期运营管理带来隐患。

1　地铁车辆段给排水系统概述

地铁车辆段给排水系统主要包括给水系统和排水系统两大部分。

给水系统由生产、生活给水系统和水消防系统组成。在满足地铁生产、生活和水消防对水量、水质和水压要求的前提下，应尽可能利用城市供水管网来保证供水。

排水系统由废水系统、中水回用系统、雨水系统和污水系统组成。排水系统水源主要来自洗车废水、冲洗废水、屋面和道路雨水、以及食堂污水、卫生间的粪便污水、盥洗污水等。废水经废水处理系统处理后，一部分达到中水水质回用，主要用于场区道路冲洗，花草树木浇洒用水。另一部分则会同污水排入城市污水管网系统。雨水直接或经排水泵提升后，排入就近河流或城市雨水管网系统；生活污水通过化粪池处理后排入城市污水管网系统。

本人通过对杭州地铁2号线蜀山车辆段的施工管理，谈谈地铁车辆段给排水管道工程中常见的质量问题和改进措施。

2　地铁车辆段给排水管道工程常见质量问题和改进措施

2.1　埋地管道的渗漏

(1)地铁车辆段室外埋地给水管道多采用球墨铸铁管道。球墨铸铁管是铸铁管的一种。质量上要求铸铁管的球化等级控制在1～3级(球化率为80%),因而材料本身的机械性能得到了较好的改善,具有铁的本质、钢的性能。退火后的球墨铸铁管,其金相组织为铁素体加少量珠光体,机械性能良好、防腐性能优异;延展性能好、密封效果好,安装简易。

一般情况下,埋地球墨铸铁管道发生渗漏主要有以下原因:①蜀山车辆段地质条件差,虽然设计采用水泥搅拌桩加固地基,但毕竟不能全面覆盖。因为不同的沉降会拉开管道接口,导致渗漏。②管道回填过程中采用机械回填,不能完全清理干净原状土中的石块等硬物。夯实过程中可能压坏、压伤管道,导致渗漏。③管道埋深不足,路基施工时换填深度大,导致管道被机械二次扰动,导致管道被损伤而渗漏。

对应措施:①对于地质较差的部位,在管道下部垫碎石形成一层软基,然后在回填100～200mm砂子,使管道与之形成一个整体,均匀沉降。②管道两侧及上部500mm内回填,要严格采用人工回填并分层夯实,或者管道两侧及上部500mm内回填全部采用砂子回填并分层夯实。③对于埋深较浅的管道加装套管或者埋设示踪带,避免交叉施工作业时产生二次伤损管道现象。

(2)地铁车辆段室外埋地排水管道多采用HDPE双壁波纹管。双壁波纹管材是以高密度聚乙烯为原料的一种新型轻质管材,具有重量轻、耐高压、韧性好、施工快、寿命长等特点,其优异的管壁结构设计,与其他结构的管材相比,成本大大降低,并且连接方便、可靠,被广泛应用。

一般情况下,双壁波纹管发生渗漏的原因有:①交叉作业时被机械损坏。②地基处理不好,不均匀沉降引起管道接口脱开。③埋设深度不满足要求,被机械车辆压坏。

采取的措施:①合理安排施工工序,尽量避免机械二次扰动管道。如果确实不能避免,一定要全程监控施工,发生损坏管道一定要及时修复。②根据不同的地质条件选用合理的回填材料,如原状土、砂子、碎石等。严格按照规范回填,保证分层夯实。③对于埋设深度不能满足管道敷设要求的部位,选择加装套管或者更换其他耐碾压性能更好的管材,如钢管、混凝土管等。④工程交付使用或路面施工前,采用CCTV技术排查管道内部。对于存在隐患的部位,应及时采取相应措施,避免后期运营使用过程中出现渗漏或堵塞缺陷,修复难度大,工序复杂,造成的影响也不好。

2.2 给水管材的防腐

地铁车辆段给水明敷管多采用热镀锌管、内衬塑镀锌钢管,热镀锌层厚度为≥80μm。

一般情况下,管材的锈蚀多发生在丝口连接处和焊接点,个别情况下是管身锈蚀。主要原因由镀锌层被破坏引起,其次是因为镀锌层厚度不够。

镀锌层被破坏的原因主要是施工工艺问题。正确的方法是在套丝结束后将丝口处的杂丝清理干净并刷铅油,连接管道紧固至剩余两到三扣时将外露的生料带清除并刷银色环氧富锌漆两道进行防腐。在连接管道时对管身镀锌层破坏的处理方法应该是用锉刀将起皮处锉平,再刷银色环氧富锌漆两道进行防腐。焊接点的处理方法则是先对焊缝进行打磨,然后在焊缝位置涂红丹底漆两道,再刷银色环氧富锌漆两道进行防腐。

2.3 潜水排污泵的堵塞和解决方法

潜水排污泵堵塞主要发生在水泵吸水口和叶轮这两个部位。吸水口处堵塞主要由于有较大粒径的物体被吸附在进水口处,使水泵空转而造成堵塞,如一些编织袋、饮料盒等物品。叶轮处堵塞原因主要是:①一些丝状物缠绕叶轮,导致叶轮转速降低或不转。如废弃的电缆电线、绑扎绳等。②部分水泵叶轮因为长时间静止不动,叶轮表面的浮锈因与水泵壳体卡死而无法运转。

解决的方法有以下三点:

一是严抓管理。造成水泵堵塞的物品大多数是施工阶段产生的建筑垃圾、运营初期清扫卫生后乱丢乱弃的垃圾以及个人废弃物。只要严格要求施工人员、工作人员做到工完场清、不随意乱扔垃圾,管理人员严格检查,就可以大大减少水泵堵塞的概率。

二是优化设计。在污水池的入口处设计安装一不锈钢格网,网格根据入口尺寸规格制作即可。通过这一措施,可以将施工人员、工作人员抛洒的物品阻隔在泵池之外,避免水泵堵塞。

三是定期巡检。定期巡检所有水泵,点动试泵,时间以一周为一个频次最好。可安排人员专项巡检,也可以对水泵增加定期自动巡检功能。

如果选用具有切削功能的潜污泵,个人认为既增加了投资,又不能将种类繁多的物品"一切了之"很好地解决问题。只要从以上三点抓起,就能从根本上解决问题。

2.4　排水管路的堵塞

地铁车辆段投入运营以后,发现排水管路经常出现排水不畅的现象。通过现场查看,发现问题主要集中在管路的扬水管段。

蜀山地铁车辆段排水泵的设计运行模式采用液位自动控制,即根据水位高低决定泵的自动启停。泵为间歇式运转。排水管路上的阀门为手动阀门,处于常开状态。止回阀采用传统的橡胶瓣止回阀,垂直安装。

启停泵的瞬间,造成止回阀区域淤积泥沙杂质。久而久之,造成止回阀关闭不严,上部阀门堵塞(见图1)。

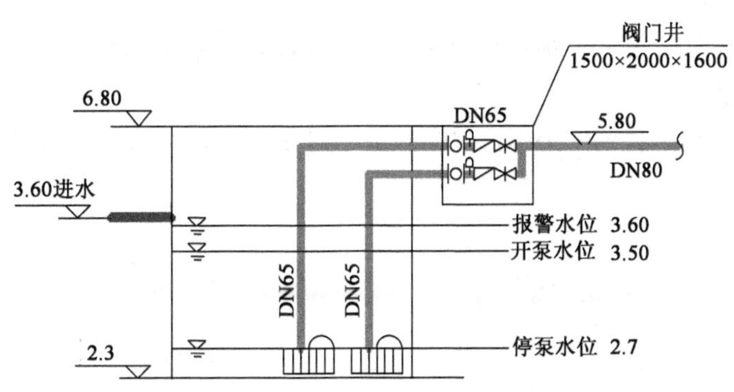

图1　车辆段集水井压力排水设计(尺寸单位:mm;高程单位:m)

解决管道堵塞的方法最好用电动蝶阀取代闸阀,同时严格按泵的操作手册规范作业,即启泵时先启动泵,再开阀门;停泵时先关阀门,后停泵。这样一来,不仅解决了管道堵塞的问题,又减轻了由于排水管路长、高差大,水锤现象较为严重的问题。

2.5　排水管材的选型

地铁车辆段在无压力排水系统中采用 UPVC 排水管。该管具有良好的物理化学性能和排水性能,具有经济、美观、管材轻、施工方便等众多优点,但同时又有其自身不可避免的不足。

(1)排水噪声问题:噪声大。由于 UPVC 排水管内壁较为光滑,水流不易形成水膜沿管壁向下流动,在管道中呈现紊乱状态撞击管壁,同时 UPVC 排水管的管壁比同规格的铸铁管管壁薄,不利于阻止噪声向外传播,给人们的视听产生不良影响。

(2)建筑防火问题:目前国内生产的 UPVC 管材虽然难燃,但在火灾情况下,一方面会产生致命烟气;另一方面,当温度超过 90℃ 时管材容易软化变形。在穿越楼板时,即使按要求设防火套管和阻火圈,同时进行防火封堵,但由于管材易软化变形,仍可使火势、烟雾穿过楼板蔓延。

(3)刚度影响:由于 UPVC 管属于塑料制品,刚度比铸铁管差很多,在室外施工尤其容易受到破坏。在管道回填时,也常因管道部分架空或遇到坚硬物挤压而破坏。所以,埋地 UPVC 管要求基底夯实后,管下方有 100mm、管上方有 300mm 回填砂,且总埋深不少于 900mm。

(4)黏结剂质量问题:在部分工程中,由于胶黏剂本身的质量问题或者胶黏剂与管材的化学性能不相容,导致接口黏结质量极差。虽然《建筑用硬聚氯乙烯排水管设计及施工规范》(CJJ 29—1998)要求胶黏剂应由管材、管件供应厂家一齐提供,但由于管材生产厂家和化工产品生产厂家的不一致,实际操作过程中,很难保证黏结质量。

3 结束语

地铁车辆段给排水系统的可靠性是地铁车辆段安全运行的重要保证,使各系统都能正常、安全、高效地投入运行,对车辆段的正常运转和安全消防起着至关重要的作用。只有了解、熟悉材料设备的施工工艺、技术参数、适用范围,才能使其在给排水系统中使用稳定、安全、经济。

参考文献

[1] 中华人民共和国国家标准. GB/T 13295—2013:水及燃气用球墨铸铁管、管件和附件[S]. 北京:中国标准出版社,2014.

[2] 中华人民共和国国家标准. GB 50268—2008:给水排水管道工程施工及验收规范[S]. 北京:中国建筑工业出版社,2009.

[3] 中华人民共和国国家标准. GB 50242—2002:建筑给排水及采暖工程施工质量验收规范[S]. 北京:中国标准出版社,2014.

[4] 中华人民共和国国家标准. GB 50141—2008:给水排水构筑物工程施工及验收规范[S]. 北京:中国标准出版社,2014.

第二部分　桥 梁 工 程

基坑后背顶力对高速公路桥墩的影响分析

钟庆华
（浙江杭海城际铁路有限公司）

摘　要　本文基于弹性地基反力计算原理，通过建立“基坑—桥墩”一体化模型，计算基坑后背土体变形，进而得到基坑后背土压力值及沿距桥墩方向的传递规律；结合施工现场测量数据，验证分析了距离工作坑后背 35.24m 处高速公路桥墩的安全性和受干扰程度，为之后施工的安全距离提供参考。

关键词　后背顶力；基坑开挖；高速公路桥墩；安全距离

1　工程概况

温州市宁波路二期工程南起温瞿公路，北至 104 国道，岩途经过三个行政村，线路全长 2992m，道路宽度为 40～50m，整个工程的投资估算为 18.5 亿元。主道路为双向 6 车道，中央分隔带宽 8m，主道路两侧同时设有非机动车道和人行道。本工程为宁波路二期下穿金温铁路段基坑开挖点施工。拟建工程地处丘陵地带，地质条件沿线路变化较大，且分布最深达 18.9m 厚的淤泥，具有含水量大、压缩性强、灵敏度高、承载力低等典型的不良地质特点。在基坑开挖施工时，不良地质条件使施工难度大大增加，对支护的要求也越来越高。

顶进工作坑设在铁路北侧，开挖深度约为 7.2m。工作坑靠近线路侧采用 ϕ1200mm 的钻孔桩支护，其余三侧以 ϕ1000mm 钻孔桩支护，桩长随地层变化，详见图 1、图 2。钻孔桩外侧卸载 2m，线路侧按 1∶2 进行卸载，其余侧均按 1∶1 卸载。坑内被动区设置水泥搅拌桩，宽度不小于 4m，加固深度为 10m。坑内地基采用 ϕ60cm 水泥搅拌桩处理。桩间距呈 1m × 1m 矩阵式布置。桩长随地层渐变。水泥搅拌桩回掺高度为坑底以上 2m，处理后的地基承载力不小于 120kPa。水泥搅拌桩的水泥掺入量不小于 15%，回掺段的掺入量不小于 7%。以上参数均以现场试验为准。水泥搅拌桩 28d 无侧限抗压强度不小于1.2MPa。工作坑周边设置环形排水沟，端部设置集水井进行集中排水。

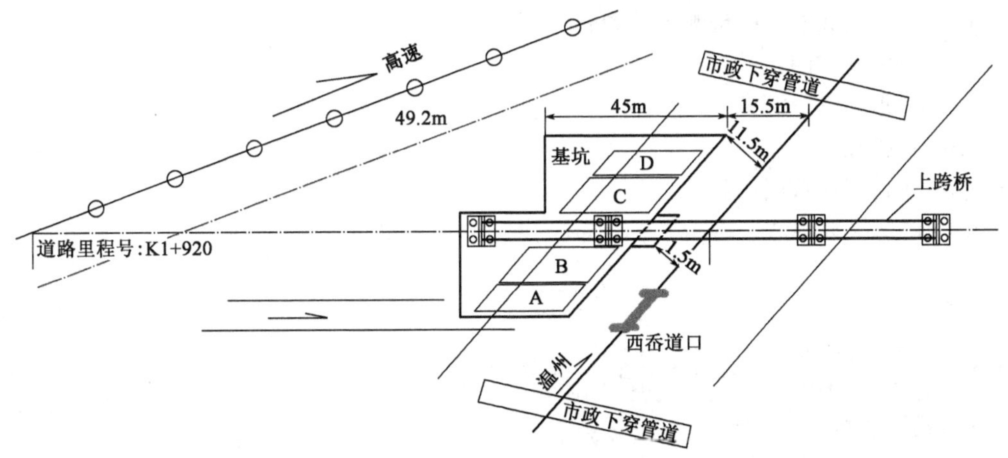

图 1　基坑施工平面图

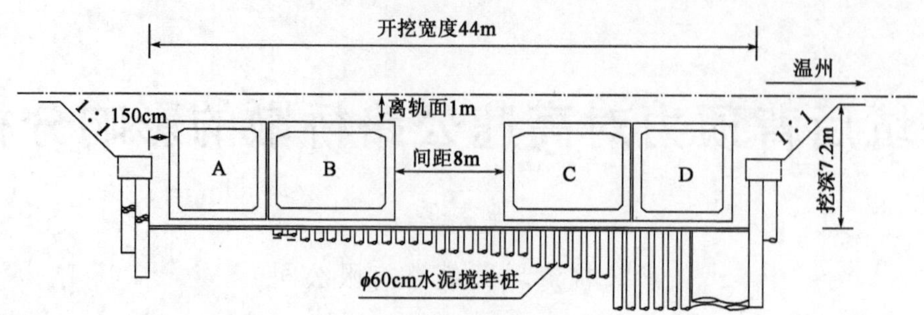

图2　基坑施工横断面图

本文借助"工作坑—桥墩"一体化模型，根据净间距、桩嵌固土体、工作坑后背顶力等因素，分析净间距为35.24m下后背顶力从工作坑通过土体传递至桥墩处的变化规律和桥墩处受力的影响程度，为工作坑施工后背顶力对桥墩的最小非干扰净距设计研究，提供技术支持和理论指导。

2　理论计算

2.1　荷载条件

通过弹性地基反力法计算后背桩顶位移量，从而计算高速公路桥墩周围土体变形而产生的土体应力影响。

根据现场测量，高速公路桥墩距工作坑后背的最近距离为35.24m。

工作坑后背每延米的最大顶力：

$$H_0 = \frac{450 \times 26 \times 1.2}{12.5} = 935\text{kN} \tag{1}$$

2.2　理论计算过程

在计算前先假定坐标系，假定后背桩的变形方向为y，沿桩的深度方向为x，通过对桩体的分析，导出弯曲微分方程为：

$$\begin{gathered} EI\frac{\mathrm{d}^4 y}{\mathrm{d}x^4} + BP(x,y) = 0 \\ P(x,y) = (a + mx^i)y^n = k(x)y^n \end{gathered} \tag{2}$$

式中：$P(x,y)$——单位面积上的桩侧土抗力；

y——水平方向；

x——地面以下深度；

B——桩径；

a、m、i、n——待定常数或指数。

采用Rowe的幂级数解法。将$p(x,y) = mxy$代入(2)式，得：

$$EI\frac{\mathrm{d}^4 y}{\mathrm{d}x^4} + Bmxy = 0 \tag{3}$$

已知$[y]_{x=0} = y_0$，$\left(\frac{\mathrm{d}y}{\mathrm{d}x}\right)_{x=0} = \varphi_0$，$\left(EI\frac{\mathrm{d}^2 y}{\mathrm{d}x^2}\right)_{x=0} = M_0$，$\left(EI\frac{\mathrm{d}^3 y}{\mathrm{d}x^3}\right)_{x=0} = Q_0$

解式(3)得幂级数：

$$y = \sum_{i=0}^{\infty} a_i x^i \tag{4}$$

式中：a_i——待定常数。

对(4)式求1~4阶导数，并代入(3)式，得：

$$
\begin{aligned}
y &= y_0A_1(ax)+\frac{\varphi_0}{a}B_1(ax)+\frac{M_0}{a^2EI}C_1(ax)+\frac{Q_0}{a^3EI}D_1(ax)\\
\frac{\varphi}{a} &= y_0A_2(ax)+\frac{\varphi_0}{a}B_2(ax)+\frac{M_0}{a^2EI}C_2(ax)+\frac{Q_0}{a^3EI}D_2(ax)\\
\frac{M}{a^2EI} &= y_0A_3(ax)+\frac{\varphi_0}{a}B_3(ax)+\frac{M_0}{a^2EI}C_3(ax)+\frac{Q_0}{a^3EI}D_3(ax)\\
\frac{Q}{a^3EI} &= y_0A_4(ax)+\frac{\varphi_0}{a}B_4(ax)+\frac{M_0}{a^2EI}C_4(ax)+\frac{Q_0}{a^3EI}D_4(ax)
\end{aligned}
\tag{5}
$$

接着导出油顶每延米后背仅作用单位水平力 $H_0=1$ 时，地面处桩的水平位移 δ_{QQ} 和转角 δ_{MQ}。油顶每延米后背仅作用单位力矩 $M_0=1$ 时，地面处桩的水平位移 δ_{QM} 和转角 δ_{MM}，对于桩嵌固于淤泥层地基中的情况：

$$
\begin{aligned}
\delta_{QQ} &= \frac{1}{a^3EI}\frac{(B_3D_4-B_4D_3)+K_h(B_2D_4-B_4D_2)}{(A_3B_4-A_4B_3)+K_h(A_2B_4-A_4B_2)}\\
\delta_{MQ} &= \frac{1}{a^2EI}\frac{(A_3D_4-A_4D_3)+K_h(A_2D_4-A_4D_2)}{(A_3B_4-A_4B_3)+K_h(A_2B_4-A_4B_2)}\\
\delta_{QM} &= \frac{1}{a^2EI}\frac{(B_3C_4-B_4C_3)+K_h(B_2C_4-B_4C_2)}{(A_3B_4-A_4B_3)+K_h(A_2B_4-A_4B_2)}\\
\delta_{MM} &= \frac{1}{aEI}\frac{(A_3C_4-A_4C_3)+K_h(A_2C_4-A_4C_2)}{(A_3B_4-A_4B_3)+K_h(A_2B_4-A_4B_2)}
\end{aligned}
\tag{6}
$$

对于嵌固于岩石的桩，同样可导得：

$$
\begin{aligned}
\delta_{QQ} &= \frac{1}{a^3EI}\frac{B_2D_1-B_1D_2}{A_2B_1-A_1B_2}\\
\delta_{MQ} &= \frac{1}{a^2EI}\frac{A_2D_1-A_1D_2}{A_2B_1-A_1B_2}\\
\delta_{QM} &= \frac{1}{a^2EI}\frac{B_2C_1-B_1C_2}{A_2B_1-A_1B_2}\\
\delta_{MM} &= \frac{1}{aEI}\frac{B_2D_1-B_1D_2}{A_2B_1-A_1B_2}
\end{aligned}
\tag{7}
$$

式(6)、式(7)中的 A_1、B_1、C_1、D_1、A_2、B_2…C_4、D_4 等值均可在《桥梁桩基础的分析和设计》附表中查得。

$$K_h=\frac{C_0}{\alpha E}\frac{I_0}{I}\tag{8}$$

式中：C_0——桩底土竖向地基系数；

I_0——桩底全面积对截面重心的惯性矩；

I——桩的平均截面惯性矩。

$$\alpha=\sqrt[5]{\frac{mb_0}{EI}}\tag{9}$$

式中：b_0——桩侧土抗力的计算宽度。

$$b_0=0.9(D+1)\tag{10}$$

桩顶水平位移：

$$y_0=H_0\delta_{QQ}+M_0\delta_{QM}\tag{11}$$

顶进施工时，$H_0=2923\text{kN}$，$M_0=0$，可求得：

$$y_0=2923\delta_{QQ}$$

根据地基土的各项力学指标和桩的截面力学特征，得：

$$\delta_{QQ}=0.001601$$

$$y_0=2923\delta_{QQ}=2923\times 0.001601=4.678\text{mm}$$

利用电算列表计算得：

$$y_{max}=8.775\text{mm}$$

根据 $P(x,y)=(a+mx^i)y^n$ 经验得：

$$\overline{P}=75.7\text{kPa}$$

$$P_{max}=137.1\text{kPa}$$

后背被动土压力向高速公路桥墩方向延伸所产生的附加应力：

$$\sigma_s=\frac{3ps^3}{2\pi}\int_0^l\int_0^b\frac{\mathrm{d}x\mathrm{d}y}{(x^2+y^2+s^2)^{\frac{5}{2}}}$$

$$=\frac{p}{2\pi}\left[\arctan\frac{m}{n\sqrt{1+m^2+n^2}}+\frac{mn}{\sqrt{1+m^2+n^2}}\left(\frac{1}{m^2+n^2}+\frac{1}{1+n^2}\right)\right]$$

$$m=\frac{l}{b}=\frac{12.5}{7.2}=1.736$$

$$n=\frac{s}{b}=\frac{35.24}{7.2}=4.894$$

代入上式得：

$$\sigma_s=2.27\text{kPa}$$

2.3 计算结果

工作坑后背顶力在土体内传递，随着距离的增大，后背顶力消散得越多，到达桥墩处的土压力越小。其消散趋势，如图 3 所示。

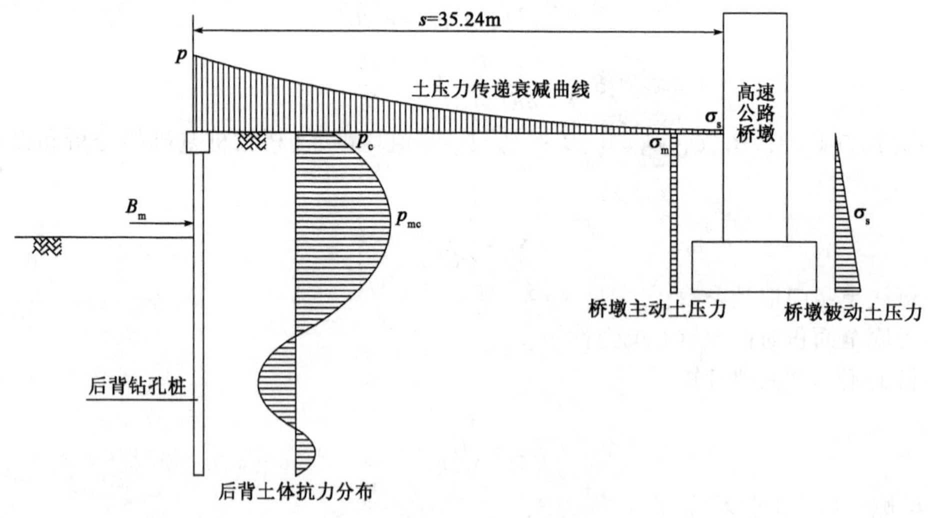

图 3 每延米后背传递的主动土压力

$$E_s=\sigma_sH=2.27H\ \text{kN}$$

高速公路抵抗远处传来的土压力每延米产生的被动土压力：

$$E_g = \frac{1}{2}\gamma H^2 \tan^2\left(45° + \frac{\varphi}{2}\right)$$

$$= 0.5 \times 18 \times \tan^2\left(45° + \frac{12°}{2}\right) H = 13.72H \text{ kN}$$

$$E_s < E_g$$

可见，高速公路桥墩足够安全。

3　结论

(1)在距离桥墩 35.24m 处进行基坑开挖施工，工作坑后背顶力对桥墩受力的影响很小，在工程中可以视距离大于 35.24m 为安全距离。

(2)基坑后背桩嵌固于淤泥层地基中，或者嵌固于岩石地层中，基坑后背顶力对桥墩的影响都很小。

(3)工作坑后背顶力在土体内产生的土压力沿桥墩方向不断减小，且消散速度越来越快。

参考文献

[1] 景峰卫. 基坑施工引起基坑外土体沉降的研究[D]. 淮南：安徽理工大学，2016.

[2] 张红宇，吴文清，张鸿，等. 基坑开挖和支护过程中应力变形实时监测分析[J]. 四川建筑科学研究，2015，41(03)：50-53.

[3] 段鑫. 大型深基坑支护结构力学特性研究[D]. 武汉：武汉工程大学，2015.

[4] 郭英. 时代帝景基坑支护结构稳定性及位移分析[D]. 阜新：辽宁工程技术大学，2013.

[5] 张晨. 基坑支护中土压力主、被动区的互换分析[J]. 科技情报开发与经济，2005(23)：149-150.

既有线铁路涵洞扩建工程防护桩支护技术研究

马锡海
（浙江杭海城际铁路有限公司）

摘　要　近年来，国家大力发展铁路建设，既有铁路线改建扩能工程也越来越多。本文依托浙江某铁路线扩能改造项目 DK147 +213 涵洞扩建工程既有线路防护桩实例，结合施工特点、适用范围、施工工艺，对既有线铁路涵洞扩建工程防护桩技术要点进行了分析探讨，以期为类似工程提供借鉴和帮助。

关键词　既有线铁路；涵洞扩建；防护桩；支护

0　引言

近年来，我国铁路建设发展迅猛，改建既有铁路线的需求也越来越多。在既有铁路线改造施工中，对既有线涵洞进行改造是常见的工程项目，在确保运输、安全方面，既有铁路线涵洞改建防护桩工程技术至关重要，关系既有涵洞改建工程的成败。

1　工程概况

该涵洞在既有线金华至温州铁路青田站附近。由于地处市郊，附近有居民区且是通往青田站货场的主要通道，通过涵洞的车流量和人流量较大。既有涵洞为 2 ~ 6m 钢筋混凝土盖板箱涵，涵底墙身采用浆砌片石，现有 5 股运行股道。需将该涵洞改扩建成 2 ~ 10m 框架涵洞。

2　工程地质条件

设计院提供的勘察资料显示：地面向下 6.35m 地质为稍密碎石土，$\sigma = 150$kPa；向下 2.5m 为粉砂、饱和、松散土，$\sigma = 100$kPa；再向下为粗圆砾土，稍-中密，$\sigma = 400$kPa。

3　施工方案

本工程为既有线涵洞改扩建工程，既有铁路线须正常运营。分为两个阶段施工，根据铁路运营需求设置。在第一阶段施工涵洞时，采用防护排桩对既有涵洞进行防护，既有涵体中线两侧各分布 10 根，桩径 1 × 1.25m，设 50cm 间距，护壁 25cm 厚。桩长 18 ~ 20m 按照①②③④⑤⑥⑦⑧⑨⑩对称分布于既有涵体两侧（见图 1）。考虑基坑开挖后桩顶变形对环境的影响，减少桩顶变形，桩顶增设顶冠梁，冠梁截面尺寸为 1.5m × 1m（宽 × 高）。同时考虑施工位于车站内，施工期间施工人员、机械和过往客货车频繁，为加强现场施工安全和现场人员机械的管理，在防护桩施工期间，在车站行车室安全视频监控设备，施工现场安装 2 个监控摄像头进行全面监控，确保施工安全。

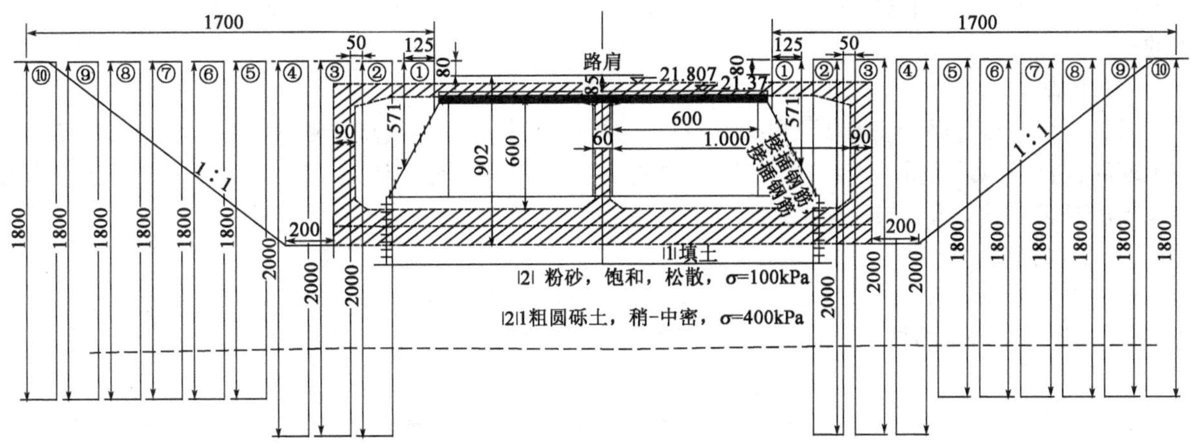

图1 DK147 +213(2～10m)框架桥防护桩布孔立面图(单位:cm)

4 施工工艺技术

4.1 防护桩施工流程(见图2)

4.2 防护桩施工顺序

由于紧邻既有运行线路,抗滑桩必须采用跳桩施工,先行施工1、4、7、10号桩,然后施工2、5、8号桩,最后施工3、6、9号桩。施工时将既有3道线路左侧的道砟进行适当清理至混凝土枕边,采用浇筑混凝土挡墙进行挡护,增加防护桩施工空间。

4.3 防护桩施工技术

4.3.1 防护桩锁口施工

锁扣施工前对锁口边的道砟进行清理,用小沙袋堆码起到挡渣的作用。桩孔锁口用C20钢筋混凝土,桩孔锁口高出地面0.5m,锁口混凝土厚度为50cm。锁口钢筋主筋采用 $\phi16$ 螺纹钢,箍筋采用 $\phi12$ 圆钢,间距20×20cm。

施工准备
测量定桩位
开挖孔口
护壁钢筋加工
绑扎护壁钢筋
立护壁模
灌注护壁混凝土
12～24h后拆模
开挖下一节
检查高程
桩钢筋加工
下桩钢筋
灌注桩身混凝土
结束

图2 抗滑桩施工流程

4.3.2 防护桩开挖及支护

(1)桩孔开挖

碎石类土桩孔开挖利用人工用风镐开挖,采用内燃空压机提供风源动力,用发电机提供电力。每循环开挖高度为0.5～1.0m,开挖后施工钢筋混凝土护壁,然后再开挖下一节,直到挖至设计桩底高程。因碎石类土自稳能力较差易产生坍方,须在桩孔四周孔壁打入注浆小导管进行注浆加固处理。小导管长2.0m,斜向下方打设,并打入 $\phi22$ 砂浆锚杆,锚杆长2.0m,斜向下方打设。同时及时施作钢筋混凝土护壁。

根据地质情况,桩孔开挖时在一定深度范围内会出现渗水及涌水,主要采用注浆堵水和抽排水相结合的方式。采用水泥砂浆进行注浆堵水,根据水流大小配备不同扬程抽水机随时抽取孔内渗水,同时有水地段循环开挖深度要缩短,并及时施作钢筋混凝土护壁。添加混凝土早强、速凝剂,以提高护壁混凝土的早期强度。

(2)出渣

采用小型卷扬机提升设备从孔内提升石渣。卷扬机设置在垂直线路右侧,用出渣车辆倒运至渣场。施工期间,防护桩两侧各设一名防护员进行防护,防止人员和机械侵限。同时,小型挖机出渣和小型出渣车出渣时必须设一人一机一防护。

(3)护壁钢筋

护壁钢筋箍筋采用 $\phi12$,竖向主筋采用 $\phi18$,箍筋和竖向钢筋采用 10×10cm 间距,人工起吊放入桩孔绑扎,为使分节施工的桩孔连成一个整体,对护壁分节处要保证钢筋搭接良好。

(4)护壁立模

护壁钢筋完成后进行护壁立模施工,护壁模板采用钢模板。为确保桩体尺寸,必要时可将桩体长宽各加宽 5cm,同时护壁模板加固要牢固。

(5)灌注护壁混凝土

桩孔护壁混凝土灌注之前先清除孔壁上松动的石块和浮土,使护壁混凝土紧贴岩面;护壁混凝土采用 C25 混凝土,护壁厚度为 25cm。护壁混凝土必须捣固密实,以确保桩孔开挖施工安全。混凝土用罐车运输到平交道口后采用小斗车运输至孔口进行护壁混凝土浇筑,采用 $\phi30$mm 的小型捣固棒进行振捣。

(6)拆模施工:待护壁混凝土强度达到设计强度的 75% 时即可进行拆模施工。

(7)开挖下一节:模板拆除后即进行下一节的开挖,桩孔开挖采用八字形开挖。

4.3.3 防护桩钢筋安装

由于紧邻既有线施工,采用人工分节在孔内进行钢筋笼绑扎。分节控制在 3m 以内,竖向主筋采用 $\phi22$mm@150 主筋,主筋采用 2 根并列成一束布置以加强抗剪,箍筋采用 $\phi12$mm@200,根据桩长不同具体加工。

4.3.4 防护桩混凝土施工

混凝土浇筑采用汽车泵泵送,汽车停靠在线路右侧既有涵洞洞口靠近公交站台旁进行浇筑混凝土。每周封锁不少于一次每次不少于 1h。采用罐车运输混凝土,人工用捣固棒进行振捣。

5 施工经验

在防护桩施工中,由于受周边环境、现场地质及水文条件的限制,只能采用人工挖孔桩的方式组织施工,尤其在防护桩开挖过程中,须重点关注防护桩孔口位移及沉降,须安排专人进行监控量测。监测频次要求:人工挖孔等施工过程中,安排每 6h 一次,对观测点进行观测,当发现变形速度加快时,观测频次提高到每 2h 一次。施工过程中,安排测量小组每 2d 测一次。有列车通过后,需要及时对轨距、轨面扰动情况监控量测一次,并绘制沉降变形曲线,随时掌握营业线路稳定情况。当发现变形速度较快时,观测频次提高到每 6h 一次。施工完毕后,观测频次一般情况下每周不少于 4 次,观测时间不少于 15d。观测资料单独建档存放。防止防护桩因孔口位移引起既有路基失稳。防护桩须严格按跳桩开挖,确保既有铁路路基稳定。在粉砂、粗圆砾土下进行防护桩开挖时,须及时对桩位内及桩位周边 2m 范围内采用注浆加固,防止防护桩开挖时出现流沙、失稳等现象,确保安全,且在护壁浇筑混凝土时,须及时贴加速凝剂,以加快护壁混凝土强度,确保桩位稳定。碎石类土自稳能力较差易产生塌方,须对桩孔四周孔壁打入注浆小导管进行注浆加固处理。小导管长度为 2.0m,斜向下方打设,并打入 $\phi22$mm 砂浆锚杆,锚杆长 2.0m,斜向下方打设。同时及时施作钢筋混凝土护壁。

6　结语

本文对防护桩在既有线涵洞改扩建中的使用作了介绍,对所采用的施工技术和施工经验作了总结,有效地解决了既有线涵洞改扩建的支护问题。随着改扩建工程的增加,用防护桩加固既有线路情况将会越来越多。本工程的实践,为今后的类似工程积累了宝贵经验。

参 考 文 献

[1] 杨国强.浅谈邻近营业线人工挖孔桩施工特点[J].城市建设理论研究(电子版),2017(16):153.

[2] 吴舜明.铁路既有线涵洞改造加固技术的分析[J].建筑知识,2017(3):63.

[3] 中华人民共和国行业标准.JGJ 94—2008:建筑桩基技术规范[S].北京:中国建筑工业出版社,2008.

城际铁路35m简支箱梁预制架设施工技术研究

徐立明

(浙江杭海城际铁路有限公司)

摘 要 简支箱梁常用施工方法主要有整孔预制架设、支架现浇和节段预制拼装3种方法。其中,预制架设法具有施工占地少、质量容易控制、施工速度快、环境影响小等优点,在高速铁路中被广泛应用,但在城际铁路中应用较少。江浙一带地质承载能力差、河网密集,道路众多,因此市政城际铁路特别需要采用大跨度简支箱梁技术。国内城际铁路采用35m跨度简支箱梁在杭海城际铁路项目中首次应用,采用梁场集中预制、架桥机架设施工方法。研究其基于工厂化、标准化的箱梁预制施工技术和采用高铁标准的梁场取证应用,研究35m箱梁架设配套运架设备特点及架设施工技术,形成城际铁路35m大跨度预制简支箱梁成套建造技术,对城际铁路建设具有推广和借鉴意义。

关键词 城际铁路;35m简支箱梁;预制架设施工技术研究

1 概述

1.1 项目概况

杭州至海宁城际铁路是浙江省都市圈城际铁路网中的一条放射形线路,主要功能是承担杭州与海宁及周边地区间的城际联系功能,是目前不多见的跨不同地级行政区的都市圈市域快速轨道交通项目之一。线路总长约46.38km,其中高架线33.578km,全线速度目标值为120km/h,采用B型车4辆编组、直流1500V架空接触网受电。

1.2 桥梁概况

桥梁孔一般以35m简支箱梁等跨布置,30m、25m简支箱梁用于调跨。简支梁主要采用预制架设法施工,局部小半径曲线采用现浇支架法施工。

标准双线简支箱梁顶宽10.6m,底部宽度为4.5m、梁高2.0m。跨中截面顶板厚0.25m,底板厚0.27m,腹板厚0.35m。梁端支座点截面顶板厚0.45m,底板厚0.70m,腹板厚1.0m。梁端设置横隔梁,横隔梁厚1.2m。横截面为单箱单室。结构尺寸如图1所示;35m简支箱梁采用C50混凝土,体积为234.88m^3,质量约为620t。

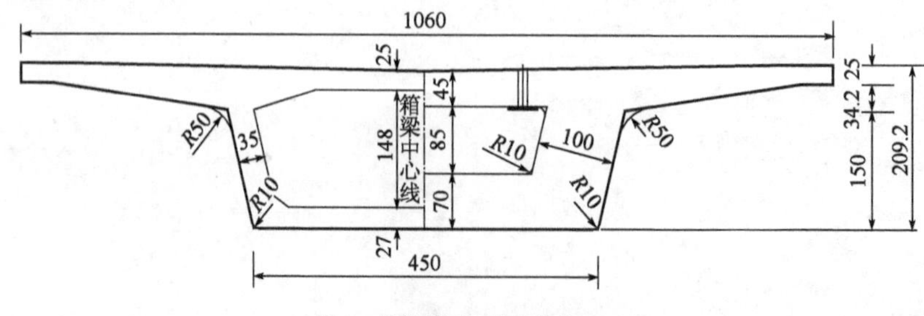

图1 箱梁截面(尺寸单位:cm)

2　箱梁预制架设与现浇技术经济性比较

纵观城际铁路,在国内一些主要城市已建和在建的桥梁中,主要采用跨径为25m、30m、35m 系列简支箱梁,因未有成套建造技术,且线路较短,多以支架现浇法施工为主。考虑其无梁场建设和大型机械设备投入,在经济和工期上占优势(见表1)。对于具有一定规模的桥梁,体现了预制架设施工的经济性和工期优势。

箱梁预制架设与现浇技术经济性比较　表1

施工方案	方法概要	主要优点	主要缺点	施工速度	经济性比较	适用情况
现浇	满布支架或移动模架现场施工	整体性好,可适应各种梁型;可多段同时开工;不需大型设备;对连续结构施工无体系转换	对城市环境、桥下交通影响较大;需大量支架;施工场地占地多;工期较长	施工速度慢,每孔梁当采用支架现浇大约需要15~20d;当采用动模架施工大约需要10~15d	不需要投入大型造桥或架桥设备,对于中短距离桥梁施工费用最省	适用于项目量少的中小桥或斜弯桥
预制架设	在预制场整孔预制、运至现场,用架桥机架设	对城市环境、交通影响最小;施工场地占地少;利于大规模生产,质量外观好;上下部结构可同时施工,施工速度快;节省大量模架	工程施工前期投入较大	施工速度快,每天可架设2~3孔梁	前期投入预制场的费用较高,梁体本身施工成本可降低,对长大桥梁有优势	适用于大规模中小桥简支梁工程

杭海城际铁路因下穿沪杭高铁盾构区间将高架线路划分为两段,分别有202孔和607孔简支箱梁,具有预制架设施工规模,适宜各设置一个梁场,采取预制架设方法施工。

3　箱梁预制施工技术

3.1　梁场布置

预制梁场须根据地形条件规划,场内主要由制梁区、存梁区、保障区、提梁上桥区等组成。箱梁预制与架设能力应匹配,以确定制梁台座和存梁台座的数量,存梁台座尽量采用双层存梁方案。制梁区主要包含钢筋绑扎台座、模板整备台座、制梁台座、龙门吊、模板、布料机等构筑物及设备。存梁区主要由存梁台座、静载试验台座、搬运机通道、搬运机变向区等组成。保障区主要由砂石料场、钢筋存放加工区、混凝土拌和站、变电所、锅炉房、试验室、库房等组成。提梁上桥区包含提梁台座、提梁机轨道基础或运梁通道等构筑物。

梁场承重结构基础须根据地质情况经过技术经济比选确定处理方式,软土地基制梁和存梁台座及提梁机轨道基础可采用钻孔桩、管桩和CFG桩等,搬运机通道地基可采用搅拌桩、旋喷桩等形式加固。杭海城际铁路制梁场布置,如图2、图3所示。

3.2　箱梁钢筋绑扎安装及模板安装

箱梁钢筋在钢筋加工场集中加工,在钢筋绑扎台架上进行底腹板、顶板钢筋整体绑扎;由两台50t龙门吊整体抬吊入模,预应力孔道采用橡胶抽拔棒成孔工艺制孔。

箱梁侧模采用固定式钢模,内模采用整体液压式钢模,内模在整备台座上安装完成后,通过卷扬机整体拖拉入模和脱模。

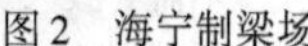

图2　海宁制梁场

图3　盐官制梁场

3.3　箱梁混凝土浇筑及养护

箱梁混凝土运输采用混凝土运输车,浇筑采用布料机;混凝土振捣以插入式振捣棒为主,以侧模高频振动器为辅。混凝土浇筑采用2台输送泵配2台布料机同时布料,从两端往跨中方向进行,采取"斜向分段、水平分层、连续浇筑、一次成型"的浇筑方法。混凝土浇筑完成后,采用提浆机收浆整平,并通过人工对顶板、底板混凝土表面进行二次收光。

杭海城际铁路预制箱梁质量控制采用高铁标准。混凝土用原材料及配合比必须符合《铁路混凝土工程施工质量验收标准》(TB 10424—2018)、《高速铁路预制后张法预应力混凝土简支梁》(TB/T 3432—2016)要求和《铁路混凝土结构耐久性设计规范》(TB 10005—2010)。

箱梁混凝土一般情况下采取自然养护,在制梁台座上梁面采用土工布覆盖,洒水养护。箱梁移出制梁台座后,在存梁台座上采取喷淋养护。养护时间不少于14d。冬季采取蒸汽养护,用保温棚将梁体覆盖,棚内通过蒸汽锅炉输送蒸汽养护。

3.4　箱梁张拉压浆

预制箱梁张拉分预张拉、初张拉和终张拉3次进行。为避免梁体混凝土早期干缩产生裂纹,预制梁应预张拉。预张拉应在梁体混凝土强度达到设计值60%后按设计要求进行。预张拉时,内模板应松开,不应对梁体压缩造成阻碍。初张拉应在梁体混凝土强度达到设计值80%后按设计要求进行。初张拉后,梁体方可移出制梁台位。移梁采用轮胎式搬运机将箱梁从制梁台座移至存梁台座。箱梁按双层存放,采取四点支承,下层存放在存梁立柱上,上层存放在已存箱梁的梁面上。在已存箱梁梁面对应支座处设置找平层,安放橡胶垫作为存梁支点。梁体在存梁台座上进行终张拉和压浆作业。终张拉应在梁体混凝土强度及弹性模量达到设计值后、龄期不少于10d时进行。预应力张拉采用智能张拉,能够精准控制张拉力值,精确测量预应力筋伸长量,实现自动补张,自动采集预应力筋伸长量,及时校核伸长量误差,真正实现"双控"操作。

孔道压浆采用循环智能压浆技术,具有精确控制水胶比、自动调节压力与流量、精确控制稳压时间、自动记录压浆数据等功能,能够保证压浆饱满密实,符合规范和设计要求。

3.5　梁场取证

目前我国高速铁路常用简支箱梁普遍采用现场制梁场预制,专用运、架设备架设。为全面规范企业生产标准化、提高生产能力及产品质量,每个梁场都须取得国家市场监督管理总局颁发的全国工业产品生产许可证,此即是梁场取证。城际铁路预应力混凝土简支梁实行产品生产许可证制度,按照《预应力混凝土铁路桥简支梁产品生产许可证实施细则》办理。由于杭海城际铁路简支箱梁设计图不是铁路标准图、通用图,按照取证要求,由浙江杭海城际铁路有限公司组织专家对设计图进行了评审。取证核查产品标准按照《高速铁路预制后张法预应力混凝土简支梁》(TB/T 3432—2016)执行。

4　箱梁架设施工技术

4.1　箱梁架设方法

由轮胎式搬运机将箱梁从存梁区搬运至运梁车上,运梁车将箱梁从梁场运送至提升站下方;提梁机将箱梁提到桥面运梁车上后,桥面运梁车从已架设桥面将梁运至架桥机处,由架桥机进行逐孔箱梁架设。用运梁车驮运架桥机返回梁场,在梁场调头,实现架桥机反方向架设。

4.2　箱梁提、运、架机械设备

整孔箱梁架设施工中,最主要的是运、架梁设备。运、架设备须根据工程项目的最小曲线半径、最大纵坡以及所架梁体的梁重、截面形状、梁长等参数设计。杭海城铁 35m 大跨度预制简支箱梁双线梁宽 10.6m,最小曲线半径为 550m,其次为 730m,最大纵坡为 28‰,自重约 620t,介于高速铁路 32m 预制简支箱梁(900t)与城际铁路 30m 预制简支箱梁(450t)之间。目前我国常见的铁路桥梁架桥机设备技术参数,见表 2。

国内常用架桥机设备技术参数　表 2

项目名称	客运专线	城际铁路	广珠城际	莞惠城际	宁高城际	单线箱梁	单线 T 梁
架设梁型	32m 简支箱梁	32m 简支箱梁	32m 简支箱梁	30m 简支箱梁	30m 简支箱梁	32m 简支箱梁	32m 简支 T 梁
额定起重量(t)	900	900	700	700	450	450	190
最小架设曲线(m)	2000	2000	2000	1000	1500	2000	600
架设最大纵坡(‰)	20	20	20	30	24	30	20

根据以上梁体及国内常用架桥机设备技术参数,杭海城铁运、架设备须满足最小曲线半径、梁长及梁宽的选型,其他梁重及架设最大纵坡已实现。前期经过调研多家运、架设备制造厂家,综合考虑技术可行性及成本因素,认为可以在既有高速铁路 900t 运、架梁设备基础上进行技术改进或新制,达到 35m 大跨度预制简支箱梁运、架梁的要求。

PZQ450 型轮轨式提梁机:是为高速铁路整孔箱梁预制架设而研制的起重吊运设备,额定起重量为 450t,2 台提梁机起重量为 900t,适用于城际铁路 35m 自重 620t 箱梁。

DCY900 型运梁车:由于城际铁路 35m 箱梁具有截面高度低、腹板间距小、顶板薄的特点,运梁车运梁荷载相对高速铁路较小。但城际铁路箱梁较高速铁路箱梁梁宽变窄,由 12.0m 变为 10.6m。为使左右轮胎中心线处于腹板上,需要重新研究轮胎排列布置。高速铁路预制箱梁运梁车轮胎有大轮组和小轮组两种类型。大轮组运梁车轮胎数量少,轮压大;小轮组运梁车轮胎数量多,轮压小。但运梁车宽,不能很好处于腹板上满足梁体受力要求。现有的 900t 大、小轮组运梁车均不能满足 35m 梁桥上运输要求。因此,须重点研究运梁车合理的轮胎布置,优化受力分配,以满足 35m 预制简支箱梁运输要求。为适应城际铁路 35m 大跨度箱梁,运梁车采用新制。为满足轮压需要,配置 22 组 164 个轮胎。主梁长 46m,分节制造组装。轮胎悬挂于主梁上,可任意拆卸,能满足 35m 跨以下任意梁长的运输(900t 以下)。

SH700 型架桥机(见图 4):在原有架设 32m 高速铁路箱梁架桥机基础上改制,主梁增加一节 2.6m 长,满足架设 32.6m 箱梁至 35m 箱梁之间的转换;原后跨定点提梁改为拖拉架梁,后跨主梁不加长,过孔通过天车配重，翻转的尾部四号支腿取消；三号支腿走形轮箱与支腿之间刚性连接改为碗式连接，曲线箱梁过孔能随意转动角度，满足小曲线架桥机过孔需要。架桥机架设工艺采用两天车同步提梁的架梁方式。由于架桥机为直线，半径越小，架桥机与线路偏距越大。本线最小曲线半径为550m，经初步论证，采用35m架桥机偏距太大，基本无法实现，能适应730m曲线半径需要。

DLMI900型搬运机(见图5)：搬运机采用原900t搬运机改制，增加了主梁3m长，起吊能力为700t，主梁拆卸3m节段即可满足900t的32.6m梁长需要。

图4 SH700型架桥机

图5 DCY900型运梁车

5 结语

在杭海城际铁路预制梁场预制箱梁采用高速铁路桥梁的质量技术标准，应用梁场取证制度，提升了城际铁路的施工质量标准。针对城际铁路35m大跨度预制简支箱梁，研制了配套的运、架梁设备，在城际铁路桥梁建设中实现35m简支梁基于预制架设模式的规模化工程应用，形成了35m大跨度预制简支箱梁的成套建造技术，提升和突破了城际铁路桥梁建造技术，对后续项目具有较大的推广及借鉴作用。

参 考 文 献

[1] 欧心泉. 新型城镇化背景下市域(郊)铁路发展的思考[J]. 中国铁路,2017,7:13-16.
[2] 楼朝伟. 城市轨道交通高架标准梁施工方案比选[J]. 江苏科技信息,2013,5:82-83.
[3] 孙衍福. 城市轨道交通高架桥整孔箱梁预制架设方案初探[J]. 铁道标准设计,2003,8:56-58.
[4] 王今玉. 地铁高架段选线及区间工法探讨[J]. 铁道建筑技术,2012,S2:40-42.
[5] 朱斌,李卓,袁俊. 轨道交通预制箱梁架设关键技术[J]. 市政技术. 2014,S1:100-103.
[6] 叶阳升,魏峰,胡所亭,等. 高速铁路跨度40m预制简支箱梁建造技术研究[J]. 中国铁路. 2016,10:5-10.

城际铁路小半径曲线现浇简支箱梁预应力施工体会

张铁军
（浙江杭海城际铁路有限公司）

摘　要　目前我国桥梁建设水平日益提高，预应力技术作为一项不可或缺的工序对桥梁工程的建设起到了很大的作用。其作用原理就是在结构承受荷载之前，预先对其施加压力，使其在外荷载作用时的受拉区混凝土内力产生压应力，用以抵消或减小外荷载产生的拉应力，从而保证桥梁混凝土结构发挥其使用功能。本文根据杭州至海宁城际铁路建设中，桥梁工程在小半径曲线段预制箱梁无法架设，而采用现浇箱梁施工时预应力施工情况，结合现场数据及存在的问题进行总结分析，提出了城际铁路小半径曲线现浇箱梁后张法预应力施工的控制要点和注意事项。

关键词　城际铁路；桥梁；小半径曲线；现浇简支箱梁；预应力；施工

0　引言

城际铁路线路基本走向应符合城市总体规划、城际铁路网规划和城市轨道交通线网规划，与沿线城市路网规划和用地规划相协调，顺应城际主客流方向，合理选择线位、站位，并协调好与其他交通方式间的衔接、换乘关系，充分发挥轨道交通在城市、市域公共交通中的骨干作用（见图1）。区间正线平面曲线最小半径一般不低于800m，困难条件下不低于750m，限速地段不低于450m。本文中现浇简支箱梁位于半径550m的小曲线上，主要是由于线路为绕避省农科院杨渡基地，沿青年路、规划学院路、长安路走行，于长安路与仰山路交叉口设长安镇站，其中，由规划学院路转入长安路段曲线半径采用550m，其

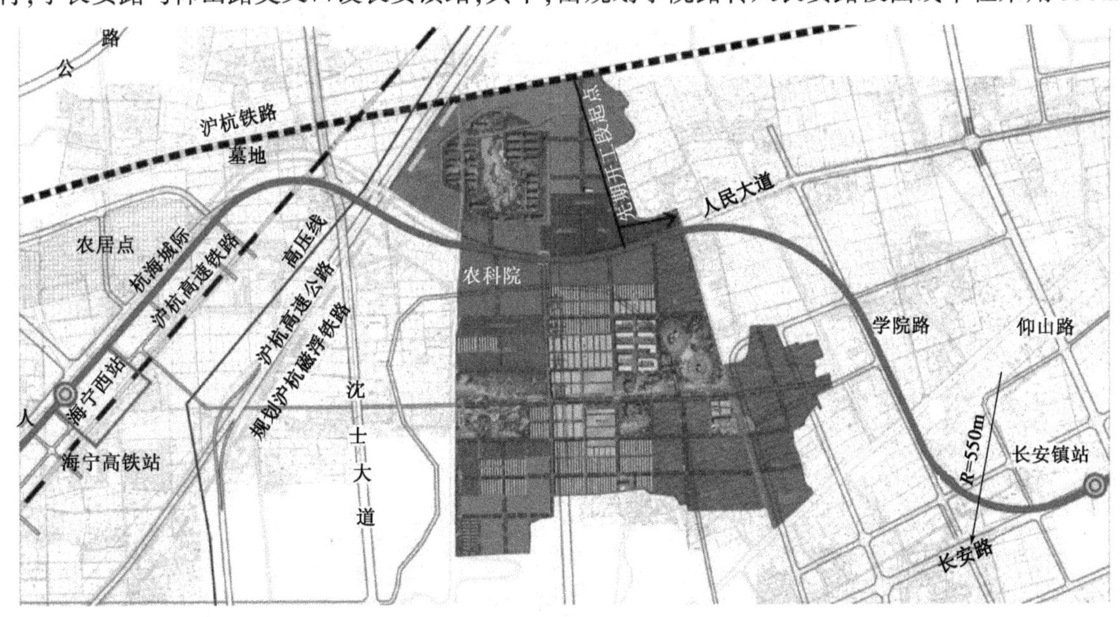

图1　铁路线路走向

曲线端部已靠近长安镇站，难以继续增大该处曲线半径，同时考虑该处曲线靠近车站，列车通过时未达到最高运行速度，设置550m曲线半径对列车正常运行速度影响较小。本文结合杭州至海宁城际铁路高架桥梁的施工实践，对由于曲线半径太小而无法满足预制架设条件下，采用满堂支架现浇的方法施工中预应力的控制及注意事项。

1　设计情况

该城际铁路工程按最高运行速度120km/h标准设计，双线、小曲线半径为550m，线间距为4.2m。上部结构采用双线预应力混凝土简支箱梁，涉及小半径曲线现浇简支箱梁共26孔，分别为18孔35m现浇简支梁、8孔30m现浇简支梁。详细介绍如下（见图2、图3）：

（1）曲线梁梁型布跨原则。布跨采用右线准则，桥梁立面按右线展开。本梁梁缝采用10cm，梁缝中心线垂直于右线。本梁腹板及底板按直线梁布置；顶板按桥面呈线性布置，通过调整左右悬臂板长度来实现。箱梁支座横向中心线与梁端线平行，左右支座与梁端与离相等。

（2）双线预应力混凝土简支箱梁梁面宽度为10.6m，主梁横断面采用单箱单室截面，中心线处梁高2.0m，底宽4.5m，梁面"V"字坡，顶板厚度为0.25～0.45m；腹板采用斜腹板，厚度为0.35～1.0m；底板厚度为0.27～0.7m。

（3）双线预应力混凝土简支箱梁采用单端张拉形式，可逐孔施工。预应力钢束的张拉采用一次张拉到位。张拉时，混凝土龄期不小于10d，且其弹性模量及强度不少于设计值的100%。预应力张拉应左右对称，采用张拉力与伸长量双控措施，实际伸长量与计算值误差应控制在±6%以内。

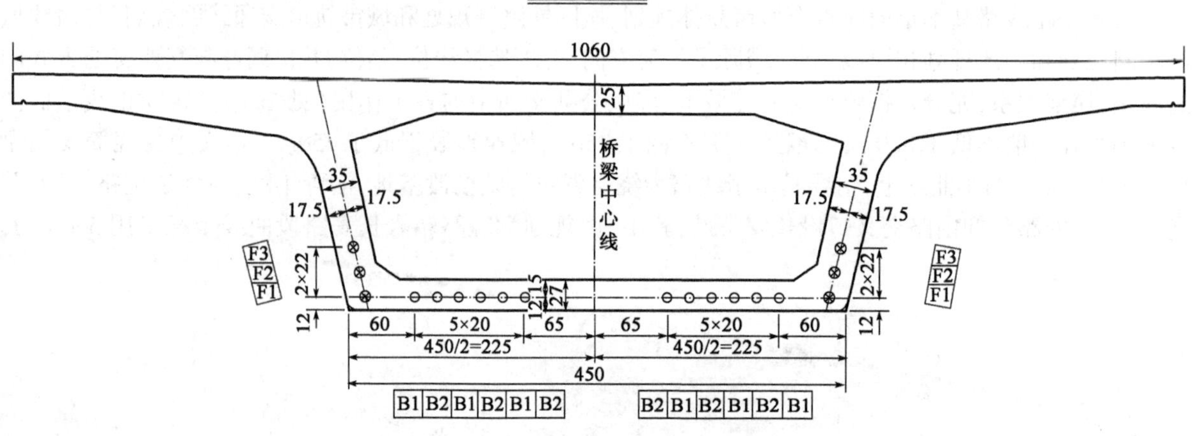

图2　箱梁跨中预应力束布置图（尺寸单位：cm）

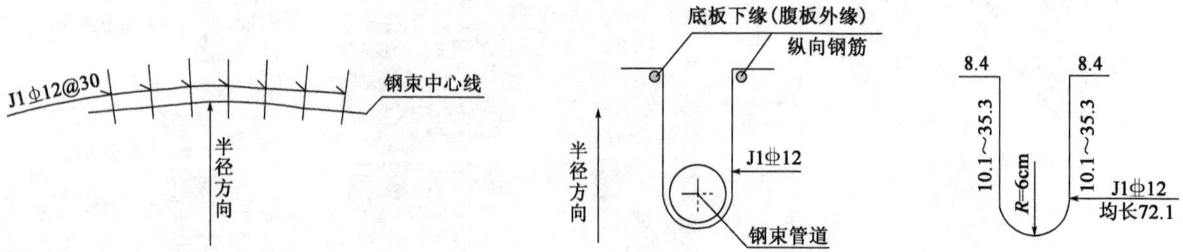

图3　防崩钢筋示意图（尺寸单位：cm）

2　预应力施工

预应力筋按技术规范和设计图纸进行张拉，张拉程序为 0→初应力（$0.1\sigma_{con}$）→σ_{con}→（持荷 5min）→锚固。张拉时，边张拉边测量伸长值，采用应力、应变双控制，实际伸长值与理论伸长值相比误差控制在 ±6% 以内，纵向预应力束采用 ϕj15.2 高强低松弛钢绞线，标准强度为 1860MPa，弹性模量为 1.95×10^5MPa。预施力采用单端张拉，曲线内、外侧应结合曲线半径适当调整跨中直线段长度及下料长度，各批钢束张拉时为对称张拉。

2.1　张拉数据计算

（1）张拉力的计算

①标准强度：$R=1860$MPa。

②张拉控制应力 $\sigma_{con}=1230$MPa（设计），执行设计张拉程序 0→初应力（$0.1\sigma_{con}$）→σ_{con}→（持荷 5min）→锚固。

③$P=1230\times140=172.2$kN（$1230\times140/1000$）。

每根钢绞线的截面面积 $A_p=140\text{mm}^2$。

孔道影响系数 K 取设计值 0.0025，μ 取设计值 0.23。

（2）伸长值的计算

伸长值的计算采用精确的计算方法，计算张拉力取控制张拉力 P_K，钢绞线弹性模量取实测值。

预应力钢束伸长值计算公式：

$$\Delta L=PL/A_Y\cdot E_G \tag{1}$$

式中：ΔL——预应力钢束计算伸长值；

L——预应力钢束在孔道中的长度；

A_Y——预应力钢束的截面面积；

E_G——预应力钢束弹性模量；

L——从张拉至计算截面曲线孔道部分切线的夹角之和（rad）；

P——预应力钢束平均张拉力；

$$P=P_0[1-e^{-(kx+\mu\theta)}]/(kx+\mu\theta) \tag{2}$$

P_0——预应力钢材张拉端的张拉力；

x——从张拉端至计算截面积的孔道长度在构件纵轴上的投影长度；

k——孔道每米局部偏差对摩擦的影响因数，取值 0.0025；

μ——预应力钢筋与孔道壁的摩擦因数，取值 0.23。

材料进场后，经实验测得钢绞线弹性模量 $E_G=201$GPa。采用金属波纹管，按规范取管道摩阻因数 μ 为 0.23，管道偏差系数 K 为 0.0025，分别用上式计算得各钢绞线的伸长值（以跨径 30m 现浇简支梁为例）（见表 1）。

预应力筋参数　　表 1

钢束编号	规格	长度（cm 内侧）	计算伸长量（mm）
F1	$15-\phi^S15.2$	6139.6	175.6
F2	$15-\phi^S15.2$	6144.4	175.8
F3	$15-\phi^S15.2$	6149.4	175.9
B1	$10-\phi^S15.2$	14790	138.2
B2	$10-\phi^S15.2$	14790	138.2

2.2 预应力的施工情况

F1～F3 张拉所使用的千斤顶为4000kN，B1 和 B2 为2500kN，其标定方程为：

$$F = 79.333P - 36.033(4000\text{kN}) \tag{3}$$

$$F = 48.372P - 16.743(2500\text{kN}) \tag{4}$$

式中：F——标准力值(MN)；

P——压力指示器示值(MPa)。

据此方程推算出压力表与张拉力关系及施工时实测引伸量情况，如表2所示。

张拉参数 表2

钢束编号	压力表读数(MPa)	对应张拉力(kN)	实测引伸量(mm)	比理论计算偏差(%)
F1	33.01	2583	165.7	5.61
F2	33.01	2583	166.1	5.51
F3	33.01	2583	165.8	5.76
B1	35.95	1722	131.2	5.07
B2	35.95	1722	131.1	5.11

伸长值的测量。预应力钢绞线张拉时应先调整到10% · P_K 后再开始测量伸长值，然后再将应力加到20% · P_K，测伸长值；再将应力加到100% · P_K，再测伸长值。实际伸长值等于测量的伸长值加初应力时推算的伸长值，即：

$$\Delta L = \Delta L_1 + \Delta L_2 - \Delta L_3 \tag{5}$$

式中：ΔL_1——从初应力到控制应力之间的实测伸长值；

ΔL_2——初应力时推算的伸长值，可采用相邻的伸长值；

ΔL_3——预应力筋的内缩值，可忽略。

2.3 产生偏差的原因分析

由上表实际与理论计算伸长量对照发现，钢绞线的施工伸长量与理论计算结果存在较大的偏差，均接近±6%的规范要求，其中存在较大竖曲线的F1、F2、F3束偏差更大，分析原因如下：

(1)小半径的现浇简支箱梁桥，因其同时具有竖弯，因而在张拉过程中，预应力孔道对钢束具有较大的摩阻作用。在进行理论计算的过程中，管道偏差因数 K 值是由施工中管道定位偏差和管道壁不光滑程度决定的，管道摩阻因数 μ 值则随着钢束弯曲角度的增加而增加。这两个因数按规范取值与实测值存在着较大偏差。

(2)孔道位置引起的偏差。预应力孔道预留不准确，孔道位置和设计图不符出现偏差，导致理论伸长值发生变化。如果位置偏差较大，则会引起预应力钢束伸长率超限。

(3)孔道堵塞引起摩阻损失增大。浇筑混凝土时，由于振捣过力导致波纹管破裂或波纹管连接不严造成漏浆，部分混凝土堵塞孔道造成摩阻损失增大，使实际张拉伸长值减小，引起预应力钢束伸长率超限。

(4)锚垫板喇叭口混凝土未清理导致摩阻损失增大。浇筑混凝土时，部分喇叭口处留有混凝土，导致锚具安装困难；钢绞线伸长方向与锚垫板方向不同心，违反了张拉“三同心”原则。张拉时增大了钢绞线与锚口的摩阻力，造成预应力钢束实际伸长值减小引起预应力钢束伸长率超限。

(5)锚垫板安装倾斜导致摩阻力增大。锚垫板安装时倾斜，钢绞线伸长方向与孔道中心不一致，张拉时，锚垫板偏心受力增大了钢绞线与孔口的摩阻力，使预应力钢束实际伸长值减小。

(6)预应力钢绞线穿束时，钢绞线在孔道内交叉缠绕，预应力施加时钢绞线受力不均，导致部分钢绞线受力未达到设计控制应力要求，造成预应力钢束实际伸长值不足。

预防措施：

(1)鉴于以上第一点的分析，按照《铁路桥涵钢筋混凝土和预应力混凝土结构设计规范》(TB 10002.3—2005)对张拉摩阻损失进行重新测定。通过对测试数据分析，求得 $K=0.0130$，$\mu=0.26$，可以推算其损失值同实测值吻合较好。在此基础上，实际施工中对张拉控制数据进行了适当调整。计算伸长量时钢绞线的 K、μ 参数值按实测摩阻因数取值，即 $K=0.0130$，$\mu=0.26$。

经过调整后，在该桥的张拉中，张拉控制应力、实测伸长量均与设计要求相吻合。

(2)预应力孔道的波纹管或橡胶棒定位时必须按照设计坐标进行。定位时安装定位网钢筋、U型卡环或者两者合并使用。定位距离为纵向50cm一道，并且定位要牢固准确。焊接时要注意避免烧伤波纹管或橡胶棒，混凝土浇筑振捣时注意严禁触碰波纹管以免偏位。

(3)波纹管安装时，接头位置需要采用套接(使用大一号作为接头)，四周使用塑料胶带包裹密封。混凝土振捣时严禁触碰波纹管，以免波纹管破裂漏浆。混凝土浇筑前进行预应力穿束的，在混凝土浇筑时边浇筑边由专人负责抽拔钢绞线，以免钢绞线被水泥浆握裹，发现漏浆问题须及时处理。

(4)锚垫板安装时，严格检查控制锚垫板、端头模板、波纹管之间的孔隙，尽量减少锚垫板处的漏浆堵塞锚垫板锚口。端头模板拆除后要及时清理锚口内混凝土(混凝土强度较低，较容易清理)。预应力钢束穿束前，必须检查锚口内混凝土是否清理干净，未清理干净严禁穿束。

(5)锚垫板及模板安装完成后，仔细检查锚垫板和模板是否连接牢固，螺栓是否旋紧，发现问题及时处理。保证锚垫板的安装符合设计要求，与张拉方向一致。当发生锚垫板安装倾斜，与张拉方向不一致时，较轻的可以采用加垫钢板的方法进行调整，严重的需要破除重新安装。

(6)预应力筋应梳整、编束，每隔1~1.5m绑扎铁线、编束，同时每根钢绞线要进行编号，编束后应顺直不扭转。钢绞线穿束前，对编束后的钢绞线进行编号复查，穿束时必须整束穿入。当钢束较长或钢束较多时，可使用特制工具(锥形铁环)牵引整束穿入，然后将工作锚具孔编号。安装时应两端位置相同，编号对应，有效避免了钢绞线缠绕、扭转，保证每根钢绞线张拉应力平衡。

2.4　预应力施工控制要点

(1) 在预应力作业中，必须特别注意安全。因为预应力筋持有很大的能量，万一预应力筋被拉断或锚具与张拉千斤顶失效。巨大能量急剧释放，有可能造成很大危害。因此必须有安全防护措施。

(2)操作千斤顶和量测伸长值的人员，应站在千斤顶侧面操作，严格遵守操作规程。

(3)连接器、夹具、锚具进场前分批进行外观检查，不得有裂纹、伤痕、锈蚀，尺寸不得超过允许偏差，对其力学性能应根据供货情况确定是否复验，对连接器应做连接能力试验。同时应注意保持清洁和良好的润滑状态。

(4)多根钢绞束夹片锚固体系如遇到个别钢绞线滑移，可更换夹片，用小型千斤顶单根张拉。

(5)管道要准确按照设计高程放置，并用定位钢筋固定。安放后的管道必须平顺、无折角。管道要密封，施工过程人员、机械和振动棒等不得碰撞管道。

(6)张拉时，混凝土龄期不小于10d，且其弹性模量及强度不少于设计值的100%。

(7)张拉千斤顶吨位宜为张拉力的1.5倍，且不得小于1.2倍。使用前必须由有资质的试验检验部门进行标定、校正。校正因数不得大于1.05。校正有效期为1个月且不得超过200次张拉作业。张拉千斤顶的行程应满足张拉工艺的要求。

4　结语

双线预应力混凝土简支箱梁桥的预应力施工，由于结构受力较为复杂，在实际施工过程中可能会发生很多问题,以上简单叙述了小半径曲线梁桥预应力施工的一点体会,希望能起到抛砖引玉的作用,望各位同行在施工过程中不断总结,使施工质量趋于完善。

参考文献

[1] 中铁工程设计咨询集团有限公司.铁路桥涵钢筋混凝土和预应力混凝土结构设计规范[M].北京:中国铁道出版社,2005.

[2] 中铁三局集团有限公司.铁路混凝土工程施工技术指南[M].北京:中国铁道出版社,2016.

[3] 周永兴,等.路桥施工计算手册[M].北京:人民交通出版社,2001.

[4] 李世华.城市高架桥施工手册[M].北京:中国建筑工业出版社,2006.

浅谈城际轨道交通桥梁施工技术与质量控制

孙承军
（浙江杭海城际铁路有限公司）

摘　要　作为我国道路交通体系中最重要的一种工程类型，城际轨道交通桥梁建设对我国经济发展有着重要影响。随着经济建设水平的提高，我国城际轨道交通桥梁建设工程不断增加，施工难度与投资成本不断上涨。从目前来看，城际轨道交通桥梁建设过程中还存在一些管理问题，安全事故不断发生，在很大程度上阻碍了我国城际轨道交通事业的健康发展。因此，做好施工技术和质量控制工作将对城际轨道交通桥梁整体的安全性、稳定性产生直接影响。如何通过有效的技术方法，提高城际轨道交通桥梁工程质量，成为当前城际轨道交通桥梁施工中急需解决的问题。

关键词　城际轨道交通；桥梁；施工技术；质量控制

1　城际轨道交通桥梁施工技术

1.1　桩位钻孔施工技术

城际轨道交通桥梁建设过程中可能面临复杂的地域环境，需要跨越河流、水塘、农田等不良地质区域。桩位钻孔施工技术是桥梁建设中重要组成部分，在具体的实际操作中需要注意下面几点内容：

(1)结合现场勘查资料做好场地平整工作。如果所处区域地质条件良好可以直接进行压实作业；如果当前地理条件不能满足工程质量要求，存在淤泥、软土、水滩等现象，则需要在现场搭设工作平台，做好围堰支护。当桩位处于深水区时，需要采用钢平台或其他相关的施工技术。

(2)桩位确定好以后埋设护筒。根据地质条件选择合适的钻孔设备，利用全站仪等测量设备对护筒位置及高程等相关数据进行复核，保证各类数据符合设计要求，将测量误差控制在规定范围内。需要注意的是，在护筒的应用上应该根据现场环境进行综合分析。当所在区域处于极易发生塌孔的沼泽地区、涉水地区可以增加护筒法埋设数量，采用双护筒法埋设造孔。

(3)护筒埋设完成即可进行钻孔施工及钢筋笼制作。结合现场情况在遇到容易塌孔的环境下，可以使用泥浆护壁降低钻孔过程中质量问题的发生。与此同时，在循环清孔作业中采用泥浆护壁的形式，将地面泥浆搅拌均匀灌注到桩孔内部，以此达到清孔的目的。在钻孔施工中需要注意对钻孔深度做好测量控制。钢筋笼制作可以与钻孔施工同时进行，制作完成后运输至施工现场。应避免起重吊装和车辆运输过程中造成钢筋笼变形。钢筋笼吊装完成后，在四周焊接上钢筋弯钩，保证钢筋笼能够牢固地挂在护筒上，以免后续混凝土浇筑造成钢筋笼下沉。

1.2　墩身施工技术

墩身施工主要涉及以下几个方面内容：

(1)钢筋安装。在施工前做好泄水管预埋件的准备工作，严格按照设计要求及图纸内容进行钢筋安装。在结束后采用缆绳加固，以提高墩身钢筋骨架的安全性、稳定性，保证墩身钢筋骨架能够抵抗风荷载等自然灾害的侵袭，避免出现变形或倒塌等安全质量问题。

(2)接地施工，采用专门的接地扁铁作为接地装置埋设在墩身顶面位置，且应上下贯通，保证焊接质量满足设计要求。接地端子安装好以后,可以采用棉纱等对其进行堵塞保护,确保墩身接地的有效性。另外,钢筋安装与接地工作完成后,还要进行混凝土坍落度等重要指标的检测工作,保证所有数据满足合格标准后方可进行混凝土浇筑。

2 城际轨道交通桥梁施工质量控制

2.1 完善质量管理体系

在桥梁施工过程中,或多或少都会出现一些问题,因此要大力开展施工质量管控工作。但是,在施工过程中对于施工质量的管控涉及很多细节,这就要求在施工前后,都要确保监督和管理工作高效完成。只有在如此繁多的工作中,建立一个健全、完整的管理体系,才能确保质量管理工作全面系统地进行。要从施工的人员、材料、机械等方面进行规划,同时根据桥梁施工的实际情况,制定各项有效的管理制度,对全体工作人员进行约束,以此来提升每个工作人员的质量控制意识,进而将全体管理人员质量管理的积极性充分调动起来,不断提升相关监督人员的专业知识水平,最终确保在保证质量的前提下,顺利完成桥梁工程施工任务。

2.2 严把原材料质量关

在桥梁施工过程中,相关材料选择是工作的关键,因此需要施工企业对原材料质量进行严格把关。在施工之前,要充分掌握各种材料的运用是否正确以及是否到位,每种施工材料的数量与型号与工程相匹配。如对于施工所需钢筋,要仔细检查每个构件的尺寸与钢筋型号的编码是否一致。对钢筋长度、直径和数量需要进行严格的审核,检查是否和设计图纸中的要求一致。同时,还需要对所选取的钢筋按照不同的直径和类型分别抽样送至试验室进行力学性能检测,检测合格的钢材料才可以使用。另外,还需要在施工过程中,对施工现场的原材料进行不定期抽检。若发现存在质量问题,必须对原材料进行清场处理,严格追究相关方责任,杜绝不合格材料在工程实体中使用。

2.3 加强现场监督检查

除了对施工过程中的材料质量和施工人员的技术进行严格要求之外,还需要在现场施工过程中加强监督检查,严格按工程验收要求,及时发现存在的问题,积极解决问题,以避免施工延误及资金浪费。

3 结束语

目前,我国交通运输事业发展迅速,城际轨道交通桥梁在整个交通运输体系中占据非常重要的地位,城际轨道交通建设逐渐增多,为我国经济建设提供了可靠的基础支持。在具体建设过程中,城际轨道交通桥梁施工技术的应用至关重要,采用科学的技术工艺是保证工程建设顺利完成的首要条件,做好技术管理与质量控制工作具有十分重要的现实意义。

参考文献

[1] 郑文江.铁路桥梁施工技术与质量控制措施分析[J].建材与装饰,2017(21):242-243.
[2] 周鹏.铁路桥梁施工技术与质量控制研究[J].科技视界,2017(13):184.
[3] 刘艺.铁路桥梁施工技术与质量控制措施分析[J].四川水泥,2017(01):24.

浅谈市域(郊)铁路预应力混凝土连续梁线性控制

张秀源
(浙江杭海城际铁路有限公司)

摘　要　连续梁线性控制是对桥梁施工过程中的结构受力、变形及稳定性进行监测控制,使施工中结构处于最优状态。线性控制的目的是通过施工过程中有关参数的监测与数据的分析处理,确保施工过程中结构的安全和稳定,使成桥后的轴线和桥面线型达到设计要求,并使结构的内力分布与设计理论状态基本吻合,确保桥梁施工安全和正常运营。本文结合杭州至海宁城际铁路盐官下河连续梁工程,对悬臂浇筑法浇筑桥梁线性控制技术等问题进行了探讨,对施工控制方法的原理进行研究;运用大型有限元软件程序建立全桥模型,进行施工变形和内力计算,得出理论变形值。在施工阶段,结合现场监测数据进行对比分析,确定合理的立模高程,从而保证合龙精度和整体美观性。

关键词　连续梁;线性控制;挠度;立模高程

1　工程概况

杭州至海宁城际铁路工程线路总长46.38km,桥隧比约为72%,上部结构为预应力简支梁和预应力混凝土连续梁结构。设计采用(70+120+70)m连续梁跨越盐官下河,采用悬臂法浇筑,采用单箱单室变高度连续梁。梁体各控制截面梁高分别为:边跨直线段及中跨跨中截面特征点处梁高为4.0m,中支点截面特征点处梁高为8.2m,梁高按二次抛物线变化;全桥箱梁顶宽10.6m,箱梁底宽6.6m,顶板厚35cm,腹板厚分别为60cm、80cm、100cm。

2　线性控制的基本原理和方法

2.1　线性控制的原理

桥梁施工线性监控是一个预告→监测→识别→修正→预告的循环过程。线性监控最重要的目的是确保施工过程中结构的安全,具体表现为结构内力合理,结构变形控制在允许范围内,并保证有足够的稳定性。

大跨径变截面预应力混凝土连续梁线性监控的原则是,“线形控制为主、应力控制为辅,确保成桥线形符合设计要求,确保施工过程中结构的安全性”。

2.2　线性控制的方法

2.2.1　变形监测方法

(1) 测点布置

在连续梁桥的每个施工梁前端设一个测试断面,每个断面顶面各设3个固定测点和临时测点,即0号块顶部线形监测点、基准点和强制对中点。0号块顶部测点布置图,如图1所示。一般节段线形监测点布置图,如图2所示。图中腹板处测点位置仅为布置示意,实际施工时根据施工单位挂篮布置情况以近腹板中心处且避开挂篮滑道为宜。一般节段底模临时测点仅为参考部位,实际位置以对应于顶板测点下方且避开挂篮吊带和接头钢筋为宜。

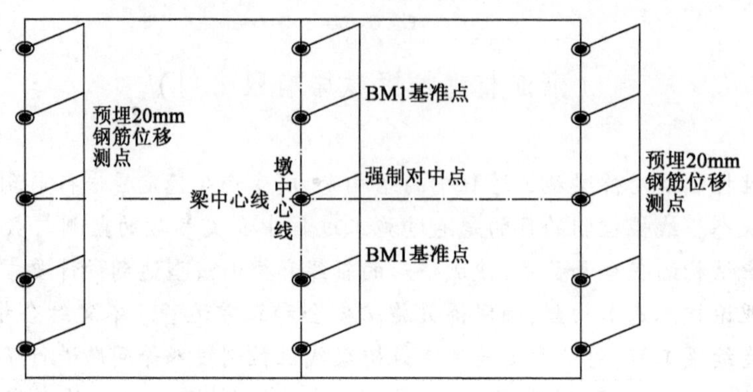

图1　0号块顶部测点布置示意图

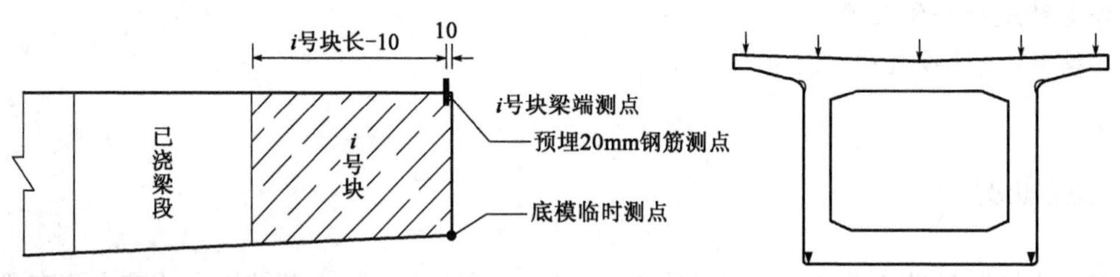

图2　一般节段线形测点布置示意图(尺寸单位:mm)

在施工0号块时,应在箱梁顶预埋高程控制基准点和强制对中点。高程控制基准点用20mm直径螺纹钢制作,共设2个;基准点点号为BM1、BM2,上部加工磨圆并涂上红漆;基准点钢筋露出混凝土顶面约1cm,周围用钢筋设小围栏保护。强制对中点采用普通强制对中螺钉,强制对中点编号为ZD。

挠度测点采用20mm直径螺纹钢制作,长度为安装处混凝土厚度减保护层厚度加1cm,即安装时测点钢筋支撑于底模保护层上,混凝土灌筑完成后,测点钢筋应外露混凝土面1cm。测点安装时应在竖直方向与箱梁内钢筋网焊固,要求竖直,钢筋头顶面应磨平并用红油漆标记。

(2)监测工况

在施工过程中,对每一个节段在混凝土浇筑前、混凝土浇筑后、预应力钢筋张拉后进行挠度测点观测和箱梁轴线偏差测量。

(3)监测方法

挠度监测用徕卡NA2自动安平水准仪和FS1平板测微器,精度级别为S1,使用2m的铟钢尺,按三等水准进行闭合测量。

挠度监测前,先复核高程基准点,无误后方可使用。进行测量时,按照三等水准测量要求,采用附合导线测量法。对于基准点,要求与施工单位一起每隔两个月复测一次。

在箱梁施工过程中必须对每一个节段进行轴线控制。用钢尺测出当前施工节段前端的横向中点并做好标记,将全站仪架设在墩顶梁面强制对中点上,后视另一墩顶梁面强制对中点。用坐标放样法定出当前施工节段前端理论横向中心点的位置,用钢尺量出理论横向中心点与实际横向中心点的距离,钢尺读数即为轴线偏差值。定期对墩顶梁面强制对中点进行复核,与地面导线控制点进行连测。

为了克服温度变化所引起的对结构变形的影响,选择观测时间十分重要,一般应选择在清晨7:00(春、冬季)或6:00(夏、秋季)以前完成外业测量。

2.2.2　应力监测方法

(1)测点布置

应力测试时全桥箱梁共布置5个断面,分别位于主墩两侧和跨中断面处。全桥应力测点断面布置,如图3所示,应力测点布置如图4所示。各应变测点根据施工阶段埋入。

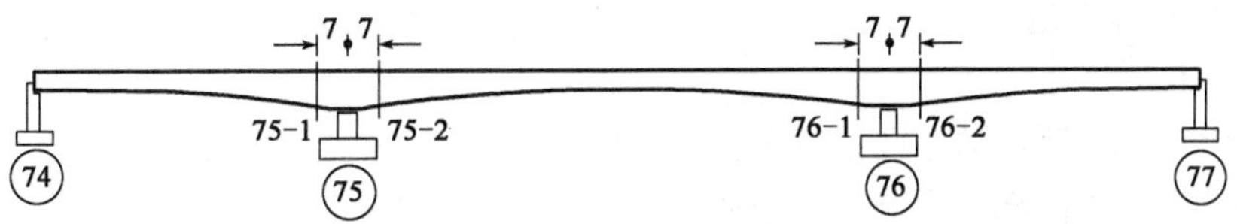

图3　应力测试断面位置图(尺寸单位:m)

(2)应力测试原理

由于钢弦应力计具有长期稳定性好、抗损伤性能好、埋设定位容易及对施工干扰小等优点,且通过以前测试经验和对国内元件及仪器综合分析比较,决定混凝土内部埋入式钢弦计选用JMZX-212AT型埋入式智能弦式数码应变计,配合使用无应力计。

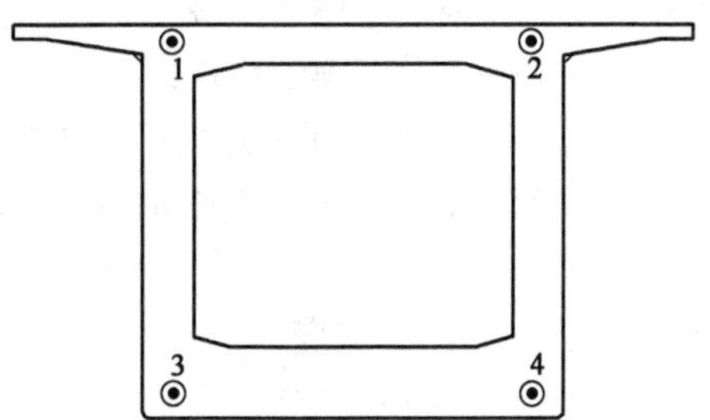

图4　截面应力测点布置图

量程:±1500με

灵敏度:0.02(%F.S)

测量标距:100mm

使用环境温度:-10~+70℃

温度测量范围:-25~+60℃

温度测量精度:0.5℃

为提高测试效率,并使监控人员能够实时了解梁的应力状态,所有断面应力测试采用JMZX-2001型振弦检测仪直接测量。

振弦检测仪是一种便携式、多功能的智能读数仪。该系列仪器均能对钢弦传感器、电感调频类传感器、半导体温度传感器进行测量。406C综合测试仪具有检测速度快、精度高、使用简单方便等特点。仪器体积小、重量轻,采用可充电电池供电,使用携带极为方便。

该仪器能在传感器内自动记录传感器编号、系数,自动计算应变、自动检测温度的结果并作温度修正,能自动保存记录测试结果,供以后查阅或送计算机处理。

测量范围:

振弦频率:600~3500Hz

混凝土应变:±1500με

压力:0~5000kN

压强:4MPa

温度:-20~110℃

测量精度:

振弦频率精度:0.1% ±0.1Hz

应变精度:±2με

压力精度:±1kN

温度精度:±1℃

数据存储:

传感器:600~800个记录

仪器:2500 个记录

使用环境:

温度:-10~40℃

相对湿度≤90% RH

大气压力:86~108kPa

电源:3 节 5 号镉镍电池

电能储量:2A/h

影响混凝土内部应力测试的原因很复杂,除荷载作用引起的弹性应力应变外,还与收缩、徐变、温度有关。目前国内外混凝土内部应力测试一般通过应变测量换算应力值,即

$$\sigma_{弹} = E \cdot \varepsilon_{弹} \tag{1}$$

式中:$\sigma_{弹}$——荷载作用下混凝土的应力;

E——混凝土弹性模量;

$\varepsilon_{弹}$——荷载作用下混凝土的弹性应变。

实际测出的混凝土应变则是包含其他变形影响的总应变 ε。即

$$\varepsilon = \varepsilon_{应力} + \varepsilon_{无应力} \tag{2}$$

式中:$\varepsilon_{应力}$——应力应变;

$\varepsilon_{无应力}$——无应力应变。

为了补偿混凝土内部无应力应变,在布置应力测点时同时埋设应变计和无应力计,分别测得混凝土总应变 ε 和无应力应变 $\varepsilon_{无应力}$,按式(2)即可得到应力应变 $\varepsilon_{应力}$。

(3)监测方法

应变计必须按预定的测试方向用细匝丝绑扎固定在结构钢筋上。细匝丝捆绑位置应在应变计受力柄内侧 5mm 处,要保证在混凝土施工中不松动。测试导线最好用护套管保护,顺箱梁近模板侧竖向钢筋引出梁顶面,每隔一段距离(或方向改变处)用细匝丝绑扎牢固,应变计与测试导线应避开混凝土振捣力方向。

要登记好每个测试点安装的应变计和传感器编号,并保存好记录资料。在引出线上与测试应力计编号相对应编号。编号标志应有防水措施,以防损坏。

施工单位在施工到监测点设置阶段时,应事先通知施工控制人员现场安装应变计。在混凝土施工中,在应变计及导线附近,应谨慎振捣,以免改变应力计方向或将测试导线损坏。

在施工中,施工人员应特别注意不要踩踏测试导线;现场若发现有应力计、导线损坏情况,应尽快通知现场监控人员,以便采取补救措施。

应力测试与主梁施工同时进行,因而要求测试元件必须具备长期稳定性好、抗损伤性能好、埋设定位容易、存活率高及对施工干扰小等性能。通过以前测试经验和对国内元件及仪器综合分析比较,决定混凝土测试元件选用钢弦应变传感器。这种应变计的灵敏度为 1με。

3 线性控制的工作要点

3.1 施工支架预压、挂篮静载测试

箱梁墩顶 0 号块段和边跨直线段采用支架现浇的施工方法。支架在自重和其他施工荷载作用下将发生变形。这种变形包括弹性变形和非弹性变形。支架变形通过预压试验可获得。

挂篮安装好后,应对挂篮进行预压。预压试验可采用分级加载方法。分级加载次数和加载量尽量与施工实际情况接近,记录压重的荷载与挂篮前端的变形情况,绘制荷载与挂篮变形曲线。

3.2　箱梁立模高程的确定

预告各节段结构立模高程，通过施工过程结构的仿真计算，结合现场试验实测影响桥梁施工控制的主要参数，预告箱梁的立模高程。在主梁悬臂浇筑过程中，梁段立模高程的合理确定，是关系主梁线形是否平顺，是否符合设计的一个重要问题。如果在确定立模高程时考虑的因素比较符合实际，而且加以正确的控制，则最终桥面线形较好；否则，最终桥面线形会与设计线形有较大偏差。

立模高程的计算公式如下：

$$H_{立} = H_{设} + f + \Delta \tag{3}$$

式中：$H_{立}$——施工 i 梁段时 i 梁段的立模高程（梁段最前端某确定位置）；

$H_{设}$——i 梁段设计高程（应为设置预拱度后的桥梁高程，根据规范规定，桥梁预拱度设置值应为荷载短期效应组合计算的长期挠度值与预加应力长期反拱值之差）；

f——施工 i 梁段时混凝土浇筑前 i 梁段的总挠度（软件计算）；

Δ——施工 i 梁段挂篮的变形值（根据挂篮加载试验，综合各项测试结果，最后绘制出挂篮荷载——挠度曲线，进行内插而得）及调整值。

3.3　结构有限元仿真分析

根据施工图设计文件拟定的结构尺寸、配筋情况及施工单位上报的施工顺序，采用桥梁博士V3.03、Midas Civil 2010 等平面和空间有限元程序对施工过程进行仿真分析。

计算内容考虑结构恒载、预应力张拉、分阶段施工流程、温度变化、混凝土收缩徐变、施工荷载、体系转换、二期恒载和活载效应，计算结构变形、结构内力和应力分布状况。

对于确保结构合拢精度、使梁体受力更加合理、保证成桥运营状况下的线形等问题，结构状态参数的选取及悬臂浇筑过程中预拱度的设置至关重要。本监控将以平面和空间程序进行施工阶段仿真分析模拟，以便准确把握桥梁线形、内力及稳定性。

本合同段主桥仿真分析的离散图，如图 5 所示。

图 5　主桥结构离散图

3.4　线性监控参数误差分析

监控参数误差，就是在进行桥梁结构理论分析时所采用的理想设计参数值与结构实际状态所具有的相应设计参数值的偏差。这种设计参数误差的存在，使通过结构分析而得到的桥梁结构的理想状态与施工后结构的实际状态之间存在误差。

在线性监控过程中，对设计参数误差的调整，就是通过量测施工过程中实际结构和理想状态的偏差，用误差分析理论来确定或识别引起这种偏差的主要设计参数，达到控制桥梁结构实际状态与理想状态的偏差、使结构的成桥状态与设计相一致的目的。因此，在桥梁线性监控过程中，必须对结构设计参数进行识别和修正。

4　结束语

预应力混凝土连续梁线性控制是市域（郊）铁路桥梁施工中的重点。本文所述的预应力混凝土连续梁线性控制技术在杭海城际铁路连续梁施工中得到了运用，总结出来的一些相应的管理方法和控制手段，为今后市域（郊）铁路预应力混凝土连续梁线性控制提供了参考依据。

参 考 文 献

[1] 孙训方,方孝淑,关来泰.材料力学[M].北京:人民教育出版社,1979.
[2] 郭东.PC连续梁桥施工线性控制[J].中国水运,2010(5):151-152,154.
[3] 朱昌岳.滹沱河特大桥预应力混凝土连续梁施工线性控制[J].铁道建筑技术,2010(5):70-73,78.
[4] 谢家瑜.大跨度预应力混凝土连续梁桥的线性控制[J].科技咨询,2010(6):89-91.
[5] 古成浩.客运专线大跨度悬灌连续梁施工线性控制技术[J].铁道建筑技术,2009(3):34-38.

浅谈预应力混凝土连续箱梁底板修补方法

严剑锋
(浙江杭海城际铁路有限公司)

摘 要 预应力混凝土新建悬臂连续箱梁在张拉过程中,出现混凝土箱梁底板开裂情况,应立即停止张拉,分析原因并及时进行底板修补处理,桥梁载荷试验均符合设计要求。

关键词 预应力连续梁;底板凿除修补

1 编制说明

1.1 工程概况

新建工程全线长约 0.86km,其中桥梁长 371m(见图 1)。主桥为三跨连续梁结构,跨径组合为(43 +57 +43)m,主桥采用三跨变截面单箱室预应力混凝土连续箱梁结构。

图 1 新建桥梁工程现场实景

南岸引桥跨径组合为 2 × (27 +30 +27)m;北岸引桥跨径组合为 3 ×30m +3 ×30m;引桥采用三跨等高度双箱室预应力连续箱梁结构,其他为道路长度(见图 2)。

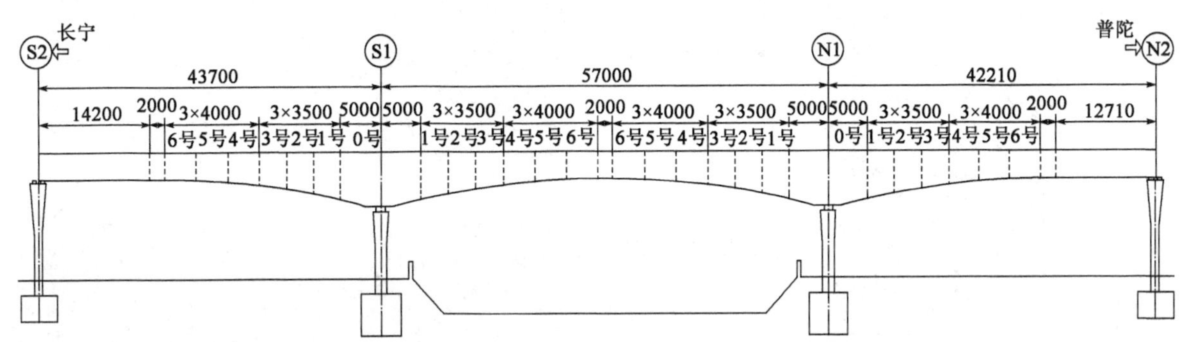

图 2 新建桥梁总体布置图(尺寸单位:mm)

1.2 事件描述

南岸边跨合龙后，在张拉西幅箱梁边跨底板合龙束过程中发现，5 号节段梁底板底面混凝土出现剥落损伤，面积约 10m^2（见图 3 ~ 图 7）。

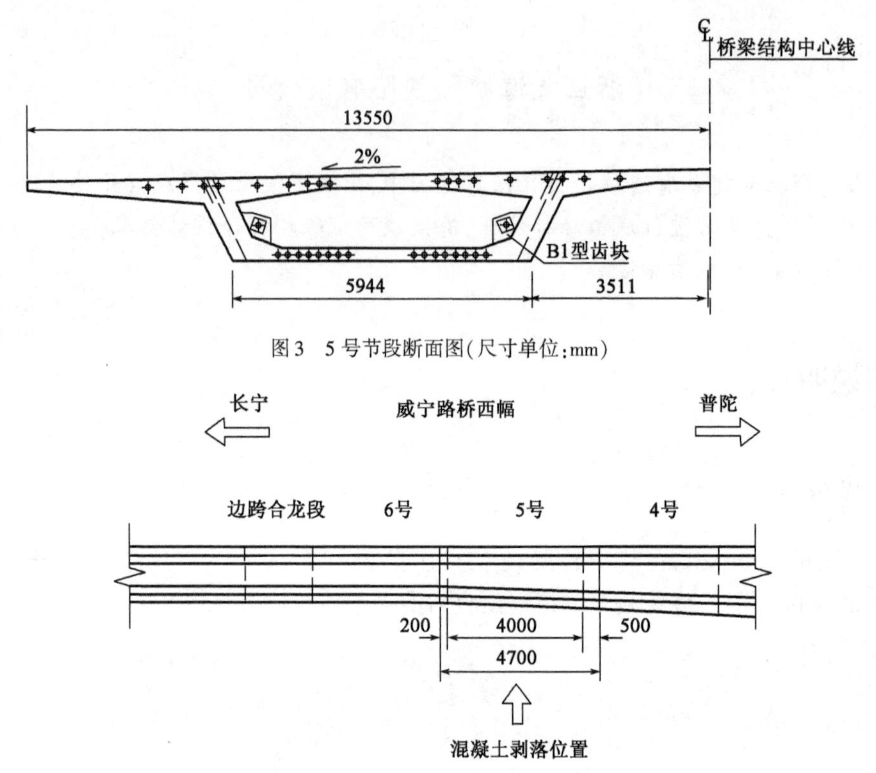

图 3　5 号节段断面图（尺寸单位：mm）

图 4　混凝土剥落位置图（尺寸单位：mm）

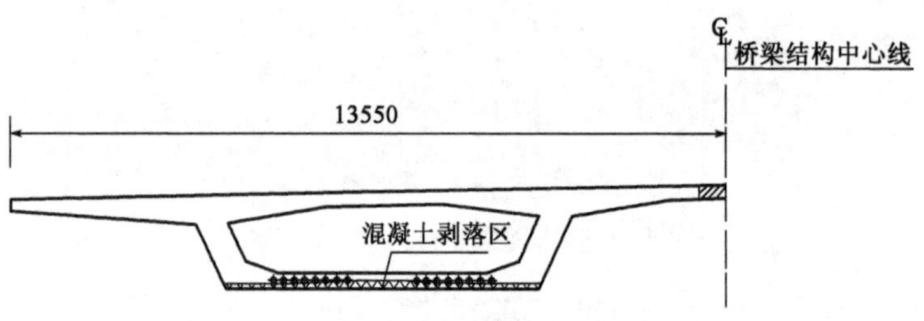

图 5　混凝土剥落位置断面示意图（尺寸单位：mm）

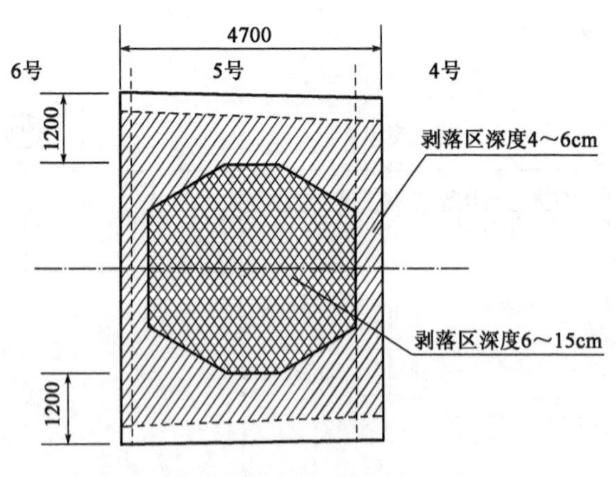

图 6　混凝土剥落位置平面示意图（尺寸单位：mm）

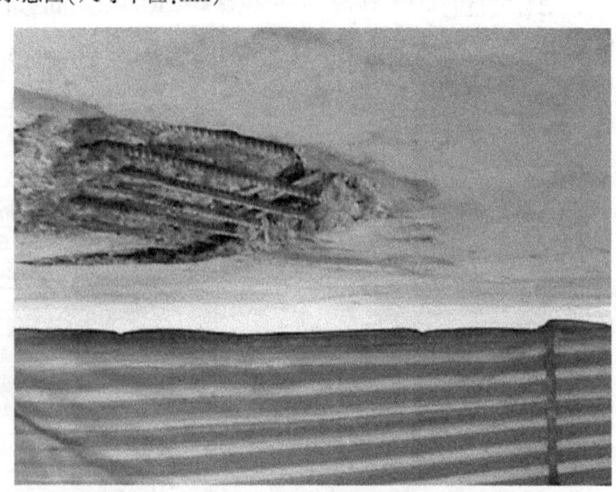

图 7　底板底面局部剥落

弄清具体情况，业主组织施工、设计、监理参加的会议决定对剥落部分的底板混凝土进行凿除。项目部组织人员凿除了约损坏面积的1/3，并发现：

(1)5号节段箱梁底板中间局部损伤混凝土最大厚度处约13cm部分波纹管、钢绞线已露出，波纹管上下位置有上浮现象，具体情况还须进一步测量。

(2)底板中间部位底层钢筋随剥落混凝土下挠，距腹板边1.2m范围钢筋保护层剥落(见图8)。

图8 剥离后钢筋、波纹管及靠近腹板1.2m处混凝土情况

(3)上下层钢筋的拉结筋安装数量不够，拉结筋弯钩没有钩住下层钢筋。

(4)腹板与顶板没出现明显变形或裂纹，箱梁底板上表面无裂纹。

1.3 事故原因初步分析

观察发现没剥落的混凝土外观密实，胶结良好。项目部对混凝土进行回弹检验表明，混凝土强度满足设计要求。查预应力设备及张拉施工记录，没出现违规操作现象。产生破坏的原因：

(1)预应力管道定位钢筋摆放不足，且此区段位于悬浇区段，在浇筑混凝土时未穿束，导致预应力管道发生竖向和横向走位现象。

(2)预应力张拉过程中，预应力管道在较短范围内发生竖向走位，使局部混凝土承受径向(竖向)力超过混凝土强度，导致破坏；预应力管道横向走位，导致部分管道间隔过小，管道间混凝土发生剪切破坏。

(3)底板普通钢筋上下两层钢筋间设置的拉结钢筋数量不足设计规定的数量，拉结钢筋未设弯钩，致使上下层钢筋抵抗预应力束径向力能力大大降低。

2 修复施工方法

2.1 修复施工总体方案

①先在直线段至4号节段部分底板下搭设满堂支架，加固直线段支架。②为了保证后补混凝土的预应力，先全部放松此处底板合拢索预应力。③底板合龙索放张后将受损伤的混凝土全部凿除。④在凿除底部搭设支架，立模，修复钢筋，安装波纹管和钢绞线，之后浇筑混凝土。⑤混凝土强度满足要求后重新张拉完成修补。

2.2 修复目标

保证修复后预应力筋和混凝土截面均未削弱，保证修补后的桥梁能正常使用以及承载能力达到原设计要求。

2.3 施工工艺流程(见图9)

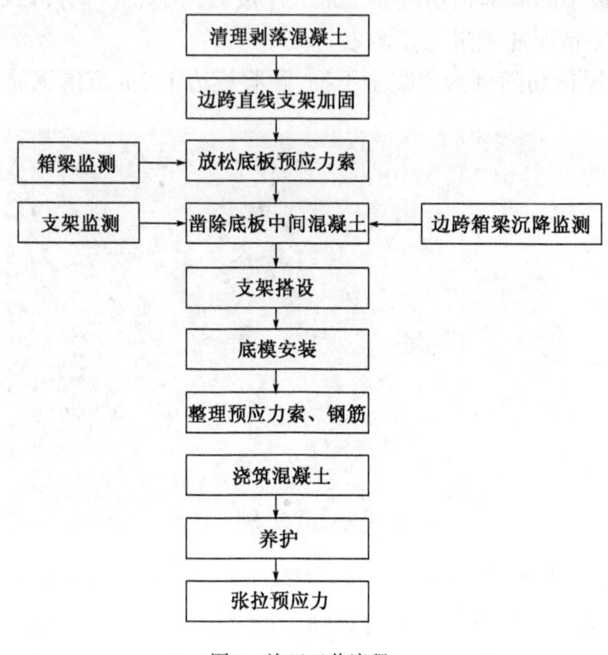

图9 施工工艺流程

3 施工工艺

3.1 清除剥落混凝土

清除剥落混凝土的目的在于确定实际凿除的底板混凝土的范围。为保证保留混凝土不受凿除的影响,须采用人工凿除。

凿除范围为已剥落的部分、有明显裂纹裂缝边缘两侧。

对剥落深度小于6cm的部分,凿除后混凝土表面应密实,并须清除表面浮渣,以利后续修补混凝土和与其他材料牢固结合。

腹板边至少保留20cm的底板表面,以方便重新支模时高程及结合面得以控制。

由于先前合龙预应力索张拉后,直线段箱梁起拱1~2cm,预应力索放松后,直线段箱梁可能有下挠,对直线段箱梁支架受力不利。因此,放松预应力之前,应加固支架,并对直线段箱梁进行沉降观测。

3.2 直线段支架加固

(1)加固前应对原支架系统进行检查,测量直线段现状高程并与张拉前高程比较。确定原支架与张拉后直线段底板间的间隙。

(2)采取增加垫片和调整支架高度的方法消除,消除措施须有效可靠。

(3)对不满足本方案规定间距、步距以及纵向和横向剪力撑的部位进行加密、加固。立杆纵横向间距为60cm,水平杆步距为150cm。每5根立杆设一道剪刀撑,每2步设一道水平剪刀撑。

(4)按图将原支架纵向加长,并保证加长部分与原支架系统形成整体。

(5)加固后的支架系统须经验收合格后,方可进行下道工序。

加固支架立面、断面布置图,如图10、图11所示。

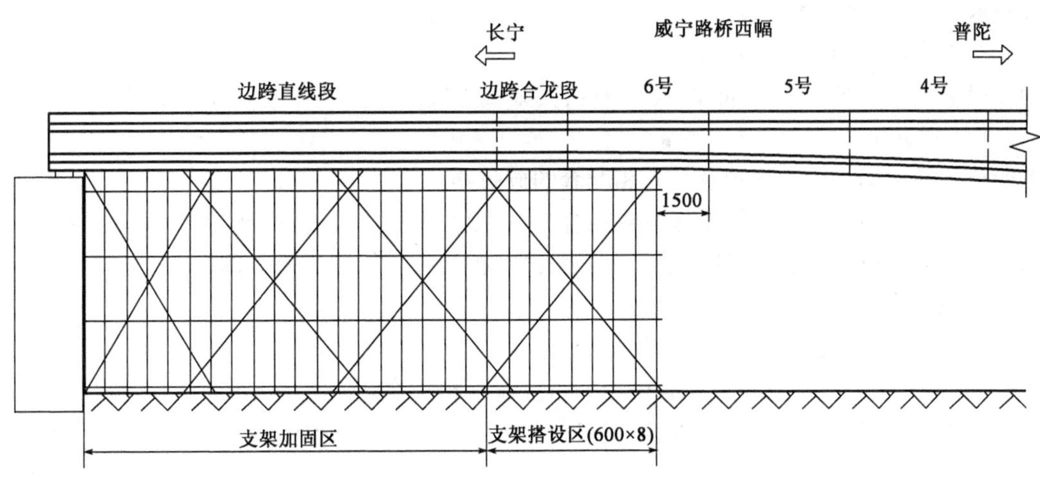

图10　加固支架立面布置图(尺寸单位:mm)

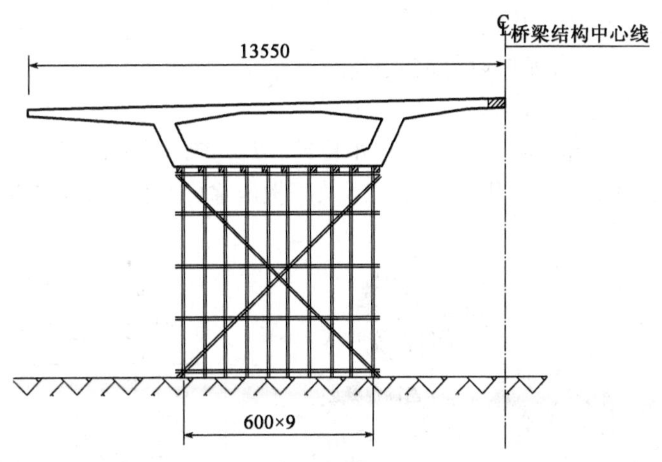

图11　加固支架断面布置图(尺寸单位:mm)

3.3　箱梁及支架监测

(1)监测内容:放张、张拉前后,修补混凝土浇筑前后,须对支架系统、直线段、西幅悬浇全桥各节段的沉降。

(2)监测点的布置:按原节段观测点即每节段箱梁顶腹板位置设置左右各一点。

(3)测量间隔:放张阶段,每隔2h测一次,后几索监测2次。凿除混凝土阶段和修补阶段,早晚各测一次。

(4)每次监测数据及时整理后报现场技术人员,有异常值时迅速报项目部。

3.4　放张预应力索

(1)放张预应力索编号。

底板:B4a、B4、B3a、B3b、B3、B2a、B2、B1。

顶板:MF2a、MF2。

(2)放张施工原则:先长索、后短索,每对索应尽量对称进行。

放张要求:

①严格按长短顺序放张。

②底板放 4 索后，放 2 索顶板索。

③同一截面先放中间后两边对称。

④30m 以上单索放张，29 ~ 30m 对称两股放，其余整索放。

(3)放张注意事项：

①单股放张应选用小型千斤顶及与其相配套的放张器。

②放张器及千斤顶安装应与锚垫板可靠贴合，千斤顶张力作用线与钢绞线轴线应重合一致。

③退锚时，须严格控制钢绞线伸长值。其伸长值应控制在满足夹具松开即可的范围内。

④严格按放张顺序表及要求进行放张。

⑤放张应缓慢进行，使梁体应力缓慢均匀释放。

⑥放张过程须注意安全，放张过程必须与测量控制互相配合。

⑦放张前应对钢绞线进行仔细检查，制定可行的保护措施，精心操作。严防钢绞线的损伤。

3.5 凿除底板混凝土

(1)对支架系统进行全面检查验收。

(2)拆除挂篮下横梁，切除合龙段以外的底模。

(3)对破损的底板范围进行确认。

(4)将破损混凝土底板全部凿除。采用高压水枪冲，以保护钢筋和钢绞线不受损。

图 12 ~ 图 14 为用于混凝土切除作业的养护车及底板凿除区平面、断面位置图。

图 12 用于混凝土切除作业的养护车

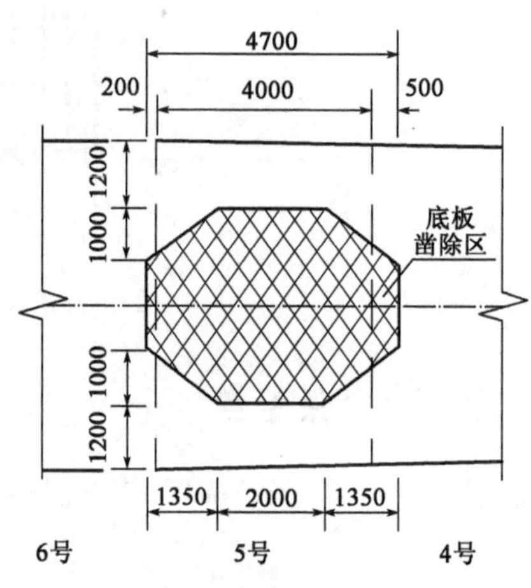

图 13 底板凿除区平面位置图(尺寸单位：mm)

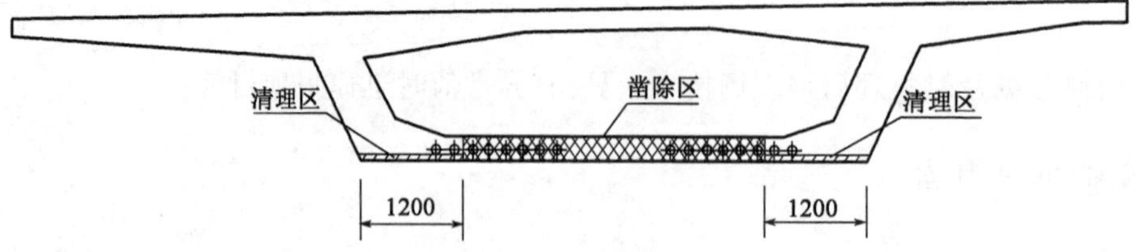

图 14 底板凿除区断面位置图(尺寸单位：mm)

①根据图纸和现场实际，确定无钢绞线的区域(距钢绞线距离大于 10cm)，并做出明显区域标记。

②将标记区域内混凝土切除。

③沿已切除的边缘逐步向其他区域扩展。

④混凝土的切除采用高压水射流进行。通过桥隧养护车产生的高压水射流通过特制的高压水管连

通到零度角专用水枪上,通过三级加压高压水的水射流和冲击将原浇筑混凝土进行凿破、凿除,最终可以将原混凝土全部清除,只留钢绞线和钢筋。

⑤切除完成后,对混凝土结合面进行清理,保证结合面密实,无松散、夹渣。

3.6　支架搭设

(1)支架搭设按图15、图16进行,搭设的方法和布置与加固支架相同。

(2)本支架是用来在支撑后浇底板混凝土用的,应自成体系,不可受其他支架的影响。

(3)由于支架搭设在原沥青混凝土地面上,脚手杆底部须垫通长10号槽钢,以防地基沉降。

(4)纵向、横向及水平向均须布置标准剪刀撑。

(5)立杆顶部均设置顶托,以方便底模高程的调整。顶托伸出长度控制在15cm以内。

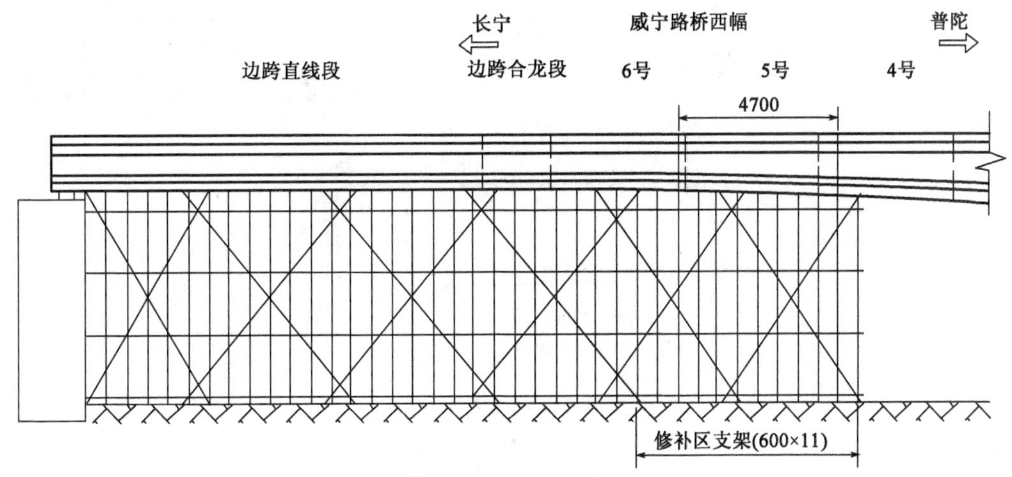

图15　底板修补支架立面布置图(尺寸单位:mm)

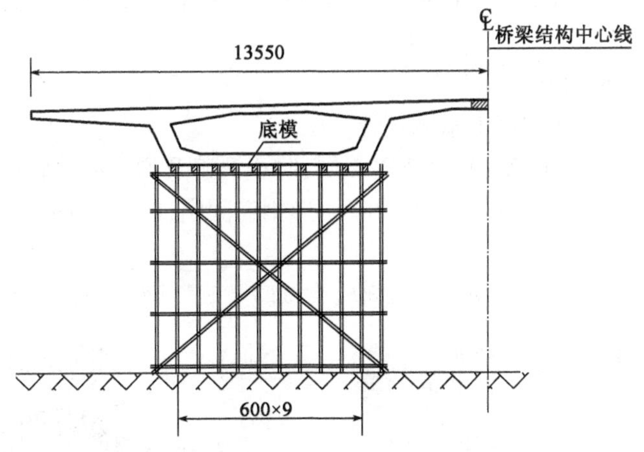

图16　底板修补支架断面布置图(尺寸单位:mm)

3.7　立模

(1)立模高程。由于底板纵向为曲线,立模高程须以原腹板底高程为基准进行调整,以确保原有线形。

(2)为与原底板面贴合模板下的顶托施加适当预应力,并在贴合面模板边缘贴双面胶,确保接口平顺。

(3)模板使用全新竹夹板,其下使用 5cm×10cm 方木垫支在顶托上。

(4)模板铺设完成后,应沿横向拉线检查平整度。不符合要求的地方采用调整顶托的方法予以调整。

3.8 钢筋绑扎、预应力筋恢复及补强

(1)根据计算分析,重新布置了局部加强构造和加强钢筋如图 17 所示。

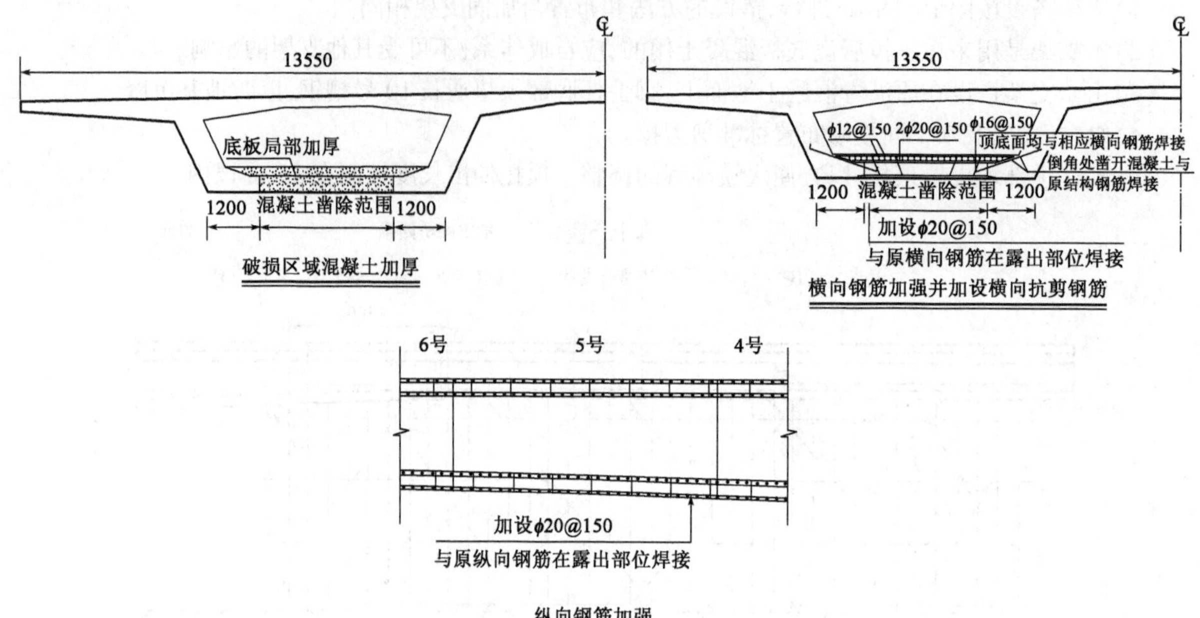

图 17 局部加强构造和加强钢筋(尺寸单位:mm)

(2)将原底板钢筋调整定位,按补强钢筋图进行钢筋安装。

(3)上下两层钢筋的连接吊筋按 40cm×40cm 设置。严格按图纸形状加工,吊筋直径可采用 φ12mm 钢筋制作。

(4)按图纸要求设置防崩钢筋。

(5)去除原波纹管,在钢绞线上套上新波纹管。

(6)在新套上的波纹管外用黄色封箱带缠裹 2 层,防止漏浆及增加波纹管径向强度。

(7)按设计或规范要求,对波纹管用 φ12 "井"字形钢筋固定,间距 50cm。固定应牢固,以免混凝土浇筑过程中有跑位现象发生。

修复后的钢筋及波纹管如图 18 所示,界面剂试块试验及破坏面,如图 19 所示。

图 18 修复后的钢筋及波纹管

图 19 界面剂试块试验及破坏面

3.9 混凝土浇筑

(1)底板中间部位混凝土

①采用微膨胀混凝土,混凝土强度等级为C55。

②浇筑混凝土前应对新旧混凝土结合面进行洒水润湿,并涂抹界面剂保湿。

③混凝土浇筑在一天中气温较高的时段进行。

④由于浇筑是在箱体内进行,操作空间狭小。采用顶板开孔布料,混凝土采用泵送从孔口处送至浇筑面。浇筑混凝土量约9m^3。

⑤混凝土浇筑完成后,在结合面进行二次振捣,以保证结合面混凝土胶结质量。

⑥混凝土终凝后在表面铺设双层土工布洒水养护。养护时间要超过14d,养护期间要保证土工布湿润。

(2)腹板附近的底板混凝土

浇筑腹板附近的底板混凝土采用自密实高强度C50灌浆料修补。

①灌浆料修补在底板混凝土浇筑且预应力张拉完成后进行。

②模板定位时,按设计的高程进行控制,保证桥梁线形。

③按图示位置钻灌浆孔。钻孔前确认孔位处没钢绞线,没有破坏钢绞线现象发生。

④灌浆从灌浆孔灌入。观测液面高度,当液面高度高出修补面5cm时,停止灌浆(见图20)。

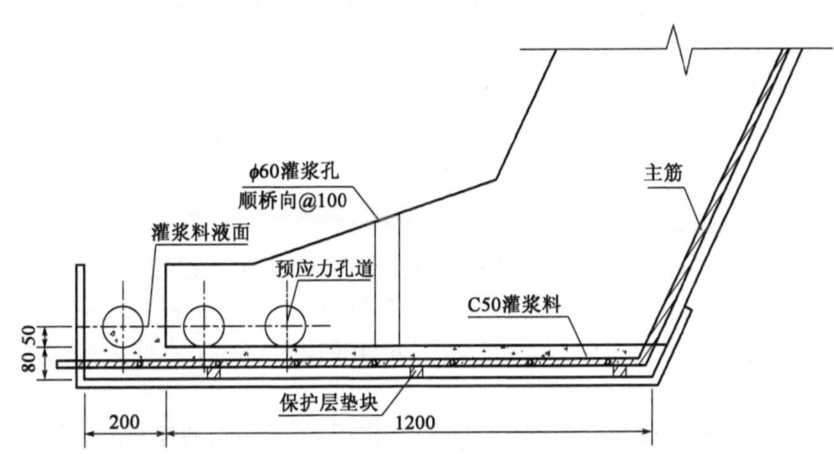

图20 底板外侧灌浆施工图(尺寸单位:mm)

3.10 预应力张拉

混凝土强度达到设计强度的80%后进行预应力张拉。

(1)张拉原则。先长索后短索、对称进行。

(2)张拉顺序。严格按规定的张拉顺序及张拉参数进行。

(3)张拉前仔细检查钢绞线的外观质量。使用两层锚垫板,以保证二次张拉的锚固点避开原锚固区。

(4)将两端张拉的钢绞线全部更换。

4 桥梁载荷试验

主体结构施工完成后,进行桥面系的施工。图21为沥青摊铺实景。摊铺沥青的过程,也是对桥梁承载能力的检验。

桥面系基本施工完成后,对桥梁进行载荷试验。为验证修补质量,特别对修补区进行了有针对性的试验。

图21 沥青滩铺实景

4.1 检测内容

(1)混凝土外观质量。对混凝土外观进行普查。重点检查混凝土表面是否有裂缝、蜂窝、麻面、空洞、保护层偏薄,钢筋外露等现象。

(2)对主桥南边跨修复区进行重点检测,确定修复区混凝土的工作状态和加固施工质量。

(3)进行主桥混凝土修复区应力测试。

4.2 试验结论

(1)在相当于1.05倍设计荷载城-A级试验荷载作用下,南边跨东幅箱梁修复区(最大正弯矩截面及修复区范围中央)底缘混凝土平均拉应力最大校验系数为0.57,南边跨西幅箱梁修复区最大正弯矩截面底缘钢筋拉应力校验系数为0.95,均小于1,因此该桥南边跨的正常使用荷载达到设计荷载城-A级的要求。

(2)在相当于1.05倍设计荷载城-A级的试验荷载作用下,南边跨的控制测点处挠度最大校验系数为0.51,小于1,满足设计刚度的要求。

(3)在1.05倍设计荷载作用下,南边跨控制测点相对残余挠度为3.6%~5.9%,小于《大跨径混凝土桥梁的试验方法》规定的容许相对残余变形20%的要求。

(4)从南边跨修复区箱梁底面横向应力分布呈两侧腹板处应力比底板横向中央应力大,这是箱梁剪滞效应所致。

参考文献

[1] 中华人民共和国行业标准. JTG/T F50—2011:公路桥涵施工技术规范[S]. 北京:人民交通出版社,2000.

浅谈贝雷梁支架体系在跨河流四线道岔连续梁施工中的技术研究及应用

叶森泉
（中铁十局集团有限公司；浙江杭海城际铁路有限公司）

摘　要　我国地大物博、山河众多，为适应经济和各行各业的快速发展，交通基础设施建设规模日益扩大。桥梁工程在交通建设中所占比重较大，在修建桥梁的过程中，不可避免地要经过一些河流。因此，跨河流施工也成为施工的重点和难点。对一些不具备直接搭设满堂支架的地势地形，可采用钢管贝雷梁支架体系。它是一种较为经济、安全的支架形式。钢管贝雷梁支架体系作为一种现浇梁的承重支架形式，对桥梁施工的安全和质量至关重要。本文以杭州至海宁城际铁路工程海长大桥6~9号墩(33.5+33.5+33.5)m无砟轨道预应力混凝土双线变四线道岔连续梁为例，简单介绍了钢管贝雷梁支架体系的桩基础施工、贝雷梁的拼装、贝雷梁的吊装、碗扣式脚手架的搭设、支撑体系的预压等施工工艺，并对桥梁工程贝雷梁支架体系进行了分析与探究。

关键词　桥梁工程；跨河流施工；贝雷梁；道岔连续梁

0　引言

贝雷梁具有架设便捷、重复利用率高等优点，广泛适用于各类桥梁工程施工。遇到较差地基、河流等特殊情况，尤其是桥梁自身荷载较重、跨径较大时，钢管贝雷梁支架体系能够很好地解决这些难题。它是一种安全性能高、性价比合适的支架形式。本文结合钢管贝雷梁支架体系在杭州至海宁城际铁路工程中的应用，对其做一些简单的介绍。

1　工程概况

杭州至海宁城际铁路起于杭州余杭高铁站，与杭州地铁1号线（远期9号线）换乘，线路出站后经许村、长安、周王庙、盐官、斜桥进入海宁市主城区，经皮革城站后沿海州东路敷设，止于浙大国际学院站。线路全长46.301km。

中铁十局集团有限公司承建海长大桥，桥梁设计最高运行速度为120km/h，设计年限为100年。海长大桥6~9号墩(33.5+33.5+33.5)m无砟轨道预应力混凝土双线变四线道岔连续梁的起讫桩号为：DK11+774.142~DK11+874.542。全长100.4m，边支座中心至梁端为0.65m，截面中心线处梁高2.0m，梁顶最低点至梁底高2.0m，梁顶最高点至梁底高2.092m。6~8号墩横跨海宁市许村镇报国村北洛阳港，河面净宽20m。

2　施工准备工作

2.1　技术准备

在各项施工工序开工前，各相关人员应熟悉相关图纸资料，技术负责人须将每道施工程序进行技术交底。对即将施工的区域,须将已完桥墩的中线位置、高程和测量资料进行核对,依照现场实际情况地貌及设计地质勘探数据,定出地基处理范围。施工方案中各项受力计算,须通过具有相关资质的单位进行力学验算,确保支架体系的安全可靠性。

2.2 现场准备

物机设备部须对进场钢管等原材料进行验收,对施工中需要使用的大型机械,如吊车、振动锤等设备进行检查;工程技术部须对施工作业人员进行三级技术交底;安质部须配备专业电工,对现场临时用电进行布线。

3 施工工艺

3.1 主要施工工艺流程

场地平整、预应力管桩插打→基础上钢管柱安装,吊装贝雷梁、铺设上下层钢板→碗扣式脚手架搭设→底模安装→支架预压→预拱度计算与设置→底模调整→侧模安装→钢筋加工及运输;绑扎底腹板钢筋→预埋件及波纹管安装→内模安装→钢筋加工及运输;绑扎顶板钢筋→浇筑混凝土→放松内模→初张拉→拆除内模及其侧模→终张拉及灌浆→拆除模板及其支架→养护。

3.2 支墩及基础处理

3.2.1 承台结构基础

临河连续梁桥墩可将永久承台作为承重基础。施工承台过程中,按照钢管桩布置,在承台钢筋面层按设计要求预埋钢板。承台施工完成后,按工艺要求安装钢管柱,再进行承台回填。

3.2.2 门洞条形基础

门洞钢管一侧位于承台上,一侧位于沥青路面上。沥青路面侧布置钢筋混凝土条形基础,条形基础地基承载力要求为250kPa。条基浇筑混凝土前,技术人员通过准确的测量放线,定位预埋钢板位置,便于后期支架立柱钢管的安装。

3.2.3 钢管桩基础

钢管桩采用适合机型的振动锤振动沉桩,为确保钢管桩位置和垂直度满足设计及规范要求,必要时在沉桩前安装定位导向架。钢管桩停锤标准采用高程和贯入度双控法,以贯入度为主、高程为辅。如遇到沉桩困难情况,最后一分钟贯入度小于10mm,即按照此标准停止沉桩。

钢管桩施工过程中,须用线锤和水平尺调整管桩垂直度。要求垂直度偏差按设计要求不大于1%,符合要求后方可沉桩,每根桩要求连续一次打完。在钢管桩施工过程中,技术人员须严格控制管桩顶面高程,确保同基础内管桩顶面高程一致。

3.3 钢管贝雷梁施工

3.3.1 基础上钢管柱安装

在承台施工过程中,根据支架立柱位置,通过精确测量放样,预埋立柱固定钢板。承台施工完成后放样确定钢管立柱精确位置,起吊钢管立柱。对位无误后与预埋钢板焊接连接稳固,横向及纵向钢管立柱之间可采用槽钢斜撑焊接成整体(见图1)。

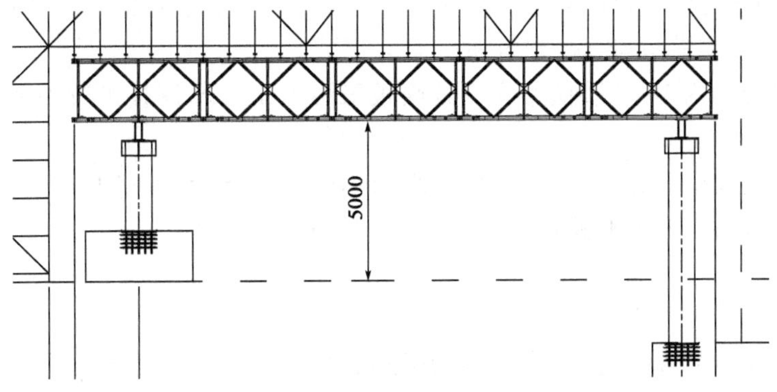

图1　钢管贝雷梁支撑体系搭设示意图(尺寸单位:mm)

为保证钢管立柱受力均匀,钢管立柱底部、顶部通过焊接加肋板进行加强(见图2、图3)。加肋板采用1cm厚钢板。承台内预埋钢板采用1.5cm厚钢板,并在钢板下均匀焊接6根ϕ20钢筋进行锚固。

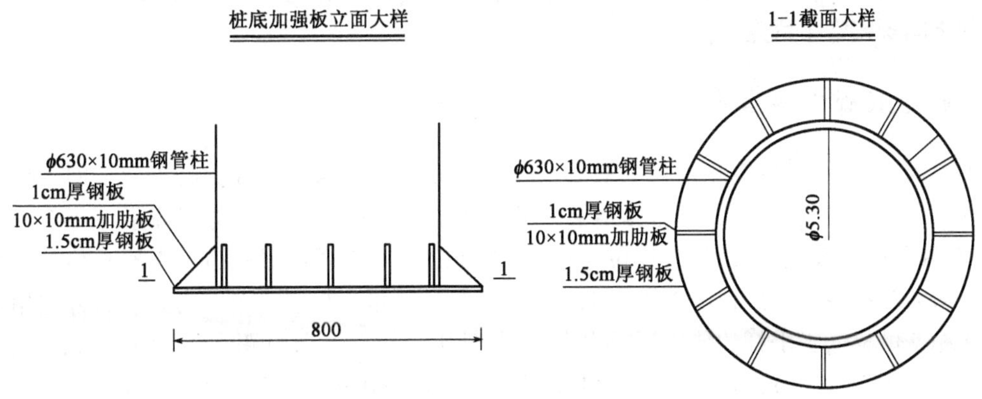

图2　立柱底部加强大样

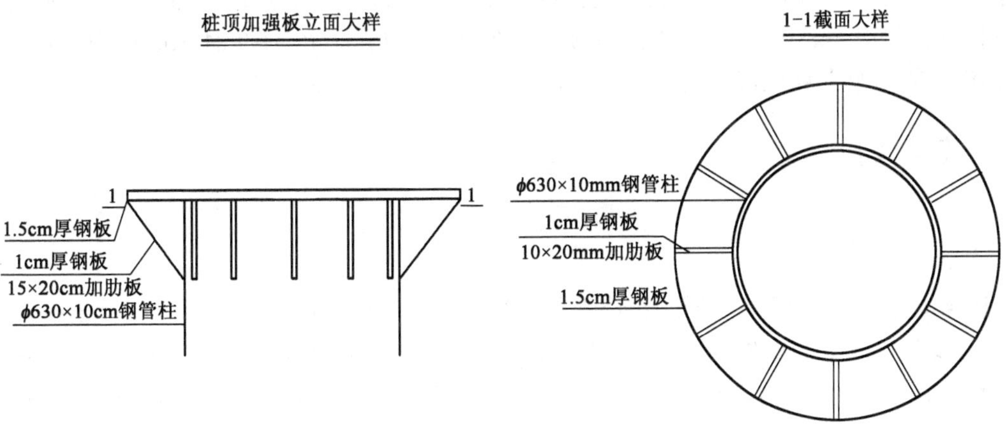

图3　立柱顶面加强大样

3.3.2　河道钢管桩打入

河道钢管桩施工前,先进行土方回填至桩机施工作业面,在打桩机底部铺设钢板后方可进行打桩机施工,机械设备采用DZ90型振动锤,打入时以贯入度控制为主,以入土深度作为校核(入土深度不得小于18m)。

3.3.3 承重横梁安装

双榀/三拼工字钢作为横向承重梁安装在贝雷梁下。横向承重梁的工字钢与下表面的钢管桩(柱)顶面钢板焊接牢固,工字钢横向与线路方向垂直。

为保证承重横梁受力均匀,承重横梁支点处腹板采用1.5cm厚钢板进行加强。外径为630mm钢管,壁厚1cm。

为保证钢管立柱上双拼、三拼工字钢在上方载重的作用下不发生失稳的现象,要对双拼、三拼工字钢进行横向连接。连接材料采用钢板或者ϕ25的螺纹钢进行满焊。

3.3.4 贝雷桁架梁安装

贝雷桁架在后场被分节拼装成贝雷梁单元,用平板车将其运输到施工现场。经拼装斜撑、花架连接各贝雷片成整体双排贝雷梁,根据技术员放样位置吊装就位。将贝雷梁焊接固定在承重横梁上。贝雷梁可采用14号槽钢横向连接组成贝雷桁架体系,槽钢上下两层间距均为3m交错布置。上下层贝雷桁架采用螺栓连接。

贝雷梁安装完成后,在贝雷桁架上顺桥向铺设小型钢分配横梁,按施工方案要求的间距布置,贝雷桁架与型钢之间焊接卡子固定。

3.4 碗扣式脚手架搭设

在型钢上铺设钢板,搭设碗扣式脚手架,碗口支架钢管为$\phi48 \times 3.5$mm。脚手架横向、纵向、竖向各项间距数据,以支架体系设计验算书验算结果为准。在四周设置剪刀撑。剪刀撑采用$\phi48 \times 3.5$mm钢管。水平剪刀撑在顶、底端各设置一道(位于顶、底横杆位置)、中间设置一道。支架必须设置足够的竖向剪刀撑。剪刀撑接头处搭接长度不小于1m,且搭接扣件数量不少于3个。剪刀撑斜杆应用旋转扣件固定在与之相交的横向水平杆的伸出端或立杆上,扣件中心线至主节点距离不大于150mm。剪刀撑与地面倾角范围在45°~60°,端部扣件边缘至杆端距离不小于10cm。剪刀撑安装到位后,需要敲击锁紧剪刀撑。立杆顶部安装可调节顶托,立杆底部支立在底座上,底座安置在型钢分配横梁上。

10cm木方分配梁沿横桥方向布置,直接铺设在支架顶部的可调节顶托上。箱梁底模板采用定型大块竹胶模板,后背10cm×10cm木方,然后直接铺装在10cm×15cm/10号槽钢、10cm×10cm木方分配梁上进行连接固定。侧模、翼缘板模板采用木模加工。

3.5 支架预压

3.5.1 支架预压目的

为保证施工安全、提高现浇梁质量,在箱梁支架搭设完毕、箱梁底模铺好后,要对支架进行预压。预压的目的:一是检验支架及基础的承载力是否满足受力要求;二是消除支架及地基的非弹性变形;三是得到支架的弹性变形值作为施工预留拱度的依据,同时测出地基沉降,为同类型的桥梁施工提供经验数据。

3.5.2 具体预压方案

3.5.2.1 箱梁底模板铺设

箱梁底模铺设完成后,技术人员将箱梁底模顶面高程调整到设计高程,同时加强检查模板下各层脚手架,确保在支架底传递荷载的两处支架之间、支架与贝雷梁之间、支架与模板之间结合紧密,无明显缝隙,满足设计要求。

3.5.2.2　测量高程点布置

观测点设在每跨的 $L/2$、$L/4$、$L/3$ 处及墩端部处。每个断面在断面中心线、腹板位置,共布置 5 个点,合计有 25 个点位。

3.5.2.3　加载方法

预压砂袋填装砂子,预压的数量按梁体 110% 计算,预压方式有多种。堆载顺序:由箱梁两侧端头向中间、由两端向跨中,依次分层进行预压摆放。

3.5.2.4　沉降观测

预压前在每跨底模外侧及中心布置观测点,如图 4 所示。仪器使用高精度水准测量仪和毫米塔尺,应定人、定仪器观测,减小人为因素产生的误差。定期测量相应观测点高程,并按要求做好记录。

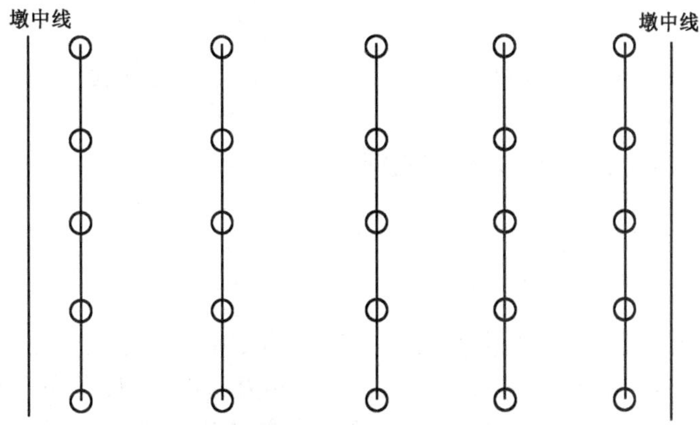

图 4　支架预压沉降观测点布置平面示意图

观测方法采用倒尺测量。在梁底部定点,当变形稳定后,进行卸载。分析各时段的测量数据,考虑支架弹性变形后情况,确定可恢复弹性下沉量和不可恢复下沉量;考虑梁体设计预拱度,计算出底模预留拱度值。得出底模预留拱度值后,通过调节底托及木楔,调整底模高程。

在预压过程中要时常检查支架的稳定情况,如杆件有无压弯或变形,方木有无压裂,等等。若出现失稳情况,应立即停止预压。

3.5.2.5　数据整理

通过测量支架体系预压前后的数据,计算实测高程差,确定贝雷梁的弹性变形和非弹性变形值。

(1)荷载作用变形量计算

总变形量 = 加载前的初始读数 − 满载稳定后的终读数

非弹性变形量 = 加载前的初始读数 − 空载稳定后的终读数

弹性变形量 = 总变形量 − 非弹性变形量

(2)数据处理

以变形量为纵轴 Y,以观测间隔时间为横轴 T,绘制不同点的变形速率图。以梁水平纵向长度为 X 轴,以观测点的弹性变形量为 Y 轴,连接各点绘制梁的纵向弹性变形曲线。

3.5.2.6　预拱度设置

当由恒载及静活载所引起的竖向挠度小于或等于 5mm 时,可不设预拱度;否则,须设置预拱度。预拱度的数值曲线与恒载及 1/2 活载所产生的挠度曲线基本相同,但方向相反。

考虑在贝雷梁上浇筑混凝土,上部结构要发生一定的下沉,产生一定的挠度,施工时应采取预留预拱度的方法进行控制。关于预拱度,主要考虑以下因素:

(1)拆架后上部结构及荷载作用产生的竖向挠度δ_1。

(2)贝雷梁和钢管立柱在荷载作用下产生的弹性压缩δ_2。(通过预压测量)

(3)贝雷梁和钢管立柱在荷载作用下产生的非弹性压缩δ_3。(通过预压消除)

(4)钢管立柱基底在荷载作用下产生的非弹性沉陷δ_4。(通过预压消除)

3.6 贝雷梁的加固

在施工过程中,采用不同的吊装方案,可能会因贝雷梁竖杆和下弦杆受到的应力超过贝雷梁所能承受的范围,而存在安全隐患。因此,需要要对贝雷梁进行加固。

加固方案有:

(1)在吊装主梁的施工过程中,通过查看计算模型的应力超限结果,找出贝雷架在各个吊装施工阶段应力超限的部位。针对应力超限的部位采取相应的加固措施,将最大应力分摊,达到降低最大应力的目的,减小安全隐患。

(2)在贝雷梁支架中跨位置上下弦杆的基础上分别增加一层弦杆(接头错开),形成双弦杆加强型贝雷梁。

(3)钢管桩顶部上下分配梁增加竖向工字钢连接。

4 小结

综上所述,贝雷梁支架体系在跨河流四线道岔连续梁施工中具有重要作用。贝雷梁支架体系给工程作业人员的施工带来了极大的便利,减少了很多人力、财力的投入,具有安全性高、施工速度快等优点。当然,在使用贝雷梁支架体系的过程中,需要做好一切施工准备,制订相应的应急方案,在施工过程中,应严格按照设计及规范要求,严格按照施工步骤依次进行,确保施工的安全可控。

参考文献

[1] 魏强.预应力混凝土连续箱梁满堂式碗口支架方案设计[J].东方企业文化,2013(9):132-133.

[2] 徐国苗.连续箱梁支架现浇法施工中支架预压实施方案浅谈[J].安徽建筑,2011(1):2.

[3] 郭胜.K0+600拱桥支架预压专项方案[J].建材与装饰,2013(18):292-294.

[4] 戴晓学.客运专线现浇梁满堂支架法施工工艺浅析[J].甘肃科技,2016(23):102-104.

[5] 高印章,吕鹏博.浅谈高速铁路满堂支架法现浇简支箱梁施工[J].四川水力发电,2010(z2):71-75.

[6] 赵艺程.贝雷梁支架体系加固计算分析[J].建筑工程技术与设计,2015(17):1857-1857.

浅谈邻近既有线悬臂现浇施工安全技术管理工作要点

徐照普
（中铁十局集团第五工程有限公司）

摘　要　随着基建工程的不断拓展,邻近铁路营业线的施工日益增多,悬臂法施工在邻近营业线施工中有着明显的优势。本文结合杭海城际铁路工程邻近营业线施工前期手续办理及过程控制,对邻近营业线范围内施工进行了简单说明,供类似工程参考。

关键词　既有线;悬臂浇筑;安全管理

0　导言

既有线施工包括两种:施工作业和维修作业。桥梁是道路的重要组成部分,道路交通运输关系人民群众的生命和财产安全。因此,既有线悬臂现浇桥梁施工应保证施工建设的安全,严格按照生产安全规定,健全各种安全制度,强化安全措施,提高工作人员的安全意识。安全工作既是有线悬臂现浇桥梁施工中的重要部分,也是有线悬臂现浇桥梁施工的主要任务。不论是施工单位的负责人,还是进行悬臂现浇桥梁施工的工人,都要有这种安全意识。在施工过程中发现安全隐患,要及时报告上级领导并及时整改。若情况严重,应及时停工整改。在对每道工序施工之前都要进行仔细检查,上报监理单位,在得到监理单位认可后再进行下一道工序的施工。特别是在封锁期间进行挂篮安装、移动、混凝土浇筑及桥面系施工时,更应该及时与驻站联络员进行联系,在确保万无一失后,方可进行施工操作。对机械的安全生产要做明确的查证,确保大型机械设备可以正常投入使用以及确保其由合格的机械操作人员持证上岗作业。

1　悬臂现浇概述

悬臂现浇,是以桥墩为中心顺桥向两侧,采用移动式挂篮对称地、平衡地逐段向跨中浇筑混凝土梁体,并逐段施加预应力形成桥跨结构的施工方法。

(1)适用范围以及特点

悬臂现浇法适用于跨越山谷、河流、通行道路等,不便搭设支架的大跨径连续梁桥及刚构桥施工。其主要特点是施工设备及周转材料用量少,除墩顶与边跨现浇段外,无须搭设落地支架。

(2)设备

悬臂现浇主要施工设备是一对能行走的挂篮,挂篮主要由承重系统、提升系统、锚固系统、行走系统、模板与支架系统组成。

2　施工单位工作范围

(1)施工单位应按法律、法规、规章和工程建设强制性标准实施大型施工机械安全生产管理,施工单位对铁路建设工程邻近既有线大型施工机械安全生产承担管理责任。

(2)施工单位在管理细则中要明确大型施工机械安全管理职责。

(3)按照施工承包合同、批准的工程进度计划,及时提交进场施工机构、设备报验单。投入施工的机械设备,其数量、性能是否满足工程进度计划的要求,核查合格时应予以签认。大型施工机械撤场必须经监理单位认可后方可撤离。

(4)进场的所有大型施工机械设备报验必须履行检查签认手续,确认合格后方可准许进场施工。

(5)机械设备的安装调试过程必须上报监理单位进行见证检查,现场确认设备状态正常。对大型施工机械的定期检验、检测以及日常检查、保养、检修必须进行签认。

(6)重大施工安全方案、安全措施,需要及时按照规定程序上报。建立施工单位安全保证体系,执行各项安全制度;组织施工人员的安全培训教育,预防施工安全事故及质量隐患的发生;组织开展日常和专项安全检查工作,督促施工班组对问题整改落实;落实安全管理信息机制,在管理工作中形成信息网络;监督施工现场安全人员是否到位,进行日常安全巡视,及时发现安全隐患,及时督促施工班组整改。

3 对邻近既有线施工大型施工机械安全生产管理要点

(1)安全生产教育培训制度。施工单位应建立健全邻近既有线大型施工机械安全生产教育制度,加强职工安全生产教育培训。未经安全生产教育培训的职工不得上岗作业。

(2)安全技术交底制度。施工单位应建立邻近既有线路大型施工机械逐级交底制度并检查各级交底记录,确保施工安全。

(3)操作人员持证上岗制度。操作大型施工机械的操作人员,必须依照国家规定进行安全作业培训,并取得特种作业操作资格证书后,方可上岗作业。

(4)安全检查制度。各单位应根据工程建设情况,分级管理,分级控制,制订检查计划,组织有关单位进行定期和不定期、分季节、专项性等多重形式的安全检查。检查要日期明确,内容具体,记录完整,确保对安全起到督促作用。

(5)进场验收制度。邻近既有线大型施工机械进场应进行验收。由现场监理机构逐级验收。

(6)交接班签证制度。对设备存在的问题做好记录,及时处理故障确保正常使用。

4 施工工艺流程

悬臂现浇梁施工属于危险性较大的分部分项工程,施工前须编制专项施工方案,超过一定规模的须专家论证、审查。其主要施工流程为:0 号块施工→挂篮安装→挂篮预压→节段悬浇→挂篮前移与定位→循环完成悬浇段施工→边跨现浇段施工→合龙段施工→挂篮拆除。

5 施工安全目标及注意事项

(1)安全目标

建设工程邻近营业线大型施工机械安全管理的目标是以人为本,健全大型施工机械安全管理保障体系,强化过程控制,实现大型施工机械安全稳定的目标,即杜绝因大型施工机械原因造成生产安全一般及以上事故,杜绝因大型施工机械原因造成一般 C 类及以上道路交通事故,减少因大型施工机械原因造成一般 D 类道路交通安全事故。

(2)注意事项

①关于人员的注意事项

a. 悬臂现浇施工涉及的工种有架子工、模板工、钢筋工、混凝土工、张拉工、电工、电焊工、测量工、设备操作司机等。其中,架子工、电工、电焊工等特种作业人员及起重设备操作司机必须持证上岗。

b. 新进场员工应在体检合格、接受安全教育培训和技术交底后方可上岗作业;施工单位应在新员工进场一个月之内为其购买工伤保险,并在其工作过程中多加督促。

c. 施工人员结合各自岗位及施工环境,在施工过程中均应正确佩戴安全防护用品,做好安全防护工作,尽可能地把施工中存在的危险系数降到最低。

d. 施工现场电气设备及电气线路的安装、维修和拆除应由专职人员根据设计图纸进行操作,并在安装结束后进行调试,待各项指标正常再投入适用。

e. 挂篮应由专人维护、使用,行走时应设专人观察、指挥,并保持同步、平稳,且挂篮上不得站人。

②关于机械、机具与设备的注意事项

a. 塔吊基础须满足承载力要求,地面应无积水。应按要求设置防雷、接地保护。塔吊安装完毕报特种设备监督管理部门检验合格后方可投入使用。

b. 挂篮进场后,应进行试拼,应全面检查其制作及安装质量,符合设计要求并组织相关单位进行验收后方可投入使用。

c. 挂篮底模选择四点或六点起吊,增加受力点,减小受力点所受的力,增大安全系数。吊装过程中要尽量保持底模水平,在四角设缆风绳并派专人指挥,防止与其他构件发生碰撞,发生危险。

d. 挂篮侧模采用两台卷扬机起吊,一台为主吊、一台为副吊。主吊起吊时,副吊辅助将模板缓缓竖起。

e. 挂篮后锚系统所用的精轧螺纹钢,安装时须竖直受力,不得倾斜;精轧螺纹钢用连接器连接时,应确保两端头在连接器内的长度一致。

f. 挂篮锚固系统所用精轧螺纹钢应拧出螺母 3cm 以上,并应设置双螺母,增加构件稳定性。

g. 定期检查挂篮精轧螺纹钢、吊带的损伤、弯曲变形情况,螺栓的紧固、塞垫情况以及构件的焊缝情况。若构件有损伤应及时更换,确保在挂篮运动,以及其他机械工作过程中不会发生意外。

h. 挂篮走行前,应确保走行轨道相接处平整无错台、前支腿处限位板设置到位、挂篮以外的杆件或物体不影响挂篮走行。

i. 同一 T 构上的两套挂篮必须同步对称走行,走行过程中同一挂篮两侧主桁行程要保持一致,轴向正确。

j. 作业平台及成型梁段临边防护到位,上下梁面设置专用通道。跨线施工时,应采用全封闭挂篮或搭设安全防护棚。

③关于施工所用材料的注意事项

a. 悬挂吊带应使用钢板吊带,严禁使用精轧螺纹钢代替,防止因器材强度不够而发生危险。

b. 严禁挂篮偏压、超载堆放材料,以免造成挂篮倾覆、掉落,对下方施工人员造成伤害。

c. 吊杆、后锚用精轧螺纹钢,外露部分应采取有效保护措施,防止长时间处于被氧化状态,缩短使用寿命。

d. 氧气瓶与乙炔瓶必须分开放置。作业时氧气瓶与乙炔瓶安全距离不得小于 5m,与明火作业点的安全距离不得小于 10m,并远离一切热源。

e. 钢绞线、锚具、夹片等材料进场后,应按规定取样抽检,合格后方可投入使用。

f. 跨江、跨河施工时,作业平台应配备水上救援器材,做好充足准备,以防意外发生。

④关于作业环境的注意事项

a. 挂篮安装、拆除及走行不得在夜间进行,其他方面夜间施工时应保证照明充足,确保良好的工作视野。

b. 当遇到大雨、雷电、高温、六级及以上大风等恶劣天气时,应停止脚手架安装、拆卸,挂篮的安装、拆卸及移动,起重吊装等高处露天作业,以免因天气原因发生安全事故。

c. 跨越交通要道施工时,需要配备交通疏导员,组织好过往行人及车辆,确保人员、车辆的安全。

d. 悬臂施工应对称、平衡地进行,两端悬臂上荷载的实际不平衡偏差不得超过设计规定值。

6 小结

在邻近既有线施工安全管理中,要不断强化每个人的安全意识,有针对性、有预见性地对存在的问题做到“防患于未然”。认真把安全工作抓稳,抓好、抓牢,杜绝事态扩大,造成施工及行车事故的发生;认真加强施工安全管理防范工作,优化专项安全施工组织方案,建立健全各种规章制度和各项安全施工措施,不断提升超前性管理意识,确保施工安全管理顺利进行,不断在邻近既有线悬臂现浇桥梁施工安全管理方面探求新方法、新途径,与时俱进、开拓创新,为我国悬臂现浇桥梁工程的发展作出贡献。

城际铁路大跨度、低高度、直腹曲面箱梁预制施工技术研究及应用

黄　钰
（中铁大桥局集团第二工程有限公司）

摘　要　随着社会的发展，城市间的联系越来越紧密，人们对更为便捷的出行方式有了新要求，城际铁路应运而生。近年来我国各大城市的城际铁路均呈现爆发式发展，城际铁路的箱梁形式也随着人们的需求而改变。如今铁路箱梁不仅为了满足铁路运行，还要满足人们的视觉审美需求和与城市市貌的相适应。因此出现了较多形式的景观型箱梁。如杭州至海宁城际铁路工程箱梁为大跨度、低高度、直腹曲面箱梁。本文结合杭州至海宁城际铁路工程施工，阐述了大跨度、低高度、直腹曲面箱梁预制的设计、模板工程、钢筋工程、混凝土工程及预应力工程施工的控制要点，为类似箱梁施工提供参考及借鉴。

关键词　大跨度；低高度；直腹曲面；箱梁预制；施工工艺

0　引言

日益提高的生活水平促进了人们对美好事物的向往，人们对城际铁路外观的重视程度也必将逐渐提升。因此，对城际铁路大跨度、低高度、直腹曲面箱梁预制施工技术的研究具有重要意义。

1　工程概况

杭海城际铁路工程12标段承担杭州至海宁城际铁路工程右DK14＋037.89～右DK39＋296.14范围内607片简支箱梁预制任务，其中包括25m箱梁8片、30m箱梁148片、35m箱梁451片，直腹曲面箱梁231片。

2　箱梁设计情况及技术要求

梁体按长度有25m、30m、35m等几种，梁面宽度为10.6m。主梁横断面采用单箱单室截面，中心线处梁高2.0m，底宽4.5m，梁面2%V字坡集中排水。顶板厚度为0.25～0.45m；腹板采用斜腹板，厚度为0.35～1.0m；底板厚度为0.27～0.7m。梁体底板布置4个锯齿块安装预应力。预应力布置：底板12索，腹板6索。曲线箱梁腹板、底板均按直线梁布置。顶板根据曲线桥面进行布置，调整左右翼缘板长度实现曲线桥面，伸缩缝两端均为100mm。箱梁结构如图1～图3所示。

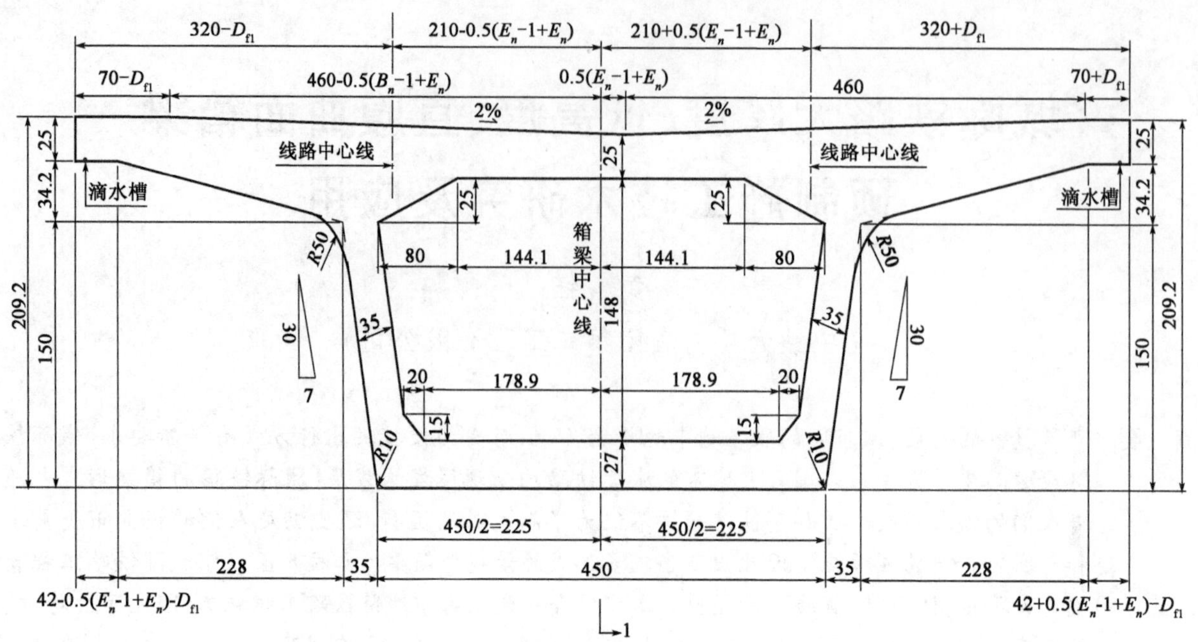

图1　跨中截面(尺寸单位:mm)

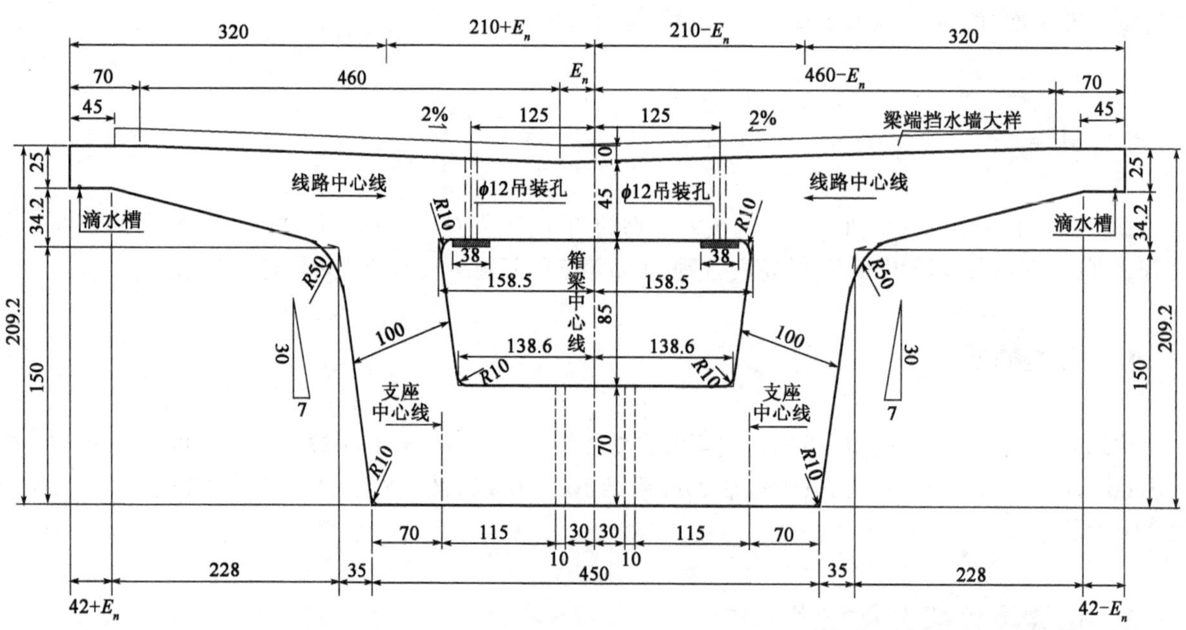

图2　梁端截面(尺寸单位:mm)

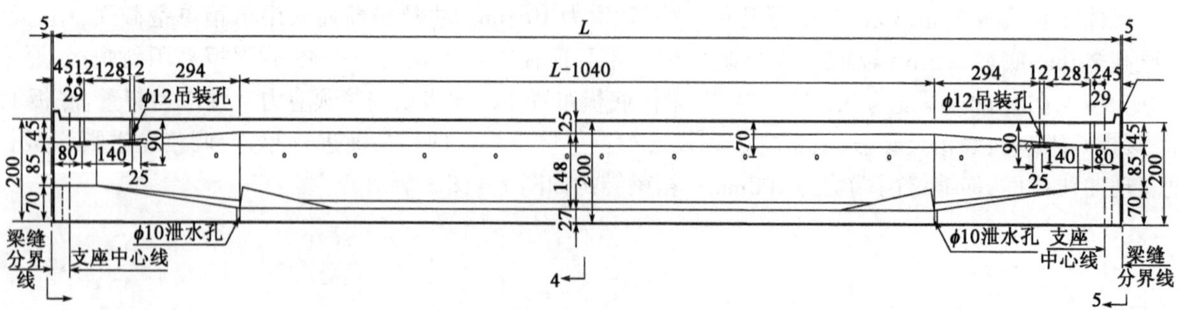

图3　纵截面(尺寸单位:mm)

3　模板工程

3.1　模板设计

模板设计为直曲共用型,以直线箱梁模板为基础,根据梁端最大偏角计算曲线箱梁底腹板模板长度,根据翼缘偏距计算曲线箱梁顶面模板宽度。本标段施工范围内共计有10种曲线半径,端模最大偏角为1.374°,最大偏距为105 mm。翼缘最大偏距210mm。曲线分左转和右转,设计时模板总体长度增加210mm,翼缘板模板宽度增加420mm。为方便梁端随偏角而调整,模板设计为侧模包端模形式,端模可在最大偏角范围内随意调整。

3.2　模板安装

首先在制梁台座上进行底模铺设,然后在制梁台座两侧拼装外侧模。内模采用液压式节段结构,在内模拼装台座上组拼成整体,滑移进出相邻的箱梁钢筋笼。端模为箱梁两端头模板。端模落在底模上,钢筋骨架吊装入模后进行端模安装,待内模滑移就位后,连接端模和内模固定装置。

曲线箱梁翼缘板模板根据测量放样的点位,调节外侧支撑,使其偏距满足弧形要求。端模根据偏角放样出两侧顶底板端部位置,安装时按点位精准对位即可。

3.3　锚垫板安装

梁端偏角根据权限半径不同而变化,端模的角度也随之改变。通过计算,最小半径730m时,偏位7mm。为保证张拉时预应力值准确,安装在端模上的锚垫板角度也必须进行调整。为此将端模上的锚盒制作成可拆卸式并制作了5种不同角度的底板锚盒,根据不同角度选用合适角度的锚盒在端模上进行更换,然后安装锚垫板,确保锚垫板口偏差不大于2mm。具体详见表1,锚盒使用配置表。

锚盒使用配置表　　表1

序号	转　向	曲线半径(m)	偏移角度	适用梁长	备　注
1	右偏	730	1.3	30/35	
2	左偏	804.2	1.2	30/35	
3	左偏	804.2	0.8	25	
4	右偏	1000	1	35	
5	左偏	1004.2	0.8	30/35	
6	右偏	1500	0.6	30/35	
7	右偏	2000	0.6	35	
8	右偏	2000	0.3	30	
9	右偏	2500	0.3	30/35	
10	右偏	3000	0.3	30/35	

3.4　支座预埋板、防落梁预埋板安装

根据设计图纸要求,支座预埋板和防落梁预埋板要垂直于梁端,曲线箱梁梁端要随偏角变化,因此曲线箱梁的支座预埋板和防落梁预埋板位置也要发生变化。曲线箱梁安装支座预埋板和防落梁预埋板前,根据偏角放样出精确中心线,安装人员根据中心线进行准确安放及固定。

4 钢筋工程

4.1 钢筋加工

钢筋在加工厂内进行加工,采用数控弯曲和数控剪切线配以小型钢筋切断设备进行下料,每工班开始加工时试加工数件,并将加工的钢筋与地面1:1大样对比,偏差满足要求后方可批量生产。

4.2 钢筋绑扎及安装

箱梁钢筋绑扎在整体钢筋绑扎胎模上进行,先进行支座预埋板、支座套筒定位钢筋、底板及腹板钢筋的绑扎,然后进行顶板钢筋的绑扎。梁体钢筋最小净保护层厚度均为3.5cm,且绑扎铁丝的尾段不应伸入保护层内。所有梁体预留孔处均增设相应的螺旋钢筋;桥面泄水孔处钢筋可适当移动,并增设螺旋筋和斜置的井字形钢筋进行加强;曲线箱梁翼缘板钢筋绑扎前,测量根据对应该箱梁位置的曲线半径变化进行放样,翼缘板外侧曲线根据放样进行绑扎,确保线型及保护层满足设计要求。

绑扎完成后,通过2台50t门吊及钢筋吊具整体吊装入模,撑起内模后检查钢筋保护层和钢筋间距,必要时增加垫块。

4.3 定位网钢筋的制作和安装

定位网钢筋采用HPB300ϕ8钢筋在特制胎具上进行焊接成型,定位网孔尺寸控制在+2mm之内,每500mm安装一道,确保预应力管道位置准确。

4.4 橡胶抽拔管的安装

预应力管道采用抽拔橡胶管成孔。每根孔道制孔用的橡胶管分为两根,每根长度为预应力管道长的一半加1.2m,在中间接头位置外套PVC管,并用胶布裹紧,防止漏浆。定位网片钢筋安装完成后,对应预应力管道位置逐根安装橡胶管。为保证橡胶管位置准确、线形平顺,在胶管中穿入钢绞线作为芯棒。

5 混凝土工程

梁体混凝土为C50高性能混凝土,混凝土方量为233.5m^3(梁长35m)。混凝土由拌和站集中拌制,由搅拌车送至制梁台位处。采用两台布料机对称布料浇筑,混凝土坍落度控制在180mm±20mm。

5.1 混凝土浇筑

梁体混凝土采用一次性连续灌筑成型。单片梁混凝土灌筑时间不宜超过6h。预制梁混凝土拌和物入模前含气量应控制在2.0%~4.0%,模板温度宜在5~35℃,混凝土拌和物入模温度宜在5~30℃。

5.1.1 浇筑原则

自下向上,先腹板后底板,最后至顶板,分层浇筑,对称布料,振捣密实。

5.1.2 浇筑顺序(见图4)

2台布料机分别先从两梁端开始向梁中方向分层、连续、对称浇筑。先浇筑与底板交叉处的腹板至一半梁高,需 1 ~ 1.5h;然后浇筑底板、齿块,自内模顶的下料口处下料,需 0.5 ~ 1h;继续浇注腹板,需 1 ~ 1.5h;最后进行顶板混凝土浇筑,需 1.5 ~ 2h。

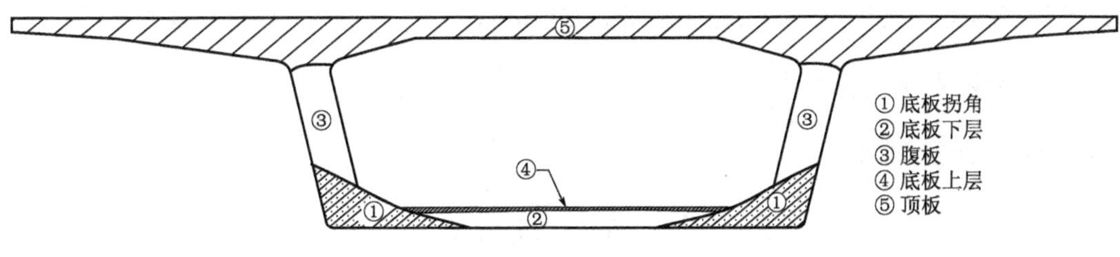

图 4　箱梁浇筑顺序

5.2　混凝土收浆

桥面混凝土应确保密实、平整、坡度顺畅,因此除按规定进行振动外,还必须执行 3 次收浆抹平,以防裂纹和不平整。桥面振捣先采用振动式提浆机,在自重及激振力的作用下将混凝土摊平并再次振捣使混凝土表面提浆及密实。振动式提浆机振动提浆完成后,再采用人工收浆平台进行人工收浆、抹平。人工收浆抹面后立即用塑料薄膜覆盖保湿。

5.3　混凝土养护

混凝土浇筑完毕后,对箱梁进行养护。一般情况下采取自然养护。当昼夜平均气温连续 3d 低于 5℃或最低气温低于 -3℃时要按冬期施工处理,采取蒸汽养护。

养护期间,混凝土芯部温度不宜超过 60℃,最高温差不得大于 65℃。混凝土芯部温度与表面温度之差、表面温度与环境温度之差不宜大于 15℃。养护用水温度与混凝土表面温度之差不大于 15℃,养护天数不少于 14d。

6　预应力工程

采用的预应力须符合《预应力混凝土用钢绞线》(GB/T 5224—2003)的的规定。锚固体系采用自锚式拉丝体系,成孔工艺为抽拔橡胶棒成孔。张拉采用预张拉、初张拉和终张拉 3 步进行,采用智能张拉设备控制 4 台张拉千斤顶同步对称张拉。端模拆除后安装预应力筋以及锚具夹片。梁体混凝土强度达到设计强度的 60%,且拆除内模后进行预张拉;梁体强度达到设计强度的 80% 后进行初张拉。梁体在存梁台座上养护,龄期不少于 10d。混凝土强度和弹模满足设计要求后进行终张拉。终张拉完成 24h 后观察滑丝断丝情况,合格后切割钢绞线,进行孔道压浆完成后续封锚和锚头防水工作。

6.1　预应力张拉

6.1.1　管道摩阻以及锚口摩阻试验

生产初期对 2 孔箱梁选择有资质的单位进行孔道摩阻和锚口摩阻试验;检验成孔工艺、预应力锚具的材料性能对孔道和锚口的摩阻影响;采集实际数据与设计对比,同时将实际数据提供给设计单位作为是否调整终张拉控制应力的依据。

6.1.2　张拉程序

张拉预应力钢绞线时,采用应力应变双控制,张拉程序为:0→初应力 0.10σ_{con}(做伸长量标记)→

σ_{con}持续5min→锚固。预施力值以油压表读数为主,以预应力筋伸长值作校核。按预应力筋实际弹性模量计算的伸长值与实测伸长值相差不应大于±6%,实测伸长值以10%σ_{con}作为测量的初始点。油压表读数以油压表与千斤顶配套标定所得线性回归方程进行计算。

6.1.3 钢绞线伸长量计算

钢绞线伸长量按下式计算:

$$\Delta L = \frac{PL[1 - e^{-(kL+\mu\theta)}]}{A_Y E_P (kL + \mu\theta)} \tag{1}$$

式中:P——锚下张拉力;

L——预应力筋的长度;

E_P——预应力筋的弹性模量;

A_Y——预应力筋面积;

k——孔道局部偏差对摩擦的影响系数;

μ——预应力筋与孔道壁的摩擦系数。

6.1.4 复查

张拉完成后,在锚圈口处的钢绞线上做记号,作为张拉后对钢绞线锚固情况的观察依据。张拉完毕24h后复查,确认无新滑断丝即可进行钢绞线头的切割。切割处距锚具表面30~40mm。

6.2 孔道压浆

(1)张拉完成后48h内完成压浆。压浆采用真空辅助压浆、第三代(砂浆加密封罩)封气方案。真空泵和压浆泵分别与同一管道的排气口和压浆口连接,排气口设在管道一端的上方,压浆口要设在管道另一端。压入管道的浆体应饱满密实,体积收缩率应小于1.5%,初凝时间应大于4h,终凝时间应小于24h,压浆时浆体温度不应超过35℃。

(2)压浆前管道真空度稳定在-0.06~-0.10MPa之间。当压浆管口流出的浆体浓度与压浆泵中的浓度一致时,连接管道的压浆口,开启压浆口阀门进行压浆。

(3)当排气管流出的浆体稠度与灌入前一致方可关闭排气阀,并持续压浆在管道内压力上升至0.50~0.60MPa后,持压2min关闭压浆阀。压浆最大压力不宜超过0.6MPa。

6.3 封锚

孔道压浆工作完毕并经检查合格后,及时进行梁体封锚。封锚混凝土采用C50干硬性补偿收缩混凝土,混凝土原材料除微膨胀剂外全部采用梁体混凝土材料。其中,掺入适量膨胀剂,掺量由试验室确定,同时适当减少用水量,降低水胶比,使混凝土坍落度满足施工要求。在封锚之前先进行锚穴凿毛,凿毛在端模拆除之后进行。要充分均匀,凿毛面积不小于90%。封锚灌注混凝土前,清理锚穴上的杂物及灰渣,并用水清洗湿润。浇筑时采用插入式振捣棒进行振捣,尤其是锚穴周边。待封锚混凝土初凝后,用湿麻袋盖在上面进行养护。采用自动喷淋养护,根据干湿程度控制喷洒时间。

6.4 封端防水

封端防水采用聚氨酯防水涂料,总涂膜厚度不得小于2.5mm,每平方米用量约2.4kg。封端防水采用刮板刮涂。涂刷时基层表面不得潮湿,严禁雨中施工。涂刷时分两次进行,以防止气泡存于涂膜内。第一次使用平板在基面上刮涂一层厚度0.2mm左右的涂膜,1~2h内进行第二次刮涂。

7　结束语

城际铁路大跨度、低高度、直腹曲面箱梁预制施工技术,在曲线箱梁预制施工中不仅保证了箱梁施工质量,也保证了箱梁的美观性。架设后箱梁形成漂亮的圆滑曲线,成为城市中一道靓丽的风景线。此技术对今后美观型箱梁的预制施工有较高的参考价值。

参考文献

[1] 中华人民共和国行业标准. TB/T 3192—2008:铁路后张法预应力混凝土梁管道压浆技术条件[S]. 北京:中国铁道出版社,1994.

[2] 中华人民共和国行业标准. TB/T 3193—2016:铁路工程预应力筋用夹片式、锚具、夹具和连接器[S]. 北京:中国铁道出版社,2016.

[3] 中华人民共和国行业标准. TB 10425—1994:铁路混凝土强度检验评定标准[S]. 北京:中国铁道出版社,1994.

[4] 中华人民共和国质量监督检验检疫总局. 预应力混凝土铁路桥简支梁产品生产许可证实施细则(2016版)[S].

夏季混凝土温控措施对混凝土入模温度影响分析

查本怡
(中铁大桥局集团第二工程有限公司)

摘　要　我国幅员辽阔,绝大部分地区四季特征明显,但夏季温度较高,部分地区最高温度超过40℃。随着施工生产需要,不可避免会在夏季进行混凝土施工。夏季环境温度高,造成混凝土入模温度以及绝热温升超高。而天气炎热,混凝土中水分挥发较快,混凝土内部膨胀,表面收缩,当强度增长阶段表面拉应力超过混凝土本身拉应力时会出现温度裂纹。为控制混凝土温度裂纹,本文结合杭海城际铁路海宁盐官制梁场实际情况,分析造成温度升高的影响因素,对混凝土原材料、施工过程等一系列流程采取相应措施,控制混凝土的入模温度。通过数据采集,同时结合理论计算,进行对比分析,验证采取的温控措施是否能有效控制混凝土入模温度。

关键词　夏季;混凝土;温控措施;入模温度

1　混凝土温控措施

混凝土温度控制主要分两个阶段:混凝土入模温度控制和混凝土绝热温升控制。混凝土入模温度主要来自混凝土原材料温度、混凝土运输吸热、混凝土中的水泥水化热影响;而混凝土绝热升温主要受混凝土中水泥水化热影响。为控制混凝土入模温度,应按照影响因素分析,有针对性地采取措施。

1.1　浇筑混凝土避开高温

我国大部分地区夏季昼夜温差在10℃左右,特别是晴天,温差更为显著。混凝土浇注时应避开中午高温时段。采取夜间浇筑,次日早晨浇筑,能有效地控制混凝土入模温度。

1.2　材料仓全覆盖遮阳

混凝土入模温度的高低主要取决于搅拌前材料的初始温度,砂石料是混凝土的主要材料,所占比重较大,将砂石料仓以及水池采用轻钢雨棚全覆盖遮阳,可避免材料因太阳光直射而吸热。有条件时可将混凝土粉剂储罐一起覆盖。

1.3　混凝土粉剂储罐装设喷淋降温设施

混凝土粉剂储罐一般为铁质,阳光直射吸热明显。铁质储罐在夏季阳光直射时表面温度能达到60℃以上,对储罐内粉剂影响极大。在粉罐顶口安装环形喷淋水管,在混凝土浇筑前喷淋冷水对粉罐降温,可实现罐内粉剂降温。

1.4　包裹混凝土运输车洒水降温

混凝土运输车一般为铁制桶式结构,空间相对密闭,日照后桶内温度较高。混凝土进入车内后会加快混凝土内部升温,可将运输车罐体用棉被包裹隔热,洒水降温。

1.5 包裹泵管洒水降温，铺设反光垫

采用泵送时，混凝土与泵管间摩擦发热，阳光照射泵管吸热造成混凝土入模温度偏高。可在泵管上包裹草袋、土工布等吸水材料，洒水降温；可在泵管上安装反光垫，减少阳光照射对泵管的影响。

1.6 拌和用水加冰块降温

开始拌和前可在拌和用水内加入冰块降低水温，该措施在上述措施仍不能满足要求时实施。

2 温度数据采集

中铁大桥局集团第二工程有限公司海宁盐官制梁场通过上述措施对夏季混凝土降温，施工过程中对 10 榀预制箱梁材料温度以及混凝土入模温度进行记录统计，详见表 1。

混凝土入模温度 表 1

梁号	浇筑日期	测量时间	天气	水温(℃)	砂温(℃)	石温(℃)	粉剂温度(℃)	料仓棚内温度(℃)	环境温度(℃)	入模温度(℃)
216 号	2018-7-23	6:00	晴	19	20	21	19	22	24	21
		9:30	晴	20	21	21	19	22	25	22
183 号	2018-8-1	20:00	晴	22	27	28	27	30	29	28
		23:00	晴	20	26	26	26	28	27.2	26.2
229 号	2018-8-2	1:00	晴	18	24.8	25	25	28	26	25.4
		5:00	晴	16.7	24.5	25.8	23	26	26	24.6
230 号	2018-8-3	19:30	阴	16	23.5	23	21	22	19	22
		22:40	阴	15.5	23	23	20	21	19	21.6
223 号	2018-8-4	19:30	晴	19.6	27	27.7	26	29	27	26.8
		23:50	晴	17.5	23	23	25.2	24.2	25	23.1
157 号	2018-8-5	2:10	晴	17	24	23.2	26	24.8	24	23.5
		4:50	晴	17	27.5	27	26.5	26	24	25.4
130 号	2018-8-6	23:00	晴	19	28	26	26	27	27	25
		3:00	晴	17	27	26	25	26	27	24
156 号	2018-8-9	2:00	晴	17	25	25	25	26	26	24
233 号	2018-8-9	20:40	晴	19	28.7	28.6	29	29	27	27.2
228 号	2018-8-10	21:00	晴	19	29	28.6	28.5	30	29	28.4

统计表显示，共记录 17 次，最高入模温度为 28.4℃，在环境温度为 29℃时，温度均未超过规范要求的 30℃。

3 理论计算入模温度与实测温度对比

按照采集的材料温度，进行混凝土热工计算。计算混凝土理论入模温度，同时与实际入模温度对比。

3.1 混凝土配合比

预制箱梁采用 C50 混凝土，主要材料有水泥、砂、石子、掺合料（粉煤灰、矿粉）、外加剂和水，理论配

合比见表2。

混凝土理论配合比 表2

材料名称	水泥	掺和料	砂	石子	外加剂	水
质量比	14.93	4.99	28.07	45.78	0.20	6.03
每立方米用量(kg)	359	120	675	1101	4.79	145

3.2 混凝土拌和温度计算

按照《铁路混凝土工程施工技术规程》(Q/CR 9207—2017)的要求,混凝土拌和温度计算公式如下:

$$T_0 = [0.92(m_{ce}T_{ce} + m_sT_s + m_{sa}T_{sa} + m_gT_g) + 4.2T_w(m_w - w_{sa}m_{sa} - w_gm_g) + C_w(w_{sa}m_{sa}T_{sa} + w_gm_gT_g) - C_i(w_{sa}m_{sa} + w_gm_g)] \div [4.2m_w + 0.92(m_{ce} + m_s + m_{sa} + m_g)] \quad (1)$$

式中:T_0——混凝土拌和温度,℃;

m_w——水用量,kg;

m_{ce}——水泥用量,kg;

m_{sa}——砂的用量,kg;

m_s——掺和料用量,kg;

m_g——石子用量,kg;

T_w——水的温度,℃;

T_{ce}——水泥的温度,℃;

T_{sa}——砂的温度,℃;

T_s——掺合料的温度,℃;

T_g——石子的温度,℃;

w_{sa}——砂的含水率,%,实际测量,料仓棚内含水率比较稳定,取3%;

w_g——石子的含水率,%,实际测量,料仓棚内含水率比较稳定,取1%;

C_w——水的比热容,[kJ/(kg·K)]。当集料温度大于0℃时,$C_w=4.2$;当集料温度小于或等于0℃时,$C_w=2.1$;

C_i——冰的融解热,(kJ/kg);当集料温度大于0℃时,$C_i=0$;当集料温度小于或等于0℃时,$C_i=335$。

以入模温度最高的228号梁为例进行计算,计算结果为:

$$T_0 = 27.0℃$$

3.3 混凝土出机温度计算

混凝土出机温度主要考虑搅拌机棚内温度,计算公式如下:

$$T_1 = T_0 - 0.16(T_0 - T_i) \quad (2)$$

式中:T_1——混凝土拌和物出机温度,℃;

T_i——搅拌机棚内温度,与料仓棚内温度相同,℃。

$$T_1 = T_0 - 0.16(T_0 - T_i) = 27 - 0.16\times(27-30) = 27.5℃$$

3.4 拌和物经运输到浇筑地点的温度

拌和物采用搅拌车运送至浇筑地点,计算公式为:

$$T_2 = T_1 - (\alpha t_1 + 0.032\,n)\times(T_1 - T_a) \quad (3)$$

式中：T_2——混凝土拌和物自运输到浇筑地点时的温度，℃；

t_1——混凝土拌和物自运输到浇筑时的时间，0.5h；

n——混凝土拌和物运转次数1次；

T_a——混凝土拌和物运输时环境温度29℃；

α——温度损失系数0.25；按混凝土搅拌车选取，1/h。

计算得 $T_2 = 27.7$℃。

3.5 混凝土入模温度计算

混凝土运输到现场后，通过地泵泵送入模。泵送距离约为40m，混凝土入模温度即为混凝土出料口温度，计算公式如下：

$$T_3 = T_2 - \Delta T_b = T_2 - \left[4\omega \times \frac{3.6}{0.04 + \frac{d_b}{\lambda_b}} \times \Delta T_1 \times t_2 \times \frac{D_w}{C_c \cdot \rho_c D_1^2}\right] \tag{4}$$

式中：T_3——混凝土入模温度，℃；

ω——透风系数(1.3)，密闭空间不透风；

d_b——混凝土泵管外保温材料厚度，稻草垫，取值为10mm；

λ_b——混凝土泵管外保温材料导热系数，取值为0.06W/(m·k)；

ΔT_1——泵管内混凝土与环境温差，取值为-1.3℃；

t_2——混凝土拌和物在泵管内输送的时间，取值为0.15h；

D_w——混凝土泵管外径，包括保温材料，取值为0.17m；

C_c——混凝土的比热容取值为1.05kJ/(kg·K)；

ρ_c——每立方混凝土的质量，取值为2404.79kg/m^3；

D_1——混凝土泵管内径取值为0.14m。

计算得 $T_3 = 27.8$℃。计算结果与实测结果相近。

4 结论

通过采取一系列降温、保温以及错峰措施，将理论与实际进行对比，夏季混凝土入模温度已能满足不大于30℃要求，混凝土质量能够得到有效控制，避免温度裂纹产生。

对采集的数据进行分析，晴天时混凝土入模温度低于环境温度，阴天时混凝土入模温度高于环境温度。因此，环境温度越高，混凝土入模温度与环境温度越接近。当环境温度达到30℃时，混凝土入模温度接近30℃，需另外再采取降温措施。

参考文献

[1] 中国铁路总公司. Q/CR 9207—2017：铁路混凝土工程施工技术规程[S]. 北京：中国铁道出版社，2017.

[2] 江正荣，朱国梁. 简明施工计算手册[M]. 4版. 北京：中国建筑工业出版社，2016.

[3] 中华人民共和国行业标准. TB/T 3432—2016：高速铁路预制后张法预应力混凝土简支梁[S]. 北京：中国铁道出版社，2016.

第三部分　隧 道 工 程

大直径泥水盾构穿越溶洞不良地质区域施工技术探讨

李 科,金 立
(浙江杭海城际铁路有限公司)

摘 要 随着国家大型市政、公路、铁路等工程建设的日益兴起,溶洞、孤石、破碎带等不良地质条件制约工程建设的情况日益增多,给设计、施工带来不同程度的影响,特别是施工中如处理不当,会带来严重的社会影响及经济损失。本文结合长沙市南湖路湘江隧道的实际施工经验,介绍了大直径泥水盾构在穿越溶洞不良地质区域时所采用的探测及施工技术,探讨了大直径泥水盾构在穿越溶洞不良地质区域施工时的控制难点和要点及相应的控制措施。

关键词 大直径泥水盾构;穿越;溶洞

0 引言

通过地质勘察揭露,长沙南湖路湘江隧道在隧道两侧和底板下分布有溶洞,溶洞最高达5.9m,多为未填充型、半填充型溶洞,且富含地下水,同时不排除有细微通道或节理裂隙与江水连通的可能。施工环境的复杂性,使得长沙市南湖路湘江隧道施工存在巨大的安全风险,若在盾构穿越溶洞不良地质区域时处理不当,会造成溶洞穿透,继而造成突水、突泥及盾构陷落,使工程施工无法进行。因此,确保盾构穿越溶洞地层安全性至关重要,而选用合理的探测技术方法、溶洞处理措施和盾构掘进控制措施则是大直径泥水盾构成功穿越溶洞区域的关键。

1 工程概况

长沙市南湖路湘江隧道工程位于长沙市橘子洲大桥与猴子石大桥之间。隧道西起阜埠河路和潇湘大道交叉口并与潇湘大道互通,下穿湘江、湘江大道后与南湖路相接。隧道盾构段总长度为2722.5m,盾构外径为11.65m,衬砌结构采用单层衬砌,结构衬砌厚度为50cm,属于大直径水底盾构隧道。盾构区间主要是从强风化~中风化砾岩中穿过,河西局部地段要穿越含水砂砾和圆砾地层,河东端为中风化砾岩地层,中间部分存在上软下硬地层。

2 溶洞不良地质区域的勘察

2.1 溶洞形成的可能性条件

南湖路隧道隧址区溶洞发育的可能性条件有三:其一是岩性条件。隧址范围石炭系白云岩中白云石含量>75%、砾岩中局部方解石等可溶性矿物含量接近20%;其二是构造条件。隧道位于区域性断裂张家咀-荣湾镇-新塘湾断裂(F85)与葫芦坡-金盆岭-炮台子断裂(F101)之间,受其影响,衍生有次级裂隙,岩体较破碎,白垩系砾岩与石炭系白云岩呈陡倾角不整合接触;其三是径流条件。隧址区域位于湘江河谷中,具有较好的径流条件。

2.2　详勘阶段揭示溶洞不良地质区域的方法

通过南湖路湘江隧道详勘揭示,溶洞的勘察方法以钻探为主,结合地球物理勘探方法进行。详勘阶段地球物理勘探方法采用电测深法及地震反射波法。

电测深勘探是以岩、矿石之间电学性质的差异为基础,通过供电电极向地下供入直流电流,建立电场,通过改变供电(A、B 极)、测量装置(M、N 极)的排列、大小和相对位置来改变电流在地下的分布情况,在地面测量电场的变化,就可以推断出地层电阻率深度的变化,达到测深目的。

地震反射勘探是利用介质的波阻抗($\rho \times v$)差异来从事勘探。属于平面(射线平面)勘探范畴,反映的是由激发点、接收点和射线构成的平面内信息,具有较高的分辨率,选择适当的观测系统完全可获取测线下的地质情况,并且浅层地震反射方法具有勘探深度大、精度高和可反演获取物性参数等优点。

2.3　详勘阶段揭示溶洞不良地质区域的基本情况

(1)岩溶

详勘阶段物探及钻探结果揭示,长沙南湖路湘江隧道隧址周围岩溶发育地段分为两种情况(见表1):其一为隧道北线砾岩与白云岩不整合面及白云岩,发育强烈,表现为溶洞,为埋藏型岩溶,无充填物。其二为砾岩中的溶洞。溶洞埋深一般在河床以下 13.0 ~ 20.20m。

详勘阶段岩溶发育情况勘察统计表　　表1

钻孔	形态	洞顶高程(m)	洞底高程(m)	洞体高度(m)	洞体顶板岩层厚度(m)	充填物特征	与隧道相互关系
N20	溶洞	-3.80	-4.20	0.40	23.7	无	隧道北线以北 43m,低于底板高程 3.2m
NZ20		4.40	1.90	2.50	13.3		隧道北线以北 42m,隧道洞体内
		-1.69	-3.90	2.20	0.8		隧道北线以北 42m,结构底板下约 1.5m
Z4		-18.56	-19.56	1.00	37.90		隧道北线以北约 10m,底板下约 18.56m
		-21.96	-25.76	3.80	3.30		隧道北线以北约 10m,底板下约 20.96m
S17		7.82	5.22	2.60	10.0(2.6)	无	均位于隧道南线以南,最近距离约 5.9m;洞顶、底高程低于隧洞顶、底高程范围
SY17		6.68	4.28	2.40	11.5(4.1)	无	
SYY17		4.91	2.41	2.50	11.0(5.1)	1.60	
SS17		7.85	1.95	5.90	9.3(5.0)	2.30	
SSE17		7.06	4.76	2.30	10.0(5.4)	无	

(2)破碎带

南湖路湘江隧道详勘阶段地球物理勘探结果表明,隧址区存在多条裂隙(破碎)带。根据电法资料及反射资料,推测出 9 条裂隙发育带(见表2)。

详勘阶段地震法与电测法测定的裂隙(破碎)异常位置及钻探对照表　　表2

N 测线异常位置					S 测线异常位置				
地震	电法	两者对应性	测线间对应性	相应钻孔	地震	电法	两者对应性	测线间对应性	相应钻孔
					95	95	对应	对应 N-160	
					140	140	对应	对应 N-200	S12
160	160	对应	对应 S-95	N13					
					180		不对应	无对应	

续上表

N测线异常位置					S测线异常位置				
地震	电法	两者对应性	测线间对应性	相应钻孔	地震	电法	两者对应性	测线间对应性	相应钻孔
200	200	对应	对应 S-140	N14,Z26					
					220	210	对应	无对应	
					305	300	对应	对应 N-340	S8、S21
340	340	对应	对应 S-305	S23					
					395	395	对应	对应 N-455	S17
455	455	对应	对应 S-395	原 ZK4					
					490	490	对应	无对应	S19
					520	520	对应	对应 N-540	S27
	540	不对应	对应 S-520	S27					
590	585	对应	对应 S-590	NZ20、Z4					
					590	600	对应	对应 N-590	S61
635	640	对应	对应 S-640	NY20、ZY4					
					640	645	对应	对应 N-635	
					705	710	对应	对应 N-710	S26
710	710	对应	对应 S-705	N21					
900	900	对应	无对应						
						950	不对应	无对应	
						990	不对应	对应 N-1020	
1020	1020	对应	对应 S-990	N25	1020			无对应	

2.4　补充物探进一步揭示溶洞不良地质区域的方法

南湖路湘江隧道工程进行补充物探的目的是在详勘成果的基础上进一步对隧址范围的岩溶及不良地质区域进行判识,为盾构施工指出不利地段。补充物探选用高密度电阻率法、高频大地电磁法及地震反射波法3种物探手段联合勘察(见表3)。

补充物探手段及其优缺点一览表　　表3

物探手段	解决地质问题	优　点	缺　点
高密度电阻率法	探查构造位置、划分岩土层,揭示岩土层电阻率	分辨率较高	探测深度较浅
高频大地电磁法	探查构造带、岩溶等异常地质体	探测深度大	分辨率较低
地震反射波法	探查水底地形,划分岩土层,查明构造位置	分辨率高	受水深及水底表层岩性影响较大

2.5　补充物探进一步揭示溶洞不良地质区域的结果(见表4、表5)

疑似溶洞位置表　　表4

编　号	桩号/距离	备　注
1	SK0 +980 左4m ~ SK1 +011 左4m	DF-S1 线(南线左4m)
2	SK1 +085 左4m ~ SK1 +107 左4m	DF-S1 线(南线左4m)
3	SK1 +006 右4m ~ SK1 +044 右4m	DF-S2 线(南线右4m)
4	SK1 +062 右4m ~ SK1 +092 右4m	DF-S2 线(南线右4m),钻孔已验证
5	SK1 +134 右4m ~ SK1 +171 右4m	DF-S2 线(南线右4m)
6	150 ~ 170	横测线 DF-H6,钻孔已验证

裂隙密集带位置表 表5

编号	北线桩号	南线桩号	备注
1	NK0 +636 ~ NK0 +697	SK0 +835 ~ SK0 +903	陆地(西岸)
2	NK1 +005 ~ NK1 +040	SK1 +230 ~ SK1 +266	江中(橘子洲浅滩)
3	NK1 +082 ~ NK1 +128	SK1 +301 ~ SK1 +346	江中(橘子洲浅滩)
4	NK1 +460 ~ NK1 +490	SK1 +685 ~ SK1 +715	江中(靠东岸)

2.6 溶洞不良地质区域的钻探验证

根据补充物探成果发现的异常地质区对疑似区域进行钻探验证(见表6),共布置钻孔22个。通过补充勘探,未发现新的溶洞。

南湖路湘江隧道物探异常钻孔验证情况表 表6

孔号	异常编号	测线位置	钻孔深m	异常性质	物探解译结论	钻探施工结论
SG1	N1	NF-N1 与 DF-H1	33	破碎或泥质粉砂岩	位于隧道底板下,对洞身影响较小	位于隧道底板下,对洞身影响较小
SG2	N1	NF-N2 与 DF-H1	32	裂隙密集带	位于隧道底板下,对洞身影响较小	位于隧道底板下,对洞身影响较小
SG3	S1	NF-S1 与 DF-H1	30	疑似溶洞/岩体破碎	若为溶洞则对洞身影响大	未见深洞,位于隧道底板下,对洞身影响较小
SG4	S1	NF-S2 与 DF-H1	30	溶洞	大部分位于隧道洞身内,影响大	未见深洞,位于隧道底板下,对洞身影响较小
SG5	N2/F1	NF-N1 与 DF-H2	28	裂隙密集带	位于隧道洞身内,影响大	裂隙密集带,岩体破碎,风化程度高;位于隧道洞身内,影响较小
SG6	S2/F1	NF-S1 与 DF-H2	27	裂隙密集带	位于隧道洞身内,对洞身影响大	裂隙密集带,岩体破碎,风化程度高;位于隧道洞身内,影响较小
SG7	S2/F1	NF-S2 与 DF-H2	27	裂隙密集带	位于隧道洞身内,对洞身影响大	裂隙密集带,岩体破碎,风化程度高;位于隧道洞身内,影响较小
SG8	N3	NF-N1 与 DF-H3	27	破碎,风化程度高	位于隧道底板下,对洞身影响较小	裂隙密集带,岩体破碎,风化程度高;位于隧道洞身内,影响较小
SG9	N3	NF-N2 与 DF-H3	27	破碎,风化程度高	位于隧道底板下,对洞身影响较小	裂隙密集带,岩体破碎,风化程度高;位于隧道洞身内,影响较小
SG10	S3	NF-S2 与 DF-H3	28	疑似溶洞	位于隧道洞身内,对洞身影响大	未见深洞,裂隙密集带,岩体破碎,风化程度高;位于隧道洞身内,影响较小
SG11	N4	NF-N2 与 DF-H4	28	破碎,风化程度高	位于隧道洞身内,对洞身影响较大	未见深洞,裂隙密集带,岩体破碎,风化程度高;位于隧道洞身内,影响较小
SG12	S4	NF-S1 与 DF-H4	28	溶洞	位于隧道洞身内,对洞身影响大	钻孔涵盖详勘溶洞的东、西、北三方面,未见溶洞;为裂隙密集带,岩体破碎,风化程度高,主要表现为强风化厚度大;位于隧道洞身内,影响较小
SG13	S4	NF-S2 与 DF-H4	28	溶洞	位于隧道洞身内,对洞身影响大	钻孔涵盖详勘溶洞的东、西、北三方面,未见溶洞;为裂隙密集带,岩体破碎,风化程度高,主要表现为强风化厚度大;位于隧道洞身内,影响较小
SG14	S4	NF-S2 与 DF-H4	28	溶洞	位于隧道洞身内,对洞身影响大	钻孔涵盖详勘溶洞的东、西、北三方面,未见溶洞;为裂隙密集带,岩体破碎,风化程度高,主要表现为强风化厚度大;位于隧道洞身内,影响较小
SG15	S5	NF-S1 与 DF-H5	28	疑似溶洞/岩体破碎	位于隧道洞身内,对洞身影响大	未见深洞,为裂隙密集带,岩体破碎,风化程度高;位于隧道洞身内,影响较小
SG16	S5	NF-S2 与 DF-H5	28	疑似溶洞/岩体破碎	位于隧道洞身内,对洞身影响大	未见深洞,为裂隙密集带,岩体破碎,风化程度高;位于隧道洞身内,影响较小
SG17	S5	NF-S2 与 DF-H5	28	疑似溶洞/岩体破碎	位于隧道洞身内,对洞身影响大	未见深洞,为裂隙密集带,岩体破碎,风化程度高;位于隧道洞身内,影响较小

续上表

孔号	异常编号	测线位置	钻孔深m	异常性质	物探解译结论	钻探施工结论
SG18	F2	NF-S1	32	裂隙密集带	位于隧道洞身内，对洞身影响大	局部裂隙密集带，岩体破碎，风化程度高；位于隧道洞身内，对施工基本无影响
SG19	N7	NF-N1	32			
SG20	S7/F3	NF-S1	32	裂隙密集带	位于隧道洞身内，对洞身影响大	局部裂隙密集带，岩体破碎，风化程度高；位于隧道洞身内，对施工基本无影响
SG21		NF-S2 与 DF-H6	32			
SG22	S8	NF-S2 与 DF-H7	31	破碎或泥质粉砂岩	大部分位于隧道洞身内，影响大	岩体较完整，对隧道施工基本无影响

3　溶洞及隧道相互影响的计算

根据设计详勘、地质补勘及钻探验证资料，南湖路湘江隧道段探明有一位于南线南侧的溶洞。通过对钻孔揭露情况的分析，洞北侧边距南线隧道边约6m，溶洞部分填充。根据SS17钻孔揭露情况，溶洞高度最大为5.9m，SS17钻孔周边钻孔显示溶洞高度约2.5m，据此分析溶洞应该为类圆形。根据钻孔揭示的溶洞顶底高程，溶洞位于隧道的中间高度位置。据此对溶洞和隧道相互影响进行分析计算。

3.1　假设隧道周边不存在溶洞

为了分析溶洞的影响，首先假设没有溶洞状态对隧道内力及周边土体的变形和应力进行分析（见图1）。

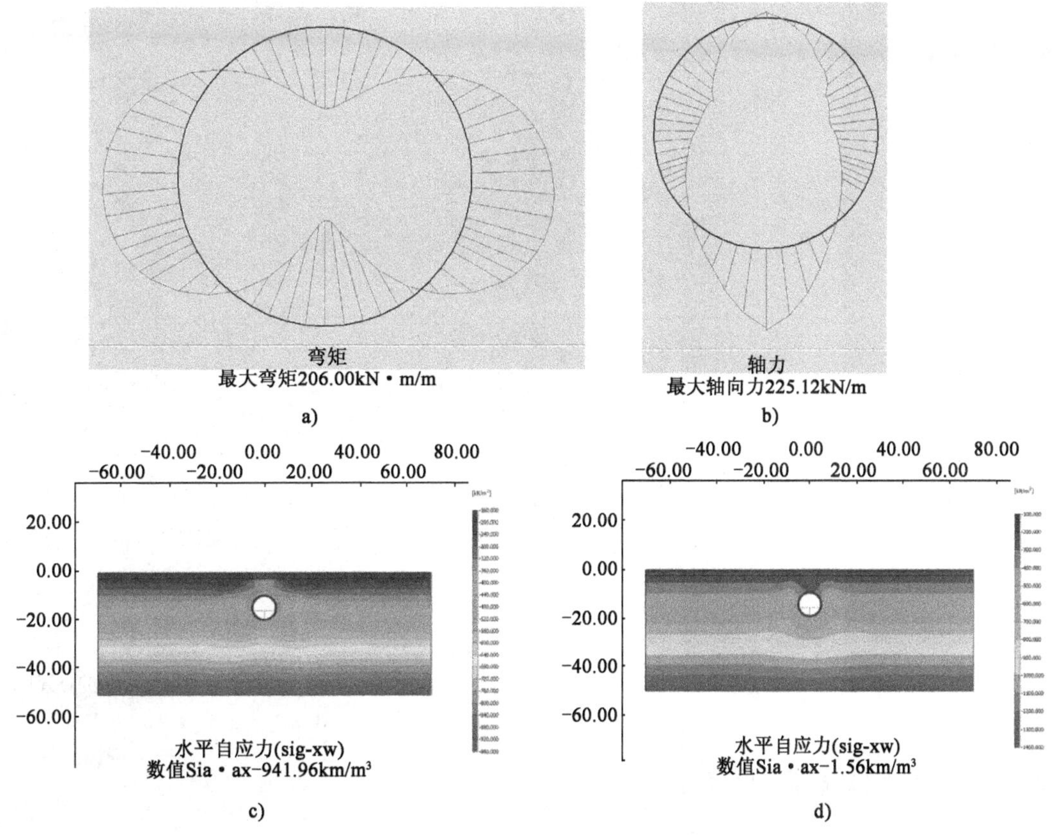

图　1

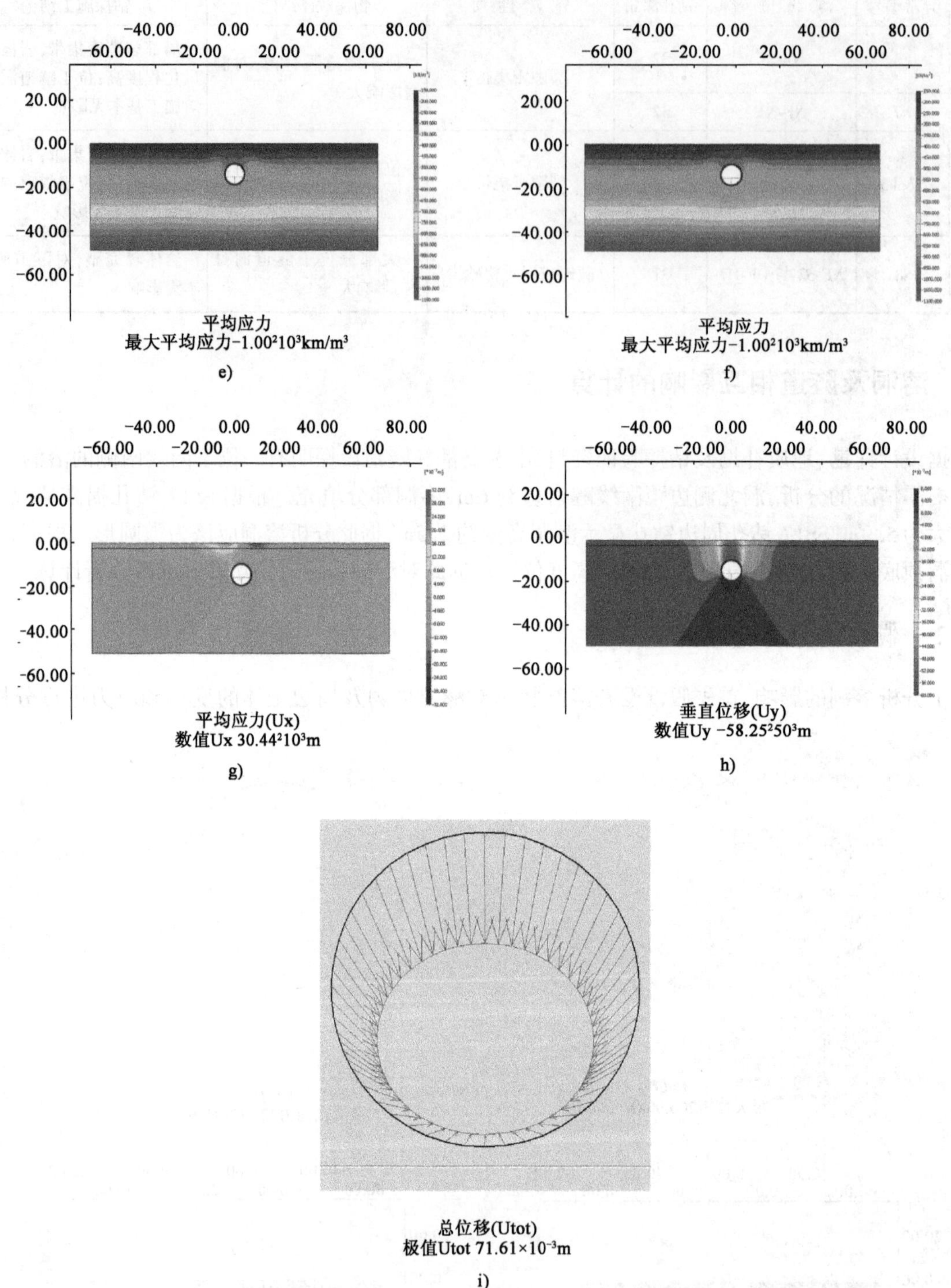

图1 隧道内力及变形

a)弯矩;b)轴力;c)水平主应力;d)竖向主应力;e)平均正应力;f)相对剪应力;g)水平方向位移(m);h)竖直方向位移(m);i)管片总位移

3.2 盾构开挖隧道前(见图2)

由于溶洞的内部形状未探明,为此,在计算中考虑溶洞为状态稳定的一个半径3m的圆形。

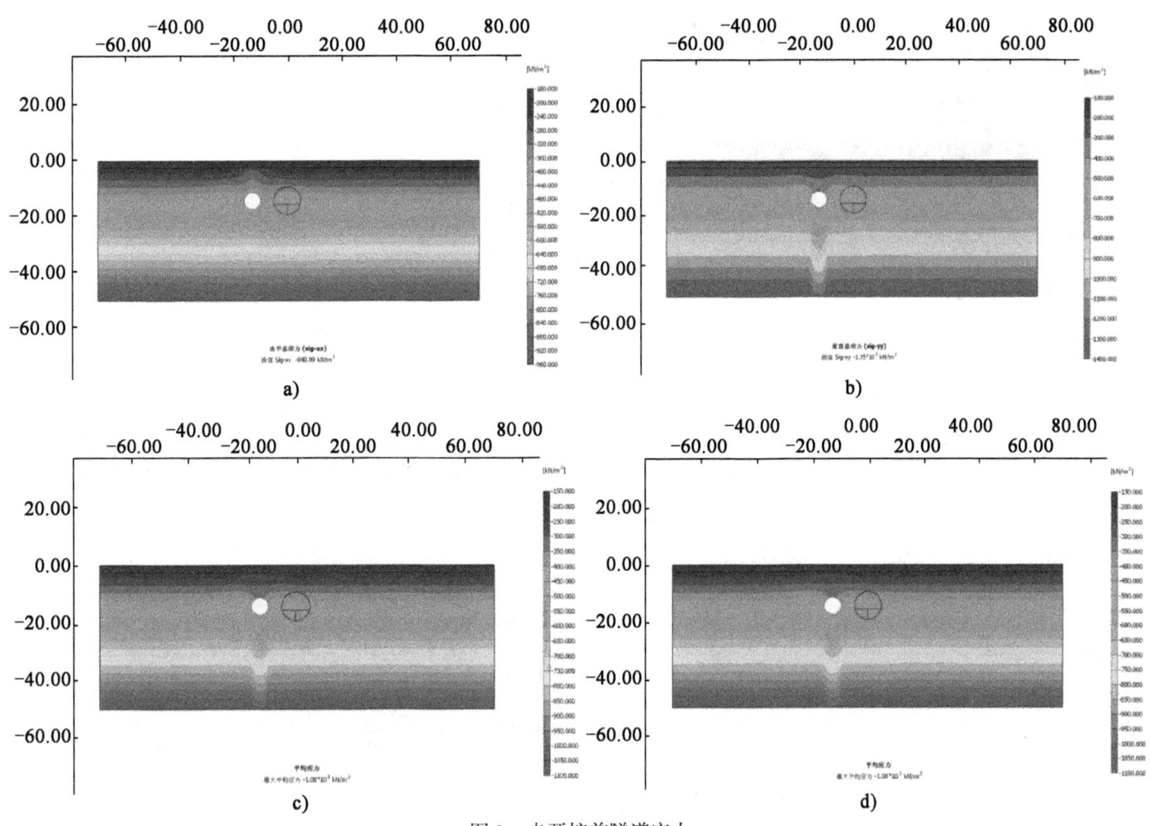

图2 未开挖前隧道应力

a)水平主应力;b)竖向主应力;c)平均正应力;d)相对剪应力

3.3 盾构开挖隧道后(见图3)

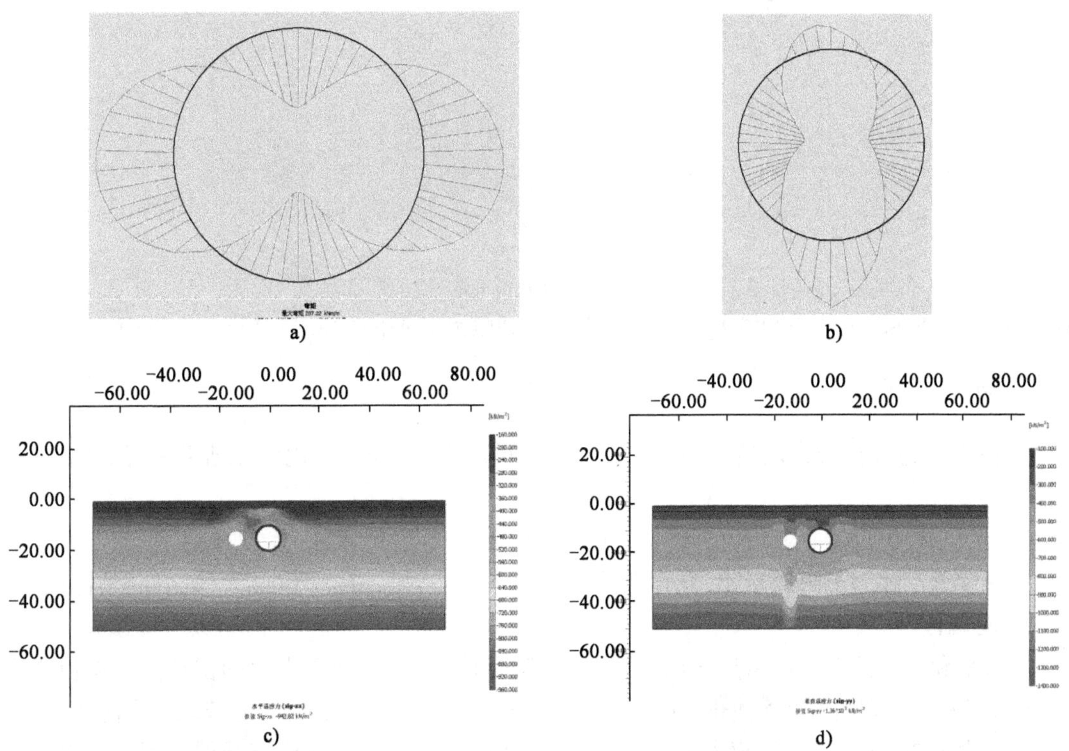

图 3

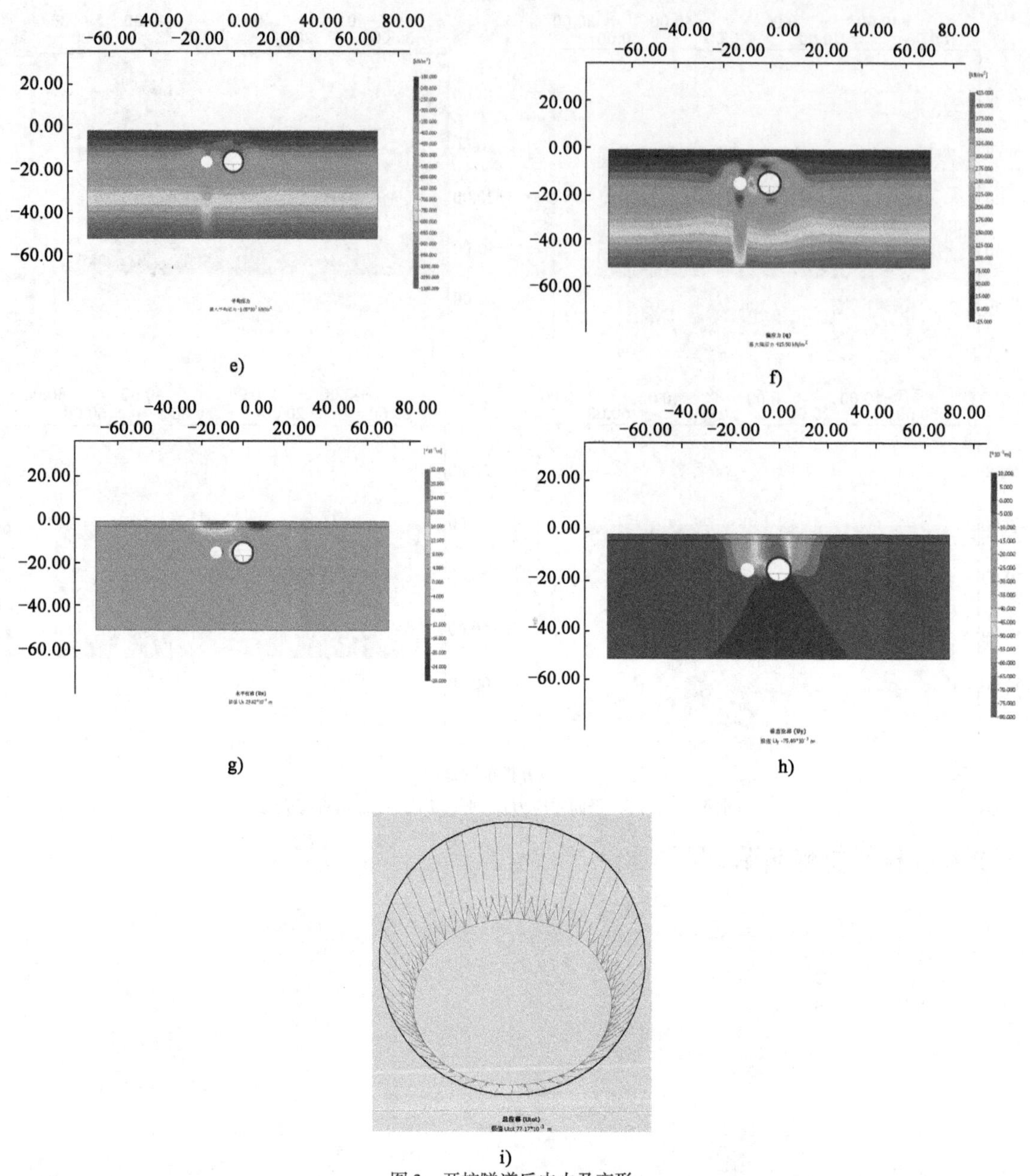

图3 开挖隧道后内力及变形

a)弯矩;b)轴力;c)水平主应力;d)竖向主应力;e)平均正应力;f)相对剪应力;g)水平方向位移 m;h)竖直方向位移 m;i)管片总位移

3.4 结果分析

通过对溶洞周边开挖隧道前后盾构管片位移及土层应力、应变的变化计算结果进行对比分析,得到以下结论:

(1)由于溶洞的出现,盾构管片的计算弯矩增加明显,管片的计算轴力增加较少。

(2)从管片总位移图上可以看出,在存在溶洞情况下,隧道拱顶位移值最大,其方向整体向下,但已经向溶洞方向偏移。

(3)从水平和竖向位移云图可以看出,溶洞在隧道开挖后,有向隧道方向的位移。溶洞位移变化较大,而过大位移和变形可能使溶洞塌陷,使盾构管片一侧土体失稳,给盾构隧道带来安全隐患。

(4)由应力云图可以看出,隧道和溶洞之间的土体应力水平较高,在隧道开挖过程可能发生较大的塑性变形,盾构和溶洞之间的夹岩土可能丧失其承载能力,这将对盾构隧道造成难以承受的破坏。

4　溶洞处理措施

根据地质勘察资料及对溶洞与隧道相互关系计算结果的分析，在盾构穿越溶洞区域前可对溶洞进行填充处理，消除可能出现的安全隐患。南湖路湘江隧道工程勘探所揭露溶洞类型为无填充溶洞，因此采用在溶洞上方钻孔，往溶洞空腔内注入水泥砂浆的方式对洞溶进行填充，如图4所示。

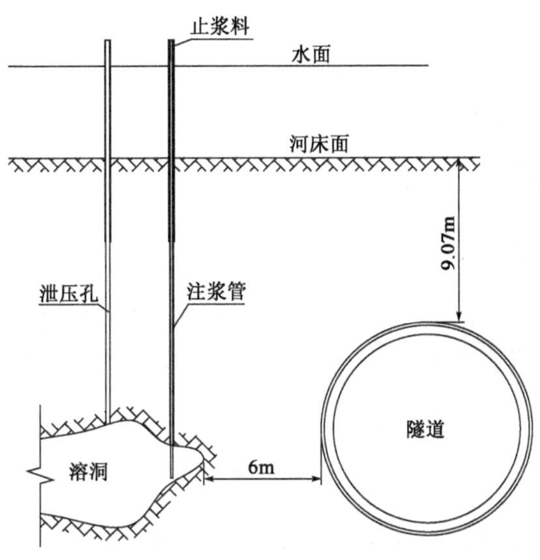

图4　溶洞处理方法示意图

4.1　施工工艺

对于无填充溶洞，采用注入砂浆进行回填，根据溶洞范围确定注浆孔布置。

4.2　技术要求

(1)通过溶洞处理，达到填充溶洞，提高溶洞洞壁岩体稳定性的目的，以保证隧道后期运营期间的安全。

(2)砂浆的技术指标：砂采用细砂，细度模数为2.3～2.8。水泥采用42.5R级的普通硅酸盐水泥。砂浆比例为水泥∶砂∶水＝1∶2∶2，具体比例通过现场试注进行调整。

(3)注浆终压为0.5～0.8MPa，注浆压力逐步提高，达到注浆终压后继续注浆10min以上。

(4)根据隧道南线溶洞范围，本处溶洞处理方法是钻2个孔，钻孔间隔5m，北侧钻孔为注浆孔，南侧钻孔为泄压孔，如图5所示。

(5)实际注浆参数，根据现场试验确定。

4.3　施工步骤

施工流程(见图6)：

(1)测定孔位。根据注浆钻孔平面图，采用GPS定位系统进行钻孔孔位测定。

(2)钻孔。在水上钻探平台安装钻机进行钻孔施工，开孔孔径为127mm，终孔孔径为110mm，砂卵石地层内采用钢护筒进行护壁处理，套管管径为127mm。

(3)下注浆管。注浆管采用镀锌钢管，管内径不小于50mm，管底下至溶洞底面以上20～30cm，注浆时将池压孔内钻孔抽出,以方便注浆时泄除压力。

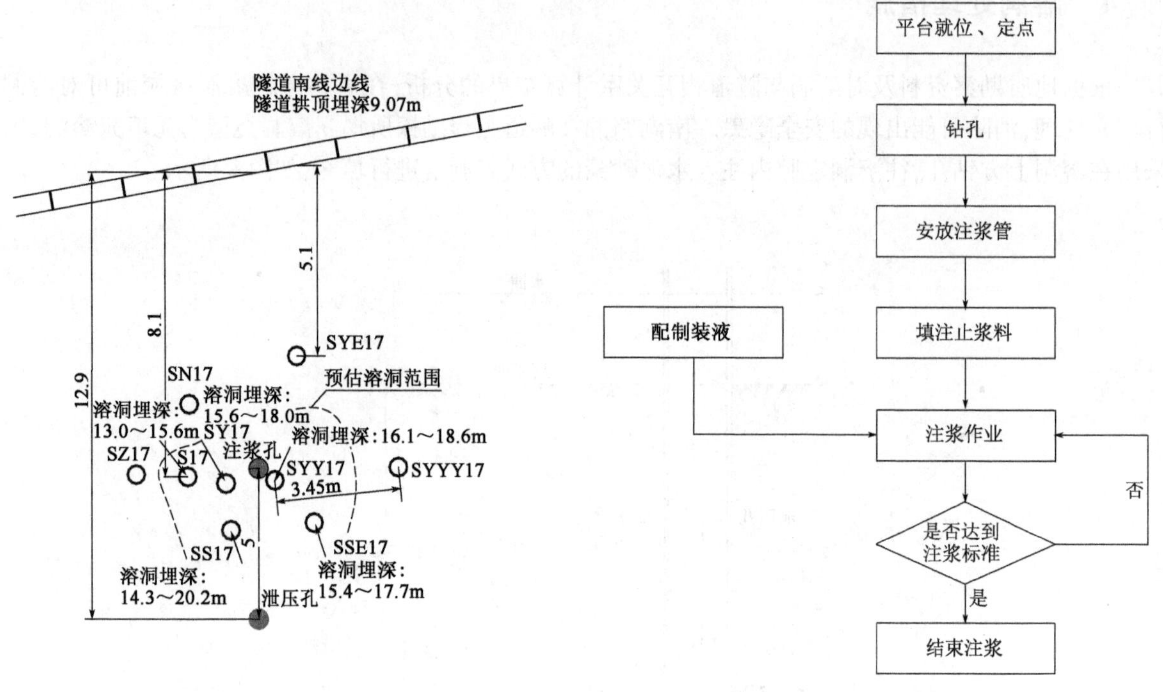

图5 溶洞处理钻孔孔位

图6 溶洞注浆回填流程

(4)填入止浆料。注浆管下到位后,用麻筋等物填充注浆管与钢护筒之间空隙,填充段长度不小于50cm,以防注浆过程中砂浆从注浆孔返出。

(5)注砂浆。

①砂浆采用泵送,进行后退式注浆。

②浆液的配制。溶洞填充浆液采用P·O 42.5普通硅酸盐水泥,与水、细砂拌制,砂浆配比为水泥:砂:水=1:2:2,根据现场情况对配合比进行调整,保证砂浆稠度及可注性。注入砂浆前,先注入一定量纯水泥浆(水灰比为1:1)润湿管路,然后按要求往溶洞内注入砂浆。

③注浆压力和注浆速度。注浆压力一般为0.5～0.8MPa,灌浆压力应保持平衡提升,不宜瞬间加压,压力的大小宜根据现场试验确定。

④注入砂浆。砂浆注入时注意观察注浆压力及泄压孔返浆情况。

⑤注浆结束标准。为保证溶洞及裂隙被充分充填加固,终灌标准不以灌浆量作为标准,而以灌浆压力及泄压孔返浆情况作为结束注浆标准,即注浆终止稳定压力在0.8MPa以上,且稳压10min以上。注浆过程中应观察浆面的排气、冒浆等情况,若泄压孔有浆液冒出,可停止本孔注浆。

⑥封孔。钻孔注浆完成后,对注浆孔及泄压孔进行封孔处理。封孔时将注浆管缓缓提升,并不断注入砂浆,直至注浆管底提升至护筒顶部时,停止砂浆注入。静置约45min后,将护筒拔除。

⑦清洗管线。每次灌浆结束应及时清洗管线及注浆钢管,以备下一次注浆之用。

4.4 注浆效果检查

溶洞填充完成后,进行溶洞回填效果检查。效果检查采用水上钻探取芯的方式。回填完成28d后,对溶洞回填区进行钻孔取芯,观察芯样的完整性,并对芯样进行抗压强度检测。

5 盾构掘进通过溶洞地段的技术措施

通过注浆等手段对溶洞进行处理,只能起到对溶洞进行充填、挤压密实、劈裂和置换的作用,难以在溶洞段形成均匀连续的加固体,而且注浆也未必能够隔绝地下水的水力通道,由于地质勘探的局限性,盾构掘进中仍有可能遭遇未揭露溶洞,即在注浆处理完溶洞地层后,盾构在掘进该段地层时仍有可能遇到软硬不均的地层,或出现开挖面坍塌、刀盘结泥饼现象。为防止遭遇不明溶洞时可能出现的盾构机陷落、突水等情况,为此盾构掘进通过溶洞地层段时还需要采取相应措施。

5.1 在溶洞段采用合适模式进行掘进

采用泥水平衡模式掘进。在掘进前根据溶洞处理效果和溶洞周边地质情况,计算泥水平衡压力,泥水仓压力拟定为0.2~0.25MPa。在掘进过程中,可根据实际情况进行调整。

5.2 合理配置刀具

进入溶洞地层前,根据地质情况选择开仓换刀作业的里程,按计划开仓检查刀具和更换新刀。在掘进溶洞加固体过程中保持以10~20mm/min的速度匀速推进。

5.3 控制盾构姿态

盾构在疑似溶洞地段掘进过程中,可能由于刀盘不同部位掘进受力偏差引起掘进方向的偏差。减缓盾构机掘进速度,使盾构机在掘进时刀盘上下部位受力尽量相同,将方向偏移量控制在平均±50mm以内,可减少刀具的偏磨和盾构机下俯现象。

根据洞内管片监测结果,在必要时可通过向管片背后注浆的方法对管片进行加固,提高管片的整体刚度,防止因盾构机扭转而引起管片变形。

5.4 确保盾尾密封的防水效果

在进行疑似溶洞段掘进前,对盾尾密封装置进行认真的检查、维护,确保密封效果。加强对尾刷密封油脂的注入检查,确保盾尾油脂传感器的正常工作;加强对油脂控制阀组的检测,保证盾尾油脂密封压力正常,确保尾刷密封防渗漏效果。

5.5 加强管片背后注浆

过溶洞段注浆以同步注浆和二次补充注浆相结合的方式进行。同步注浆采用水泥砂浆,二次补充注浆采用水泥—水玻璃双液浆。

加强施工过程控制,严格按照"注浆与掘进同时进行、确保注浆饱满"的原则进行控制。根据工程地质条件,每环水泥砂浆的凝结时间应≤8h,同步注浆量不得少于20m^3。应合理调整与控制同步注浆压力,注浆压力控制在0.15~0.3MPa,确保浆液饱满。

盾构在通过溶洞发育段时,需要及时进行管片壁后的二次补强注浆。二次注浆采用水泥浆—水玻璃双液浆,水泥浆用P·O 42.5普通硅酸盐水泥,水灰比为0.6:1~1:1,水泥浆液搅拌时间一般为60~90s。搅拌时间不能过长,以免影响浆液胶凝时间。水玻璃浓度采用35Be,水玻璃掺入量根据凝固时间要求进行现场配置试验确定,凝固时间设定在40~50s。注浆采用双液注浆机,注浆压力为0.2~0.3MPa。

5.6 溶洞段管片变形监测

盾构掘进通过溶洞发育段后,需要持续对管片变形情况进行监测,如发现数据存在异常,需要及时对管片壁后注补强浆。

6　盾构掘进穿越溶洞区的应急应对措施

6.1　盾构遭遇不明溶洞时的应对措施

盾构机在溶洞区掘进,出现以下现象时,须立即停止掘进,并及时将掘进情况报工区及项目领导。查明原因,并根据情况制定、实施相应对策后,方可恢复掘进。

(1)盾构机在掘进过程中,突然出现刀盘扭矩值下降,或扭矩值出现较大幅度波动时,应立即停止掘进。

(2)盾构机在掘进过程中,出现掘进推力突变的情况,应立即停止掘进。

(3)盾构机在掘进过程中,出现泥水仓液位急剧上升或下降,或泥水仓压力值突变,应立即停止掘进。

(4)盾构机在掘进过程中,出现姿态突变时,应立即停止掘进。

6.2　盾构通过不明溶洞的应急处理措施

盾构遭遇不明溶洞,应停止掘进。采用水面投砂法回填溶洞空腔后,盾构机恢复掘进。掘进通过溶洞区后,通过管片注浆孔往壁外打设注浆钢花管,对管片壁外回填砂进行注浆固结。

(1)水面投砂

水面投砂采用水上钻孔进行。水上作业步骤与前文溶洞回填砂浆步骤基本一致。水上投砂钻孔间距为2~3m,溶洞范围内呈矩形布置,如图7所示。钻孔位置自隧道中心往外扩散,通过钻孔投砂过程确定溶洞范围。

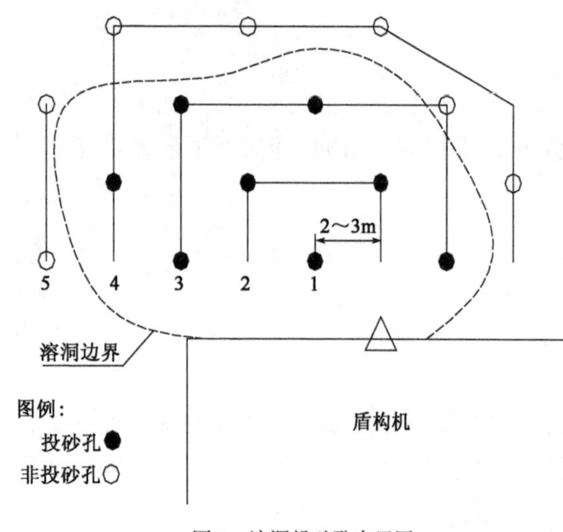

图7　溶洞投砂孔布置图

投砂采用中粗砂,投砂过程采用水振法,以增加砂的扩散半径及填砂密实度。水振法,即在填如一定量砂后(初步拟定为20m^3),往投砂孔内插入可旋转高压喷头至填料高度,通过高压水泵往喷头压注清水,以喷射水流带动砂粒流动,提高投砂的扩散能力。

(2)填砂效果检查

填砂后需要对填砂效果进行检查。检查采用超声波探测,从投砂孔下入超声波探测探头,对回填的饱满度进行检查。

(3)盾构掘进通过

溶洞空腔用砂填充饱满后,可恢复盾构掘进。盾构在溶洞范围内掘进须严格控制掘进参数、掘进姿态、泥浆质量,确保盾构掘进施工安全(见表7)。

盾构通过溶洞回填砂层掘进及泥浆参数参考值　　表7

项　　目	参考值	备　注
掘进速度	10~20mm/min	
泥水仓压力	0.2~0.25MPa	根据隧道埋深确定
泥浆相对密度	1.3~1.4	
泥浆黏度	20~25s	适当提高泥浆比重及黏度,以利于维持开挖面砂层稳定

(4)溶洞填砂固结注浆

盾构机掘进通过溶洞后,根据溶洞与隧道的相对位置,在拖车段合适的部位及时通过管片注浆孔往壁外打设钢花管注入水泥—水玻璃双液浆固结回填砂，防止填料二次固结导致管片错动。

注浆钢花管长度 $L=2.5m$，采用 $\phi 32mm$、$t=3mm$ 钢管制作。注浆管前端 1.5m 割泄浆孔，孔径为 10mm。布置范围根据钻孔投砂过程中探明的溶洞与隧道相对位置及范围确定。

固结注浆采用水泥—水玻璃双液浆。水泥浆采用 P·O 42.5 普通硅酸盐水泥，水灰比为 0.6:1～1:1，水泥浆液搅拌时间一般为 60～90s。搅拌时间不能过长，以免影响浆液胶凝时间。水玻璃浓度采用 35Be。水玻璃掺入量根据按凝固时间要求进行现场配置试验确定，凝固时间设定在 40～50s。

注浆采用双液注浆机，注浆压力为 0.3～0.5MPa，同时进行跟踪监测，根据监测情况对注浆压力进行调整，防止注浆压力过大导致地面隆起。

注浆采用注浆压力及注浆量作为结束注浆的双重控制标准，即当注浆压力达到设定值并稳定压力 5min 钟、注浆量到理论注入量时，即可认为该注浆孔达到固结注浆的要求。

注浆量根据地层孔隙率及浆液扩散半径确定，双液浆在砂层内扩散半径以 2m 计，按公式 $Q=V\times n\times\alpha\times(1+\beta)$，每根钢花管注浆量为

$Q=3.14\times2\times2\times5\times0.5\times0.8\times(1+0.2)=30.14m^3$（其中 V 为注浆加固土体的体积；n 为地层孔隙率，为确保加固效果建议不下于 50%；α 为地层填充系数，取 0.8；β 为浆液消耗系数，取 0.2），同时对管片变形值进行跟踪监测，根据监测情况调整注浆压力及注浆量。

7　结语

在进行管片受力计算时，考虑溶洞为圆形，在计算溶洞的自身受力和稳定性时是冒进的，实际情况下可能盾构管片受力比正常情况下要增加更多，因此在制订掘进方案时要进一步考虑安全储备系数。

大直径泥水盾构通过溶洞地层，在盾构机通过前，应根据详勘成果，对盾构掘进段进行补充物探，并针对物探发现的不良地质区域进行钻探验证。针对已探明溶洞，根据溶洞规模及充填情况制订溶洞处理方案，并对盾构机掘进参数进行适当调整。但由于地质勘察手段难免存在一定局限性，为防止盾构机在通过溶洞地层过程中遭遇未探明溶洞，造成突泥、涌水及盾构陷落，在盾构掘进通过溶洞区域地层时应准备好相应的辅助措施及应急预案。

参考文献

[1] 李继君. 隧道溶洞处理研讨[J]. 山西建筑,2006(19):304-305 .

[2] 张耀军,孟兆伟,商南南. 特大隧道溶洞处理施工技术[J]. 采矿技术,2004(1):62-63.

特殊地层盾构管片上浮控制技术研究

黄群勇

(浙江杭海城际铁路有限公司)

摘 要 杭海城际铁路轨道交通余杭高铁站—许村站区间盾构管片拼装完成脱出盾尾后出现管片上浮现象。盾构隧道管片上浮主要由于隧道在地层中失去抗浮能力所致,它受同步注浆、盾构工法特性、工程地质及水文地质、盾构姿态和线路走向等因素影响。杭海城际铁路轨道交通余杭高铁站至许村站区间土体物理力学性质差,地层具有压缩性高、强度低、灵敏度高、透水性低等特点,致使施工阶段隧道管片上浮量最大达到9.8cm。本文针对此盾构区间管片上浮现象进行分析和总结,根据软土地层下盾构推进的特点,对管片上浮提出针对性控制技术措施,为后续杭海城际铁路轨道交通施工及同类工程提供一些经验和参考。

关键词 地下轨道交通;盾构隧道;管片上浮;规律;控制技术

0 引言

近年来,在我国大部分地区特别是杭州、上海、宁彼等软土地区城市地铁建设中,盾构隧道管片在施工阶段的上浮问题日趋突出,严重者甚至要通过调线调坡等来满足线路设计要求。因此,本文结合余杭高铁站至许村站区间隧道管片上浮的工程实例,从盾构工法特性、同步注浆等方面着手,对盾构掘进过程中管片产生上浮现象的机理、原因及控制技术进行分析研究,为后续杭海城际铁路轨道交通施工质量提供一些建议。

1 工程概况

盾构区间左线长3126.22mm,起点里程号为ZDK0+437.570,终点里程号为ZDK3+563.487,长链为0.303m。

线路最小曲线半径800m,最大曲线半径4000m;隧道埋深为7.6~25m,线间距为10.8~16m,最大纵坡为28‰;隧道覆土厚度为7.6~22m。

区间线路余杭高铁站至许村镇站自区间明挖段端头井始发,穿越居民区→(京杭大运河)→中间风井→西环河→居民区→东湖南路桥梁桩基→无名河→居民楼→沪昆高速公路→555电商创意产业园,沿文正街道路敷设,下穿既有地铁1号线后到达余杭高铁站进行接收。

余杭高铁站至许村站盾构区间包含1座中间风井;有6座联络通道。其中1座与中间风井合建,1座与泵房合建。盾构区间工程筹划示意图,如图1所示。

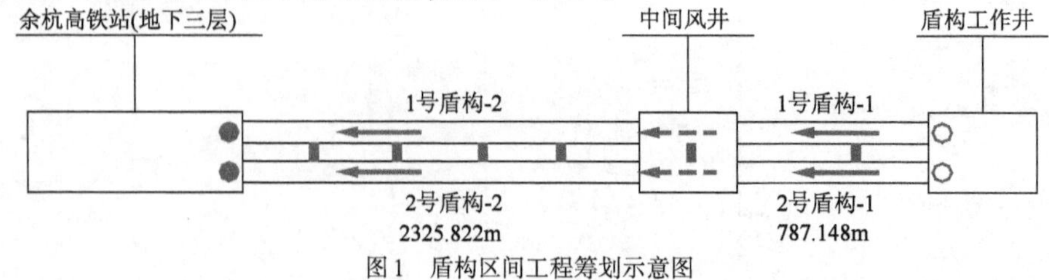

图1 盾构区间工程筹划示意图

2　本工程地质及水文条件

2.1　地质条件

按地质成因时代及其工程特征，场地沿线第四系地层空间竖向分布自上而下大致可分为：浅表层，为厚薄不一的填土或耕植土；其下为冲海积黏质粉土、粉质黏土，海积淤泥质黏土，冲湖积黏性土、粉土，冲积黏性土或粉细砂等。

(1)本工程盾构始发端覆土埋深约7.6m，盾构主要穿越地层为④1 淤泥质黏土、⑤2 粉质黏土，隧道上层覆土依次为②1 黏质粉土、②2 粉质黏土、④1 淤泥质黏土。

(2)余杭高铁站接收端头覆土埋深约18m，盾构主要穿越地层为⑤4 粉砂，隧道上方覆土依次为①2 素填土、②2 粉质黏土、③2 黏质粉土、⑤4 粉砂。

本工程盾构穿越地层主要为④1 淤泥质黏土、⑤2 粉质黏土、⑤4 粉砂、⑥2 淤泥质粉质黏土、⑥2-1 粉质黏土、⑦2-1 粉质黏土夹粉土。

④1 淤泥质黏土、⑤2 粉质黏土、⑥2 淤泥质粉质黏土、⑥2-1 粉质黏土、⑦2-1 粉质黏土夹粉土，特性为土含水率高，孔隙比大，渗透性差，呈流塑—可塑状，具有压缩性高，强度低、灵敏度高、触变性及蠕变性强等工程力学性质特点。在外力作用下易扰动且强度易降低。在该土层中，盾构推进阻力较小，但须注意周围土体有容易变形的不利影响。如果施工措施采取不当，极易造成较大的管片上浮和地面沉降，应尽量减少对土体的扰动。

⑤4 粉砂具有空隙大、渗透性好、黏聚力小、对外力反应灵敏，在微弱动水或外力作用下易产生移动，丧失稳定性的特性。

2.2　水文条件

地下水因含水介质、水动力特征及其赋存条件不同，其补、径、排作用和水化学特征均各不相同。根据钻探揭露，勘探深度范围内地下水类型主要可分为第四系松散土类孔隙潜水和孔隙微承压水。

(1)第四系松散土类孔隙潜水：主要赋存于场区浅部人工填土及黏性土层内，在地面下0.1～3.0m处。

(2)孔隙微承压水：主要赋存于下部的⑤4 粉砂、⑦3 粉砂、⑨3-1 细砂、⑨4 圆砾土层中，施工中应注意微承压水的影响。图2 所示为盾构始发端地质剖面。

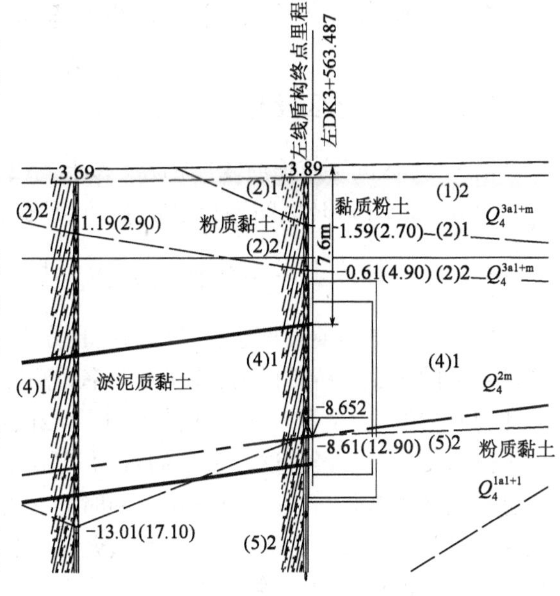

图2　盾构始发端地质剖面

3　盾构隧道管片上浮观测及分析

杭海城际铁路工程余杭高铁站至许村站区间盾构在推进初期，均不同程度地存在拼装完成的盾构管片在脱出盾尾之后出现较大上浮现象，造成隧道管片出现错台、破损，给施工带来较大隐患。在推进前150 环过程中，盾构隧道管片最大上浮量达9.8cm 。考虑管片上浮给盾构区间隧道推进质量带来的严重后果，参建各方多次组织召开分析会，及时组织监测、测量人员对管片上浮规律实施跟踪观测，从观测数据中总结上浮规律，并结合现场具体工况进行上浮机理分析，最后制定针对性的解决措施。

3.1 现场跟踪观测成果

本区间盾构在始发推进过程中,施工一开始就立即着手进行管片上浮现象的跟踪观测。其中,始发至第85环之前的观测结果表明,管片上浮量较大最大值98mm在第40环位置;在第85环之后最大值达40mm,在第111环位置。由此可见在第85环之后,管片上浮量明显减小,如图3所示。

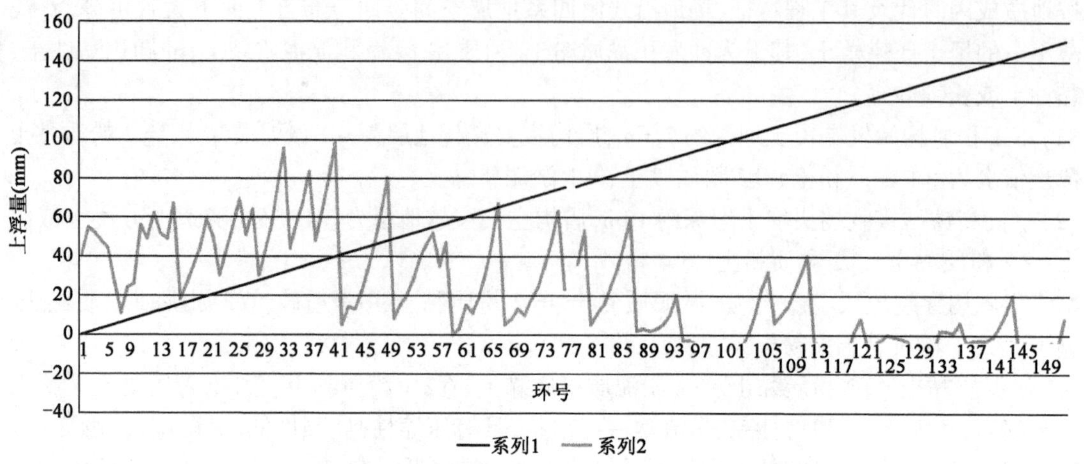

图3 余杭高铁站至许村站区间左线第1~150环管片实测上浮数据

3.2 观测成果数据分析及规律总结

3.2.1 上浮区段地质情况

前85环区间穿越地质④1淤泥质黏土、⑥2淤泥质粉质黏土。

第85环~150环区间穿越地质④1淤泥质黏土、⑥2-1粉质黏土。

3.2.2 管片上浮动作出现具体时机分析

由于在推进初期只是通过以往的经验分析其上浮具体时机,故观测频率在推进初期为1次/d。但经过几天的观测分析后认为,该观测频率无法准确反映管片的具体上浮时机,应将观测频率适当加密。因此,观测频率由1次/d逐渐增加到1次/2h,即本环管片安装完成即开始测取初始值,待其脱出盾尾后再测取变化量。经过这样密集的观测,已经初步掌握了本工程地质条件下的管片上浮时机及规律。经过现场实测数据,管片上浮量较大的时间是在拼装完成脱出盾尾后的。4h内,在这个时间段内拼装完成的管片有一个突变的动作,一般该突变引起上浮在30~40mm,在随后的推进施工过程中,随着同步注浆浆液的逐渐稳定,管片上浮数据趋于平缓,但总体趋势仍然为上浮。该阶段时间持续相对较长,一般为6~8h,在该时间段后管片上浮量达到峰值。另外,由于在该时间段内同步注浆浆液也开始初凝,从另一方面也使管片得到基本稳定。该阶段内管片上浮量一般为20m~30mm。

4 盾构隧道管片上浮的影响因素分析

4.1 盾构工法特性的影响

为保证盾构正常掘进和管片拼装,其开挖直径D与隧道衬砌管片外径d有一定的建筑间隙(同步注浆浆液即用来填充此空隙),这样在隧道洞身内壁与管片外径间就存在建筑间隙$\Delta=(D-d)/2$。

在软土地层中，管片脱出盾尾后，拱顶土体全部塌落到管片结构需要一定时间和过程，如不及时填充此空隙，脱出盾尾的管片周围处于无约束的地下水包围状态，给管片位移提供了可能的条件。

盾构隧道是空心的筒体，在混凝土自重作用下有下沉的趋势；但在全断面地下水压力作用下，防水性能优良的衬砌隧道管片则有上浮的趋势。以本区间盾构隧道外径6.7m、内径6.0m、环宽1.5m的管片为例说明如下：

管片混凝土自重：　$G=\rho g V_c=2400\times9.8\times10.5\approx246\ (kN)$　(1)

水浮力：　$F=\rho g V=1000\times9.8\times52.9\approx518(kN)$　(2)

式中：ρ——混凝土密度，取2400kg/m^3；

V_c——管片混凝土方量，约为10.5m^3，一环管片所占空间体积V约为52.9m^3。

由式(1)、式(2)可见管片混凝土自重G远小于水浮力F，而拱顶土体施加在管片结构上需要时间，这就说明拼装管片在脱出盾尾的4h内为何管片上浮位移发展快的原因。

另外，盾构机的质量主要集中在盾构前体(刀盘和主轴承位置)，由盾尾至后配套台车间(通常为8~9环管片)基本无荷载，管片脱出盾构后失去约束，同时还受周围土层及同步浆液的作用，出现较大的上浮。

4.2　同步注浆材料性质、配比及注浆工艺的影响

盾构施工同步注浆的直接目的是用来填充隧道内壁与管片外壁之间的建筑间隙，从而保证地层的稳定，确保盾构推进引起的地表沉降在允许范围内，这就要求浆液首先要具有良好的充填性。从同步注浆的目的和对浆液的性能要求上分析，及时填充固结管片背后的建筑空间是解决管片位移的关键。

从盾构机掘进到管片脱出盾尾后的工况分析来看，隧道管片在一定长度范围内就像两端固定的弹簧梁，一端受盾尾的约束不能上浮，一端受已凝固水泥砂浆固体的约束也不能上浮。这时，如果管片脱出盾尾后(一般4~6环)，同步注浆的浆液不能达到初凝和一定的早期强度，隧道管片仍然可视为浸泡在液体之中，在浮力的作用下必然会产生上浮现象。

本区间隧道同步注浆量、注浆压力的选定依盾构推进的理论建筑孔隙V_1计算：

$$V_1=\pi(R^2-r^2)\times L+V_2=3.52(m^3)\quad(3)$$

式中：R——盾构外半径3455mm；

r——管片外半径3350mm；

L——管片环宽1.5m；

V_2——盾壳外4根注浆管肋总体积。

根据本盾构机结构形式，V_2取0.16m^3。

理论上讲，浆液须100%填充建筑空隙。由于通常的浆液失水固结，盾构推进时壳体带土使开挖断面大于盾构外径，部分浆液劈裂到周围地层，导致实际注浆量要超过理论注浆量。按照以往工程实践，注浆时实际注浆量应为理论空隙体积的130%~200%。在本区间采用170%($3.52\times1.7=6m^3$)，注浆方量的增力直接导致管片上浮力的增大，从而加剧管片的上浮。

本区间隧道同步注浆采用厚浆，具有很好的控制管片上浮作用。

4.3　其他因素

盾构隧道管片的上浮还受盾构施工过程中蛇形纠偏、盾构隧道纵向坡度、隧道埋深等因素的影响。

盾构在推进过程中始终沿着理论设计轴线做蛇形轨迹运动，要通过不断调整各分区油缸千斤顶的推力来让盾构机运动中不断逐渐靠近隧道设计轴线。在纠偏和拟合设计纵坡的过程中，盾构推进千斤顶上、下分组油缸的推力必然出现差值，造成管片环面上受力不均，从而加剧了管片上浮。

根据西南交通大学的肖明清等人的研究，在其他条件不变的情况下分别取相对覆土厚度h/D(D为

隧道外径)为0.6、0.7、0.8、1、1.3、2共6种工况进行分析。对地表位移和隧道上浮的影响,如图4所示。由图可知,随着覆土厚度的增加,地表隆起和隧道上浮都逐渐减小。

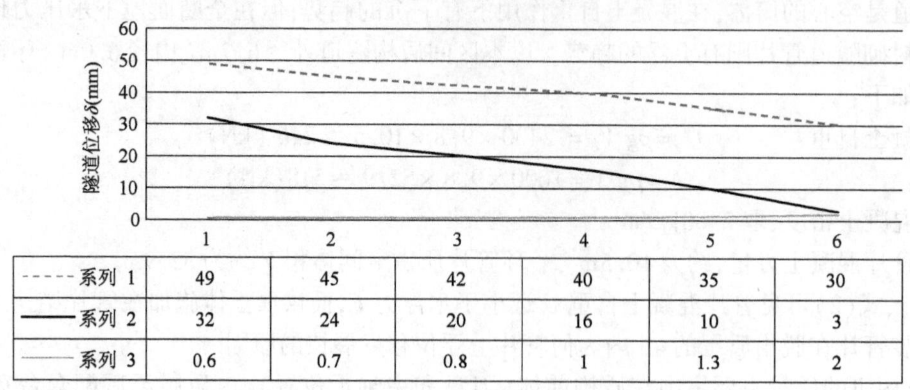

	1	2	3	4	5	6
系列1	49	45	42	40	35	30
系列2	32	24	20	16	10	3
系列3	0.6	0.7	0.8	1	1.3	2

系列1为管片上浮

系列2为地表隆起

系列3为相对覆土厚度h/D(D为隧道外径)

----- 系列1 —— 系列2 —— 系列3

图4 相对覆土厚度与隧道位移关系曲线

5 盾构隧道管片上浮控制及处理措施

5.1 上浮控制措施

5.1.1 选择适当的浆液类型

在含水软土地层中,解决管片上浮问题实质上是同步注浆稳定管片与管片上浮在时间上的竞赛。比较理想的注浆方法应是盾构沿轴线掘进,注浆浆液完全填充施工间隙并快速凝固形成早期强度,使隧道与周围土体形成整体构造物从而达到稳定。在浆液性能上选择双液瞬凝性浆液(水泥浆液和水玻璃浆液)和同步注浆工艺能解决管片上浮问题。双液瞬凝浆液的时效特点使其在隧道位移控制上具有优势,但随着温度的变化,同种配比的浆液化学凝胶时间因时而异,故堵管故障极易发生。同步注浆管在掘进结束前只能清洗而无法更换,所以这也是本区间仍然采用厚浆的原因之一(见表1、表2)。

本工程所用厚浆配合比 表1

砂(kg)	粉煤灰(kg)	膨润土(kg)	消石灰(kg)	添加剂(kg)	水(kg)
1050	350	80	80	2.5	350

厚浆主要性能指标 表2

性能指标类别	指标量化	性能指标类别	指标量化
渗透性	$<5\times10^{-5}$cm/s	压力失水(7′30″,3bar)	<20mL
密度	>1.80g/cm^3	泌水率	<5%
坍落度	12~16cm	分层度	<2cm
坍落度经时变化	≥5cm/20h	可使用时间	20h
屈服强度	20h,>800MPa	抗压强度	$R7>0.15$MPa $R28>1.0$MPa

该类型的浆液具有如下优点：

(1)良好的长期稳定性及流动性,较短的初凝时间。在满足注浆的前提下能够比较早地获得高于地层的早期强度。

(2)良好的充填性能。

(3)在地下水环境中不易产生稀释现象,抗地下水稀释分散性能强。

(4)固结后收缩小、泌水率小。

由于厚浆的初凝时间较短,在管片脱出盾尾后能够形成具有一定强度的包裹层,对管片起到稳定作用,同时在地下水环境下不易被稀释,故能较好地控制管片的上浮。

但是,由于厚浆的坍落度较小,浆液较稠,对注浆设备、拌浆设备的性能具有较高的要求。

5.1.2　选择适当的注浆压力及注浆孔位

根据管片上浮的情况和盾构推进姿态的关系合理选择注浆孔位、注浆量和注浆压力。注浆压力应为保证足够注浆量的最小值,一般为0.3～0.4MPa。浆液分配:增大上部两个注浆管注浆量和注浆压力;下部两个注浆管少注,甚至可以不注。对于整环管片来讲,上部与下部的注浆量比例为2∶1 或者2∶0。

5.1.3　控制盾构机姿态

盾构机蛇形运动过量必然造成频繁纠偏,纠偏的过程就是管片环面受力不均的过程。所以要求在掘进过程中必须要控制好盾构机的姿态,尽可能地使其沿隧道轴线做少量蛇形运动。按规范要求,盾构掘进中,拼装管片中心轴线的平面位置和高程允许偏差为±50mm,发现偏差时应逐步纠正,避免突纠,以免人为造成管片环面受力严重不均。

在本区间施工中重点控制急曲线和大坡度转点。一要合理调整各区域千斤顶油压,但各区千斤顶油压差不宜过大,与盾构中心线相对称区域的千斤顶油压差应小于5MPa,其伸出长度差应小于12cm。二要跟踪测量管片面的变化,及时利用环面粘贴石棉橡胶板纠偏,粘贴时上下呈阶梯状分布。三要根据上浮规律值控制盾构推进高程。

5.1.4　控制掘进速度

如果同步注浆过程中,浆液不能达到及时有效固结和稳定管片的条件时,应适当控制盾构掘进速度。一般以缓推为宜,推进速度不大于3cm/min,确保管片脱出盾尾时形成的空隙量与注浆量平衡,尽量避免注入的浆液被水稀释而降低浆液性能。

5.1.5　适当降低盾构机推进时的高程姿态

在本区间隧道推进中,项目部技术人员根据统计的管片拼装后上浮经验值,在部分较难控制上浮的区段将盾构机推进轴线高程降至设计轴线以下50mm,以此来抵消管片衬砌后期的上浮量,使隧道中心轴线尽可能地接近设计轴线,控制其上浮量。

5.2　上浮后处理措施

根据目前各个施工案例及相关施工经验来看,管片上浮后要想将其调整至设计轴线偏差范围内是极为困难的。一般可尝试在隧道底部打开注浆孔泄压,释放管片底部的有压水和未凝固的水泥砂浆,但此方法效果并不理想。因此,一旦发现管片上浮,必须立即停止盾构掘进,对已上浮的管片通过注浆孔进行二次注浆。注浆材料以瞬凝双液浆为最好,注浆压注顺序应顺着隧道坡度方向,从隧道拱顶至两腰,最后到拱底。终止注浆以打开拱底注浆孔无渗水为条件,以防止盾构恢复掘进后管片继续上浮。

对于上浮段长、上浮量大、超限严重的隧道,必须由设计单位进行调线调坡来满足隧道限界的要求。

6 结论和建议

通过对余杭高铁站至许村站区间隧道管片上浮现象进行实时跟踪监测,基本掌握了本工程软土地质条件下盾构隧道管片上浮的基本规律及具体上浮时机;根据上浮规律制定了针对性的解决措施,保证后续盾构区间的推进质量,为后续杭海城际铁路轨道交通施工质量控制提供了宝贵的技术经验,取得了良好的经济技术效益和社会效益。

在区间隧道施工过程中,在对管片上浮进行控制时,要对复杂地质情况进行分析研究,加强管片姿态变化监测并作系统分析、归纳,从中摸索出与不同土质、覆土等条件相对应的盾构掘进参数的变化规律并及时对其进行动态优化和调整;同时适时合理地管理注浆作业,调整不同施工区配比和注浆量、注浆压力,严格控制隧道管片在施工过程中的上浮,使隧道轴线满足设计规范要求。

参考文献

[1] 周文波.盾构法隧道施工技术及应用[M].北京:中国建筑工业出版社,2004.

[2] 中华人民共和国国家标准. GB 50446—2017:盾构法隧道施工与验收规范[S].北京:中国建筑工业出版社,2017.

[3] 沈征难.盾构掘进过程中隧道管片上浮原因分析及控制[J].现代隧道技术,2004(6):51-56.

[4] 秦建设,朱伟,陈建.盾构姿态控制引起管片错台及开裂问题研究[J].施工技术,2004(10):25-27.

[5] 叶飞,朱合华,丁文其,等.施工期盾构隧道上浮机理与控制对策分析[J].同济大学学报,2008(6):738-743.

[6] 叶飞.软土盾构隧道施工期上浮机理分析及控制研究[D].上海:同济大学,2007.

[7] 黄威然,竺维彬.施工阶段盾构隧道漂移控制的研究[J].现代隧道技术,2005(1):71-76.

气动马达式振捣在管片混凝土施工中的应用

徐　刚，郑瑞华
（中铁十四局集团第五工程有限公司）

摘　要　本文简要论述了管片施工中采用气动马达的振捣施工工艺，并结合施工现场混凝土坍落度实际情况，通过对比性试验提出了利用气动马达振捣控制管片外观质量的措施，从而使得管片的外观质量达到可控。

关键词　气动马达；管片混凝土；振捣；外观质量；坍落度

1　工程概况

中铁十四局集团第五工程有限公司承建的杭州至临安城际铁路（杭临线）钢筋混凝土管片采购Ⅱ标，承担杭临线“老余杭镇站—凤新路站—绿汀路站”盾构区间的预制管片供应任务。共有钢筋混凝土管片4503环，每环管片混凝土设计方量为10.43m^3，每环管片由1块封顶块（K）、2块邻接块（B1、B2）、3块标准块（A1、A2、A3）组成；管片外径为6700mm，宽度为1500mm，厚度为350mm。环缝设置凹凸榫，纵缝设定位棒。

2　管片混凝土特殊性

生产预制管片采用的混凝土强度要求高，抗渗性能、耐久性要求严格。杭临线预制管片设计图纸要求管片混凝土强度为C50，抗渗等级为P12，56d电通量 < 1000C。对于预制管片混凝土，规范要求坍落度不宜大于70mm。

因管片模具设计为弧形，预制管片混凝土在初凝前不应流动，以保证管片外弧面的外观质量。

预制管片使用环境具有特殊性，普通预制管片基本都在地下水位以下，且管片作为盾构隧道的永久结构，设计年限为100年。因此，预制管片的外观质量对结构的质量、耐久性等起到重要的作用，预制管片的外观质量也越来越被建设、设计、监理、施工单位所重视。

3　管片混凝土的振捣

混凝土振捣一般分为三种：一是人工振捣，即人工采用高频振捣棒进行插入式振捣；二是振动台振捣，即把管片模具整体固定在专用振动台上振捣；三是气动马达式振捣（附着式振捣），即在管片模具内弧面安装附着式振捣器振捣。

人工振捣对于工人的操作水平要求相当高，工人在移动振捣棒的过程要控制每一处的振捣质量，稍有不注意，很容易造成管片混凝土的漏振、过振，从而影响管片的外观质量。振动台振捣不利于模具快速有效运转。因为，如果振动台出现故障，在检修振动台时，整个生产线必须停止运行。基于以上几点考虑，杭临线管片厂采用气动马达附着式振捣器，在每个模具上安装4个气动马达，在管片混凝土振捣时，以气动马达振捣为主，以插入式振捣棒为辅，确保管片的外观质量。

4 气动马达的作用

气动马达工作原理：利用空气压缩机排出的高压气体通过气管接入气动马达进气口，气体推动活塞上行，活塞上气室内气体受到挤压，受挤压的气体通过排气孔排出。当活塞上行至终点时，气体通过槽和气道自动切换通气方向，使气体进入活塞上气室。高压气体推压活塞下行至终点第一次循环结束，第二次循环开始，依次不断往复循环使气动马达产生平动和晃动，从而产生振动力。

杭临线管片厂采用"W"形布置气动马达主要基于以下几点考虑：

(1)气动马达呈"W"排列主要是为了均匀分布。气动马达振捣直径一般在750mm范围振捣效率最好，所以按照"W"形式排列，在模具底面按间距均匀分布振捣有利于混凝土气泡的排放。

(2)可以有效控制气动马达的振幅。通过控制气管的开关来控制马达振幅，采用强、中、弱3级振捣，可以有效地与混凝土的布料方式相结合。

(3)气动马达布置靠近模具边缘也是考虑侧部振捣容易让气泡排出，特别是让模具凹凸榫部位的气泡排出。

5 气动马达振捣对比性试验

杭临线管片厂自2018年4月开始试生产以来，发现管片外观质量不理想，尤其在凹凸榫位置，气泡较密集，且个别气泡直径较大。为提高管片外观质量，杭临线管片厂分析查找原因。

混凝土布料不应一次性布满管片模具，应缓慢均匀布料，否则混凝土内部气泡在振捣时不易排出。混凝土布料应分3次为宜(见图1)。第1次布料至底模最高处停止，开启强振模式，并辅以插入式振捣棒振捣，大约振捣2min；第2次布料至模具凹凸榫下沿处停止，开启强振模式，并辅以插入式振捣棒振捣，大约振捣2.5min；第3次布料布满模具，开启弱振模式，大约振捣1min，直至混凝土不再有气泡逸出或混凝土不再下沉。

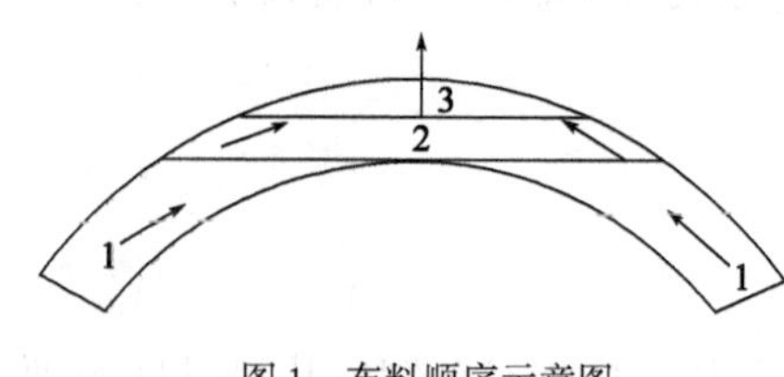

图1 布料顺序示意图

杭临线管片厂于2018年5月2日至5月3日，对气动马达振捣进行对比性试验。对比性试验分3个时间段，共对32片管片浇筑过程中的模具编号、混凝土坍落度、振捣时间等参数进行记录分析。具体分析结果如下：

(1)5月2日8:47—10:42，对8片管片进行数据记录，管片拆模后对管片气泡数量进行分析：混凝土坍落度为25～35mm时，振捣时间5～6min，管片凹凸榫处气泡较少，但有特别大直径气泡出现，整体外观较差。因为混凝土坍落度过小，和易性差，混凝土凝固块失去流动性增加振捣难度。脱模后管片气泡数量稍少，但个别气泡较大。

(2)5月2日13:41—14:55，对8片管片进行数据记录，分析结果：坍落度在60～70mm，振捣时间为5～6min时管片凹凸榫处气泡较多；外弧面混凝土滑坍，起伏较大；管片整体外观质量较差。因为混凝土坍落度过大，水分含量较多，多余的水分能使混凝土获得良好的和易性，但蒸发后会在混凝土中形成很多孔隙，脱模后管片会形成较多气泡。

(3)5月3日8:49—10:39，对16片管片进行数据分析，分析结果：混凝土坍落度在40～50mm；振动时间3～5min时管片凹凸榫处气泡较多，振动时间在5～6min时管片凹凸榫处气泡较少；管片整体外观质量较好。

试验表明：混凝土坍落度在40～50mm之间；振捣时间控制在5～6min时，管片成型效果较好；大气泡较少，小气泡分布均匀(见图2)。

图2　管片凹凸榫

6　结束语

管片混凝土施工中振捣时间对管片的外观质量有着直接的影响，经杭临线管片厂实践证明，采用气动马达振捣，控制好振捣时间，可以保证混凝土管片的外观质量。

参考文献

[1] 中华人民共和国国家标准. GB 50299—1999：地下铁道工程施工及验收规范[S]. 北京：中国计划出版社，2003.

[2] 杨红军. 钢筋混凝土管片外观质量控制[J]. 城市轨道交通研究，2009(7)：54-57.

盾构小半径大坡度始发施工

李 洋
(中铁三局集团有限公司)

摘 要 盾构法在地铁施工中是较为常见的施工方法,不仅可以保证整个施工过程的安全性,而且使整个施工具有较高的自动化程度,工人劳动强度较低。在地铁隧道施工中使用盾构法后,可以有效保证施工质量,进一步提高地铁隧道的建设水平。近年来,盾构法在隧道施工中得到大量的应用,同时一些新的问题也随之出现,例如在某些地段要求采用小半径、大坡度隧道。本文以杭海城际铁路工程第四标段区间盾构施工为背景,研究盾构小半径、大坡度始发施工技术。本区间设计半径较小、坡度较大,对推进参数的要求较高,施工难度较大,需要大量资料并结合实际情况进行施工。本文结合监测数据分析了本次盾构小半径、大坡度始发施工,并对本次盾构小半径、大坡度始发施工进行了归纳总结。

关键词 盾构隧道;小半径始发;大坡度始发

0 引言

近年来,随着现代隧道盾构施工技术的发展,施工断面正从传统的圆形朝着多元化方向发展,既有出洞施工,又有长距离施工;隧道衬砌技术的高速发展,极大地推动了建筑行业的发展。当然,在盾构施工技术发展的同时,也遇到了很多难题,例如盾构小半径大坡度始发施工。

杭海城际铁路工程第四标段盾构区间盾构始发端位于小里程明挖区间盾构工作井,其中始发端盾构井左线位于半径460m的圆曲线上,右线位于半径475m的圆曲线上,且均处于28‰下坡上;明挖区间的净宽度为4.8m,净空较小。由于盾构始发端工作井和区间的特殊性,要求施工过程中必须精确,而确保盾构机顺利下井组装和始发是一个技术难点。

1 工艺原理

盾构常规洞内始发一般采用反力墙体系,但该工法工期长,反力墙段衬砌质量难以保证。为此,在杭海城际铁路工程第四标段盾构区间左线施工中采用了洞内始发反力架。注意要点如下:

(1)根据实际情况,合理选择盾构机始发架及反力架的定位方式。

(2)检查已成型主体结构的断面尺寸,详细了解盾构机的性能指标,制订针对性的施工方案。

(3)将端头井进行混凝土回填,替代型钢底座放置始发架及反力架。

(4)计算反力架及始发架各位置坐标,准确定位。

(5)始发过程中密切注意反力架情况和地面监测情况,确保盾构机各项姿态稳定正常。

2 施工工艺流程及施工要点

2.1 施工工艺流程

盾构始发是盾构施工的关键环节之一,其主要流程是:施工准备→明挖区间断面测量→CAD 模拟施工工况→始发架反发架定位→盾构机下井组装→探孔、洞门密封检查→破除洞门→盾构机始发掘进。

盾构隧道施工全过程可大致概括为如下几个步骤：

(1)核心土体开挖。阶段盾构开挖面的土水压力略小于压力仓内的支护压力，以保持掌子面的不断前行。掌子面压力差将导致前方土体压密并可能引起地表产生较为明显的沉降变化。

(2)盾尾管片拼装。当工作面推进长度相当于单环装配式衬砌环宽度时，在刚性盾壳的保护下完成整环管片拼装。

(3)重复上述过程。

2.2　施工要点

2.2.1　明挖区间断面测量

首先对已完成的明挖区间结构进行断面测量，确定实际的结构尺寸和轴线位置，保证明挖区间的结构限界符合要求。

2.2.2　CAD 模拟盾构机井下组装工况

首先将实测的结构断面结果绘制到主体结构图上，然后将反力架及反力架斜撑钢板位置绘制到图上(见图1)。由于区间在半径460m的圆曲线上始发，始发端有加固体且盾构机在始发架上无法进行转向，所以需要模拟割线始发，要求偏差不得大于设计要求±50mm，并且盾构机的车架可以放到区间内满足转弯角度不擦碰结构侧墙。

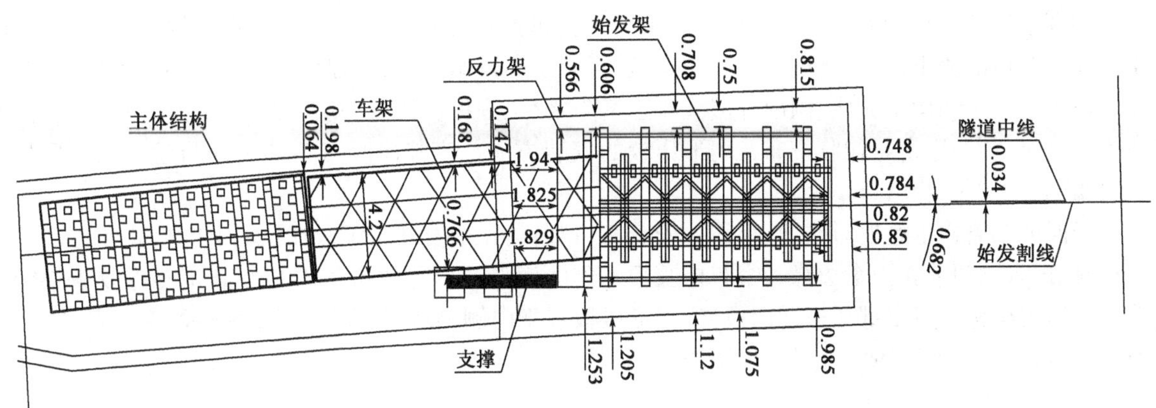

图1　模拟始发情况(尺寸单位：m)

2.2.3　始发架定位

根据模拟结果，现场实测放样，固定始发架及反力架。始发架定位要求如下：

(1)8根型钢直接顶在左右内墙上，并与始发架焊接牢固。

(2)洞门一侧预留空间，焊接300钢轨作为引轨使始发架和洞门直接相连。

(3)用水准仪准确定位，并用白线固定好；始发架的高度比设计高度高30mm，保证盾构机顺利进洞。

由于盾构始发端头井位于28‰的下坡上，为了使负环与反力架能够有效全面地贴合受力，反力架在定位安装时需要一定的倾斜角度。具体情况如下：

反力架斜撑采用2根直径609mm、壁厚16mm的钢支撑与左线底板提前定位好的预埋钢板焊接，立柱采用4根竖直的双拼HW400×400型钢支撑在左线的侧墙；反力架上部横梁采用4根HW400×400

型钢支撑在顶板的圈梁上，下部横梁采用4根HW400×400型钢支撑在始发井口底板与标准段底板产生高差部位，横向立柱两侧分别采用2根HW400×400型钢支撑在中板腰梁上作为整个反力架的支撑体系。

2.2.4 盾构机下井组装

在车架下井前要先进行底板车架轨道和电瓶车轨道铺设，海瑞克S997盾构机全长约82m，即须最少铺设轨道82m。

海瑞克S997有5节车架，其中5号车架在后。为保证车架顺利下井，应先下5号车架，再下4号车架，依此类推，最后下1号车架。车架下井完毕，再下中盾、前盾、管片拼装机、盾尾。下井组装过程中随时观察台车与结构边墙的位置关系，确保顺利。

2.2.5 探孔、洞门密封施工

(1)探孔施工

洞门围护结构地下连续墙凿除前应打水平探孔，探孔主要分布在盾构范围边缘处。上半圆布置孔数宜少，下半圆孔数宜多。孔深不宜过深，穿透地下连续墙即可，以便确认地下连续墙与咬合桩之间的隔水情况。若发生透水现象，须采取封堵加固等措施，确保始发时无地下水作业。若探孔无明显渗漏水、泥情况，即可开始洞门破除工作。洞门破除工作应秉承工序明确、工作连续、施工快捷的原则。

(2)洞门密封施工

洞门密封的作用是防止盾构在始发时背衬注浆外泄。本工程中盾构机始发洞门密封采用折叶式压板。洞门密封的施工分两步进行施工：第一步是在盾构井结构的施工过程中做好始发预埋件的埋设工作。要特别注意的是在埋设过程中预埋件必须与结构钢筋连接在一起。第二步在盾构正式始发之前，应先清理完洞口的渣土，再完成洞口密封固定板、折叶压板及洞门帘布橡胶板的安装。密封环的安装安排在盾构机下井组装调试完成、洞门外层混凝土凿除之后、围护桩最后一层钢筋拆除之前进行。洞门密封装置安装时，须注意密封橡胶帘布及扇形压板的安装方向。密封橡胶帘布端头的凸起方向与盾构掘进方向相同。

为了保证在盾构机始发时快速、牢固地安装密封装置，在始发井施工时在预留洞门处要预埋环状钢板，盾构机进入洞门前在刀盘边缘和帘布橡胶板外侧涂润滑油以免盾构机刀盘刮破帘布橡胶板影响密封效果。当盾构机主机全部通过洞门后，将扇形压板置于内侧，靠在负环管片的外表面，起到防止泥水、浆液流失的作用，从而减少始发时的地层损失。

2.2.6 洞门凿除

洞门凿除采用人工高压风镐。洞门凿除前，必须复核洞门中心坐标及高程，保证满足盾构机进洞的要求；盾构进洞口加固的土体，达到设计要求的强度、渗透性、自立性等技术指标后，方可开始洞门凿除工作(加固后的土体，其无侧限抗压强度$q_u \geq 1.0$MPa，渗透系数$\leq 1.0 \times 10^{-7}$cm/s)。

洞门凿除施工时，在盾构机与掌子面之间搭建脚手架，利用人工凿除围护结构混凝土。凿除时要在洞口安排土木工程师观察土体稳定状态，还要经常与地面沉降监测人员沟通，确保安全。割除工作要保证预留洞门轮廓线范围内围护结构钢筋全部切断，切口平整。洞门凿除要连续施工，尽量缩短作业时间，以免正面土体流失。

2.2.7 盾构机始发掘进

本区间始发端处于半径460m、纵坡28‰下坡的线路上，地层为4-1淤泥质黏土和5-1粉质黏土(见图2)。盾构机在软土地层小半径大坡度始发是该工程的重点和难点，必须在施工过程中控制盾构机的各项参数，保证始发顺利。

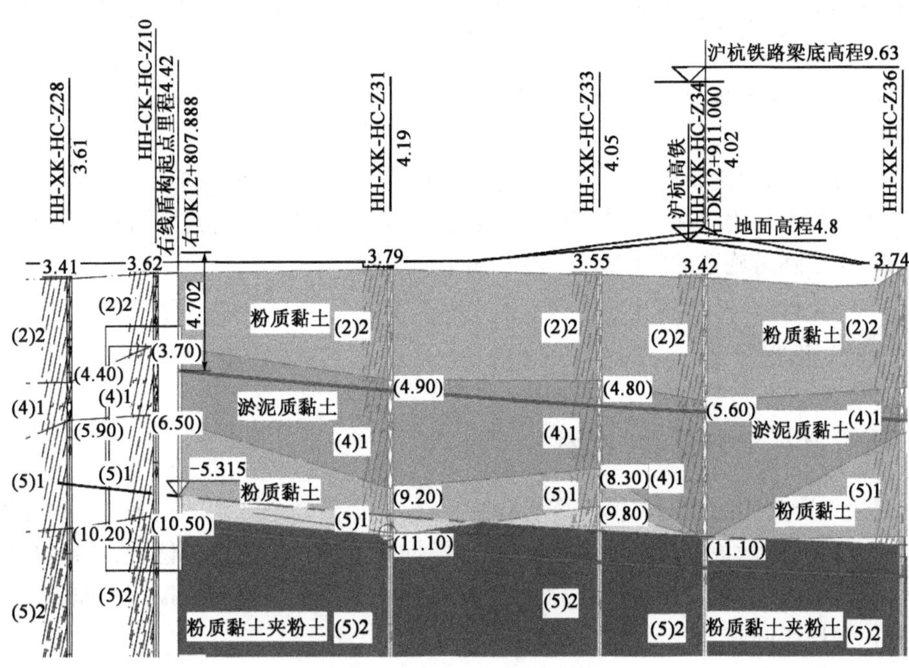

图2　始发端地质剖面图(高程单位:m)

(1)始发分阶段施工

盾构机从端头井始发,分3个阶段:

第一阶段为 -9 ~ -5 环。此阶段为不出土只拼装。拼装完成一环后盾构直接在拼装区域向前推进,满足下环拼装条件时,直接进行拼装。

第二阶段为 -4 ~6 环。本段主要为盾构穿越加固区段,加固区长10m,采用三轴搅拌桩结合高压旋喷桩的加固方式。加固区推进过程中,推进速度较慢,日进度控制在2 ~3 环。

第三阶段为7 ~40 环正常段掘进,推进速度趋于正常,日进度控制在6 ~8 环,各施工参数根据地质变化进行合理调整。

(2)盾构机姿态控制

盾构姿态具体指盾构现态位置(指盾构切口、盾尾两中心的高程、平面、轴线、纵坡)与已建隧道管片的相对关系如何,总的要求使隧道管片轴线和盾构轴线夹角最小,高程、平面偏差最小,盾壳与管片四周的间隙均匀。盾构的姿态优劣对建后隧道质量关系极大,因此在施工中要做到勤观察,及时纠偏调整,认真操作、掌握盾构的性能,将盾构轴线控制在所需位置,保证隧道建成后各方面都达到标准。

初期掘进时轴线允许偏差:①水平偏差 -10 ~ -15mm;②垂直偏差 -15 ~ -20mm;③俯仰角小于3mm/m;④水平偏角小于3mm/m。

(3)掘进管片拼装

①施工过程中要严格管片选型程序(主要是封顶块点位的选择),以满足隧道线形为前提,保证管片拼装质量。严格注意盾尾间隙的变化进行适当调整。盾尾间隙标准值为75mm,在圆曲线段掘进时盾尾间隙变化较大,可将盾尾间隙保持在(75 ±15)mm 范围内以防盾尾直接接触管片。

②管片安装必须从隧道底部开始,然后依次安装相邻块,最后安装封顶块。安装第一块管片时,用水平尺与上一环管片精确找平。

③安装邻接块时,为保证封顶块的安装净空,安装第5块管片时一定要测量两邻接块前后两端的距离(误差 <10mm),并保持两相邻块内表面处在同一圆弧面上。

④安装封顶块前,对止水条进行润滑处理。安装时先搭接700mm 径向推上,调整位置后缓慢纵向顶推插入。

⑤管片块安装到位后，应及时伸出相应位置的推进油缸顶紧管片，其顶推力应大于稳定管片所需力，然后方可移开管片安装机。

⑥管片安装完后应及时整圆，并在管片脱离盾尾后对管片连接螺栓进行二次紧固。

(4)出土控制

通常盾构是由其正面的机制形式来确定其类型名称的，而在进行盾构的正面机械施工时，要注意排土、支护以及挖土的技术运用。在进行排土时，要采用科学合理的技术和方法将挖出的土安全地送到地面上，以保证轨道交通隧道施工的顺利进行，不耽误工程进度。

3　实际掘进姿态控制

3.1　盾构机掘进姿态控制(见图3)

不同施工环境下所选用的盾构机操作姿态均有差异，为保障姿态选用的正确性及操作的准确性，需要采用人工测量及盾构机设备测量两种数据测量方式，同时要参考管片结构位置，选择设计线中间位置进行盾构机掘进，以便为后续阶段管片应用安装提供实际便利。如在盾构机控制方面出现姿态误差，则要及时调整，并控制盾尾间隙。

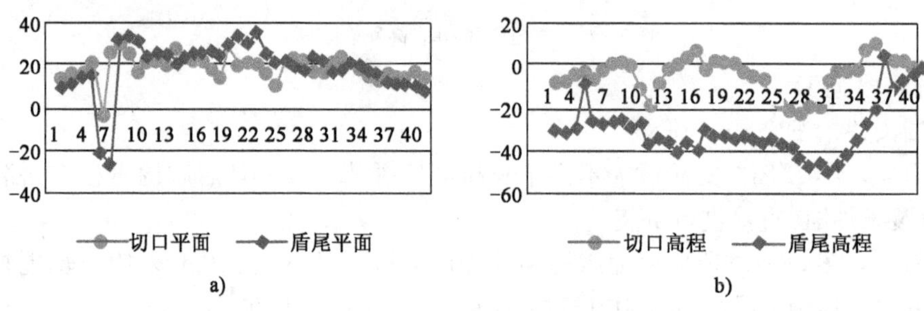

图3　盾构姿态(单位:mm)

a)盾构机水平姿态；b)盾构机垂直姿态

从图3可以看出，1～40环盾构姿态水平方向在±50mm以内，垂直方向也基本在±50mm以内。在推进过程中盾构司机均为具有一定经验的操作人员；在推进过程中对盾构机各千斤顶的推力随时进行调整以保证盾构姿态处于良好的状态。同时对盾构机上的自动测量系统定期进行人工复核校准，以保证盾构机上姿态不出现偏差。

控制盾构推进的姿态，加强管片拼装的质量，确保成型隧道管片的轴线偏差。

3.2　成型隧道轴线偏差

成型隧道1～40环管片轴线偏差均满足设计及规范要求(见图4)。

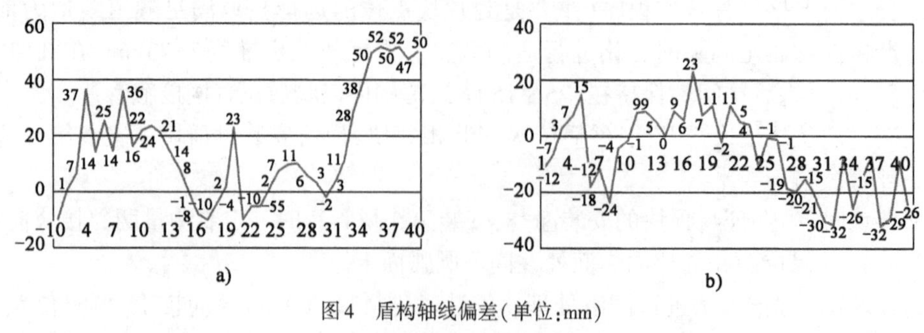

图4　盾构轴线偏差(单位:mm)

a)垂直偏差；b)水平偏差

3.3　错台统计

管片拼装精度要求见表1,环向和径向错台,如图5所示。

管片拼装精度要求　　表1

序　号	项　目	允许偏差	备　注
1	径向错台	5mm	
2	环向错台	6mm	

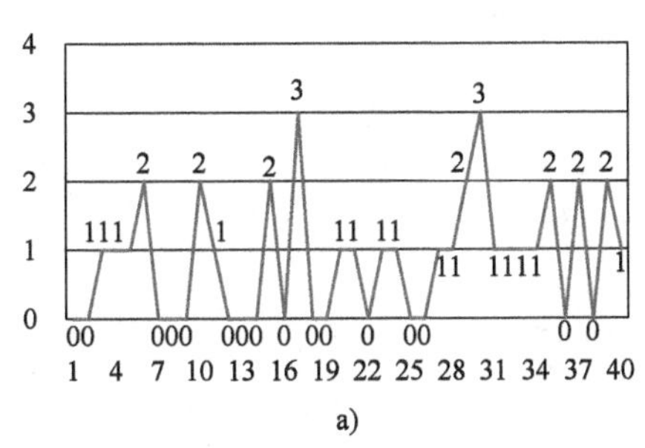

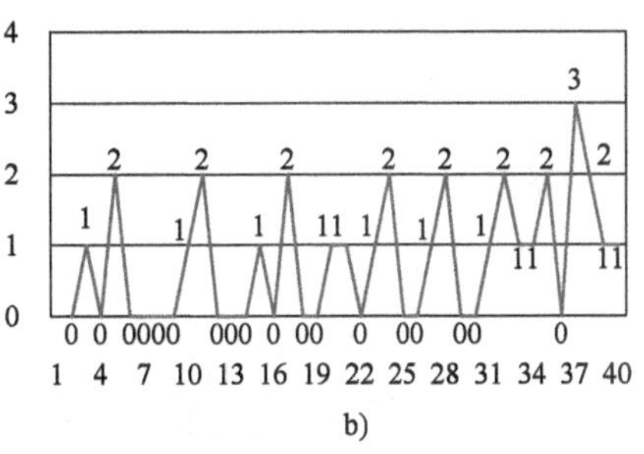

图5　环向和径向错台

a)环向偏差;b)纵向偏差

3.4　监控量测

针对前80环的监测结果进行统计分析,前40环较大地表沉降点为第30环(-23mm),最大隆起点为第10环(7mm);所有监测点均未超出允许控制值范围(-30mm,+10mm)(见图6)。

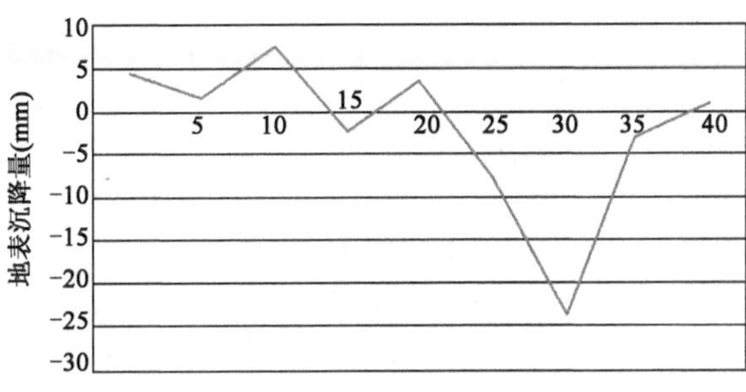

图6　地表沉降累计量

4　结语

盾构以小半径、大坡度穿越软弱不均地层浅覆土的始发掘进并不多见。根据专业测量单位检测结果,本工程小半径、大坡度盾构始发非常成功,管片成型姿态,水平偏差最大42mm、高程偏差最大50mm,管片错台在3mm以内,地面最大隆起7mm,最大沉降23mm,均在设计规范要求范围内。本次始发施工具有较高的实际参考价值。

参考文献

[1]　王建军.隧道盾构施工技术发展趋势和应用[J].中外建筑,2018(04):151-152.

[2]　孟祥辉.盾构洞内始发反力架在湘江隧道的设计及应用[J].价值工程,2018,37(25):105-107.

[3] 吴喆.始发井对盾构隧道施工过程中的影响研究[J].城市建设理论研究（电子版）,2018(10):138-140.
[4] 李彦辰.城市轨道交通隧道盾构施工关键技术探讨[J].建材与装饰,2018(35):261-262.
[5] 熊浩然.地铁隧道工程施工中的盾构法研究[J].科技资讯,2018,16(14):71-72.
[6] 卢遇安.浅谈盾构隧道工程施工安全管理[J].建材与装饰,2018(40):265-266.

管片生产质量缺陷分析与控制

史　婷
(浙江杭海城际铁路有限公司)

摘　要　随着我国城市轨道交通的快速发展,盾构法施工技术被广泛应用,盾构管片作为成型隧道的屏障,承担着抵挡外部围岩压力,防止内水外渗等的任务。因此管片质量直接影响着隧道的质量水平。本文主要研究管片在施工过程中出现的气泡、蜂窝、麻面、缺棱掉角、裂缝、色差等质量通病,分析原因,探讨合理的管片质量缺陷控制措施和修补方法。

关键词　管片;蜂窝;麻面;缺棱掉角;裂缝;色差

0　引言

管片施工是盾构隧道工程的重要环节,盾构管片是高强度的钢筋混凝土构件,其质量的好坏直接关系整个盾构隧道施工的成败。本文以杭海城际铁路为例分析管片生产过程中的质量缺陷控制。

1　工程概况

杭海城际铁路盾构隧道管片环分为两种规格:外径6700mm、内径6000mm、厚350mm、环宽1500mm管片和外径6200mm、内径5500mm、厚350mm、环宽1200mm两种。每环由6片管片组成,包括3片标准块、2片邻接块和1片封顶块。管片混凝土强度等级为C50/C55,混凝土抗渗等级为P12。

2　质量缺陷分析及控制措施

2.1　气泡

气泡为管片表面不同大小的圆状小坑。

(1)形成原因分析

管片在生产过程中,在搅拌时,由于混凝土集料本身间隙形成的气泡,受到振动挤压作用,一部分气泡在振捣过程中未排出,在管片的环向两侧,特别是凹凸榫位置最为明显。还有一种气泡是由于混凝土中自由水留置而形成的。

(2)修补方法

拆模后逐块检查管片四周,包括密封垫沟槽两侧、底面,用水把需要修补的部位湿润。对于直径大于3mm的气泡,先使用修补料将气泡填平,然后用海绵蘸取水泥进行擦拭。进水养池前用细砂纸打磨平整、光滑。管片出水后逐片检查修补情况,确保修补位置平整无凸出。

(3)预防措施

经现场实际比对控制振动时间在5~6min较为适宜。改进振动方式,根据下料速度控制振捣情况,初步振动时采用较小的频率和较大的激振力以加大排气力度,后期振动时采用较小的激振力以防止拌和物中粗集料移动;增大细集料和粉料之间的挤压,排出较小的气泡;加强模板的清理及脱模剂的涂刷,避免因模板粗糙,影响气泡排出。

2.2 蜂窝、麻面

蜂窝、麻面是指管片侧面及内弧面存在的由于混凝土气泡没有排尽而产生的不密实的小洞或表面漏石子的现象。

(1)形成原因分析

①施工振捣不足:预制混凝土管片在浇筑时,在附着式气振下,模板两端混凝土最先得到振实,气泡和浆体上浮至弧形预制混凝土衬砌管片中部,由于表面浮浆的存在,导致此处混凝土气泡较多、较大;由于振捣器频率的原因,导致部分边角振动力达不到,造成局部欠振;施工人员没有严格按照操作规程要求,振动时间不够,导致欠振。

②脱模剂的因素:脱模剂的引气性差,会在混凝土所有接触面上形成分布均匀、稀疏的微小气孔;漏涂脱模剂,漏涂部位会出现明显的区域性小气孔;脱模剂稀释比例过大、涂刷后的脱模剂未干燥成膜便浇筑混凝土,钢模凸出的止水槽、棱角、倒角等部位未进行特殊处理,未应用浓度较大的脱模剂进行涂刷,影响气泡排除。

③混凝土的原因:混凝土水灰比过大,混凝土中水分过多,在混凝土凝结过程中,多余的水形成自由水,留置于混凝土中形成气泡;水灰比过小,混凝土过于黏稠,气泡难以排出;搅拌时间过长,料中搅入较多空气,变得黏稠,在混凝土振捣时,气泡不易排出;原材料如水泥的细度过细、石子级配不合理、砂含泥量超标等也会形成气泡;外加剂中引气成分的含量也是影响因素。

(2)修补方法

使用钢丝刷刷除表面油污及泥土,剥除麻面范围内的水泥浆,凿除突出的集料和松散的混凝土。用清水洗净需修补面,充分湿润,配制水泥浆,等修补面干燥。先在修补面涂刷界面剂,然后采用光抹子将浆液抹于麻面部位,等达到一定强度后用打磨机磨光。

对于较大的蜂窝麻面,深度超过 50mm 的,先将需修补的部位清理干净,必要时凿毛,露出钢筋,用水湿润表面。混凝土表面用管片界面剂涂刷一层;将专用的钢筋网片焊接在原有钢筋上,使用相同强度等级细石混凝土修补。待修补面干硬后,磨平表面。需以掺加适当比例白水泥的水泥浆进行抹面,以调整色差,使修补处的颜色与管片表面颜色一致。修补完成后覆盖土工布或塑料薄膜保湿养护。

(3)预防措施

浇筑混凝土时,混凝土从钢模中间下料向钢模内均匀进行布料。下料速度同振捣效果匹配,当钢模即将布满时,减小布料速度,防止混凝土溢出钢模外。合理控制振捣时间,做到混凝土表面无明显下沉、无气泡冒出和有浮浆析出 3 项指标均要满足为判定原则。

正确使用脱模剂。脱模剂分水性和油性两种。一般选用水性脱模剂,选用性能稳定、质量可靠的中性脱模剂。脱模剂选定后,要严格按照使用说明进行操作,加强控制喷涂过程,做到不漏涂、不流、不淌,同时加强对重点部位,如止水槽处、预制混凝土衬砌管片收边处等部位的涂刷。

对于混凝土的原因,应加大混凝土生产过程的控制,严格执行混凝土生产配合比,加大坍落度的检测频次,严格控制搅拌时间及原材料的检验。加大对混凝土配合比试配的检测力度,重点控制混凝土的坍落度和黏聚性。

2.3 缺棱掉角、边角撞坏

(1)形成原因分析

由管片在脱模、翻转、起吊、入池、出池倒运时磕碰导致。

(2)修补方法

一般缺陷(深度在 5cm 以下):修补前,将修补区松散颗粒、油污或其他污物清理干净,待破损表面干燥后再进行修补。将管片界面剂涂于待修补的混凝土表面,将水泥浆涂在待修补位置。缺棱掉角深度在20~50mm之间,须在涂刷界面剂后,将管片修补砂浆,用尖匙填补到修补区域,直至填满。10~15min后检查修补料与原有混凝土结合状况。如果结合紧密则再次用修补砂浆填满、找平、抹光滑;如有剥离现象,则须把修补砂浆敲掉重新修补。修补后进行保湿养护,修补区用细砂纸打磨平整光滑。修补后强度不低于本体强度。

严重缺陷(深度大于5cm):修补宜在水养护7d以后进行,堆放时磕碰造成的特大缺棱掉角应及时修补,不能混入堆场。先将须修补的部位清理干净,必要时凿毛,直至露出钢筋,并使用钢丝刷刷除表面松散混凝土,然后用水湿润表面。潮湿面干的混凝土表面用管片界面剂涂刷一层。将专用钢筋网片连接在管片原有钢筋上。对于面积大于10cm×10cm的应进行钻孔植筋。固化后方可进行下一步操作。使用修补细石混凝土进行修补。待修补面干硬后,磨平表面;须掺加适当比例白水泥以调整色差,修补完成后覆盖土工布或塑料薄膜保湿养护。修补后强度不低于本体强度。

(3)预防措施

脱模、翻转时采用垂直吊具轻起轻放,专人指挥专人操作。起吊、入池、出池堆放时由专人操作,并且使用方木隔离,防止磕碰损坏管片。在搬运过程中轻吊慢放,着地时要平稳;立堆放时不宜超过3层,并正确摆放垫木。内弧面朝上吊放管片时采用尼龙吊带,在起吊时能起到缓冲作用。在与管片接触的吊装、倒运设施上设置橡胶垫,可起到缓冲作用。

2.4　管片裂缝

管片裂缝分为外弧面裂缝、内弧面裂缝、侧边处裂缝。

(1)形成原因分析

外弧面裂缝是混凝土与空气直接接触面裂缝,以塑性收缩裂缝为主,是由于早期混凝土表面游离水蒸发速度过快,其面层干缩量大造成的。其中也有浮浆层不利影响的因素。但控制起来比侧面裂缝相对容易。

内弧面裂缝多出现在管片中央,与内弧垂直过注浆孔中心线,为结构性裂缝。主要是因管片成品叠堆不当造成的。裂缝管片多为重叠堆底层管片,究其成因是由于与地面摆放方木(垫木)位置太近,或与方木接触面积太小,而上层管片支撑方木摆放较宽,造成底层管片受弯矩过大而形成。

侧边裂缝多出现在凹凸榫边角、定位棒接触面,主要为拆模不当造成的。

(2)修补方法

管片设计允许裂缝开展,管片最大允许裂缝宽度为0.2mm。对于小于0.2mm的裂缝,用粘补剂涂面封堵。

(3)预防措施

以预防出现混凝土裂缝为主,通过严格控制混凝土配比、控制振捣质量、减少温差对混凝土的影响、加强现场管理等,来预防出现混凝土裂缝。加强对管片蒸养、脱模、入水时温度的监控,减少温差对管片造成裂缝。蒸养完成后,脱模时注意管片表面与环境温差应不大于20℃。当温度降至与养护水温度相差不大于15℃时,及时入水养护,避免裂缝产生。同时现场加强对温度的记录。

外弧面裂缝预防:进行抹面光面工序操作,使用金属压尺进行抹面,去掉多余混凝土(或填补凹陷处)并进行粗磨,完成后覆盖保湿,以减少混凝土接触面表面积,即减少蒸发面积。待混凝土收水后使用灰匙进行光面,使管片外弧面整体平整、光滑。最后及时覆盖塑料薄膜进行保湿养护。

内弧面预防措施:在硬化后的地面上采用规格统一的整条方木,使底层管片离地面有10cm以上的距离。方木位置在手孔位靠里附近。整堆管片的两排方木与地面垂直。

侧面(含边角)裂缝:控制拆模工人的操作,拆模前检查各模板是否开模到位,避免磕碰。

2.5 色差

(1)形成原因分析

材料的产地、材质、品种不同,导致原材本身有色差。配合比发生变化时,如粉煤灰用量发生变化,也易导致混凝土颜色差异。蒸养时蒸汽的湿度和蒸养时间不一,水养时水中含碱量过高,模具清理不干净,脱膜剂涂抹不均匀。含水率检测不及时,均会导致出现色差。

(2)预防措施

同批管片选择同一配合比、同一批水泥和粉煤灰;蒸养过程中确保蒸养时间和蒸汽的湿度相同;水养时使用漫水养护,定期检查养护用水;及时检查清理模具,长时间不用钢模做好保养;增加检测含水率的频次,控制混凝土的均匀性。这些方法均可避免色差。

3 结束语

本文通过城际铁路工程实际应用,总结分析常见管片质量缺陷及形成原因,制订相应修补方法和预防措施,为类似管片质量缺陷的控制提供一定的借鉴经验。

参 考 文 献

[1] 中华人民共和国行业标准. JC/T 2030—2010:预制混凝土衬砌管片生产工艺技术规程[S].

[2] 罗昭明,董志超. 地铁盾构隧道管片破损修复技术研究[J]. 人民长江,2015(24):62.

[3] 毕文东. 地铁盾构管片质量缺陷分析与控制[J]. 中国新技术产品. 2018,3:93.

[4] 牛青山,朱燕. 预制管片混凝土常见质量缺陷及处理措施[J]. 中国高新区,2017(19):140.

粉质黏土下盾构推进渣土改良控制

钟庆华
（浙江杭海城际铁路有限公司）

摘　要　某轨道交通1号线一期工程某区间涉及的主要地层为⑤2粉砂、⑥2粉质黏土。⑥2粉质黏土的透水性能差。渣土改良不到位导致推进中螺旋机排土困难，时常空转不出土；渣土表面过于光滑，造成皮带机打滑；渣土堆积至螺旋机出土口，须人工清理；推进速度慢，低至10～20mm/min；等等。这些问题极大地阻碍了施工进度。另外刀盘扭矩高达4000kN·m，盾构机刀盘额定扭矩6000kN·m，刀盘扭矩过高，加大了刀具的磨损，减小刀盘的使用寿命，严重影响施工进度要求。本文总结积累粉质黏土层盾构推进渣土改良控制施工经验，以指导相同地层下盾构推进渣土改良控制。

关键词　粉质黏土；盾构推进；渣土改良

1　工程概况

某轨道交通1号线一期工程，上行线区间长度为1132.171m，下行线长度为1132.186m。区间线路平面上行线为直线，下行线设$R=3000$m两组曲线。区间隧道最小埋深为9.5m，最大埋深为17.6m。衬砌采用的管片内径为5500mm，外径为6200mm，厚35cm，宽1.2m。区间设一座联络通道，结合排水泵房设置，采用冷冻法施工。区间沿线为大量空地、农田。

区间主要穿越⑤1-1黏质粉土、⑤1-2粉砂夹黏质粉土、⑤2粉砂、⑥2粉质黏土、⑥4-1粉质黏土、⑥4-2粉质黏土夹黏质粉土。

⑥2层粉质黏土为褐黄色、灰黄色，可塑—硬塑。液性指数I_L为0.31，压缩系数$\alpha_v1\sim2$为0.24MPa^{-1}，为中等偏低压缩性土。表1为区间土层渗透系数。

区间土层渗透系数　表1

层　名	室内渗透试验		抽水试验	建议值	透水性分级
	K_H(cm/s)	K_v(cm/s)	K(cm/s)	K(cm/s)	
⑤1-1黏质粉土	9.47×10^{-5}	5.46×10^{-5}	1.78×10^{-3}	2.00×10^{-4}	弱透水
⑤1-2粉砂夹黏质粉土	1.82×10^{-4}	1.82×10^{-4}		1.00×10^{-3}	弱透水
⑤2粉砂	6.11×10^{-4}	2.83×10^{-4}		2.00×10^{-3}	中等透水
⑥2粉质黏土	5.49×10^{-7}	4.15×10^{-7}		5.00×10^{-6}	微透水
⑥4-1粉质黏土	3.45×10^{-7}	3.24×10^{-7}		5.00×10^{-6}	微透水
⑥4-2粉质黏土夹黏质粉土	1.75×10^{-6}	1.08×10^{-6}		8.00×10^{-5}	弱透水

2　粉质黏土下盾构推进状况

区间左线自进入⑥2粉质黏土以来，推进进度由原14环/d，降至10环/d。推进时螺旋机排土困难；土块大且表面非常滑，在皮带上坡段打滑（见图1），在螺旋机出土口堆积，导致皮带机经常跑偏，出土口堆积渣土需要人工清理（见图2），极大影响了施工进度。

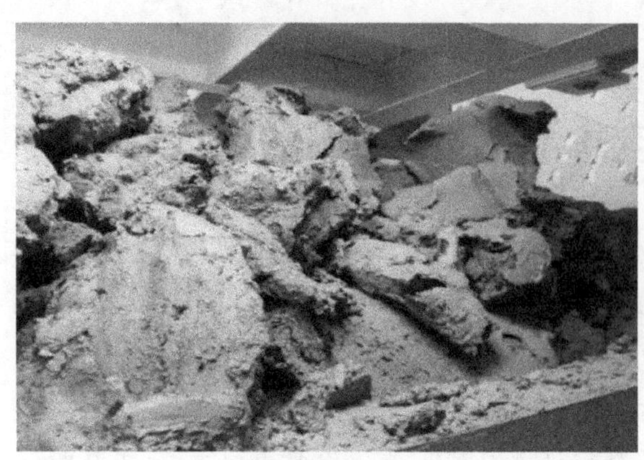
图1 皮带打滑渣土堆积至出土口

图2 人工清理出土口渣

推进速度慢,低至1~20mm/min。刀盘扭矩高达4000kN·m,盾构机刀盘额定扭矩为6000kN·m,刀盘扭矩过高,加大了刀具的磨损,缩短了刀盘的使用寿命,严重影响了施工进度。

3 问题分析及改良措施

3.1 原因分析

通过现状调查,发现盾构在粉质黏土层推进过程中施工现场存在以下问题:

(1)现场使用的普通泡沫剂原液无法对黏土层进行有效改良(见图3)。

(2)泡沫混合液注入位置、注入量及发泡率设置不合理,无法有效改良土体,土表面过于光滑造成皮带机打滑,导致渣土堆积至出土口(见图4)。

图3 普通泡沫剂改良后土体

图4 发泡率设置不合理改良后的土体

3.2 改良措施

⑥2层粉质黏土的液性指标 I_L 值为0.31,状态为可塑性,不利于螺旋机正常出土。将粉质黏土的液性指标 I_L 值由0.31提高至1.0,使粉质黏土达到流塑性状态,有利于排土(见表2)。

土体状态统计表 表2

I_L 值	$I_L \leq 0$	$0 < I_L \leq 0.25$	$0.25 < I_L \leq 0.75$	$0.75 < I_L \leq 1.0$	$1.0 < I_L$
状态	坚硬	硬塑	可塑	软塑	流塑

根据问题分析及渣土改良目标,制订如下渣土改良措施表,见表3。

渣土改良措施表　表3

序号	主要原因	对　策	目　标	措　施
1	泡沫剂原材料存在缺陷	更换泡沫剂原液	确保泡沫剂原材料满足黏土层渣土改良效果	选择适合黏土层渣土改良的泡沫剂原液
2	泡沫剂参数设置不符合要求	合理设置泡沫剂的相关参数	有效地改良土体,确保出渣顺畅、推进速度及刀盘扭矩正常、按工期完成任务	根据刀盘扭矩、推进速度及出渣情况合理选择泡沫注入位置、注入量及发泡率

4　渣土改良控制措施

4.1　选择合适的泡沫剂原液

通过调查发现在普通泡沫剂内按比例掺入高分子分散剂,对粉质黏土改良具有良好的效果。故选择含有分散剂的泡沫剂对渣土进行改良。通过现场试验确定分散剂的掺入比例,改良土体。

方案一:从厂家直接购进含有分散剂的泡沫剂原液。该泡沫剂与分散剂的掺入比例为1∶0.0125。经现场使用,该种泡沫剂原液未能有效改良土体,螺旋机出土仍然较为困难(见图5)。

方案二:购置高分子分散剂(见图6),加大泡沫剂原液与分散剂的掺入比例,将比例调整为1∶0.025。通过现场使用发现,该种比例的泡沫剂原液较之前有所改观,但渣土块大现象尚不能解决。

图5　直接购进泡沫剂改良后的土体

图6　高分子分散剂

方案三:加大泡沫剂原液与分散剂的掺入比例,将比例调整为1∶0.05。通过现场使用,该种比例的泡沫剂原液有效改良了土体(见图7),螺旋机排土正常,渣土块小,较为分散,表面干燥,皮带机无打滑现象。

图7　改良后土体

通过试验比选,确定方案三为“泡沫剂原材料存在缺陷”渣土的改良控制对策。

4.2 合理设置泡沫剂的注入参数

通过现场试验调整最终确定泡沫剂注入参数,有效改良土体,降低刀盘扭矩,提升推进速度。

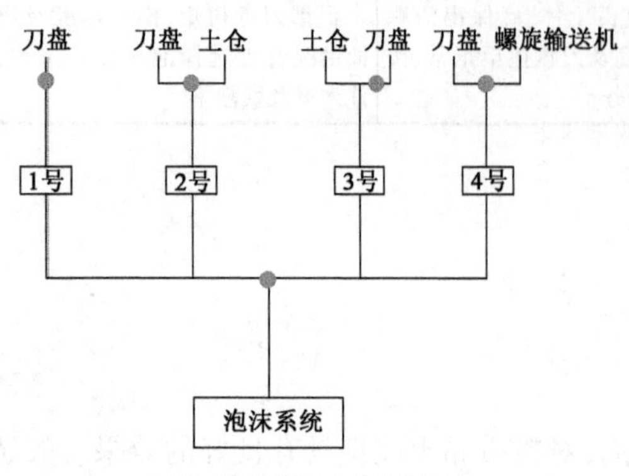

图8 泡沫剂注入位置图(1)

方案一:泡沫剂注入位置设置为1号、2号,流量为150L/min,发泡率为10%(见图8)。通过现场验证,该种参数设置对刀盘前方土体改良有效果,同时降低了刀盘扭矩。但对于出渣块大、土表面光滑、皮带机打滑等现象未能有所改观。

方案二:泡沫剂开设3路,位置为2号、3号、4号,流量为350L/min,发泡率为20%。现场验证,该方案充分对刀盘前方、土仓内及螺旋输送机内的土体进行了改良,使刀盘扭矩过高、推进速度缓慢、皮带机打滑等现象均得到了有效的控制。

通过试验比选,确定将方案三的泡沫注入参数设置为“泡沫剂设置不合理”渣土改良控制对策。

5 渣土改良控制实施效果

5.1 现场施工控制效果明显

通过采取积极的有效渣土改良控制措施后,旅—新区间左线黏土层盾构推进过程各项参数控制正常,螺旋机出土顺畅,无大块土,皮带无打滑、掉泥现象。推进速度为30~40mm/min,刀盘扭矩保持在3000kN·m以内(见图9~图11)。

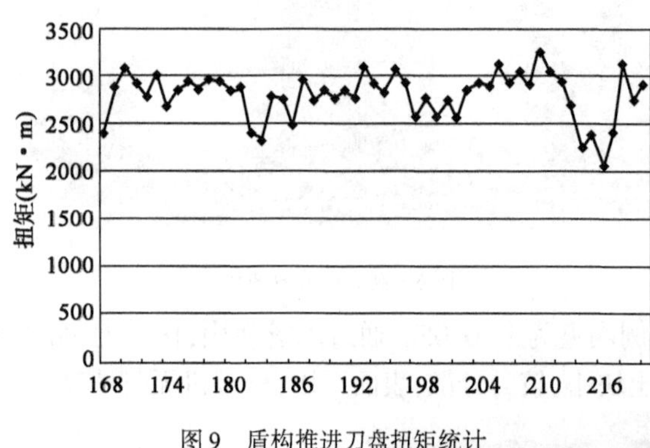

图9 盾构推进刀盘扭矩统计

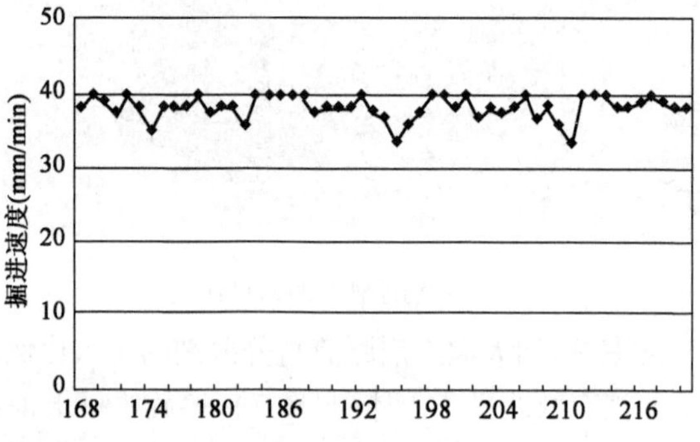

图10 盾构推进速度统计

图11 出渣顺畅,无打滑现象

5.2 进度指标大大提升

通过采取积极有效渣土改良控制措施后,施工进度指标由原10.4环/d,提升至16.4环/d,施工进度大大提升。渣土改良前、后盾构进度指标,见表4、表5。

渣土改良前盾构进度指标　表4

日　期	白班掘进环数	夜班掘进环数	日掘进环数
10月5日	5	5	10
10月6日	6	5	11
10月7日	5	5	10
10月8日	6	5	11
10月9日	6	4	10
平均日掘进环数	10.4		

渣土改良后盾构进度指标　表5

日　期	白班掘进环数	夜班掘进环数	日掘进环数
10月17日	7	7	14
10月18日	7	8	15
10月19日	9	8	17
10月20日	8	8	16
10月21日	10	10	20
平均日掘进环数	16.4		

6 结语

总结盾构在粉质黏土层中推进出现过的问题,通过现场试验验证,提出了渣土改良控制措施,为今后类似工程提供参考依据。

参考文献

[1] 王志龙.南昌地铁水下区间隧道渣土改良技术研究[D].南昌:南昌工程学院,2015.

[2] 叶新宇.泥质粉砂岩地层土压平衡盾构渣土改良试验研究与应用[D].长沙:中南大学,2014.

[3] 张文萃.土压平衡式盾构穿越含砂土层渣土改良试验研究[D].西安:西安建筑科技大学,2013.

[4] 徐智良.盾构施工中渣土改良技术研究[J].建筑机械化,2018,39(05):59-60,67.

[5] 宋立平.复杂地层中盾构施工渣土改良技术研究[J].价值工程,2018,37(06):156-157.

[6] 朱坤.滨海区粉质黏土地层盾构侧穿单桩模型试验研究[D].北京:北京交通大学,2016.

[7] 林捍东.浅谈盾构区间袖阀管注浆处理淤泥质粉质黏土解决建筑物沉降的应用[J].建设科技,2016(03):85-86.

[8] 舒璐.硬塑粉质黏土地层中的土压平衡盾构掘进技术[J].建筑机械化,2015,36(10):67-69.

[9] 翟振宇.粉质黏土地层中地铁盾构隧道引起的地层沉降规律分析[D].北京:北京交通大学,2012.

隧道施工安全氛围对作业人员不安全行为影响分析

陈 卓
(浙江杭海城际铁路有限公司,土建11标段)

摘 要 本文以杭海城际铁路工程第11标段项目浙大国际学院站至海昌路站盾构区间隧道作业人员为研究对象,结合问卷调查的方式,采用统计分析的方法,对隧道施工安全氛围对作业人员不安全行为的影响进行分析,确定安全氛围各维度对作业人员的不安全行为的影响系数,进而根据影响程度有针对性地采取安全保障措施,为隧道安全施工提供参考依据。

关键词 隧道施工;安全氛围;不安全行为;问卷调查

0 引言

通过对大量隧道施工安全生产事故的分析可知,事故的主要原因是人的因素,比如作业人员个人原因、施工单位管理问题、班组成员之间的工作配合问题以及其他的一些突发状况,都会导致人的不安全行为的产生。为减少事故产生,本文从安全氛围角度出发,分析安全氛围对作业人员不安全行为的影响。

1 安全氛围与不安全行为

关于安全氛围的定义,从Zohar的员工共享知觉到我国学者李晓彤的个体对组织层级的感知有很多。根据这些不同领域不同的安全氛围定义,本文针对隧道施工项目的特点,在赵显与刘海东对安全氛围定义的基础上,将隧道施工项目安全氛围定义为作业人员在作业环境中感受到的一种安全状态。这种状态是通过环境内的各种因素传递出来的,如现场的标准化程度、管理人员的工作态度、同事之间的交流沟通以及作业人员自身对所从事行业的了解程度等。本文通过初步统计,将盾构隧道安全氛围划分为8个维度:规章制度;领导重视;安全奖惩;作业条件;安全培训;安全意识;工友关系;员工参与等。通过8个维度设计了安全氛围调查问卷。

根据国家事故原因标准,不安全行为是指人为的失误或错误。主要有:操作错误,忽视安全,忽视警告;造成安全装置失效;使用不安全设备;手代替工具操作;物体存放不当;冒险进入危险场所;攀坐不安全位置;在起吊物下作业、停留;机器运转时进行维修、清理作业;有注意力分散行为;不佩戴或不正确佩戴劳动防护用品;装束不安全;对易燃易爆危险品处理错误。根据这13项模块设计不安全行为调查问卷。

2 盾构隧道问卷调查及分析

本次研究采用问卷调查的方式进行,调查对象为杭海城际铁路第11标段盾构区间隧道作业人员。杭海11标盾构区间为海—浙区间,总长2.2km,采用盾构法施工。劳动力配置为两班倒的24h连续作业。每个班设5个班组,分别为地面班组、左右线掘进班组、管片防水班组、砂浆班组和电焊班组。盾构工区有管理人员 25 人，盾构劳务人员 121 人。本次问卷调查访问者为劳务人员，有 121 人。根据发放与回收记录可知，本次问卷发放 121 份，剔除不合理问卷，最后能得到有效数据的问卷共有 105 份，问卷有效率达 85.1%。

本文首先对调查问卷的数据进行统计整理，将收集到的 105 份有效问卷数据整理后，通过已经编码整理好的 SPSS 软件分别对隧道施工项目安全氛围（Q1～Q31）与不安全行为（Q32～Q43）进行信度分析，结果见表 1 和表 2。

安全氛围量表（Q1～Q31）可靠性统计　表 1

Cronbach's alpha	项　数
0.806	25

不安全行为量表（Q32～Q43）可靠性统计　表 2

Cronbach's alpha	项　数
0.835	12

从上述两表可以看出，本次问卷关于隧道施工项目安全氛围量表与不安全行为量表的克朗巴赫 α 系数分别为 0.806 与 0.835。又根据前文叙述的标准可看出，本次问卷量表的信度是可接收，问卷结果可以被采用。

对收集的数据运用 SPSS 分析软件进行分析，从数据解释的总方差中可以看出，问卷数据的初始特征值大于 1 的公共因子共有 5 个，分别是员工参与、安全意识、规章制度、作业环境、安全态度，其特征值分别为 7.195、4.504、3.959、2.357、1.244，均大于 1，并且这 5 个公共因子对问卷数据的累积解释程度达 74.858%。

从安全氛围内部各个维度间的相关分析中可以得到，初步划分的 8 个安全氛围维度中有 5 个维度是具有相关性的，但是各个维度对作业人员不安全行为是否也具有一定的相关作用，可以分别对各个维度与不安全行为进行相关分析讨论（见表 3）。

安全氛围各维度与不安全行为相关分析表　表 3

		员工参与	安全意识	规章制度	作业环境	安全态度	不安全行为
员工参与	Pearson 相关性	1	0.124*	0.002	0.012	0.319*	−0.216**
	显著性（双侧）		0.015	0.971	0.721	0.000	0.007
	平方与叉积的和	84.641	50.529	0.231	12.946	76.438	30.973
	协方差	0.443	0.304	0.001	0.051	0.427	0.215
	N	210	210	210	210	210	210
安全意识	Pearson 相关性	0.124*	1	0.213*	0.138*	0.247*	−0.156*
	显著性（双侧）	0.015		0.013	0.028	0.003	0.024
	平方与叉积的和	0.304	79.815	65.983	51.875	70.174	26.974
	协方差	210	0.412	0.461	0.319	0.496	0.201
	N	210	210	210	210	210	210
规章制度	Pearson 相关性	0.002	0.213*	1	0.159*	0.215*	−0.109*
	显著性（双侧）	0.971	0.013		0.014	0.009	0.037
	平方与叉积的和	0.231	65.983	48.913	58.184	63.712	20.271
	协方差	0.001	0.461	0.275	0.305	0.418	0.172
	N	210	210	210	210	210	210
作业环境	Pearson 相关性	0.012	0.138*	0.159*	1	0.235*	−0.247**
	显著性（双侧）	0.721	0.028	0.014		0.004	0.002
	平方与叉积的和	12.946	51.875	0.305	52.186	68.913	36.789
	协方差	0.051	0.319	210	0.294	0.469	0.238
	N	210	210	210	210	210	210

续上表

		员工参与	安全意识	规章制度	作业环境	安全态度	不安全行为
安全态度	Pearson 相关性	0.319*	0.247*	0.215*	0.235*	1	-0.471**
	显著性(双侧)	0.000	0.003	0.009	0.004		0.000
	平方与叉积的和	76.438	70.174	63.712	68.913	95.462	51.691
	协方差	0.427	0.496	0.418	0.469	0.485	0.286
	N	210	210	210	210	210	210
不安全行为	Pearson 相关性	-0.216*	-0.156*	-0.109*	-0.247*	-0.471*	1
	显著性(双侧)	0.007	0.024	0.037	0.002	0.000	
	平方与叉积的和	30.973	26.974	20.271	36.789	51.691	81.691
	协方差	0.215	0.201	0.172	0.238	0.286	0.431
	N	210	210	210	210	210	210

从表中可以看出,不安全行为与安全氛围各个维度间的 Pearson 值均为负值,分别为 -0.216、-0.156、-0.109、-0.247、-0.471,并且显著性分别为0.007、0.024、0.037、0.002、0.000 均小于显著水平0.05,所以安全氛围各维度对不安全行为都具有显著的相关作用。

通过对安全氛围各个维度间相关作用进行分析以及各维度对于不安全行为的相关作用进行分析后,得到安全氛围与不安全行为相关性分析表(见表4)。

安全氛围与不安全行为相关分析表 表4

		不安全行为	安全氛围
不安全行为	Pearson 相关性	1	-0.296**
	显著性(双侧)		0.000
	平方与叉积的和	81.691	33.340
	协方差	0.431	0.227
	N	210	210
安全氛围	Pearson 相关性	-0.296**	1
	显著性(双侧)	0.000	
	平方与叉积的和	33.340	72.203
	协方差	0.227	0.382
	N	210	210

从表中可以清晰地看出,安全氛围与不安全行为的 Pearson 值为 -0.296,显著性为0.000,所以可以得出结论,隧道施工项目安全氛围与不安全行为具有明显相关作用,并且具有负相关作用。

3 结论

隧道施工项目作业人员不安全行为的发生,是多方面因素影响的结果,但是在这些影响因素中安全氛围是主要影响因素。因此,为减少生产过程中作业人员不安全行为的发生,需要从安全氛围的角度去进行干预。本文根据隧道施工项目安全氛围对不安全行为影响相关性分析,提出以下几个方面对隧道施工安全氛围进行干预,以减少作业人员不安全行为的发生。

(1)为提高盾构隧道施工安全,可以考虑从安全氛围的几个维度进行干预。通过这几个相关度较高的维度提升,提高盾构隧道施工的安全氛围,减少作业人员不安全行为的发生。

(2)加强项目管理层安全管理意识建设,如项目管理层的安全重视程度。通过层层传递,最终传达到一线作业人员，让作业人员时刻将安全第一放在工作首位。

(3)正确树立管理人员对施工安全的态度。使管理人员正确认识安全生产，摒除只抓生产而放弃安全保障的态度，使得管理人员在生产过程中能够首先考虑如何保证生产的安全进行，而非生产效益为先。

(4)加强施工现场安全标准化建设，将质安文化进工地理念全面灌输给每位参建者。施工现场通过细节营造安全生产氛围，如冬季的保暖棉衣的发放、夏季的防暑药品的及时配备等。

(5)加强作业人员的安全意识建设，增加安全培训次数与安全技术交底次数，同时有目的性地开展安全知识活动，让全员参与，共同提高。

(6)完善隧道施工管理各项操作规程以及各项规章制度，做到各个工序上的作业人员都能够熟悉该项工序的危险注意事项等。

(7)完善安全奖惩制度，从奖惩的直接效应上加强作业人员的安全认知，将奖励直接发放到个人，通过激励方式促进全体参建者共同营造安全，将"要我安全"的态度转变为"我要安全"的主动。

(8)增加项目部针对隧道安全专项巡查次数，扫除隧道施工作业过程中的各种安全隐患。危险伤害重在预防，而事故预防重在隐患排查。虽然不能完全通过检查排除安全隐患做到本质安全化，但是可以通过严防、排查、减小安全隐患出现的概率，从源头进行查缺补漏，严防死守安全这道关卡。另外，项目部通过增加巡查次数，也会对现场作业人员造成一种项目部很重视施工现场的安全问题的认识，从直觉感官上增强了作业人员的安全感。

(9)对安全隐患的及时排查与整改。安全防范不仅在于排查隐患，同时也在于隐患排查后的治理问题。对专项巡查到的隐患不仅需要通过施工队进行整改，还需要项目部全程监管整改落实到位，防止施工队为抓效益赶工期做面子工程未深入落实整改隐患措施。因此加强隐患整改与监督治理同样是隧道施工过程中的一项非常重要的工作。隐患治理与监督的严格性可以使作业人员对作业时的安全状态加以重视，从而减少自身的不安全行为。

(10)严格班组标准化活动的开展，尤其是班前会与三检制度要严格落实，特别是每班交接时的班前检查与班后检查要落到实处，要做到将班前安全态度延伸到班后安全态度。

参考文献

[1] 蓝荣香，安全氛围对安全行为的影响及安全氛围调查软件的开发[D]. 北京：清华大学，2004.

[2] 中华人民共和国国家标准. GB 6441—1986：企业职工伤亡事故分类[S]. 北京：国家标准出版社，1986.

[3] 刘超. 企业员工不安全行为影响因素分析及控制对策研究[D]. 北京：中国地质大学，2010.

[4] 赵显. 企业安全氛围及其与员工行为的关系研究[D]. 北京：中国地质大学，2009.

[5] Zohar D. Safety Climate in Industrial organizations：Theoretical and Applied Implications[J]. Journal of Applied Psychology，1980，65(1)：96-102.

[6] 刘海东. 什么是安全氛围[J]. 中国电力企业管理，2009(17)：72.

[7] 武洁良. 组织安全氛围与安全行为关系研究——以北京市地铁运营站为例[D]. 北京：北京交通大学，2012.

[8] 吴建金，耿修林，傅贵. 基于中介效应法的安全氛围对员工安全行为的影响研究[J]. 中国安全生产科学技术，2013，9(3)：80-86.

第四部分　轨 道 交 通

轨道交通自动售检票系统票卡读写器研究与实践

苟向元
(浙江杭海城际铁路有限公司)

摘　要　票卡读写器是轨道交通自动售检票(AFC)系统中的关键部件,与轨道交通的正常运营密切相关。将票务处理软件(TP)与票卡读写器硬件分离,由清分中心(ACC)统一管理和维护TP,兼容各种票卡在轨道交通中的应用,可以实现票卡读写器在轨道交通全路网内的互换,提高运营保障能力,为新线路建设节约成本和时间,为未来新的支付方式引入轨道交通提供便利。

关键词　轨道交通AFC;票卡读写器;TP;API

0　引言

自动售检票系统直接服务于乘客,在城市轨道交通运营管理中发挥着重要的作用,其票务处理水平和客流处理能力直接影响轨道交通运营管理水平。而票卡读写器又是整个自动售检票系统进行票务处理的核心部件,其性能直接关系整个自动售检票系统的运行。所以,在轨道交通建设之初,大部分轨道交通公司会主导研究和编制《轨道交通线网AFC技术规程》(以下简称为《规程》),用于标准化轨道交通线网AFC系统,规范各线路终端设备与车站计算机,车站计算机与线路中央计算机,线路中央计算机与中央清分系统、交通卡之间的接口,统一全线网票制和运营规则,以提高运营管理能力,方便乘客出行,促进轨道交通线网化发展。

不同线路可能采用不同厂家的设备及票卡读写器,其性能各不相同,不同票卡读写器的硬件互换性较差,特别是票务规则改变需要修改票卡读写器软件时,多个厂商参与会导致运营管理方协调工作量大大增加,使测试工作量也大量增加。为满足轨道交通线网化运营的要求,除了各厂家必须遵循《规程》要求的票卡读写器硬件和软件接口标准外,还需要统一票卡读写器的票卡处理流程软件,以满足线网运营的要求。本文提出的票务处理软件(TP)与票卡读写器硬件的分离方法,将有效解决上述问题。

1　轨道交通AFC对票卡读写器的要求

目前国内绝大多数轨道交通使用的车票介质均为非接触式IC卡,符合ISO/IEC14443 Type A标准,包括单程票、学生卡、轨道交通储值票、各种交通卡和市民卡等,还可满足其余城市票卡接入的需要。其中单程票为薄形小容量(512bit)非接触式逻辑加密卡,其余多数为CPU票卡。根据《规程》,对票卡读写器的主要要求如下:

(1)对上述票卡的票务处理软件(Ticket Processing,TP)需要在票卡读写器内部实现,并独立于上位机,实现大读写器概念。

(2)票卡读写器应采用32位CPU、嵌入式操作系统。

(3)支持ACC统一下发的交易流程处理软件和相应参数,以实现对票务规则的修改,而无须修改、配置任何硬件和其他软件。

(4)兼容符合各种标准的城市交通卡和市民卡等,例如基于住建部密钥和交通部密钥的票卡等。

2　票卡读写器设计与实现

针对各个厂家采用不同类型的硬件平台，需要规定相同的硬件接口标准，同时对硬件类型也需要做相应的要求。针对这些要求，下面介绍轨道交通典型票卡读写器的设计与实现。

票卡读写器采用32位嵌入式ARM核微处理器，产品技术稳定、成熟，符合ISO/IEC14443 TypeA/TypeB标准。该读写器有实时时钟、2个RS232接口，有USB接口、USB虚拟串口、10/100M网络接口，有8个SAM卡插槽，有Nand FLASH存储器；双射频电路可外接两套独立感应天线。读写器采用嵌入式实时Linux操作系统，有RS232数据通信接口，提供应用程序接口（API）。读写器不仅可按读写扇区或文件的方式提供API接口，也可独立实现票卡交易流程，或支持统一下发的交易流程处理模块，以实现对票务规则的修改，而无须修改和配置任何硬件和其他软件。其可提供对各模块操作函数封装库供二次开发。其结构易于安装在轨道交通AFC系统的进出站闸机、自助验卡机、自动加值机及各种读写卡设备中，与AFC设备中的工控机通信，实现对轨道交通票卡的读写操作。其可操作主流的逻辑加密卡及非接触式CPU卡等卡片。

2.1　读写器硬件、系统及参数

由于本文研究的目标是TP与票卡读写器硬件的分离，所以选择了主流硬件平台，包括ARM架构的CPU、嵌入式Linux操作系统、符合ISO/IEC14443标准的射频模组等。

2.2　API接口设计

基于Linux系统提供操作和控制具体硬件的方法，提供射频芯片接口、SAM卡通信封装、Flash操作驱动等。完成操作系统启动前的初始化工作包括片级初始化（主要完成CPU的初始化）和板级初始化（完成CPU以外其他硬件设备的初始化）。对硬件的操作有对射频芯片和IC卡的操作、对SAM卡的操作（包括卡座选择、速率设置、复位、PTS设置和APDU等）、对FeRAM操作、对看门狗操作（Watchdog，一种定时器电路）封装为独立的动态函数库，以供二次开发。硬件驱动、函数库、TP软件能单独下载升级。通过这些设计可实现TP与读写器硬件的分离。

2.3　PBOC 1.0兼容设计

由于部分城市有符合PBOC 1.0标准的CPU交通卡片（例如苏州通），可能没有预留轨道交通应用，所以设计兼容方案时必须满足以下两个要求：

（1）在实现轨道交通消费的同时卡片的功能不可受到影响。

（2）可以实现轨道交通的分段计费功能。

2.3.1　卡片判断

针对上述要求，读写器首先需要区分PBOC1.0的老卡片和PBOC2.0的新卡片。通过判断DF01支付目录下0019H文件是否存在来区分支持复合消费的新卡和不支持复合消费的老卡。当选择文件返回为0x9000，则认定为支持复合消费的新卡；返回为0x6A82，则认定为不支持复合消费的老卡；返回其他内容，则说明执行指令时出错。对于支持复合消费的新卡，可以直接采用PBOC2.0规范定义的复合消费的流程完成轨道交通的复合消费交易。

2.3.2　PBOC1.0卡片在轨道交通中的应用设计

为了实现PBOC1.0卡片在轨道交通中的应用，轨道交通消费过程中涉及支付应用DF01中的分段收费文件0006H，记录进站信息（10字节）、出站信息（10字节）、卡片状态（10字节）（进/出站标志和进出站过程标志）。卡片状态用1个字节表示，高半字节标识卡片的进/出站标志；低半字节标识进/出站过程。其中，进/出站标志“1”为进站，“0”为出站。进出站过程标志，标志一个交易是否完成（“1”为交易进行中、“0”为交易结束）。

根据上述文件规划、设计相应的交易流程，实现PBOC1.0卡片在轨道交通中的进出站及更新应用。

2.4 PBOC 2.0/3.0 卡片在轨道交通中的应用设计

由于PBOC2.0/3.0卡片支持复合交易流程，并且住房城乡建设部和交通运输部等的主流卡片应用标准已经规划了卡片在轨道交通中应用的功能，所以根据相应的标准流程即可实现轨道交通应用，在此不再赘述。

3 票卡读写器的创新点和实效

基于上述票卡读写器硬件和API接口设计，顺利实现了TP软件与读写器硬件的分离，并通过了验证测试，达到提高票卡读写器性能和线路之间互换性等目的，同时该轨道交通AFC系统票卡读写器还具备以下创新点：

（1）统一标准的OS和硬件驱动API，实现TP与读写器硬件的分离，打破了读写器厂商的界线，使得轨道交通运营可以根据需要采用性能最好的票卡读写器，而不受特定厂家的约束。

（2）统一的硬件和软件接口，真正实现读写器在全路网内互换，提高了运营保障能力。

（3）实现运营ACC统一全路网管理和维护TP，提高了运营管理效率。

（4）由于全路网使用统一的TP，省掉了新线建设过程中复杂而烦琐的TP开发和测试工作，为新线路建设节约了成本和时间，方便运营人员快速接手开展工作，同时也保证了新线AFC系统开通时的可用性、安全性和稳定性。

4 结束语

本文研究和规划了统一的系统标准及接口，这种模式也适应“人脸识别”和“二维码”等新支付方式的接入，但其满足TP软件和读写器硬件分离的具体接口还需要进一步研究细化。AFC作为轨道交通运营中一个比较重要的系统，在现金管理、车票管理和系统数据准确性保证方面还可以做较多的研究和探索工作，这些工作都将有效提高轨道交通的建设和运营水平。

参考文献

[1] 张宁，何铁军，王健.轨道交通自动售检票系统互换性研究[J].城市轨道交通研究，2007(11)：37-40.

视频监控系统与人脸识别技术的论述

苟向元，吴燚靓
(浙江杭海城际铁路有限公司)

摘　要　随着信息技术不断发展，视频信息越来越广泛地应用于娱乐、教育、安全、生活等领域。人脸识别技术在生物特征识别中是关键技术，目前人工智能的研究热点之一就是人脸识别技术。在经济快速增长，人民生活水平日益提高的当今，视频监控系统与人脸识别技术结合具有巨大实际意义和非常广泛的应用前景。

关键词　信息技术；视频监控；人脸识别技术

0　引言

近年来，生物识别技术得到了高速发展，而人脸识别技术是所有生物识别方法中应用最广泛的技术之一。目前，国外研究人脸检测和识别的人员有很多，比较著名的有 MIT(麻省理工学院)、Yale(耶鲁大学)的研究人员等。国内的清华大学、上海交通大学、南京大学和中国科学院自动化研究所等科研院校也都有人员从事这方面的研究。视频监控系统的发展大致经历了 3 个阶段。在 20 世纪 90 年代初以前，主要是以模拟设备为主的闭路电视监控系统，称为第一代模拟监控系统。20 世纪 90 年代中期，随着计算机处理能力的提高和视频技术的发展，人们可利用计算机的高速数据处理能力进行视频的采集和处理；显示器的高分辨率实现图像的多画面显示，大大提高了图像质量。这种基于 PC 机的多媒体主控台系统称为第二代数字化本地视频监控系统。第三代数字视频监控系统作为一种新型的监控手段，以数字视频处理为核心，综合利用光电传感器、计算机网络、自动控制和人工智能等先进技术，近年来在各行业得到了广泛的应用。

1　视频监控系统的应用现状

视频监控系统的发展经历了第一代的全模拟系统、第二代的部分数字化系统和第三代完全数字化系统(网络摄像机和视频服务器)3 个阶段的发展演变，现有的数字视频监控系统已实现视频监控手段的数字化、网络化和集成化。但是它存在一个主要缺陷——对视频内容只能靠人来判断，同时它多用于“事后处理”，并不能充分发挥视频监控系统的主动性。基于先进生物特征识别技术的人脸识别智能视频监控系统的出现是视频监控系统发展的又一标志。智能视频监控系统能够识别不同的物体，发现监控画面中的异常情况，并能够以最快和最佳的方式发出警报和提供有用信息，从而能够更加有效地协助安全人员处理危机，最大限度地降低误报和漏报现象。

2　人脸识别技术

2.1　人脸识别技术的研究及应用范畴

人脸识别(Face Recognition)，亦称面像识别，是人类视觉系统的基本功能，是人类互相辨识的直接手段，也是生物特征识别的重要研究内容。人脸识别技术是一种新兴的生物特征识别技术，概括地说，它是一种依据人体面部特征进行自动身份鉴别的技术。人脸识别技术在公共安全、人机交互等领域具有广泛的应用前景，这一点已为世人所公认。同时，人脸识别也是人工智能领域的重大研究课题，吸引大量研究人员对此展开深入研究。到现在对其的研究历史已有三十多年。自20世纪90年代以来（特别是美国“9·11”事件发生以后），人脸识别技术在研究及应用方面得到了长足的发展。人脸识别的研究范围大致可以分为如下几个方面：

(1)人脸检测(Face Detection)，即从各种不同的场景中检测出人脸的存在并确定其位置。在大多数场合中，由于场景复杂，人脸的位置预先是不知道的，因此首先必须确定场景中是否存在人脸。如果存在人脸，再确定图像中人脸的位置。人脸部毛发、化妆品、光照、噪声、面部倾斜度以及各种遮挡等因素均会使人脸检测变得更为复杂。人脸检测的主要目的是在输入的整幅图像上寻找人脸区域，把图像分割成两个部分，人脸区域和非人脸区域，从而为后续处理奠定基础。

(2)人脸表征(Face Representation)，即采取某种表示方式表示检测出的人脸和数据库中的已知人脸。通常的表示法包括几何特征（如欧氏距离、曲率、角度）、代数特征（如矩阵特征矢量）、固定特征模板、特征脸、云纹图等。

(3)人脸辨识(Face Identification)，即将已检测到的待识别人脸与数据库中已知人脸进行比较匹配，得出相关信息。这一过程的核心是选择适当的人脸表征方式与匹配策略。系统的构造与人脸的表征方式密切相关，通常或是选择全局的方法或是选择基于特征的方法进行匹配。显然，基于侧面像和基于正面像所选择的特征是有很大区别的。

(4)表情分析(Expression Analysis)，即对待识别人脸的表情信息（快乐、悲伤、恐惧、惊奇等）进行分析，并对其加以归类。

(5)生理分类(Physical Classification)，即对待识别人脸的生理特征进行分析，得出其种族、年龄、性别、职业等相关信息。显然，完成这一操作需要大量知识并且通常是非常困难和复杂的。

2.2　人脸识别技术的优点

(1)可以隐蔽操作，特别适用于安全问题、罪犯监控与抓逃应用，这是其他生物特征识别技术所不能替代的。

(2)非接触式采集，没有侵犯性，容易被接受。

(3)方便、快挂，强大的事后的追踪能力（普通人并不具备指纹、虹膜、视网膜判别能力）。

(4)更符合人类的识别习惯，可交互性强，一般人即可以进行评判。

(5)设备成本较低，摄像头可成为标准外设。

3　视频监控系统中人脸识别的总体设计

3.1　人脸识别视频监控系统的架构

前置摄像头会将人脸的图像采集下来，然后提交给人脸对比系统。对比系统会将输入的人脸信息与数据库中的人脸信息进行比对，并显示比对结果。如果找到与之相符的信息，系统会自动做出提示，包括比对分析结果和相关人员身份。

3.2　人脸识别监控系统的关键技术

对于传输过来的人脸图像，系统先进行预处理操作，其内容包括光照补偿、人脸定位及矫正有旋转角度的人脸图像。

(1)光照补偿。人脸识别性能受光照变化的影响,解决这一问题可以很大程度推进人脸识别的实用化进程。将人脸固有的属性及非固有属性如光源、遮挡、面部的化妆等从人脸图像中分离开来,预处理人脸图像或对归一化阶段的光照进行有针对性的补偿,将非均匀正面光照引起的阴影等影响消除。可以采用以下的光度补偿算法:光照均匀的标准图像,系统首先会对其进行选择,并且计算该标准图像中各个像素点的亮度平均值;然后计算等待检测图像中的各个像素点的亮度平均值,将标准图像与待检测图像的像素点亮度平均值相减。若大于7,则要进行该像素点亮度补偿。

(2)人脸定位。人脸身份识别先要基于人脸检测定位进行人脸跟踪,持续跟踪检测运动序列后续帧中的目标人脸的运动轨迹和轮廓变化。在复杂背景下,基于人脸检测技术如彩色信息、模板匹配等多级结构的人脸检测与跟踪系统会对平面内旋转的人脸或者任意姿态运动的人脸进行检测。

(3)人脸识别中的姿态问题。在各式图像中,人脸呈现的姿势不一。对于非正面呈现的人脸,系统会采用辐射模板法计算人脸的侧转程度,再用坐标变换把侧转的人脸恢复为正面呈现的人脸。这里我们简要介绍一下辐射模板法。辐射模板是一个被分成若干个均匀的扇形的圆形模板,从扇形最顶上逆时针方向对其进行编号。人脸的大小是不同的,为了解决这一问题,我们用不同半径的同心辐射模板进行分级检测。

4 结束语

人脸识别技术的网络安全是具有综合性的,会涉及管理、技术、使用等方面问题,包括信息安全问题以及逻辑、物理技术措施。但是一个技术只能解决其中一方面的问题,那么我们就要建立相应的安全体系,进行法律法规支持内的应用。人脸识别的应用越来越多,比如轨道交通的公安视频监控、自动售检票等,这些都是未来进一步研究的方向。

参考文献

[1] 柳莲花.视频监控系统的人脸检测与识别技术研究[D].南京:南京航空航天大学文,2010.

[2] 李建勇.人脸识别技术在视频监控系统中的应用[J].中国安防,2009(4):48-50.

[3] 马海兵,白洁.人脸识别技术在智能视频监控系统中的应用[J].现代电子技术,2007(20):125-128.

[4] 邓楠.视频监控系统与人脸识别技术的结合应用[J].计算机光盘软件与应用,2012(19):149-150.

[5] 赵洋.视频监控系统与人脸识别技术的结合应用[J].中国安防,2012(8):103-105.

论城市轨道交通互联互通信号系统设计方案

吴燚靓
（浙江杭海城际铁路有限公司）

摘　要　CBTC 互联互通已成为国内城市轨道交通信号系统新的发展方向，在城市轨道交通领域占主导地位。本文以重庆轨道交通互联互通国家示范工程项目为例，针对 CBTC 互联互通系统的特点，提出了互联互通需要统一的信号设计原则，包括轨旁信号设备布置原则、车载信号设备布置原则、信号联锁关系编制原则。

关键词　城市轨道交通；CBTC 信号系统；互联互通；设计原则

1　背景简介

从第一条采用国产 CBTC 信号系统的北京地铁亦庄线开通至今，国产 CBTC 信号系统已经占据国内相应市场的半壁江山，打破了国外系统集成商在轨道交通领域的技术垄断局面。但是基于城市轨道交通地域建设的限制性和信号系统开发的独立性，其仍然存在着很多问题。例如，轨道交通线路长期以来大多采用独立运营、跨线降级方式运行，乘客经过多条线路时须进行换乘；一条轨道交通线路及所延伸线路的信号系统从设计施工到运营维护只能由最初中标的系统集成商来完成，等等。因此，不管是建设方还是运营方，都对信号系统提出了节约重复投资、破除延伸线路信号系统厂家垄断、实现网络化运营的新要求。至此，城市轨道交通信号系统互联互通成为很现实的需求。

要实现互联互通功能，线路、车辆、信号、限界、供电的互联互通是基础，即要实现联通的线路，类似的车辆，同样的限界，相同的供电制式，以及具有互联互通功能的信号系统。本文针对互联互通系统的特点，结合重庆互联互通工程案例，对信号系统互联互通的设计方案进行总结。

2　案例简述

重庆地铁互联互通国家示范工程项目由重庆环线、4 号线、5 号线、10 号线组成，如图 1 所示。各线路列车运行等级均包含连续式通信的列车控制级别（CTC）、点式列车控制级别（ITC）和联锁控制级别（ILC）。信号显示采用 CBTC 模式下灭灯，降级模式下亮灯的方案。车地通信采用基于 LTE 的无线通信方式。

重庆互联互通工程分为两个阶段：①2017 年 5 号线、10 号线开通，实现开通运营。②2018 年 4 号线和环线开通，实现跨线运营。

3　设计方案

3.1　前提

要实现互联互通，各系统集成商须统一功能需求和接口协议，在此基础上制定互联互通的设计原则，使列车能够在其他线路也能全功能、无障碍行驶，真正实现线网联通联运。

根据工程实际应用来看，影响互联互通功能的信号系统设计原则主要包括：①轨旁设备布置原则。

②车载设备布置原则。③联锁关系编制原则。

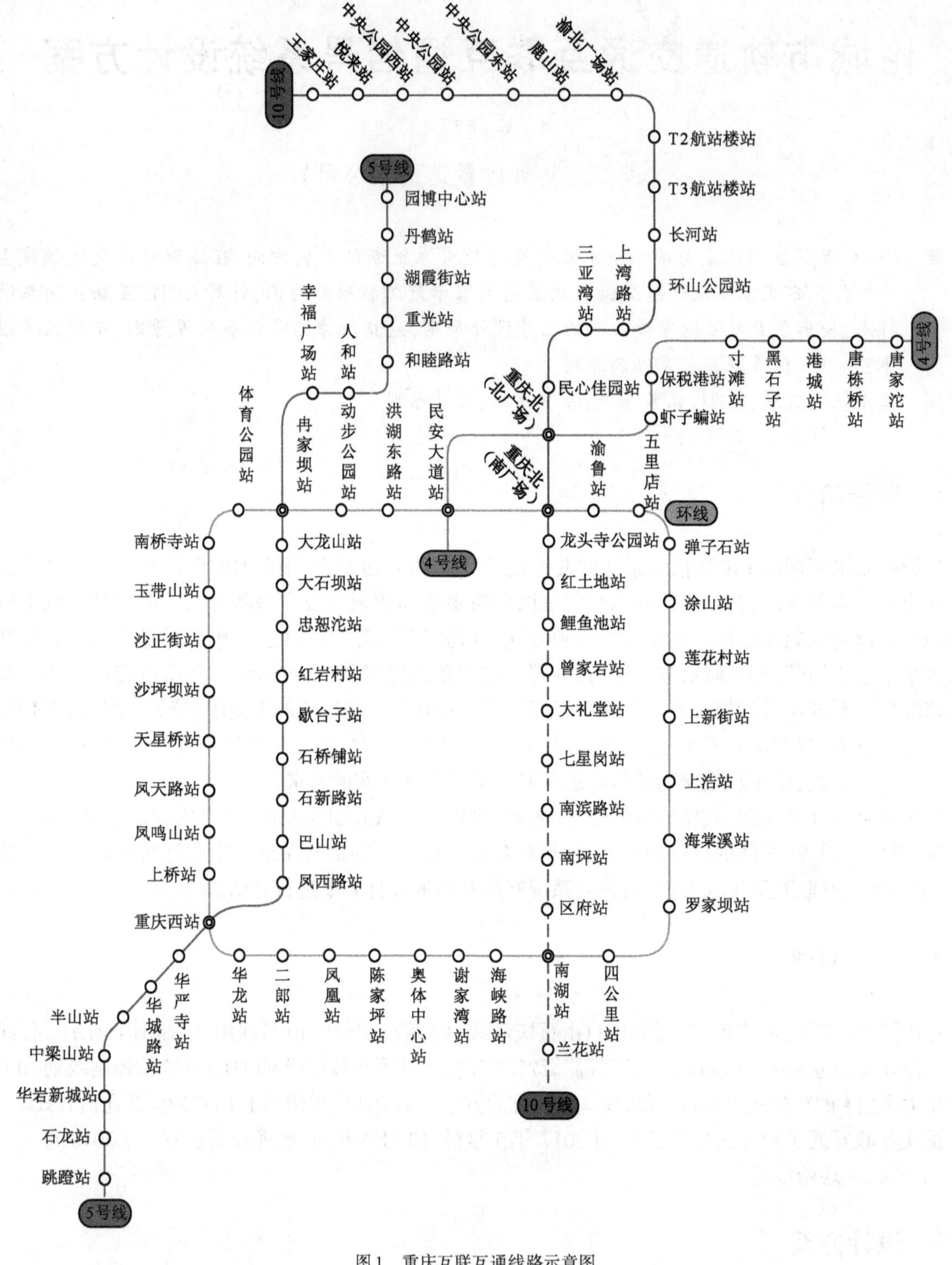

图1　重庆互联互通线路示意图

3.2　设计原则

3.2.1　轨旁设备布置原则

信号系统的轨旁设备主要包括信号机、转辙机、计轴、应答器和无线通信设备。其中转辙机根据道岔位置布置，不影响互联互通功能。

需要注意的是，地面信号设备为列车计算移动授权时要考虑轨旁设备的安装误差，故在安装各线轨旁设备时，安装误差不应超过互联互通电子地图中允许的最大值。

(1)信号机布置原则

信号机显示是系统在降级模式下(点式级别或者联锁级别)驾驶员驾驶列车的行车凭证，是互联互通重要组成部分，其设计原则如下：首先，线网内的各厂家需要统一信号机的显示含义，避免因信号显示含义不同影响司机的跨线运行。其次，由于 CBTC 模式下列车的移动授权计算不用考虑信号机的位置，故信号机的布置不影响互联互通功能的实现，各厂家可根据运营需求和系统需求布置本线路内的信号机。最后，对于相邻线路联络线处的信号机，应结合互联互通双方的联锁接口协议进行布置。在满足限界的条件下相邻线路均应安装实体信号机，若不满足限界则设置虚拟信号机。

(2)计轴布置原则

计轴是轨道占用监测设备，在降级模式下系统用其检测列车的位置，所以计轴布置应满足各线降级模式下的运营间隔要求。

当需要将独立的计轴区段作为保护区段时，需要确定互联互通列车的保障制动率、制动响应时间、线路的最大坡度、轨旁设备安装误差、安全防护余量、信号系统反应时间等关键参数的取值范围，并据此计算保护区段的最小长度。在线路的设计过程中，须保证保护区段的长度满足各条线路保护区段的最大值。

站台轨、转换轨和折返轨长度应满足共线运营列车在正常停车后，其列车首尾轮对不会跨压计轴边界。

另外，须在相邻线路联络线的线路分界处分别各设置一个边界计轴磁头，当一侧线路的计轴出现故障时，不应影响相邻线路的运营。

(3)应答器布置原则

在互联互通设计原则中，应答器可根据属性分为精确停车应答器、轮径校准应答器、主应答器、填充应答器、固定应答器等。但是无论应答器根据功能需求衍生出多少种属性，在系统中它的最终目的仍然是为了实现列车位置校正和提供点式级别下的移动授权。所以下面主要围绕这两点分析应答器的布置方案。

信号系统与列车位置校正相关的功能主要有 3 种：一是出段时列车的定位初始化及轮径校准功能；二是区间走行过程中的列车位置定位功能；三是 ATO 模式下列车在站台的精确停车功能。

列车由车辆段驶入正线时，若采用非全自动化车辆段，列车在车辆段内无法建立定位，需要在转换轨布置至少两个无源应答器以实现列车初始化定位要求。此时该无源应答器也可兼作轮径校准应答器，可在列车初始化定位的同时进行轮径校准。轮径校准应答器的布置位置和安装精度须满足互联互通设计要求。轮径校准应答器须安装在平直轨道上，安装精度为 ±2cm，两个应答器间距可在 40～60m 范围内。若采用全自动车辆段，列车在车辆段内即可建立定位并完成轮径校准。转换轨应答器可根据运营需求布置。

列车在区间运行时，由于速度传感器存在测量误差，会导致列车位置不确定性不断增大。在最不利情况下，列车丢失一个固定应答器会使列车的位置不确定性达到工程的最大值。由于各厂家系统内部对列车位置不确定性有最大值的约束限制，若工程最大值超过此限制值，列车会降级丢失定位，从而影响正常运营。所以各线路在布置区间应答器时，须考虑上述影响，两个应答器间距不应超过 300m。

在站台区域，应答器主要用于列车精确停车，其布置原则如下：

①对于单向停车站台，从车站进站方向依次布置固定应答器作为 ATO 停车位置校正应答器，如图 2 所示。其中，应答器 B1 和 B2 必须分别安装在距离列车停车后的应答器天线(BTM 天线)5m 和 15m 的位置，B3 可安装在距离站台中心 ±5m 范围内，B4 可安装在有效站台边缘 ±20m 范围内。以上应答器的安装误差均为 ±2cm。

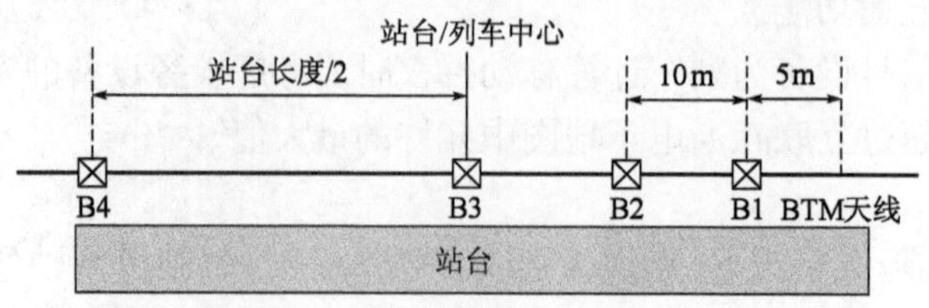

图2 单向运行站台精确定位应答器布置示意图

②对于双向停车站台,布置原则如图3所示。其中,应答器B1、B2、B4和B5必须分别安装在距离列车停车后BTM天线5m和15m的位置,B3可安装在距离站台中心±5m范围内。以上应答器的安装误差均为±2cm。

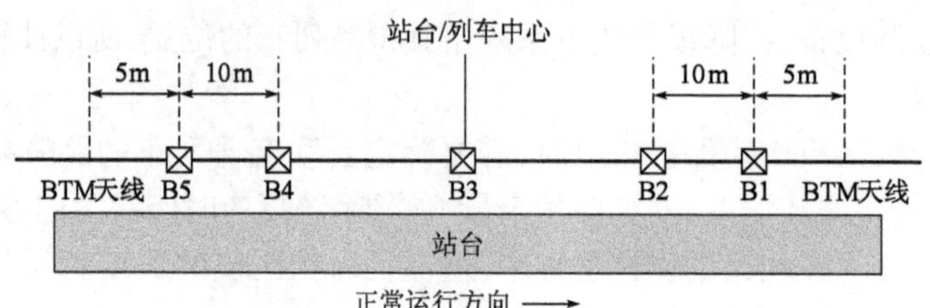

图3 双向运行站台精确定位应答器布置示意图

主应答器和填充应答器需要为所有的点式列车提供移动授权,所以要求各线的有源应答器报文编制原则必须一致。主应答器和填充应答器的布置位置不影响互联互通功能,但是考虑点式列车的运行效率,填充应答器距离主应答器的距离应满足共线运营列车在通过填充应答器获得移动授权延伸时不出现因非线路限速原因减速的情况。

目前应答器主要有两种制式:欧洲标准和美国标准。在互联互通项目中,线路上须安装相同制式的应答器。而为了使车载应答器天线能够有效激活应答器并接收应答器数据,应答器中心距离轨面的高度应保持一致,即采用相同的安装方式。

(4)无线通信设备布置原则

目前国内轨道交通领域主流无线通信方式分为LTE和WLAN两种,互联互通项目中要求采用相同的无线通信方式,用于保证车地正常通信。

不同线路的无线通信设备须在控制中心进行接口通信,以便列车在跨线时无线通信能够进行无缝切换。

轨旁无线传输设备的安装位置和安装方式应保持统一,以便不同线路列车共线运营时车载天线能够正常接收无线数据。

3.2.2 车载设备布置原则

列车在跨线运营过程中,需要使用的其他线路轨旁设备主要包括应答器和无线传输设备。因此,须统一制订车载应答器天线和车载无线天线的安装方案。

(1)车载应答器天线布置原则

车载应答器天线的安装高度须与轨旁应答器的安装高度相匹配,以保证有效的作用距离及检测精度要求。

(2)车载无线天线布置原则

车载无线天线的安装位置须与轨旁无线传输设备的安装位置相匹配,以便不同线路列车共线运营时能够正常接收无线数据。

3.2.3　联锁关系编制原则

鉴于国内各联锁厂家联锁表格式差异较大,在满足6502联锁关系的前提下,可不统一联锁表的编制格式,但是涉及车辆参数的联锁内容须满足最大安全设计原则,如接近区段设计原则、保护区段解锁原则等。

(1)接近区段设计原则

接近锁闭区段的长度要保证列车在未进入接近锁闭区段前进路被人工解锁,列车能够在信号机前停车。在确定接近锁闭区段长度时要充分考虑系统延时及车辆制动系统的特性。列车制动距离根据最不利条件下的安全制动模型确定,系统延时须考虑各系统最大的处理周期、允许的通信中断时间等。

系统最不利情况下的延时运行距离,须考虑最大线路限速和坡度条件下,列车以最高速度在系统延时期间的运行距离 S_1。

系统最不利情况下的制动距离,须考虑最大线路限速和坡度条件下,从紧急制动或常用制动触发速度实施制动直至停车的距离 S_2。

最终,接近锁闭距离 $S_3 = S_1 + S_2$。

由于各厂家的系统延时和车辆制动性能不会完全相同,导致不同列车在其他线路运行所需要的接近锁闭距离 S_3 不同。所以,须结合线网中所有厂家的系统延时参数,计算列车在所有线路运行所需的接近锁闭长度,将共线运营的所有联锁表接近区段长度取最大值。

进路的延时解锁时间建议统一取值,以便调度员跨线使用。

(2)保护区段解锁原则

根据互联互通车地接口协议,共线列车进入保护区解锁区段停稳后,联锁子系统在收到"允许保护区段解锁"信息后,方可自动解锁保护区段,即CBTC模式下,保护区段解锁采用立即解锁的方式。

站台区车地通信出现故障时,当列车头部压入或完全压入保护区段后,解锁保护区段须按照延时解锁方式进行,延时解锁时间取线网中所有厂家所需最大值。

4　结论

重庆互联互通项目的成功实施,为同类互联互通项目积累了丰富的经验。同时,测试过程中收集的数据为验证互联互通规范标准方案的可行性、推动互联互通行业规范标准的改进与发展及城市轨道交通互联互通建设提供了技术支撑。

参考文献

[1]　李中浩.城市轨道交通CBTC互联互通发展趋势及建议[J].城市轨道交通研究,2018,21(5):12-15.

[2]　王野,陈丽君.城市轨道交通CBTC信号系统互联互通的设计思考[J].城市轨道交通研究,2018,21(5):7-11.

[3]　仲建华.梁青槐,城市轨道交通互联互通网络化运营的思考[J].都市快轨交通,2015,28(5):10-12.

[4]　朱震.城市轨道交通CBTC系统互联互通的设计与思考[J].铁路通信信号工程技术,2015,12(2):58-61.

[5]　张守芝.青岛市轨道交通信号系统互联互通的思考[J].现代城市轨道交通,2017(3):55-57.

轨道交通 TETRA 系统无线网络优化浅析

夏招亮

(浙江杭海城际铁路有限公司)

摘　要　随着我国城市建设的加快,城市轨道交通通信系统也日益庞大,采用新型的数字集群网络进行通信是一种必然趋势。数字集群通信是基于无线网络对城市轨道交通车辆运行路线和运行状态进行监控的重要技术,因此 TETRA 系统的稳定性与及时性关系轨道交通车辆运行是否正常。本文对轨道交通使用的 TETRA 系统进行验证与研究,总结优化措施,以便能够为城市轨道交通无线系统的不断完善提供参考依据。

关键词　轨道交通;TETRA;数字集群;无线通信

0　引言

随着我国城市化进程的加快,轨道交通无线通信的质量也越发受到关注。目前,我国超过 30 个城市有轨道交通设施,特别是近年来,我国轨道交通技术飞速提升,轨道交通车辆不断提速,因此轨道交通无线通信质量影响着轨道交通的安全。

TETRA 系统是我国城市轨道交通所使用的专用无线通信网络,其承载着车辆运行路线监控、运行状态监控、车辆调度的重要责任。该无线网络是列车司机与调度人员专用的无线通信网络,其对列车司机的事件处置、运行指挥有着关键的作用。因此完善轨道交通无线通信系统,保障高速行驶过程中的通信质量,保证乘客出行安全、保证车辆运转正常非常重要。目前,我国有针对性的轨道交通数字集群通信系统仍然有所欠缺,当下的研究热点普遍集中在无线局域网络与蜂窝网络,在一定程度上延缓了数字集群通信系统的发展。

1　轨道交通无线通信测试指标

1.1　集群通信概念

随着科学技术的快速发展,中继原理衍生出了集群的概念。早在 20 世纪,就有科学家提出了通过有限的通信线路,为大量客户同时服务的思路。数字集群通信系统因其具备保密性、丰富的接口、高速连接性而逐渐被重视。

1.2　TETRA 系统常用通信方式与参数

为了确保城市轨道交通安全、高效的运行,在任何无线通信覆盖区域内(车站停车区、行驶段、车站区域等)无线信号传输链路上行与下行信号强度不得低于 -95dB/m。目前基站切换过程中较为关键的几个参数,见表 1。通过这些参数可以及时了解信号的传输质量。在不同区域之间进行切换时,根据该参数可以进行对应的调整,以此来保证无线信号的质量,进而保证车辆运行安全。

基站切换参数　表1

参数名称	中文名称	参数名称	中文名称
Path Delay Threshold	通道延迟阈值	Slow Reselect Hysteresis	慢重选滞后
Slow Reselect Threshold	慢重选阈值	Fast Reselect Hysteresis	快重选滞后
Fast Reselect Threshold	快重选阈值		

当所在的无线信号覆盖区域强度弱到一定程度时，系统会以60次/min的频率进行不同通信区域之间无线信号强度的对比，从而确定是否进行跨区切换。这种切换模式存在一定的弊端，可能由于立即切换导致通话线路中断。无线通信系统将所有的区域进行分割，按照区域位置进行基站建设；列车作为移动平台，通过所经过区域内的基站进行通信。当列车从一个基站使出进入下一个基站时，则使用下一个基站进行通信。当列车经过两个基站通信区域的交接位置时，需要进行越区切换，该过程主要是进行通信基站转换。也正因如此，该过程是进行轨道交通无线通信系统优化的关键部分。

1.3　TETRA轨道交通无线通信研究指标

轨道交通无线通信涉及较多人员与小组，需要保证以下网络指标及具备以下性能，本次实验过程中针对以下性能进行研究，并在此基础上进行了性能测试。

(1)调度中心与列车驾驶员间的沟通性能。该部分主要通过中心信息控制台与车载信息控制台来实现，重点考察其无线通信质量。

(2)车站与列车驾驶员间的沟通性能。主要通过站台信息控制台与车载信息控制台来实现，重点测试无线通信质量。

(3)运维人员与中心人员、列车驾驶员、车站之间的沟通性能。主要通过各级电台组成小组来实现，重点测试其线通信质量。

(4)列车的运行速度、各项设备的运行状态等信息传输至控制中心性能。主要通过信号单向传输来实现，重点其无线通信质量。

2　轨道交通无线通信测试结果与分析

轨道交通TETRA系统设备主要包括3部分：无线子系统、调度子系统、互联子系统。该系统以中心控制为其主要的控制模式，通过使用控制器对所有的信道进行统一的管理，分配出空闲信道供需求单位使用，节约、高效地实现系统的控制功能。

本部分以某市轨道交通为例。该市轨道交通采用TETRA系统作为无线通信系统，在运维过程中，对某线路无线信号覆盖进行了测试。该系统采用的是多区域划分、区域内基站核心部件热备的模式，即通过覆盖区域内基站核心部件的硬件冗余来保证正常通信。

2.1　信号覆盖区域内无线网络信号强度测试

在不影响列车正常运行，并在确保通信质量不会受其影响的前提下，跟随列车对整条线路的TETRA系统无线强度进行测试、对车站(站厅、站台、设备区)进行测试。测试指标参考国家有关要求制定。部分指标如下：

(1)轨道沿线，漏缆2m范围内覆盖信号强度不得低于-85dB/m。

(2)基站信号区域内信号强度是否达到有关要求(-90dB/m)。

(3)整体线路中信号是否有不达标区域(线路范围内强度要求为-95dB/m)。

(4)跨区基站切换是否达到有关要求(切换过程不能低于-85dB/m)。

(5)不同基站之间是否有干扰(所在通信区域要高于临近通信区域,信号强度高于10dB/m)。

(6)设备区信号覆盖满足设计要求,信号强度不得低于-85dB/m。

(7)站厅信号覆盖要满足设计要求,全区域覆盖,信号强度不得低于-85dB/m,一般为-40~-70dB/m。

(8)站台信号覆盖要满足设计要求,信号强度不得低于-85dB/m,一般为-37~-50dB/m。

测试结果:个别线路区域和车站区域内无线信号质量不合格。

主要存在以下问题:

(1)站功率边缘区域覆盖不达标,出现低功率现象。

(2)基站存在信号强度突变情况,造成通话质量下降。

(3)部分基站信号衰减过快,造成通话异常。

(4)设备区信号覆盖存在弱点和盲区,造成通话掉线。

(5)站台区域信号覆盖偏弱,电平值在-60dB/m左右。

测试数据如下。

区间测试数据,见表2。

区间测试数据　表2

序号	测试项目	测试标准	实测	结论
1	区间每条轨道中心两侧5m内线路电场强度覆盖,在95%的地点、时间概率条件下,电平值应达到设计要求	电平值均≥-85dB/m	站台进入隧道口,电平值为-50dB/m,长区间最弱电平值为-90dB/m	□合格 ■不合格
2	电台越区切换	越区切换功能正常	电台越区切换时间较长,切换点已接近下一站的站台,切换电平值为-80dB/m,个别区间甚至存在掉线情况	□合格 ■不合格

车站测试数据,见表3。

车站测试数据　表3

序号	测试项目	测试标准	实测	结论
1	站台范围磁场强度覆盖,在95%的地点、时间概率条件下,电平值应达到设计要求	电平值均≥-85dB/m	站台区域内-56~-65dB/m	■合格 □不合格
2	站厅范围磁场强度覆盖,在95%的地点、时间概率条件下,电平值应达到设计要求	电平值均≥-85dB/m	站厅范围内-40~-72dB/m 个别点位-92dB/m	□合格 ■不合格
3	室内范围磁场强度覆盖,在95%的地点、时间概率条件下,电平值应达到设计要求	电平值均≥-85dB/m	设备区个别区域-90dB/m甚至无信号	□合格 ■不合格
4	通话语音质量	语音质量清晰	覆盖正常区域通话正常,信号弱的区域通话质量差,且掉线	□合格 ■不合格
5	通话接通率	接通率大于99.8%	偶然存在接通失败的情况	□合格 ■不合格
6	掉线率	掉线率≤0.8%	一天内沿线测试掉线率低于0.1%	■合格 □不合格

2.2 优化措施

电磁波本身具备衰减特性,因此应通过对无线网络的参数进行修改、定点增加基站/直放站等方式提高无线网络信号。具体方法如下:

（1）跨区切换出现故障的区域，主要进行以下操作，进行网络信号优化、修复、定向加强，增大其该方向的功率，保证通信质量，避免出现通话中断现象。

①调整 TETRA 系统相邻站之间的切换阈值。在切换区域信号时，平滑迅速完成切换，避免因切换迟缓造成掉线。

②运行线路部分区域信号弱，甚至掉线，通过仪表检测漏缆的驻波比、内外环路电阻，确认漏缆无源器件的安装。排除安装问题及故障点后，信号恢复正常。

③部分基站区域信号整体偏弱，无法保证现场的信号需求，经排查确认，更换部分元器件，如耦合器和功分器的指标，减少信号衰减，确保有效信号。

④长区间的信号覆盖，应保证在基站的单边覆盖距离不长于 900m（实际根据每个车站的情况有所不同）、区间长度大于 1800m 时，通过调节基站的输出功率、增加直放站、定向增加功率、保证覆盖。

（2）站厅、站台覆盖区域，主要通过以下操作对信号覆盖进行优化确保满足规范要求。

①针对岛式站台优化，一般信号覆盖由线路漏缆覆盖。对于站台宽度超过 15m，信号覆盖较弱的车站，单独增加室内天线进行补盲，确保信号强度。

②针对侧式站台优化，通过室内全向天线完成覆盖，覆盖信号强度不低于 -85dB/m，信号覆盖弱的区域通过在末端增加功分器、市内全向天线进行补充覆盖。

③站厅区的覆盖优化，根据站厅层的高度及建筑情况，计算单天线覆盖半径，根据计算结果完成室内分布。对于遮挡区域增加全向天线确保信号覆盖强度。

④设备区的覆盖优化，应根据设计图纸逐区域测试覆盖情况。测试仪器为手持终端和频谱仪。对于建筑墙体厚、金属屏蔽区域，着重测试发现的覆盖盲点，通过增加市内天线进行补盲。对远距离覆盖，应采用 7/8 射频电缆进行拉远，减小信号衰减。

（3）对功率衰减过快进行检查、修正，通过检测无源器件、射频电缆、漏缆的驻波比、内外环阻，确定指标是否满足要求，确定射频缆、漏缆是否存在过弯曲现象，确定无源器件是否存在安装错误，等等。

（4）信号发生剧烈波动部分，应该测试周围电磁环境，排除外部干扰因素，尤其对地面线路部分，通过频谱仪检测周边环境是否存在同频干扰或者临近频率的强功率发射源，屏蔽外界干扰，或者通过加装带通滤波器过滤无关频率。

经过优化后，测试数据满足设计要求。

区间测试数据，见表 4。

区间测试数据　　表 4

序号	测试项目	测试标准	实测	结论
1	区间每条轨道中心两侧 5m 内线路的磁场强度覆盖，在 95% 的地点、时间概率条件下，电平值应达到设计要求	电平值均≥ -85dB/m	站台进入隧道口，电平值 -40dB/m 左右，长区间最弱电平值 -75dB/m，长于 2km 的区间增加直放站后，电平值大于 -75dB/m	■合格 □不合格
2	电台越区切换	越区切换功能正常	越区切换恢复正常，顺利完成平滑切换，电平切换触发值主要分布在 -65dB/m 左右，切换点位于区间位置中部	■合格 □不合格

车站测试数据，见表 5。

车站测试数据　　表 5

序号	测试项目	测试标准	实测	结论
1	站台范围磁场强度覆盖，在 95% 的地点、时间概率条件下，电平值应达到设计要求	电平值均≥ -85dB/m	站台区域内 -40 ~ -55dB/m	■合格 □不合格
2	站厅范围磁场强度覆盖，在 95% 的地点、时间概率条件下，电平值应达到设计要求	电平值均≥ -85dB/m	站厅范围内 -40 ~ -72dB/m	■合格 □不合格

续上表

序号	测试项目	测试标准	实测	结论
3	室内范围磁场强度覆盖,在95%的地点、时间概率条件下,电平值应达到设计要求	电平值均≥-85dB/m	设备区覆盖信号不低于-85dB/m	■合 格 □不合格
4	通话语音质量	语音质量清晰	通话语音清晰	■合 格 □不合格
5	通话接通率	接通率大于99.8%	100%	■合 格 □不合格
6	掉线率	掉线率≤0.8%	0	■合 格 □不合格

3 结束语

本文主要对轨道交通TETRA的无线信号覆盖进行测试,并对其测试结果进行分析。主要根据数字集群通信特性以及通信的基本原理,分析造成信号切换问题设备的自身问题以及外部干扰问题,并通过调整信号源的功率、调整无源器件等,解决了一些常见的信号覆盖问题。

轨道交通专用无线信号所跨区域较长,通信环境较为复杂,影响因素较多。基站的信号强度、基站切换参数、车厢干扰、墙体阻隔、金属屏蔽层等均会导致信号质量衰减。通过使用测试工具对信号强度进行周期性的测量,并以结果为依据进行网络参数以及结构的调整,有助于提升跨区域通信质量,为列车顺利、安全运行提供有效的保证。

参考文献

[1] 沈燕.地铁专用TETRA无线网络优化浅析[J].科技经济导刊,2017(5):30-31.

[2] 宋建聪,甘志伟,徐锦材.无线信号测试仪在广州地铁隧道内TETRA无线系统中的应用[J].信息通信,2016(5):266-267.

[3] 赵蓉,蔡果佑.地铁专用无线通信系统方案的研究设计[J].中国新通信,2016,18(16):75-75.

BIM 技术应用于城际轨道交通建设全过程的研究

彭英泽

(浙江杭海城际铁路有限公司)

摘　要　本文基于笔者研究及工作实践,主要对 BIM 技术在城际轨道交通建设全过程中的应用与发展进行探究,为推动我国城际轨道交通建设贡献绵薄之力。

关键词　城际轨道交通;BIM 技术;建设全过程

0　引言

近年来,基于国内外对 BIM 技术应用的大力推广,大量建设项目(公路、水运、铁路、桥梁、建筑等)均开始研究采用基于 BIM 技术的管理模式,BIM 应用价值已经在建设项目中得到不同程度的体现。同时,住建部于 2017 年 7 月 1 日颁布实施的《建筑信息模型应用统一标准》为我国建筑行业 BIM 应用提供了坚实的理论支撑,也必将进一步促进我国建筑行业 BIM 的推广使用。

在杭海城际铁路建设过程中开展 BIM 技术的应用研究,研究应用 BIM 技术的可视化、优化性、模拟性、可协调性、协同工作等优势,主要工作内容包括设计阶段的建筑结构、机电安装建模、设计方案优化、施工方案优化以及基于 BIM 技术的竣工验收。

1　项目背景

杭州至海宁城际铁路工程线路起于杭州余杭高铁站,与杭州地铁 1 号线(远期 9 号线)换乘。线路总长约46.39km,全线共设站 12 座,平均站间距约4.15km。其中,地下车站4 座,高架车站 8 座;设越行站 2 座,分别为周王庙镇站、斜桥镇站。全线速度目标值为 120km/h,采用 B 型车 4 辆编组、直流 1500V 架空接触网受电。

经过调研分析,项目建设存在以下难点:

(1)施工图出图较晚,部分车站站位环境复杂,设计单位针对车站深基坑围护结构的设计图不断调整优化,影响项目工期。

(2)建设项目跨余杭与海宁两个行政区域,公安及消防等属地管理问题较复杂。

2 杭海城际铁路工程 BIM 系统建设规划(见图 1、图 2)

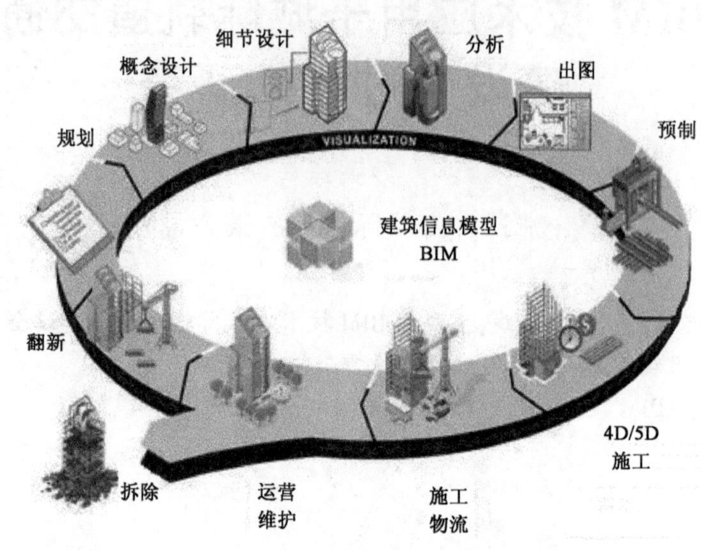

图 1　BIM 设计规划图

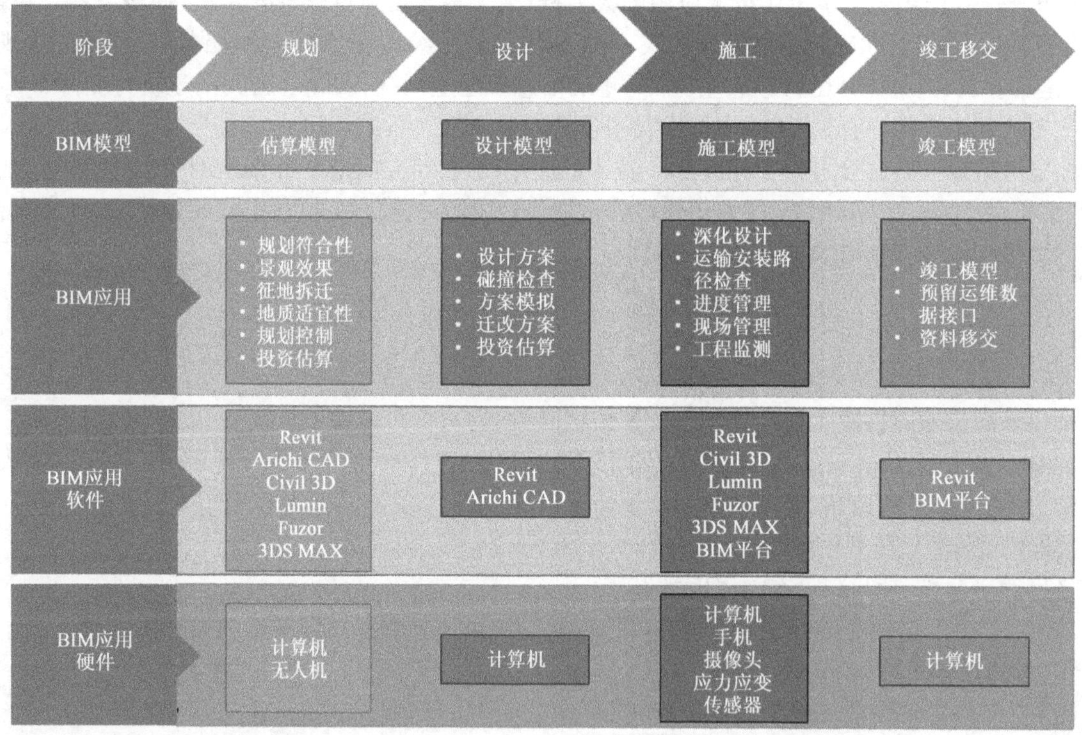

图 2　BIM 架构搭建图

3 BIM 技术在建设各阶段的应用

3.1 可行性研究阶段

3.1.1 规划符合性

利用 BIM 技术分析城市轨道交通工程与周边环境、建(构)筑物的位置关系、交通接驳关系、车站换乘关系、商业一体化开发关系等，实现城市轨道交通工程设计与城市规划协同。

3.1.2　景观效果

利用 BIM 技术模拟城市轨道交通线路及周边环境，分析城市轨道交通建(构)筑物、设施与周边环境结合的景观效果。

3.1.3　征地拆迁

在场地模型中集成城市用地规划、建(构)筑物产权单位、建设年代、建筑面积、城市人口分布等信息，利用 BIM 技术分析设计方案需要拆迁的建(构)筑物数量、面积、产权单位和拆迁成本等。

3.1.4　地质适宜性

利用 BIM 技术分析设计方案中线路穿越的地层、地下水和不良地质情况，提高方案分析和调整的效率。

3.1.5　规划控制管理

利用 BIM 技术建立包含完整环境模型信息的数字城区，进行设计方案审查、规划控制，实现整个规划的动态管理。

3.1.6　其他方面

投资估算、施工安全风险、设计方案可视化、控制因素等其他方面的应用。

3.2　初步设计阶段

通过运用 BIM 技术对建筑设计方案、结构施工方案、管线影响和迁改方案进行可视化沟通、交流和决策；对模拟客流、换乘方案等进行直观、清晰的模拟分析，为方案讨论、宣传、公示提供支撑；对施工工法、设计方案比优、交通疏解、管线改迁进行模拟演示，大大加强设计准确性，从而节省项目工期。

3.3　施工阶段

3.3.1　深化机电设计

对设备空间布置、支吊架设计、墙面箱柜协调进行深化设计，利用 BIM 模型输出管线排布、综合吊架设计等三维模型视图，指导构件加工和现场安装，实现布置紧凑、使用方便和设计美观。

3.3.2　深化装修设计

结合装修方案对各类设施的平衡性进行检查，优化装修设备效果及空间。辅助论证装修方案及指导现场施工。

3.3.3　大型设备运输及安装路径检查

模拟风机、机柜等大型设备运输、安装和维修过程，检查运输及安装路径方案，并形成报告。通过标注运输及安装过程中存在的碰撞点、碰撞对象、取电点、安装人员站位等，指导施工阶段设备运输及安装。

3.4　竣工验收阶段

城市轨道交通工程竣工验收合格后，将各阶段验收形成的专项验收情况、设备系统联合调试数据、试运行数据等验收信息和资料附加或关联到 BIM 模型中,形成竣工验收模型。模型除可在平台进行相应演示外,也可为后期运维管理及技术延伸预留数据接口(OA 系统、综合监控、视频监控等),满足后期运维系统开放性的要求,实现运维管理信息化、巡检维修精细化与可视化。

竣工验收模型及附加或关联的验收信息、资料、格式等应满足政府管理部门归档要求,支持线路运营维护。相关资料分别向政府管理部门和运营单位移交。

4 结论

杭海城际铁路 BIM 技术深入建设全过程,从初步设计阶段、施工图设计阶段,到施工阶段、验收阶段等,得以全方面、全过程应用。

通过 BIM 参数模型整合项目的相关信息,在项目策划、施工、运行和维护的全生命周期过程中进行共享和传递,使工程技术人员对各种建筑信息作出正确理解和高效应对,为设计团队及运营单位在内的参建单位提供协同工作的基础,提高城际铁路项目设计水平,便于施工管理,减少系统碰撞及工程变更,降低成本,缩短工期。

参考文献

[1] 深圳地铁集团有限公司、英泰克工程顾问(上海)有限公司. BT 模式下深圳地铁 5 号线机电设备及安装装修工程管理实践[M]. 北京:机械工业出版社,2013.

[2] 范文利,朱亮东,王传慧. ISBN 机电安装工程 BIM 实例分析[M]. 北京:机械工业出版社,2017.

城际轨道交通能源管理系统建设与实践

张东海,李文杰,张　伟
(浙江杭海城际铁路有限公司,浙江 海宁 314400)

摘　要　基于轨道交通建设和节能技术的快速发展,在总结国内外各有关专业节能技术研究成果的基础上,结合城际轨道交通工程实际,在各机电系统建设初期,将细化能耗分类、分项和提高能耗数据采集精度的要求落实到系统设计中;利用综合监控接口的优势全面实现与各专业系统进行能耗采集数据的通信,获取相关能耗信息;利用基于云平台架构的能源管理系统,实现对电能的科学化控制和管理,并针对轨道交通中车辆、牵引、车站动力照明系统等能耗大户的节能运行提出合理化建议——在能源管理系统实施运行的基础上,将大大改善当下能耗情况;通过对能源管理系统方案的优化设计和实践应用,有效地节约能源消耗,提升运营管理服务水平,改善车站运营环境,降低了运营成本,并对后期新线路建设与旧线路改造时的系统设计提供强力数据支持和建设性建议。

关键词　城际轨道交通;能源管理;云平台;大数据

0　引言

截至2017年末,我国内地共有34个城市开通轨道交通并投入运营,开通线路165条,运营线路总长度达5033km,在建线路6246km;2017年新增运营线路32条,新增运营线路880km,增长速度惊人。"十三五"期间,全国共有100多个城市规划了轨道交通,建设规模将突破10000km。根据浙江省都市圈城际铁路建设规划,截至2022年省内将建设18条城际铁路,线路总里程达892.8km。轨道交通是城市用能大户,据统计,目前国内1km轨道交通能耗约1亿元,节能形势十分严峻。

目前轨道交通建设阶段大多未考虑建立能耗大数据库和能源管控平台,轨道交通能耗基础数据零散,无法实现对能耗数据深入挖掘分析。因此,通过研究探索城际轨道交通创新节能策略建设以云平台、大数据为技术依托的能源管理平台,通过信息化手段实现对能耗的科学管理,对提高城际轨道交通用能效率,减少能源消耗,降低运营成本具有重大意义。

1　轨道交通能耗分类

城际轨道交通系统总能耗主要包括电力、燃气、燃油、水等能源。消耗电力能源的主要有列车牵引用电,车站通风空调用电,电扶梯、照明、信号、通信、综合监控、AFC等弱电系统用电。燃气主要在控制中心和车辆段食堂以及北方地区供暖使用。水资源主要消耗在生活用水、生产用水以及消防用水方面。

在城际轨道交通诸多能耗中,电能消耗最为突出。杭海城际铁路全线运营初期电费为5000万元/年,远期将达到7800万元/年,高额电费将成为今后运营管理的沉重负担。在此背景下研究如何加增能源管理系统的建设,实现对设备用能的精细化管理,有效降低运营能耗,具有十分重要和现实的意义。下面以杭海城际铁路工程为实例,谈谈有关城际铁路能源管理系统的建设与实践经验。

2 系统建设基本原则

2.1 安全性

能源管理系统不影响运营安全和服务。正常工况下,各系统设备按照系统设计完成各类数据的采集和上传,根据系统分析生成的节能策略进行运行;在应急、灾害工况下,可降低节能模式的优先级,以配合应急、灾害等非正常模式。

2.2 经济性

在满足系统节能增效、提升运营管理水平的基础上,充分利用现阶段设计方案部署的资源,不再重复增加信息采集、工作站和服务器等设备的投资;云平台虚拟化的设计使能源管理系统供电电源从综合监控系统处获取,不再进行二次配电设计。

2.3 标准性

充分发挥各专业优势,解决现场及表计的设置;利用综合监控云平台、传输网络及各专业接口全面的特点,通过综合监控的接口获取相关数据,接口形式与通信协议标准统一。

2.4 系统性

在数据的不断积累和丰富下,充分发挥大数据的优势,进行数据的深度挖掘和利用;系统性地提出节能优化策略建议,使管理节能与技术节能相结合,充分体现人性化、自动化、智能化。

3 能源管理系统架构设计

能源管理系统可作为独立系统运行。利用综合监控云平台为能源管理系统单独虚拟设置中央级设备,在各车站与综合监控系统互联;底层数据通过系统接口与车辆、牵引、供电、风水电、信号、通信、AFC等各专业进行数据通信,获取各专业系统及设备能耗等相关信息用于能耗分析;相关软件界面由综合监控系统集成,能源管理系统的车站级及以上工作站由综合监控系统工作站集成。此外,电能质量管理系统不再单设,相关功能由能源管理系统实现。

能源管理系统分为现场级、车站级、中心级3层结构。现场级负责能源计量和采集;车站级负责数据汇总、节能控制;中心级实现全线能源监管、计算、分析及能耗评价体系的建立。具体系统架构,如图1所示。

3.1 现场级

主要由各类智能表计和传感器组成,负责数据采集功能并由各相应设备负责提供并实施。智能表计安装于400V开关柜,环控电控柜,配电柜,以及空调水、生活用水(商业与食堂用水单设)管道上,并预留与食堂燃气的接口。通过BAS及供电系统分别组网将表计采集来的电量、水量、温湿度等窗口数据由原接口传输到综合监控车站级交换机。所配置的智能表计采用具备通信功能的电力监测仪或电度表、水表,采用RS485总线Modbus RTU协议进行通信。此外,通信、综合监控等系统设备机柜通过智能PDU采集和上传机柜内每路用电的能耗信息,进行远程访问和操作,实现精细化管理。

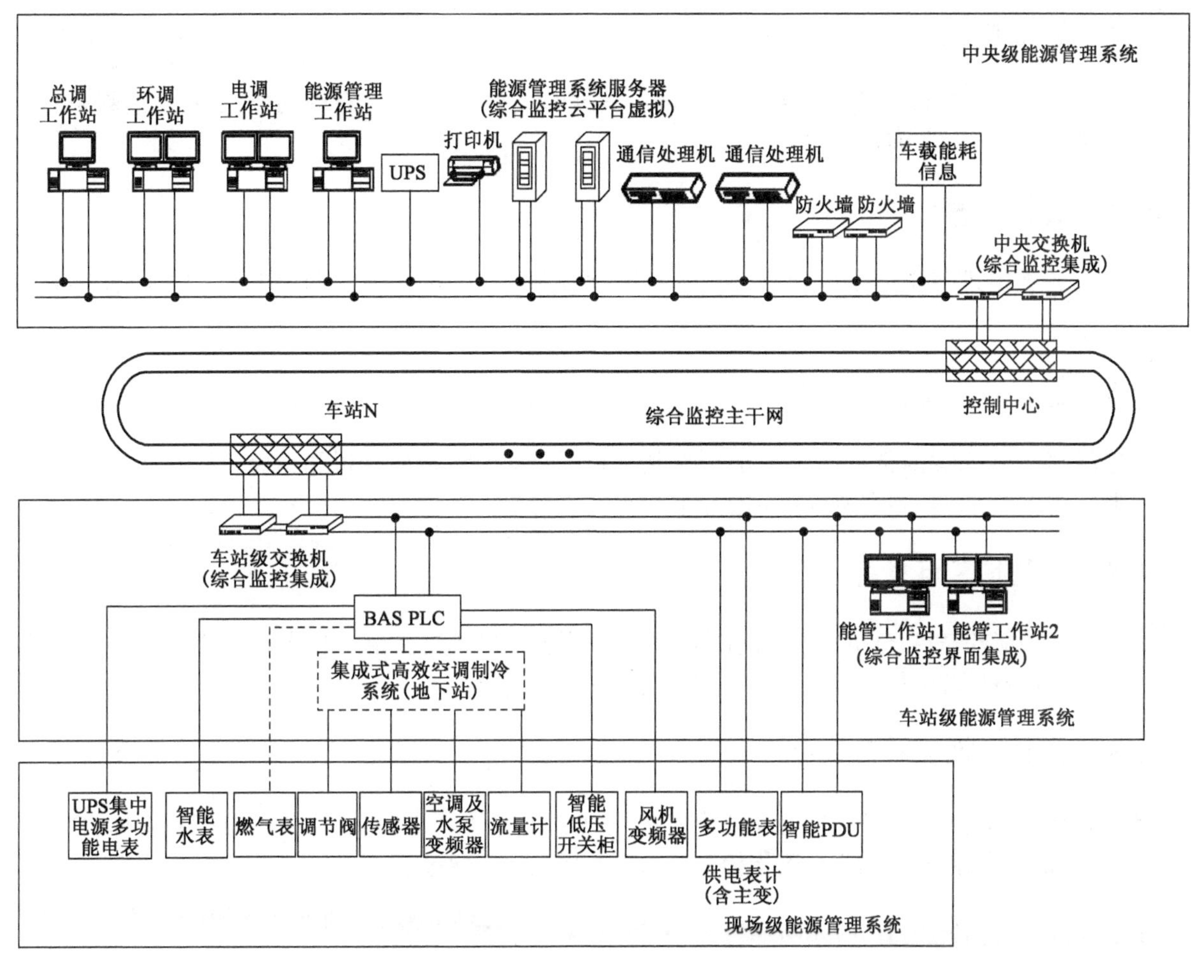

图1　能源管理系统架构

3.2　车站级

设于各车站内软件界面，由综合监控系统集成，由网络设备和控制柜组成，可将现场级设备采集到的数据汇总后上传至中央级，并通过车站综合监控工作站实现本站能源管理，实现节能模式与正常模式的切换及能耗数据的收集分析等功能。地下站配置集成式空调制冷系统实现通风空调系统风水联动控制，同时此数据经与BAS的接口由综合监控系统提供的数据传输通道实时传输至控制中心中央级，由中央级系统进行数据处理、存储和全线能源管理。

3.3　中央级

主要包括由综合监控云平台虚拟提供的数据存储与分析服务器、数据查询服务器、线路级数据采集服务器以及工作站、打印机和网络设备，在服务器上独立部署能源管理软件，对采集到的全线能耗数据进行分类、分项、分户统计分析，在线监测和诊断、存储管理，针对设备及系统的服务水平及能耗状态建立四级能耗指标评价体系（线网级、线路级、车/站级、系统级），并将相关信息根据操作人员权限在综合监控工作站上显示。在控制中心中央控制室内单独设置一套工作站，专供节能值班人员使用。

4　系统功能

能源管理系统实现的主要功能包括以下方面。

4.1 数据收集

通过与各系统接口和采集管理软件,完成能耗数据的接收、预处理和存储功能,实现对能耗采集软件的远程集中管理、配置和状态监控。

4.2 数据处理

对收集的数据进行工程变换、数据过滤、正确性判断等,将原始数据、计算数据等分类保存到数据库。

4.3 能耗分析及公示

支持线路、车站和系统能耗的同比分析、环比分析、指标分析、定额分析和预警分析等功能,对比结果并绘制各种图形、曲线,以多画面形式公示和导出。

4.4 能耗预警与报警

根据采集的能耗信息,分析不正常的能源消耗,以报警的形式提示相关人员,并对功率超限、电压异常、通信故障、设备异常的情况也通过报警的形式提示相关人员。

4.5 能耗评价体系的建立

建立系统、车站、线路以及线网能耗评价体系,并通过自学习不断优化,主要有总能耗指标、牵引能耗指标、车站能耗指标、车站动力照明指标以及通风空调能耗指标等。

4.6 参数设计修改

系统提供人机界面进行人工置数和数据编辑,在换表、无表、通信故障等情况下都可能需要进行数据编辑。对人工置数和数据编辑需要进行权限确认后才能进行。

4.7 系统用户和权限管理

对与系统有关的人员进行合理的职责划分,按职责分配权限。权限的管理可从操作系统、支持软件(如数据库)、能源管理系统应用软件等多个方面设置用户口令、权限等。

4.8 事件记录

对系统产生的事件和报警情况(如数据库容量越限告警、网络通信告警、通信工况异常等)进行分类管理。查询时可按日期段、类型等方式单项或组合查询。支持模糊查询,也可以进行表格打印。

4.9 打印

用户可通过简单的操作,实现手动打印报表;通过设置,可让系统在指定时间自动打印报表。

5 技术与管理相结合

能源管理是一项系统工程,涉及层面多而广,需要各个部门及每个人员的配合,要逐步建立完善能源管理体系和制度,形成领导重视,员工主动的良好节能氛围,重点应从能耗数据的采集、设备节能选型、设计方案的优化、积极落实国产化率要求、BIM 技术深化应用、能耗管理平台的搭建、节能技术应用、标准化施工管理等方面入手，脚踏实地，从细节做起，将节能的每一个环节做到极致，使之顺利开展下去。

5.1　管理行为规范化

成立公司节能领导小组，制定设施设备节能管理办法，明确规定节能管理的要求和责任，重点从“列车运行组织优化、设备节能模式运行、定时通风排热、空调温度智能调节、分时段照明、节能用电用水”等方面制定列车、车站、车辆维修基地、控制中心等各类节能管理措施和办法，并出台相应的奖惩措施。

5.2　管理模式科学化

在对国内外轨道交通节能技术和规范标准梳理总结的基础上，研究建立涵盖线网、线路、站(段)车、设备等层级的能耗评价指标体系。重点结合年度节能减排目标，根据线路的实际情况，制定多级的节能考核指标。利用能耗评估指标体系，实现对轨道交通运营能耗的科学化管理。

5.3　管理方法信息化

各系统在设计阶段充分考虑对重点用能设备的能耗监测，对主变电所、牵引变电所、大型用能设备、部分重要用电回路装设智能计量表，建立统一的涵盖各专业系统能耗信息的管理平台。依托该平台，通过对能耗数据的采集分析，研究提出有针对性的节能策略和方法。

6　结语

随着国家对城际轨道交通建设力度的加大和节能创新要求的不断提高，能源管理系统的建设已成为一种趋势。浙江省作为轨道交通建设大省，在建和规划线路数量多、电能消耗量大，节能潜力巨大，能源管理系统应用前景广阔。杭海城际铁路能源管理系统建设实践，为能源管理系统在城际轨道交通中的推广应用奠定了良好基础，对省内乃至全国城际轨道交通节能建设和运营都具有良好的借鉴和推广意义。

参考文献

[1] 李国庆. 城市轨道交通用能与节能思考[J]. 中国轨道交通,2016.
[2] 刘宝林. 地铁列车能耗分析[J]. 电力机车与城轨车辆,2007,30(4):65-68,70.
[3] 石静雅. 关于上海城市轨道交通能耗指标体系的建立与分析[D]. 上海:同济大学,2009.
[4] 陈立齐. 地铁车站环控系统设计中的一些想法[J]. 铁道工程学报,2005,6:45-47.
[5] 刘海东,毛保华,丁勇,等. 城市轨道交通列车节能问题及方案研究[J]. 交通运输系统工程与信息,2007,7(5):68-73.
[6] 张燕燕. 城市轨道交通系统牵引及车站能耗研究[D]. 北京:北京交通大学,2008.
[7] 马奕. 上海轨道交通能耗评价体系及动力系统建模研究[D]. 上海:同济大学,2009.
[8] 杨俭,黄厚明,方宇,等. 上海轨道交通二号线列车运行能耗分析[J]. 内燃机车,2009,4:23-25,47.
[9] 王爱军. 基于 AHP 的城市轨道交通节能评估体系研究[J]. 科技创业月刊,2013,1(3):86-88.

城市轨道交通车辆项目进度管理研究

包学海
（浙江杭海城际铁路有限公司）

摘　要　进度管理是城市轨道交通建设项目管理的主要内容之一，是保证建设质量、控制和节约工程投资的必要手段，也是衡量项目管理水平高低的一个重要指标，直接影响项目安全、质量以及经济效益。本文以城市轨道交通车辆项目为主要研究对象，结合《城市轨道交通建设项目管理规范》的要求，合理制订车辆项目进度管理计划，实施进度动态控制，提高车辆项目管理水平，为城市轨道交通顺利开通提供有力保障。

关键词　城市轨道交通车辆；项目进度管理；项目进度计划；项目进度控制

0　引言

城市轨道交通是现代城市交通系统中的重要组成部分，是城市公共交通系统的骨干。车辆作为运载工具，在整个城市轨道交通系统中占据重要地位，其成本高、交付周期长。国内其他城市新线建设的实际经验表明，车辆能否如期到位是制约轨道交通开通运营的首要因素。因此，合理制订车辆项目进度计划，落实动态进度控制，是确保城市轨道交通顺利开通运营的重要保证。

1　城市轨道交通车辆概述

轨道交通车辆是用来运输乘客的运输工具，是地铁系统中最关键也是最复杂的机电设备，是涉及机械、电气电子、通信、控制、材料等多专业多学科的综合性产品，通过各个相对独立的子系统有机地构成在一起，共同实现列车安全、可靠、高品质运行。车辆主要是由电气牵引和电制动系统、辅助电源系统、列车控制及监控系统、空气制动系统、列车广播及乘客信息系统、空调系统、车体及内装、转向架、车门、照明以及信号、通信等车载设备共同组成的一个有机整体。其系统多、接口复杂、设计难度大、生产交付周期长等是车辆项目主要特点。

2　进度计划制订

城市轨道交通车辆能否在预定时间内交付使用，直接关系轨道交通是否能够按期顺利运营。制订的进度计划是否合理，直接影响轨道交通项目的质量、安全和成本等各项指标。

2.1　进度计划编制原则

(1)应确保项目的质量、安全、进度、成本费用等各项目标的实现。

(2)应根据工程总体筹划、合同工期要求与各阶段侧重点，结合在建工程进展情况，遵循科学、合理、均衡的原则，制订分期、分阶段进度计划。

(3)应依据内外部约束条件，确保工期满足合同要求。

(4)宜以工作任务逻辑关系、估算时间、资源储备情况、关键时间节点、主要时间节点等为依据制订计划。

2.2 进度计划分析方法

车辆项目进度计划可采用多种分析方法(如关键路径法、关键链法、假设情景分析法和资源平衡法等),计算项目各主要阶段最早与最晚开始日期,以及最早与最晚完成日期。

(1)关键路径法。关键路径法,即在不考虑任何资源限制的情况下,沿着项目进度网络路径进行顺推与逆推分析,计算出全部关键阶段理论上的最早开始与完成日期、最晚开始与完成日期。

(2)关键链法。关键链法是一种根据有限资源来调整项目进度计划的进度网络分析方法。首先根据持续时间估算给定的依赖关系和制约因素,绘制项目进度网络图;然后计算关键路径。在确定关键路径之后,再考虑资源的可用性,制订资源约束型进度计划。

(3)资源平衡法。资源平衡法是对已经过关键路径法分析的进度计划而采用的一种进度网络分析技术。

(4)假设情景法。假设情景分析法就是对"如果情景 X 出现,情况会怎样?"这样的问题进行分析。可以根据假设情景分析的结果,评估项目进度计划在不利条件下的可行性,以及为克服或减轻意外情况的影响而编制应急和应对计划。

(5)进度压缩。进度压缩是指在不改变项目范围的前提下,缩短项目的时间,以满足进度制约因素、强制日期或其他进度目标。进度压缩技术包括赶工和快速跟进。

2.3 车辆进度计划制订

在车辆项目启动阶段,采用关键路径法,结合关键链法,估算车辆项目各阶段时间周期,明确并着重监控项目里程碑日期,按照开通试运营时间节点倒排计划,与车辆总包商进行充分的沟通和协商,共同制定各阶段的项目执行目标细则。制订合理的进度计划是保证项目有序开展、顺利实施的前提条件。车辆项目主要涉及招标文件编制、招投标、合同谈判、合同签订、设计联络/设计审查、首件检查、首列车生产、型式试验、出厂验收、首列车到货、调试试验、预验收、批量生产、试运行、试运营等主要阶段。常规城市轨道交通建设项目从开工到开通试运营需 4~5 年,车辆从签订合同到首列车交付需 15~18 个月。以某城市轨道交通项目为例,计划开通试运营为 2020 年 12 月,初期采用 3 动 1 拖 4 辆编组列车共需采购 17 列。按照车辆批量生产每个月到货两列倒排计划,从签订合同到首列车到货需 15 个月,全部到货需 28 个月。表 1 为某轨道交通车辆项目进度计划。

某城市轨道交通车辆项目进度计划 表 1

序号	关键阶段	时间																																
		1	2	3	4	5	6	7	8	9	10	11	12	13	14	15	16	17	18	19	20	21	22	23	24	25	26	27	28	29	30	31	32	33
1	招标																																	
2	合同谈判																																	
3	合同签订																																	
4	设计联络会																																	
5	首件检查																																	
6	首列车生产																																	
7	型式试验																																	
8	出厂验收																																	
9	首列车到货																																	
10	调试试验																																	
11	首列车预验收																																	
12	批量交付																																	
13	试运行																																	
14	试运营																																	

3 进度控制

制定各阶段的项目执行目标细则,通过定期提交进度报告、召开进度会议、实地考察、现场监造等方式掌握真实可靠的项目实施进度，便于根据项目实施进度做好项目的有效控制和管理。

3.1 项目进度报告

严格按照合同要求，由车辆总包商向业主定期提交一份详细进度报告(每月/每周)，并在第一份报告提交前，由合同双方明确进度报告包含的内容。报告中至少应说明：项目进度执行的真实情况，与计划中相应任务存在的差距和采取的修正措施；须重新调整的进度计划；在技术设计和生产过程中的困难；严重偏离进度计划或导致修改技术规格书的重大问题；等等。当项目实际进度与进度计划存在较大偏离时，应要求车辆总包商尽早提交项目风险分析报告。在报告中应详细说明根据项目实际进程情况，分析、预测的项目后期可能存在的风险，以便双方就下一阶段的工作及时进行调整，尽快协商解决项目存在的困难。

3.2 项目进度会议

根据项目情况定期召开进度会议，通过这些会议对各阶段任务完成情况进行小结。对设计、生产、组装、调试等过程中遇到的问题进行多方面分析，形成统一的解决方案，明确各方职责，并落实项目后阶段的时间进度要求。通过这些会议可以及时发现、调整在进度控制方面可能发生的偏差。

3.3 建立预警机制

双方的项目负责人应建立项目预警机制，可考虑设置两级预警机制，分别为实际进度比预定时间延迟2周和比预定时间延迟4周以上。要求车辆总包商的项目负责人尽快采取实际可行的措施，解决进度问题，把对后续工作的进度影响降到最低，同时知会合同管理人员。

3.4 生产监造

生产监造是保证列车质量及进度控制非常重要的环节。应根据项目实际进展阶段情况，及时确定生产监造计划，选派适合人选及第三方监造单位赴车辆总承商处进行现场生产监造；对生产监造人员进行管理并保证监造工作人员依照相关监造手册，定期、不定期去生产现场检查实际生产进度情况。

3.5 进度计划更新

定期更新进度计划，及时调整偏差，通过进度计划滚动编制过程的远粗近细，实现对工程进度计划的动态控制。

3.6 其他的执行措施

在项目进程的任何阶段，视项目执行情况，在必要时，可采取相应的措施，保证项目依照事先的计划实施。这些措施包括：

(1)紧急情况下组织召开专题会议。

(2)业主前往车辆总装厂或分包商的现场考察进度情况。

(3)随时进行各类检查，以便更好地了解工作方式或执行规定的情况。

(4)项目执行中出现较大偏差时，要求车辆总包商提交详尽的综合性或解释性说明等。

4 结论

城市轨道交通车辆项目进度事关城市轨道交通的总体进度、成本、质量控制以及是否能够按期顺利开通试运营。只有在项目的实施过程中运用项目进度管理知识,制订合理、完整、细致的进度计划,进行进度跟踪,综合运用各种可行方法和措施,实时动态调整项目进度,将项目的进度计划控制在事先确定的目标之内,才能有效地控制车辆项目进度,确保城市轨道交通如期开通。

参 考 文 献

[1] 中国城市轨道交通协会.城市轨道交通2017年统计和分析报告[R].北京:中国城市轨道交通协会,2018.

[2] 包学海,等.常州车辆项目管理手册[R].常州:常州市轨道交通发展有限公司,2016.

[3] 中华人民共和国国家标准.GB 50722—2011:城市轨道交通建设项目管理规范[S].北京:中国建筑工业出版社,2011.

浅谈4G网络在城际轨道交通地下车站内的构成

刘智敏

(中铁三局集团电务工程有限公司)

摘 要 在城际轨道交通地下车站内为手机、电脑和其他无线通信设备用户提供无缝隙、无障碍、高质量的服务,保证乘客在乘坐地铁和等候地铁的同时,拥有优质的通话质量和无线上网质量。

关键词 无线通信;城际轨道交通;地铁;信号

0 引言

4G网络是英文the 4 Generation Mobile Communication Technology的缩写,是指第四代移动通信技术。4G网络系统能够以100Mbit/s的速度下载;上传的速度也能达到20Mbit/s,并能够满足几乎所有用户对无线服务的要求。它能够处理图像、音乐、视频流等多种媒体形式,提供包括网页浏览、电话会议、电子商务等多种信息服务。

城际轨道交通地下车站和地下隧道区间是一个相对封闭的地下空间,如何才能为这个封闭的空间提供4G信号,用以满足现在“手指”一族在乘坐地铁和等待地铁时的移动设备信号要求呢?为了给地铁内提供4G无线信号,地铁公司联合移动运营商在地铁内建设了一个地铁民用通信系统。

地铁民用通信系统是采用稳定可靠的无线通信系统,为移动、联通、电信等移动用户提供移动通信信号,在站厅、站台、设备区、地铁商业区和区间隧道等公共活动区域全覆盖,并连同移动通信网络为手机、电脑和其他无线通信设备用户提供无缝隙、无障碍、高质量的服务,保证乘客在乘坐地铁和等候地铁的同时,拥有优质的通话质量和无线上网质量,对该系统的消化、吸收、安装、调试即成为地铁施工领域内的新课题。

本文将对杭州地铁民用通信系统进行介绍。

民用通信系统分为传输系统、电源系统、无线通信系统。

1 传输系统

民用通信传输系统是基于光纤的宽带综合业务数字传输网络,为各种业务提供多种宽带传输通道,构成传送语音、文字、数据和图像等信息的综合业务传输网。传输系统由光缆、基于SDH的MSTP传输设备、接入设备等组成。传输系统主要为无线引入系统提供可靠的传输信道。

2 电源系统

民用通信电源系统主要为各车站的民用通信设备提供高质量、高可靠性的电源供应,保证在主电源故障(中断或发生超限波动)的情况下,通信设备在规定的时间内仍能正常工作,等待主电源恢复正常。

本工程所设 UPS 仅为本工程民用传输系统、民用无线引入系统供电。

3　无线通信系统

民用通信无线系统为移动通信运营商、传媒运营商提供移动通信、多媒体信号在地铁空间内的延伸覆盖。覆盖范围包括站厅、站台、地铁商业街，区间隧道等公共活动区域。

3.1　系统概述

民用通信系统与移动通信运营商基本无线平台 BTS、传媒运营商信源一起，为手机用户、传媒受台提供无缝隙、无障碍、高质量的通信、娱乐服务。

民用通信无线系统采用上下链路分置方式，提供充分可靠的隔离度，以满足不同运营商的信号合路。以杭州地铁为例。民用通信系统工程引入中国移动 GSM900，中国移动 TD-E、中国移动 TD-LTE、中国联通 GSM900、中国联通 WCDMA、中国联通 TD-LTE、中国电信 CDMA800，中国电信 CDMA2000 、中国电信 TD-LTE 等信号，并预留移动、联通、电信 5G 信号引入地下的条件。

3.2　系统构成

民用通信无线系统以与各运营商 BTS 相连的射频合路平台 POI 为中心展开。

(1)各运营商将基站收发信机(BTS)接引至沿地铁线路的各车站民用通信机房 BBU 内，并规划好各车站内基站之间、各车站内基站与地面基站之间的小区划分与频率配置。根据业务量与覆盖情况设置小区参数。

(2) 安装于各站内民用通信设备房的合路平台设备(POI)，与各运营商 RRU 设备接口耦合连接。在站厅站台，下行 POI 设备对各运营商基站发射端下行信号进行合路后，由宽带分路器分配到站厅天馈系统，通过空中耦合送达移动接收端。站厅天馈系统传送来的移动台发射的上行信号，由宽带合路器合路后，通过上行 POI 分路后送到各运营商基站上行信号接收端，从而完成上、下行链路信号的传送。

(3)在隧道区间安装漏泄同轴电缆、移动 GSM-RRU、移动 DT-RRU、联通 GSM900-RRU、联通 WCDMA-RRU、电信 CDMA800-RRU、电信 CDMA2000-RRU、 POI、电源分配箱、光纤分配箱等有源设备。漏泄同轴电缆沿区间隧道壁敷设，用于区间的场强覆盖，安装于隧道内的合路平台设备(POI)，与各运营商 RRU 设备接口耦合连接。POI 下行接口对各运营商 RRU 基站发射端下行信号进行合路后，由宽带分路器分配到泄漏电缆，通过空中耦合送达移动接收端。泄漏电缆传送来的移动台发射的上行信号，由宽带合路器合路后，通过 POI 上行端口分路后送到各运营商基站上行信号接收端，从而完成上、下行链路信号的传送。

4　结束语

随着通信技术的发展以及手机的迅速普及，手机通信已经成为人们必不可少的通信手段。由于地铁受特殊场景限制，要满足手机无线通信需求，对系统的整体组网架构、信号的覆盖方式、室内分布方式都需要进行针对性的设计。图 1、图 2 分别为机房设备柜、隧道内安装的民用通信设备。

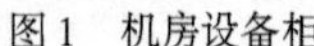

图1 机房设备柜

图2 隧道内安装的民用通信设备

参考文献

[1] 谢志能. 探讨第四代移动通信技术(4G)在地铁中应用[J]. 电子技术与软件工程,2016(8):51.

[2] 胡昌桂. 地铁3G移动通信系统引入解决方案[J]. 铁道勘测与设计,2010(2):37-41,61.

[3] 吴浦升,陈爱丽,耿杰. 3G移动通信简介及其在地铁中的信号覆盖[J]. 城市轨道交通研究,2011(5):104-106.

浅析轨道交通空调系统在节能领域的优化控制

靳　凯,张东海
(浙江浙大中控信息技术有限公司,浙江杭海城际铁路有限公司)

摘　要　本文首先介绍了轨道交通通风空调能耗概况、轨道交通空调系统的组成,然后分别详细阐述了空调系统的节能控制策略,包括末端风机系统、冷冻主机、循环水泵、冷却塔组等主要设备的优化控制。

关键词　优化控制;焓值;水系统;风系统

0　引言

(1)轨道交通空调能耗概况

21 世纪以来,具有节能、快捷和大运量特征的城市轨道交通建设越来越受到众多城市的关注,但是作为轨道交通典型的地下大空间建筑,其空调运行能耗占据轨道交通总能耗的很大一部分,其中空调系统耗能约占机电系统总能耗的 40% 左右。轨道交通基本上都是城市的能耗大户,因此,对于轨道交通机电系统比如通风空调系统的节能优化就显得尤为重要。要使空调系统更节能、更高效地运行,除了选用高效的空调设备外,控制方法和控制策略的选择也十分重要。下文将详细介绍空调系统的节能控制策略。

(2)轨道交通空调系统的组成

轨道交通空调系统按其功能特点可分为车站站厅、站台公共区空调系统,简称大系统;车站设备、管理用房空调系统,简称小系统。为大系统和小系统提供冷源的中央空调冷冻站称为水系统。大系统主要在乘客活动区域为乘客提供舒适、卫生的过渡性环境,小系统则主要为工作人员提供舒适的工作环境和为车站设备提供适宜的运行环境。

大系统空调负荷主要由 6 部分组成,包括人体散热、散湿负荷,围护结构散热、散湿负荷,照明负荷,新风负荷,空气渗透负荷和车站公共区设备发热负荷。

小系统空调负荷主要由 5 部分组成,包括人体散热、散湿负荷,围护结构散热、散湿负荷,照明负荷,新风负荷和设备发热负荷。人体散热、散湿负荷来源于车站工作人员,以及设备、管理用房内相关人员。

1　空调系统的节能控制

1.1　空调风系统的节能控制

车站公共区空调系统采用变风量系统,系统原理如图 1 所示,包括空调机组(变频)、回排风机(变频)、回风电动调节阀、新风调节阀、回排风道温湿度传感器、送风道温湿度传感器、车站公共区温湿度传感器、二氧化碳传感器和压力传感器等。

空气处理机上设新风电动阀、回风电动阀、混风电动阀、排风电动阀和单独的最小新风机、回风机和排风机。系统根据实时二氧化碳的采集,通过对回风风机、混风电动调节阀以及小新风机的控制,调节混风室内的二氧化碳含量。同时也通过调节排风电动阀的开度和排风机的转速维持站内的空气质量要求。这种方法不仅可以保证站厅内的空气质量,还可以在设定状态下提供足够的回风量。

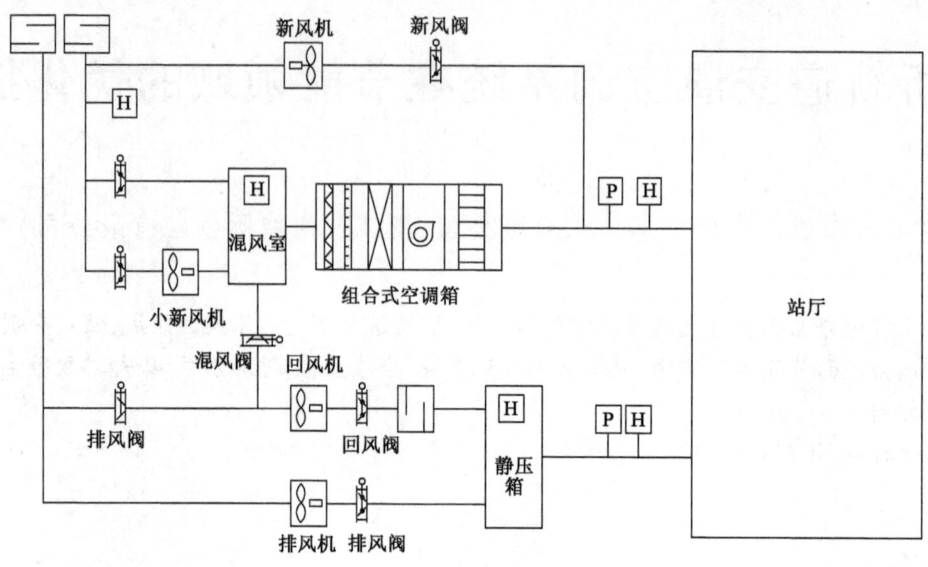

图1　空调系统原理

系统可在上述控制策略的情况下进行进一步优化。可采用焓值控制。焓值控制可以根据室内空气状态(温度、湿度、二氧化碳含量等)的允许波动范围,充分利用过渡季节新风的冷却能力,在保证站厅内空气质量的同时,扩大过渡季节不使用冷量的时间,充分利用免费冷源,减少设备的使用时间,达到降低系统能耗的目的。

在供冷工况下,若新风焓大于回风焓,采用最小新风阀门开度最小,小新风机变风量运行输送最低冷量,加大混风调节阀的开度,并通过调节水阀的水量实现露点送风控制。由于空调提供的冷量为室内冷负荷与新风负荷之和,所以当新风量最小时,冷量最小。在供冷工况下,若新风阀已开到最大,且新风焓仍小于回风焓,但新、回风焓差不足以抵消冷负荷,则调节水阀对新风进行冷却后送入室内,这样既可以保证站厅对冷负荷的需求也可以充分利用新风的冷量。

该方法的控制步骤如下:

(1)当空气处理机运行时,开启送风机,同时开启回风机。

(2)通过控制风机的转速,将回风机出口处的静压值维持在设定值。

(3)开启最小新风电动阀,然后开启排风电动阀,根据出回风的二氧化碳含量,对排风机进行控制,从而保证站内的空气质量。

(4)当室外焓值低于目标控制焓值时,开启新风机和新风阀。

1.2　冷冻主机的控制策略

中央空调系统包括冷冻主机、冷冻水泵、冷却水泵、冷却塔风机、电动阀门等设备。在所有的设备中,冷冻主机是冷源制造设备,其他所有的设备都是辅助设备,都是为冷冻主机提供服务的。同时冷冻主机的功耗在所有的设备中也是最大的,所以冷冻主机无论是在功能方面,还是在减少能耗方面都是至关重要的。

其具体控制措施有以下几点:

(1)在满足末端需求与冷冻主机最小做功之间找到平衡点。

(2)在满足冷冻主机冷却需要与冷却系统节能之间找到平衡点。冷冻主机高负荷做功时,以满足冷冻主机需求为首要任务。

(3)通过调节流量与做功冷冻主机的台数,将冷冻主机运行负荷控制在高能效比区间内。

1.3　循环水泵的频率控制

在现有的中央空调群控控制系统中，都是把冷冻系统和冷却系统分开考虑的；对于冷冻水泵和冷却水泵的频率控制，都是依据其各自的控制条件。而现实中却不是这样的。比如在末端负荷增加，要求冷冻主机输出冷量增加的同时，冷冻主机做功也相应增加，这就要求冷却水量、冷却塔的排风量也相应增加。如果没有意识到这一点，所有的控制都是滞后的，不能合理控制中央空调系统，就不能有效地提升节能空间。

对冷源中的冷冻水泵、冷却水泵进行的智能变频调速控制，其主要控制依据是通过检测水温度、压力、流量，监视末端负荷变化，根据水温度、压力、流量计算该工况下所需的冷冻水、冷却水等流量，通过调整频率调节水泵输出流量达到节能目的的。在水泵调节过程中通过多元参数采集，根据参数变化区间对电机频率和频率变化幅度进行分段调整，兼顾各参数、参量变化的耦合关系，使调整结果最优。

水泵变频优化说明：当系统负荷变化时，可根据实时采集参数并结合历史数据进行负荷变化预测，实现水系统运行的主动前馈控制，并及时精确控制设备运行，使系统冷量所供即所需，降低部分负荷能耗，使系统节能、高效运行。优化运行策略设定为机房系统，多台水泵变频、轮换使用，用户可通过上位机界面自行选择使用任意一台水泵，使系统在部分负荷时段，较大幅度节能并延长设备使用寿命。

1.4　冷却塔组的优化控制

该控制策略是以冷冻主机输出的热负荷为最终控制目标，合理搭配冷却塔风机的台数和频率的变化，从而满足冷冻主机对冷却水量的要求。

根据冷却水回水总管的温度和冷却水供水总管的温度、流量，通过系统智能管理控制器自动计算调整冷却塔运行参数，控制冷却塔运行台数；同时采集各冷冻水主机冷却水进出水管道温度传感器所测温度，控制冷却水泵运行台数、频率，实现冷却水侧管路运行监控及数据采集修正；实时调整冷却水侧管路运行参数，使冷却水侧管路运行平稳。

1.5　末端区域水力平衡的控制

在冷冻站中，分水器的作用，是把冷负荷通过支管将冷量分配给不同的符合需求区域。集水器则是把各个区域交换后的高温水集中起来通过冷冻水泵进入冷冻主机。对于末端多区域供冷的空调系统来说，由于各区域之间的阻力特性及负荷需求不同，所以在实际运行中就可能存在某些区域冷量过剩，某些区域冷量不够的现象。此现象可以从各区域供回水管监测的温差反映出来。温差大说明冷量需求较大，温差小说明冷量需求较小，存在“大流量，小温差”的浪费现象。所以，能否解决好各区域冷量的平衡性问题对整体中央空调能效比有着非常大的影响。

末端区域水力平衡通过对相应设备的合理控制，根据末端实际负荷需要，对冷量进行分配，从而避免末端分配不均，提高了末端用户的舒适性，提升了节能空间。

本系统具有基于冷水系统能量分配平衡的动态水力平衡优化控制，可以实现整个空调冷冻水系统负荷侧和冷源侧的动态水力平衡。在集水器各个支管设置电动调节阀，从整个冷冻水系统全局的水力工况出发，电动调节阀在调节各环路所需冷冻水流量的同时，也会进行各环路的阻力匹配，有效屏蔽其他支路冷冻水流量变化的影响，保证在总管变流量的情况下，实现各支路水利平衡。同时通过各环路温度传感器所采集的数据计算出每个区域的负荷需求，通过调节阀对各个区域的负荷进行分配，以达到冷源侧到负荷侧整个水系统的动态能量平衡，实现系统节能稳定运行。

2　控制依据

在以温度为主要控制参数的系统中，由于温度的时滞性，往往控制落后于系统的实际情况，从而达不到合理控制系统的要求。而在以压力为主要控制的系统中,虽然压力没有时滞性,但压力不能够真正反映末端的实际使用需求。本控制系统通过负荷预测技术很好地解决了这个问题。

通过分析冷冻回水温度的变化趋势,判断末端的负荷需求是增加还是减少,在得出结论的同时对控制元件作出相应的调整,达到节能目的。

3 结束语

事实证明,轨道交通空调系统经过节能优化控制以后,在保证末端的温度、湿度和风量的基础上,节能效果明显,降低了系统的运营费用,为城市级节能降耗做出了重要贡献。

参考文献

[1] 刘静纨. 变风量空调模糊控制技术及应用[M]. 北京:中国建筑工业出版社,2010.
[2] 李玉街,蔡小兵,郭林. 中央空调系统模糊控制节能技术及应用[M]. 北京:中国建筑工业出版社,2008.

数据挖掘在轨道交通设备维修管理中的应用

张东海，张　睿
（浙江杭海城际铁路有限公司，浙江浙大中控信息技术有限公司）

摘　要　维修管理作为轨道交通运营的主要工作之一，与运营效率和运营效益息息相关。本文研究了传统的设备维修管理及数据挖掘在维修管理中的应用，并通过对数据挖掘若干方法的描述，解析了数据挖掘与设备维修结合的应用场景。随着维修管理需要的不断增加，突破传统的维修管理模式，积极寻找基于大数据的智能解决方案，是必然的发展方向。

关键词　智慧轨道交通；设备维修；数据挖掘

0　引言

列车是轨道交通服务乘客的载体，而任何设备故障造成的列车延误，均可能导致轨道线路联动性输运能力下降，继而导致大面积乘客出行受阻，使轨道交通服务质量下降、运营成本增加，使轨道运营公司整体社会经济效益降低。维修管理作为保障轨道交通机电设备正常运行的必要手段，是运营公司的主要工作之一。下面将详细探讨如何提高维修管理效率，完善维修管理组织制度。

1　传统的设备维修管理

1.1　设备维修管理方法

作为一个资产密集型行业，合理、安全的管理、维护和使用设备，并有效延长设备使用寿命、降低设备维护成本、提高设备使用的经济效益是轨道交通行业的重要工作。

设备维修方法包括即时维修 BM（Breakdown Maintenance）、预防维修 PM（Preventive Maintenance）、改善维修 CM（Corrective Maintenance）、维修预防 MP（Maintenance Prevention）、生产维修 PM（Productive Maintenance）和全生产维修 TPM（Total Productive Maintenance）。其中，轨道交通常见的维修方式有预防维修和改善维修两种。

1.2　预防维修

预防维修是指通过对重要设备的定期巡查，提前发现异常的设备，预先修理，从而达到延长设备使用寿命的目的。

预防维修包括以下两个方面的内容：

（1）设备日常维护（检查、清洁、润滑）。

（2）定期检查重要设备，发现异常提前修理。

在预先维修中，根据设备的利用率与设备的故障率判断设备是否属于重要设备，其方法如下：

①计算设备利用率：

$$设备利用率=\frac{开机时间(月)}{工作小时(月)}\times 100\% \tag{1}$$

②计算设备故障率：

$$设备故障率=\frac{故障停机时间(月)}{工作运转时间(月)}\times 100\% \tag{2}$$

③根据常见设备利用率和设备故障率分值表(见表1)计算重要设备分值。计算结果见表2。

重要设备分值=设备利用率分值×设备故障率分值(分值≥36,为重要设备)

常见设备利用率和设备故障率分值表 表1

设备利用率	分　值	设备故障率	分　值
0%～10%	1	0%～1%	1
11%～20%	2	1.1%～2%	2
21%～30%	3	2.1%～3%	3
31%～40%	4	3.1%～4%	4
41%～50%	5	4.1%～5%	5
51%～60%	6	5.1%～6%	6
61%～70%	7	6.1%～7%	7
71%～80%	8	7.1%～8%	8
81%～90%	9	8.1%～9%	9
91%～100%	10	9.1%～10%	10

重要设备分值与常设备利用率和设备故障率对应表 表2

利用率	故障率									
	1	2	3	4	5	6	7	8	9	10
1	1	2	3	4	5	6	7	8	9	10
2	2	4	6	8	10	12	14	16	18	20
3	3	6	9	12	15	18	21	24	27	30
4	4	8	12	16	20	24	28	32	36	40
5	5	10	15	20	25	30	35	40	45	50
6	6	12	18	24	30	36	42	48	54	60
7	7	14	21	28	35	42	49	56	63	70
8	8	16	24	32	40	48	56	64	72	80
9	9	18	27	36	45	54	63	72	81	90
10	10	20	30	40	50	60	70	80	90	100

1.3 改善维修

改善维修是针对机电设备的频繁、周期故障和先天缺陷,记录其日常检查结果和发生故障的详细情况,对故障发生源进行有效的改善,改正设备的缺陷。

1.4 设备维修管理的工作组织

以某城市地铁线路为例,维修人员按照专业划分为车辆组维修人员、基建组维修人员、车站组维修人员等。在车辆组下设车间工班、车辆段工班等;在基建组下设工务工班、铁路保护工班、通号工班、供电工班等;在车站组下设机电工班、自动化工班等,并另设技术支持与决策部门,如图1所示。

现场机电设备异常时,由现场管理人员向技术支持与决策部门提交工单信息,由技术支持与决策部门根据现场反馈的故障描述进行初步分析后,向所属维修组/工班进行派发。

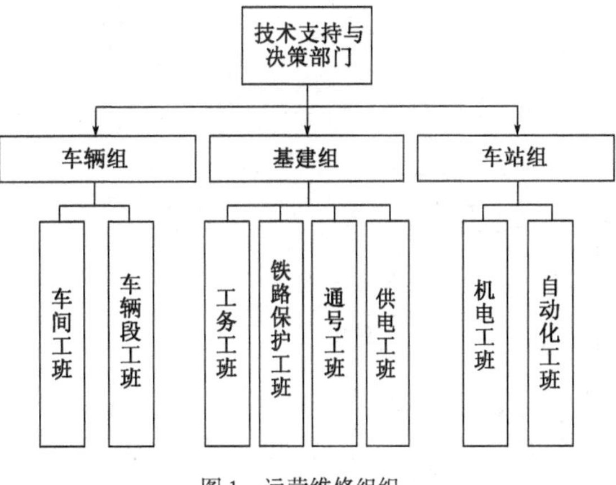

图1 运营维修组织

1.5 设备维修管理的备品备件管理

设备维修离不开备品备件管理,不论是大型设备(例如地铁列车转向架)还是细小配件(例如全自动售票机发卡模块中的皮带),其既有的库存量,都时刻影响设备维修的成功与否。一般地,将各种备品备件满足基本维修需求的库存量定义为安全库存量。安全库存(Safety Stock,SS)又称保险库存,是指为了防止不确定性因素而预设的缓冲库存,安全库存用于满足提前期需求。目前,大多数情况下,备品备件的安全库存量是由维修人员基于以往的工作经验确定的,没有针对性的依据,并且在项目建设阶段提供的备品备件,也往往无法满足实际的维修需求。

1.6 设备维修的需求层次分析

根据现有的设备维修需求,并结合数据挖掘在其他行业的应用经验,提出设备维修需求的3个层次:

(1)基于固定维修计划和既有经验的备品备件安全库存定义

现实的运营管理过程中,设备的维护周期往往因为地铁环境的潮湿、震动和人为错误操作等负面因素的影响,导致与设备生产厂家推荐的维护周期存在一定差异;不同的地铁线路,由于使用的产品不同、应用的环境不同、维护计划和方式不同,均会导致备品备件的需求在不同的项目中,存在很大差异。根据既有经验的安全库存定义有可能无法满足真实的需求。

(2)基于数据挖掘动态调整的计划维修和安全库存定义

在机电设备的维护管理过程中,详细的维护管理过程均以工单或其他形式做记录。在这些以时间为主线的维修记录中,往往隐藏大量规则,有的体现维修时间的周期性,有的体现维修事件的相互关联性,这些潜在的规则往往直接影响着维修计划的制订和备品备件的使用量。如何有效使用这些规则,是本文后续的讨论内容。

(3)基于专家系统的智能维修管理

提出了专家系统,将原有人工故障初审—现场验证的环节由专家系统替代。针对轨道交通的动态运行环境和历史轨迹,专家系统根据规则库中的故障预测模型,对可能发生的故障细节进行预测、核对、分析,最终对故障进行推荐分类,提供预防性的维修方案。基于专家系统的智能维修管理的使用,将革新性地改变现有的设备维修模式。

2 数据挖掘在设备维修中的应用

2.1 数据挖掘

数据挖掘(Data Mining),又译为数据采矿,它是数据库知识发现(KDD)中的一个步骤。数据库知识发现的过程包括数据准备、数据选取、数据预处理、数据变换、确定知识发现目标、选择算法、数据挖掘、模式解释和知识评价。其中,数据挖掘是一个关键步骤,聚焦从大量数据中通过算法搜索隐藏其中的信息的过程。数据挖掘通常通过统计、在线分析处理、情报检索、机器学习、专家系统和模式识别等诸多方法来实现上述目标。

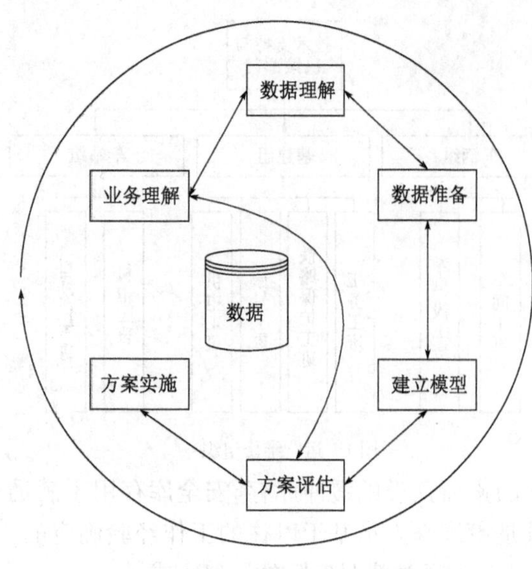

图2 CRISP-DM 数据挖掘过程模型

目前,应用最为广泛的数据挖掘过程模型是CRISP-DM(Cross-Industry Standard Process for Data Mining)。CRISP-DM 将整个数据挖掘分为6个阶段:业务理解(Business Understanding)、数据理解(Data Understanding)、数据准备(Data Preparation)、建立模型(Modeling)、方案评估(Evaluation)和方案实施(Deployment)。其数据挖掘过程模型如图2所示。

(1)业务理解:明确本次数据挖掘要解决的问题,评估是否具备数据挖掘的主观和客观条件,包括人力资源、数据资源、计算机资源等管理和技术角度评估。

(2)数据理解:围绕业务理解搜集原始数据,明确数据含义,辨析数据差异,通过技术手段实现数据的一致化和集成化;明确数据来源,集成不同数据来源的数据;进行质量评估和调整(对现有数据的异常程度及缺失情况等进行综合评价),并采用正确的方法填补缺失数据。

(3)数据准备:包括变量变换和派生、数据精简、数据筛选等。

(4)建立模型:选择适合分析项目的数据模型,确定模型的评价指标和评价函数。

(5)方案评估:从模型实际应用的角度,通过分析和总结数据挖掘的过程,对所得数据模型的合理性和实用性进行评价。

(6)方案实施:通过制订和实施监管计划,确保数据挖掘结论的合理应用。

2.2 数据挖掘的常见方法

常见的数据挖掘方法包括如下几类:

(1)分类(Classification):分类是找出数据库中一组数据对象的共同特点按照分类模式将其划分为不同的类。其目的是通过分类模型,将数据库中的数据项映射到某个给定的类别中。可以应用到应用分类、趋势预测中。

(2)回归分析(Regression):回归分析反映了数据库中数据属性值的特性,通过函数表达数据映射的关系来发现属性值之间的依赖关系。它可以应用到对数据序列的预测及相关关系的研究中。

(3)估计(Estimation):与分类类似。不同之处在于分类是描述离散型变量的输出并有确定数目的类别,而估计是处理连续值的输出。

(4)预测(Prediction):通常预测是通过分类或估计起作用的,也就是说,通过分类或估值得出模型,该模型用于对未知变量的预言。预言的目的是对未来未知变量进行预测,这种预测是需要时间来验证的,即必须经过一定时间后,才知道预言准确性是多少。

(5)关联规则(Association Rules):关联规则是隐藏在数据项之间的关联或相互关系,即可以根据一个数据项的出现推导出其他数据项的出现。关联规则的挖掘过程主要包括两个阶段:第一阶段为从海量原始数据中找出所有的高频数组;第二阶段为从这些高频项目组产生关联规则。

(6)聚类(Clustering):类似分类,但与分类的目的不同,是针对数据的相似性和差异性将一组数据分为几个类别。属于同一类别的数据相似性很大,但不同类别之间数据的相似性却很小,跨类的数据关联性更小。

2.3　预测方法在维修管理中的应用

实际设备维修过程中，设备故障率随时间推移呈现如图 3 所示的浴盆模型曲线形状。维修期内的设备故障状态分 3 个阶段（见图 3）：

（1）初始故障期：故障率由高到低，故障主要由材料缺陷、设计制造质量差、装配失误、操作不熟练等原因导致。

（2）偶发故障期：故障率低且较稳定，故障主要由维护不妥或操作失误造成。这是设备的最佳工作期。

（3）损耗故障期：故障率急剧上升，设备磨损严重，有效寿命结束。

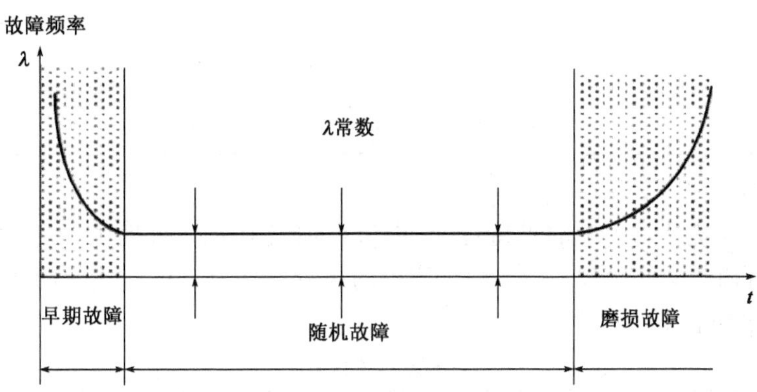

图 3　设备故障率随时间推移的浴盆模型

应用于轨道交通的机电设备往往使用寿命较长、人工操作较少，且随着时间推移，由于操作不熟练导致的设备故障发生率迅速降低。因此，在设备维修管理阶段往往重点在偶发故障期。随着设备使用时间变长，设备的故障率（λ）不断累加，直至发生故障（事件 X），可以用如下公式对该场景进行描述：

$$F(t) = \int_0^T \lambda \times \Delta t \text{（故障率随时间累积）}$$

$$X = \begin{cases} 1, F(t) \geqslant 1 \text{（设备发生故障）} \\ 0, F(t) < 1 \text{（设备不发生故障）} \end{cases}$$

其中，T 是故障的积累常数。

预测方法的分析目标就是确定时间积累常数 T。

通过对设备故障事件集合 $X = \{x_1, x_2, \cdots, x_n\}$ 的统计，故障发生的时间集合为 $T = \{t_1, t_2, \cdots, t_n\}$，每次发生故障的间隔时间 $\Delta T = \{\Delta t_1, \Delta t_2, \cdots, \Delta t_{n-1}\}$，$\Delta t_i = t_i + 1 - t_i$，根据集合中的数据，剔除异常值后，可计算平均间隔时间 Δt 如下：

$$\Delta t = \frac{\sum_{i=0}^{m} \Delta t_i}{m} \quad \text{（剔除异常数据后，留 } m \text{ 项）}$$

至此，计算出的 Δt 可以作为维修计划制订的参考依据，在既有维护计划上，进一步提高维护效率和针对性，减少维修成本，提高设备使用时间，以创造更多的经济效益。

2.4　关联规则在设备维修中的应用

在设备维修管理时，会出现另一种常见的故障关联现象（这里是指 A 事件发生后，B 事件也随之发生）。例如，隧道风机电流越限时，经常伴随轴温过高报警或振动报警等。上述的规则凭借基本的设备理解即可以获得，但更多隐藏的规则无法直观得出，需要通过数据挖掘的关联规则发现方法进行具体分析。

在众多的关联规则算法中,Apriori 算法是最有影响力的挖掘布尔关联规则频繁项集的算法,是数据库关联规则挖掘中应用最广泛的算法之一。Apriori 是一种宽度优先算法,采用逐层搜索的迭代方法来生成频繁项集。通对对事务数据库的多次扫描来计算项集的支持度,发现所有的频繁项集从而生成关联规则。

设定事务数据库 D,见表3。事务数据库包含10个事务,6个项目,设定最小支持度为30%,即最小支持计数为3。

某事务数据库 D　表3

事务标识 Tid	项　目	事务标识 Tid	项　目
Tid1	ABDEF	Tid6	BCEF
Tid2	BCEF	Tid7	C
Tid3	BC	Tid8	BDEF
Tid4	CDE	Tid9	CDE
Tid5	ACEF	Tid10	EF

Apriori 算法的执行过程如下:

(1)扫描数据库 D 统计每个项的支持计数,由每个项组成 C_1。此时 $C_1=\{\{A\},\{B\},\{C\},\{D\},\{E\}\}$,它们的支持数就是它们出现在事务数据库中的次数。其中,每个项集的支持度计数分别为2、5、7、4、8、6;候选1-项集如表4所示。

候选1-项集 C_1　表4

项　目	计　数	项　目	计　数
A	2	D	4
B	5	E	8
C	7	F	6

(2)比较候选支持度计数和最小支持度计数(最小支持度计数为3);从 C_1 中选出支持计数不小于最小支持度计数的项组成频繁1-项集 L_1。由于项 A 只在数据库中出现2次,小于最小支持数,因此1-项频繁项集为 $L_1=\{\{B\},\{C\},\{D\},\{E\},\{F\}\}$,每个项集的支持度计数分别为5、7、4、8、6;频繁1-项集如表5所示。

频繁1-项集 L_1　表5

项　目	计　数	项　目	计　数
B	5	E	8
C	7	F	6
D	4		

(3)由 L_1 自连接得到 C_2,然后扫描数据库 D 获取 C_2 中每个二项集的支持计数。$C_2=\{\{BC\}$、$\{BD\}$、$\{BE\}$、$\{BF\}$、$\{CD\}$、$\{CE\}$、$\{CF\}$、$\{DE\}$、$\{DF\}$、$\{EF\}\}$,其中每个2项集的支持计数分别为3、2、4、4、2、5、3、4、2、6,候选2-项集 C_2 如表6所示。

候选2-项集 C_2　表6

项　目	计　数	项　目	计　数
$\{B,C\}$	3	$\{C,E\}$	5
$\{B,D\}$	2	$\{C,F\}$	3
$\{B,E\}$	4	$\{D,E\}$	4
$\{B,F\}$	4	$\{D,F\}$	2
$\{C,D\}$	2	$\{E,F\}$	6

(4)从 C_2 中挑选出支持计数不小于3项集组成 L_2,2-项频繁项集集合 L_2 = {{BC}、{BE}、{BF}、{CE}、{CF}、{DE}、{EF}},L_2,见表7。

频繁2-项集 L_2　表7

项　目	计　数	项　目	计　数
{B,C}	3	{C,F}	3
{B,E}	4	{D,E}	4
{B,F}	4	{E,F}	6
{C,E}	5		

(5)由 L_2 可得 C_3。在这一步中,只有当项集中两个项的 $k-2$ 项相同时,两个项才会连接,此时的 k 值为3。然后扫描数据库 D 获取 C_3 中每个三项集的支持计数。候选3-项集 C_3 = {BCE、BCF、BEF、BDE、CEF、CDE、DEF}(见表8)。

候选3-项集 C_3　表8

项　目	计　数	项　目	计　数
{B,C,E}	2	{C,E,F}	3
{B,C,F}	2	{C,D,E}	2
{B,E,F}	4	{D,E,F}	2
{B,D,E}	2		

(6)利用Apriori算法所具有的性质(包含一个频集的任一非空子集都是频集)对 C_3 进行剪枝删除操作,并从 C_3 中挑选出支持计数≥3的项集组成 L_3。在 C_3 中{BDE}的子集是{BD}不是频繁项集,因此根据Apriori算法性质,项集{BDE}也不是频繁项集,应将其从 C_3 中剔除。同理,将{CDE}和{DEF}也删除。然后,根据支持度计数,得到 L_3,L_3 = {{BEF},{CEF}}(见表9)。

频繁3-项集 L_3　表9

项　目	计　数	项　目	计　数
{B,E,F}	4	{C,E,F}	3

(7)先确定4-项集 C_4 的元素,再确定4-项频繁集 L_4。由于在 L_3 中{B,E,F}和{C,E,F}前 $k-2$ 项不同,因此不能进行连接,即 $C_4=\varnothing$,算法结束。

事务数据库 D 搜索得到的最终结果为:

1-项频繁项集集合:L_1 = {{B},{C},{D},{E},{F}};

2-项频繁项集集合:L_2 = {{BC},{BE},{BF},{CE},{CF},{DE},{EF}};

3-项频繁项集集合:L_3 = {{BEF},{CEF}}。

至此,获得数据库中A、B、C、D、E、F中的关联规则。

在实际使用过程中,由于受样本数据质量和数量的影响,获得的规则具有一定的局限性,因此其普遍性需要进一步的验证。

3　结束语

以上,结合数据挖掘中的预测与关联规则方法,对维修管理的应用场景进行了简单的描述。

在实际应用中,数据挖掘的方法多种多样,已经在金融、零售、保险等各行各业充分应用,并获得了很好的效果。在轨道交通运营管理中,设备维护的智能化也必将随着计算机应用技术的发展不断深入。如何转变传统的维修模式,已经成为一个越来越突出的问题。数据挖掘作为一个非常重要的研究课题,会为设备维修管理提供更新的方法与更多的视角。

参考文献

[1] 中国城市轨道交通协会.城市轨道交通2016年度统计和分析报告[R].北京:中国城市轨道交通协会,2017.

[2] 饶婷.轨道交通列车延误的客运组织研究[D].学术研究,2014(11):266-269.

[3] Bakker V,Bosman M G C,Molderink A,et al. Demand Side Load Management Using a Three Step Optimization Methodology[C]. Smart Grid Communications (Smart Grid Comm),2010 First IEEE International Conference on. IEEE,2010:431-436.

[4] 白晶.Apriori算法及其在智能小区用电分析中的应用研究[D].北京:华北电力大学,2013.

市域快速轨道系统交、直流制式比选研究

陈剑伟
(中铁第四勘察设计院集团有限公司)

摘　要　交流、直流制式比选是市域快速轨道项目前期工作中最重要的一环,只有确定交、直流制式后,才能明确项目的主要技术标准以及开展后续勘察设计工作。本文分析了市域快速轨道系统的功能定位及基本特征;重点研究了车辆选型、运营组织、供电制式以及交、直流制式对土建工程的影响;最后归纳总结了交、直流制式比选的影响因素及基本流程,供同类项目参考。

关键词　市域快速轨道系统;交流制式;直流制式

0 引言

近年来,我国高速铁路飞速发展,城市轨道交通发展也日渐呈网络化运营。为了更好地打造立体轨道交通网络,在高铁、城市轨道交通之间的市域快速轨道系统网络建设也逐渐提上日程,并在京津冀、长三角、珠三角等经济发达的城市群率先发展起这种新型的轨道交通。市域快速轨道系统是一种主要服务于城市郊区和周边新城、城镇与中心城区联系,具有通勤客运服务功能的中、长距离大运量城市轨道交通系统。在许多这种项目的前期研究中,一般会有交流、直流制式选择的困惑。本文将围绕市域快速轨道系统交、直流制式比选这一主题展开探讨。

1 功能定位及基本特征分析

市域快速轨道系统的功能定位是服务于城市群、都市圈内部中心城市与周边中心城镇、组团的快速交通联系,顺应城市空间结构由单中心向多中心发展,承担中心城市与卫星城镇以及组团之间客流。线路多在城市边缘与城市轨道线网换乘衔接,或从城市大型综合枢纽引出,主要承担都市圈中长距离客流沟通,有时也兼顾部分城市内部公交功能。市域快速轨道系统有利于适应城市群的新型城镇化发展,完善区域综合交通运输体系,改善都市圈内部旅客出行条件,形成区域中心城市与重要城镇、组团之间的1h交通圈,促进与支撑整个城市群一体化发展,并有利于扩大高铁网、城市轨道交通网的服务范围。

目前国内市域快速轨道系统项目的名称叫法较多,有都市圈城际铁路、市域铁路、市域轨道交通、都市快轨、市域快轨、市郊铁路等,按《城市公共交通分类标准》(CJJ/T 114—2007)应统一归类为市域快速轨道系统。这些项目线路一般比城市轨道交通的线路长度长、站间距大,但是比铁路(客运专线)的线路长度、站间距要小很多。市域快速轨道系统线路长度在一般在100km以内,平均站间距一般不小于3km,时间目标值一般为0.5~1h,速度目标为120~160km/h。各条线路预测远期高峰小时客流断面一般在1万~1.5万人/h之间。

2 车辆选型

市域快速轨道系统一般有A、B、D三种车型。A、B型车为城市轨道交通常用的直流供电车辆,应用于市域快速轨道系统项目时,为满足时间目标值要求,车辆的速度目标值一般为120km/h,车体内以座

席为主。D型车即为目前温州兴起的市域动车组,是一种介于客运专线(国铁)动车组和城市轨道交通车辆之间的新型轨道交通车辆。以下为3种车型车辆相关参数对照表,见表1。

A、B、D型车辆相关参数对照表 表1

项 目	市域A型车	市域B型车	市域D型车	主要区别
列车最高运行速度(km/h)	120	120	120~160	
供电方式	DC1500V/DC750V	DC1500V/DC750V	AC25kV	
基本尺寸(长×宽×高)(mm)	22100×3000×3800	22000×2800×3800	22800×3300×3800	
受电弓车(落弓高度)(mm)	≤3810	≤3810	≤4700	AC25kV交流车车顶设备支持瓷瓶高(达500)
地板面距走行轨面高度(mm)	1130	1100	1280	直流车地板面高1130mm,交流车地板面受交流设备高度和空间影响,高度较高
车轮直径(mm)	840(新轮)	840(新轮)	860(新轮)	
车辆定距(m)	15.7	12.6	15.7	
转向架固定轴距(mm)	2500	2300	2500	
轴重(t)	≤16	≤14	≤16.5	
平均加速度0~最高速度(m/s^2)	空载:0.62 定员(3人/m^2):0.53 定员(5人/m^2):0.50	空载:0.62 定员(3人/m^2):0.53 定员(5人/m^2):0.50	空载:0.61 定员(3人/m^2):0.52 定员(5人/m^2):0.48	
起动加速度0~40km/h(m/s^2)	空载:0.95 定员(3人/m^2):0.95 定员(5人/m^2):0.95	空载:0.95 定员(3人/m^2):0.95 定员(5人/m^2):0.95	空载:1.01 定员(3人/m^2):1.00 定员(5人/m^2):1.00	
常用制动减速度(m/s^2)	1	1	1	
紧急制动减速度(m/s^2)	1.2	1.2	1.2	

市域快速轨道系统项目车辆选型的影响因素主要有线网衔接方式、速度目标值、车辆能耗及购置费用、土建投资等。如果与国铁互联互通的项目车辆选用交流车辆;如果不与国铁互联互通,一般根据线路长度、平均站间距等项目特征,比较速度目标值、车辆配属、工程投资等,选择适合的车型。其中最关键的因素在于速度目标值与平均站间距的适应性。平均站间距在3~5km宜选择120km/h对应车型,平均站间距在5~7km宜选择140km/h对应车型,平均站间距在7km以上宜选择160km/h车型。

例如,某市域轨道交通项目,其平均站间距为4km,最小站间距为1.6km、最大站间距为7km,其区间长度统计见表2。

区间长度统计表 表2

项 目	区间数(个)	区间数占比(%)	区间长度(km)	区间长度占比(%)
8km以上	0	0.0	0.0	0.0
5~8km	6	46.2	36.8	70.4
3~5km	2	15.4	9.3	17.8
3km以下	5	38.5	6.2	11.8
合计	13	100.0	52.3	100.0

根据车辆加减速性能,车辆运行速度为120km/h、140km/h、160km/h的启动+制动距离分别为1.5km、2.5km、4.0km。充分发挥列车高速性能的运行距离不低于区间长度的50%时,认为列车在该区

间能充分发挥高速性能。因此,能充分发挥120km/h、140km/h、160km/h速度等级的列车站间距应分别不小于3km、5km、8km。

结合站间距分布及线路工程条件,本项目站间距无大于8km的区间,站间距大于5km的区间有7个,站间距大于3km的区间有8个,分别占总长的78.8%、87%。因此,从车辆性能与站间距的匹配性来看,本工程可选择120km/h或140km/h的车型。

3　运营组织分析

市域快速轨道系统客流特征以组团间客流为主,客流平均运距较大,以中长途客流为主。因此,为满足时间目标值和旅客快速出行的需求,运营组织不同于城市轨道交通,一般采用大站快车、站站停两种运营模式。有时也采用跨线运营组织模式。行车间隔不宜过大,要综合考虑设计年限客流量、列车编组与定员、系统服务水平、系统运输效率等因素。建议市域线的行车间隔在5~10min为宜,高峰时段发车频率不宜大于10min。有条件的可预留2min最小发车间隔。

站立密度、车辆定员、车辆编组方案、运行交路等确定后,交、直流制式比选的关键一步就是对直流、交流车辆进行客流服务水平、能力适应性、车辆购置费比较分析。例如,某市域快速轨道系统项目由A、B两段线路组成,A段运营长度约为57km,B段运营长度约为44km,除A、B两段单独运营外,还组织A、B两段的跨线运营。表3即为该项目分别采用120km/h的直流供电B型车、140km/h的交流供电D型车设计输送能力计算对比。表3中两方案均可满足客流需求,方案二运营初期在保证一定服务水平前提下,运能余量较大。各年度两方案均可实现较好的服务水平,初、近、远期两方案服务水平相当。由于方案二列车最高速度高,可提高旅行速度,加快列车周转;方案二运营车数小于方案一,但方案二交流车单价较高,使得方案二各年度车辆购置费均高于方案一。

交、直流车辆的设计输送能力计算对比表　　表3

项目	方案一(直流120km/h,B型车)						方案二(交流140km/h,D型车)					
	初期		近期		远期		初期		近期		远期	
线路名称	A段	B段	A段	B段	A段	B段	A段	B段	A段	B段	A段	B段
编组辆数(辆)	6	6	6	6	6	6	6	6	6	6	6	6
列车定员(人)	970	970	970	970	970	970	1152	1152	1152	1152	1152	1152
高峰小时单向最大断面客流(人次/h)	6413	5755	12474	11858	19104	18345	6413	5755	12474	11858	19104	18345
高峰小时开行列车对数(对) 跨线 大站	3	3	3	3	4	4	3	3	3	3	4	4
高峰小时开行列车对数(对) 跨线 站站停	2	2	2	2	4	4	2	2	2	2	4	4
高峰小时开行列车对数(对) 本线 站站停	5	5	10	10	16	16	5	5	10	10	16	16
高峰小时开行列车对数(对) 小计	10	10	15	15	24	24	10	10	15	15	24	24
行车间隔(分)	6.0	6.0	4.0	4.0	2.5	2.5	6.0	6.0	4.0	4.0	2.5	2.5
设计运输能力(人次/h)	9700	9700	14550	14550	23280	23280	11520	11520	17280	17280	27648	27648
设计运能余量(%)	33.9	40.7	14.3	18.5	17.9	21.2	44.3	50.0	27.8	31.4	30.9	33.6
运用车数(列)	20	15	32	29	52	45	19	15	31	27	48	43
配属车数(列)	24	18	39	35	63	54	23	18	38	33	58	52
配属车数(辆)	144	108	234	210	378	324	138	108	228	198	348	312
车辆购置费(万元)	108000	81000	175500	157500	283500	243000	131100	102600	216600	188100	330600	296400
购置费(万元)	189000		333000		526500		233700		404700		627000	

4 供电制式

牵引供电制式是指供电系统向电动车辆或电力机车供电所采用的电流制、电压等级和供电方式。我国干线电气化铁路和城市轨道交通发展至今，采用单相工频25kV交流制和直流750V、1500V供电两种牵引供电制式，并已形成国家标准。交、直流供电制式的主要技术特点比较见表4。

交、直流供电制式主要技术特点比较表 表4

项目	单相工频25kV交流制	直流1500V供电制
供电形式	单边供电	双边供电
变电所供电范围	电压等级高，变电所供电范围为30～80km	电压等级低，变电所供电范围为2～4.5km
牵引变电设施	变电设施数量少，各种接线结构简单	变电设施数量多，各种接线结构复杂。当采用集中供电时，还需设置主变电所和环网电缆，供电工程投资较大
牵引网结构	在相同功率前提下，其电流比直流供电要小；牵引网截面面积小，结构简单	复杂，牵引电流大，牵引网为满足载流量要求，截面面积大
接触网所能适应的车辆速度	可适应较高的列车速度，国内目前设计最高运营速度可达350km/h及以上	直流供电车辆最高速度目前仅为120km/h
设备运行可靠性	设备相对较少，且变电设备备用配置，可靠性高	双边供电，但设备较多，可靠性较高
电分相装置	变电所和分区所设置电分相，若采用同相供电装置可取消变电所出口电分相	无电分相
电气安全距离	牵引网电压等级高，所要求的安全防护距离较大	牵引网电压等级低，所要求的安全防护距离较小
车辆成本	高速动车组费用较高	直流制车辆电气传动系统简单，车辆制造成本较低
再生制动能量吸收	牵引网分段。其中一动车组再生制动产生的能量可被该区段其他动车组利用。剩余能量反送至电力系统	牵引网是一个整体，其中一动车组再生制动产生的能量被全线其他动车组利用的概率大，可进行节能坡设置
对隧道净空的影响	电压等级高，对净空要求稍大	电压等级低，对净空要求小，隧道开挖直径小
对电力系统的影响	产生三相不平衡和少量谐波，对系统电能质量会有一定影响	产生少量谐波，对电力系统电能质量影响较小
防护处理	须进行电磁防护，全线可通过增加架空回流线进行防护，处理相对简单	须进行杂散电流防护，全线须设监测系统，进行全面防护。防护复杂
运营费用	变电设施少，定员少；电压等级高，电能损耗也少	主变电所多，需定员多；牵引变电所数量大，电能损耗大；电压等级低，电能损耗也大
应用情况	京津城际、沪宁城际、广珠城际、昌九城际、穗莞深城际、长株潭、温州市域铁路等	广佛城际、杭州至海宁城际、杭州至临安城际等

从车辆最佳功率配置、弓网受流质量和实际工程应用情况分析，速度目标值≤120km/h、线路长度较短（50km以下）时，交、直流供电制式均可选用，此时速度目标值并非决定因素，供电制式选择更多取决于线网衔接关系、运营组织、工程投资等其他因素。

速度目标值大于120km/h，线路长度在100km左右时，速度目标值相比城市轨道交通属快速水平，相比国铁则属于普速水平。若采用直流供电制式，车辆功率配备及性价比、研制成本开始受控，牵引供电系统配套非受控，但相比交流供电，技术经济已无优势，尤其是速度目标值大于160km/h，线路一般较长（>100km），从弓网受流质量和牵引供电系统配套来讲，交流供电占优，应采用交流牵引供电制式。

5　交、直流制式对土建工程的影响分析

5.1　线路条件

选用交流制式的车辆，车辆限界大，速度目标值也大，而如果项目沿线建设条件比较困难，线型曲折，采用小曲线半径的地段较多，发挥不出交流车辆速度优势，可引起更多的征地拆迁，则选用速度目标值较大的直流车辆更有优势。因此，在进行交、直流制式比选时，也要做好线路选线设计，分析沿线线路条件。

5.2　隧道工程

因速度目标值、车辆尺寸等不一样，交、直流制式的隧道断面尺寸也不一样。隧道断面的影响因素主要包括乘客舒适度、阻塞比（列车横断面面积与隧道轨面以上净空面积之比）、车辆尺寸、设备安装要求等。

（1）速度目标值越大，对乘客舒适度影响越大。例如国内采用盾构内径为5.4m/5.5m的地铁线路。当运营时速达到120km时，已有部分司乘人员出现耳鸣、耳痛等身体不适情况，如广州地铁3号线、香港地铁新机场快线等，这是由于隧道空气动力学效应所致。因此，速度目标值越大时，须加大隧道断面尺寸（见表5）。

（2）采用25kV交流制式＋动车组方案，供电电压高，绝缘距离增加，导致隧道断面相对1500V/750直流制式要大，动车相对A/B型地铁车辆断面面积要大。若阻塞比相同，动车需要的隧道断面大。故相对直流制式＋A/B型车来说，25kV交流制式＋动车组的隧道断面要大。

（3）设备安装的主要因素：轨道结构高（固定值）、接触网导高（交、直流不同，交流不小于4600mm，直流不小于4040mm）、接触网结构高（与接触网类型有关）。

国内主要典型项目盾构隧道断面情况表　　表5

项　　目	设计时速	制　　式	盾构隧道断面
城市轨道交通	80～100km/h	1500V/750V直流制式＋A/B型车	内径为5.4m/5.5m
杭州至海宁城际铁路、杭州至临安城际铁路、金义东市域轨道交通工程	120km/h	1500V直流制式＋B型车	6.0m内径、6.7m外径
长株潭城际铁路、珠海市区至珠海机场城际轨道交通工程	160km/h	25kV交流制式＋动车组	内径8.1m，管片厚度450mm，外径9.0m
穗莞深城际铁路	140km/h	25kV交流制式＋动车组	内径7.7m，管片厚度400mm，外径8.5m
台州市域铁路S1线	140km/h	采用25kV交流制式＋动车组	内径7.7m，管片厚度400mm，外径8.5m

5.3　高架桥梁工程

交、直流两种制式对于桥梁工程功能定位并无差别，桥面布置形式、荷载及梁部主要参数等因车辆编组、车辆荷载等稍有差异。直流制式采用疏散平台立柱挂载电缆的方式，能够节约梁面宽度；交流制式采用整体式电缆槽将电缆横向布置，需要的梁面宽度相对较大。此外直流制式的桥梁须考虑杂散电流。

5.4　车站建筑及结构工程

交、直流制式的车辆长度不一样，从而车站规模不一样，例如A型车6节编组，站台长度为140m；B型车6节编组，站台长度为120m；采用交流制式，为CRH车型6节编组，站台长度也为140m。此外，直流制式站台层变电所房间较多，故6节编组的标准地下站长度会增加8～10m。但因交流制式车辆尺寸

较大,受限界影响,地下标准站较直流制式宽 800mm;高架车站较直流制式宽 300mm。因接触网高度不同,无论地下站、高架站,交流制式车站一般比直流制式车站高度增加约 1.5m。

在功能布局方面,两种制式所需配套车站管理及设备用房最主要差异性为站台层变电所。直流式车站以牵混所为例,布置有检修室、0.4kV 开关柜室、高压开关柜室以及整流变压器室;交流式车站变电所主要为 20/400V 综合变电所,变电所面积较小。其余通信、信号、AFC 等设备用房差异性较小。

对于车站结构,各种速度目标值的车站结构形式无差异,地下车站埋深略有差异,交流方案工程投资根据车站埋深会比直流方案增加。

5.5 车辆段及停车场

交、直流车辆段场内均配置自动洗车机、不落轮镟床、架车机等大型设备。库内均设 3 层作业平台,其他维修工装根据车体结构不同有所不同。交流车辆车体宽度比直流车辆宽,车辆段场内股道间距较大。由于修程修制的不同,交流车辆段场存车线不设置库房,直流车辆段场停车列检线须设置库房。就功能而言,交、直流车辆段场均为车辆停放检修场地。由于车辆特征不同,相应场内配置会有所差异,而具体工程费用须结合规模、用地条件、土建及系统设备等综合确定。

6 结语

交流、直流制式各有所长,直流 120km/h、交流 120 ~ 160km/h 的技术规范[《市域铁路设计规范》(T/CRS C0101—2017)、《市域快速轨道交通设计规范》(T/CCES 2—2017)]也发布实施。技术方面都很成熟,市域快速轨道系统交、直流制式选择须从项目特点、功能定位、速度目标值、车辆选型、技术适应性、土建工程规模、牵引供电系统、城市景观、工程投资、线网衔接、资源共享等方面进行综合比选(见图 1),最终推荐采用更加适合城市发展形态和工程特点的供电制式。

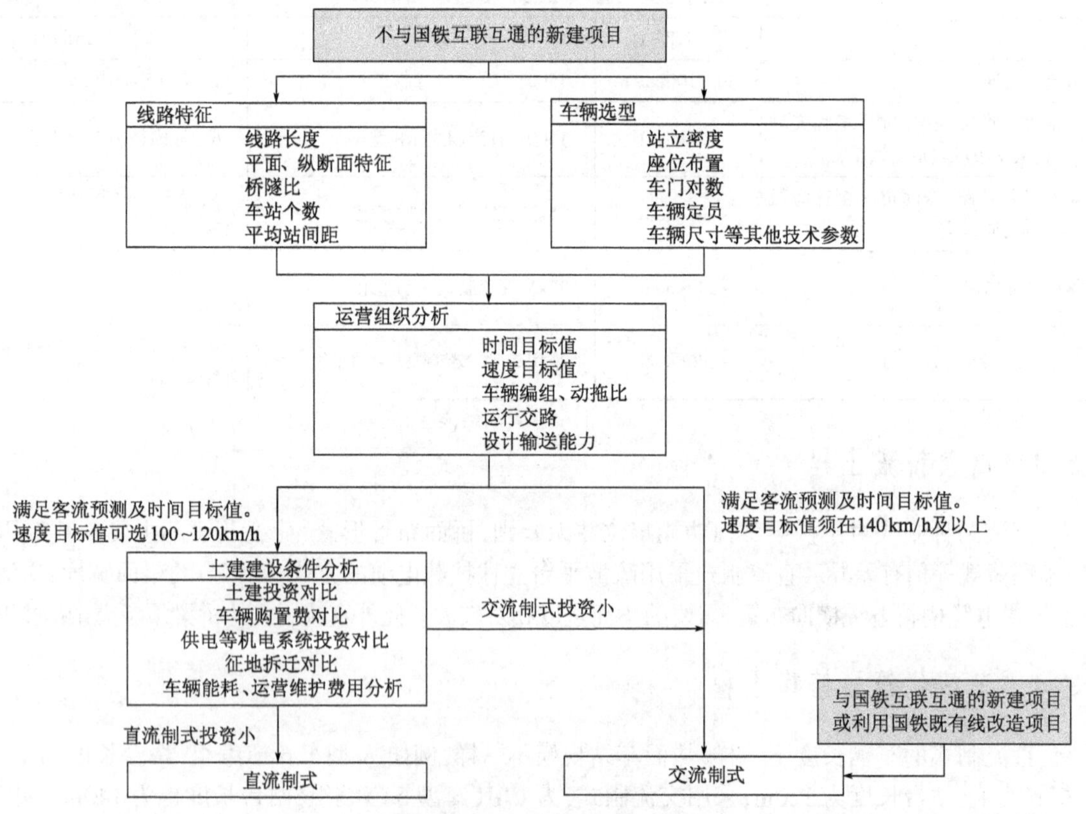

图 1 市域快速轨道系统交、直流制式比选流程

参考文献

[1] 中国土木工程学会. T/CCES 2—2017:市域快速轨道交通设计规范[S]. 北京:中国建筑工业出版社,2018.
[2] 包秀明. 关于温州市域铁路 S2 线建设技术问题的探讨[J]. 铁道勘察. 2018(03):103-107.
[3] 闵国水. 台州市域铁路 S1、S2 线系统制式选择研究[J]. 中国铁路,2015(12):83-88.
[4] 朱倩,倪少权. 京津冀市域轨道交通系统制式方案研究[J]. 铁道运输与经济. 2018(02):94-99.
[5] 周宇冠. 关于市域快速轨道交通的思考[J]. 铁路标准设计,2012(9):22-27.
[6] 胡仁兵. 市域铁路制式选择分析[J]. 铁道工程学报,2014(06):99-103.
[7] 吕家悦. 浅析金义东城际铁路工程交直流制式对土建的影响[J]. 城市建设理论研究(电子版),2016(31):68-70.

车辆段平面布置与物业开发的几点思考

田 猎
(中铁第四勘察设计院集团有限公司)

摘 要 如今地铁车辆段物业开发已成为一种趋势。车辆段平面布置形式由于库房布置、占地情况各不相同,对车辆段物业开发存在较大影响;相应地,车辆段物业开发在一定程度上也影响平面布置方案的选择。本文分析了不同车辆段布置对现今主流物业开发模式的适用性,并结合杭州至海宁城际盐官车辆基地站场总平面设计过程,提出了车辆段平面布置与物业开发的几点思考,为后续地铁车辆段设计提供参考和借鉴。

关键词 车辆段;平面布置;物业开发

0 引言

随着城市轨道交通的迅猛发展,城市土地资源日益紧张,如今地铁车辆段物业开发已成为一种趋势。车辆段物业开发一般采取大库上盖与落地物业结合的方式。车辆段平面布置形式由于其运用库、检修库的布置、占地情况各不相同,对车辆段物业开发存在较大影响。与此同时,车辆段物业开发在一定程度上也影响平面布置方案的选择。现今国内对这部分内容鲜有研究。本文通过对不同段型工艺特点、占地情况的分析,阐述了不同段型布置与物业开发的适应性,并结合杭州至海宁城际盐官车辆基地这一实例,针对其平面布置方案的比较、物业开发对平面布置方案的选择,提出了自己的几点思考。

1 车辆段平面布置的几种类型

地铁车辆段平面按运用库及检修库布置方式不同,主要分为横列式及纵列式,其中纵列式布置根据工艺的不同又可分为顺向式和倒装式,具体如下。

1.1 横列式

车辆段停车列检库与检修库采用并列式布置,线路布置紧凑、工艺流程顺畅,检修车走行距离短。横列式布置车辆段对用地条件要求较高,占地较宽,咽喉区和大库占用地块呈三角形,如图1所示。

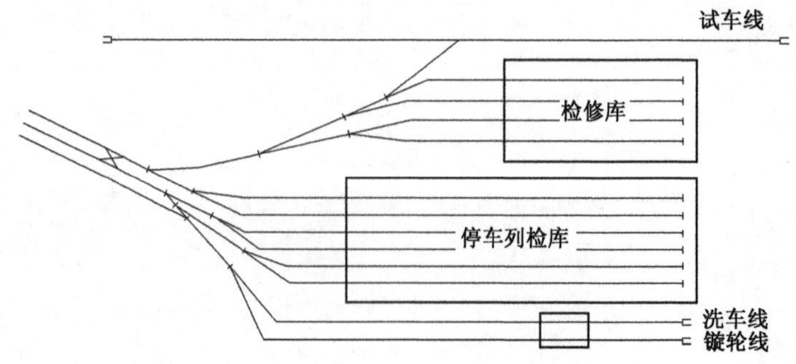

图1 横列式车辆段平面布置示意图

1.2　纵列(顺向)式

车辆段停车列检库与检修库采用纵列式布置，工艺流程顺畅，检修车走行距离较长。纵列式布置车辆段占地较狭长，咽喉区和大库占地较为规整，占用地块呈矩形，如图2所示。

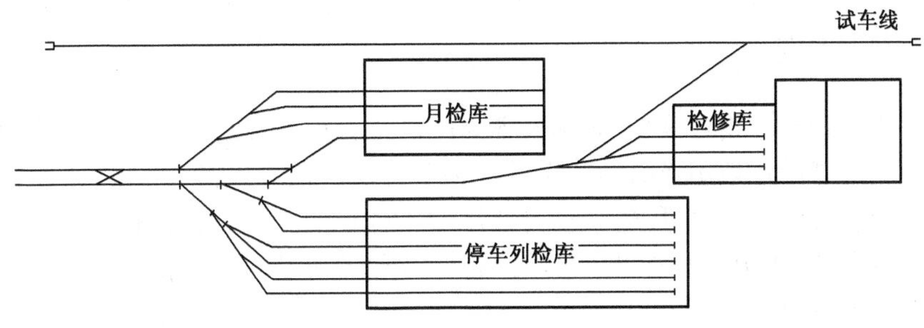

图2　纵列(顺向)式车辆段平面布置示意图

1.3　倒装式

车辆段停车列检库与检修库采用纵列式布置，但由于运用库和检修库倒装错列，检修车存在“之”字形调车作业，故称之为“倒装式”。倒装式布置用地最省，占用地块规整，呈矩形，但工艺流程最为不顺，如图3所示。

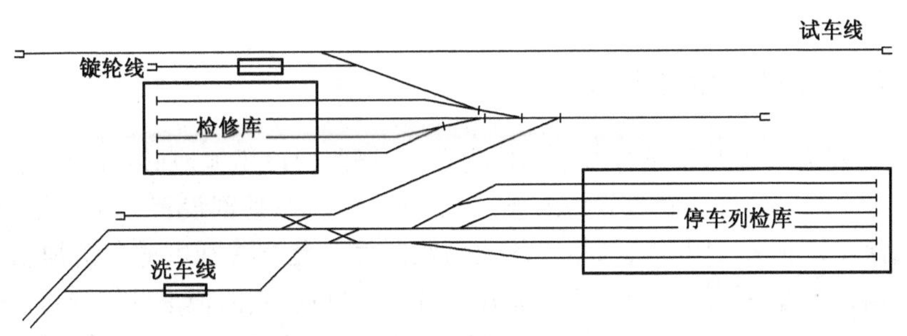

图3　倒装式车辆段平面布置示意图

以上3种形式停车列检库均为尽端式布置。在实际设计中，某些车辆段停车列检库会采用贯通式布置，其与检修库的关系也不外乎以上3种情况，优缺点也基本类似，在此不再赘述，如图4所示。

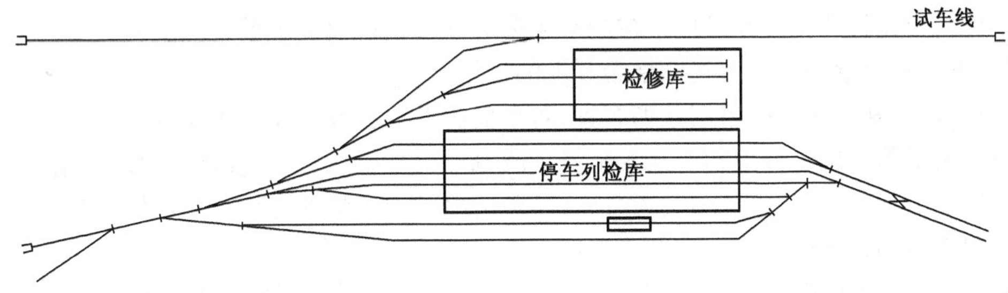

图4　贯通式车辆段平面布置示意图

一般来说，在地形条件较好、有足够宽度的地块，易采用横列式布置；在地形狭长，宽度受限的地块，易采用纵列(顺向)式布置；在地形长度、宽度均受限的情况下易采用倒装式布置。

2 车辆段物业开发模式

目前,我国地铁车辆段大多建设在地面上,其物业开发方式根据车辆段与物业的相对位置关系主要有落地物业开发、上盖物业开发、落地与上盖物业结合开发等。

2.1 落地物业开发

落地物业开发指结合建设用地地形、车辆段本身用地需求及市政配套情况,通过优化车辆段工艺布置,节省用地,将节余出来的用地用作后续建设或者物业开发。此方式具有工程投资省,对车辆段建设工期无影响等优点,是目前我国车辆段建设较为常用的一种物业开发方式。但这种物业开发方式也有建设用地行政许可难办、对周边物业有噪声影响及视觉效果差等缺点。目前武汉地铁4号线青山车辆段采用这种物业开发方案。

2.2 上盖物业开发

上盖物业开发指结合城市总体规划、车辆段用地地形及市政配套情况,通过优化车辆段布置,在车辆段大型库房顶部设置一个大平台,将后期物业开发设置于平台上方。这种开发方式可以避免落地物业开发造成的噪声和视觉效果差的影响,同时还能满足城市总体规划方面的要求。但这种物业开发需要与车辆段库房设计同步开展,往往因为物业开发方案较难稳定而使地铁车辆段规划设计与工程建设滞后;而且车辆段库房加盖大平台会造成较高建设成本,项目回报率低。目前,全国多个城市都有此类上盖物业开发案例。

2.3 落地与上盖物业结合开发

落地与上盖物业结合开发是指结合城市总体规划、车辆段建设用地地形及市政配套情况,通过优化车辆段工艺布置,将生产厂房占地面积节约出来,在车辆段生产区顶部设置一个大平台,在平台上方进行物业开发,而车辆段其他未占用地块则用于落地物业开发。此方式既可避免落地物业开发中的噪声及视觉效果差的影响,又避免了纯粹的上盖物业开发带来的投资高、回报率低等缺点。但该开发方案对地铁车辆段工艺调整可能会较多,需要城轨公司调整生产检修制度来适应。目前,随着城市轨道交通的发展,这种开发模式逐渐成为主流。

3 车辆段平面布置与物业开发适用性

目前,落地与上盖物业结合开发模式被越来越多的城市轨道交通车辆段所采用。结合前文内容,在此分析不同段型布置对落地与上盖物业结合开发的适用性。

横列式方案由于其大库集中采用并列布置,对车辆段上盖物业开发最为有利,但由于其占用地块呈三角形,此种情况下预留出的落地物业开发地块一般也不太规整,在一定程度上会影响落地区开发方案的设计。若是地块形状与车辆段占地较为适应,可预留出较为规整的落地开发区域,加上其工艺最为顺畅,横列式布置方案仍是车辆段物业开发之首选。

纵列(顺向)式方案大库及咽喉区都较为分散,不利于上盖物业开发,但其占地狭长,占用地块呈矩形,在车辆段用地较为充裕的情况下有利于留出较为规整的落地开发区域。在车辆段规模较小,本身上盖开发面积有限,或是落地区开发价值较大时,可采用此种平面布置形式。

倒装式大库分散,咽喉区最为集中,对上盖物业开发适用性在上述两种段型之间,其占地最省,且占用地块呈矩形,最有可能留出面积较大且较为规整的落地开发区域。但其工艺流程最为不顺,方案取舍更须综合考虑。

4 实例分析

4.1 杭州至海宁城际盐官车辆基地概况

杭州至海宁城际铁路沿线经过杭州市余杭区、许村镇、长安镇、周王庙镇、盐官镇、斜桥镇、海宁主城区,线路总长约46.31km,共设站12座。全线于盐官镇郭店村境内设车辆段与综合基地1座。

根据杭州至海宁城际铁路工程线站位布置情况,结合海宁市相关部门及规划意见,车辆段与综合基地选址位于盐官镇境内硖许公路以南,郭西路以北,郭盐公路以东,万西线以西。

该选址控制用地面积约37.4hm^2,现状多为农田、村庄用地,主要村庄为郭店村、于家埭等,有自然排水渠贯穿段址,地势平坦,工程条件较好。

4.2 "工可"阶段平面布置方案比选

由于全线仅有一座车辆段,运用库采用三列位贯通式布置。"工可"阶段对车辆段与综合基地平面布置作了两个方案的比选。

(1)方案一:检修库与运用库按纵列倒装式布置,如图5所示。

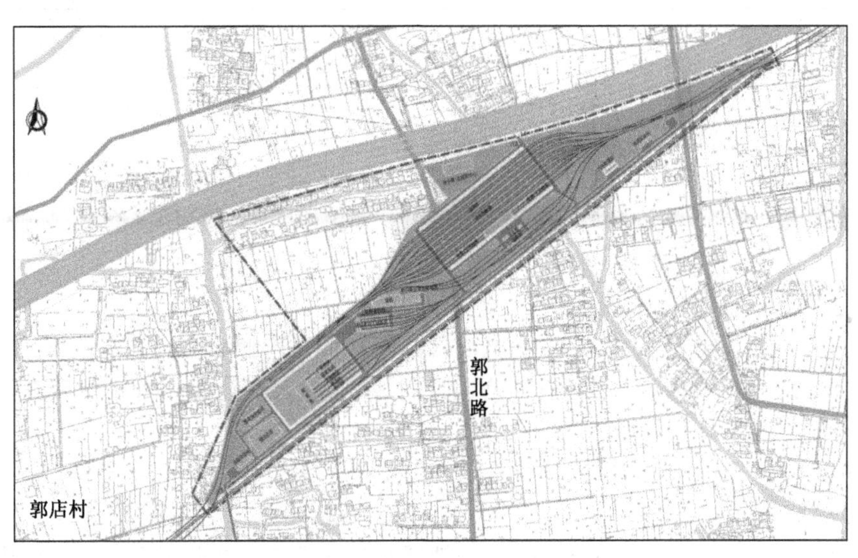

图5 "工可"阶段方案——总平面示意图

运用库设置于用地中侧,为三列位贯通式车库。运用库由停车列检库、双周/三月检库及辅跨组成。库内设停车列检线14条,双周/三月检线4条。

检修库位于段址西南角,采用尽端布置方式,由厂架修库、定修库、临修库、转向架轮轴间、静调库、吹扫库、车体库、移车台及辅助检修车间等组成。库内设厂架修线、定修线、临修线、静调线、吹扫线各1条。

洗车库和镟轮库设置于运用库南侧,镟轮库外南侧设走行线1条。

试车线位于段址最南侧,靠近北侧用地红线,长约1400m,能满足B型车4辆编组100km/h的试车要求。

结合总图布置情况,调机工程库、材料装卸线、材料堆场、牵引混合变电所布置于运用库西咽喉区南。物资总库、蓄电池检修间、油脂存放间紧邻检修库布置。动调试验间、污水处理站设置于运用库西咽喉区南侧。

综合楼、驾驶员公寓、控制中心集中设置于用地北侧,综合楼内集中设置车辆段办公、综合维修、食堂、浴室等生产生活用房。

此方案围墙内占地面积24.9hm²,车辆段与综合基地段型整齐,功能分区合理。硖许公路及车辆段间预留大面积开发用地,为落地开发和上盖物业开发创造良好的条件,大大提升土地使用价值。但运用库和检修库采用倒装式布置,工艺流程较为不便。

(2)方案二:检修库与运用库按横列式布置,如图6所示。

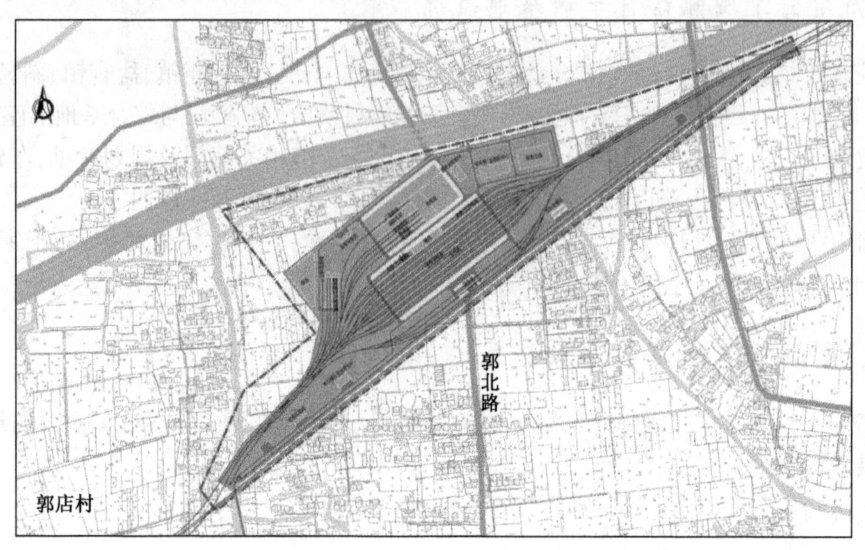

图6 "工可"阶段方案二总平面示意图

运用库设置于用地中部,为三列位贯通式车库。运用库由停车列检库、双周/三月检库及辅跨组成。库内设停车列检线14条,双周/三月列检线4条。

检修车库位于段址北侧,采用尽端布置方式,由厂架修库、定修库、临修库、转向架轮轴间、静调库、吹扫库、车体库、油漆库、移车台及辅助检修车间等组成。库内设厂架修线、定修线、临修线、静调线、吹扫线各1条。

洗车库、镟轮库及试车线布置同方案一。

结合总图布置情况,综合楼、物资总库、蓄电池检修间布置于东咽喉北侧;调机工程库、材料装卸线、材料堆场油脂存放间布置于西咽喉区北侧;动调试验间、牵引混合变电所布置于西咽喉区南侧;污水处理站设置于东咽喉区南侧。

综合楼、驾驶员公寓、控制中心集中设置于东咽喉区北侧;综合楼内集中设置车辆段办公室、综合维修室、食堂、浴室等生产生活用房。

此方案围墙内占地27.1hm²,车辆段与综合基地段型较为整齐,功能分区合理。车辆段运用库、检修库呈横列式布置,工艺流程顺畅。

主要指标比较,见表1。

"工可"阶段平面布置方案比较表 表1

指标	方案一	方案二
占地面积	24.9hm²	27.1hm²
拆迁及土方工程量	拆迁约28738m²,填方约440000m²	拆迁约21141 m²,填方约420000m²
出入段线	出入段线总长约1.6km,最小曲线半径200m,最大纵坡33.89‰	出入段线总长约1.56km,最小曲线半径350m,最大纵坡33.89‰
用地情况	用地更为紧凑,有效利用段址东侧硖许公路与城际线路的夹心地块。须改移段址内郭北路及东侧既有水系	由于横列式布置增加了用地宽度,段址东侧硖许公路与城际线的夹心地块面积更大;由于受城际线切割,降低地块开发价值,须改移段址内郭北路。东侧水系可结合段内排水作稍微调整,不需大的改移工程

"工可"阶段考虑盐官车辆基地物业开发,方案一拆迁量和投资虽略高,但在用地上更为紧凑。其有效利用段址东侧硖许公路与城际线路的夹心地块,在硖许公路及车辆段间预留出大面积的开发用地,为落地开发和上盖物业开发创造了良好的条件,因此方案一为推荐方案。

4.3　初设阶段平面布置方案比选

初步设计阶段结合车辆段用地最新规划,考虑盐官车辆基地距离最近盐官镇站尚有1.2km,车辆基地附近并没有设站,对周边吸引能力有限,物业开发成本可能难以收回。在不考虑物业开发的前提下,车辆段平面布置方案比较如下。

(1)方案一:检修库与运用库按横列式布置,如图7所示。

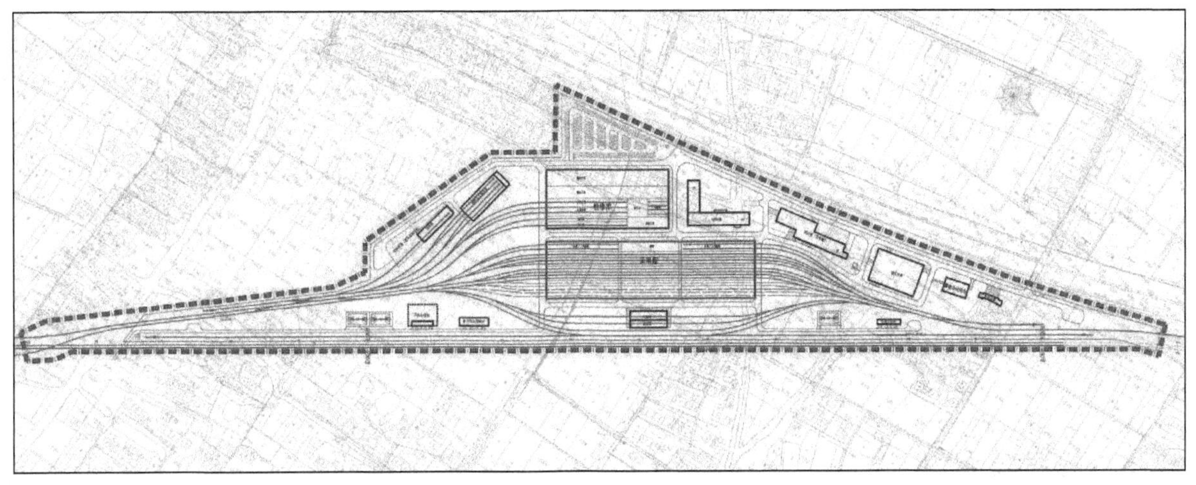

图7　初设阶段方案——总平面示意图

初设阶段车辆段总平面布置方案一与工可阶段横列式总平面布置方案类似,运用库及检修库等库房布置基本一致,综合楼、司机公寓、控制中心及小单体布置稍有优化,段址围墙内功能用地为23.58hm^2,车辆段工艺顺畅,布置紧凑。

(2)方案二:检修库与运用库按纵列倒装式布置,如图8所示。

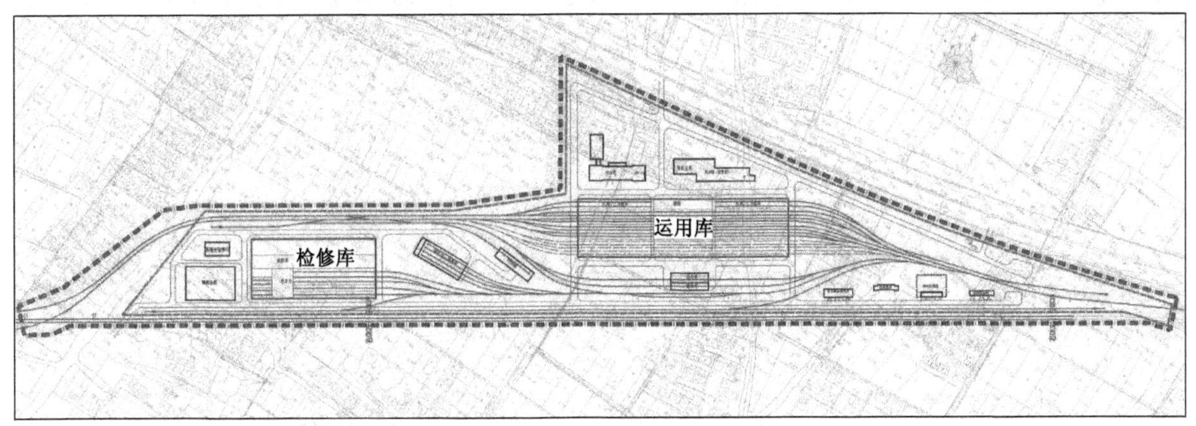

图8　初设阶段方案二总平面示意图

初设阶段车辆段总平面布置方案二与工可阶段纵列倒装式总平面布置方案类似,运用库及检修库等库房布置基本一致,综合楼、司机公寓、控制中心及小单体布置稍有优化,段址围墙内功能用地为23.58hm^2,车辆段工艺较为顺畅,占地较方案一更小。

主要指标方案比较,见表2。

初设阶段平面布置方案比较表 表2

序号	项目	方案一	方案二
1	工艺流程	车辆段运用库、检修库呈横列式布置,工艺流程较为顺畅,综合办公区集中设置	车辆段运用库、检修库呈纵列式布置,工艺流程较为顺畅。调车作业略有不便,段内交通组织略有不便,检修库距离主办公生活区较远
2	出入段线	西出入段线总长约863m,东出入线约624m;最小曲线半径250m,最大纵坡31.07‰	西出入段线总长约980m,东出入线约567m;最小曲线半径200m,最大纵坡31.69‰
3	围墙内用地面积	23.58hm^2	22.63hm^2
4	土石方(m^3)	填方:461877 挖方:19763	填方:486382 挖方:20812
5	房屋拆迁(m^2)	简易房:24974.3	简易房:26626

初设阶段由于不考虑盐官车辆基地物业开发,股道线间距不须拉开预留柱网布置距离,占地相较"工可"阶段都有所减少。综合考虑工艺顺畅、人员办公集中、出入线线路条件、土石方及拆迁量,推荐方案一横列式布置方案。

盐官车辆基地在"工可"阶段,纵列倒装式平面布置方案虽在工艺流程的顺畅性上有所牺牲,但其占地较省,并在控制用地范围内留出了大面积落地开发用地。基于这个原因将其作为"工可"推荐方案。初步设计阶段随着设计的深入,综合考虑后盐官车辆基地不作物业开发,在此情况下优先推荐工艺最为顺畅,土建规模也较省的横列式平面布置方案。在方案的调整过程中发现,不同车辆段平面布置对物业开发存在不同的适用性,车辆段物业开发采取何种模式,在一定程度上也会影响平面布置方案的选择。

5 思考与展望

车辆段平面布置形式与车辆段物业开发息息相关,不同的段型布置对物业开发存在不同的适用性,而车辆段物业采取何种开发模式,在一定程度上也影响了平面布置方案的选择,在具体的方案设计过程中,应统筹考虑。

如今车辆段物业开发已成为一种趋势,段场设计人员应优化车辆段布局,集约土地利用,为物业开发用地创造有利条件;线路设计人员可通过在车辆段处增设站点,增强对周边吸引能力,提高土地价值,达到车辆段物业开发效益的最大化。

现阶段物业开发车辆段设计,还是在车辆段总图稳定的基础上再进行物业开发设计,即只有车辆段平面布置方案的比较,而没有不同车辆段平面布置基础上物业开发方案的比较。笔者因专业受限也仅作定性分析,希望相关专业人员在此基础上继续深化研究。

参考文献

[1] 张沛艳.前海车辆段站场设计方案研究[J].铁道勘察,2008(4):71-73,77.
[2] 徐鹏.浅析地铁车辆段物业开发模式对工艺设计的影响[J].哈尔滨铁道科技,2017(2):14-16,18.
[3] 周谦.城轨交通车辆段总平面布置方案探讨[J].现代城市轨道交通,2013(4):55-57.
[4] 孙汉贵.考虑上盖物业开发的蛇口西车辆段设计及存在问题的思考[J].广东土木与建筑,2013(9):48-50.
[5] 中华人民共和国国家标准.GB 50157—2013:地铁设计规范[S].北京:中国建筑工业出版社,2013.
[6] 中铁第四勘察设计院集团有限公司.杭州至海宁城际工程可行性研究 [R].2015.
[7] 中铁第四勘察设计院集团有限公司.杭州至海宁城际工程初步设计 [R].2017.

计算机软件在施工项目物资卡控中的应用探讨

孙　伟
(浙江杭海城际铁路有限公司,机电1标)

摘　要　本文首先讲述了对物资管理的认识及发展现状;其次,结合公司已有的物资管理制度,着重描述了项目中怎样进行料库管理;再次,提出如何利用计算机物资管理软件辅助料库物资的进出及实现物资用量的跟踪管理;最后,就施工项目物资管理提出了一些展望。

关键词　物资管理;物资管理软件;物资卡控

1　物资管理的认识及发展现状

1.1　物资管理简介

物资管理是指对各种生产资料的购销、储运、使用等进行的计划、组织和控制工作。基本任务是搞好供、产、销平衡,按质、按量、配套、及时、均衡地供应企业所需要的各种生产资料,并监督和促进生产过程合理、节约地使用物资。主要内容有:物资采购供应计划的编制和执行;积极组织货源,搞好物资订货、签订合同、采购、调剂、运输、调度等工作;搞好物资市场调查、预测,制定先进合理的物资储备定额,控制物资的合理库存量;提高仓库管理水平,做好物资验收、保管、维护、发放和账务处理等工作;确定先进合理的物资消耗定额,综合利用,提高物资利用率等。

1.2　物资管理的意义

对于施工企业来说,物资管理可分为供应规划、物资采购、工程建设用料、退役报废等管理阶段。物资供应规划管理阶段要按照施工组织设计及合同文件,规划好物资供应顺序,避免物资过长时间堆放,提高料库的使用效率。要按照工程项目对物资的用量及技术要求,确定所需物资的规格、品种、质量、数量,做好设备物资招标、采购,保证按工期及时供应所需要的物资。工程建设用料管理阶段是工程成本控制中的重要环节,对物资消耗的卡控是管理工程建设用料的关键措施。而做好工程项目中物资退役报废管理,可避免现场施工人员投机取巧行为,对工程质量及成本的控制同样意义重大。

1.3　物资管理的发展现状

随着计算机技术及网络技术的发展,信息化已经成为当前企业发展的必然途径。物资管理对施工企业的成本控制有着非常重要的影响,原有纸制进出台账的物资管理方式已经很难适应当前信息化时代的要求,物资管理的信息化已经成为一种必然趋势。

某些技术提供商运用RFID(射频识别)标签绑定工具,将工具放入RFID超高频工具管理柜,自助管理工具的领用、归还、盘点等工作,实时记录领用时间、领用人、领用物品明细、归还时间、归还人、归还明细等数据。为每个工具添加超高频RFID标签来标识每一个工具,使每把工具都有一个识别号,可通过软件进行整合。工具领用时如果工具未申请获取授权,带出时防盗门禁会自动识别标签信息,通过后台判断,控制现场防盗门报警,从而很好地实现了工具进出库的无人化管理。

随着施工企业信息化程度的不断提高，某些技术服务商提出了物资全生命周期管理的概念，将物资投资计划管理、基建管理、物资管理、固定资产管理、物资生产管理内容纳入同一个信息管理平台，涵盖物资计划、采购、存储、使用、退役各阶段的管理，使物资管理信息化、动态化、平台化，更好地实现了物资的品控、量控。

2 物资管理方法

2.1 项目物资内部领用控制制度

施工作业单位对到场入库的物资实行内部领料制，建立收发料制度。按施工作业的内容，划分施工作业单元(班组)，施工作业单元凭内部领料单进行领料。由单元负责人指定材料领用人，经施工作业班组负责人在内部领料单签字后，到现场库房领料。库房保管人员要审核内部领料单，双方检查型号、规格、数量和质量，并签字认可。库房保管人员对发出物资登记入账，对物资的发放实行两级台账制。无论是大宗物资还是零星生产辅材都要做到领用合理，流向清楚，手续齐全。

2.2 对生产辅材和零星材料制定消耗定额

施工作业单位根据按工作量对施工作业单元制订的发料计划进行发放。做到没有计划的不发料，没有定额的不发料，不超额发料。因特殊情况而须补料时，必须说明原因，并经上级主管部门和领导批准后，才予以补料。实行补料审核制。因材料节约、计划变更，领用的材料有剩余时，可将材料退还现场库房或在下次领料中扣除；工程完工后，必须退库。

施工企业主管部门会同施工作业单位按工程进度和消耗定额，加以核实，避免虚报、冒领和物资浪费现象的发生，同时要定期对消耗定额的执行情况进行检查，分析差异的原因，提出改进措施和意见，不断完善消耗定额。

2.3 台账管理

物资发出后，现场库房保管人员要登记发出台账。现场库房经常收发料，数量变动频繁，为了及时掌握物资的存量，避免物资短缺、丢失和超储积压，必须依据收料台账和发料台账仔细核对，做好轻清盘点工作，做到账物相符，严防物资流失和浪费。

2.4 人员培养

提高专业物资管理人员的素质，不断提高物资管理人员的管理能力。人才是企业发展的动力和源泉，在施工企业资源的配置中，人才的优化配置是重中之重。物资管理是一门科学，不是谁来都能干好，它需要优秀专业化的人员。按照目前施工企业用人机制，施工企业应以施工作业单位的人员为主，不断根据自身发展需要，有系统、有计划、有重点、有步骤地对相关人员进行培训、培养，提高人员的专业素质和综合管理能力，尤其是要培养企业员工的主人翁意识，增强其责任感和具有爱岗敬业精神，并形成一种制度，使其逐步成为企业文化的一部分。同时，要充分发挥企业自身调配功能，使人员在企业范围内合理流动，实现配置的最优化。这样，既可解决专业人才缺乏的问题，又能为提高企业物资管理水平奠定基础。

3 发挥计算机在物资管理中的作用

3.1 物资盘点及总量控制

从上面的管理办法中可以发现，物资料库管理是一项烦琐、复杂的工作，特别是对弱电专用物资来说，物资的品种，型号多种多样，且许多施工零部件非常零散。可以利用计算机的数据处理能力，在物料入库时，按照物料的品种及型号对物料进行计数、分类，出库时进行相应数量的消记，并对领料人进行信息录入。这样可以很好地把握物料的去向及物料的剩余量，给物料的调配及供应提供数据支持。另外，物资到货时，可运用软件相关功能，按照其使用点位进行限量控制。站点施工班组作业时，对该班组在当前位置的材料使用数量进行总量控制。当系统显示此处站点物资剩余量为零时，停止发料；需要补料时，由库管人员联系技术人员确认是否需要借用材料，并由技术人员和物资管理人员共同核查补料原因，查看是浪费、丢失，还是现场施工环境原因导致的正常损耗。

3.2　辅助物料出入库管理

对每批次材料建立二维码，利用扫码方式记录材料的入库数据，配合入库报表，使材料入库情况纳入软件管理系统。在施工过程中，通过每台设备的二维码，要求施工人员填写设备位置信息、安装时间信息、人员检测信息，实现设备安装流程的可追溯性。

3.3　辅助物资部的资料整理

传统的物资管理中，材料在各部门流转中，纸质流转记录留存、查询不便；利用计算机物资管理软件对物资的型号、流转实时记录，可随时查询材料的分部情况，方便数据统计。

纸质登记、表卡记录，笔记辨识度低，采用电子化表单记录，可用扫码填写记录，记录清晰，可以随时打印报表，方便向领导做数据统计汇报工作。

传统物资管理中，后期还要整理录入数据，耗时长，工作量大。现场扫码添加记录，配有二维码管理后台，数据支持 Excel 形式导出，记录数据实时同步至后台，并有专门统计模块，记录数据可随时导出，便于资料存档备案。

总之，应用计算机物资管理软件，将公司制度的执行方式进行信息化，将烦琐的物资记录、物资分类交给计算机处理，可大大提升物资管理效率。

4　对施工项目物资管理工作的展望

随着信息化技术的触角不断伸入建筑行业，对项目的精细化管理要求越来越高。结合公司物资管理制度及项目实际，探索运用计算机软件，可将项目物资计划、物资招标采购、物资用料管理及废旧物资处理各阶段都纳入计算机软件管理之中，实现闭环化的物资管理，最终达到降低物资损耗及提升部门运转效率的效果。

关于车辆段柔性接触网基础定位的研讨

毛森源

(中铁一局集团建筑安装工程有限公司综合建设分公司)

摘 要 随着铁路事业的迅速发展,铁路行业已进入电气化时代,电力供电给机车提供动力的方式代替传统通过燃烧燃油给机车提供动力的方式。电气化时代的电力机车本身不带电能,所需电能由电力牵引供电系统提供。牵引供电系统主要是指牵引变电所和接触网两大部分。变电所设在铁道附近,它将从发电厂经高压输电线送来的电流,送到铁路上空的接触网上。其中接触网是沿铁路线上空架设的向电力机车供电的特殊形式的输电线路。其由接触悬挂、支持装置、定位装置、支柱与基础几部分组成。其中基础施工是整个接触网施工的基础工作,接触网基础施工质量及施工效率直接影响整个接触网施工的质量及效率。本文结合宁波市轨道交通2号线一期工程黄隘车辆段、广州市轨道交通14号线邓村车辆段与综合基地、广州市轨道交通9号线岐山车辆段施工实践,对接触网基础定位施工工艺优化和完善方案进行介绍,供类似工程参考。

关键词 车辆段;柔性接触网基础;基础定位

0 引言

接触网基础定位常规施工需要借助铺设完成的轨道进行纵向和横向测量后确定基础位置,但车辆段位置地质相对较差,为满足承载接触网基础,基础形式设计为阶梯式,即基础底部大、上端小,并成梯形状。接触网基础中心距轨道中心2.5m,基础底部垫层2.6m×2.6m,基础已侵入道砟及轨枕区域,现场实际施工难度大。因此借助CAD坐标及电子仪器在轨道铺设前定位接触网基础位置提前施工,提高了接触网基础的施工质量及施工效率。

1 接触网基础常规定位法

1.1 接触网纵向测量

根据交桩单位移交的岔心桩及曲线桩等,参考接触网平面布置图中标出的起测点,直线区段用50m钢卷尺沿轨道进行丈量。当线路为曲线时,沿轨道曲线外侧进行丈量。

测量起点一般选在车站的起始点或道岔处,也可根据线路中的标志性建筑(如涵洞、站房、洞口等)里程点作为接触网起测点。在纵向进程中,要使用平面图中标志性里程点或通过岔心桩复核测量的准确性。

如发现不重合时,须立即重测。当遇有支柱位于涵洞上,或遇有影响立杆的架空电力线路和通信线路时,应适当调整跨距。当调整较大时,应调整多档跨距,误差不超过±1m。

1.2 接触网横向测量

接触网纵向测量后,定出接触网支柱基坑实际位置后,还需要进行横向测量(见图1)。横向测量主要是测定接触网支柱侧面限界。支柱侧面限界应严格按设计要求,施工误差范围为0~+100mm,不允许有负误差。测定侧面限界后，即可确定接触网基础中心桩。为防止基坑在开挖过程中移位，一般要设置辅桩，确保施工精度。

a 点为纵向测量所得接触网顺线路基础位置。沿钢轨 a 点两侧等距离测得 b、c 两点，即 $ab=ac$；然后用等腰三角形法使 $bd=cd$，同时测量 ad 的距离。当 $ad=$ 侧面限界 + 钢柱底面螺栓孔距$(L)/2$ 时，d 点即为接触网基础的中心桩位置。在 ad 的延长线上取一点 f 作为中心桩的横向辅桩，利用经纬仪或等腰三角形法在中心桩纵向取一点 e 作为纵向辅桩。记录 de、df 的距离，确保在施工中基础不发生移位。在测量 ad 的距离时应用经纬仪观测，保证两点在同一水平面上。

1.3　拉线坑测量

接触网拉线与接触网终端锚支相对应，拉线坑中心线在接触网终端下锚线的延长线上。

在接触网锚支悬挂定位处测定悬挂中心点 a，再测定接触网锚柱中心点 b，ab 即为接触网锚支下锚连线。沿 ab 的延长线可找到点 c，bc 的距离应保证拉线与地面的夹角为 45°。点 c 即为拉线坑中心点(见图2)。

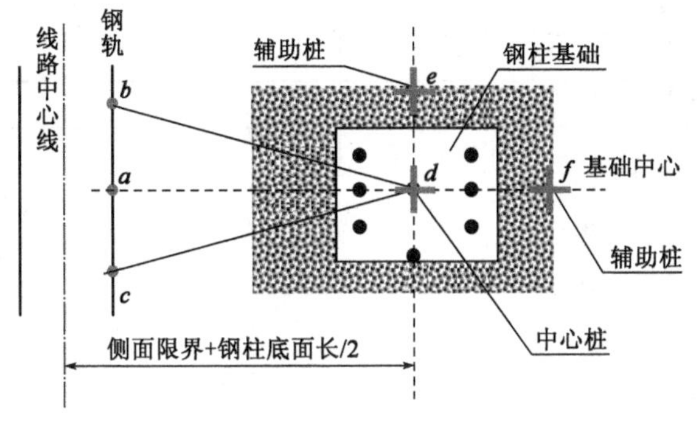

图1　接触网横向测量示意图

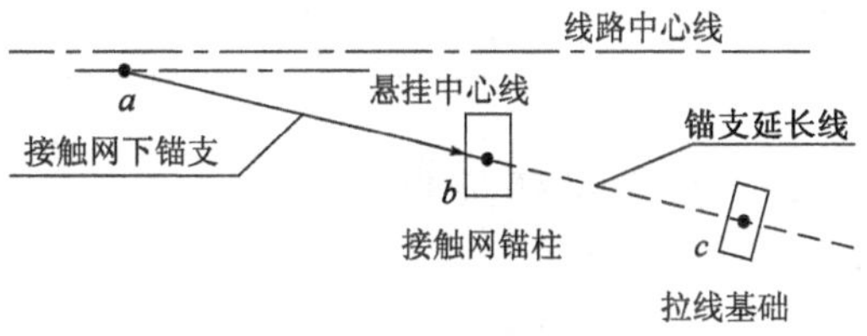

图2　接触网拉线坑测量示意图

1.4　门型支架支柱基础测量

门型支架支柱基础应按同组支柱分别进行测量，门型支架支柱基础测量方法：应用上述接触网基础等腰三角形法测量基础中心，测定门型支架支柱基础一侧的基础中心桩，利用经纬仪对门型支架支柱基础另一侧钢柱基础中心进行测量(见图3)。

将经纬仪置于基坑中心 C_2，在垂直于设计规定线路方向上对门型支架另一支柱基坑中心进行测量，确定另一根支柱中心点 C_3，其中心连线与正线应垂直，偏差夹角不得大于 2°。

根据门型支架支柱的设计安装高度，测量出门型支架支柱基础面与正线轨面的高差，以免安装后低于设计高度。同组门型支架支柱基础高程应相等，相对误差不得超高 50mm。

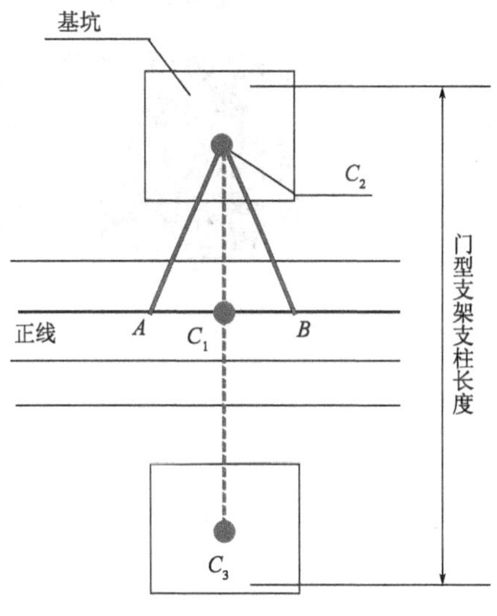

图3　门型支架支柱基础测量示意图

2　接触网基础坐标定位法

2.1　工艺原理

将电子版接触网平面图平移旋转，使平面图坐标与规划或设计提供实际坐标点吻合对应。从中提取基础中心坐标点,通过全站仪将其在施工现场定测位置。

2.2 工艺流程

施工准备—基础坐标提取—基坑尺寸测量。

2.2.1 工具准备(见表1)

工具准备　　表1

序号	名　称	单　位	数　量	备　注
1	全站仪	台	1	
2	水准仪	套	1	
3	测量绳	根	1	

2.2.2 人员配备(见表2)

人员配备　　表2

序号	名　称	数　量	职　务	备　注
1	技术员	1	仪器测量	
2	辅助测量人员	2	钉桩定位	

2.3 基础坐标提取

2.3.1 图纸坐标转换

电子版平面图虽然是1:1布置,但显示坐标数据和已知点坐标数据不是一一对应,需要将电子版图纸平移旋转至已知坐标点(见图4)。

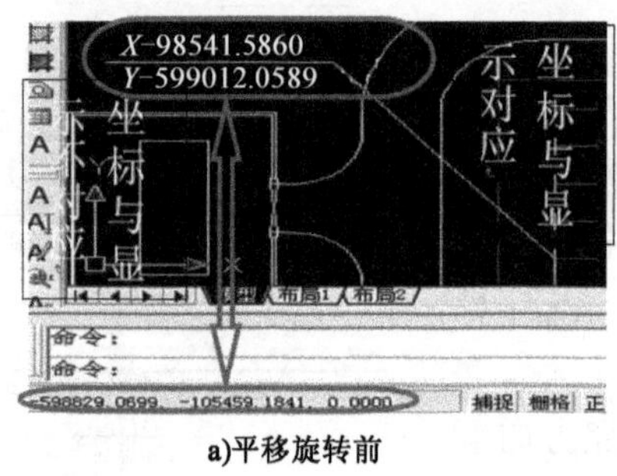

a)平移旋转前

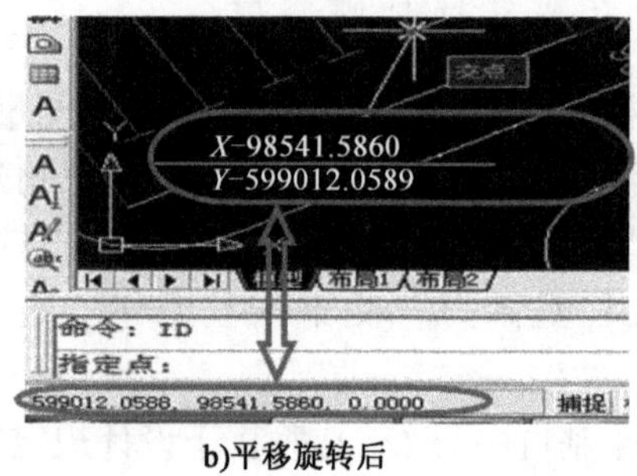

b)平移旋转后

图4　图纸坐标转换示意

2.3.2 基础坐标提取

在命令框内输入“ID”,将十字光标放置在基础中心位置,将显示坐标提取记录,如98541.586、599012.0588,此点坐标即为基础实际坐标点A。同理从接触网基础对应线路中心点坐标提取出B。为防止提取坐标有误,可在轨道图纸中提取B点坐标与之对应复核。

2.4 基础中心定测

根据现场原始桩点和需要测量点选取合适位置设置全站仪,从CAD程序取得的A点坐标输入全站仪测量出点A的位置钉桩,B点坐标输入全站仪测量出点B的位置钉桩(见图5)。

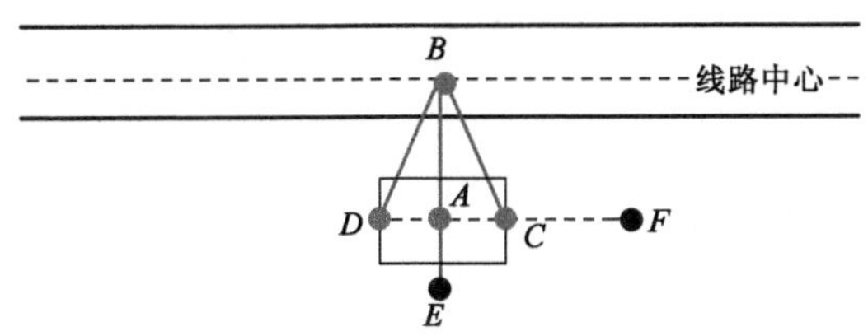

图5　基础中心定测

2.5　基坑尺寸测量

根据已测量点位复核基础限界，AB = 侧面限界 + 支柱底直径/2，满足规范要求，侧面限界施工误差在0～100mm。

使用测量绳（ϕ3mm 无伸缩性的普通绳即可）。将绳子一头固定在 B 点，另一头过点 A 拉直。调整绳子位置使其同时通过点 B 和点 A，此时在 AB 延长线方向取点 E 钉桩并记录 AE 的距离，E 点为辅助桩。根据等腰三角形原理定测出点 D、点 C 位置，顺线路方向过点 A 拉测量绳并用盒尺在测量绳上测量数据 $AC = AD$ = 基础宽/2，同时用测量绳连接 BD 和 BC，通过调整测量绳位置使 $BD = BC$，此时 D 点 C 点位置为基础边缘点。使用同样方法确定出基础的四角位置和辅桩 F。

根据已知水准点高程及基础设计高程，使用水准仪测量出现场实际基础高程。基础实际开挖深度 = 设计基础高程 - 现场基础高程 + 基础设计深度。

同理可以直接提取拉线坑及门型支架支柱基础进行现场施工作业。

3　质量控制

执行《铁路电力牵引工程质量评定验收标准》（TBJ 421—1987）、《铁路电力牵引供电施工规范》（TBJ 208—1986）、《铁路电力牵引供电工程施工质量验收标准》（TB 10421—2003）（此标准已作废）各项标准。

严格按照设计和施工规范要求施工，保证基坑坑型尺寸符合设计要求。

4　安全措施

执行《铁路电气牵引供电施工技术安全规则》（TBJ 408—1987）。

位于平交道或行人较多位置，对基础桩外露钢筋做明显标记，并采取防护措施。

钉桩期间，其他人员应远离到1m以外，不得站立在钉桩人员正前方。

5　结语

借助CAD坐标及电子仪器在轨道铺设前定位接触网基础位置提前施工，即减少了与轨道、排水沟、管线等专业的交叉返工，同时也简化了基础开挖过程，降低了基础开挖隐患，提高了接触网基础的施工质量及施工效率。

参考文献

[1]　刘少春，于瑾佳. 建筑工程测量[M]. 北京：北京理工大学出版社，2017.

[2]　CAD辅助设计教育研究室. 中文版AutoCAD 2014实用教程[M]. 北京：人民邮电出版社，2015.

[3]　李泽球. 全站仪测量技术[M]. 武汉：武汉理工大学出版社，2017.

第五部分　机 电 工 程

轨道交通机电创新节能工作的思考与探索

刘　彧

(浙江杭海城际铁路有限公司)

摘　要　随着我国轨道交通的快速发展,系统运营能耗快速增长,轨道交通已逐渐成为各城市的用电大户。开展轨道交通机电创新节能探索研究,既响应国家节能减排号召,也可以降低运营成本、实现企业可持续发展。本文在总结国内轨道交通机电创新节能成果和经验的基础上,研究提出了促进轨道交通机电创新节能工作的措施和方法,为国内轨道交通行业创新节能工作提供借鉴和参考。

关键词　轨道交通;运营能耗;创新节能;措施

0　引言

近年来,为满足人们日益增长的公共交通出行需求,全国各地都在加快建设城际轨道交通。截至2017年末,我国内地共计35个城市开通轨道交通并投入运营,开通线路171条,运营线路总长度达5083km。轨道交通用电总负荷量大,已成为城市的用电大户。开展轨道交通领域创新节能探索与研究,对促进轨道交通可持续发展,降低能源消耗,节约运行成本具有重要意义。本文通过对北京、上海、杭州、宁波等城市轨道交通创新节能工作的深入调查,总结提炼出有关做法和经验,并结合杭海城际铁路机电工程实际,提出了轨道交通行业创新节能的对策和建议。

1　发展现状

1.1　能耗分析

轨道交通机电系统组成复杂、设备数量众多,其在运营过程需要消耗大量能源。据统计,长约20km的轨道交通线路,北方城市和南方城市的年耗电量分别为8000万kW·h和10000万kW·h。根据对国内轨道交通线路用能情况的统计分析,轨道交通运营过程中消耗能源的主要形式是电能和水。电能消耗主要分布在列车牵引用电和各种动力照明设备用电,如通风空调、自动扶梯、照明、弱电设备等方面。用水消耗主要是车站、控制中心及车辆段等生产生活用水等。

轨道交通能耗分布,如图1所示。

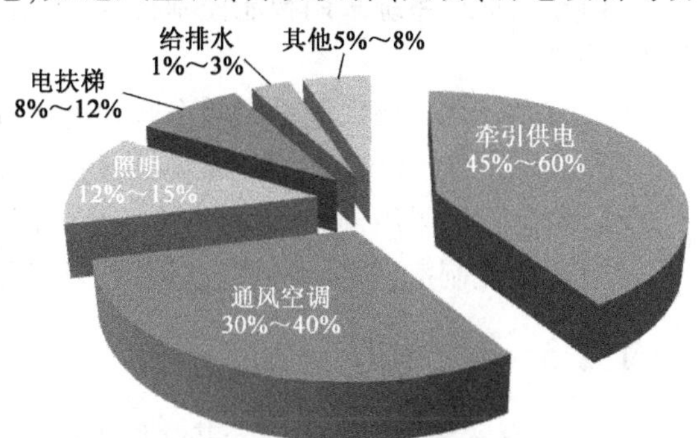

图1　轨道交通系统能耗构成示意图

如图1所示,列车牵引用电占总能耗的45%～60%,通风空调用电占总能耗的30%～40%,照明用电占总能耗的125%～15%,电扶梯占总能耗的8%～12%,给排水占总能耗的1%～3%,其他占总能耗的5%～8%。列车牵引供电、通风空调、电扶梯、照明等能耗占总能耗的90%左右。

1.2 发展趋势

目前,轨道交通创新节能技术发展日新月异,技术和设备发展呈现人性化、自动化、智能化、数字化等特点。国内多个城市已开展轨道交通创新节能方面的探索与研究,也有一些成功实施的案例,如车辆轻量化设计、车辆再生制动应用、供电系统变压器容量合理化、弱电专业 UPS 电源集中供电、节能设备和太阳能资源利用等。现将各机电专业行业趋势及创新节能技术发展趋势总结如下。

1.2.1 车辆

轨道交通车辆采用的电动车组的特点是车辆自重较大,其质量约占定员车总重的60%。绝大部分牵引用电消耗在车辆自重上,因此应从车辆设计、选型考虑节能降耗,降低车辆运营能耗。

(1)减轻车辆自重。采用流线型车体设计,合理布置车下设备是减少牵引耗电的有效措施。

(2)改进调速控制方式。采用交流变频变压传动装置(VVVF),减少列车调速时由附加电阻消耗掉的电能。

(3)列车采用动拖混合编组形式,使用列车动力轴动态配置方式,控制降低能耗。

(4)使用变频调节的空调设备和节能照明灯具。

(5)采用填充隔热保温材料提高车辆密封性,以降低空调能量的消耗。

1.2.2 供配电系统

(1)根据各类负荷特点和运行要求,合理选定变压器容量和采用无功补偿装置。

(2)合理安排牵引整流机组运行时间,晚间列车停运后可考虑牵引整流机组停止运行,以减少空载损耗。

(3)各种设备电机选择高效电机,同时保持其始终工作在高效率区。

(4)推广应用再生制动能量循环利用技术。

(5)采用 LED 等高效节能灯具,根据不同运营时段和区间要求,实现按需照明。

1.2.3 弱电系统

(1)通信、综合监控、AFC 等系统 UPS 电源采用集中供电方式。

(2)尽量采用结构简洁、设备配置少的系统。

(3)采用高效节能的设备和器材。

(4)在满足运营需求的情况下,采用节能模式运行。

1.2.4 通风空调系统

通过采用全封闭屏蔽门技术、风机水泵变频技术、空调冷冻水大温差技术、集中供冷技术等,达到环控系统节能目的。

(1)空调通风系统采用智能控制技术、车站空调水系统变流量智能控制技术,推广应用再生能源的空调系统等。

(2)车站通风空调系统采用风水联动进行节能控制。

(3)采用节能、高效型空调、通风设备和配件。

(4)冷冻泵站采用群控,提高供冷系统的能效比。

(5)车站控制室、信号设备室、信号电源室等房间采用 VRV 系统,作为备用冷源。

1.2.5 自动扶梯

采用具有变频调速功能的公共交通重载荷型自动扶梯,实行分时管理,自动变速,达到有效节能的目的。

1.2.6　车辆段及综合基地

(1)推广使用光伏发电、太阳能热水器等“四新”技术。

(2)加强对废水的循环利用,将洗车后废水收集处理后循环使用。

(3)综合分析设备使用工况及负载状况,合理选用起重机、内燃机车和叉车等高能耗设备。

(4)充分利用自然采光措施,设计选用采光带、带孔砖等。

(5)加强对列车检查坑照明系统的分级回路控制。

1.2.7　行车组织

(1)通过合理确定全线总体运营规模,合理确定列车编组,合理设置运营交路,合理安排列车运营对数等措施,有效降低能耗。

(2)通过列车采用节能运行图,降低牵引电机负荷和车辆制动能耗,减少列车牵引能耗。

(3)研究制定合理节能的列车运行方式和行车组织。

(4)根据线路的坡度、弯道及列车载重等情况,自动调整行车速度,控制惰行点,使列车运行速度保持在最佳状态,以减少能耗。

(5)在满足客流量要求的前提下,适当安排各时段的列车开行对数,提高列车满载率。

2　存在的主要问题

(1)各专业工程没有节能专项验收环节,节能工作呈现专业、板块拼凑的现状。

(2)城际铁路交通用能评价标准缺失,急需建立节能技术标准及评估、评价体系。

(3)单一节能技术多,缺乏综合性和系统性的创新节能解决方案。

(4)能耗基础数据零散,急需建立能耗大数据库和能源管控平台。

3　对策和建议

(1)加强领导,建立相应考核激励措施。成立创新节能领导小组,制定节能管理办法,明确规定节能管理的要求和责任,重点从列车运行组织优化、设备节能模式运行、定时通风排热、空调温度智能调节、分时段照明、节能用电用水 等方面制定机车、车站、车辆维修基地、控制中心等各类节能管理措施和办法,并出台了相应的奖惩措施。

(2)广泛调研,全面掌握行业技术发展。对标国内外轨道交通技术标准和行业技术发展,深入广泛地开展市场调研。组织开展国内外主流设备厂家技术交流会,拓宽行业视野,全面了解和掌握行业发展及创新节能措施,为后续设计优化、设备选型奠定基础。

(3)优化设计,切实落实创新节能要求。在借鉴国内轨道交通领域创新节能实施经验的基础上,结合杭海城铁工程“建设 + 运营”实际,坚持全寿命周期成本的理念,从设计源头抓起,组织设计院、运营公司等,重点对牵引系统节能控制设计方案进行优化,并同步将有关创新节能要求落实到招标文件技术规格书中。

(4)创新引领,高起点明确机电设备标准。组织设计院、运营公司对技术规格书进行多次审查及确认,从可靠性、免维护性、智能化等方面,高标准地明确并提出关键设备的技术标准和功能要求,确保选优配强物资设备,为打造品质工程奠定基础。

(5)提前谋划,稳步推进新技术的应用。加强与国内行业领先的企业、科研院所的交流合作,取长补短,依托其技术与研发优势,对标业内领先企业,积极跟踪无人驾驶、扫码过闸、互联互通、云平台与大数据等技术发展,切实推动创新节能技术的落地应用。针对轨道交通机电工程的重难点问题,联合开展专项技术攻关,突破一些创新节能的核心技术,取得一批实用性强、节能效果好的成果,有力支持机电工程的创新节能。

(6)精细管理,构建城际铁路用能评价体系 。通过对城际铁路机电各专业能耗深入调研分析,掌握能耗用能规律特性,研究建立一套能耗指标评价体系,研发一套基于云平台的能源管理系统,通过对能耗数据深度挖掘分析,实现对各用电系统及大型设备能耗数据实时采集、分析对比、诊断预警及节能优化等的精细化管理,有效提升能源利用效率和管理水平。

(7)信息支撑,全面深化 BIM 技术应用。结合机电工程实际,综合考虑 BIM 技术在机电工程建设、运营等阶段全过程的应用,建立涵盖设备信息、施工工艺等全过程的 BIM 数字化模型。利用 BIM 技术,优化方案设计,提前发现并解决机电工程管线综合、深化设计难题,利用支吊架工厂化预制等措施,有效保障工程进度和质量,提升机电工程标准化管理。开发基于 BIM 模型的运营管理信息化系统,实现 BIM 技术在机电工程的全寿命周期应用。

(8)对标管理,全面推行标准化施工管理。坚持“走出去、引进来”,对标国内轨道交通机电工程管理经验,高标准建立机电工程施工、验收标准,全面推行实施机电工程标准化管理;结合劳动立功竞赛等活动,积极鼓励各施工单位加强对技术创新的投入,优化工艺、工序及施工方法,全力打造杭海城铁品质工程、精品工程。

(9)立足自主,严格落实设备国产化要求。根据国家有关轨道交通机电设备国产率的有关要求,在不降低轨道交通建设标准的前提下,合理确定各种设备的国产化率,积极采用技术成熟、安全可靠、技术性能相对先进,便于维护管理的国产化设备及零部件,有效降低运营成本。

(10)求真务实,打造设备全寿命周期管理。坚持“建运维”一体化,始终将全寿命周期成本理念贯穿工程的全过程;重点从设计设备选型、施工管理、资产移交等方面着手,统筹创新节能设计;选择稳定可靠、便于维修管理的物资设备,全面提升工程品质;充分考虑建设与运维阶段数据的互联互通,实现全寿命周期管理。

4 结语

国内轨道交通快速发展和创新节能的要求不断提高,本文针对轨道交通节能创新技术单一、基础数据零散、评价体系缺失等现状,结合工程建设实际,研究提出建立考核激励机制、构建用能评价体系、实现设备全寿命周期应用、推行 BIM 技术的应用等措施,以“技术 + 管理”的模式实现轨道交通的创新节能管理,从而为国内同类轨道交通机电项目创新节能工作提供借鉴。

参考文献

[1] 宋敏华.城市轨道交通节能技术发展趋势研究 [J].工程建设与设计,2009(1):15-19.

[2] 赵建有,孔玄兵.城市轨道交通与节能技术发展趋势研究[C].第八届全国交通运输领域青年学术会议论文集,2009:188-195.

[3] 刘建刚.现代城市轨道交通(地铁)机电一体化应用于节能创新技术的应用 [J].城市建设理论研究,2015(3):347-358.

[4] 刘开国.城市轨道交通供电系统的节能措施与经济运行 [J].电气时代,2009(12):82-84.

[5] 蔡昌俊,钟素银.轨道交通节能减排分析与实施 [J].铁路技术创新,2011,5:23-25.

[6] 曹守华.城市轨道交通乘客交通特性分析及建模[D].北京:北京交通大学,2009.

关于交通机电工程项目的质量管理探讨

张 伟
（浙江杭海城际铁路有限公司）

摘 要 交通机电工程是道路交通的一个重要组成部分，其包含很多的子系统，在施工时对施工技术的要求较高。本文介绍了交通机电工程发展现状，指出其存在的问题，并提出在设计、审核阶段和施工过程中要加强质量管理。

关键词 交通机电工程；质量管理；存在的问题

0 引言

目前，由于交通机电工程项目一般在道路工程的后期进入，施工周期短，且要与其他项目一起进行，加之交通机电工程多个子系统同时施工，除了需要相互配合，还要与其他施工项目进行协调，各方面的影响因素导致交通机电工程质量控制较难。因此，在进行道路交通施工时，加强机电工程的质量管理，对整个工程提高质量、降低成本及降低后期的运营难度都有重要的意义。

1 交通机电工程发展现状

交通机电工程作为道路交通建设中的一个重要组成部分，对道路的运营具有重要的作用，它是对道路交通情况进行智能控制的一种手段。但是，目前在建设的过程中，由于各方面因素的影响，其质量难以得到保证。如在进行土建施工时，机电工程需要在此阶段进行相关预埋件安装，预埋件质量和安装质量对后期机电工程施工质量影响较大，但是土建施工时的各种交叉作业，增加了施工难度，导致机电工程质量难以保证。另外，机电工程一般是在道路施工后期进入，为了保证工程能够按时交付，其施工周期短、任务量大，必然导致施工人员无法进行全面完善的考虑，降低了工程的质量。

2 交通机电工程存在的问题

（1）招投标合理性问题

一般工程建设投资额都比较大，国家为了提高工程质量、防止投机取巧情况发生，对于达到一定额度的工程规定需要进行公开的招投标，从而尽量实现施工单位在同一平台上进行合理、公平、公开的竞争，保证工程质量。但是，目前我国很多招投标中的一些因素，导致一些资质不够的施工单位进入，造成施工原材料质量不合格，施工质量无法得到保障，工程质量降低。

（2）设计深度与审核不严格问题

社会的快速发展，经济的高速增长，需要广阔发达的交通网络来支撑，交通机电工程有其自身的专业性，相关人才大量缺乏。因此，在大量工程需要快速交付的情况下，很多没有资质的设计单位在承接任务，这样势必会导致设计出来的图纸在深度方面不够。那么在施工的时候，没有详细的节点图就意味着要增加工期和管理难度，甚至会对完工后的交通运营造成较大的影响。另外，设计图纸在施工前都需要审核，从设计人员的缺乏，不难知道审核人员也是非常紧缺的，因此，审核人员的专业技能是否足够或者审核人员的时间是否足够,都影响着审图质量。如果在技术方面审核不严格,后期必然会有各种综合问题,导致材料浪费、人工劳动强度增加,整个工程的成本也会增加。

(3)管理体制不健全问题

任何一个工程都需要建立一个健全与合理的管理制度,不然会出现很多问题。如果交通机电工程项目的甲方未建立一种完善的管理制度,那么可能无法顺利地按照工期完成任务,相关施工技术、质量不能够达标,这必然导致会出现大量返工的情况,最后增加工程成本的同时质量还得不到保证。同时,建立合理的监管制度也是比较重要的,施工单位可能想着尽快完成任务,现场施工人员可能会出现不管材料是否合格、施工工艺是否符合标准要求,只要没有人进行监管,就直接按照当时的情况和个人想法进行施工。这样会导致不合格原材料进场、施工质量达不到要求,最后影响工程质量。另外,在施工过程中,很多现场实际问题出现,设计图纸或施工工艺需要进行变更。如果没有一个工程变更管理制度,临时出现施工企业索取额外施工费用、变更图纸不进行审核等问题,也会对工程质量造成影响。

3 交通机电工程项目的质量管理

(1)加强设计、审核阶段的管理

在设计、审核阶段,需要加强对设计、现场测量、审图方面的管理。设计方面,需要建立一个协同沟通机制,保证业主、设计单位、监理单位、施工单位能够及时进行交流。业主根据自身情况及时提出要求、设计单位进行合理的设计、监理单位对施工技术合理性进行监督和建议,施工单位根据实际情况和经验提供合理的施工工艺建议,保障设计图纸的合理性。需要配备专业性的设计团队,聘请高级专家和技术人员进行现场指导。同时,在大设计原则框架下,需要设计人员多跑现场,对现场的每一个尺寸、结构都要熟悉和牢记,然后结合专业知识,保证设计图纸的合理性与科学性,降低工程成本,提供工程质量。设计图纸审核需要仔细、严格设计图纸中的一个小问题有时会在施工过程中被放大成一个大问题,对工程周期、成本都会造成严重影响。

(2)加强施工过程中的质量管理

施工过程中加强质量管理除了对施工单位进行要求外,主要是通过监理单位的监督来实现,包括人员、材料、施工工艺、阶段性验收等方面。在施工人员方面,监理单位要对上岗人员进行核实,确保施工人员都具有一定的知识和相应资质;在施工工艺方面,要严格控制施工工艺、顺序等,对某些特殊的节点,需要给予及时的施工技术指导;在原材料方面,监理人员要对材料购买记录、进场测试记录、现场施工关键指标及试验记录进行严格的抽查,保证材料质量达到设计要求;在阶段性验收方面,监理单位要对每一项完工工程项目进行及时验收,对不合格的项目需要督促施工单位进行整改,保证工程质量。

4 小结

交通机电工程项目存在着招投标不合理、设计无深度及审核不严格、管理体制不健全等问题,本文从阶段设计、审核阶段管理和施工过程中的质量管理两个方面,提出提高工程质量的应对措施。

参 考 文 献

[1] 何梁浩.浅谈交通机电工程项目的质量管理[J].中国设备工程,2018(02):158-159.
[2] 王丽达.交通机电工程项目的质量管理研究[J].山东工业技术,2017(01):81-82.
[3] 魏哲.交通机电工程施工过程中的质量控制[J].交通世界,2017(36):166-167.

杭海城际铁路杂散电流监测及防护

程润良
（浙江杭海城际铁路有限公司）

摘　要　轨道交通主体钢结构、附近的埋地金属管线及电气设备经常会遭受轨道交通杂散电流的电化学腐蚀。这种杂散电流会破坏混凝土结构、腐蚀埋地金属管线、干扰通信设备、危及人体安全，甚至会造成灾难性的事故。为了减小杂散电流的泄漏，杭海城际铁路项目采用单向导通装置、排流柜和杂散电流监测系统等设备对线路进行防护，本文主要对杭州至海宁城际铁路工程中采用的单向导通装置、排流柜和杂散电流监测系统的系统构成进行介绍，对单向导通装置、排流柜、杂散电流监测系统主要部件的功能进行说明，并针对该线路设备现场安装具体情况对上述设备主要部件的施工及安装方法进行介绍，为今后该线路杂散电流监测及防护的施工和运营管理提供参考。

关键词　城际铁路；杂散电流；监测；防护

0　引言

在轨道交通系统中，牵引供电系统一般采用直流方式，并通过走行轨、走行轨连接件以及电缆组成回流系统。走行轨与地之间并非绝对绝缘，存在多个电流泄漏点。流经走行轨的电流不能全部经由走行轨流回牵引变电所的负极，有一部分电流会泄漏进入大地，然后再流回变电所，这部分泄漏到大地中去的电流就是杂散电流也称作迷流，如图1所示。

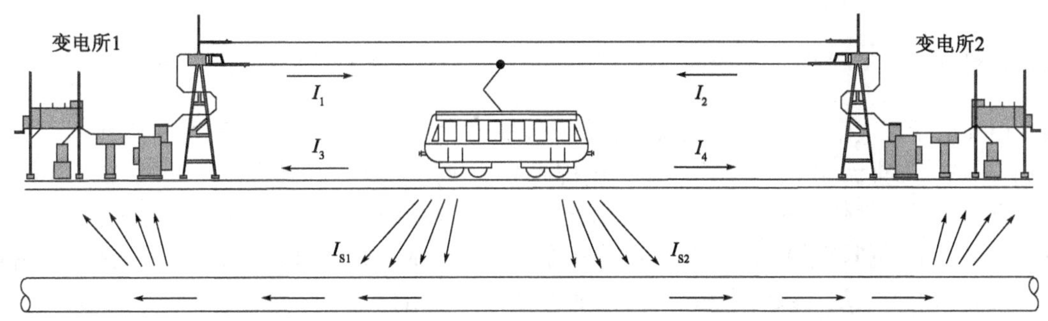

图1　地铁杂散电流形成原理

杂散电流一旦流入埋地金属管线，再从埋地金属管线流出，会在电流流出部位发生剧烈电化学腐蚀，进而缩短埋地金属管线的使用寿命，甚至对地铁车站工作人员及乘客人身安全带来威胁。为减少杂散电流的泄漏，利用道床设置杂散电流收集网，利用变电所设置排流柜及在绝缘节处安装单向导通装置进行综合防护。还设置杂电流监测系统，通过监测道床和地下结构杂散电流收集网极化电位等数据，实现对杭海铁路工程杂散电流分布情况的综合监测，为运营维护部门判断杂散电流防护系统状况提供依据。

1 设备功能及其系统组成概述

1.1 单向导通装置

单向导通装置通过电缆与绝缘结两端回流轨相连,使回流轨中电流仅能单方向流通,以利于杂散电流防护,减少杂散电流影响。其主回路电气原理,如图2所示。其内部除设置晶闸管支路外,还设有隔离开关和消弧装置。隔离开关用于特殊运行方式下,将绝缘结两端回流轨直接与电气连接。消弧装置用于车辆再生制动导致单向导通装置附近回流轨电位升高时,该装置电气导通,以降低走行轨电位,限制绝缘结两端放电和保证回流轨附近人员的安全。

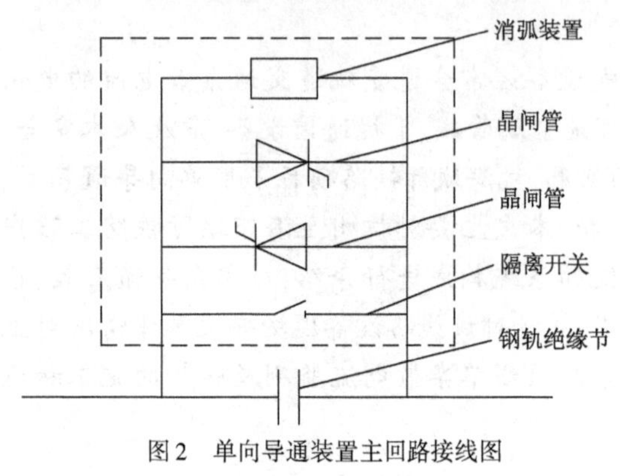

图2 单向导通装置主回路接线图

晶闸管支路由数个晶闸管并联组成,在每个晶闸管前设有一个快速熔断器。正向晶闸管保证轨道正常回流;单向导通装置通过反向晶闸管流过短路电流,保证晶闸管不受损坏,同时发出信号,保证系统主断路器跳闸。杭海城际线路单向导通装置在晶闸管回路中采用株洲中车 KPB3000-30 晶闸管,额定电压为1500V,额定电流为3000A。单向导通装置每个支路的设计容量至少为额定容量的1.5倍。

消弧装置能熄灭列车在制动情况下产生的电弧。当列车通过绝缘结后,检测轨道绝缘结的反向电压,当反向电压达到起弧电压(可手动设置)时,触发可控硅使之导通,熄灭电弧,以保证单向导通装置正常工作,电压降低后,自动关断。消弧装置由可控硅、霍尔电压传感器、快速熔断器、霍尔电流传感器组成。消弧装置的绝缘等级为DC1500V。放电电压为DC 3V ~ DC 100V,可调。承受放电电流能力在3000A和0.1s。

隔离开关主要由旋转隔离开关、操动机构和操作面板组成,其额定电流为3000A,冲击耐压为30kV,工频耐压为11kV。

1.2 排流柜

排流柜安装于正线牵引变电所内,排流柜的一端接负极柜内的直流负母排,另一端接牵引变电所地母排、地下车站结构排流端子、地下段整体道床排流端子或高架段轨道梁排流端子,使结构钢筋中的杂散电流单方向流回牵引变电所内的负极柜,防止杂散电流对结构钢筋的腐蚀。排流柜主要由二极管、IGBT、限流电阻、自动排流装置部分、显示部分和保护部分组成。杭海城际线路采用的排流柜由4个排流二极管支路和1个接地二极管支路组成(接地支路有一备用)。

排流二极管支路连接在排流母排与杂散电流防护收集网系统之间,给杂散电流提供一个回路,主要由排流二极管、直流快速熔断器、可调电阻、分流器、负荷开关组成。排流二极管额定电流为800A,绝缘电压为2000V;直流快速熔断器额定电流为200A;分流器额定电流为300A,电压为75mV,负荷开关额定电流为200A。

接地二极管支路作为将悬浮接地系统转换成二极管接地系统的转换开关,同时为地网中的杂散电流提供金属通路,使杂散电流流回牵引变电所。其额定电流不小于400A,并且能够承受直流牵引系统短路电流(短路电流为100kA,200m/s)的冲击。每个支路设有过电压和短路保护装置。排流柜中每个二极管支路安装一个负荷开关,排流二极管支路额定参数为200A、2000V,接地二极管额定参数为400A、2000V。

1.3　杂散电流监测系统

杂散电流监测系统由参比电极、土建结构（车站、隧道、道床、高架桥）测量端子、接线盒、测量电缆、智能传感器、监测装置、通信电缆及杂散电流微机管理系统（包括中心系统服务器及工作站）组成。该系统分为集中式和分布式两种。其中集中式杂散电流监测系统，如图3所示。参比电极在地铁沿线的现场安装，每个变电所安装一台测试箱，利用信号电缆把分布在各个车站测试点的信号统一连接到变电所的测试箱内。通过移动式微机型综合测试装置与变电所内测试箱连接来对各车站测试点的测试端子电位进行测量并进行数据处理。

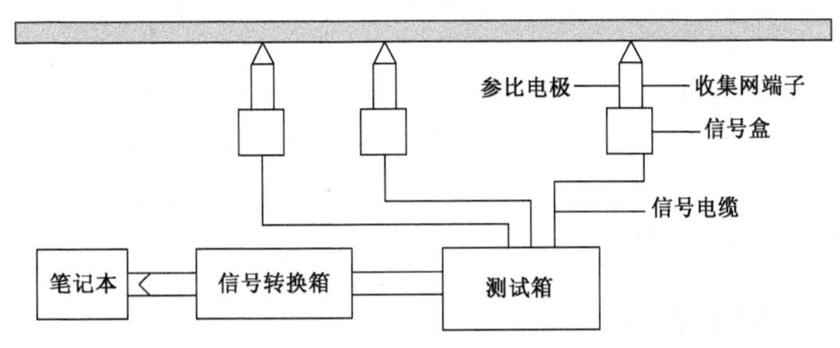

图3　集中式杂散电流监测系统构成原理

参比电极安装（埋设）在整体道床、地下结构侧墙，用于测试杂散电流引起的隧道、整体道床内结构钢筋电位，从而反应结构钢筋的腐蚀情况。考虑电极稳定性、电极极性及抗压性能，杭海城际线路采用Mo/MoO3参考电极。此电极电位漂移不大于10mV；在极化电流密度 $<5\mu A/cm^2$ 下电位波动 $<5mV$；使用寿命达10年以上。

智能传感器主要完成对参比电极与结构钢筋及钢轨的电位监测，安装在沿线各测试点处。测试点和智能传感器的连接距离应不大于5m。监测装置可实时显示每个测试点的极化电压值、钢轨电位等，并通过通信的方式传给综合监测装置。

2　安装及防护

2.1　单向导通装置

应将二极管、可控硅、隔离开关、过电压过电流保护装置安装在单向导通装置正面，在布置上应考虑通风散热、接线方便。考虑单向导通装置为户外安装，因此其柜体为独立式金属柜，柜体防护等级要达到IP54。装置外壳由钢板组成，柜体板材材质采用不锈钢304材质，柜体不锈钢厚度应不小于2mm。考虑热辐射和雨水的浸渍，整个柜体设计须有防雨的散热通道，柜顶应装有防雨水的顶盖，既要保证有良好的防雨作用，又要保证有良好的散热效果。柜门带有锁，柜体预留外壳接地端子。柜门设置防水防爆观察窗，不开门即可看到该装置的状态指示灯。单向导通装置所有材料必须是低烟无卤产品，制作结构用的钢材必须是热浸镀锌产品，最终产品结构表面须进行喷塑处理。该装置使用寿命须满足30年以上。

单向导通装置须进行型式试验、出厂试验及验收试验。其中，现场试验主要包括单体试验、系统调试及连续通电实验。连续通电实验，即设备调试完成后，进行144h连续性系统试验。在试验期间不允许发生系统性故障和影响系统安全的任何故障，一旦发生上述故障应立即中止试验，经调试后再重新开始试验。如该试验连续3次发生系统或设备故障，则认为该设备为不合格品。

2.2 排流柜

排流柜柜内元器件安装在绝缘板上;杂散电流监测装置安装于柜体正面柜上;所有的元器件应有足够的空间,便于维护和检修。智能排流柜控制器、熔断丝、时间继电器、电流测量装置安装在柜内,当柜门打开时,能够方便地对这些装置进行调整和维修。柜门上设置显示装置,可以显示每路排流电流及总排流电流、二极管和快熔的故障状态、排流母排与地之间电压。

排流柜外壳由钢板组成,柜体边缘必须光滑且需要进行防锈和防腐蚀处理。板材连接采用自固螺栓,不采用焊接方式。钢板厚度不小于2.5mm。防护等级应达到IP40。排流柜所有材料必须是低烟无卤产品,制作结构用的钢材必须是热浸镀锌产品,最终产品结构表面要进行喷塑处理,该装置使用寿命需满足30年以上。

排流柜须进行型式试验、出厂试验及验收试验。在各实验过程中,二极管经过高温阻断存放。智能控制系统所用电子元件进厂须经过老化、筛选,电路板和整机经过高温老化。对系统安全,所选的不论是硬件还是软件的冗余方式,均要求任何一个导致非安全条件的故障或故障组合,其表现出的发生概率应小于10~11/h工作。符合上述要求,则为合格品。

2.3 杂散电流监测系统

杂散电流监测系统在施工中值得注意的是:测防端子连接前,应对其连接接触面进行清洁。测防端子与接线端子的连接螺栓应用力矩扳手按规范要求进行紧固。安装参比电极前应检查其外观有无破损、裂纹,导线与电极体连接处有无松动迹象。参比电极安装前须在洁净的自来水中浸泡8~10 h后备用。参比电极安装时,为保证良好的测试结果,传感器不得直接接触结构钢筋,与结构钢筋的距离也不得大于15mm。传感器、信号转接器应垂直安装固定。为防止外力损坏其连接电缆,可采用铠装电缆保护或穿热镀锌钢管防护。变电所监测装置安装于排流柜内,排流柜整体做绝缘安装,整体框架的对地绝缘不得小于2MΩ。

杂散电流监测系统须进行型式试验、出厂试验及验收试验。实验对象主要包括参比电极智能传感器、监测装置。其中现场试验主要包括单体试验、系统调试、与变电所综合自动化系统联调、恢复供电后装置自动启动试验、系统各种功能试验以及连续通电试验。连续通电实验即设备调试完成后,进行144h连续性系统试验,在试验期间不允许发生系统性故障和影响系统安全的任何故障。一旦发生上述故障应立即中止试验,经调试后再重新开始试验。如该实验连续3次发生系统或设备故障,则认为该设备为不合格品。

3 结束语

杂散电流防治应遵循预防于“测”,以“堵”为主,“堵”“排”结合的原则。采取“源控制”的办法乃是根本的治理大计。也就是说,在地铁建设中,首先应有一个严格和完善的杂散电流的防护设计,然后按照标准要求进行一丝不苟的施工,并对施工提出明确验收标准。但是,地铁建设过程中的许多防护措施会随着时间的推移而逐渐降低保护能力甚至失效。当出现这种情况后,排流法是消除杂散电流腐蚀最有效的手段。此外,分段供电、在轨道上设置绝缘结、使用单向导通装置也是防止特殊地段杂散电流腐蚀的有效措施之一。

杭海城际铁路采用的单向导通装置、排流柜及杂散电流监测系统属于“排”这一范畴,当地铁轨道绝缘性能下降到一定程度后,上述设备投入使用能够有效减少杂散电流的泄漏,降低杂散电流腐蚀危害。

参考文献

[1] 杨建兴,陈怀鑫.单导装置对杂散电流影响的仿真分析及优化[C].中国铁道学会电气化委员会年会及新技术研讨会,2017.

[2] 吴祥祖,张庆贺,高卫平.地铁杂散电流产生机理及其防护措施[J].建筑安全,2003,18(5):28-30.

[3] 黄玉苹.城市轨道交通杂散电流防护系统[J].城市轨道交通研究,2012,15(12):117-119.

[4] 李威.地铁杂散电流腐蚀监测及防护技术[M].徐州:中国矿业大学出版社 ,2004.

[5] 陈桂珍.浅谈杂散电流防护系统在城市轨道交通中的运用[J].上海电器技术,2005(2):27-28.

[6] 谭冬华.地铁杂散电流的危害与防护[J].都市快轨交通,2007(1):86-89.

[7] 黄飞,张磊.基于轨道交通杂散电流防护系统的单向导通装置设计[J].中国新技术新产品,2016(17):54-55.

[8] 周伟志.城市轨道交通单向导通装置智能消弧研究[J].铁道标准设计,2015(9):149-151.

[9] 李锋.智能排流柜检测控制器的研制[J].电子世界,2012(11):73-74.

[10] 黄晓静.城市轨道交通特殊区段的杂散电流防护措施[J].电气应用,2015(12):77-79.

节能工程在现代建筑中的应用

厉春波

(浙江杭海城际铁路有限公司)

摘　要　节能工程体系的有效构建,是确保现有建筑空间环境在热能体系交换中具备协调的优势,依靠完善的节能设施构置,为整体节能体系提供能源控制平台,同时也确保了建筑热能环境的稳定,避免了传统建筑环境中能效的降低,极大提升了建筑使用功能。本文基于节能工程在现代建筑中的应用展开分析,在确定其实际优势和特性的同时,为后续建筑工程的构建提供参考。

关键词　节能工程;现代建筑;能源利用

0　引言

节能工程是基于现有城市经济建设可持续化理念提出的新型建筑功能构建体系。在实际环境中,节能工程能够确保将节能减排与资源利用有效落实,优化现有建筑功能空间条件,从而促使现有城市规划建设中整体生态理念能够被有效贯彻,为后续城市资源多样化提供丰富的协调渠道。其中,针对节能工程在现有建筑中的应用,主要应当从围护结构和节能设备两个方面进行分析,这样才能够确保在资源消耗环境中具备延伸条件,并在后续节能技术贯彻工作中,提供稳定的建筑节能环境。

1　围护结构节能工程

围护结构节能主要应从层面、围护结构、门窗等工程进行分析,确定整体建筑内部环境具备热能稳定的条件,同时能够有效降低供热体系的资源消耗。围护结构节能是现有室内外温差较大环境中主要采用的节能工程形式。

1.1　建筑师形式

建筑体系的有效构建能够确保建筑内部功能环境的有效协调,能够基于自身环境因素为内部提供更加稳定的空间优势,以便后续工作开展完善。首先,最常见的是建筑朝向问题。通过地区日晒指数和辐射强度进行计算,确定建筑内部日照时长以便使整体室温得到平衡。同时,应当确定建筑外围护结构的体量形式。在温差较大的环境中,体量形式越大、越复杂则势必会导致建筑内部热能消耗加快。因此选取有效结构形式和节能保温材料,能够有效确保建筑内部能源的稳定性。其次,在建筑通风方面,应当确定空气对流条件。在适宜环境下提供空气流通空间,以便室内外空气能够有效流通,并为后续建筑施工方面提供更加全面的生态协调因素。

1.2　围护结构节能

围护结构节能措施是基于建筑体量与材料特性展开的工程节能措施。在实际环境中,通过地区环境差异性和阳光获取条件,确定整体导热系数,进行有效把控;然后再将有效的节能材料进行大范围敷设,确保室内外环境的导热系数能够有效降低,确保室内温度的稳定性。具体实施主要从外围护结构的节能材料分析现有常见的施工办法是张贴节能板材，采取针对建筑外墙外侧构建体系化的保温条件，确保室内外导热系数有效降低，同时起到保护主体结构的作用。依据材料内部防水环境，增强建筑自身的防水系数，从而避免室内环境受冬季冷凝潮气的影响，为整体建筑的功能提供了良好的延续平台。

1.3　节能门窗体系

门窗是用作建筑内外空间交通的主要渠道，在传统热功效传递方面一直是导致室内外环境能效消耗的主要因素。在节能理念贯彻后，门窗体系能够基于自身材料的密闭性、基于更好的导热系数条件正常获取日照条件，既确保建筑内部功能的稳定性，又稳定了内外建筑能源环境。其中，现有节能门窗产品在功能上多用来阻挡阳光直接照射并提供建筑内部保温环境条件，通过密闭性条件确保功能有效落实，确保实际建筑内空间环境稳定，从而真正达到冬暖夏凉的目的。在北方建筑环境中，为避免轨道交通建筑带来的气密性热能损失，可采用节能门斗的建筑功能形式，既完善了现有门窗体系的热渗透环境，又稳定了室内能源消耗条件。

1.4　屋面节能条件

屋面体系的构建是居于建筑空间密闭性和防水性提供的基础建筑条件。首先，在传统建筑环境内，因为单采用混凝土板材，所以在实际导热系数方面数值较高，促使屋顶刚性环境难以统筹，导致实际功能体系易受雨水渗透影响。在现有内部建筑功能条件稳定的基础要求下，针对建筑屋面体系应当提供有效的防水加护措施，确保结构体系环境具备排水体系和防溅水措施，确保室内环境得以稳定。其次，节能材料的有效敷设能够确保建筑内部环境热能稳定，不但能够有效确保能源的有效协调，还能依据现有层面生态理念的贯彻，促使屋面自身接受阳光辐射降低。在夏季环境中能够提供相对稳定的建筑内环境，针对屋面构造分为平屋面和坡屋面，平屋面结构层次分为正置式屋面和倒置式屋面，其中保温隔热材料多选用挤塑聚苯板、酚醛板、岩棉板、玻璃丝绵板等新型节能保温材料。

2　建筑节能设备体系

提高终端用户用高效能的采暖、空调系统与上述削减室内冷热负荷的措施并行，能真正减少采暖、空调消耗。首先，根据建筑的特点和功能，设计高能效的暖通空调设备系统，如热泵系统、蓄能系统和区域供热、供冷系统等。其次，在使用中采用能源管理、监控系统监督和调控室内的舒适度、室内空气品质和能耗情况。

2.1　能源利用效率加强

在一次能源转换到建筑设备系统使用的终端能源的过程中，能源损失很大。因此，应从全过程进行评价，才能全面反映能源利用效率和能源对环境的影响。建筑中的能耗设备（如空调，热水器等）应选用能源效率高的热能供应。

2.2　室内环境热能利用

天晴时由太阳能热水器供应热水，阴天时用热泵供应热水；不用热水时用太阳能热水器产生的热水作为热泵的低温热源；为室内供热。在此期间，一个变频压缩机同时拖动空调等热力设备，压缩机起冷热分离器的作用，冷热源互为利用，使热力损失减少到最低程度，大大提高了热效率。

3 结束语

节能工程环境的有效构建能够确保现有建设体系发展优势，能够将不可能再生资源进行有效统筹，确保我国生产和科研具备可持续的延伸条件，同时确保资源环境稳定，为后续生态环境的有效构建提供扎实的基础。因此，本文针对能源问题和热能渗透条件进行分析，探讨了如何确保实际供热环境稳定，为后续节能工程提供完善的延伸条件。

参考文献

[1] 崔宏柏.房屋建筑施工中绿色节能施工技术的应用[J].科技经济导刊,2018,26(15):44-45.
[2] 孙玉杰.绿色节能施工技术在现代房屋建筑施工中的应用[J].绿色环保建材,2018(2):19.

浅谈地铁机电安装工程建设管理

王　刚
（浙江杭海城际铁路有限公司）

摘　要　城市轨道交通建设过程中，地铁设备安装工程直接关系整个工程的开通和运营效果。本文针对风水电项目的安装问题，首先对地铁机电安装项目包含内容进行阐述，然后介绍了风水电项目安装的前期准备工作及质量控制措施，最后重点介绍了机电安装施工中的施工现场管理、材料设备运输、设备吊装就位等重点难点问题的解决方法。

关键词　机电安装；风水电项目；施工现场管理；质量控制；运输与吊装

0　引言

近年来，随着城市轨道交通的迅速发展，在建设过程中不可避免地会遇到施工管理、施工质量和施工工期等方面的问题。地铁设备安装工程关系整个工程的开通和运营效果。地铁设备安装工程涉及的方面多而广，如风水电项目安装、弱电项目安装（FAS、BAS、ACS）、通信、信号、综合监控、供电项目等等。本文在这里探讨的只是其中的一小部分——风水电项目安装（以下简称机电安装）的管理问题以及安装过程中的重点和难点问题，希望与广大机电安装单位和学者一起交流互补。

1　地铁机电安装项目包含的内容

各个城市开展地铁项目的时间不同，积累的经验大不相同，对地铁机电安装工程的重要性、内容的划分认识也不够清楚。现就目前比较成熟的广州地铁以及正在施工过程中的部分城市地铁，对机电安装要求和管理方式分别进行简单的比较，以备即将开展地铁施工的城市进行参考。像广州地铁在机电安装标段包含的作业内容有风、水、电，设备房装修还有弱电项目（FAS、BAS、门禁）安装，并执行由机电安装单位作为土建退场后的属地化管理单位，属地管理单位指负责对进入地铁工点现场施工的其他承包商进行综合协调、管理的属地管理责任单位。有属地管理单位当然就有属地监理单位，它是指除履行自身的监理职能外，还负责对工点内各专业监理进行协调的监理责任单位。机电安装单位对进车站内施工的其他系统单位——公共区的土建施工单位，供电系统施工单位，通信、信号、AFC 等单位的进场施工有监督管理权。系统单位必须服从属地化管理单位对车站安装的安全文明施工管理。系统单位在属地范围内的材料堆放必须与属地管理单位协调解决。各个专业综合管线排布系统的单位也应该配合好属地化管理单位对综合管线的优化设计。机电安装施工工期较短，往往由于地铁开通时间已经确定并已向市民作出承诺，因此必须抓紧点滴时间。土建退场前只要有较大施工作业面，机电安装单位都必须要进场做施工的前期准备工作。部分城市的地铁机电安装标主要是风水电设备安装以及设备区建筑装修工程，也同样实施属地化管理方式，他们把弱电项目（FAS、BAS、门禁）另外发包，这样在施工进度和工艺方面的确有改善。但由于施工单位的不统一，施工前施工单位之间没有更好地沟通，在管线预埋施工过程中出现同级设备终端盒预埋高度不一的情况。如门禁开门按钮与照明开关高度不一影响了车站整体工艺的美观度。在对新技术和新设备的应用和推广上，一些后期才开展的地铁城市有更大的投入和应用，如设备区的管线施工密集，部分城市采用综合支吊架，这样改善了管线密集区不同专业间设备吊架“五花八门”以及区域狭小不便安装的窘境。还有部分城市对节能方面的重视也对地铁的施工以及后期运营,作出更好的考虑。这些都是在不断推进地铁技术的发展,同时也推动各行各业对技术的革新,在这里我们不过多探讨了,希望乘客和运营管理人员在其中慢慢体会。

2 前期准备、质量控制

2.1 做好充分的技术准备工作

有了对地铁机电施工内容的了解,我们才能在施工中做到知己知彼,所以在施工前的准备尤为必要。进场前后,结合现场实际情况,有必要重新编制或者修改原投标阶段的施工组织设计,使其更能体现实际的现场情况,以便更有效指导施工。其重点内容是:

(1)施工现场的总体规划。结合每个车站的不同特点,及临时场地的大小,合理布置办公区、生活区、卫生间、停车场、加工场地、材料周转场地、施工运输通道等。

(2)组织临水、临电方案的编制,绘制好平面布置图。

(3)组织各专业施工技术人员对施工图进行深化设计,并争取在第一次图纸会审前设计出来。深化设计的主要内容包括:①综合管线深化设计。综合管线深化设计在指导各专业管线施工及各工序安排方面尤其重要。结合地铁机电工程特点,设计重点部位一般是设备区,包括设备区走廊及环控机房、0.4kV低压配电室等关键设备房,公共区分站厅层和站台层。以站台层为例,统筹把握好机电、屏蔽门等专业的施工位置,确保屏蔽门有足够的安装和维修空间。②各专业管线现场预留和预埋的设计(包括与公共区施工配合的预留孔)。

(4)编制大型设备运输方案。地铁工程,由于施工场地狭小,运输大型设备往往比较困难。因此编制大型设备运输方案,预留运输通道非常重要,一般须考虑的大型设备有冷水机组、隧道风机、配电柜,另外还有外单位的变压器、扶梯等。这些都须综合考虑、统一协调,部分设备房须配合做好“后切墙”的预留。

(5)组织各专业施工员及班组长,做好技术交底工作。

2.2 过程质量控制

严格控制施工材料、各施工工序的质量情况,落实质量负责制,充分调动和发挥项目部各职能部门及各专业施工人员检查、监督的积极性,并在项目部成立QC质量小组,针对施工过程中的新工艺,新技术,施工重、难点问题,施工通病等,进行重点专项分析,得出结果,并在项目施工过程中得以推广。

3 浅谈机电安装施工中的重点难点问题

3.1 重在管理,加强协调

地铁车站地处繁华路段,地铁车站的施工全貌将展现在全市人民的面前,因此对施工现场的管理至关重要。将对施工现场的管理作为第一重点,设立专门的管理机构(质量安全组及现场文明管理组)对现场进行专门管理。配备足够的管理人员,对现场人员的着装、行为规范、安全防护、文明施工等进行专门严格的管理,如进出施工现场必须穿戴整齐,人员不能滞留在地铁车站周边。本工程工期紧、交叉作业多、环境复杂、涉及的单位多。本工程的组织和协调是施工管理的重点难点。作为总协调单位,我们会总体考虑各专业的进场时间和场地安排,确保总体进度。做好承包商间的沟通工作,保证系统接口顺畅。作为总包单位,协助项目经理,协调现场各工序,各专业,各施工单位的施工,尤其是与外单位的沟通和协调,包括外单位施工材料进场规划及综合管线布置的协调和安排。如轨行区施工,由于工期较紧,往往机电安装与铺轨施工同时进行,区间铺轨单位统一管理,因此与铺轨单位,牵引供电,弱电单位的与协调至关重要。另外,其协调工作包括与土建单位,公共区施工承包商等其他施工单位的协调工作。

3.2　因地制宜,合理安排

由于地铁站的施工占用交通道路,受现场和周边环境的限制,材料设备的运输和吊装是本工程的重点难点,在施工前,应熟悉现场,做好切实可行的材料设备运输吊装方案,充分考虑各种影响因素,确保材料设备及时到位。除此之外,规划好现场施工临时设施,安排好人员的食、宿等问题,方能确保工程的顺利开展。由于地铁施工复杂,涉及的单位和环节很多,关键设备由甲方供应,为确保工程的顺利实施,必须做好施工进度计划,确保主要资源的及时进场。根据广州地铁管理模式,首先,必须组织好各施工员一起参与按站为单位编制各车站施工总进度计划。其次,严格控制关键设备房移交、动力电缆敷设、精装修进场、单机调试、系统调试等关键节点工期,编制各项目施工材料和设备需求计划,尤其是甲供材料,尽可能最早时间提供给业主方,并及时跟踪。最后是电缆、防火门等须订做的大宗材料的进场时间。

3.3　抓住要点,精益求精

由于机电安装的设备较多,设备吊装就位是施工中的重点,大型设备需要从地面吊往车站负一层与负二层设备区。所以事先必须要编写针对每个车站的详细吊装方案。方案中最重要的是设备运输路径。需要各个系统的承包商在设备房砌筑前把设备运输路径提交给属地化管理单位。(如果砌筑不是发包给属地化管理单位则须提供相应设备运输路径图,标注后砌墙体的大小,给相应的砌筑承包单位。)

有人可能会提出质疑,在装修砌筑图上,设计相应标明了设备运输路径以及后砌墙的位置大小,为什么还需要系统单位单独提供设备运输路径图?根据杭州的地铁施工经验发现,设计提供的设备运输路径以及装修图纸中的后砌墙:①后砌墙部分是在设备招标前标注的,与实际设备到货尺寸不相符。②设计图上的设备运输路径一般是较理想的情况和路径,比如大型设备吊装到区间然后沿区间轨道运输。③机电安装单位的工期比较紧,设备房砌筑速度非常快,有些砌筑位置必须事先由双方单位沟通,先运输离吊装区域较远、靠设备房区域内部的设备,再运输设备区靠外离吊装区域较近的设备。

冷冻主机、环控机房、高低压电房等设备房是设备管线集中的地方,同时也是各系统的核心部分。在施工前应进行充分的技术准备,对管线设备进行规划和布置,确保机房和设备房布置美观,管道流畅。站台底,站台层、站厅层、设备区走道这些区域管线也相当密集,当设计院未出综合管线布置图时,作为总协调单位,在施工前必须对这些重点区域进行总体布局,结合现场进行管线。

现代有轨电车供电系统及保护方案比选分析

孙兴华

(浙江杭海城际铁路有限公司)

摘　要　本文针对现代有轨电车供电系统特点,在满足供电安全、可靠的前提下,结合外部电源实际情况,对中压网络设计方案进行比选分析,选择经济实用的环网组网模式并配置相应的继电保护方案。

关键词　供电系统;单环网;单母线分段;继电保护方案

0　引言

近年来,我国城市轨道交通发展迅速,形式选择多样,有着100多年历史的有轨电车经过现代化改造,以其舒适便捷、经济环保的特点受到越来越多城市的青睐,因其交通功能定位灵活、投资相对较小、性价比高等优点近年来在我国发展迅速,对应的供电系统中压网络构成形式也呈多样化。现代有轨电车线网规划必须在城市总体规划及城市交通发展规划的基础上编制。由城网取得电源的有轨电车供电系统外电源需求规划也需要与城市电网规划相匹配。有轨电车供电系统可以简单地分为外部电源与内部供电系统。外部电源方案通过综合比选确定。比选因素主要有工程条件、工程方案、工程投资及运营管理。其中,工程方案又包括供电质量、供电可靠性、中压网络电压等级、接口数量、资源共享以及对城网谐波和网压波动的影响。

本文针对苏州高新有轨电车2号线、1延线供电系统及防护方案进行比选分析,确定线路外电源及环网方案,选择电压等级,并对配套的继电保护方案进行分析,确定单环网供电模式及配套的保护方案是安全可靠的并非常适用现代有轨电车。

1　外电源、环网方案的比选

苏州高新有轨电车2号线位于高新区,横穿浒关分区、通安、科技城区域与横穿生态城区域的1号线延伸段在龙康路站交汇,两线长度共计27.5km,用电需求总容量为34.9MVA,属于二级重要电力用户,供电电源应至少配置双回路。

1.1　外部电源分布与负荷调查

2号线电车沿线外电源比较丰富,附近220kV变电站有阳山变、建林变、向阳变和正在建设中的东渚变。110kV变电站有通安变,渚镇变、浒关变、白荡变、景山变。1号线延伸段因通向太湖方向地段较为偏僻,沿线无城网变电站。经调查,阳山变、白荡变负荷已接近重载,无法接入,不考虑。向阳变若要向2号线项目供电,则要绕过整个大阳山,极不经济且很难实施,故不予考虑。通安变、渚镇变、东渚变、景山变主变容量均有裕度且所内可以扩展10kV间隔柜;建林变、浒关变主变容量均有裕度且所内可以扩展35kV间隔柜。

1.2　电压等级、外电源及中压网络方案选择

由于城网35kV电压等级趋于淘汰，建林变、浒关变又位于2号线同一端无法为全线提供负荷，且距离1号线延伸段过远，固不推荐35kV电压等级，建林变、浒关变不考虑。根据有轨电车计算负荷水平及周边电网结构状况，接入系统以10kV电压等级较为适宜，考虑通安变、渚镇变、东渚变、景山变为外电源引入点，即采用分散式供电网络。

2号线全线共有11座牵引所，每个牵引所引入2回电源进线，若全部以专线接入系统则需要建设22条专用线路并占用系统22个10kV间隔。本工程所处苏州新区工商业较为发达，10kV间隔资源宝贵，难以满足上述接入方式，即使每个牵引所引入1回电源进线，10kV间隔资源也无法满足。经与供电公司商讨，将龙康路、西塘路、大同路牵引所与3个10kV开闭所合建，其中龙康路、西塘路各以2回专线接入系统变电站的不同10kV母线段，大同路开闭所以1回专线接入系统变电站。5回外电源进线分布较为均匀，各供电分区也可相互支援，供电可靠性满足二级重要电力用户供电电源应至少配置双回路的要求。结合2号线外电源实际工况，推荐大环网模式的单环网+单母线分段的供电模式。

1号线延伸段因沿线无城网变电站，考虑供电可靠性采用双环网+单母线分段结构形式接入龙康路开闭所，实现外电源共享，供电可靠性满足二级重要电力用户供电电源应至少配置双回路的要求。

2　配套继电保护方案的分析与确定

2.1　继保方案制约因素

根据供电公司对外电源接入系统意见：a. 不同回路的外电源间不允许形成电磁合环；b. 电源进线开关过流保护整定时间≤0.8s，这就否定了常规阶梯式过流保护配置方案。为提高供电系统的可靠性、继电保护的选择性，针对上述大、单环网模式必须组配新的继电保护方案，即要求任一位置的外电源、环网电缆或母线发生故障时，通过继电保护能够准确动作并自动、快速隔离故障点，并通过母联自投短时间内恢复供电，且不造成上级系统的电磁合环。

2.2　继保方案配置

在充分考虑上述制约因素的情况下，2号线继保方案采用纵联差动保护为主保护，以数字式选择性过电流跳闸保护作为后备保护的继保方案。该方案利用GE公司的数字选跳技术，不但很好地解决了过流保护时间的级差问题，并且当供电运行方式改变时无须通过切换整定值组来适应多变的运行方式，减少了电力调度的工作量。下面以龙康路至西塘路供电分区为例进行保护配置分析。

2.2.1　变电所进、出线柜保护配置

变电所进、出线柜装设L30光纤纵差保护继电器和F650综合保护继电器。利用L30装置的电流光纤纵差保护实现对环网电缆的完整保护。当环网电缆故障时，线路两侧的L30保护装置瞬动跳闸从而切除故障，为环网联络开关自投提供条件。当线路两端的L30保护装置间出现光纤通信故障，L30保护装置立即发出告警信号，并闭锁差动保护。此时L30保护装置切换到过电流后备保护。若在未排除通信故障的情况下，出现区间短路故障的情况相过电流后备保护（动作时间为0.38s）出口跳闸以切除故障。逻辑图如图1所示。

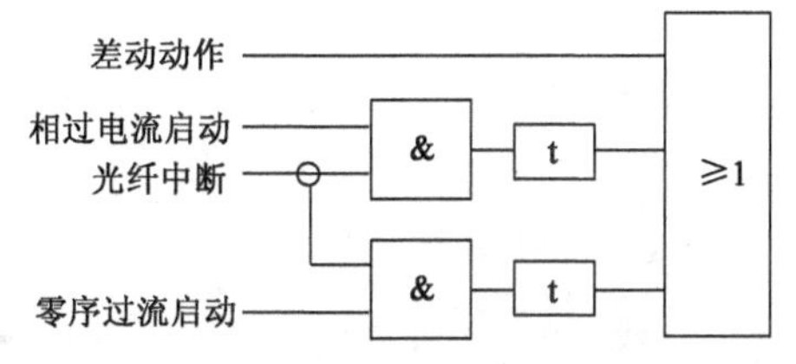

图1　保护跳闸及闭锁逻辑（L30）

变电所进、出线柜装设的F650综合保护继电器是母线的

主保护。该保护具有多种保护类型，开启相应的保护即可实现速断保护、过电流保护和零流保护，同时可作为此段母线上所有馈线或出线环网的后备保护。其逻辑图如图2所示。

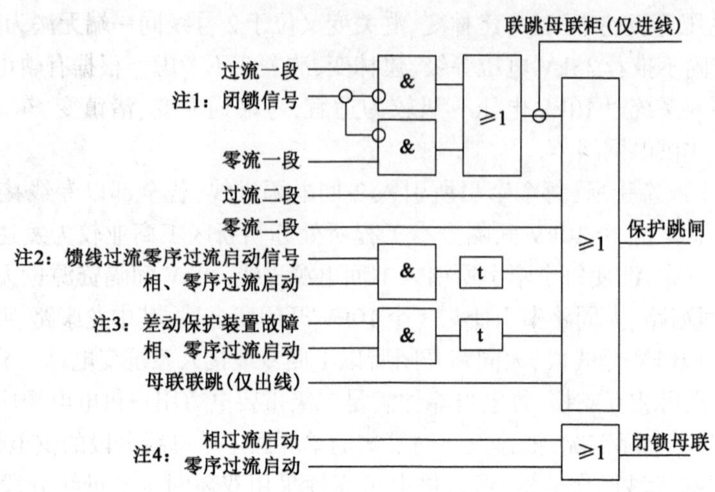

图2 保护跳闸及闭锁逻辑(F650)

当进线F650检测到过流或零流一段信号且没有注1的闭锁信号时，利用数字选跳技术直接判定为母线故障，经0.25s后动作跳闸。同时联跳母联柜快速隔离故障点，为环网联络开关自投提供条件。注1中的闭锁信号为母联、本段动力变、本段1号、2号整流变过流保护信号。当上述馈线柜或母联柜F650装置检测到过流信号时，启动保护，经0.3s后动作跳闸，同时将信号上传。本站进出线、母联开关F650接收到信号后利用数字选跳技术闭锁本开关，防止上下级同时跳闸，解决了上下级过流保护级差难题。

在馈线故障而馈线断路器拒动时，进线F650装置检测到相、零过流信号经过0.38s延时后启动跳闸，见注2。在出线环网故障出线主保护L30失灵时，出线F650装置检测到相、零过流信号经过0.38s延时后启动跳闸，见注3。

2.2.2 开闭所母联柜保护配置

开闭所母联柜装设F650综合保护继电器，开启相应保护即可具有过电流保护、零序过电流保护和自投等功能。在任一回外电源失电后，跳开失电进线开关，通过母联自投闭合母联开关，即“三投二”避免电磁合环。自投合闸条件与大多数轨道交通设计类似，这里不在赘述。其保护跳闸逻辑图如图3所示。

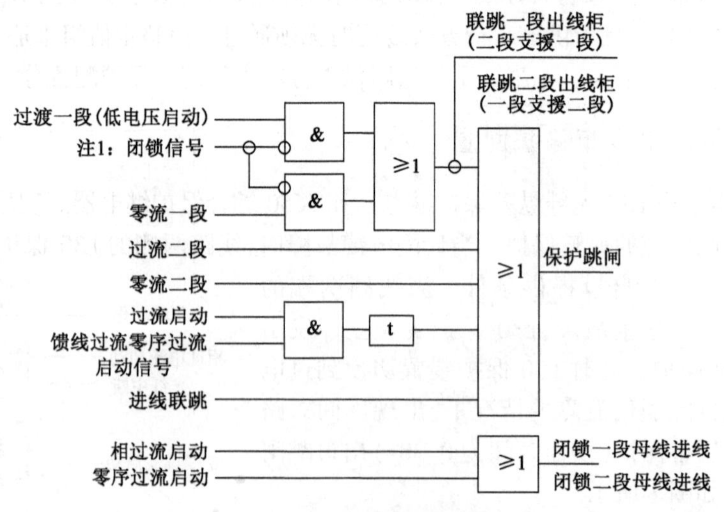

图3 跳闸及闭锁逻辑

注 1 中的闭锁信号为Ⅰ、Ⅱ段出线、本段动力变、本段 1 号、2 号整流变过流保护信号，其保护原理与进出线一致，其他保护类型以及联跳开关均与进出线类似。

2.2.3　变电所母联柜保护配置

变电所母联柜装设 F650 综合保护继电器，开启相应保护即可具有过电流保护、零序过电流保护。由于母联开关在系统运行时处于合闸位置，故此处不考虑母联自投功能。当过流一段、零流一段保护信号启动时，若无闭锁信号，利用数字选跳技术直接判定为母线故障，经 0.25s 后动作跳闸，同时联跳出线柜，快速隔离故障母线，为环网联络开关自投提供条件。

2.2.4　变电所馈线柜保护配置

变电所馈线柜装设 F650 综合保护继电器，开启相应保护即可具有速断保护、过电流保护、零序过电流保护，保护跳闸逻辑与轨道交通常规做法一致。为满足数字选跳方案需要，其过流、零流启动信号上传进出线柜、母联柜，并闭锁。

2.2.5　变电所联络柜保护配置

4 号变电所是龙康路开闭所与西塘路开闭所正常运行方式的分界点，本所出线柜作为两个供电分区的联络开关，装设 L30 光纤纵差保护继电器和 F650 综合保护继电器，保护跳闸逻辑与进出线柜一致，这里主要介绍当任一环网电缆、母线段或任一开闭所两回进线故障时，联络开关如何快速通过逻辑判断自投合闸。合闸逻辑图如图 4 所示。

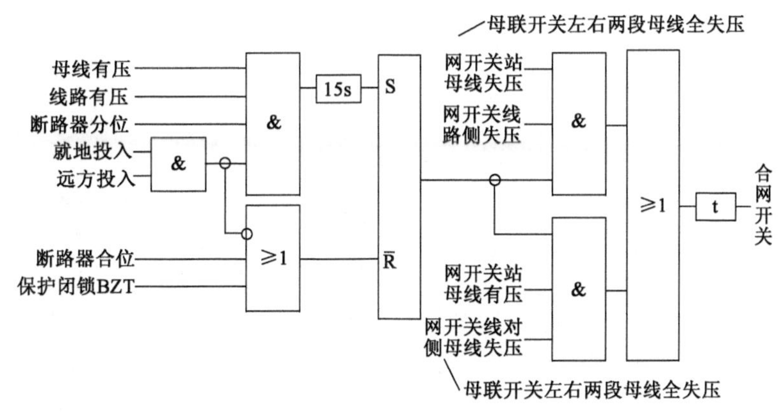

图 4　联络开关自投逻辑

正常情况下联络开关处于分闸位置，其两侧的母线、线路均为有压状态。当任一环网电缆、母线段或任一开闭所两回进线故障时，势必造成一侧无压，若没有备自投保护闭锁信号，通过判断网开关站或对侧站母联开关左右两段母线全失压，经 2s 后合网开关，确保供电的连续性。

2.2.6　开关柜避免电磁合环保护配置

为避免开关误合造成电磁合环，在进、出线开关出线端增设线路压互，将线路有压无压节点信号上传至 F650 继保，在进、出线开关合闸允许条件中增设线路电压逻辑闭锁条件，确保进、出线开关在两侧均带电时无法合闸。母联开关则通过两侧母线压互取得节点信号，合闸允许逻辑判断同进、出线。

3　结语

苏州有轨电车 2 号线自送电以来运行情况良好，也充分证明单环网供电模式加新型配套的保护设计是合理的,是安全可靠的,能够满足有轨电车运行需求。从投资效益来讲,较双环网模式仅设备部分减少开关柜 20 面,环网电缆 21.5km,合计约 1708 万元,经济效益可观。

参考文献

[1] 于松伟,杨兴山,韩连祥,等.城市轨道交通供电系统设计原理与应用[M].成都:西南交通大学出版社,2008.

高速铁路接触网整体吊弦折断原因分析及对策研究

孙家兴[1]，刘智敏[2]
（1.中铁三局集团电务工程有限公司；2.浙江杭海城际铁路有限公司机电2标）

摘　要　高速铁路触网设备中，整体吊弦是非常重要的构件，其可有效控制接触线的高度，从而确保弓网关系的安全性，但是我国多条高铁接触网运行的过程中均出现整体吊弦断股的问题，对行车安全产生了极大的影响。因此要仔细分析其原因，并提出有效的解决对策。

关键词　高速铁路；接触网；整体吊弦断股；解决对策

0　引言

吊弦主要借助吊弦夹将接触线悬挂在承力索上。我国高速铁路主要采用载流整体吊弦的方式。目前，多条高铁接触网在日常运行的过程中均出现整体吊弦断股以及折断故障，对高速铁路的安全行驶构成了较大威胁，故而要对此予以高度重视。

1　我国高速接触网技术概述

1.1　标准体系建设

我国高速铁路有国家、行业和企业3个标准，其内容涵盖诸多方面，具有较强的实用性，规定明确且可操作性较强。

1.2　供变电技术参数

牵引供电方式通常采用25kV、50Hz的AT供电方式，外压在220kV以上，且牵引变电器接线主要为三相接线，变压器主要采用100%固定备用方式，馈线上下互为备用。

1.3　弓网模拟技术

1.3.1　弓网模拟

弓网模拟主要分为接触网静态、动态特性参数计算以及弓网动态模拟两个环节。弓网动态模拟主要利用仿真软件完成。

1.3.2　受电弓型式

受电弓弓头长度通常为1950mm，宽度为1520mm，使用碳滑板。相同列车受电弓间距为200～215m，最大间距不得超过400m，受电静态抬升力为70N。

1.4 接触网技术参数

1.4.1 悬挂类型

接触网悬挂类型有两种,分别为全补偿简单链形悬挂和全补偿弹性链形悬挂,双弓或多弓取流时一般采用全补偿弹性链形悬挂。

1.4.2 接触线张力配置

若设计时速为250km,则铜合金150mm^2 接触线的额定张力应在25kN以上,铜合金120mm^2 接触线的额定工作张力应在15kN以上。时速为350km时,铜合金150mm^2 接触线的额定工作张力应在28.5kN以上。

1.4.3 跨距设置

简单链形悬挂时,不同设计时速的标准跨距均应为50m,最大跨距均为55m,若采用弹性链形悬挂,则标准款为60m、60m、55m,最大跨距为65m、65m、60m。

1.5 接触网零部件特点

1.5.1 腕臂装置

腕臂结构具有多样性,如水平钢腕臂、铝合金腕臂、拉杆钢腕臂以及整体钢腕臂等,其中铝合金腕臂在高铁中应用较为广泛。

1.5.2 定位装置

定位器类型较多,如矩形定位器、弓形非限位定位器等。弯刀型非限位定位器主要应用于特殊区段中。定位器与定位底座主要有两种连接形式,分别为钩环连接和铰接。

1.5.3 其他零部件

补偿装置主要有3种,分别为棘轮、滑轮和弹簧,吊弦主要有两种,分别为载流吊弦与非载流吊弦。从结构上看,主要有柔性绞线和实心棒材。柔性吊弦通常采用10mm^2 的铜镁合金绞线,终端采用双耳楔形、不锈钢锥套和铝合金锥套等终端锚固线夹。

2 高速铁路接触网整体吊弦折断问题

当前,高铁整体吊弦断裂故障较为常见,这也影响了铁路的运行安全。因此须对高铁接触网整体吊弦断裂的原因进行分析,并采取有效措施对产品加以完善。

2.1 整体吊弦断裂概况

整体吊弦主要由承力索吊弦线夹、吊弦线和接触线吊弦线夹构成。在分析整体吊弦时,先要仔细检查吊弦的外观,明确其缺陷,然后用十倍的放大镜作进一步检查,从而确定其细微部分的缺陷。承力索吊弦线夹以及接触线吊弦线夹均无明显缺陷,缺陷主要为吊弦线压接处断裂、心形护环断裂、吊弦线磨损断丝以及散骨或全断、吊弦线中间断裂和压接端子断裂等问题。

2.2 断裂原因

(1)吊弦丝磨损

检查中发现很多吊弦丝在磨损后均出现断丝、断股或全断问题。对其进行更加深入的检查发现接触网阻尼振动较为明显,整体吊弦振动幅度最大,机车通过时,接触网上不同点的振幅存在一定的差异,但是整体吊弦承受的振动总量较大,因此出现较为严重的磨损问题。

(2)吊弦线压接工艺和压接端子设计缺乏合理性

吊弦线主要采用 $10mm^2$ 的铜合金绞线,采用钳压管压接。吊弦线与钳压管压接后,压痕较为明显。吊弦线与钳压管处于点触模式,这种接触模式会伤害吊弦线,同时使应力相对集中。手动压接方式不能很好地控制压接力,吊弦线可能会在压接中发生变形,进而导致吊弦线断裂。同时吊弦线的压接端子从圆变为圆弧,且弯折处出现明显的压痕,容易发生断裂问题。

(3)整体吊弦受力电弧通过时,吊弦线出现振动现象

对双弓通过时的整体吊弦振动曲线进行分析后发现,该处为阻尼振动与锚段接触网波动振动的综合,且介质中传播的波在相遇时,质元移位为各列波单独传播过程中的位移矢量和,整体吊弦每一次的振动都会受到动态力的作用。吊弦线升高时,承力索环与吊弦线会受水平力的作用吊环有一高度,吊弦线在钳压管根部的位置会出现多次弯曲,只要出现振动就会造成弯曲。吊弦线不能很好地承受反复弯曲的作用。

另外,吊弦线与钳压管主要采用三点式压接的方式,压接的位置主要采用点触方式。所以会产生较大的接触应力。钳压管位置的吊弦线韧性较差,且其须承受较大的压接应力,同时还需要承受反复弯曲作用力,并与其他构件之间产生摩擦力,因此极易出现断丝和断股的问题。若已经发生断股问题,则吊弦线的截面有所缩减,单位截面的拉应力明显加大,故而当拉应力达到承受极限时,吊弦线就会出现断裂。又由于心形护环不能承受反复的弯曲,所以在长时间振动的影响下可能会出现断裂问题。

3 整体吊弦改进设计

在设计中应结合当前整体吊弦存在的不足对其加以改进和优化。首先,要完善材料的性能,选择具有较强抗弯折性能的吊弦线。其次,优化压接工艺,让吊弦线与钳压管之间由以往的点接触升级为面接触,从而减少压接时产生的应力,减少对吊弦线产生的不利影响。最后,在吊弦线压接端子的弯折处适度增加过渡圆弧,从而有效控制压痕。

4 新旧整体吊弦性能比较

4.1 吊弦线反复弯曲试验和拉伸破坏试验

选择运行时间为5年的吊弦线、新吊弦线和改进后耐疲劳的吊弦线试样,按照相关标准和规定,对其进行反复的弯曲试验,同时选取5个试样的平均值。采用相同的方法开展拉断力试验,取5个试样的平均值。结果显示耐疲劳吊弦线反复弯曲次数为普通吊弦线的2倍,且耐疲劳吊弦线的抗拉伸破坏能力要明显高于运行5年的吊弦线以及普通的新吊弦线。

4.2 整体吊弦疲劳性能试验

按照有关规定和要求对耐疲劳整体吊弦与普通整体吊弦进行了疲劳试验。试验时,静态荷载为1.3kN,动态荷载为±0.39kN,试验频率1.5~2.0Hz,试验次数应在50万次以上,且试验须在整体吊弦

断裂后结束。试验结果显示,2 套普通整体吊弦中,有一套没有达到 50 万次,耐疲劳整体吊弦的试验次数均高于 50 万次,是普通吊弦的 2 倍左右。

4.3　吊弦线持续载流量及短时过载试验

根据相关规定的要求,对两种吊弦线进行了持续载流量与短时过载试验。持续载流量吊弦表面的温度为 150℃,将其环境温度换算为 60℃。结果显示,耐疲劳吊弦线的持续流量和 20min 过载量均明显高于普通吊弦线,由此可见,耐疲劳吊弦线的载流量明显优于普通吊弦线。

5　结语

接触网整体吊弦的材料和工艺大致相同,且吊弦运行中存在着明显的缺陷,应对其缺陷进行仔细分析和研究,以此为基础优化设计和结构,另外选择具有较强抗弯折性能的吊弦线,积极完善压接工艺,从而研发出耐疲劳整体吊弦,让其性能优势更为明显,有效保证高铁的安全运行。

参考文献

[1] 张宝奇.我国高速铁路接触网整体吊弦折断原因分析及对策[J].郑铁科技,2016(4):2-10.

[2] 鲁敏,韩兰贵.高速铁路接触网耐疲劳载流整体吊弦的研发与比较[J].铁路工程造价管理,2017,32(3):1-4.

杭州至海宁城际铁路车盛鑫站设备调试施工技术探讨

（浙江杭海城际铁路有限公司机电五标）

摘　要　城际铁路是指在经济比较发达、人口比较稠密的城镇群之间，或次中心城镇之间新建的便捷、快速、大运能、公交化的客运轨道交通系统，主要承担区域内城镇间或大城市周边城镇间的中短途客流运输，专门开行城际列车。本文从城际铁路的概念和功能定位角度，对车站设备调试内容和方法进行阐述，结合积累的规划经验，提出规划城际铁路车站设备调试施工技术要点，希望能对相关人士提供参考。

关键词　城际铁路；车站；设备；调试施工技术

0　引言

随着我国经济的持续发展和城镇化进程的加快，城市间的联系日益密切。高度同城化和一体化的城市群的发展，依赖发达的公共交通基础设施和通信网络等。城际铁路作为区域、快速、集约型的运输方式，是构筑城市群快速便捷的理想交通方式。车站设备联合调试是轨道交通建设项目投入运营前的关键环节，我们将按照车站各系统的施工进度组织综合联调，各子系统和设备供货商积极配合，采用高密度、小编组的运输组织方式，提高服务质量。

1　工程概况

杭州至海宁城际铁路，即杭海城际铁路，是财政部第一批 PPP 示范项目之一，预计 2020 年建成。按照规划，杭州至海宁城际铁路自杭州地铁 1 号线临平支线（规划为杭州地铁 9 号线一部分）余杭高铁站起，终点为碧云站。杭州至海宁城际铁路线路总长约 48.18km，其中地下段及 U 形槽段长约13.17km，高架线长约 33.37km。共设站 13 座，平均站间距约 3.95km，其中地下车站 5 座（其中一座暂缓建设），高架站 8 座。具体站点为余杭高铁站、许村镇站、海宁高铁站、长安镇站、桑亭路站、周王庙镇站、盐官镇站、桐九公路站、斜桥镇站、皮革城站、海昌路站、浙大国际学院站、碧云站（暂缓开通）。

2　车站设备调试具体内容

成立以项目经理为主要责任人的专职调试小组，负责本建设项目的系统调试。参加调试的人员要熟悉通风空调系统、动力配电及照明系统、给排水及消防系统的全部设计资料，包括图纸、设计说明和所有设备产品使用说明书，充分领会设计意图，了解各种设计参数。为了保证本机电工程的性能及质量，为业主提供一个可靠、优秀的工程，我方将成立一个联合调试小组，下设设备调试小组和风水电安装小组以及其他弱电系统调试小组，分别负责各系统设备和一般系统的调试。每个小组均设置负责人、技术人员。车站联调之前各专业调试小组首先要组织与设备集成商完成各设备之间的接口测试工作，并向联调小组移交单机、单系统测试报告。

(1)配合对隧道通风系统的隧道风机(包括区间隧道风机和车站隧道排风机)、射流风机、隧道中间风机房的隧道风机、电动风阀进行联调测试。

(2)配合对通风空调大、小系统上的空调机组、空调新风机、回/排风机、排烟风机、电动组合风阀、电动二通阀、防烟防火阀、全电动防烟防火阀及排烟防火阀、电动多叶调节阀、手动风阀、止回阀、压差传感器、流量开关进行联调测试。

(3)配合对污水泵、废水泵、制冷机、冷冻水泵、冷却水泵、冷却塔、电动蝶阀、电动二通阀等进行联调测试。

(4)配合对动力照明专业的照明回路和400V 消防切非联动测试。

(5)配合对其他专业的设备进行联调测试。

(6)配合完成各种火灾模式联动测试。

3 联合调试的组织管理措施

细化联调方案,明确本项目配合的具体内容。由联调配合小组负责将当天联调配合的工作内容对各专调试小组进行交底,并监督实施。准备好联调测试所需梯子、测试电源、应急照明、常用测试工具、仪表以及对讲机。参加联调配合人员必须按照联调方案及联调计划实施,不得擅自更改。联调配合小组组织召开日联调例会,对联调中发现的问题,由项目部通知、督促各专业调试小组安排专人及时处理。

4 联合调试注意事项

(1)明确岗位职责。参加联调人员,必须服从指挥,听从命令,不得擅自离开岗位,各负其责。业主配合试机人员(包括运管人员)按联调小组的分工要求协作,试机过程发现异常情况须马上报告,并迅速处理。

(2)安全管理。试机送电过程中,严格履行工作票制度,工作许可制度、工作监护制度、工作间断和转移及终结制度。联调前做好联调安全培训工作,组织参加联调人员,包括运管人员掌握联调安全操作规程。

(3)轨行区作业安全。在隧道轨行区进行联调施工,应上报轨行区施工计划,经审批后进行,联调期间所有与联调无关的人员均须撤离区域并安排警戒人员,防止误操作。严格按照用电安全操作规程执行,合闸送电必须有专人操作,操作必须在得到明确指令后方可进行。每项调试结束后,调试人员应拆除临时接线,恢复被拆接头,做成成品保护。

5 施工难点及技术措施

5.1 综合管线施工

(1)难点分析

本工程涉及的管线功能种类繁多,施工的方法亦有不同。有给水及消防管、排水管、风管、工艺管线、动力、照明等线路。管线根据自身特点不同,安装的要求亦有不同,如强电与弱电、有压与无压、高压与低压、大管与小管。线路的埋设方式多样,如埋地与明敷、穿管与直埋、平行与交叉等。需要布置的箱柜、设备较多。如本工程的电箱、通风部件、设备等数量相当多,要求布设的各种管线,如桥架、钢管、风管等都要与设备密集布置。

(2)采取的相应措施

集中公司技术骨干力量,全面审核本工程中所有管线的布置位置,对设计图进行综合管线的优化布置。在施工准备阶段，细审各种管线在交叉处的高程要求，遇有矛盾之处做好记录，并提交会审确定。排水管道先行复测下游出水口的高程，并对排水管全线核对施工图的高程，防止盲目施工而造成的工期延误及损失。对局部管线、设备密集布置区，根据安全、规范的原则，从美观出发，绘制细部施工图。我方在施工综合管线时，制定了可供多方遵循的避让原则：小管让大管，有压管让无压管，管线让沟渠，弱电避强电；强电与弱电、高压与低压、强弱电与其他管线间应按规范要求，多走平行方向；平行与交叉应能保证规范要求的小距离进行施工或互让，如遇有矛盾时应加保护措施。处理各专业管道的干扰、碰撞问题，协调好风管、水管、电缆桥架、消防、给排水管及通信、信号等问题的矛盾。施工同区域、同部位时应按先下后上、先干后支、先主后次、先里后外的顺序，前后有交接。

5.2　设备系统联合调试阶段

联合调试阶段是考验整个工程的最后一关，它直接关系产品、设备功能和安装质量是否能满足地铁站的使用功能，是否达到设计功能的要求，为日后设备能否处于最佳运行状态创造先决条件。系统调试是从各专业、各系统的单机到各个系统，再到系统联调，最后到车站设备联合调试。联合调试的统筹由于涉及专业多，需要设计、监理、业主、厂家及各系统承包商的参与。联合调试的系统多而复杂，工作量大、工期紧，联合调试须相关单位密切配合，特别是需要网络、监控及消防系统的调试。

6　结束语

城际铁路是构筑城市群内快速通勤圈的理想交通方式，是推动城市群持续发展的有力保障，其合理布局对充分发挥城际铁路功能具有重要意义，应统筹考虑、全面谋划。在规划区域城际铁路网时，应基于城际铁路功能定位，对城际铁路车站设备调试施工技术进行充分考虑；结合不同布局形态对城市群发展结构的适应性和承载客流的特点，以及城际铁路与城市群相互作用关系，通过分析和研究，积累规划经验。

参 考 文 献

[1]　朱法勇. 城市群城际铁路网规划研究[D]. 成都：西南交通大学，2017.
[2]　刘黎明. 京津冀城际铁路建设加速，重点服务雄安与北京副中心[J]. 铁道运输与经济，2013(12)：1-5.
[3]　张建. 城市群城际铁路网布局规划研究[J]. 铁道工程学报，2017(6)：74-77.

浅析 BIM 技术在杭海城际铁路机电施工中的应用

姜雁群

(浙江杭海城际铁路有限公司,机电6标)

摘 要 在信息技术快速发展的当今,BIM 作为数字信息仿真模拟技术的产物,通过三维数字技术模拟建筑物所具有的真实信息,为建设各方提供了一个相互沟通、协调的平台,提高沟通效率、降低施工成本、提升施工质量的要求。本文主要介绍了 BIM 在地铁机电安装施工中的应用,主要包括碰撞检查三维管专业路径优化、不同专业间墙体孔洞预留、综合支吊架深化、装修效果深化、设备房间基础精确定位、管道安装中管道部件计算等。

关键词 BIM 技术;机电安装;城际铁路

0 引言

随着城市化建设的不断发展,地铁、城际铁路等轨道交通的建设规模不断扩大。城市轨道交通工程设计的专业众多,界面管理复杂,接口管理困难,使用传统的设计规划方法难以完成整个项目的集成,而 BIM 技术的应用能够为工程项目的施工提供强大的助益,在工程项目施工中具有良好的应用效果。

1 项目简介

杭海城际项目工程全长约 48.1km,线路在余杭境内、海宁主城区采用地下敷设方式,其余地段均采用高架敷设方式,沿线经过杭州市余杭区(南苑街道)、许村镇、长安镇、周王庙镇、盐官镇、斜桥镇、海宁主城区。其工程特点是工期紧、任务重,施工环境复杂,站后工程管线繁多,空间狭小,进度要求高等。针对这些情况,本工程利用 BIM 技术进行全站深化设计。通过 BIM 深化设计后出图施工,为施工提供精确的设备定位详图、墙体预留孔洞图、单专业管线图、综合管线图、特殊部位剖面图以及复杂工序的三维动画指导作业书等,有效减少因管线冲突造成的返工,避免墙体的二次破坏,节约项目成本,提高了施工效率。

2 BIM 在项目管理中的应用

BIM 技术已逐渐成为参与国内工程竞标的必需技术。在招标文件中,业主明确要求采用 BIM 投标,这是参与投标与承接工程的硬性条件,具备 BIM 技术是大势所趋,是工程行业发展的迫切需要。

2.1 碰撞检查和三维管优化

收集各专业二维图纸及相关规范、标准,建立单专业模型;将建筑、结构、通风、给排水、电气等专业模型进行整合,形成整合的 BIM 模型;设定冲突检测及管线综合的基本原则,形成综合管线模型。应用 BIM 技术检查施工图设计阶段各专业模型,能为各个系统提供最优的管线路径,发现并调整冲突与碰撞,避免风管、风口、水管穿过设备上方,以减少设计错误传递到施工阶段造成安装工程的返工。由此提高项目精细化管理水平，由过去的粗放型管理向精细化管理转变。

2.2　各系统的墙体孔洞预留

BIM 技术是建筑技术和信息技术相结合的技术工作，信息技术促进项目管理，从技术层面和管理层面改进了传统管理的模式和流程。应用 BIM 技术合理排布各专业管线高程，在二次砌筑前形成综合管线模型，可精确地确定各管线位置，将专业协调放在模型深化的过程中，整合各专业的信息需求，解决二次砌筑孔洞预留这一历史性难题，保证砌筑结构的质量和进度。

2.3　综合支吊架深化

通过 BIM 模型整合，能精确确定房间、设备走廊、公共区的顶棚高程，从而深化设备走廊及公共区综合支吊架的布置。在 BIN 模型上完成综合支吊架的形成设计、平面设计、大样设计、材料统计、支吊架验算等，融合给通风、排水、电气、结构、建筑等多项专业技术要求，能实现机电专业综合支吊架设计与支架结构校算的可视化、数字化，使设计、施工技术人员能够简便快捷地完成复杂的综合支吊架设计计算。通过支吊架的数字加工、工厂化预制和安装模拟指导，从而辅助施工现场下料，实现绿色施工和节料。通过综合管道支吊架的设计与安装技术，解决了室内工程综合管线支吊架设计、布置的不合理问题，其原理简单、安装方便、造价低、效果好，满足了设计规范的要求，同时使安装工程的施工取得最优的效果，为整个工程最终节约成本。

2.4　装修效果深化

地铁站公共区域装修体现一个城市的文化和历史，往往设计师巧妙的设计思路仅仅只停留在平面图纸上，设计师所想象的整体装修效果不能很好地表达。应用 BIM 模型搭建室内装饰三维模型，各个构建都使用三维实体模型创建，可在任意视角上推敲设计，综合设计师、业主及监理等多方意见，对设计进行多层次深化，确定材料材质、饰面颜色、灯光布置、固定设施等，从设计阶段看效果，在施工阶段见精品，从而做到对设计进行细致的分析，避免材料使用和饰面布置的不合理，保证装修工程的质量。

2.5　设备房间基础精确定位

在机电安装中，设备房内设备的布置至关重要，是安装工程的核心，不仅需要确保各个系统功能的实现，还须考虑设备的运输、安装、运营、检修及布置的美观性等因素。传统的二维图纸无法精确展现设备安装所需的空间，导致设备安装后出现布置不合理、无法检修、无操作空间、通道无法满足规范要求等问题。通过 BIM 模型的建立，运用厂家提供的各设备的精确尺寸，考虑施工的可实施性、方便性，从三维的角度优化设备房间，从而保证空间的最优利用和管线的最优布置。

2.6　管道安装中管道部件计算

在建模前，按照工程量清单名称，制定不同专业的系统类型和标记，根据厂家材料的尺寸，结合安装部位要求，细化每个部位的管道。整个车站建立 BIM 模型后，给排水系统、通风空调系统等多个系统的管件、部件的工程数量可以轻松解决统计。根据传统的 CAD 二维图纸很难将管道部件精确地统计出来，在物资计划阶段不能得到有效的控制，从而导致材料浪费。运用 BIM 模型，可以分区域、分专业、分系统进行物资计划的申报，精确核准数量，根据现场施工进度控制物资到货情况，减少二次倒运工程量，避免物资设备长时间存放，极大地降低了管理难度，从根本上杜绝了工程完工后成堆材料剩余的现象。

3 BIM 在机电安装工程中的应用重难点

BIM 建筑信息模型技术应用重难点主要来自多专业信息汇总共享并成功形成三维设计,而管线综合排布过程其核心工作是空间利用最大化——即空间管理。空间管理,即为节省空间成本,最大化地利用空间,最终为用户提供良好使用环境而对建筑空间所做的管理。BIM 技术能够分析现有空间的使用情况,合理分配建筑物空间,确保空间资源最有效使用。

BIM 技术在管线综合应用中对各专业都有着不可或缺的作用。

(1)综合管线合理布置,提高建筑净高,减少二次施工损失。

(2)合理排布机电各专业管线,协调机电、精装修与土建专业的施工冲突。

(3)确定管线和预留孔洞的精确定位,减少二次施工带来的影响。

(4)弥补原设计不足之处,减少因此造成的各种损失。

(5)核对各种设备的性能及外形参数,提供完善的设备清单。

(6)通过供货商或厂家核定各设备安装技术要求,及时绘制设备基础落位图,指导现场施工。

(7)合理布置各专业设备位置,充分考虑设备运行检修、运输吊装等工作。

4 结语

BIM 技术在工程项目施工环节有着良好的应用前景,通过 BIM 技术强大的建模功能完成工程项目的三维建模,便于工程项目的施工管理人员能够更直观、准确地对工程项目施工中所需注意的问题进行了解和把控;同时借助 BIM 技术所详细展现的各项信息制订施工技术方案,保障工程项目的施工质量。

参 考 文 献

[1] 谭福军,等. BIM 技术在城市轨道交通中的应用分析[J]. 海峡科技与产业,2017(05):143-144.

[2] 许蓁. BIM 应用 · 设计[M]. 上海:同济大学出版社,2006.

[3] 何关培. BIM 技术应用丛书[M]. 北京:中国建筑工业出版社,2011.

[4] 张建平,等. BIM 在工程施工中的应用[J]. 施工技术,2011,41(16):10-17.

浅谈机电安装质量控制

成远涛
(中铁北京工程局集团有限公司)

摘 要 一直以来,工程质量颇受人们的重视,质量是工程建设的"红线",然而发展迅速的城市地铁建设市场经常出现一些由于机电设备安装质量问题引起的质量事故,产生十分严重的后果和不良影响。针对这种情况,为了满足现代城市化建设需求,急需构建完善、健全的质量控制保障体系和措施,有效控制机电设备安装的质量问题。

关键词 地铁;机电安装;质量控制

0 引言

在浙江省都市圈经济加快发展的背景下,为响应融杭"一小时通勤圈",为适应新型城镇化发展需要和满足人民群众更便捷出行需求,海宁市积极规划建设杭州至海宁城际铁路,对完善综合交通网络、促进产业发展、改善城市面貌,进一步提升城市能级具有重要战略意义。

机电安装过程中,因质量把控不到位导致的事故时有发生,不仅企业利益受损,更是对人民群众的生命安全构成威胁,造成巨大的社会危害。因此,对杭海城际铁路项目质量安全管理工作的研究探讨具有极大的意义,各标段要进一步加强机电安装过程中质量安全的管理工作,不断提高机电安装工程管理水平。

1 机电安装工程特点分析

1.1 布线复杂

一般而言,地铁机电设备的专业性较强,覆盖的范围较广,导致其布线产生交叉、碰撞。为使设备更具安全性,需要更加充分地考虑各专业系统之间的合理搭配。BIM 技术的引入,可以很好地解决管线碰撞、管线的综合设计等问题,这从侧面上来说对机电设备技术人员也提出了更高的要求。

1.2 设备智能化程度高

地铁的机电设备主要包括通风空调、给排水和消防、低压动力配电照明、车辆主体、通信设备、供电系统、信号设备、监控设备、电扶梯、自动售票机、人防门等专业设备。在现代地铁中,智能化已然成为其基本要求,机电系统的智能化控制得到了普遍的使用。为适应高智能的机电系统管理要求,必须配备高技术水平的机电技术人员,以应对任何可能突发的情况。

1.3 机电设备需要高质量材料

在整个机电安装过程中,材料费用超过总投资的一半。毫无疑问,机电安装工程的质量和材料质量密切相关。优质的材料设备,有助于保证机电工程的高质量。地铁的运营寿命一般在 100 年以上,其对各种设备材料的要求都较高,因此在机电设备的选择上要特别注意对各种性能的考察,使用达到技术要求的高质量材料。

2 施工中存在的问题

2.1 专业单位交叉施工

在机电单位核对预留预埋孔洞时,经常出现土建预留孔洞、高程与机电安装实际孔洞的位置存在偏差。这是因为前期各单位缺乏沟通,在后期的施工过程中,各专业交叉施工难以避免,没有统筹的安排,机电专业施工方与其他专业施工方仅仅对各自的施工专业密切关注,而对其他各方的施工情况忽视,造成机电设备安装时影响了其他专业的施工,或其他专业施工影响了机电专业施工,从而在较大程度上影响机电安装工程的顺利开展。

2.2 管理人员素质问题

在机电安装工程中,承担项目工程的单位是施工建设的主体,责任重大,管理人员在项目施工中扮演着重要的角色。现实中往往由于施工人员业务水平差、责任心不强等,在机电安装施工过程中为了赶工期或其他原因而忽略了质量问题,造成设备安装不满足相关技术标准及相关要求,导致返工,浪费了人力物力,耽误了工期,甚至产生违法行为,危害工程质量。

2.3 施工的环境问题

在影响机电安装工程质量的诸多因素中,环境因素具有复杂多变的特点,其中包括自然环境和社会环境。自然环境直接影响着工程的质量和进度,承建单位应根据工程的具体实际情况,及时采取措施,对建筑工程质量严加控制。社会环境主要是指人为的一些因素,包括采购人员的违规操作和偷工减料。因此,若想建设出高质量的工程,必须严格监管整个机电安装过程中的每个细节,保证工程的质量和安全。

3 质量控制措施

3.1 施工前的充分准备

由技术负责人、施工员、专业工种班长共同对现场进行技术复核,对土建单位预留预埋空洞进行复核,为图纸会审、设计深化提供量化的依据。组织施工管理人员对图纸进行自审,掌握和了解图纸中的细节,了解其使用功能,熟悉工程的结构图,审查施工图纸和材料工艺说明书。通过图纸自审,发现图纸中存在的问题和各专业施工图可能存在的冲突点,并做好书面材料。参加由建设单位组织召开的设计交底和图纸会审,通过设计方的技术交底,进一步理解设计意图及施工质量标准,准确掌握设计图纸中的细节,由设计单位解答图纸自审中的问题。

3.2 施工中提高质量技术

为防止重大事故、确保施工质量,各方要积极适应建筑施工的大环境变化,实现企业技术升级,实现质量管理精细化、现代化。施工方案的合理性和工艺的先进性对机电安装工程质量有很大影响。在施工过程中,由于方案不全和工艺不精,会影响工程质量,增加成本。各单位要根据相关行业技术标准及杭海城际铁路公司下发文件认真编制施工工艺及作业指导书，制订施工工艺方案，结合实际，多方面、全面综合地分析考虑，确保方案的完全可行性，促进工程建设。

3.3　施工后做好质量验收工作

施工单位的项目技术负责人依据建筑工程质量标准、设计图纸等组织自检评定，对车站及区间内风水电设备管线安装的施工情况、实体观感和工程质量做好质量验收工作。自检评定符合要求后形成质量检验评定资料，提请监理单位对现场按图施工、工程主体功能、施工总体质量、工程实体质量进行评定，确保满足规范和设计要求，确保验收程序规范，保证施工质量合格。

4　结论

综上所述，地铁机电设备安装质量直接影响地铁的运营效果。因此，需要对其有足够的重视，结合现阶段地铁机电设备安装过程中容易出现的问题，须采取相应的质量控制措施，提升安装质量，保证机电设备的正常运行。相关工作人员需要积累工作经验，提升个人水平，严格依据相关规范和要求来进行施工，控制每一个施工环节的质量，保证机电设备安装工程整体质量。